U0451734

中国汽车产业与技术发展报告（2023）
Annual Report of China Automotive Industry and Technology Development（2023）

工业和信息化部装备工业发展中心
奇瑞控股集团有限公司　主编

电子工业出版社
Publishing House of Electronics Industry
北京·BEIJING

内 容 简 介

本书由总报告篇、政策篇、标准篇、市场篇、车型篇、技术篇、供应链篇和附录八个部分组成。书中结合国家战略发展方向及产业技术发展趋势，系统、完整、全面地论述了中国汽车产业及其相关技术发展现状、存在的问题及发展趋势，是社会各界了解中国汽车产业与技术发展总体情况和发展态势的重要参考资料，也是一部权威性、综合性的汽车行业年度书籍。

本书适合汽车产业管理部门、企业决策部门、企业技术战略研究机构人士阅读及研究。

未经许可，不得以任何方式复制或抄袭本书之部分或全部内容。
版权所有，侵权必究。

图书在版编目（CIP）数据

中国汽车产业与技术发展报告.2023 / 工业和信息化部装备工业发展中心，奇瑞控股集团有限公司主编.
—北京：电子工业出版社，2023.12
ISBN 978-7-121-47029-5

Ⅰ.①中… Ⅱ.①工… ②奇… Ⅲ.①汽车工业－产业发展－研究报告－中国－2023②汽车工业－技术发展－研究报告－中国－2023 Ⅳ.①F426.471②U46-12

中国国家版本馆 CIP 数据核字（2024）第 001534 号

责任编辑：秦　聪
印　　刷：天津嘉恒印务有限公司
装　　订：天津嘉恒印务有限公司
出版发行：电子工业出版社
　　　　　北京市海淀区万寿路 173 信箱　邮编 100036
开　　本：787×1 092　1/16　印张：23.5　字数：601.6 千字
版　　次：2023 年 12 月第 1 版
印　　次：2023 年 12 月第 1 次印刷
定　　价：268.00 元

凡所购买电子工业出版社图书有缺损问题，请向购买书店调换。若书店售缺，请与本社发行部联系，联系及邮购电话：（010）88254888，88258888。
质量投诉请发邮件至 zlts@phei.com.cn，盗版侵权举报请发邮件至 dbqq@phei.com.cn。
本书咨询联系方式：（010）88254568，qincong@phei.com.cn。

中国汽车产业与技术发展报告（2023）编委会

主　　任	瞿国春
副 主 任	徐　晖　姚振智　刘法旺
主　　编	邱　彬
副 主 编	朱志保　王芳
编　　委	张国振　李国俊　赵世佳　徐传康　王后正　桂　飞
	刘　鹏　刘　斌　侯福深　景晓军　郑天雷　孙　航
	李向荣　冯　屹　张亚楠　柳东威　王　锐　雷剑梅
	芦　勇　邱海漩　丁　莉　魏志玲　赵国清　孟祥峰
	王德成　侯昕田　许天楚　王建斌　周　梅
评审专家	赵福全　汪正胜　李开国　叶盛基　刘　斌　朱志保
撰 稿 人	（按姓名首字笔画为序）
	丁彦辞　丁浩轩　丁　莉　马　玥　马　毅　王一戎
	王　兆　王后正　王　佳　王　坤　王　芳　王　峥
	王意宝　王鹏飞　王震坡　冯　屹　申杨柳　白　鑫
	伍丽娜　刘万祥　刘可歆　刘　汭　刘金敬　刘桂彬
	刘　斌　刘　鹏　孙宇轩　孙　航　朱志保　吴含冰
	吴　征　吴嘉杰　张文静　张圣峰　张龙平　张亚楠
	张诗建　张贵平　张　琳　张谦益　张照生　张　路
	张　慧　李弘扬　李向荣　李　阳　李国永　李富强

	杨天宇	汪晓伟	阮碧琳	周一鸣	周昕	周玮
	周博雅	孟庆宇	孟祥峰	邱彬	邵帅	金鑫
	陈小强	陈韬	侯昕田	姚占辉	柳东威	柳邵辉
	赵伟	赵国清	郑天雷	徐传康	桂飞	欧阳小龙
	殷健力	秦志媛	袁儒强	郝维健	曹志昊	郭宇辉
	韩非	韩睿				

联合撰稿单位　奇瑞控股集团有限公司

清华大学

北京理工大学

中国汽车工业协会

中国汽车工程学会

中国汽车技术研究中心有限公司

中国汽车工程研究院股份有限公司

上汽集团创新研究开发总院

浙江吉利控股集团有限公司

一汽解放汽车有限公司

宁德时代新能源科技股份有限公司

潍柴动力股份有限公司发动机研究院

序　言

　　汽车工业产业链长、涉及面广、带动性强、国际化程度高，是制造业中的集大成者，是国民经济的支柱性产业，是举足轻重的战略性产业。作为现代化产业体系的重要组成部分和国家竞争力的综合体现，汽车产业的健康和可持续发展，事关人民群众的幸福生活、社会资源的顺畅流通和生态文明的全面跃升。历经七十载砥砺奋斗，中国已经建成全球规模最大、品类齐全、配套完整的汽车产业体系，不仅为国民便利出行提供了有力保障，也为制造强国建设提供了重要支撑，更为经济社会全局长远发展提供了强劲动力。近年来，汽车产业在国民经济中的地位和作用持续增强，国家对汽车产业的重视和支持不断提升：汽车相关产业税收占全国税收、从业人员占全国城镇就业人数、汽车销售额占全国商品零售额的比例连续多年均超过 10%。2023 年，在一系列政策的激励下，中国汽车市场呈现稳步复苏的良好态势，前三季度产销量分别为 2107.5 万辆和 2106.9 万辆，同比分别增长 7.3% 和 8.2%，汽车出口达 338.8 万辆，同比增长 60%，一举跃居全球第一大汽车出口国，为经济恢复向好贡献了重要力量。

　　当前，汽车产业正面临百年未有之大变局，电动化与智能化相互叠加、融合发展，将彻底改变全球汽车产业的既有格局和发展路径，并催生出后发赶超的历史性机遇。令人欣喜的是，得益于前瞻的战略预判和坚定的持续投入，中国在本轮汽车产业转型升级中占据了先机。在电动化方面，新能源汽车产业优势日益凸显：中国新能源汽车产销量已连续八年稳居全球第一，全球市场份额达 60% 以上。特别是在国内市场，企业新产品持续推出，消费者认可度不断提高，自 2023 年 5 月以来，新能源汽车的全市场渗透率已经连续 5 个月超过 30%，预计全年可以实现 900 万辆的销量目标。在新能源汽车快速发展的驱动下，自主品牌汽车产品的国内市场份额已经突破 50%。在智能化方面，智能网联汽车技术市场化应用不断加快，相关测试示范管理日益精细：固态激光雷达开始规模应用，智能驾驶大算力芯片实现量产装车，多家车企正在研发有条件自动驾驶和高度自动驾驶车型；全国累计开放测试道路 2 万多千米，总测试里程超过 7000 万千米；智能化道路改造、云控基础平台建设等加快推进；自动驾驶出租车、干线物流和无人配送等多场景示范应用有序开展。2023 年上半年，具备驾驶辅助功能的乘用车在国内新车市场上的销量占比已达 42.4%。目前，中国已成为全球智能电动汽车的创新高地，有望引领汽车产业及汽车社会未来的发展方向。

　　与此同时，中国汽车产业面临着异常严峻的挑战。一方面，全球政治经济不确定性不断增加，政治因素与经济利益相互交织，使中国汽车产业发展的外部环境复杂多变：一是地区政治、军事冲突频发，全球经济恢复较快增长存在风险，汽车市场整体需求有所回落。二是国际贸易和投资壁垒出现增强倾向，尤其是中国新能源汽车出口激增引发高度关注，如欧盟为保护本土市场已对中国出口的电动汽车发起反补贴调查，中国汽车"走出去"注定不会是一片坦途。三是全球供应链政治性限制和区域化分割趋势还在演进，电池原材料、先进芯片等关键供给均有可能受限，为此，中国汽车产业必须全力稳定和持续完善本土供应链。另一方面，全球汽车产业仍处于全面重构的调整期，中国只是取得了阶段性领先，还远没有赢得最终胜利。在电动化方面，中国企业必须为主流动力电池可能发生的转轨预先做好充分准备，并强化电动化与智能化技术的深度融合；在智能化方面，中国企业必须在用户体验的全新升级、"软件定义汽车"的全新架构、"人—车—路—网—云—图"一体化的全新模式、多方主体分工协作的全新生态等方面大胆创新实践，从而形成跨越式的全新优势；在全球化发展方面，中国企业必须努力提升跨国运营水平，并且要具备利用当地资源、在当地建设有竞争力的区域生态的认知和能力，以期将国内市场上的优势成功移植到海外。

面对上述机遇和挑战，中国汽车产业必须加快实现创新驱动、转型升级和高质量发展，尽早完成由大到强的历史进程。在以国内大循环为主体、国内国际双循环相互促进的新格局下，在推动落实国家"双碳"目标的新方向下，在发展实体经济、推进新型工业化、形成新质生产力的新契机下，为了加快建成汽车强国，进而支撑制造强国、质量强国、交通强国、网络强国和数字中国建设等国家战略的实现，中国汽车产业亟待梳理和判断最新趋势，总结和吸取经验教训，识别和破解关键难题。为此，工业和信息化部装备工业发展中心（以下简称装备中心）作为承担汽车行业管理支撑职责的机构，自2021年开始，广泛凝聚行业智慧，组织编写《中国汽车产业与技术发展报告》（以下简称蓝皮书）。应该说，这项工作非常及时，也非常重要，充分体现了装备中心在新形势下助力汽车产业更快更好发展的使命担当和作用贡献。

2023年的蓝皮书由装备中心牵头，联合奇瑞控股集团有限公司共同组织，并汇聚了中国汽车技术研究中心有限公司、中国汽车工程研究院股份有限公司、中国汽车工程学会和北京理工大学等研究机构和高校的学者，以及上汽集团、吉利汽车、一汽解放和宁德时代等整车及产业链重点企业的专家一起编写，致力于打造综合性、权威性的汽车行业年度报告，提供汽车领域的精品研究成果，形成长效研究和行业分享的机制。

在此过程中，本人有幸继续担任蓝皮书的评审专家，并再次受邀为本书作序。2023年度的蓝皮书设置了总报告篇、政策篇、标准篇、市场篇、车型篇、技术篇、供应链篇和附录八个部分，延续研究了中国汽车产业政策、标准、市场、新车型及其相关技术的现状、问题和趋势，强化分析了动力电池、发动机、车规级芯片等关键零部件的主要情况，重点关注了绿色低碳背景下政策法规、产业发展、测评技术等方面的最新变化。蓝皮书研究视角新颖、覆盖范围广泛、技术领域前瞻、数据信息丰富、文字表述精练，为广大读者全面了解和认知2022年以来中国汽车产业与技术的发展进程，也为汽车及相关企业进行战略决策和战术举措制定，提供了重要的参考资料。

特此向广大读者推荐。

世界汽车工程师学会联合会（FISITA）终身名誉主席
清华大学车辆学院教授、汽车产业与技术战略研究院院长

2023年10月

前　言

党的二十大报告指出，高质量发展是全面建设社会主义现代化国家的首要任务。2023年是全面贯彻落实党的二十大精神的开局之年，为深入学习贯彻党的二十大精神，推动汽车工业高质量发展，在新时代新征程上，工业和信息化部装备工业发展中心（以下简称"装备中心"）作为承担汽车行业管理支撑职责的机构，连续第三年编写出版《中国汽车产业与技术发展报告》（以下简称蓝皮书）。本书由装备中心牵头组织，联合奇瑞控股集团有限公司，汇集清华大学、北京理工大学、中国汽车工业协会、中国汽车工程学会、中国汽车技术研究中心有限公司、中国汽车工程研究院股份有限公司等高校和研究机构，以及上汽集团、吉利汽车、一汽解放、宁德时代等整车及产业链重点企业的专家和学者共同编写完成。全书基于《道路机动车辆生产企业及产品公告》（以下简称《公告》）、机动车出厂合格证、财税优惠目录、乘用车"双积分"等汽车行业资料及数据，充分吸纳和征求行业各界专家的意见及建议，系统总结了2022年以来我国汽车产业及其相关技术发展的新进展和新变化，重点剖析存在的问题，明晰产业发展脉络，是一部具有权威性、综合性的汽车行业年度书籍，致力于为政府主管部门的管理工作及汽车企业的生产经营和发展提供有价值的权威参考。

本书由总报告篇、政策篇、标准篇、市场篇、车型篇、技术篇、供应链篇和附录八个部分组成，结合国家战略发展方向及产业技术发展趋势，对中国汽车产业政策标准、市场发展、车型特征、技术应用、关键零部件等方面进行全面的系统梳理、深入分析和精准研判。

总报告篇综述2022年以来中国汽车产业及技术的发展情况，识别和判断最新趋势，提出下一步发展的思考与建议。本篇分析显示，受市场需求恢复相对较弱、企业盈利能力下降、原材料价格上涨等多重因素综合影响，2022年中国汽车生产运行持续承压。在政策和市场的双重作用下，中国新能源汽车产业进入全面市场化拓展期，渗透率快速提升。汽车出口继续保持较高水平，车企加速开拓海外市场；中国品牌乘用车国内市场占有率首次突破50%，头部企业优势更加突出。同时，产业结构面向电动化、网联化、智能化加速调整，碳中和背景下全球汽车电动化加速转型，中国保持领先优势；智能网联汽车市场化应用加快推进，测试示范管理更为精细化；先进节能、新能源汽车、智能网联汽车关键技术指标持续提升，中国汽车产业已完成了"从小到大"的转变，正在加快"由大变强"的进程。

政策篇整体把握中国汽车产业政策体系走向，分析《公告》管理事中事后监管现状，在"双碳"目标下提出中国低碳发展建议和汽车行业绿色转型后续的工作任务。本篇分析显示，中国汽车产业政策呈现"强监管、促创新、推双碳、保市场"的特点，推动中国汽车产业高质量发展。一方面，从《公告》的监督管理角度分析了产品一致性监督检查、车辆登记注册环节产品一致性问题核查、信访举报核查、新能源汽车推广应用财政补贴核查及新能源汽车安全体系检查等方面的现状问题，为管理政策制定和企业提升产品质量提供参考。另一方面，面向碳达峰碳中和战略目标，结合国外"碳壁垒"和国内汽车碳排放管理体系正在起步阶段的现状提出汽车行业低碳发展的建议，围绕汽车行业绿色转型，提出"双碳"目标下的后续工作任务，为行业绿色高质量发展提供路径参考。

标准篇是2023版蓝皮书的新增篇章，标准化作为行业发展的技术性基础工作，在支撑产业发展、促进科技进步、规范社会治理等方面发挥了重要作用。当前，中国正处于汽车强国建设的关键机遇期，需要持续完善新能源汽车和智能网联汽车国家标准体系，进一步发挥团体标准灵活创新的作用。一方面，梳理新能源汽车和智能网联汽车标准体系现状情况，结合汽车产业发展阶段提出标准体系发展趋势。另一方面，总结团体标准在汽车产业发展与率先实践上的做法与成效，展望未来汽车行业团体标准化发展趋势。

市场篇和车型篇分析2022年中国乘用车、货车、专用汽车、新能源汽车的市场运行特征、车型技术特征，研判未来发展趋势。从市场表现看，中国乘用车继续保持增长态势、出口创历史新高，货车和专用汽车承压明显，新能源汽车正处于高速发展阶段。从新车型特征来看，乘用车新车型发布总体较为平稳，新能源汽车产品布局逐步加快，商用车新车型呈现绿色化、轻量化发展趋势，专用汽车新车型专业化和精细化逐步提升。

技术篇选取节能与新能源汽车技术、智能网联汽车技术，梳理2022年其发展与应用情况，分析先进测试评价技术现状及发展趋势。本篇分析显示，我国汽车产业低碳化转型呈现多路径发展，电池、电机、电控的"三电"系统技术不断升级，混合动力技术持续迭代，高压架构组合方式不断构建，纯电整车平台及热管理技术持续进步，充换电补能网络进一步普及，燃料电池技术加快发展，绿色低碳和安全高效成为全球新能源汽车科技战略重点。智能网联汽车在车辆、信息交互、基础支撑、车载智能计算基础平台、智能网联基础设施等方面的技术快速发展。此外，为适应市场及行业发展需求，绿色测评体系初步构建，先进检测技术持续发展，为汽车产业高质量发展发挥了不可或缺的作用。

供应链篇加强对动力电池、发动机的分析研究，揭示目前中国汽车供应链的薄弱环节及存在问题，提出发展建议。本篇分析提出，原材料涨价对于新能源汽车产业造成的冲击已逐步显现，动力电池技术在安全性、能量密度、快充能力、循环寿命、低温性能、成本控制等方面将进一步提升。现阶段发动机仍然是车用动力的主要部分，其高效率、低碳排放是主要的技术发展趋势。

回顾过去，以新能源和智能化为特征的新一轮产业变革中，中国车企借助新能源汽车的先发优势，成为引领全球汽车产业转型升级的重要力量。立足当今，汽车产业作为国民经济的重要支柱产业，是我国加快推进新型工业化、实现经济高质量发展的重要支撑，产业发展仍存在传统骨干整车企业转型升级滞后、部分关键技术尚需突破、产业布局有待优化等问题。与国际先进企业相比，国内企业在底层技术创新、供应链管理等方面还存在不小的差距。与此同时，随着网络安全、数据安全等新问题的出现，又催生出与传统汽车安全性问题不同的新型汽车安全性问题，需要有关各方共同应对解决。我们也将继续加强跟踪研究，努力在新年度的报告中体现这些内容，从产业链、供应链的不同角度评析汽车产业及其相关技术的发展现状、问题，提出高质量发展建议。

最后，本书的编写出版凝聚了行业协会、研究机构、主机厂、零部件供应商等行业主体力量，谨此向为本书提供支持和帮助的相关单位和专家学者致以衷心感谢！鉴于编写时间仓促和经验水平有限，书中难免存在疏漏和不足之处，恳请各位专家、同行和读者批评指正。

《中国汽车产业与技术发展报告（2023）》编委会
2023年12月

目　　录

Part 1　总报告篇 ·· 1

　　第一章　2022 年中国汽车产业与技术发展综述 ··· 2

Part 2　政策篇 ·· 18

　　第二章　汽车产业政策法规体系走向 ·· 19
　　第三章　汽车行业《公告》管理事中事后监管现状 ·· 35
　　第四章　汽车产业绿色低碳转型发展研究 ·· 46
　　第五章　汽车行业碳排放管理现状和发展建议 ·· 52
　　第六章　汽车网络安全、数据安全现状与行业实践 ·· 63

Part 3　标准篇 ·· 73

　　第七章　新能源汽车标准体系现状及趋势 ·· 74
　　第八章　智能网联汽车标准体系现状及趋势 ··· 86
　　第九章　汽车行业团体标准化现状及趋势 ·· 95

Part 4　市场篇 ·· 103

　　第十章　2022 年乘用车市场情况及趋势 ··· 104
　　第十一章　2022 年货车市场情况及趋势 ··· 111
　　第十二章　2022 年专用汽车市场情况与趋势 ··· 120
　　第十三章　2022 年新能源汽车市场情况及趋势 ·· 133

Part 5　车型篇 ·· 143

　　第十四章　2022 年乘用车新车型特征 ·· 144
　　第十五章　2022 年商用车新车型特征 ·· 159
　　第十六章　2022 年专用汽车新车型特征 ··· 176
　　第十七章　2022 年新能源汽车新车型特征 ·· 197

Part 6　技术篇 ·· 216

　　第十八章　节能与新能源汽车技术发展与应用 ··· 217
　　第十九章　燃料电池汽车产业与技术发展 ··· 242
　　第二十章　基于国家监管平台的新能源汽车安全运行分析 ······································ 251
　　第二十一章　智能网联汽车技术发展与应用 ·· 262

| 第二十二章 | 乘用车绿色性能测评方法及测评结果分析 | 277 |
| 第二十三章 | 汽车先进检测技术及装备发展 | 297 |

Part 7　供应链篇　313

第二十四章	2022年国产车规级芯片发展与应用	314
第二十五章	2022年动力电池产业与技术发展	322
第二十六章	2022年汽车发动机产业与技术发展	337

附录　352

Part 1　总报告篇

第一章 2022年中国汽车产业与技术发展综述

邱彬，王芳[*]

摘要：本章基于《道路机动车辆生产企业及产品公告》、机动车出厂合格证数据、财税优惠目录、乘用车"双积分"情况等汽车行业资料及数据，对2022年中国汽车产业运行特征和技术发展进行了全面的系统梳理和深入分析。回顾2022年，受多种因素影响，我国汽车生产运行持续承压。2023年，为进一步通过扩大汽车消费、发展新能源汽车保障国民经济稳定运行，本章主要从产业和技术发展情况、新形势下汽车行业的发展机遇和挑战等方面展开，剖析中国汽车产业发展现状及结构亮点，展望行业整体发展趋势。

关键词：汽车产业；技术发展；高质量发展。

第一节 2022年中国汽车产业发展情况

中国汽车产业在经济社会发展和生态文明建设中的重要作用和战略价值日益凸显。当前，中国汽车制造业增加值约占全国工业增加值的7%，汽车销售额占全国商品零售额、汽车相关产业税收占全国税收、从业人员占全国城镇就业人数的比例连续多年均超过10%，产业结构向电动化、网联化、智能化快速演进，为我国工业经济持续恢复发展、稳定宏观经济增长贡献了重要力量。2023年中央经济工作会议提出"要把恢复和扩大消费摆在优先位置"，明确支持新能源汽车消费。伴随燃油车购置税减半和新能源汽车补贴政策的退出、防控政策的放宽和外部环境日趋复杂严峻，分析和研判2023年汽车产业与技术发展趋势成为行业重点关注的热点问题。

一、中国汽车产业呈现短期承压、长期稳定向好的发展态势

（一）多种因素导致2022年中国汽车生产运行持续承压

受新冠感染散发多发、市场需求恢复相对较弱、企业盈利能力下降、原材料价格上涨等多重因素综合影响，2022年中国汽车生产运行持续承压。根据机动车出厂合格证数据统计，2022年中国汽车累计生产2433.0万辆，同比下降4.8%，再度出现年度性负增长。分产品类型看，乘用车累计生产2116.4万辆，同比增长6.3%，占比为87%，整体保持稳定增长态势；商用车累计生产316.6万辆，同比下降43.9%，占比为13%，拖累行业整体增速。如图1-1所示为2014—2022年中国汽车生产运行走势。

---

[*] 邱彬，正高级工程师，工业和信息化部装备工业发展中心综合处兼经营管理处处长；王芳，高级工程师，任职于工业和信息化部装备工业发展中心数据管理处。

第一章 2022年中国汽车产业与技术发展综述

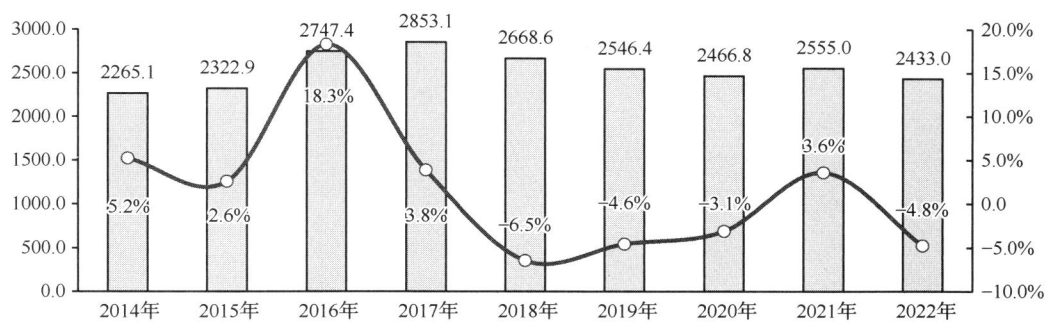

图 1-1　2014—2022 年中国汽车生产运行走势

数据来源：机动车出厂合格证，不含出口

分月度看，2022 年 3 月中旬以来，吉林、上海、江苏等地新冠感染对我国汽车产业链造成严重冲击，4 月产量同比下滑幅度达 51%；下半年随着复工复产的全面推进，以及燃油车购置税减半等鼓励汽车消费政策的落地显效，汽车生产加速恢复；但进入四季度，国内新冠感染再次反复，叠加外部环境更趋复杂不确定，市场表现不及预期。年度增速呈现"两端低、中间高"走势，如图 1-2 所示为 2021—2022 年中国汽车月度生产运行走势。

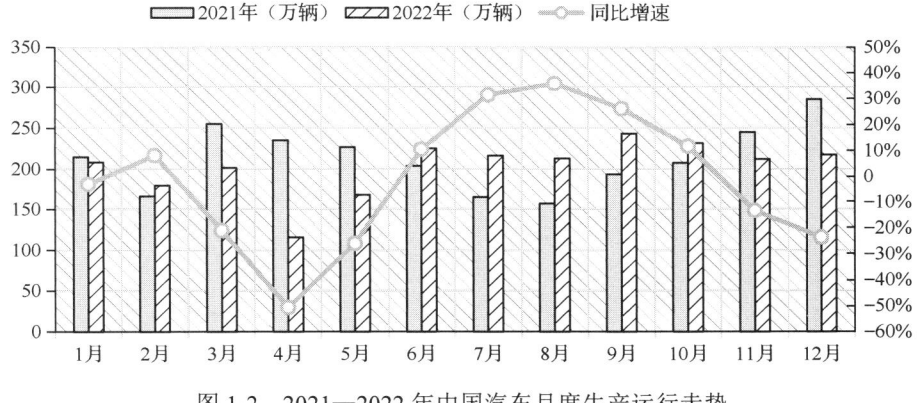

图 1-2　2021—2022 年中国汽车月度生产运行走势

数据来源：机动车出厂合格证，不含出口

（二）2022 年中国新能源汽车迎来爆发式增长

2022 年，在政策和市场的双重作用下，中国新能源汽车产业进入全面市场化拓展期，市场渗透率快速提升。根据机动车出厂合格证数据，2022 年中国新能源汽车产量达 632.9 万辆，同比增长 93.7%，市场份额达 26.0%，相比 2021 年提升 13.2 个百分点，市场规模连续八年保持全球第一，成为引领全球汽车产业转型升级的重要力量。分月度看，年底新能源汽车补贴等政策到期，推动 11 月、12 月产量连续突破 70 万辆，市场渗透率跨越 30%。分车型来看，新能源乘用车产量达 597.8 万辆，同比增长 95.6%，市场份额达 28.2%。

分技术类型看，纯电动乘用车产量达 451.5 万辆，同比增长 78.9%，占新能源乘用车产量的 75.5%；插电式混合动力乘用车产量达 146.3 万辆，同比增长 1.7 倍，占新能源乘用车产量的 24.5%。以比亚迪 DM-i 系列产品、理想、赛力斯等为代表的新品效应成为拉动"插电混动"市场增长的主要因素。在新能源商用车方面，随着"双碳"目标的稳步推进，商用车电动化进程加快，2022 年新能源商用车产量达 35.2 万辆，同比增长 67.1%，市场份额达 11.1%。如图 1-3 所示为 2021—2022 年中国新能源汽车月度生产运行走势。

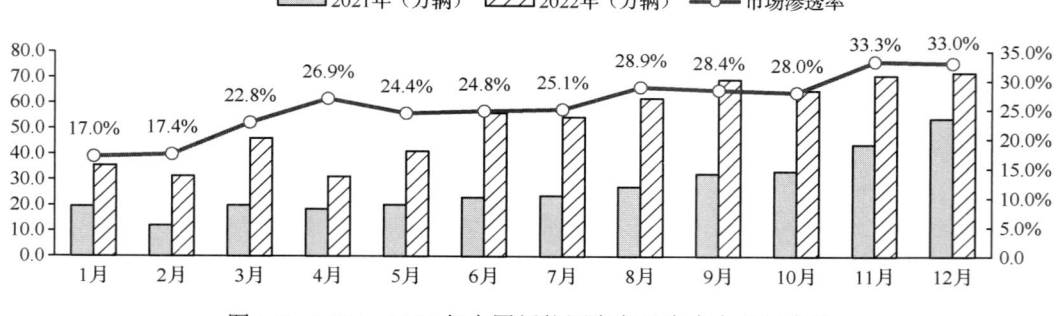

图 1-3　2021—2022 年中国新能源汽车月度生产运行走势

数据来源：机动车出厂合格证，不含出口

（三）汽车出口继续保持较高水平，车企加速开拓海外市场

自全球疫情发生以来，得益于中国高效统筹防控和经济社会发展、汽车产业链供应链相对完善且运行稳定等因素，中国汽车产业链发展韧性较强的优势充分体现，汽车出口市场近两年表现为超强增长态势。根据海关总署数据统计，2022 年中国汽车（含底盘）出口 332.0 万辆，同比增长 56.8%，自 2021 年首次突破 200 万辆大关之后，实现跨越 300 万辆，汽车出口继续保持较高水平。分车型看，2022 年中国乘用车出口 267.2 万辆，同比增长 62.9%；商用车出口 64.9 万辆，同比增长 35.8%。近年来，中国车企陆续将研发中心、生产工厂、销售渠道等向海外市场迁移，通过直接投资模式推动中国品牌成功出海。从出口地区分布来看，欧洲和北美成为中国汽车出口的两大增量市场，中国汽车产品国际市场地位进一步得到巩固。如图 1-4 所示为 2005—2022 年中国汽车出口量（含底盘）。

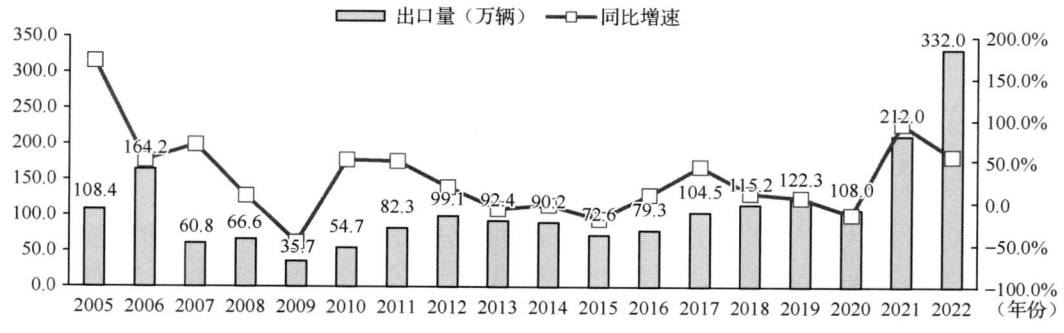

图 1-4　2005—2022 年中国汽车出口量（含底盘）

数据来源：海关总署

第一章　2022年中国汽车产业与技术发展综述

（四）中国品牌乘用车国内市场占有率首次突破50%，头部企业优势更加突出

中国品牌在汽车产业链复工复产有序推进中率先实现正向增长，体现出中国品牌在产业链方面的强保供能力与核心零部件国产化替代的加速推进。中国品牌逐步建立起与零部件厂商紧密的合作关系，多方位保障产业链顺畅，生产率先恢复，推动2022年中国品牌乘用车国内市场占有率首次突破50%。此外，中国品牌在燃油汽车产品上通过压缩自身盈利空间，降低产品价格，打造产品越级性能体验，消费者逐步感受到国内汽车品牌产品竞争力的显著提升。在新能源汽车领域，中国品牌传统整车厂与造车新势力走在世界前列，产品竞争力保持国际领先水平，对燃油汽车的替代持续加速，带动市场占有率显著提升。以比亚迪为代表的传统中国车企和以蔚来、小鹏、理想等为代表的国内造车新势力抓住新能源乘用车发展契机，形成新技术应用多、技术配置高等品牌优势，引领中国品牌和产品向上发展趋势。2022年，中国品牌纯电动乘用车产量达370.0万辆，占纯电动乘用车产量的82%；中国品牌插电式混合动力乘用车产量提升至132.9万辆，占插电式乘用车产量的91%。

（五）多项利好政策继续加大，营造良好产业发展环境

2022年以来，随着国内防控政策不断优化调整，汽车生产运行的扰动因素消退，供需两端持续发力，推动汽车生产恢复，刺激短期消费需求。在供给端，为应对疫情对汽车生产带来的严重冲击，2022年全力保障汽车产业链、供应链畅通稳定，积极引导上游原材料价格理性回归，着力保障汽车芯片的生产供应，发布实施了道路机动车辆生产企业和产品准入管理一系列便企服务措施，营造了汽车产业良好的发展环境。2022年，工业和信息化部发布第352～366批共15批《道路机动车辆生产企业及产品公告》（以下简称《公告》），第1～12批《新能源汽车推广应用推荐车型目录》。在需求端，全国层面的燃油车购置税减半等一系列刺激汽车消费政策频出，新能源汽车免征购置税延期到2023年底；地方层面多以发放消费券的方式对消费者进行购车补贴。

积极推动"双碳"目标落地实施，促进汽车产业绿色低碳转型升级。2022年7月7日，工业和信息化部公开征求对《关于修改〈乘用车企业平均燃料消耗量与新能源汽车积分并行管理办法〉的决定（征求意见稿）》的意见，进一步倒逼企业加快电动化转型步伐，顺应国家"双碳"发展战略。2022年8月1日，工业和信息化部等三部门联合发布《关于印发工业领域碳达峰实施方案的通知》，明确到2030年新增新能源、清洁能源动力的交通工具比例达到40%左右。

健全车辆生产管理法治体系，先行先试创新智能网联汽车产品监管制度。2022年10月28日，工业和信息化部向社会公开征求对《道路机动车辆生产准入许可管理条例（征求意见稿）》的意见，进一步建立健全道路机动车辆生产企业和产品许可管理体系，构建智能网联汽车、自动驾驶技术等新产品新技术新模式的监管框架，同时有利于行业管理部门依法依规清退"僵尸"企业，淘汰落后产能，全面提升产业竞争力。2022年11月，工业和信息化部会同公安部组织起草《关于开展智能网联汽车准入和上路通行试点工作的通知（征求意见稿）》，提出通过开展试点工作，引导智能网联汽车生产企业和车辆使用主体加强能力建设，在保障安全的前提下，促进智能网联汽车产品的功能、性能提升

和产业生态的迭代优化。

强化汽车数据安全、网络安全监督要求，推动智能网联汽车产业创新发展。2022年，工业和信息化部发布《工业和信息化领域数据安全管理办法（试行）》，将数据安全管理重点放在数据分类分级和数据全生命周期安全管理上，对不同类型、不同级别的数据实行差异化保护，有利于促进智能网联汽车新技术、新业态的创新应用与发展。同时，为贯彻落实《关于加强智能网联汽车生产企业及产品准入管理的意见》，进一步规范汽车软件在线升级，工业和信息化部装备工业发展中心发布《关于开展汽车软件在线升级备案的通知》，支持OTA（空中下载技术）升级应用，保证汽车产品符合法律法规、标准、技术规范的要求。

二、产业链供应链优化升级，全面向上发展的内生动力显现

（一）市场需求仍有较大空间，城乡联动发展成效显著

汽车保有量突破3亿辆，市场发展空间充足。根据公安部数据统计，截至2022年12月底，中国汽车保有量达3.19亿辆，占机动车总量的76.59%，持续保持稳定增长。从"千人保有"来看，我国千人汽车保有量由2012年的89辆提高到2022年的226辆，已超过世界平均水平，但仍显著低于发达国家水平。目前，发达国家千人汽车保有量总体在500～800辆的水平，说明我国千人汽车保有量仍有较大的增长空间。未来随着居民收入的不断提高，消费不断升级，城市化逐步推进，预计汽车保有量也将在较长一段时间内持续平稳增长。

汽车保有量超过百万辆级的城市快速增加，城乡差别逐渐缩小。从城市市场发展格局来看，2022年全国有84个城市的汽车保有量超过百万辆，与2021年相比增加了5个。北京、成都、重庆、上海超过500万辆，苏州、郑州、西安、武汉超过400万辆，深圳、东莞、天津等13个城市超过300万辆。从城乡发展态势看，于2020年7月启动的新能源汽车下乡活动，共计发布了6批累计近200款下乡车型，带动新能源下乡车型累计销售410多万辆，其中2020年下半年、2021年、2022年新能源汽车下乡的车型销量同比分别增长80%、169%、87%，保持了较快的增长势头。新能源汽车下乡的普惠效应不仅激发农村地区消费潜力，同时推动充换电基础设施建设不断下沉至乡镇和农村地区，有助于缩小城乡差别，进一步完善城乡联动发展。

（二）新能源汽车产业集群发展壮大，制造业发展仍有韧性

中国新能源汽车产业集群主要集中在长三角、珠三角等地区，对推动促进区域经济发展以及新能源汽车产业链、供应链的保障发挥了重要作用。根据机动车出厂合格证数据统计，从各省（自治区、直辖市）新能源汽车产量来看，长三角地区新能源汽车产量为207.5万辆，同比增长98.0%，西部、京津冀、长江中游地区汽车产业集群同比增长率均在120%以上。前三名地区为广东、陕西、江苏，三地新能源汽车总产量达224.6万辆，占总产量的35.5%；前十名地区新能源汽车产量达538.8万辆，占总产量的85.1%，其中西安、长沙借助比亚迪汽车的强势增长，助力陕西、湖南成为新能源汽车生产的主要区域。2022年全国有33个城市的新能源汽车保有量超过10万辆，其中，上海、深圳、

北京、杭州、广州超过 50 万辆，成都、天津、郑州、重庆、苏州、武汉、西安、长沙超过 20 万辆。

面对复杂严峻的国际环境和国内新冠感染散发等多重考验，汽车制造业发展仍有韧性。根据国家统计局数据（见图 1-5），2022 年汽车制造业实现营业收入 9.29 万亿元，同比增长 6.8%，高于全国规模以上工业企业营业收入增长率 0.9 个百分点，占全国规模以上工业企业营业收入总额的 6.7%，同比降低 0.1 个百分点，在 41 个工业大类行业中位居第三，汽车制造企业引领带动作用仍然显著；实现利润总额 5319.6 亿元，同比增长 0.6%，较上一年增速放缓 1.3 个百分点。

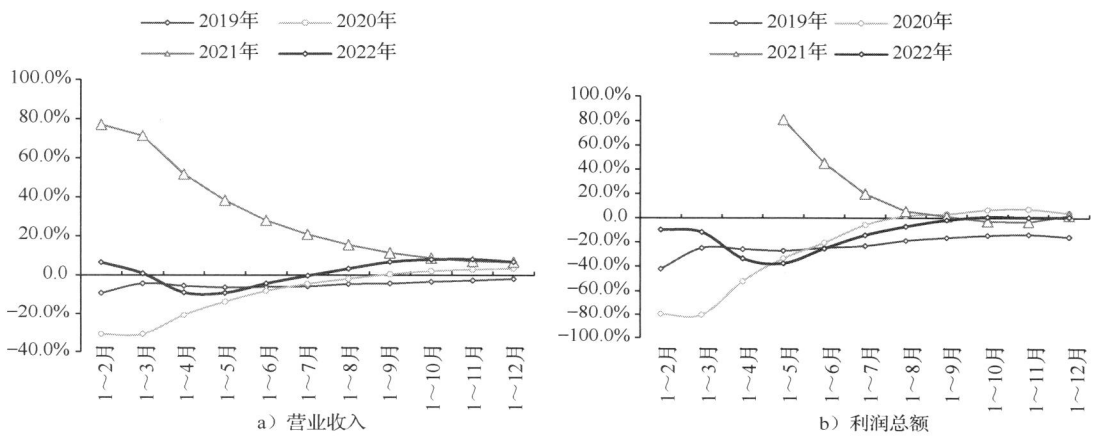

注：由于同期基数较低原因，2021 年汽车制造业前四个月的营业收入和利润总额增速较高，不在图中显示。

图 1-5 2019—2022 年中国汽车制造业营业收入与利润总额增速

数据来源：国家统计局

（三）零部件保障供应能力提升，专业化发展取得新成效

经过多年的发展，零部件领域逐步形成长三角、中部、珠三角、京津冀、西南和东北六大零部件集群，占据全行业产值的 80%，其中，长三角集群零部件企业主营业务收入占全国比重达 27.8%，是我国最大的零部件产业集群。

随着中国汽车零部件产业专业化发展，国内部分零部件制造企业的生产规模、研发实力和整体技术水平不断提升，在专业细分领域出现了具有全球竞争力的优势企业。根据机构统计排名，全球汽车零部件企业百强榜中，2022 年共有 14 家中国汽车零部件企业入选，有 2 家是新增企业，有 6 家较 2021 年排位有所提升。在 2022 年中国汽车零部件企业百强榜中，排在前五位的分别是潍柴集团、华域汽车、宁德时代、北京海纳川、均胜电子。其中，潍柴集团零部件业务收入达到 2610.36 亿元，位居榜首。百强企业零部件业务收入突破百亿元的有 36 家企业，其中，潍柴集团和华域汽车收入均超过了千亿元。宁德时代进入榜单前三，主要是由于新能源汽车市场的发展，锂电池等汽车零部件需求量快速上升。

关键核心零部件企业加速国内产品配套和技术研发，汽车生产供应链体系日趋健全完善。从动力电池企业来看，全球份额最高的前十家企业中，中国企业占据六个席位，

以"一超多强"的模式抢占全球市场。从国内来看，2022年共计55家动力电池企业在产或有动力电池产品装车，装车量前10名的电池企业名单基本稳定，装车量合计280.4GWh，占比为94.9%，较2021年提升2.6个百分点，其中，宁德时代依然以高装车量、高份额保持第一，占比为48.8%，较2021年下滑3.6个百分点；比亚迪装车量占比为23.4%，较2021年大幅提升7.1个百分点，排名第二，头部企业对推动行业发展起着重要的作用。

三、汽车产业结构向电动化、网联化、智能化加速调整

（一）碳中和背景下全球汽车电动化加速转型，中国保持领先优势

新能源汽车作为全球汽车产业绿色发展、低碳转型的重要方向，世界各国持续加大对其的发展支持力度。2022年，全球新能源汽车销量首次突破千万辆，达1084万辆，同比增长69.4%，市场渗透率快速提高至13.8%，较2021年提升6.1个百分点。分国别看，中国新能源汽车销量达688.7万辆，连续八年蝉联全球第一，全球占比达63.5%（见图1-6），市场渗透率升至25.6%，提前三年完成《新能源汽车产业发展规划（2021—2035年）》中所明确的"2025年新能源汽车新车销售量达到汽车新车销售量的20%左右"的目标。美国持续加大新能源汽车支持力度，全年销量约100万辆，增长率为49.4%，连续两年占据全球新能源汽车第二大市场位置，市场份额为9.2%。韩国、德国和瑞典的新能源汽车销量分别同比增长57.6%、22.7%和20.5%，其中，德国新能源汽车全球销量位居第三。近几年来，随着国内新能源汽车市场呈现爆发式增长，本土及外资厂家把更多资源投放在新能源汽车领域，包括中国品牌、造车新势力在内的新能源汽车的整体质量和智能化程度不断提升，消费者购买意愿加速转换。截至2022年12月底，我国新能源汽车保有量达1310万辆，占汽车总量的4.10%，同比增长67.13%，其中，纯电动汽车保有量为1045万辆，占新能源汽车总量的79.8%。

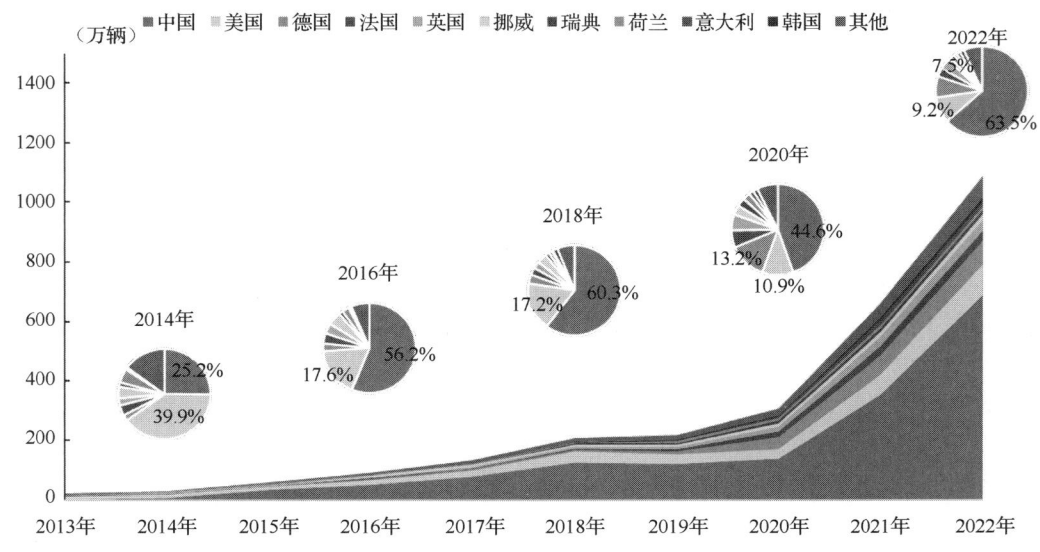

图1-6　2013—2022年全球新能源汽车销量及市场份额示意图

数据来源：Marklines

（二）智能网联汽车市场化应用加快推进，测试示范管理更为精细化

随着互联网、大数据、云计算、人工智能、5G 通信等科学技术的快速发展，智能网联汽车已然成为汽车产业发展的重要战略方向。近些年，在全球疫情持续演变、汽车芯片供应紧张等复杂形势下，通过开展道路测试示范应用和推动准入试点，我国整车企业、汽车零部件企业、互联网企业等持续加快推进汽车智能化的技术研发，智能网联汽车产业在多方合力下快速发展，商业化落地加快。从市场表现看，2022 年，我国 L2 智能网联乘用车（具备自适应巡航或全速自适应巡航，同时又配备车道保持辅助系统的车型）新车销量达 694.08 万辆，同比增长 45.6%，市场渗透率达 34.9%。其中，新能源汽车 L2 功能渗透率达到 45.7%，远超燃油汽车，电动化与智能化、网联化深度协同发展。从测试示范应用看，截至 2022 年底，工业和信息化部、公安部和交通运输部累计授牌国家级智能网联汽车测试示范区（场）17 家，工业和信息化部授牌车联网先导区 4 家，住房和城乡建设部、工业和信息化部联合批复智慧城市基础设施与智能网联汽车协同发展试点城市 16 个。北京、上海等智能网联汽车测试示范经验比较丰富的城市，在相关先行先试工作中处于领先位置，测试示范管理更为精细化，前瞻性及可操作性更强，测试示范逐步由通用性测试管理向具体场景示范运营过渡。截至 2022 年底，全国累计开放超过 10000 千米测试道路，共计 90 多家企业申请超过 2000 张各类测试示范牌照，安全测试里程超过 4000 万千米。

第二节　中国汽车技术发展情况

一、乘用车行业平均油耗显著改善

得益于国家政策的引导和企业在新技术、新产品上的大力推广，2022 年新能源汽车产量快速提升，带动行业平均燃料消耗量显著改善。初步测算，2022 年乘用车行业平均燃料消耗量为 4.10L/100km，同比下降 19.6%，提前实现 2025 年 4.60L/100km 的油耗目标。其中，国产乘用车平均燃料消耗量约 3.99L/100km，同比下降 20.0%；进口乘用车平均燃料消耗量继续维持高位，约 7.66L/100km（见图 1-7）。

二、先进节能技术应用比例进一步深化

（一）发动机涡轮增压、缸内直喷等传统节能技术搭载率稳步提高

随着节能减排法规日趋严格及技术不断迭代升级，汽油直喷、长冲程、高压缩比、高滚流燃烧系统、米勒/阿特金森循环、涡轮增压、废气再循环（EGR）、水冷中冷、变排量机油泵、电子水泵、低黏度机油及低摩擦技术等先进节能技术在传统发动机上已广泛应用。根据《公告》及机动车出厂合格证数据统计，国产汽油乘用车搭载涡轮增压、缸内直喷技术的车型产量占比已连续三年超过 60%，其中 2022 年缸内直喷搭载率突破 70%，同时搭载涡轮增压、缸内直喷两种节能技术的车型产量占比突破 60%（见图 1-8）。

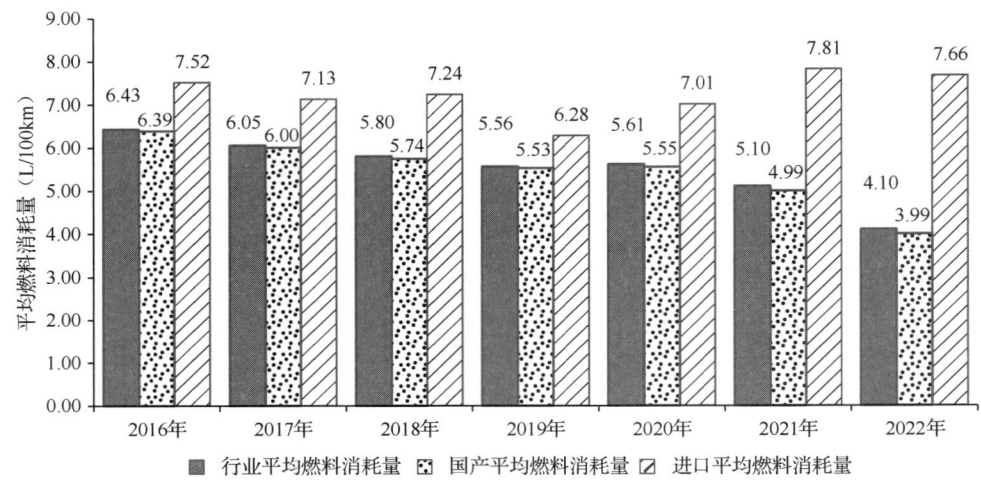

图 1-7　2016—2022 年乘用车平均油耗变化趋势

数据来源：乘用车企业平均燃料消耗量与新能源汽车积分管理平台

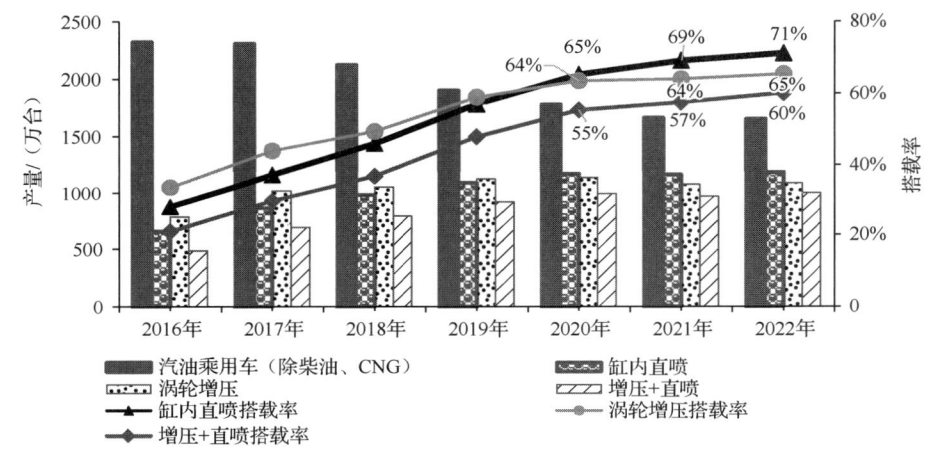

图 1-8　2016—2022 年汽油乘用车技术搭载情况

数据来源：《道路机动车辆生产企业及产品公告》及机动车出厂合格证

（二）变速器加速向自动化、多挡化方向发展

自动变速器搭载率连续两年超 90%，其中，CVT、DCT 搭载率在 2022 年突破 30%。自动变速器能够根据行驶工况输出最佳变速比，使发动机运行在高效区域，从而改善燃油经济性。近年来，无级自动变速器（CVT）、双离合自动变速器（DCT）、液力自动变速器（AT）等自动变速器在乘用车上的普及程度日益提高，2022 年自动变速器搭载率达 92.8%（见图 1-9），较 2021 年提升 2.8 个百分点。其中，CVT、DCT 搭载率分别为 31.4%、32.1%，首次突破 30%。

自动变速器高效化趋势明显（见图 1-10）。2022 年，6 挡及以上变速器（含 CVT）应用基本普及，搭载率达 95.4%，7 挡及以上变速器（含 CVT）应用比例提升明显，搭载率达 81.7%，比 2021 年提升 6.2 个百分点。

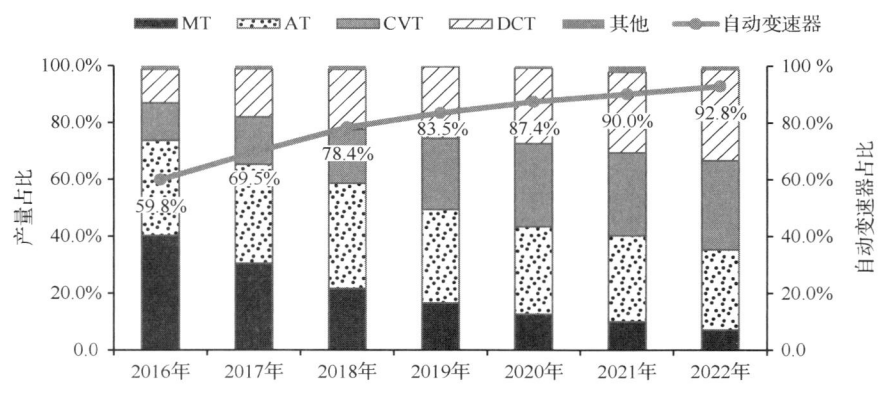

图 1-9　2016—2022 年乘用车变速器型式占比情况

数据来源：《道路机动车辆生产企业及产品公告》及机动车出厂合格证

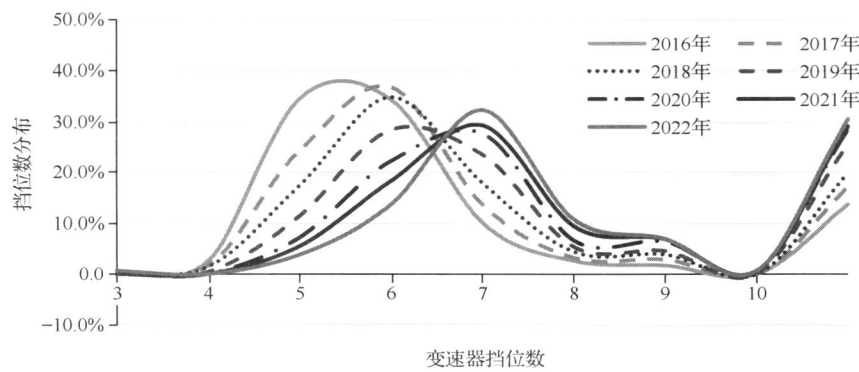

图 1-10　2016—2022 年乘用车变速器挡位数分布情况

数据来源：《道路机动车辆生产企业及产品公告》及机动车出厂合格证

（三）混合动力技术快速追赶，增幅连续三年超 40%

混合动力（普通混合动力，不含插电式混合动力）车型通过发动机、动力电池、发电机、驱动电机、混动箱的协同工作，使动力系统全域高效化运行，显著改善燃油经济性，逐渐成为企业节能降耗的重要技术路线，市场认可度不断提升。近年来，在政策与市场的双重推动下，混合动力乘用车市场规模、占比稳步增长，2022 年产量规模达 88.1 万辆，同比增幅达 44.7%，产量增幅连续三年超过 40%。其中，本田的 i-MMD 混动技术处于领先地位，第四代 i-MMD 混动系统在搭载的阿特金森循环发动机采用缸内直喷技术使热效率达到了 41%，并使用能量密度更高的电池实现了更长的纯电续驶里程。

三、新能源汽车整车及关键技术指标稳步提升

（一）整车续驶里程、能耗等关键指标持续优化

平均续驶里程稳步提升，高续驶里程车型规模进一步扩大（见图 1-11）。2022 年，

国产纯电动乘用车平均续驶里程为 424km，同比增长 9.0%，其中续驶里程超过 500km 的车型产量为 189.3 万辆，占比为 41.9%，相比 2021 年提升 14.1 个百分点；低于 200km 的纯电动乘用车产量为 61.7 万辆，占比为 13.7%，相比 2021 年下降近 5 个百分点。此外，新车平均电能消耗量为 12.35kWh/100km，相比 2016 年下降 21.5%。

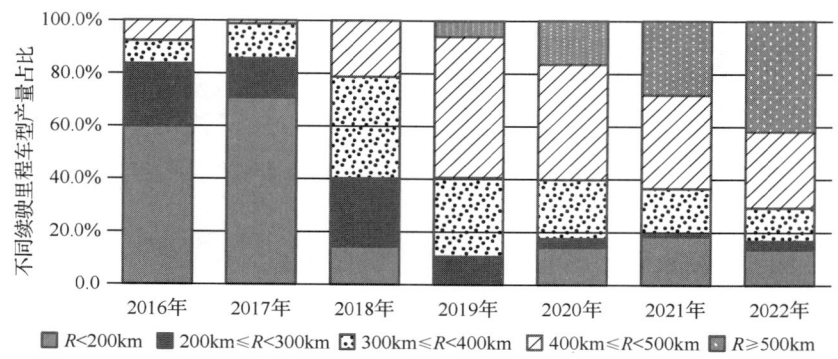

图 1-11 2016—2022 年纯电动乘用车续驶里程分布情况

数据来源：《道路机动车辆生产企业及产品公告》及机动车出厂合格证

（二）动力电池系统能量密度稳步提高，贴合市场多元化需求

2022 年，我国磷酸铁锂电池装车量为 1775.0 亿瓦时，占比为 65.9%，三元材料电池装车量达 1077.8 亿瓦时，占比为 36%。其中，搭载三元材料动力电池的纯电动乘用车中，电池系统能量密度超 160Wh/kg 的车型产量占比为 77.5%，较 2021 年提升近 10 个百分点；搭载磷酸铁锂的纯电动乘用车中，电池系统能量密度超 140Wh/kg 的车型产量占比为 50.3%，相比 2021 年提升近 12 个百分点（见图 1-12）。新车型方面，根据《新能源汽车推广应用推进车型目录》统计，2022 年纯电动乘用车平均能量密度为 151.1Wh/kg，其中，能量密度超 160Wh/kg 的车型共 253 个，占纯电动乘用车新车型总数的 41.3%。

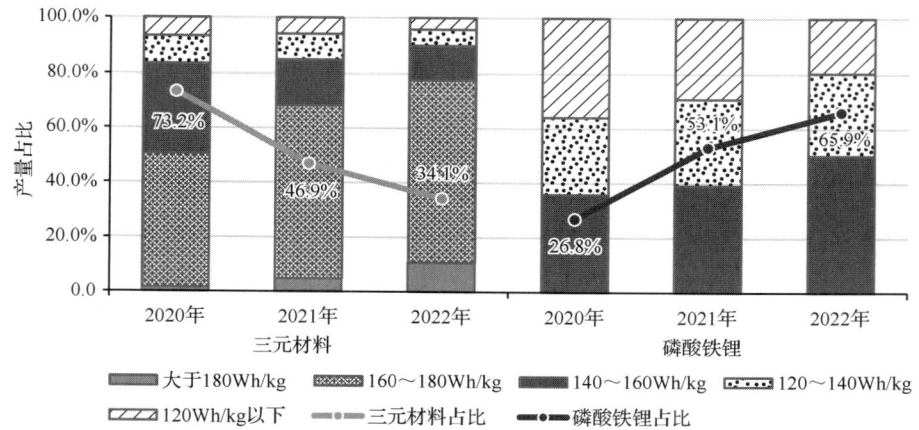

图 1-12 2020—2022 年纯电动乘用车搭载不同材料动力电池分布情况

数据来源：《道路机动车辆生产企业及产品公告》及机动车出厂合格证

四、智能网联汽车关键技术持续突破

（一）车端关键技术不断突破

在环境感知技术方面，半固态激光雷达前装开始应用，FLASH 技术纯固态激光雷达即将量产；部分企业积极布局 4D 毫米波雷达；800 万像素车载摄像头前装规模明显上升。在决策技术方面，车载基础计算平台实现装车应用，人工智能芯片算力达到国际先进水平，行业正在积极构建开源开放的智能驾驶操作系统。在控制执行技术方面，底盘线控制动、线控转向技术逐渐成熟，系统一体化控制水平逐步提升。在整车集成方面，域控制器产品正在由单域控制向跨域融合过渡，具有高速/快速路、城市道路、低速封闭环境的停车场（库）三大场景的智能驾驶功能的产品实现量产。

（二）信息交互技术构筑领先优势

我国 C-V2X 在频谱管理、标准体系、技术研发、测试验证、终端应用等方面快速发展。围绕 C-V2X 芯片、终端和系统等产品的全产业链初步形成，网联技术路径和产业生态体系正在形成。工业和信息化部组织开展"新四跨""智行杯"等 C-V2X 大规模示范应用，推动建立"车—路—网—云"全面连接、高效安全的城市智慧交通出行生态。多款前装 C-V2X 的车型发布并推动量产前装和规模化应用落地，C-V2X 产业化进程全球领先。截至 2022 年 12 月，一汽、北汽、上汽、广汽、长城、吉利、比亚迪、蔚来等企业均已经量产或发布前装 C-V2X 车型，实现支持绿波车速、红绿灯信号、闯红灯预警、绿灯起步提醒、道路信息广播等 V2X 场景。

（三）路端智能化水平不断提升

全国各地示范区、先导区积极探索，全国各地路侧基础设施建设超过 6000 套，5G 基站开通超过 231.2 万个。在城市道路方面，无锡、天津、长沙、重庆、北京、成都、德清、广州、合肥、柳州、深圳等重点城市加快推动车联网基础设施规模化部署。在高速公路方面，延崇高速、成宜高速、长沙绕城高速、石渝高速、杭州机场高速、江苏高速、山东高速等正在开展车联网基础设施建设。例如，北京已经完成示范区 2.0 阶段的建设，在亦庄 60 平方千米的范围内，实现了 300 多个数字化智能路口基础设施的全覆盖。无锡已完成 800 个点段智能化基础设施改造工作，并在重点路口、路段实现高级别基础设施部署，加强交通与其他领域智慧城市基础设施的联动与互通。

（四）各地积极开展云端平台建设

我国率先提出了"车路云一体化"智能汽车发展路径，云控基础平台建设已在部分示范区启动，开启探索性运营示范，初步建立了网联云控对外服务能力，实现了车路数据融合和云控协同感知、协同决策、协同控制等网联自动驾驶应用落地。北京建成网联云控系统，完成 9 大功能平台模块设计，可检测包括逆行、车辆故障、异常停车等在内的 17 类交通事件，逐步实现从基础数据推送、道路事件检测播报到协同感知安全提醒的服务能力；上海建设一体化云平台，打通车路网云数据链，开展车端、路端和云端数据传输试验验证。

（五）高精度地图与定位技术有效支撑自动驾驶实现

我国已经完成全国三十余万千米高速公路与城市快速路的高精度地图采集，相关高精度地图产品已经在部分量产车型上得到应用，能够实现厘米级定位，结合路径导航完成辅助驾驶。在高精度地图更新技术上，探索众包等多种采集方案，为未来高精度地图快速更新提供支持。自 2020 年 7 月完成组网以来，北斗卫星在轨运行稳定，北斗三号全球卫星导航系统范围实测定位精度水平方向优于 2.5 米，垂直方向优于 5.0 米，千寻位置等差分定位服务商在全国范围内建设 RTK 地基增强站超过 2800 个，可输出实时可靠的高精度位置、速度、时间、姿态等信息。

第三节 中国汽车产业发展的机遇和挑战

党的二十大报告指出，高质量发展是全面建设社会主义现代化国家的首要任务。当前，我国汽车产业已完成了"从小到大"的转变，正在加快"由大变强"的进程，国家对汽车产业的重视程度不断提升，明确了建设制造强国必须建设汽车强国的战略定位，并将其列入稳增长、保就业的重点领域之一。在国内宏观经济持续复苏、多项利好政策持续发挥作用、车企产品加速投放等有利因素的推动下，2023 年我国汽车生产呈现稳定恢复走势。分季度来看，一季度受透支影响，汽车生产明显承压，但二季度随着透支效应和价格战影响减弱，产量有所恢复，三季度开始逐步回归常态化增长态势，全年汽车生产运行呈现"前低后高"的走势。

一、经济基本面稳中向好，有利于释放 2023 年汽车需求潜力

从历史规律和国际经验看，汽车市场的走势与经济发展呈现较强的正相关性。2023 年，我国把发展重点放在"推动经济运行整体好转"及"提振市场信心"上，支持新能源汽车消费成为扩大内需战略的重要组成部分，未来经济延续复苏态势有诸多有利条件。一是居民收入增长有所恢复，消费场景改善，消费倾向回升，就业形势总体稳定，内需潜力将进一步释放。二是重大项目建设加快推进，基建投资继续发挥稳增长重要支撑作用，制造业技术改造投资力度加大。三是我国产业链供应链齐全，配套能力强，出口仍具备结构性优势。总体来看，我国经济运行有望持续整体好转，其中 2023 年一季度 GDP 同比增长 4.5%，社会生产生活秩序恢复超出预期，二季度在低基数影响下增速明显回升，全年 GDP 增速有望保持在 5% 以上，保障我国汽车生产呈现稳中有增走势。与此同时，2022 年实施的一揽子稳经济和接续措施，其效果将持续显现，2023 年还将加大宏观政策调控力度，我国汽车生产和消费信心有望进一步提升。

二、新品投放、旧车置换及报废更新需求成为车市增长重要支撑

一方面，随着平台化下新车型开发效率的提升，整车购置成本的下降，车企产品加速投放，刺激消费者换购需求加速转换。另一方面，虽然首购人群规模减小，但旧车置

第一章 2022年中国汽车产业与技术发展综述

换及报废更新需求给车市带来巨大的支撑。据公安部统计，截至2022年底，我国汽车保有量已达到3.19亿辆。基于保有量等多项指标，我们预估达到置换高峰期的在用车为1亿辆，同时有超过2000万辆在用车进入报废高峰期，这超过1.2亿辆规模的旧车置换及报废更新需求有望逐步转化为新车购买需求。

三、燃油汽车市场明显承压，合资车企面临更大挑战

在以新能源和智能化为特征的新一轮汽车产业变革中，传统燃油汽车产量逐年下行，2020—2022年分别同比下滑3.7%、4.7%和19.2%。燃油汽车市场承压给合资车企带来巨大压力：一方面，合资车企转型缓慢，在燃油汽车市场的优势逐步减弱，即使强势合资品牌也面临挑战，而部分合资品牌陆续退出中国市场。另一方面，得益于强供应链能力和在新能源汽车市场的主力地位，中国品牌新能源汽车在用车成本、智能化水平和驾驶体验等方面具备一定优势，对合资品牌挤压的态势愈发明显。尤其是2023年2月，比亚迪秦plus DM-i冠军版车型上市后，中国品牌持续拓展细分品类市场，新能源汽车价格也在不断下探，部分合资车企生存空间受到挤压。

四、全球经济和汽车供应链发展仍有风险和挑战

第一，2023年美欧经济体表现好于预期，但进口相对疲软，未能有效缓解全球需求萎缩，全球滞胀逐步演绎，不利于我国汽车出口。第二，俄乌冲突尚未出现明显的缓和迹象，美国在印太地区布局将加剧中美战略博弈，地缘政治冲突的不确定性较大，影响全球产业链、供应链安全。第三，能源与粮食价格大幅波动，全球供应链不稳压力持续，不利于全球经济平稳增长与汽车产业链、供应链畅通运转。从整体来看，随着汽车市场面临的外部环境日趋复杂，对汽车生产和消费构成一定压力。

五、企业对海外政策法规的把握和应变能力不强

国内车企在"走出去"过程中，普遍不能及时准确掌握海外各国整车产品准入要求，对海外政策、法规调整的应变能力存在短板，导致汽车出口尤其是新能源汽车出口容易出现合规风险或技术研发滞后的情况。例如，在欧盟整车准入方面，我国车企对于欧盟国家整车型式批准要求外的后市场监管要求缺乏获取渠道，导致产品出口存在合规风险。此外，行业对新GSR（一般安全法规）要求也缺少权威准确的解读信息，导致企业在法规校核方面存在难度，不利于我国新能源汽车出口发展。

六、安全问题日益凸显，网络安全、数据安全管理趋严

随着汽车智能化、网联化加速发展，网络安全、数据安全等新安全风险也在不断蔓延。作为智能网联汽车产业链的重要组成部分，汽车产品开发、供应链、应用服务等环节面临的网络安全风险都将影响行业的健康发展。同时，智能网联汽车作为数据应用载体，在提供服务的同时也带来了个人信息泄露、测绘地理信息无序采集、海量数据汇聚等数据安全风险。

第四节　中国汽车产业高质量发展的措施建议

一、优化政策供给，统筹推动产业发展全局

加强对产业发展新阶段面临问题的系统研究，联合相关部委落实助企纾困、稳定和扩大汽车消费政策。巩固和扩大新能源汽车发展优势，进一步加强新能源汽车下乡的支持力度，稳定行业企业市场预期，扩大新能源车企产销量以达到规模效应。优化发展环境，推动发布《道路机动车辆生产许可管理条例》，严格生产准入管理，遏制盲目投资和重复建设，重点关注智能网联"下半场"，支持新能源汽车融合创新发展。

二、健全标准法规体系，引导电动化、网联化、智能化发展

启动智能网联汽车准入和上路通行试点，组织开展城市级"车路云一体化"示范应用，支持有条件的 L3 及更高级别的自动驾驶功能商业化应用。发布新版智能网联汽车标准体系指南，推进功能安全、网络安全、操作系统等标准的制修订，加快新能源汽车与信息通信、智能交通、智慧城市、能源综合一体站等融合发展等标准。组织专题研讨，着力解决动力电池高效与安全运输问题。积极推动国内标准政策与国际接轨、引领，加强国内外标准协调，通过标准法规引导电动化、网联化、智能化发展。

三、支持创新突破，增强汽车产业链韧性

鼓励"链主"车企与跨行业、跨领域供应商建立紧密的合作开发伙伴关系，明确需求、快速反应，打破新兴技术的国际壁垒。加快新体系电池、车规级芯片、车用操作系统等关键技术攻关和产业化，推进"车路网云图"一体化发展，围绕智能驾驶体系部署攻关任务。开展高安全全气候动力电池、热泵空调、整车热管理等技术攻关，提升动力电池热失控技术标准，以进一步增强新能源汽车低温适用性和安全性，满足高寒地区消费者需求。

四、加大重点领域推广应用，恢复和扩大汽车消费

加快开展公共领域车辆全面电动化先行区试点，加快提升城市公交、物流、出租、环卫、重卡等车型电动化比例。持续开展新能源汽车下乡活动，鼓励企业开发更多先进的适用车型，进一步释放农村地区消费潜力。通过"中国汽车品牌向上发展"专项行动，支持优势企业加强质量管理，优化产能布局，以市场化、法治化方式推动僵尸企业退出和落后产能优化，推动集团化、规模化发展，加快培育具有国际竞争力的中国品牌。

五、坚持开放合作，推动企业"走出去"

充分利用已签自贸协定的优惠条件，抓住 RCEP（区域全面经济伙伴关系协定）和"一带一路"重大机遇，切实推动汽车产业国际产能合作，加大向发达国家出口新能源汽

车的支持力度。一是搭建国际产能合作平台，鼓励中国品牌汽车企业积极参与国际竞争，培育新能源汽车产业新优势。二是加强国内行业机构与国际组织的沟通交流，及时了解海外市场的汽车政策、认证标准方面的最新要求，帮助企业更好地依据相关法规制定适应措施。三是紧紧抓住国内新能源汽车先发优势，支持企业加大海外宣传推广，推动中国品牌汽车企业加快"走出去"。

Part 2　政策篇

第二章 汽车产业政策法规体系走向

刘斌，申杨柳，秦志媛，周玮*

摘要： 2022 年，我国汽车产业发展进入新阶段，新能源汽车持续爆发式增长，智能网联汽车市场化应用加快推进，汽车出口总量突破 300 万辆。面对新形势，我国汽车产业政策呈现出"强监管、促创新、推双碳、保市场"的特点。本章梳理 2022 年出台的汽车产业相关重要政策，主要包括行业管理、"双碳"目标、新能源汽车推广应用、智能网联汽车、网络和数据安全、市场监管、进出口、回收利用、促消费 9 个方面，并分析了其对产业发展的影响。

关键词： 产业发展；政策法规；政策影响。

第一节 2022 年汽车政策法规环境分析

2022 年是我国启动实施"双碳"目标的攻坚之年，是我国新能源汽车乘势而上、加快发展的关键之年，也是我国智能网联汽车产业创新发展的支撑之年。在国家和地方持续发力、多措并举政策支持下，我国汽车产业迎难而上，克服了疫情下停工停产、缺芯、贵电、原材料价格上涨等多重困难，实现逆势增长。2022 年以来，国家层面出台的汽车相关重点政策主要涵盖行业管理、"双碳"目标、新能源汽车推广应用、智能网联汽车、网络和数据安全、市场监管、进出口、回收利用、促消费 9 个方面。

一、行业管理

（一）落实企业主体责任，提升产品安全性能

2022 年 1 月 13 日，工业和信息化部、公安部联合发布了《关于进一步加强轻型货车、小微型载客汽车生产和登记管理工作的通知》（以下简称《通知》），切实加强车辆生产和登记管理，进一步提高轻型货车、小微型载客汽车安全技术性能。《通知》从轻型货车和小微型客车产品的技术管理规范、车辆生产企业的主体责任划分、检验检测机构的产品准入和一致性监管以及交管部门的车辆登记管理五个方面着手展开工作，不仅为轻型车辆产品的生产规范和存量市场优化提供了解决方案，还分别从产品准入和车辆上牌登记环节着手形成管理合力，从源头上遏制"大吨小标"、非法改装车辆的出现。

2022 年 4 月 8 日，工业和信息化部等五部门联合发布《关于进一步加强新能源汽车

---

* 刘斌，教授级高级工程师，中国汽车技术研究中心中国汽车战略与政策研究中心副主任；申杨柳、秦志媛、周玮，中国汽车技术研究中心中国汽车战略与政策研究中心研究员。

企业安全体系建设的指导意见》(以下简称《指导意见》),全面增强企业安全保障能力。围绕安全管理机制、产品质量、监测平台、售后服务、事故响应处置、网络安全、组织实施 7 个方面,《指导意见》提出了 22 条具体措施:一是"强化机制",完善"研发—生产—运行—售后—事故处置—网络安全"等全方位的安全管理制度规范,定期开展"质量、网络、消防"等相关安全教育培训。二是"严控生产",包括产品设计、供应商管理、生产质量管控、动力电池安全 4 个方面,制定涵盖整车、系统、零部件等级别的产品安全性设计指导文件,明确动力电池等关键零部件供应商的产品安全指标要求。三是"监测运行",包括状态监测、数据分析、隐患排查 3 个方面,建立企业监测平台,动态监测已销售产品的运行状态,提升安全预警能力。四是"优化售后",包括服务网点、维保服务、消费者使用 3 个方面,合理布局售后服务和动力电池回收服务网点,细化产品维保项目并开展安全隐患抽样检测。五是"健全响应",包括应急响应、事故调查、问题分析、召回 4 个方面,针对不同车型、不同使用场景,建立完善相应的安全事故应急处置方法和预案,并加强事故深度调查和原因分析,对存在缺陷的产品要主动实施召回。六是"保护信息",包括网络安全、数据安全、个人信息防护 3 个方面,监测车辆网络安全状态,建立健全全流程数据安全管理制度,制定个人信息保护内部管理和操作规程。

(二)健全车辆生产管理法治体系

2022 年 10 月 28 日,工业和信息化部公开《道路机动车辆生产准入许可管理条例(征求意见稿)》(以下简称《条例》)。《条例》共六章 57 条,包括总则、生产准入许可管理、生产企业的义务、监督检查、法律责任和附则。在充分继承此前准入管理成熟体制的同时,特别提出了对商标、新技术应用、网络安全及数据安全、召回、维修等相关内容的管理思路。《条例》属于行政法规,其效力高于《道路机动车辆生产企业及产品准入管理办法》《新能源汽车生产企业及产品准入管理办法》等部门规章,可为《公告》管理提供直接上位法支撑,并可为管理部门提供现有规章无法提供的监督检查手段和处理处罚授权,为后续行业管理制度创新留出行政法规层级的制度接口。

(三)先行先试创新智能网联汽车产品监管制度

2022 年 11 月 2 日,工业和信息化部发布《关于开展智能网联汽车准入和上路通行试点工作的通知(征求意见稿)》(以下简称《通知》),计划开展具有 3~4 级自动驾驶功能汽车的准入和通行试点工作。《通知》共含正文和 4 个技术要求附件,以及 1 个申报方案模板,要求符合申报条件的城市(直辖市的区)、汽车生产企业、使用主体以联合体的形式进行申报。工业和信息化部、公安部两部门将共同组织申报联合体的综合评估、试点评估调整、后续监管等工作。

对试点生产企业,要求具备自动驾驶相关的设计验证、安全保障、安全监测、用户告知等要求,这不仅有利于保障过程安全,也有利于保障用户的合法权益;对试点产品,提出了产品技术要求、过程保障要求、测试验证要求,尤其对于网络安全还提出了供应商的管理要求;对于试点使用主体,除要求具有境内独立法人资格外,还要求具备运行安全保障能力、责任担当能力、网络安全和数据安全保障能力。

二、"双碳"目标

在国家顶层规划导向下，我国积极推动"双碳"目标落地实施，在财政、工业、科技、能源等领域全面促进绿色低碳转型升级。

2022年5月30日，财政部印发《财政支持做好碳达峰碳中和工作的意见》（财资环〔2022〕53号），明确财政支持碳达峰碳中和工作的六大重点方向和领域，积极发挥资金引导、税收调节、政府采购、市场化投入等政策协同作用，做好财政保障工作。其中，新能源汽车涉及两方面内容：一是加大新能源汽车推广，完善充换电基础设施建设、燃料电池汽车示范政策环境；二是加大政府绿色采购力度，除特殊地理环境等因素外，要求机要通信和相对固定路线的执法执勤、通勤等公务用车，原则上应采购新能源汽车。

2022年6月13日，生态环境部等七部门联合印发《减污降碳协同增效实施方案》（环综合〔2022〕42号），提出"推进交通运输协同增效"重点任务，明确了"到2030年，大气污染防治重点区域新能源汽车新车销售量达到汽车新车销售量的50%左右"的市场目标，以及"公共领域用车电动化、老旧车辆替换为新能源车辆、中重型电动及燃料电池货车示范应用和商业化运营"等领域新能源汽车的推广要求，将有序推动低碳交通运输体系建设。

2022年6月24日，交通运输部等四部门联合发布《贯彻落实〈中共中央 国务院关于完整准确全面贯彻新发展理念做好碳达峰碳中和工作的意见〉的实施意见》（交规划发〔2022〕56号），从交通运输结构优化、节能低碳型交通工具推广、低碳出行引导、交通运输绿色转型4个方面，加快推进交通运输行业绿色低碳转型。其中，新能源汽车涉及两方面内容：一是发展新能源和清洁能源运输工具，有序开展纯电动、氢燃料电池等试点；二是加强补能环境建设，包括高速公路服务区快充网络和换电模式应用。

2022年8月1日，工业和信息化部等三部门联合发布《工业领域碳达峰实施方案的通知》（工业和信息化部联节〔2022〕88号），提出了"深度调整产业结构、深入推进节能降碳、积极推行绿色制造、大力发展循环经济、加快工业绿色低碳技术变革、主动推进工业领域数字化转型"重点任务，以及"重点行业达峰行动、绿色低碳产品供给提升行动"重大行动。其中，新能源汽车涉及5个方面内容：一是明确了市场总体目标，到2030年新增新能源、清洁能源动力的交通工具比例达到40%左右；二是逐步提升公共领域车辆和个人消费的新能源汽车比例；三是开展电动重卡、氢燃料汽车研发及示范应用，破解重点领域电动化缓慢难题；四是加快充电桩建设及换电模式创新，优化使用环境；五是推动动力电池回收利用体系建设，加强再生资源循环利用。

2022年8月18日，科技部等九部门联合发布《科技支撑碳达峰碳中和实施方案（2022—2030年）》（国科发社〔2022〕157号），从"能源转型、工业流程、基础技术、颠覆性技术、应用示范、决策支撑、人才建设、企业培育、国际合作"等方面，提出了十大行动。其中，新能源汽车涉及两方面内容：一是促进关键零部件关键技术取得重大突破，涵盖动力电池、驱动电机、车用操作系统等；二是整车性能进一步提升，包括安全水平和平均电耗水平。

三、新能源汽车推广应用

（一）调整乘用车"双积分"政策管理机制

2022年7月7日，工业和信息化部公开征求对《关于修改〈乘用车企业平均燃料消耗量与新能源汽车积分并行管理办法〉的决定（征求意见稿）》的意见，一方面调整现有政策内容，如积分比例、积分计算方法等，进一步倒逼企业加快电动化转型步伐；另一方面新增积分池、碳排放管理衔接等内容，逐步完善积分交易机制体系，顺应国家"双碳"发展战略。主要调整内容如下：一是保持"平缓下调"，更新了新能源汽车积分计算方法和考核比例。2024—2025年度纯电动、插电式混合动力乘用车标准车型分值较上一阶段平均下调40%左右，燃料电池乘用车下调20%，新能源汽车积分考核比例设定为28%和38%；同时，为了引导技术进步，对于动力电池系统能量密度为90~105Wh/kg、105~125Wh/kg的车型，政策将相应的分值调整系数由0.8、0.9分别下调至0.7、0.8。二是加强"供需调节"，增加了积分交易市场调节机制。政策建立积分池制度，即在"供大于求"时允许正积分收储，在"供小于求"时释放存储的正积分，以此调节积分市场供需；综合考虑市场供需关系、积分价格和价值比等因素，将供需比2.0倍、1.5倍分别作为积分池启动收储、释放积分的触发条件，则当供需比介于1.5~2.0倍时不启动积分池；允许积分池内的正积分不受结转比例限制，享受5年有效期优惠，但要求存储积分比例为不高于自身当年度产生和结转的新能源汽车正积分总量的40%，助力新能源积分交易价值的提升。三是强化"核查监管"，完善了积分核查和处罚要求。政策将采取随机抽查、定期核查、专项核查等多种方式，加强积分及执行情况核查，并将对数据错报、瞒报等情况给予暂停积分交易的处罚，对负积分未抵偿的企业，暂停车辆电子信息报送等。此外，政策提出适时研究建立与碳减排管理体系的衔接机制，探索"双积分"与碳交易市场衔接问题。

（二）持续优化充电基础设施环境

2022年8月25日，交通运输部等印发《加快推进公路沿线充电基础设施建设行动方案》（交公路发〔2022〕80号）（以下简称《行动方案》），充分调动各方力量，加快建全完善公路沿线充电基础设施。《行动计划》提出了三个阶段的工作目标：第一阶段是2022年底前，全国除高寒高海拔以外区域的高速公路服务区能够提供基本充电服务；截至2022年10月底，全国6618个高速公路服务区中，已有3974个高速公路服务区建成充电桩16721个。第二阶段是2023年底前，具备条件的普通国省干线公路服务区（站）能够提供基本充电服务。第三阶段是2025年底前，高速公路和普通国省干线公路服务区（站）充电基础设施进一步加密优化，农村公路沿线有效覆盖。为了按期完成工作目标，围绕"建设和布局、新技术新设备应用、信息查询、运行维护"等方面，《行动计划》明确了相关重点任务：一是加强重点场景基础设施建设和布局，率先推动高速公路和具备条件的普通国省干线公路服务区充电基础设施建设，并因地制宜、科学规范确定建设规模和空间布局，提出"每个高速公路服务区建设的充电基础设施或预留建设安装条件的车位原则上不低于小型客车停车位的10%"。二是分区域、分类开展新型充电技术应用，国家生态文明试验区、大气污染防治重点区域提高快充站覆盖率，城市群周边等建设超快充、大功率充电基础设施，并支持汽车生产企业、大型运输企业等建设和布局换电站。三是加强信息化服务管理，利用服务平台等渠道，提供位置查询、充电状态、充电预约等功能，有效提升用户体验和充电桩运营效率。四是做好充电设施运行维护，加强安全监管，营造安全的补能环境。

（三）加强氢能发展的顶层设计和统筹谋划

氢能作为绿色低碳能源之一，已成为全球能源转型发展的重要方向。中国作为全球最大的制氢国家，在清洁低碳氢能源供给上具有巨大潜力，应加强顶层设计和统筹谋划，促进能源转型升级，培育经济新增长点。

2022年3月23日，国家发展改革委、国家能源局发布《氢能产业发展中长期规划（2021—2035年）》，是我国首个针对氢能产业发展的中长期规划，明确了氢能产业战略定位和发展目标，并围绕"制—储—输—用"等关键环节，以及氢安全、公共服务等方面，提出了"构建氢能产业创新体系、统筹建设氢能基础设施、有序推进氢能多元化应用、建立健全氢能政策和制度保障体系"等重点任务：一是明确发展目标，到2025年，燃料电池车辆保有量约5万辆，部署建设一批加氢站；到2035年，构建涵盖交通、储能等领域的多元氢能应用生态。二是加强技术创新，支持质子交换膜、新型燃料电池等技术发展，推进绿色低碳氢能制、储、输、用等各环节关键技术研发。三是推进基础设施建设，因地制宜选择制氢技术路线，支持开展多种储运方式的探索和实践，有序推进加氢网络体系建设，探索站内制氢、储氢和加氢一体化的加氢站等新模式。四是推进示范应用，重点推进氢燃料电池中重型车辆应用，涵盖在矿区、港口、工业园区等区域内路线相对固定的货车运输，以及城市公交、物流配送、环卫等公共服务领域。五是加强制度创新，加强氢能安全管理制度和标准研究，完善氢能基础设施建设运营，加强全链条安全监管。

四、智能网联汽车

（一）规范汽车软件在线升级

2022年4月15日，工业和信息化部装备工业发展中心发布《关于开展汽车软件在线升级备案的通知》（以下简称《通知》）。《通知》是《关于加强智能网联汽车生产企业及产品准入管理的意见》的再落实，目的是规范OTA升级。既支持OTA升级的应用，同时也保证汽车产品符合法律法规、标准、技术规范的要求，具备安全、节能、环保、防盗等性能。

一是明确了备案的范围。获得道路机动车辆生产准入许可的汽车整车生产企业及其生产的具备OTA升级功能的汽车整车产品和实施的OTA升级活动（不含进口企业及进口车）。

二是提出了备案的5项要求。（1）汽车产品合法合规合标准，保障产品一致性；（2）企业须已完成企业能力、车型和OTA功能、升级活动三项备案，才能实施升级；（3）升级活动采用分级备案（根据是否涉及四性、涉及自动驾驶功能）；（4）企业有将升级情况告知用户的义务；（5）企业有软件和升级信息留存的义务。

三是明确了具体备案流程。先进行企业备案，新车型于《公告》发布后的 15 个工作日内进行产品备案（《通知》前已公告的产品于企业备案后 60 个工作日内补充备案），然后在具体升级活动前进行备案，每隔 6 个月须提交阶段性报告，升级完成后提交总结报告。

四是实施安排。即通过"汽车软件在线升级备案系统"填报。

五是企业责任，对企业未按规定备案、隐瞒真实情况等情形，根据《公告》管理已有的规定处理。

（二）鼓励和规范自动驾驶汽车运输服务

2022 年 8 月 8 日，交通运输部就《自动驾驶汽车运输安全服务指南（试行）》（征求意见稿）公开征求意见。《指南》从适用范围、车辆要求、人员要求、安全保障、监督管理等方面，对自动驾驶汽车运输安全提出了要求，旨在规范自动驾驶汽车在运输领域的应用。

首先，《指南》明确了发展导向。一是鼓励尝试，推荐在 3 种场景使用：（1）"封闭式快速公交系统"（BRT），车道相对封闭，与其他交通参与者不容易互相干扰；（2）在路况简单、条件相对可控的场景的地方从事 Robo-taxi 经营活动；（3）普通货物运输。二是审慎使用自动驾驶汽车从事道路旅客运输经营，包括班线、旅游包车等，其原因是涉及群体人员安全。三是禁止使用自动驾驶汽车从事危险货物道路运输经营活动，其原因是危险货物运输对安全要求极高，一旦自动驾驶汽车出事故容易造成严重后果。

其次，《指南》对车辆提出了要求。一是基本条件：（1）符合国家和交通运输行业有关安全技术标准要求，依法办理机动车辆注册登记，取得机动车号牌、机动车行驶证；（2）从事出租汽车客运、道路普通货物运输、道路旅客运输经营的自动驾驶汽车还应当依法取得相应的《网络预约出租汽车运输证》或《道路运输证》，从事城市公共汽（电）车客运的自动驾驶汽车还应当符合国家及地方城市人民政府有关运营资质要求。二是车辆保险。应投保机动车交通事故责任强制保险、安全生产责任保险及保险金额不少于 500 万元的机动车第三者责任保险，从事道路旅客运输、网络预约出租汽车客运的自动驾驶汽车还应当按照国家有关规定投保承运人责任险。

此外，规定运营主体的安全责任，从事营运的自动驾驶汽车应具备车辆运行状态记录、存储和传输功能，并向运输经营者和属地交通运输主管部门及时传输相关信息。

（三）探索更大范围、更加丰富的测试示范场景

2022 年，各地方持续推动智能网联汽车测试示范政策细化，推动测试示范由通用性测试管理向具体场景示范运营逐步过渡。北京、上海等智能网联汽车测试示范经验比较丰富的城市，在相关先行先试工作中处于领先位置，测试示范管理更为精细化，前瞻性及可操作性更强。如 2022 年 1 月上海市发布《上海市智能网联汽车测试与应用管理办法》（以下简称《办法》），自 2022 年 2 月 15 日起施行，其中明确规定了允许开展可收费的示范运营服务，《办法》同时提出上海市优先支持在物流配送、短途接驳、智能公交、养护作业等应用领域开展智能网联汽车测试与应用，并特别提出浦东新区人民政府可以根据

国家和本市有关授权规定，制定完全自动驾驶智能网联汽车测试与应用等方面的管理措施。2022年11月，北京市高级别自动驾驶示范区工作办公室发布了《北京市智能网联汽车政策先行区无人接驳车管理细则（道路测试与示范应用）》（以下简称《细则》），在国内率先以编码形式给予无人接驳车相应路权，针对国内智能网联汽车领域的新产品完成了又一关键性管理突破。《细则》整体以安全可控为基本原则，参照机动车管理规则，通过发放车辆编码的方式，给予无人接驳车相应路权，允许其在先行区内申请行驶线路，依示范区批准分阶段开展道路测试与示范应用活动。

（四）地方立法推动智能网联汽车监管创新

2022年6月23日，深圳市第七届人民代表大会常务委员会第十次会议通过了《深圳经济特区智能网联汽车管理条例》（以下简称《条例》），自2022年8月1日起施行，成为我国首部规范智能网联汽车管理的地方性法规。《条例》涵盖了道路测试和示范应用、准入和登记、使用管理、网络安全和数据保护、车路协同基础设施、交通事故及违章处理、法律责任等各方面内容。《条例》涉及的产品使用范围包括有条件自动驾驶、高度自动驾驶和完全自动驾驶等多个类型，并在目前我国政策法规存在监管不适应性的方面进行了明确，是深圳市完善智能网联汽车法律法规体系的一次重要探索，内容覆盖智能网联汽车商业化的全链条，有力促进了深圳市乃至全国的智能网联汽车产业化发展。

《条例》在驾驶人管理方面，规定有条件自动驾驶和高度自动驾驶的智能网联汽车，应当具有人工驾驶模式和相应装置，并配备驾驶人，无驾驶人的完全自动驾驶智能网联汽车只能在市公安机关交通管理部门划定的区域、路段行驶。在产品准入方面，明确设立"深圳市智能网联汽车产品目录"，列入国家汽车产品目录或者深圳市智能网联汽车产品目录，并取得相关准入后可以销售。在政府监管方面，提出建设智能网联汽车政府监管平台，实现"车路云一体化"监管，保障交通安全、网络安全、数据安全；销售智能网联汽车产品时，应当将车载设备接入政府监管平台，并按照监管要求上传运行安全相关数据。在交通责任方面，有驾驶人的智能网联汽车发生道路交通安全违法情形的，由公安机关交通管理部门依法对驾驶人进行处理；完全自动驾驶的智能网联汽车在无驾驶人期间发生道路交通安全违法情形的，由公安机关交通管理部门依法对车辆所有人、管理人进行处理。

（五）加强测绘活动及测绘地理信息数据监督管理

2022年8月25日，为维护地理信息安全，积极扶持智能网联汽车新技术、新业态发展，自然资源部印发《关于促进智能网联汽车发展维护测绘地理信息安全的通知》（以下简称《通知》），明确测绘活动定义和责任主体，阐明企业无论是自己取得还是委托图商，都需要在有测绘资质的情况下开展测绘活动。

关于测绘活动的定义，《通知》指出，智能网联汽车安装或集成了卫星导航定位接收模块、惯性测量单元、摄像头、激光雷达等传感器后，在运行、服务和道路测试过程中对车辆及周边道路设施空间坐标、影像、点云及其属性信息等测绘地理信息数据进行采集、存储、传输和处理的行为，属于测绘活动。而各类车载传感器以及智能网联汽车的制造、集成、销售等，不属于法定的测绘活动。关于测绘主体定义，《通知》明确，对智能网联汽车运行、服务和道路测试过程中产生的空间坐标、影像、点云及其属性信息等测绘地理信息数据进行收集、存储、传输和处理者，是测绘活动的行为主体。车企、服务商及部分智能驾驶软件提供商都是典型的测绘主体，而仅获得辅助驾驶等服务的智能网联汽车驾乘人员，不属于有关测绘活动的行为人。

《通知》还进一步指出，如要合规从事测绘活动，内资企业应依法取得相应测绘资质或委托具有相应测绘资质的单位开展相应测绘活动，外商投资企业应委托具有相应测绘资质的单位开展测绘活动，由被委托的测绘资质单位承担收集、存储、传输和处理相关空间坐标、影像、点云及其属性信息等业务及提供地理信息服务与支持。

五、网络和数据安全

为落实2021年颁布的《中华人民共和国数据安全法》和《中华人民共和国个人信息保护法》，延续上位法思路，国家网信办在网络安全审查、数据出境安全监管等领域出台了部门规章，规范企业赴海外上市和数据出境活动；工信部门将国家总体数据安全监管思路细化到工业和信息化领域，明确数据处理者概念和监管范围，从管理和技术方面提出安全保护要求，压实企业主体责任。

2022年2月15日，国家网信办等十三部门新修订的《网络安全审查办法》（8号令）（以下简称《办法》）正式施行，原2020年4月13日公布的《网络安全审查办法》（6号令）同时废止。修订版《办法》较原版办法最大的变化是：将网络平台运营者开展数据处理活动影响或者可能影响国家安全等情形纳入网络安全审查范围，并明确要求掌握超过100万名用户个人信息的网络平台运营者赴海外上市必须申报网络安全审查。从审查重点来看，网络安全审查关注核心数据、重要数据或者大量个人信息被窃取、泄露、毁损，以及非法利用、非法出境的风险，还包括企业赴海外上市存在关键信息基础设施、核心数据、重要数据或者大量个人信息被外国政府影响、控制、恶意利用的风险。

2022年7月7日，国家网信办公布《数据出境安全评估办法》，自2022年9月1日起施行，规定了数据出境安全评估的范围、条件和程序，为数据出境安全评估工作提供了具体指引。如数据处理者开展数据出境活动，且出境的数据有下列情形之一的，应当申报数据出境安全评估。一是数据处理者向境外提供重要数据；二是关键信息基础设施运营者和处理100万人以上个人信息的数据处理者向境外提供个人信息；三是自2021年1月1日起数据处理者累计向境外提供10万人的个人信息或者1万人的敏感个人信息；四是国家网信部门规定的其他需要申报数据出境安全评估的情形。为配合《数据出境安全评估办法》的实操落实，国家网信办进一步出台了《数据出境安全评估申报指南（第一版）》，细化说明数据出境安全评估的适用范围、申报方式及流程、申报材料，并对行业共性问题做出回复。数据处理者应当通过所在地省级网信办申报数据出境安全评估，申报流程分为提交申报材料、完备性查验、受理确认、告知补充或更正、出结果几个步骤。

2022年12月8日，工业和信息化部发布《工业和信息化领域数据安全管理办法（试行）》，在工业和信息化领域对国家数据安全管理制度要求进行细化，明确在国家数据安全工作协调机制统筹下工业和信息化部、地方工业和信息化部门两级监管机制，提出数据全生命周期安全保护要求，指导数据处理者履行安全保护主体责任。未来，工业和信息化领域数据安全监管工作将着重从数据分类分级管理、数据全生命周期安全管理、数据安全监测预警与应急管理、数据安全检测认证评估管理等几个方面展开。

六、市场监管

中国新能源汽车产业进入发展快车道，电动化、智能化、网联化、共享化融合发展，在为经济增长注入新动能的同时，也衍生出软件安全、网络安全、产业供应链安全等新型安全问题。新能源汽车召回次数和数量的增长也暴露出汽车安全性问题，这也要求政府针对汽车安全领域开展行之有效的监管工作。

2022年4月1日，市场监管总局联合工业和信息化部、交通运输部、应急部、海关总署共同发布《关于试行汽车安全沙盒监管制度的通告》（以下简称《通告》），共同启动汽车安全沙盒监管试点工作。《通告》指出，汽车安全沙盒监管是在后市场阶段针对车辆应用的前沿技术进行深度安全测试的机制，主要目的是引导企业查找问题、改进设计、降低风险。《通告》同时明确，沙盒监管的对象是在车辆中使用的环境感知、智能决策、协同控制等前沿技术，或实现各级别自动驾驶、远程升级等新功能新模式，并规定了5个工作流程。2022年9月，市场监管总局刘卫军司长表示，汽车安全沙盒监管是在后市场阶段聚焦现有法规没有覆盖的技术风险和质量不确定性问题，通过风险评估的方式，就创新技术安全性进行深度测试和评估，最大限度地防范产品应用风险。

2022年12月30日，市场监管总局办公厅发布通知，为稳步推进汽车安全沙盒监管制度，在听取各方意见的基础上，市场监管总局研究制定了《汽车安全沙盒监管实施方案（试行）》《汽车安全沙盒监管技术目录清单（试行）》，现正式启动试点申报工作。本次文件是对4月《关于试行汽车安全沙盒监管制度的通告》的具体操作程序文件。主要明确了具体实施方案、技术清单，以及试点申请书。其中，就3~4级自动驾驶汽车而言，仍须获取准入、强制性认证、销售并完成公安登记，方可正常上路行驶。其他不涉及准入、认证事项的新技术新产品新模式，则可以在车辆上市销售后申请沙盒测试。

七、进出口

（一）加快推动高标准自贸区建设

2022年1月26日，商务部等六部门出台了《关于高质量实施〈区域全面经济伙伴关系协定〉（RCEP）的指导意见》。通过高质量实施RCEP，以更高水平开放促进更深层次改革。将把握RCEP发展机遇与各地方发展战略紧密对接，推动地方高质量发展。引导鼓励企业以RCEP实施为契机，进一步提升贸易和投资发展水平，扩大国际合作，提升质量标准，促进产业升级，增强参与国际市场竞争力。重点任务包括利用好协定市场开放承诺和规则，推动贸易投资高质量发展；促进制造业升级，提升产业竞争力；推进国际标准合作和转化，提升标准对产业发展的促进作用；完善金融支持和配套政策体系；因地制宜用好RCEP规则，提升营商环境；持续深入做好面向企业的配套服务等。长期来看，RCEP协定框架下区域成分累积原则及部分产品的降税安排，将强化区域汽车产业链供应链优势，推动企业扩大海外投资，在 RCEP 区域范围内形成生产效率更高、综合成本更优、经营效果更好的区域产业链。

2022 年 9 月 22 日，商务部新闻发布会指出，商务部将从"扩围、提质、增效"三方面发力，推进实施自贸区提升战略，有效联通国内国际两个市场两种资源，为更高水平对外开放提供机制性保障，服务构建新发展格局。一是进一步扩大范围。积极推进加入《全面与进步跨太平洋伙伴关系协定》（CPTPP）进程，与协定成员国开展磋商，保持密切沟通；全面推进加入《数字经济伙伴关系协定》（DEPA）谈判，力争尽早正式加入；继续推进与海合会、厄瓜多尔、尼加拉瓜、以色列、挪威及中日韩等自贸协定谈判和中国—东盟自贸区 3.0 版等升级进程，与更多有意愿的贸易伙伴商签自贸协定，共同推动区域经济一体化和贸易投资自由化便利化。二是进一步提升水平。进一步提高货物贸易零关税比例，放宽服务贸易和投资市场准入，积极参与数字经济、环境保护等新规则议题谈判，推动建设更高水平开放型经济新体制。三是进一步增强实效。以 RCEP 生效实施为契机，加大对自贸协定的宣介、推广、培训，提升自贸协定综合利用率，让协定更好更快地惠及企业和人民。积极推进实施自贸区提升战略，体现了我国加快构建新发展格局，推进高水平对外开放的决心。自贸区建设将为我国汽车企业海外发展提供良好的外部环境。

（二）加快完善相关外贸支撑体系建设

2022 年 2 月 21 日，《商务部与中国出口信用保险公司关于加大出口信用保险支持 做好跨周期调节进一步稳外贸的工作通知》发布，要求充分发挥出口信用保险作用，做好跨周期政策设计，加大对外贸企业支持力度；深化协作联动，在政策支持、数据对接、信息共享等方面加强合作，积极拓展产业链承保，加大对中小微外贸企业服务保障，鼓励加大对跨境电商、海外仓等新业态的支持力度，推进内外贸一体化发展，强化短期险保单融资支持，帮助外贸企业稳定信心、增强抗风险能力，支持外贸稳定发展。作为国际通行的支持外贸企业的政策措施，出口信保对于化解我国汽车企业"走出去"面临的各类风险挑战具有重要作用，并将帮助企业增强海外发展的信心，稳定发展预期。

2022 年 5 月 17 日，国务院办公厅发布《关于推动外贸保稳提质的意见》，包括 13 个方面：一是加强外贸企业生产经营保障；二是促进外贸货物运输保通保畅（提高作业和通关效率，进一步压缩国际班轮等泊时间，加强与国际货运班列沿线国家沟通协调，同步提高铁路口岸通关及作业效率）；三是增强海运物流服务稳外贸功能（加大与国际班轮公司对接力度，进一步推动扩大班轮公司直客对接的业务规模，提升主要港口的货物中转效率）；四是推动跨境电商加快发展提质增效（加大跨境电商出口海外仓监管模式的宣传力度，指导企业用足用好现行出口退税政策，及时申报办理退税；尽快出台便利跨境电商出口退换货的政策，适时开展试点）；五是加大出口信用保险支持（扩大出口信用保险短期险规模，鼓励中国出口信用保险公司在依法合规、风险可控的前提下支持外贸企业进一步开拓多元化市场，出口信用保险机构持续做好外贸企业承保理赔工作）；六是加大进出口信贷支持（支持银行机构根据风险管控要求和企业经营实际，满足企业合理资金需求）；七是进一步加强对中小微外贸企业金融支持（加大出口信用保险对中小微外贸企业的支持力度，鼓励银行和保险机构深化出口信用保险保单融资合作）；八是加快提升外贸企业应对汇率风险能力（保持人民币汇率在合理均衡水平上的基本稳定，鼓励银行机构创新优化外汇产品）；九是持续优化跨境贸易人民币结算环境（支持各地方人民银行分支机构有序开展更高水平贸易投资人民币结算便利化试点；鼓励银行机构加强产品服务创新，为外贸企业提供涵盖人民币贸易融资、结算在内的综合性金融服务；支持银行机构在依法合规的前提下，通过单证电子化审核等方式简化结算流程，提高跨境人民币结算效率）；十是促进企业用好线上渠道扩大贸易成交（各地方积极利用外经贸发展专项资金等相关资金）；十一是鼓励创新、绿色、高附加值产品开拓国际市场（用好外经贸发展专项资金等相关资金，并积极引导社会投资，支持企业开展高质量、高技术、高附加值的绿色低碳贸易；鼓励有条件的中资银行境外机构在依法合规、风险可控的前提下，积极提供境外消费金融产品，支持国外消费者购买中国品牌汽车；支持更多的地区开展二手车出口业务，扩大二手车出口规模，提升二手车出口质量）；十二是加强进口促进平台培育建设（巩固提升进口贸易促进创新示范区促进进口、服务产业、提升消费、示范引领等方面作用，培育新一批进口贸易促进创新示范区，扩大优质产品进口）；十三是支持加工贸易稳定发展（探索在综合保税区内开展汽车发动机、变速箱等产品保税再制造试点）。面对汽车外贸中遇到的新形势、新问题，以上政策的"组合拳"将有效促进汽车产品外贸保稳提质。

2022年7月4日，银保监会办公厅发布《关于进一步推动金融服务制造业高质量发展的通知》，明确表示各银保监局和银行保险机构要进一步加大对制造业的金融支持力度，优化重点领域金融服务，创新金融产品和服务，接续支持制造业中小微企业等恢复发展的金融政策，强化保险对制造业企业的风险保障水平、为先进制造业和战略性新兴产业发展提供长期稳定资金支持，提高金融服务专业化水平，增强金融风险防范化解能力，加强金融监管和政策协调，将逐步化解我国汽车企业海外金融缺失等难题，助力企业开拓海外市场。

2022年11月21日，工业和信息化部、国家发展改革委、国务院国资委联合印发《关于巩固回升向好趋势加力振作工业经济的通知》，提出稳定工业产品出口，确保外贸产业链稳定，指导各地建立重点外贸企业服务保障制度，及时解决外贸企业的困难问题，在生产、物流、用工等方面予以保障；提升港口集疏运和境内运输效率，确保进出口货物快转快运；落实好稳外贸政策措施，进一步加大出口信用保险支持力度，抓实抓好外贸信贷投放；加快推动通过中欧班列运输新能源汽车和动力电池，支持跨境电商、海外仓等外贸新业态发展。新能源汽车和动力电池搭载中欧班列出口，结束了之前仅能依靠海运的情况，有效缓解了我国汽车出口物流运力紧张的局面，将有利于扩大我国汽车产品出口规模。

（三）进一步规范汽车出口秩序

2022年12月6日，商务部、公安部、海关总署发布《关于进一步扩大开展二手车出口业务地区范围的通知》，指出为贯彻落实国务院关于二手车出口工作的决策部署，积极有序扩大二手车出口，推动外贸保稳提质，经研究，决定新增辽宁省、福建省、河南省、四川省、河北省（石家庄市）、内蒙古自治区（呼和浩特市）、吉林省（珲春市）、黑龙江省（哈尔滨市）、江苏省（苏州市）、浙江省（温州市）、山东省（潍坊市）、贵州省

（贵阳市）、云南省（昆明市）、新疆维吾尔自治区（博尔塔拉蒙古自治州）14 个地区开展二手车出口业务。随着我国二手车出口规模不断扩大，相关政策支持体系也得到不断完善。至此，我国开展二手车出口业务的地区扩大至 40 多个，将有望扩大我国二手车出口规模。

2022 年 12 月 29 日，商务部、工业和信息化部、市场监管总局三部门颁发《关于公布 2023 年度符合申领汽车、摩托车、非公路用两轮摩托车及全地形车出口许可证条件企业名单的公告》，三部门确认了 2023 年度符合申领汽车和摩托车产品出口许可证条件的企业名单，持续做好汽车、摩托车产品出口许可证管理工作，持续有效规范我国汽车出口秩序。

（四）积极发挥关税（暂定税率）调节作用

2022 年 12 月 28 日，根据《中华人民共和国进出口关税条例》及相关规定，国务院关税税则委员会发布《关于 2023 年关税调整方案》的公告，规定自 2023 年 1 月 1 日起，对部分商品的进出口关税进行调整。根据中汽政研统计，2023 年暂定税率表中，涉及汽车相关产品税号共计 90 个，其中新增产品如燃料电池用氧化铱、半导体基滤波器、乘用车用无级变速箱用钢带、未锻轧钴等产品的暂定税率进一步降低至 0，将为助力汽车行业绿色低碳发展、助力汽车产业转型升级发挥积极作用。

八、回收利用

党的二十大报告提出，实施全面节约战略，推进各类资源节约集约利用，加快构建废弃物循环利用体系。加快完善我国汽车循环利用体系，是实现汽车产业健康可持续发展的重要保障，也是实现"双碳"目标的重要战略举措。2022 年，报废汽车回收利用、动力电池回收利用和汽车零部件再制造领域等的相关政策仍以规范引导为主基调。

2022 年 1 月 21 日，国家发展改革委会同商务部等部门联合印发《关于加快废旧物资循环利用体系建设的指导意见》，提出推动二手商品交易和再制造产业发展，加强行业监督管理，实施废旧轮胎、废旧动力电池等废旧物资回收加工利用行业规范管理。

2022 年 1 月 27 日，工业和信息化部等多部委联合发布《国家发展改革委办公厅关于组织开展废旧物资循环利用体系示范城市建设的通知》，提出提升再生资源利用价值，有序推进高端智能装备再制造。

2022 年 8 月 1 日，工业和信息化部发布《再制造产品目录（第九批）》。根据《再制造产品认定管理暂行办法》（工业和信息化部节〔2010〕303 号）及《再制造产品认定实施指南》（工信厅节〔2010〕129 号），经现场审核、专家评审、公示等程序，33 家企业 5 大类 2325 个型号（系列）产品入选。

2022 年 10 月 10 日，市场监管总局发布《关于开展新能源汽车动力电池梯次利用产品认证工作的公告（征求意见稿）》（以下简称《公告》），是我国政府为健全动力电池梯次利用市场体系，促进动力电池梯次利用行业健康有序发展牵头开展的首次动力电池梯次利用产品自愿性认证工作。《公告》公布了梯次利用产品认证工作的 5 项规则：一是梯次利用产品认证目录由市场监管总局、工业和信息化部根据行业发展和认证工作需要，共同确定并发布，认证实施规则由认监委发布；二是梯次利用产品认证工作由国家批准的第三方机构承担；三是市场监管总局、工业和信息化部牵头组建梯次利用产品认证技术委员会，为梯次利用产品认证工作提供政策咨询及技术支持；四是工业和信息化部、市场监管总局建立获证梯次利用产品采信应用数据库，并向社会公开，鼓励优先使用获证梯次利用产品；五是鼓励对获证梯次利用产品予以适当补贴，支持保险机构发展配套保险产品。

2022年10月12日，为引导汽车生产企业履行生产者责任，经地方推荐、专家评审和网上公示，工业和信息化部等四部门联合发布《关于发布汽车产品生产者责任延伸试点企业名单的通知》，进一步探索建立易推广、可复制的汽车产品生产者责任延伸制度实施模式，提升资源综合利用水平。

2022年11月18日，工业和信息化部、国家市场监督管理总局印发《关于做好锂离子电池产业链供应链协同稳定发展工作的通知》，将回收利用作为保障锂离子电池产业链稳定发展的重要一环，提出鼓励锂电（电芯及电池组）生产企业、锂电一阶材料企业、锂电二阶材料企业、锂镍钴等上游资源企业、锂电回收企业、锂电终端应用企业及系统集成、渠道分销、物流运输等企业深度合作，完善废旧新能源汽车动力电池回收利用体系，提高综合利用水平。

九、促消费

汽车产业对提振内需消费、稳定经济发展至关重要。2022年，国家相关部门多措并举稳定和扩大汽车消费。

2022年，国务院常务会议多次明确稳定和扩大汽车消费。5月23日，国务院常务会议提出"进一步部署稳经济一揽子措施"，决定实施6个方面33项具体政策措施，提出"放宽汽车限购，阶段性减征部分乘用车购置税600亿元"等；5月24日，国务院发布《扎实稳住经济一揽子政策措施》（国发〔2022〕12号），提出"稳定增加汽车、家电等大宗消费"，涉及限购、二手车、进口、购置税减征、充换电站建设等相关政策支持。8月18日，为促进新能源汽车消费、培育新增长点，国务院常务会议提出了三方面政策工具：一是保持税收优惠政策稳定性，将新能源汽车购置税优惠政策延期至2023年底，稳定市场预期；二是多措并举优化政策环境，继续免征车船税和消费税，加强上路权限、牌照指标等支持；三是加强统筹协调，建立新能源汽车产业发展协调机制。9月26日，财政部等发布《关于延续新能源汽车免征车辆购置税政策的公告》（财政部 税务总局 工业和信息化部公告2022年第27号），明确"对购置日期在2023年1月1日至2023年12月31日内的新能源汽车，免征车辆购置税"。

2022年1月21日，国家发改委等七部门联合发布《促进绿色消费实施方案》（发改就业〔2022〕107号），聚焦消费重点领域，推进生产、流通、回收、再利用各环节绿色转型，提出"大力发展绿色交通消费"。其中，新能源汽车涉及四方面内容：一是优化使用环境，逐步取消各地购买限制，落实免限行、路权等支持政策，加强充换电、加氢等基础设施建设；二是促进新技术应用，开展换电模式、燃料电池汽车示范应用；三是推动特定领域车辆推广，深入开展新能源汽车下乡，提高公共领域新能源汽车应用占比；四是加大金融支持力度，鼓励开发新能源汽车保险产品等。

2022年5月31日，工业和信息化部、商务部等联合发布《关于开展2022新能源汽车下乡活动的通知》（工信厅联通装函〔2022〕107号），涵盖26家企业及其旗下70款新能源车型。该活动自2020年开始举办，已经持续三年，有效提高了农村新能源汽车普及程度，引导了农村居民出行方式升级。

2022年7月7日，商务部等十七部门联合发布《关于搞活汽车流通 扩大汽车消费若干措施的通知》（商消费发〔2022〕92号），围绕新能源汽车购买使用、二手车流通、老旧车辆淘汰更新、平行进口、使用环境、金融服务等，提出了6个方面、12条政策措施。其中，新能源汽车涉及3个方面：一是破除地方保护，促进全国各区域自由流通；二是推进相关促消费政策落地落实，包括购置税减免、新能源汽车下乡等；三是优化补能环境，推进居民社区、高速公路服务区等重点领域，加快充换电基础设施建设。

第二节 2022年政策变化对汽车产业的影响

一、释放汽车消费潜力，提振汽车市场

汽车产业关联度高、规模效应突出、消费拉动大，已成为促进经济持续增长的重要引擎。2022年以来，国家层面加大政策支持力度，提振市场信心，大力促进汽车消费。一是继续发挥税收优惠政策正向激励作用。在购置补贴正式退出的情况下，新能源汽车购置税优惠政策延期至2023年底，降低消费者购车成本。2022年全年，中央财政累计免征新能源汽车购置税879亿元。此外，国家持续优化使用环境，包括免限行、加强基础设施建设、加大金融支持等。二是充分挖掘农村市场消费潜力。农村地区以短途出行为主，具备家用充电条件，具有推广新能源汽车的天然优势条件。新能源汽车下乡活动充分挖掘了农村市场巨大的发展潜力，成为新能源汽车市场新增长点。据机动车上险数据统计，农村地区新能源汽车销量占比由2019年前的不足20%快速增长到2020年、2021年、2022年的29%、31%、32%，消费潜力已经显现。三是加快公共领域车辆电动化进程。我国启动了公共领域车辆全面电动化城市试点，分成三类区域并设置了新能源标准车三年累计推广量目标（10万辆、6万辆、2万辆），并要求城市公交、出租、环卫、邮政快递、城市物流配送5个领域新增及更新车辆，使新能源汽车比例力争达到80%。目前，我国公共领域新能源汽车市场渗透率仅10%左右，未来市场发展空间巨大。同时，为响应中央经济工作会议关于"恢复和扩大消费"的精神，各地方陆续出台刺激汽车消费的政策措施，涵盖购车消费、下乡支持、购车指标放宽、补能费用优惠、以旧换新等，为提升我国汽车消费潜力作出了积极贡献。

二、统筹发展与安全，推动智能网联汽车高质量发展

目前，我国智能网联汽车正处于技术快速演进、产业加速布局关键时期，新产品、新技术、新模式不断涌现，传统管理模式已经不足以应对智能网联汽车产业发展。为此，行业主管部门持续创新智能网联汽车监管模式，先行先试研究出台智能网联汽车产品准入和上路通行试点、沙盒监管等政策手段。一是有利于为前沿技术如自动驾驶技术的先试先行开辟通道，加速前沿技术的实践验证和落地。二是能够引导智能网联汽车生产企

业加强能力建设，在保障安全的前提下，促进智能网联汽车产品的功能、性能提升和产业生态的迭代优化，推动自动驾驶汽车产品量产。三是有利于基于试点实证积累管理经验，支撑相关法律法规、技术标准制修订，推进健全完善智能网联汽车生产准入管理体系和道路交通安全管理体系。

三、完善数据安全治理体系，充分发挥数据要素潜能

在《中华人民共和国网络安全法》《中华人民共和国数据安全法》《中华人民共和国个人信息保护法》等上位法的指引下，我国不断完善数据安全监管体系，优化数据价值，创造法规环境，为统筹发展与安全提供有力保障。同时，严格做好网络安全审查，规避重要数据、巨量个人信息被非法利用及恶意控制的风险，筑牢国家安全防线。《数据出境安全评估办法》及其申报指南坚持事前评估和持续监督相结合、坚持风险自评与安全评估相结合，规范数据出境活动，保护个人信息权益，有效防范了数据出境安全风险。《工业和信息化领域数据安全管理办法（试行）》将数据安全管理重点放在数据分类分级和数据全生命周期安全管理上，对不同类型、不同级别数据实行差异化保护，把该管的管住、该放的放开，允许数据在符合法律规定的前提下有序自由流动，有利于促进智能网联汽车新技术、新业态的创新应用与发展。

四、落实"双碳"目标，促进汽车低碳转型

在双碳"1+N"政策体系当中，我国明确提出"加快推进低碳交通运输体系建设"，不断提升新能源汽车在新车产销和整体保有量中的占比，促进交通能源清洁化、缓解能源和环境压力。2022年，我国全面促进绿色低碳转型升级，将发展新能源汽车作为重点领域。一是明确了2030年新能源汽车市场目标，即整体新增比例达到40%（含新能源、清洁能源车型）、大气污染防治重点区域达到50%左右，引导汽车产业低碳转型。2022年，我国新能源汽车销量占汽车总销量的25.6%，提前三年完成市场渗透率"到2025年达到20%"的规划目标，电动化发展速度远超预期，整体仍处于高景气状态。二是推动车辆推广和充换电基础设施建设协同发展。在车辆端，一方面发挥政府作用，加快公共领域新能源汽车推广应用；另一方面，针对电动化进程缓慢的重型货车，通过换电、燃料电池汽车等试点，推动新能源汽车发展。在基础设施端，加强高速公路服务区等重点场景充换电基础设施建设，稳步推进氢能储运体系及加氢网络建设。2022年，我国整体车桩比降至2.5∶1，建成投运加氢站310座，保障新能源车辆补能需求。三是加强关键技术攻关，提升产品性能。目前，我国动力电池技术全球领先，驱动电机与国外先进水平保持同步。面向电动化、网联化和智能化融合发展新趋势，我国正在加强汽车芯片、车载操作系统等关键技术研发和产业化应用，推动汽车产业链高质量发展。

五、强化企业主体地位，推进产业提质升级

生产企业作为汽车产品生产者，关系到全产业链建设，涉及消费者安全、社会安全，在产业发展中发挥着关键作用。2022年，国家层面加强生产企业安全保障体系建设，进一步加快电动化转型升级：一是提升全生命周期安全保障能力。国家高度重视新能源汽

车安全问题,把安全作为事关产业持续健康发展的第一要务。自 2016 年以来,我国建设和完善新能源汽车监测平台及相关制度,初步建立了安全保障体系。但目前,仍有部分新能源汽车企业的安全保障体系不健全,又出现了网络安全、数据安全等新问题,为了切实提升产品安全水平、保障消费安全,2022 年我国引导生产企业构建系统、科学、规范的安全体系,提升新能源汽车产品安全水平。二是市场化机制倒逼企业加速转型。乘用车"双积分"政策自 2017 年实施以来,建立了积分管理平台,组织开展积分交易。为了稳定未来产业发展供给和消费预期,积分政策于 2020 年明确了 2021—2023 年积分比例要求,于 2022 年进行了最新修订意见征求。此次征求意见稿进一步下调单台车可获积分,鼓励新能源车企提升产品续驶里程、电池系统能量密度等技术水平,并建立积分池制度来调节积分市场供需,保障积分供需基本平衡,促进车企向新能源方向转型。

第三章　汽车行业《公告》管理事中事后监管现状

张贵平，袁儒强，王峥，孙宇轩，赵伟*

摘要：《道路机动车辆生产企业及产品公告》（以下简称《公告》）是汽车行业管理的重要抓手，本章主要对《公告》管理的依据、作用、手段及措施等进行介绍，从产品一致性监督检查、车辆登记注册环节发现的产品一致性问题核查、信访举报核查、新能源汽车推广应用财政补贴核查及新能源汽车安全体系检查5个方面对2022年的监督管理情况进行分析，并就发现的问题提出建议。

关键词：《公告》管理；事中事后；监管现状。

第一节　事中事后监管概况

根据中国汽车工业协会数据，2022年，我国汽车产销分别完成了2702.1万辆和2686.4万辆，同比增长3.4%和2.1%，全年汽车产销量保持正增长，并且连续14年保持世界第一。汽车产业作为国民经济的战略性、支柱性、基础性产业，加强汽车行业监督管理，是保障人民群众生命财产安全、推动汽车产业高质量发展的重要手段。

根据《中华人民共和国行政许可法》《国务院对确需保留的行政审批项目设定行政许可的决定》（国务院令第412号）等法律法规规定，我国汽车生产企业及产品实行准入许可制度。工业和信息化部承担汽车行业管理工作，依据《中华人民共和国行政处罚法》《中华人民共和国道路交通安全法》等法律法规和《道路机动车辆生产企业及产品准入管理办法》（工业和信息化部令　第50号）《新能源汽车生产企业及产品准入管理规定》（工业和信息化部令　第39号）《工业和信息化部关于修改〈新能源汽车生产企业及产品准入管理规定〉的决定》（工业和信息化部令　第54号）对汽车生产领域进行监督管理，并依法对道路机动生产领域违法违规行为进行处理处罚。受工业和信息化部装备工业一司（以下简称装备工业一司）委托，工业和信息化部装备工业发展中心（以下简称装备中心）协助开展汽车行业事中事后监督管理工作。

目前，汽车行业的事中事后监督管理已形成专项监督检查和定期监督检查相结合的制度性监督检查方式，对汽车行业的监督检查主要包括产品一致性监督检查、车辆登记注册环节发现的产品一致性问题核查、信访举报核查、新能源汽车推广应用财政补贴核查和新能源汽

---

* 张贵平，任职于工业和信息化部装备工业发展中心监督管理处；袁儒强，任职于工业和信息化部装备工业发展中心监督管理处；王峥，任职于工业和信息化部装备工业发展中心监督管理处；孙宇轩，任职于工业和信息化部装备工业发展中心监督管理处；赵伟，任职于中汽研汽车检验中心（天津）有限公司。

车安全体系检查，此外，还有诸如"大吨小标""货车非法改装整治"等专项监督检查。

第二节　事中事后监管现状

2022年，装备工业一司组织委托装备中心开展了年度产品一致性监督检查、新能源汽车推广应用财政补贴核查和新能源汽车安全体系检查三项专项监督检查工作，并对公安交管部门在车辆登记注册环节发现的违反产品一致性管理规定的情形进行了核查，常态化开展了信访举报核查工作，对于监督检查过程中发现的违法违规行为，装备工业一司依法进行了行政处理处罚。

一、产品一致性监督检查

（一）产品一致性监督检查的依据和内容

汽车生产的产品一致性监督检查是加强事中事后监管，压紧压实道路机动车辆生产企业主体责任，督促企业规范生产行为、提高车辆产品的安全性能和节能水平的重要手段。产品一致性监督检查主要依据《道路机动车辆生产企业及产品准入管理办法》（工业和信息化部令第50号）《工业和信息化部"双随机一公开"监管实施办法》（工信厅政〔2018〕45号）《车辆生产企业及产品生产一致性监督管理办法》（工产业〔2010〕第109号）等相关规定。

产品一致性监督检查遵循"双随机、一公开"原则，坚持"以问题为导向"，对已获得道路机动车辆产品准入许可的道路机动车辆产品开展抽样检查，对于抽取的车辆，按照该型号产品获得准入许可时依据的国家标准和《公告》备案参数对车辆进行检测核查，考查车辆对相应国家标准符合性及与《公告》备案参数的一致性。

2022年的产品一致性监督检查主要针对传统燃料车辆，抽查车型涵盖载货汽车、专用汽车和乘用车3类产品。其中，载货汽车检测项目主要包括整车结构参数、侧后防护装置和柴油货车环保节能等；专用汽车检测项目主要包括整车结构参数、车辆结构和标志、侧倾稳定角、制动系统、汽车防抱制动性能等；乘用车检测项目主要包括国Ⅵ排放和燃料消耗量等。

（二）产品一致性监督检查中发现的问题

在2022年的产品一致性监督检查中，共发现15家生产企业的15个车型存在违规现象。从问题检出比看，载货汽车检出问题数量占该类别抽样车辆总量的13.3%，专用汽车检出问题数量占该类别抽样车辆总量的40%，乘用车检出问题数量占该类别抽样车辆总量的16.7%（见图3-1）。

从问题车辆类别上看，载货汽车问题数量占检出问题总量的13.3%，专用汽车问题数量占检出问题总量的53.3%，乘用车问题数量占检出问题总量的33.4%（见图3-2）。

从发现的问题类别看，产品实际参数与《公告》备案参数不一致的问题数量占检出问题总量的6.7%，产品不符合安全类国家标准的问题数量占检出问题总量的53.3%，产品环保节能性能或油耗不满足国家标准要求的问题数量占检出问题总量的40.0%（见图3-3）。

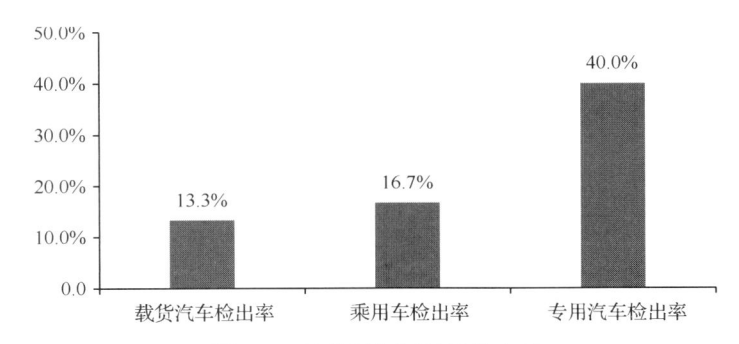

图 3-1 各类别车辆问题检出率

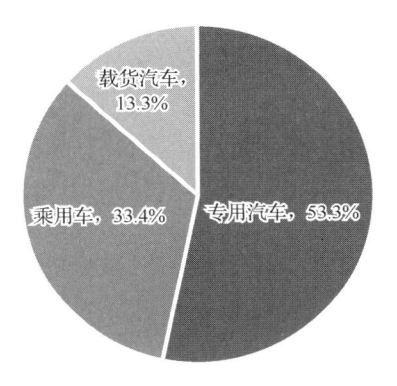

图 3-2 问题车辆不同类别占比

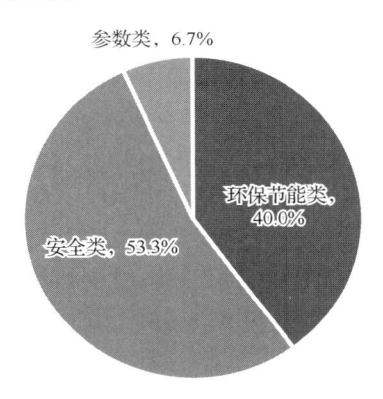

图 3-3 不同类型问题占比

针对发现的问题，在督促生产企业积极整改的同时，根据情节轻重按照相关法律、行政法规和规章等文件规定，对生产企业采取了行政约谈，撤销或暂停违规产品《公告》，责令进行一个月、三个月或六个月的整改，暂停企业新产品申报、暂停合格证电子信息传送等行政处理措施。

（三）相关建议

针对产品一致性监督检查中发现的问题，提出以下建议：

一是理清企业内部流程，强化企业内部管理。生产企业是确保产品一致性的责任主体，保障产品一致性需要企业内多部门协同开展，建议生产企业厘清企业内部不同部门的相应责任，强化内部管理，切实提高全员合规意识，从源头上提升产品合规水平，减少产品风险。

二是主动担当作为，切实消除产品风险。对于确实存在不符合产品一致性管理要求的，生产企业须主动担当，主动履行主体责任，积极整改，采取主动措施，提出切实有效措施对存在问题的产品进行整改，消除车辆存在的安全隐患，保护公共利益和消费者权益。

二、车辆登记注册环节发现的产品一致性问题核查

（一）车辆登记注册环节发现的产品一致性问题概况

深入推进跨部门综合监管是加快转变政府职能、提高政府监管效能的重要举措。近

年来，工业和信息化部与公安部交管部门建立了部门间数据共享机制，对车辆在登记注册环节发现的不符合产品一致性管理要求的数据进行信息共享，装备工业一司委托装备中心对这些信息进行了核查。经梳理，2022 年，在车辆登记注册环节共发现存在汽车产品不符合产品一致性管理要求的车辆 6000 余辆，涉及 500 多家生产企业生产的 2000 多个车型。

（二）检查中发现的问题分类

根据涉嫌违规情形对公共安全、人身健康和生命财产安全的影响程度，涉嫌违规的情形具体可以分为严重问题、一般问题、轻微问题共 3 大类 70 种。

（1）严重问题：产品不符合产品一致性管理要求，且存在严重生命财产安全隐患，如半挂车设有两个牵引销座、未安装制动间隙自动调整装置、未安装行驶记录仪、无防抱制动装置等情况。

（2）一般问题：产品不符合产品一致性管理要求，且存在一般生命财产安全隐患，如产品未制造完成、尺寸参数超 GB 1589 标准、专用功能缺失等情况。

（3）轻微问题：产品不符合产品一致性管理要求，存在轻微生命财产安全隐患，如驱动电机无标识或与《合格证》信息不一致、卫星定位装置未接通、客车无圆心击破点标志等 24 种违规情况。

挂车和专用汽车问题突出。从违规车辆生产企业类别看，严重问题主要集中于挂车，涉及的生产企业数量占严重问题企业数量的 78.5%；一般问题及轻微问题主要集中于专用汽车和挂车，涉及的生产企业数量分别占此类别问题企业数量的 85.5%和 79.2%。同时，对 2022 年上半年和下半年问题数量和涉及的生产企业数量进行对比后发现，下半年较上半年均有明显下降。

从不同问题的涉嫌违规车辆数量的占比看，存在严重问题车辆的数量占所有问题车辆数量的 1.9%，存在一般问题和轻微问题车辆的数量占所有问题车辆数量的比例分别为 55.7%和 42.4%。

同时，在检查中发现部分车辆同时存在多个问题，部分问题在同一企业生产的不同车型中存在集中现象。

针对检查发现的问题，相关部门采取了行政约谈、向生产企业发送《一致性风险提示函》等措施，要求生产企业积极整改，切实履行企业产品一致性保证主体责任，防范风险再次发生。

三、信访举报核查

（一）信访举报案件特点

信访举报案件与人民群众的切身利益密切相关，与人民群众自身感受切实相关。从举报内容来看，不仅涉及产品不符合《公告》管理要求等问题，往往同时涉及产品合格证、一般质量问题等，部分案件还与用户和生产企业、汽车产品经销商的经济纠纷互相交织，具有涉及面广、关联方多、信访人诉求复杂等特点。

在实际核查工作中，部分车辆时间跨度较大，车辆与出厂的初始状态差距较大等因素在客观上导致取证难，难以落实生产企业责任；同时，部分举报人无法提供证据或实车等客观证据，为核查工作带来困难。

（二）信访举报案件分类

2022年，受装备工业一司委托，装备中心对信访举报案件进行了核查，并对部分问题开展了现场核查，按反映的问题类别区分，开展现场核查的信访举报案件分类如图3-4所示。

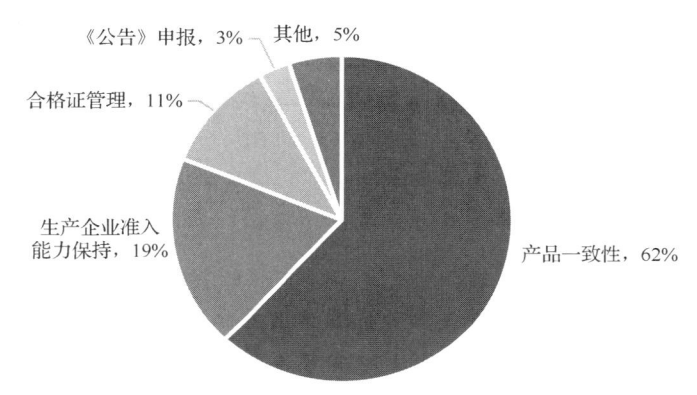

图3-4　信访举报案件分类

其中，案件涉及产品一致性相关问题的数量最多，占比为62%；涉及生产企业准入能力保持的问题占比为19%；涉及合格证管理的问题占比为11%；这是信访举报案件中数量占比前三名的案件类型，共计占比超过90%，其他如新能源汽车推广应用财政补贴、产品一般质量问题等的信访举报也时有发生。

（三）核查中发现的问题

在信访举报案件的核查中，发现了以下问题：

一是部分生产企业内部管控制度落实不到位。例如，部分合格证与《公告》信息或实车信息不一致，导致用户车辆无法注册登记，生产企业未就此迅速解决问题，导致信访举报案件的发生。

二是对经销商管理不力，经销商对车辆进行改动的现象多发。部分经销商在车辆交付前对车辆进行改动，导致车辆无法注册登记等现象时有发生，出现问题后经销商与生产企业互相推诿，不能很好地解决用户的合理诉求，最终导致举报投诉，这一现象在摩托车领域尤其突出。

三是部分生产企业服务意识淡薄，售后服务保障能力和服务主动性有待进一步提高。部分生产企业对用车出现的问题不能主动服务，与用户沟通不足，不能及时回应用户关切，用户对于车辆的疑惑迟迟得不到有效回应，最终导致信访。

针对发现确实存在问题的生产企业和产品，工业和信息化部对生产企业采取了责令限期整改、约谈等多种行政处理措施，督促生产企业合规生产经营。

（四）相关建议

不同于产品一致性监督检查、车辆登记注册环节涉嫌不符合产品一致性管理要求等情形，信访举报案件是送上门来的群众工作，与人民群众的切实利益直接相关，做好信访工作，是了解民情民意、化解风险矛盾的重要手段。

针对信访举报案件中发现的问题，建议生产企业切实落实产品一致性保证主体责任，优化内部管理，强化内部规章等管理制度的落实，加强对经销商的合规意识宣贯和管理；倾听用户声音，用户服务保障部门要及早介入，及时回应用户的合理诉求，切实解决产品存在的问题。

四、新能源汽车推广应用财政补贴核查

（一）补贴推广的背景和意义

发展新能源汽车是我国从汽车大国迈向汽车强国的必由之路，新能源汽车推广应用财政补贴政策的推行实施，为我国汽车产业实现转型升级，助力实现碳中和目标具有积极意义。依据财政部、工业和信息化部、科技部、国家发展改革委《关于2016—2022年新能源汽车推广应用财政支持政策的通知》（财建〔2015〕134号）《关于开展2018—2021年度新能源汽车推广应用补助资金及2020年度充电基础设施奖励资金清算申报的通知》（财办建〔2022〕4号）等相关文件要求，工业和信息化部联合财政部、科技部、国家发展改革委对2018—2020年度新能源汽车推广车辆进行了补贴清算。

（二）2018—2021年度补贴推广核查情况

申报2018—2020年度新能源汽车推广应用补助资金清算并经技术审查通过的车辆共计416161辆，涉及73家生产企业，申报2021年新能源汽车推广应用补助资金清算并经技术审查通过的车辆共计1575952辆，涉及69家生产企业。受装备工业一司委托，装备中心对这些申报新能源汽车推广应用补助资金的车辆随机抽取部分开展了核查。此外，还针对2021年申报的10768辆网约车进行了补充的现场核查，涉及13家企业。

为进一步提高核查精准性和有效性，减轻企业负担，扩大受检车辆范围，降低疫情不利影响，经报四部委同意，2022年对申报推广应用财政资金补贴的私人领域乘用车现场核查流程进行了优化，在现场核查前增加资料审核环节，由生产企业自主提交车辆信息、采集报告、车辆照片及视频等材料，装备中心组织专家对生产企业提交的材料进行审核并提出审核意见，在通过审核的车辆中随机抽取部分车辆开展现场实车审核，减少了车辆核查到场率，减轻了生产企业负担。

对于私人领域乘用车，资料核查车辆实际数量与申报数量的相符性、车辆型号、车辆VIN与申报材料的一致性，记录车辆里程表读数，并随机抽取一定比例的车辆到现场进行复核。

对于公共领域车辆，在企业申报车辆的基础上，按照随机原则抽取的同时，以问题为导向，按照一定比例抽取部分车辆进行了现场核查。现场核查车辆实际数量与申报数量的相符性及部分主要配置信息（成箱后储能装置铭牌型号和数量、驱动电机铭牌型号、

电机控制器铭牌型号及燃料电池相关配置型号）与申报材料、公告参数的一致性，记录车辆里程表读数；同时，对配备直流充电的车辆进行随机抽取，利用测电设备测试电池电量；对于燃料电池汽车，随机抽取部分车辆，利用实际道路行驶测试氢气消耗量。

现场核查分为两部分，一是对申报 2018—2020 年补贴的车辆进行核查；二是对申报 2021 年补贴的车辆进行核查。

对于第一部分（申报 2018—2020 年补贴的车辆），2022 年 8 月至 9 月，装备中心组织 56 名现场核查专家成立 7 个新能源汽车推广应用现场核查组，克服高温限电等困难，对抽取的 8429 台公共领域车辆和 223 台 2021 年申报的网约车进行了现场核查；2022 年 8 月至 9 月，组织 54 名资料核查专家，对 34 家企业的 1534 辆私人购买乘用车进行了资料审核，并在通过资料核查的车辆中抽取数量不低于 10% 的车辆进行了现场复核。

对于第二部分（申报 2021 年补贴的车辆），2022 年 8 月至 9 月，装备中心组织专家成立了 7 个新能源汽车推广应用现场核查组，对抽取的 2643 辆公共领域车辆进行现场核查；2022 年 10 月至 12 月，装备中心组织 50 名专家对生产企业上传的 30606 辆私人购买乘用车进行了资料核查，并在 2022 年 12 月至 2023 年 1 月，组织 29 名专家成立了 4 个现场核查组，对通过资料核查的 4987 辆车辆进行了现场复核。

（三）核查中发现的问题

2022 年的核查中，未发现"有牌无车""有车缺电"等现象，大部分车辆与申报情形符合，状况良好，车辆运行正常，行驶里程符合补贴政策要求，但存在以下问题。

1. 车辆整体状况无法核实

在资料审核中，大多数生产企业上传的车辆照片、视频清晰完整，可以互相验证且与企业提交的申报材料相符，可以通过资料判定车辆的真实性和完整性，但仍有部分企业上传的资料缺失或模糊，无法验证车辆的真实性和完整性，不符合补贴政策要求。

2. 车辆未能到场参加核查

部分抽取需现场核查的车辆因用户不配合、用户无法联系等原因，未能到场参加核查。

3. 实际车辆和申报材料不一致

大多数到场核查的车辆均与申报材料一致，符合补贴申领要求，但是在资料审核和现场核查中，也发现部分车辆存在实车"三电"信息与申报信息不一致、车辆"三电"信息不完整、车辆实际里程不符合补贴政策要求等问题。

（四）相关建议

一是加强组织协调。在现场核查中，发现部分生产企业现场人员对车辆所在地点、关键零部件所处位置不熟悉，部分企业未与用户协商一致，建议生产企业在核查前期加强人员培训和与用户的协调，提高现场核查效率。

二是优化企业内部资料申报流程管控。在资料核查中，发现部分车辆因人为填报失误等原因，造成无法通过申报资料对车辆进行核实，车辆无法通过资料审核，建议生产企业加强资料填报人员培训，细化企业申报流程和内容管控，确保申报资料与车辆实际状况一致。

五、新能源汽车安全体系检查

（一）新能源汽车安全现状

1. 新能源汽车发展持续向好

经过多年的发展，在有关各方持续努力、相关政策的不断完善下，行业企业不断加大研发投入，强化技术和商业模式创新，共同推动了中国新能源汽车产业在市场规模、产业体系、技术水平等各方面实现全面提升。在政策和市场的双重作用下，2022年我国新能源汽车规模依然保持爆发式增长，全年产销量分别完成705.8万辆和688.7万辆，同比分别增长96.9%和93.4%，连续八年位居全球第一。

2. 新能源汽车安全问题依然形势严峻

随着新能源汽车产业的大力发展，产销量与保有量的持续攀升，新能源汽车的安全事故和安全问题仍然时有发生，给人民生命和财产安全带来了较大隐患，新能源汽车安全问题依旧是新能源汽车行业关注的焦点。据国家市场监督管理总局统计，2022年中国新能源汽车共实施召回47次，涉及车辆121.2万辆，占全年召回汽车总数量的27.0%，同比增长31.5%。从缺陷线索看，新能源汽车缺陷线索报告4300例，反映动力电池、电机、电控系统问题占新能源汽车缺陷线索报告总量的41.9%。可见，新能源汽车安全问题形势依然严峻。

（二）新能源汽车安全体系专项检查情况

为进一步加强新能源汽车安全管理，加快构建系统、科学、规范的新能源汽车安全体系，保障公共安全和公民生命、财产安全，推动新能源汽车产业高质量发展，装备工业一司委托装备中心于2021年和2022年开展了新能源汽车安全体系建设专项检查工作，分别从新能源汽车生产企业安全管理机制、产品质量、监测平台、售后服务、事故应急响应等方面对新能源汽车生产企业安全体系建设情况进行检查。

1. 安全体系检查的依据

开展新能源汽车安全体系建设情况检查工作依据的管理文件和标准要求，一是《道路机动车辆生产企业及产品准入管理办法》（工业和信息化部令第50号），二是《新能源汽车生产企业及产品准入管理规定》（工业和信息化部令第54号、第39号），三是《工业和信息化部关于进一步做好新能源汽车推广应用安全监管工作的通知》（工业和信息化部装〔2016〕377号），四是《关于组织开展2022年度道路机动车辆生产企业及产品监督检查工作的通知》，五是《五部门关于进一步加强新能源汽车企业安全体系建设的指导意见》（工信厅联通装〔2022〕10号），六是《关于开展新能源汽车安全隐患排查工作的通知》（装备中心〔2020〕225号），七是国家标准《电动汽车远程服务与管理系统技术规范》（GB/T 32960）等文件。

2. 被检查企业的筛选原则

被检查企业的筛选坚持"以问题为导向",综合考虑以下几个原则:一是新能源汽车年度总产量较高的企业;二是被装备工业一司发送过《风险提示函》的企业;三是车辆起火事故数量较多或者被约谈的企业;四是出现合格证异动的企业;五是在安全体系建设中存在问题较多需整改复查的企业。同时,为促进行业生产企业监测预警能力提升,工业和信息化部筛选了部分能力水平领先的企业,以借鉴先进经验。

3. 安全体系检查的总体情况

2021年和2022年,工业和信息化部共检查生产企业30余家,涉及外资、合资、国有企业和民营企业,车辆类型涵盖乘用车、商用车、客车等多车型。

通过两年的安全体系检查工作,总体来讲,相较于2021年,2022年生产企业对安全体系建设和系统性安全管理的重视程度明显增强,一是多数企业建立了安全体系管理的相关制度,形成了文件化的规范/规定,组织开展了新能源汽车安全相关的宣贯培训;二是以产品安全设计规范为代表的技术文件普遍有所细化、提高、完善;三是2017年之后的新能源汽车监测覆盖率显著提升,大部分车企接入率达到100%,能够更好地开展安全监测、构建大数据(预警)分析;四是企业开展安全隐患排查、应急响应、深入调查、事故原因研判,分析问题的主动性有所增强。

(三)新能源汽车安全体系建设存在的问题分析

与此同时,生产企业在安全体系建设方面还存在一定的共性问题,具体如下。

1. 新能源整车企业安全体系保障能力尚待完善

大多数新能源乘用车企业基本建立了新能源汽车安全体系组织架构,但未形成体系化的安全管理制度,组建的工作架构与各业务板块的联动不足,缺乏全面的系统规划,对安全体系层层传导不到位。制度体系、流程存在繁杂、不完善且文件未及时更新的情况。另外,新能源商用车企业相较于乘用车企业,普遍存在技术管理精细度不足的特点,研发深度、生产线布局、售后服务等均有待提升,监控数据及信息化应用能力较弱。

2. 电池系统及适用性验证不足

动力电池产业技术水平虽已实现了巨大进步,但在设计验证、生产制造、使用回收等方面依旧存在问题,亟待攻关和研究。在动力电池设计验证环节,部分企业主要存在产品开发周期过短导致的验证不充分问题;在动力电池制造环节,部分企业主要在生产工艺、流程、质控等方面存在问题,需要提高自动化制造水平及产品一致性管理水平;在电池的使用环节,部分企业动力系统及使用过程中的阈值控制存在不匹配等问题,会引发安全隐患。另外,由于供应商提供的产品分电芯、模组和电池包三个级别,企业与电池供应商普遍缺乏协同开发和安全信息共享机制,尤其是运行数据方面的共享。

3. 整车安全设计要求及测试尚显匮乏

虽然《电动汽车安全要求》(GB 18384—2020)《电动客车安全要求》(GB 38032—2020)等新能源整车安全标准,对涉及的机械安全、电气安全、环境安全和管理安全有相关的安全验证要求，但部分企业仍存在产品在研发过程中未充分考虑线路布置、模组布局及冷却方式等问题，产品测试验证方案尚未全面体现强制性规定的相关测试项目，车辆智能化技术应用的试验验证方法不清晰。

4. 企业平台监测技术水平、整体效能亟待提升

部分企业存在新老不同监测平台之间信息交互不顺畅、不闭环等问题，部分企业的报警处理流程主要依赖人工操作，处理效率较低。企业监测平台只监不测，未利用监测平台开展故障分析和隐患排查工作。在三级报警方面，部分企业存在报警级别及其处置措施设置不匹配、报警阈值设置不合理问题。在安全预警方面，大部分企业采用大数据统计、建立预警阈值方式，仅是对重要或相关指标进行分类和分级统计，未基于监测平台大数据建立安全预警分析和应用。

5. 售后服务保障缺乏主动排查

部分企业被兼并重组后，存量的新能源汽车在用车方面存在售后服务保障能力不足的问题，企业的售后服务网点没有独立的动力电池维修检测区域，大部分企业的安全隐患排查仅限于客户需求或主管部门的要求事项，缺乏主动排查机制，缺乏对于特定技术路线和高风险等车辆（如过保和部分高危电池）的隐患排查工作方案和操作实施。

6. 事故的应对和处置能力较弱

部分企业对新能源汽车起火事故特征认识不清，相关分析技术储备不足，导致企业的应急处置制度不能全面覆盖新能源汽车的起火冒烟事故和失控事故；事故调查流程不规范，事故调查分析技术针对性不强，未体现新能源汽车的特点。大部分相关企业在发生起火燃烧事故后，不同程度地存在未按相关要求及时上报安全起火事故的情况，存在迟报、漏报现象。

（四）相关建议

1. 完善行业安全管理政策及标准规范等支撑体系

加强研究储备关于产品质量保障、监测平台运行、售后服务、应急响应等多方面的支持政策，形成目标合理、重点明确、相互支撑的安全管理政策支撑体系。细化企业安全体系建设要求，加快建立新能源汽车安全体系建设评价准则和实施指南，规范在安全管理过程中出现问题的解决路径和要求，以指导企业科学、高效地开展安全体系建设工作。探索以标准为抓手，实现政策执行有据可量、结果有据可评。

2. 建立完善监督检查机制

督促企业加快和完善安全体系建设。强化企业对产品安全的主体责任，落实生产者责任延伸制度，督促企业加强对整车及动力电池、电控等关键系统的质量安全管理、安全状态监测、售后维修检测和事故应急处置等的管控，使新能源汽车企业安全管理更加规范，全方位保障安全。

问题处理及相关责任方的处罚。建立惩戒和信用评价体系，对于存在突出问题的新能源汽车企业，视情节轻重下发《风险提示函》，依法依规采取约谈、公开通报、责令限

期整改等措施，切实提升产品安全水平，营造良好环境。

第三节　总结及展望

事中事后监管是提升政府治理现代化水平的重要途径，加强事中事后监管是转变政府职能、深化"放管服"改革的重要举措。在汽车生产领域，事中事后监管与机动车行政许可制度相互配合，对保护公共利益、维护人民群众生命财产及保证财政资金安全起到了积极作用。

经过近年的实践，以《公告》管理为抓手，汽车行业事中事后监管已基本形成一套完备的工作体系，"双随机、一公开""以问题为导向""大数据监管"等事中事后监管体制不断完善，通过事中事后监管，并对发现的违法违规问题进行行政处理处罚，对肃清行业风气，建立公平、公正、高效的市场氛围，助推汽车产业高质量发展起到了重要的推动作用。

下一步，装备工业一司将用好监管工具箱，打好事中事后监管的"组合拳"，创新监管方式，提升监管质效，进一步规范行业发展。装备中心将在装备工业一司的领导下，协助推进《机动车生产准入管理条例》的立法工作，进一步夯实汽车行业管理的法制基础；深化行政处罚裁量基准研究，明确处理处罚的措施、手段，细化、量化行政处理处罚裁量，压缩自由裁量空间，持续规范行政处理处罚裁量行为；探索研究建立生产企业信用监管体系，完善包括大数据监管和信用监管在内的监管手段，分级分类监管，提升监管的准确性和有效性；多措并举，更好地助力我国从汽车大国到汽车强国的提升转变。

第四章　汽车产业绿色低碳转型发展研究

冯屹*

摘要：本章围绕汽车行业绿色转型，从"双积分"政策实施、绿色制造体系构建、生产者责任延伸、碳排放数据管理等多方面总结了目前行业取得的成效，围绕减污降碳协同、信息披露、产融结合、国际合作等领域阐述了"双碳"目标下的后续工作任务，在"汽车大国"向"汽车强国"的转变过程中，为行业绿色高质量发展提供路径参考。

关键词：碳管理；信息披露；绿色发展。

党的十八大以来，在习近平生态文明思想的指引下，"绿水青山就是金山银山"理念已成为全党全社会的共识与自觉行动，让绿色成为高质量发展最鲜明的底色，人与自然和谐共生的美丽中国正在从蓝图变为现实。同步推进物质文明建设和生态文明建设是构建美丽中国的根本遵循，作为人民美好生活必需品的汽车产品，加速绿色低碳转型已成为必然要求。经过多年发展，我国已成为全球第一大汽车生产国和消费市场，"十三五"以来，汽车行业深入贯彻落实新发展理念，绿色发展成绩可圈可点，"十四五"是我国由"汽车大国"转向"汽车强国"的重要战略窗口期，随着碳达峰碳中和被纳入生态文明建设整体布局，绿色低碳循环发展经济体系正在加速构建，我们应当立足新发展阶段、贯彻新发展理念、构建新发展格局，走出一条绿色低碳高质量发展道路。

多年来，汽车产业形成以绿色、低碳、循环为关键要素的生产体系、流通体系、消费体系，以推进汽车全生命周期内碳减排为核心目标，深入开展绿色设计、绿色选材、绿色生产、绿色产品、资源综合利用等研究，探索汽车产业碳达峰碳中和实施路径，全面推进绿色高质量发展。

一、落实高质量要求，助力汽车产业绿色发展取得积极成效

（一）"双积分"提升节能降碳成效，助力新能源汽车产业领跑全球

为提升我国乘用车节能水平，缓解能源和环境双重压力，促进汽车产业健康发展，2017年9月，工业和信息化部等五部门联合发布了《乘用车企业平均燃料消耗量与新能源汽车积分并行管理办法》（以下简称《积分办法》），建立起推动我国节能与新能源汽车协调发展的长效机制；2020年6月，五部门进一步修订《积分办法》，明确2021—2023年政策要求，强化节能引导。自《积分办法》实施七年以来，推动我国乘用车节能减排与产业转型升级，新能源汽车在产销规模、动力电池等方面"领跑"全球，在优化行业

---

* 冯屹，高级工程师，中国汽车技术研究中心有限公司中汽数据有限公司总经理。

资源配置、促进产业融合等方面发挥了重要作用。

引导产业低碳转型，节能减排成效卓著。《积分办法》通过引导供给侧产品结构优化，为道路交通领域节能减排做出积极贡献。一是促进节能水平和技术渗透率明显提升。2022年行业平均燃油消耗量达到 4.10L/100km（WLTC 工况），相比 2016 年下降幅度达 36%。企业不断加大先进节能技术布局，于 2022 年同时搭载涡轮增压、缸内直喷技术的车型产量占比达 61%，国产混合动力和 48V 微混车型产量占比分别为 5.9%和 5.5%，增速连续三年超过 40%。二是碳减排贡献突出。据测算，《积分办法》通过推动节能与新能源汽车发展，2016—2022 年我国乘用车领域使用环节累计节约燃油近 3100 万吨，减少二氧化碳排放 1 亿吨左右，为道路交通领域碳减排做出了积极贡献。

推动新能源汽车产销规模和技术水平快速提升。新能源汽车是实现"双碳"目标和汽车产业低碳高质量发展的战略选择，《积分办法》促进我国新能源汽车产业发展取得显著成效。一是产销规模全球领先。2022 年我国新能源乘用车产销量分别完成 671.6 万辆和 654.9 万辆，同比分别增长 97.77%和 94.26%，连续八年位居全球第一，其中，新能源新车销量占比达到 25.6%，提前完成 2025 年发展目标。二是关键技术实现突破。2022年行业纯电动乘用车平均电耗达到 12.4kWh/100km，平均续驶里程达到 420km 左右，取得显著进步。量产动力电池单体能量密度达到 300Wh/kg，驱动电机峰值功率密度超过 4.8kW/kg，最高转速达到 1.6 万 r/min，达到了国际先进水平。

提升资源配置效率，促进产业融合发展。积分交易促进产业转型升级。自 2016 年实施积分交易以来，新能源汽车积分交易额逐年提升，2016—2022 年，累计交易总额达到 172 亿元。随着积分市场活跃度和积分价格逐渐上升，技术先进的企业将获得更多收益，推动企业加大研发投入，有效提升产业技术水平。

（二）支撑行业绿色制造体系构建，做好汽车行业绿色发展风向标

绿色制造是推动工业绿色发展的重要抓手。近年来，我国在绿色制造体系建设方面不断取得新进展，绿色制造理念得到广泛推广和普及。根据工业和信息化部数据，"十三五"期间，汽车行业创建 312 家绿色工厂、52 家绿色供应链，开发 129 种绿色设计产品，树立了一批绿色低碳发展标杆。三十余项汽车行业绿色标准出台，覆盖 M1 类传统能源车、铅酸蓄电池、锂离子电池、汽车轮胎、内燃机等，标准引领绿色转型效果明显。

在汽车行业整体面向绿色制造体系转型的背景下，业内一直致力于推进汽车绿色制造体系建设。汽车行业已多次组织开展绿色设计产品、绿色工厂、绿色供应链管理技术规范的编制工作，为企业提供绿色制造试点示范第三方评价服务。此外，汽车行业研究编写了《汽车零部件企业绿色发展报告编制指南》《汽车零部件企业绿色发展指数核算方法》，发布了数十家汽车企业和上百家零部件企业的绿色发展指数研究成果。同时，为推动汽车产品绿色低碳转型、引导汽车产品绿色低碳消费，汽车行业长期深耕"中国生态汽车"研究，自 2015 年正式实施该项目以来，已累计发布近百款车型成绩，其中数十款车型获得最高等级的白金牌，有效推动了产业技术进步，显著提升了我国汽车生态性能水平。

（三）推动落实生产者责任延伸制度，引导提升资源综合利用水平

基于我国自 2016 年开展的汽车有害物质和可回收利用率（End-of-Life Vehicle，ELV）管理工作，通过对企业提交的 ELV 自我声明材料进行合规验证，引导汽车生产企业加强供应链绿色管理，对各级零部件、材料供应商提出有害物质管控要求，逐步建立与完善企业绿色管理体系；通过对汽车产品中铅、汞、镉、六价铬、多溴联苯和多溴二苯醚等有害物质的限制使用，引导汽车行业重视有害物质替代和减量化技术研发工作，无铅焊料、锌铝涂层、无溴阻燃剂等无毒无害或低毒低害的绿色环保材料不断获推广应用，汽车产品有害物质使用削减显著。

通过对汽车产品提出可再利用率和可回收利用率的要求，引导汽车生产企业从源头开展绿色生态设计，积极采用易回收材料和易拆解部件，应用资源利用效率高、环境污染小、易于回收利用的绿色制造技术，汽车可回收利用率水平不断提升；通过发布 ELV 工作简报、行业白皮书和绿色发展报告等多项举措，公示汽车产品有害物质使用和可回收利用率等信息，总结并评估汽车生产企业绿色供应链管理情况，促使绿色设计理念贯穿乘用车企业整车研发环节，使 ELV 管理影响力不断增强；通过将有害物质限制要求等指标纳入环境标识认证、生态汽车认证等，推动汽车生产企业加大绿色产品研发投入，加强绿色产品推广力度，促进绿色消费理念深入人心。

目前，我国 100 余家乘用车企业已建立覆盖整车设计、开发、生产、量产一致性控制的全流程 ELV 管理体系；乘用车单车铅含量（除铅蓄电池外）较实施 ELV 管理前下降近 50%，累计削减铅使用量近 1 万吨；超过 90% 的乘用车车型可满足欧盟出口认证要求（可回收利用率≥95% 且可再利用率≥85%）。

同时，在"健康中国 2030"的政策背景下，汽车生产企业、零部件企业、材料企业、检测机构和研究机构等围绕车内空气质量、人体工程学设计、噪声与震动污染、电磁安全防护等方面不断深入开展性能提升研究，探索并采取了一系列有效措施保证量产汽车健康性能的稳定性，包括采用低 VOC、低气味、抗菌防霉、防过敏的内饰材料，配备高效车载空调滤芯，应用深紫外线灭菌灯或负离子空气净化模块等，逐渐形成了健康汽车竞争技术高地，不断推动汽车行业的绿色健康发展。

（四）构建本土化碳排放研究体系，支撑汽车行业碳排放做到"心中有数"

碳排放核算体系研究是一项重要的基础性工作，为科学制定国家政策、评估考核工作进展、参与国际谈判履约等提供必要的数据依据。《中共中央 国务院关于完整准确全面贯彻新发展理念做好碳达峰碳中和工作的意见》和《2030 年前碳达峰行动方案》提出要建立统一规范的碳排放统计核算体系。

针对部分行业企业面临的不懂碳、不会算等问题，汽车行业已构建了涵盖数据库、方法学、模型的碳排放研究体系。建立了中国首个汽车生命周期碳排放数据库（CALCD），涵盖整车、材料、零部件、使用、回收等全产业链阶段数据上万条；上线中国工业碳排放信息系统（CICES），促进行业碳排放管理能力及数据体系建设；封装车队、单车、工艺、材料等碳核算方法学和模型，实现汽车碳核算过程的标准化流程化，支撑产业链各类产品碳足迹核算需求；初步建成自动化碳核算工具体系，涵盖数据采集、数

据库对接、模型建立、流程管理、企业展示、减排决策等功能，提供碳核算一站式服务。

此外，相关研究成果通过《中国汽车低碳行动计划》系列图书连续五年对外发布，累计核算 1.5 万余款乘用车和商用车车型，科学指导了汽车行业的碳中和技术路线，树立了碳排放研究国际品牌影响力。

二、锚定"双碳"目标，支撑汽车产业绿色低碳转型擘画新蓝图

（一）推动碳排放信息披露，实现数字化支撑汽车工业绿色低碳转型

环境信息披露是企业绿色转型过程中重要的管理制度，也是国家生态文明制度体系建设的基础性内容。生态环境部于 2021 年相继印发了《环境信息依法披露制度改革方案》《企业环境信息依法披露管理办法》《企业环境信息依法披露格式准则》，并提出各行业协会、企业单位在此基础上开展行业性研究，旨在建立全面规范的企业环境与碳排放信息披露体系，有效推动企业持续开展绿色低碳工作。汽车行业开展绿色发展信息披露工作，已连续数年公布汽车企业绿色发展指数（GDI），量化评估企业信息披露水平，并开发了工业企业绿色发展报告公示平台，发布企业绿色发展报告。

为进一步推动碳排放数据信息的公示，汽车行业成功搭建了中国汽车产业链碳公示平台（CPP），平台已于 2023 年 5 月正式上线。平台以数字化赋能低碳化，助力中国汽车产业完善汽车碳数据，夯实汽车碳排放管理能力，推动碳数据国际互认，跑赢以"碳排放"为核心的国际贸易新赛道。平台将公示汽车产品碳足迹，并实现"四个目标"，即构建低碳生态，推动企业加快开展碳排放核算工作，构建低碳供应链；引导低碳消费，帮助消费者识别低碳汽车，强化社会认识与支持；突破贸易壁垒，支撑汽车产品碳足迹信息国际互认，助力汽车产品走出去；达成"双碳"目标，支撑构建我国汽车碳排放管理体系，助力工业碳中和。

（二）深耕产业减污降碳协同研究，助力打造稳健的企业环境治理体系

"十四五"时期，我国生态文明建设进入了以推动减污降碳协同增效、实现生态环境质量改善由量变到质变的关键时期。2022 年《减污降碳协同增效实施方案》的出台，对推动减污降碳协同增效进行系统谋划，明确目标任务和实施机制，为 2030 年前协同推进减污降碳工作提供行动指引。汽车产业与化石能源消费、工业生产、交通运输、居民生活紧密相连，而这些领域又可以统筹成为减污和降碳一致的控制对象，同时，各相关领域的环境污染物与温室气体排放具有高度同根、同源、同过程特性和排放时空一致性特征，因此深耕产业减污降碳协同、提升减污降碳综合效能，有助于在科学把握污染防治和气候治理整体性的基础上，实现环境效益、气候效益、经济效益多赢。

在微观层面上，企业是开展减污降碳的主体。而企业开展减污降碳工作离不开自身环境治理体系的建设，建设重点方向包括提高废物综合利用水平、强化减污降碳源头防控、探索实现多种污染物与温室气体协同减排的先进技术等。此外，企业自身供应链的协同减污降碳也应被纳入环境治理体系之中。供应链环境风险尽职调查与预警作为了解企业供应商现实情况的有效手段，可以帮助企业及时跟踪产业链减污降碳开展情况。

（三）促进汽车产业与金融机构协同合作，以绿色金融赋能产业绿色低碳发展

汽车产业迈入高质量发展新阶段，金融资源的引导支持对汽车产业绿色低碳转型的作用日益凸显，深化产业资源与金融资源对接，引导外界支持行业绿色发展，推动产业链和价值链的共同进步，是当下产业转型升级的一个重要增长点。ESG（环境、社会和公司治理）投资、碳资产开发、绿色供应链金融等新概念不断涌现，为行业带来了更多的发展机遇。

作为供应链长、辐射面广的国民经济支柱产业，绿色理念对汽车产业经营与融资表现的正向作用愈发明显，节能减排、绿色生产、资源利用、产品安全等理念被越来越多的投资机构、合作伙伴、地方政府与消费者所看重，成为对企业进行投资评估时的重要参考指标。在此背景下，行业企业不仅要筑牢绿色低碳发展理念，积极进行绿色转型，也要与多方机构合作共赢，共同探寻基于企业绿色低碳表现的产融协同合作模式。

产业与金融双方合作共赢，需要共同强化绿色属性与金融属性在行业中的突出地位。金融机构在评估企业状况时，将绿色低碳指标的优先级进一步提升，以便为汽车企业提供特征更加鲜明的绿色金融产品，如绿色信贷、绿色债券等，来支持企业的绿色转型。汽车企业则需深化践行绿色理念，不断提升自身的发展水平与信息透明度，定期发布相关报告，展示其在环境治理等方面的进步，打通金融机构与企业间的信息壁垒，从而为准确的风险评估和投资决策提供参考。

汽车行业充分发挥资源优势与研究优势，整合数字化、信息化能力，联合金融机构等合作伙伴，面向绿色金融开展了多项能力研究：一是行业 ESG 提升研究，基于行业企业可持续行为的各种表现，综合整理各类数据，形成了以 ESG 为基础、结合行业发展趋势、企业技术能力等多维度的产业投融资价值评价机制，联合有关机构进行绿色信贷等产品的开发；二是汽车产业碳资产的开发与变现，在各碳市场向汽车供应链延伸，国家核证自愿减排量（CCER）重启在即的背景下，布局开发动力蓄电池再生利用、车用空调低全球变暖潜值制冷剂替代等碳资产方法学，协助企业评估碳资产开发潜力；三是开拓绿色供应链金融业务，发掘提升绿色属性与现有供应链金融业务模式的匹配度，寻求绿色行为评价、内部碳交易、低碳技术应用等概念嵌入供应链金融的可行性与合作点。

（四）强化国际绿色低碳研究合作，为全球绿色治理体系输送中国方案

我国坚定维护多边主义，积极参与全球环境治理。当前，全球各主要经济体希望实现经济绿色复苏，在此过程中在绿色基础设施、绿色贸易、绿色政策等方面开展国际合作则具有重要意义。同时，全球处在新一轮的科技创新和能源革命的浪潮当中，产业链也面临着绿色重构，以能效、储能、氢能、负排放技术为代表的关键低碳技术发展需要建立新的国际合作机制。

汽车行业多年来深耕绿色低碳领域国际合作，持续发出中国声音，已联合美国、英国、德国、比利时、日本等多国的知名机构和高校，成立世界汽车生命周期联合研究工作组（WALCA），共同探讨基于生命周期方法的汽车绿色低碳路径；与剑桥大学、耶鲁大学、诺丁汉大学、能源基金会、阿美石油等国际高校和机构开展联合研究，达成模型开发、数据传输、成果引用等方面合作，开展"一带一路"共建国家汽车产业绿色发展

研究，加速汽车产业向绿色低碳可持续方向转型；积极参与国际标准制定，参与联合国世界车辆法规协调论坛（UN/WP.29）框架下汽车生命周期评价非正式工作组会议，代表中方分享在汽车碳排放标准方面的研究进展，并在职权草案讨论环节积极表明相关技术意见，推动世界范围内汽车碳足迹数据披露和互信互任。通过搭平台、寻合作、发声音、促转型，高质量开展国际绿色低碳合作，提升中国低碳规则话语权和低碳产品竞争力。

第五章 汽车行业碳排放管理现状和发展建议

丁莉[*]

摘要： 碳达峰碳中和战略目标，对汽车行业提出了新的要求。国外正在通过制定一系列汽车相关的碳排放法规建立起汽车领域的"碳壁垒"，国内汽车碳排放管理体系正处于研究起步阶段。本章分析了国内外汽车碳排放相关政策的现状，研究了汽车全生命周期碳排放的情况，并提出汽车行业低碳发展的建议。

关键词： 双碳；汽车；碳排放；核算；建议。

第一节 引言

随着气候变化问题逐渐加重，越来越多的国家将低碳发展作为扩大国际政治影响、提高经济竞争力的重要抓手。全球碳中和行动不断加速，已有140多个国家和地区提出碳中和目标，其中超过90%的国家和地区将2050年设为碳中和达标时间点，正在积极探索、实施各项碳减排措施。2020年9月，中国向全世界作出2030年碳达峰、2060年碳中和的承诺。中国碳排放总量在全球占比第一，且占比量不断提升，在国际上面临的减碳压力越来越大。"双碳"目标提出之后，各行各业都在探索低碳发展路径。

"双碳"背景下，汽车行业的低碳转型势在必行。汽车行业具有产业链长、覆盖面广的特点，汽车全生命周期的碳排放量不容忽视，据有关机构测算，汽车行业碳排放量占我国全社会碳排放总量的比例约7.5%，汽车行业是实现"双碳"目标的重要着力点，因此国内外正在研究制定一系列汽车碳排放监管的政策法规。

第二节 国外汽车碳排放管理政策

欧盟在2019年发布的《欧洲绿色协议》中确立2050年碳中和目标，之后欧盟发布"Fit for 55"12项一揽子计划，明确在交通、能源等领域的具体减排措施。在欧盟提出的各项减排措施中，碳边境调节机制、《欧盟电池与废电池法规》、乘用车和小货车CO_2排放法规将对汽车碳排放管控产生影响。

一、碳边境调节机制

碳边境调节机制（CBAM，也称为"碳关税"）将对不符合欧盟碳排放标准的进口商品收税，从而避免全球碳排放标准不一致带来的碳泄漏风险，并保护欧盟本土企业的竞

---

[*] 丁莉，高级工程师，上汽集团创新研究开发总院试验认证部首席产品认证官。

争力。当前"碳关税"的产品范围包括水泥、电力、化肥、铝、钢铁、氢，未来产品范围将进一步扩大。"碳关税"的征税实施过程是分阶段逐步加严的。2023 年 10 月 1 日至 2025 年 12 月 31 日为过渡期，在此期间不征收任何费用，进口商需每季度提交进口产品的碳排放报告；2026 年 1 月 1 日开始征税，包括进口商品的直接排放和特定情况下的间接排放。税额=（进口产品的碳排放-免费配额）×（EU ETS 每周平均碳价-生产国已支付碳价），其中免费配额从 2026 年逐渐递减，至 2034 年为 0。

二、欧盟电池与废电池法规

《欧盟电池与废电池法规》法案又称《新电池法》，将于 2024 年 2 月 18 日起实施，法规对投放到欧盟的便携式电池、轻型交通工具蓄电池、SLI 电池、电动汽车动力电池和工业电池进行管控。管控要求涵盖电池碳足迹、再生料含量、有害物质、电化学性能和耐用性、供应链尽职调查、废旧电池管理、电池护照、标签等多方面内容。

1. 电池碳足迹

如图 5-1 所示，2025 年 2 月 18 日起，制造商需要进行电池碳足迹声明，披露生产者行政信息、电池生命周期各阶段（原料生产、产品生产、分销、报废和回收）碳足迹等信息；2026 年 8 月 18 日起，制造商需要在电池标签上清晰地标注碳足迹性能等级；2028 年 2 月 18 日起，欧盟将设定电池生命周期碳足迹限值。未满足相关碳足迹要求的电池将被禁止进入欧盟市场。

图 5-1 电池碳足迹实施要求

2. 再生料含量

2028 年 8 月 18 日起，出口欧盟的电动汽车动力电池需要随附再生料含量技术文件，技术文件中需要声明电池型号及其制造商、电池活性材料中再生钴、锂、镍的含量和从废电池中回收铅的含量。2031 年 8 月 18 日起，电池中再生料的最低含量分别为：16%钴、6%锂、6%镍、85%铅；到 2036 年 8 月 18 日，再生料最低含量比例提高至 26%钴、12%锂、15%镍、85%铅。

3. 供应链尽职调查

2025 年 8 月 18 日起，投放市场的经济运营商主体需要提交涵盖管理制度、风险管理计划和信息披露方面的供应链尽职调查报告，并且必须获得欧盟授权的第三方认证机构出具的审计、核查报告和批准决议。在管理制度方面，经济运营商需要构建内部管理系统，按照国际尽职调查标准，每年向供应商和公众明确传达公司供应链策略，将尽职调查纳入与供应商的合同并且建立供应链管控系统，建立包括风险意识预警系统和补救机制在内的申诉机制；在风险管理计划方面，需要识别评估供应链中的不利影响风险并且实施应对已识别风险的策略，包括原材料风险及社会和环境方面的风险；在信息披露方面，需向监管当局提供核查报告和批准决议，并公开其尽职调查信息。

4. 废旧电池管理

2025 年 8 月 18 日起，法规对电池及材料的回收比例、生产者延伸责任提出了要求，其中动力电池需 100%回收。在生产者延伸责任方面，经济运营商必须向首次在市场上销售电池的成员国提交注册申请，否则不得销售；经济运营商还需组织废电池回收、处理，每年报告电池的投放数量、用于梯次利用的数量、回收报废数量、回收报废率等。

5. 电池护照

2027 年 2 月 18 日起，电动汽车电池应具有可通过二维码获取并链接到唯一识别字的电池护照。电池护照和二维码要求经济运营商公开披露电池类型、成分、容量、预期寿命、碳足迹、关键原材料等大量信息，以及欧盟委员会或其他认证机构要求披露的电极、电解质材料、拆卸、合规的试验报告结果等信息。

三、乘用车 CO_2 排放法规

（EU）2023/851 进一步加严了欧盟乘用车和小货车新车的 CO_2 排放指标，法规要求：2025 年在欧盟注册的乘用车新车 CO_2 排放量比 2021 年降低 15%，2030 年比 2021 年降低 55%，2035 年比 2021 年降低 100%（见表 5-1），豁免碳中性燃料。2025 年 12 月 31 日前，欧盟将发布汽车生命周期碳排放量核算方法。

表 5-1 欧盟乘用车新车的 CO_2 排放指标

乘用车新车 CO_2 排放目标	2025 年	2030 年	2035 年
	2021 年基础上-15%	2021 年基础上-55%	2021 年基础上-100%
	93.6g/km	49.5g/km	0

第三节　国内汽车碳排放管理政策

中国开始碳排放管理的时间远晚于国外，现在处于摸索阶段。2021 年国家发布的《关于完整准确全面贯彻新发展理念做好碳达峰碳中和工作的意见》和《2030 年前碳达峰行动方案》，是我国"1+N""双碳"政策体系的顶层设计文件，规定了我国整体的碳减排目标，但具体的实施方案仍需进一步细化。汽车行业由于产业链长及其自身的复杂性，还未建立起完善的碳排放管理及核查机制。目前，汽车行业正在从碳排放标准体系、碳排放公示平台、"双积分"管控三个方面制定相关管理机制。

1. 碳排放标准体系

目前，汽车行业碳排放管理标准体系已有雏形，各项标准研究、立项工作正在加快进行中，相关部门将从企业碳、产品碳、项目碳三个维度，对碳监测、碳核查、碳披露、评价限额等方面进行管理（见图 5-2）。

第五章　汽车行业碳排放管理现状和发展建议

汽车碳排放管理标准体系结构如下：

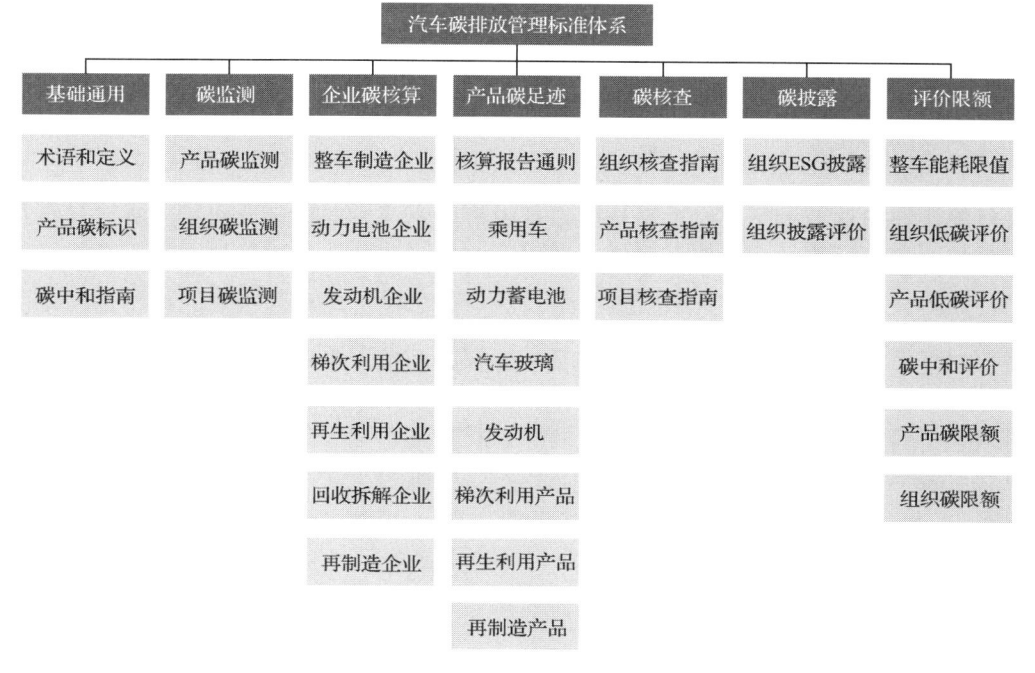

- **基础通用**：术语和定义、产品碳标识、碳中和指南
- **碳监测**：产品碳监测、组织碳监测、项目碳监测
- **企业碳核算**：整车制造企业、动力电池企业、发动机企业、梯次利用企业、再生利用企业、回收拆解企业、再制造企业
- **产品碳足迹**：核算报告通则、乘用车、动力蓄电池、汽车玻璃、发动机、梯次利用产品、再生利用产品、再制造产品
- **碳核查**：组织核查指南、产品核查指南、项目核查指南
- **碳披露**：组织ESG披露、组织披露评价
- **评价限额**：整车能耗限值、组织低碳评价、产品低碳评价、碳中和评价、产品碳限额、组织碳限额

图 5-2　汽车行业碳排放管理标准体系

《乘用车生命周期碳排放核算技术规范》对乘用车碳排放核算方法做出了规定，明确乘用车生命周期碳排放的核算范围、核算边界（材料生产阶段、整车生产阶段和使用阶段）、每个阶段的计算方法，规定了碳排放因子缺省值和具体场地数据的使用情景。制定中的《乘用车生命周期碳排放限额》，拟对单车型的碳排放设定限额。未来整车碳排放管控可能采取对单车型粘贴等级标签，甚至限制高碳排放的车型投放市场的措施。《道路车辆产品碳足迹　产品种类规则　动力蓄电池》及团标《动力蓄电池全生命周期碳排放评价规范》为动力电池全生命周期碳足迹核算提供了方法。《道路车辆企业碳排放核算及报告　动力蓄电池制造企业》规定了动力电池制造企业碳核查的方法。

2. 碳排放公示平台

中国汽车产业链碳足迹公示平台对在售乘用车、零部件、车用材料的碳足迹、碳标签、减排量、减排措施等数据信息进行公示，从而引导企业开展核算、减碳工作，引领低碳汽车的识别。

3. "双积分"管控

除全生命周期碳排放管理外，目前相关部门正在研究《乘用车企业平均燃料消耗量与新能源汽车积分》（以下简称"双积分"）政策与碳积分衔接机制，2022 年 7 月发布的"双积分"政策的征求意见稿，已要求企业开展平均碳排放积分核算并公示。初步思路是将油耗指标转换为 CO_2 指标进行管理，但短期内仍只对使用环节进行碳管理，难以转成全生命周期碳管理。

第四节 汽车碳排放量的核算

一、汽车碳排放核算标准

核算汽车行业及上下游产业链的碳排放量，是汽车行业低碳发展的基础。汽车行业碳排放核算可主要围绕企业层面和产品层面两个维度进行。

1. 国内外碳排放核算方法

在目前汽车碳排放管理相关标准还未发布实施的情况下，对汽车企业层面、产品层面的碳排放核算可以参考已发布的通用标准。汽车企业层面碳排放核算可采用 GHG Protocol 的《温室气体核算体系：企业核算与报告标准》《组织层面温室气体排放和移除的量化和报告指南性规范》（ISO14064—1）《工业企业温室气体排放核算和报告通则》（GB/T 32150）等。产品层面碳排放核算可参考 GHG Protocol 的《温室气体核算体系：产品生命周期核算》《商品和服务在生命周期内的温室气体排放评价规范》《温室气体-产品碳足迹-量化要求及指南》（ISO14067）及《乘用车生命周期碳排放核算技术规范》。

2. 企业碳排放核算范围

企业层面碳排放主要包括直接碳排放和间接碳排放。直接碳排放是指企业控制的燃料燃烧活动和物理化学生产过程产生的碳排放；间接碳排放是指企业外购电力、热力、蒸汽和冷气等能源产生的碳排放。企业层面碳减排主要有两个方向，一是调整能源结构，增加清洁能源，如光伏发电、风电、水电等绿色电力；二是降低耗能，如优化工艺、淘汰高耗能设备、减少能源消耗。

3. 整车碳排放核算范围

整车碳排放核算范围包括原料获取、材料制造、车辆生产、车辆使用、车辆报废回收等过程。由于目前车辆报废回收体系尚不完善，该阶段的碳排放难以统计，《乘用车生命周期碳排放核算技术规范》对整车碳排放的计算不包括报废回收阶段，单车生命周期碳排放=原材料获取阶段（各材料重量×碳排放因子）+车辆生产阶段（生产 1 台车的耗能）+车辆使用阶段（燃料生产、使用、零件维修保养）。

二、汽车碳排放分析

根据行业机构研究分析，汽车全生命周期碳排放分为燃料周期和车辆周期。其中，燃料周期为燃料生产及使用阶段；车辆周期为原材料获取、整车生产、维修保养等阶段。在燃料周期中，不同燃料类型的车辆在碳排放量占比方面差异大，车辆电动化程度越高，燃料周期碳排放量占比越小。在车辆周期中，材料获取阶段的碳排放量占比显著，其中，新能源汽车动力电池的碳排放量占比最高。

1. 不同燃料类型车辆的燃料周期碳排放量分析

插电式混合动力、纯电动相比传统燃油的单车碳排放量大幅减少（见图 5-3）。传统燃油汽车的碳排放主要来自燃料周期，纯电动汽车在使用过程中不产生碳排放，其在燃料周期产生的碳排放量远低于传统燃油汽车,因此车辆电动化是汽车产品低碳化的有效途径。

此外,在燃料周期内,降低整车能耗对于所有燃料类型的车辆来说,都是有效降低其碳排放量的途径。

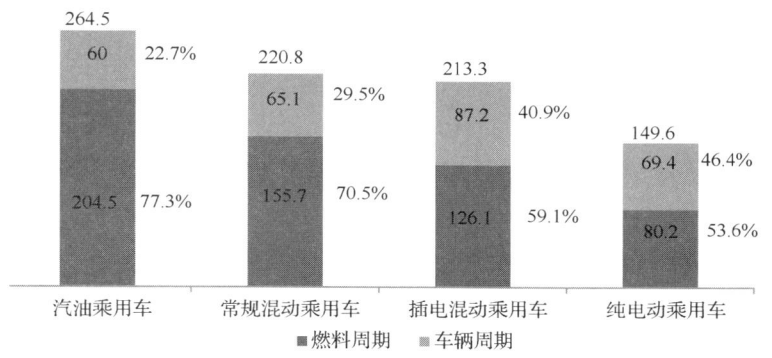

```
汽油乘用车:     车辆周期 60 (22.7%),  燃料周期 204.5 (77.3%),  合计 264.5
常规混动乘用车: 车辆周期 65.1 (29.5%), 燃料周期 155.7 (70.5%),  合计 220.8
插电混动乘用车: 车辆周期 87.2 (40.9%), 燃料周期 126.1 (59.1%),  合计 213.3
纯电动乘用车:   车辆周期 69.4 (46.4%), 燃料周期 80.2 (53.6%),   合计 149.6
```

注:车辆周期包括材料生产、整车生产、维修保养(轮胎、铅蓄电池、液体的更换以及制冷剂的逸散)等阶段;燃料周期包括燃料的生产和运输、燃料的使用阶段。

图 5-3 不同燃料类型乘用车平均单位行驶里程碳排放量(g CO_2e/km)

数据来源:《面向碳中和的汽车行业低碳发展战略与转型路径》

2. 材料获取阶段的车辆周期碳排放量分析

材料获取阶段在车辆周期碳排放量中的占比显著。车辆电动化程度越高,其动力电池碳排放量占比也随之增加。材料获取阶段插电式混合动力乘用车动力电池碳排放量的占比达21.2%,材料获取阶段纯电动乘用车动力电池碳排放量的占比达48.3%(见图5-4)。因此,新能源汽车应重点关注动力电池降碳,特别是电池回收利用。

此外,在材料获取阶段,其他部件材料的碳排放量也不可忽略,使用低碳材料和产品轻量化是关键措施。

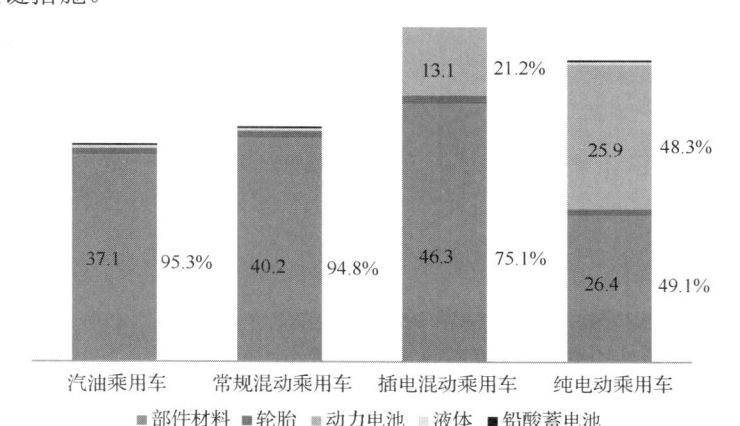

```
汽油乘用车:     部件材料 37.1 (95.3%)
常规混动乘用车: 部件材料 40.2 (94.8%)
插电混动乘用车: 部件材料 46.3 (75.1%), 动力电池 13.1 (21.2%)
纯电动乘用车:   部件材料 26.4 (49.1%), 动力电池 25.9 (48.3%)
```
■部件材料 ■轮胎 ■动力电池 ■液体 ■铅酸蓄电池

图 5-4 不同类型乘用车材料生产阶段平均单位行驶里程碳排放量(g CO_2e/km)

数据来源:《面向碳中和的汽车行业低碳发展战略与转型路径》

第五节　汽车行业低碳发展的建议

一、行业发展建议

汽车行业的低碳发展与能源领域的进步息息相关，应系统把握汽车、交通、能源的协同关联效应，以零碳电力为突破口，发展基于零碳电力的绿氢制取技术、零碳燃料技术、车网互动技术、储能技术，聚焦动力电池性能、关键原材料、回收领域，全面构建汽车行业低碳发展体系，布局汽车行业的低碳战略，促进新能源汽车高质量发展，达成"双碳"目标。

（一）零碳电力推动新能源汽车发展

1. 构建新型电力系统，助力纯电动、氢燃料汽车发展

2020 年火电量占全国总发电量的 68%，大力发展可再生能源发电，是实现电力零碳化的突破方向。截至 2021 年底，我国可再生能源发电（风、光、水、生物质发电等）装机占比达到 44.8%，可再生能源发电成本快速下降，以新能源为主体的新型电力系统正在逐步建立。应基于零碳电力制取合成燃料、绿氢、氨等，发展电动汽车、氢燃料汽车、合成燃料汽车，代替传统燃油汽车（见图 5-5）。

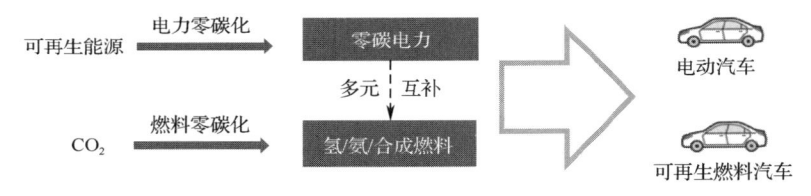

图 5-5　零碳电力推动新能源化

2. 发展基于电动汽车电池的分布式储能技术和车网互动技术

可再生能源发电具有波动性、随机性的特点，而电网的平稳和安全运行对储存提出了更高的要求，传统"源随荷动"的电力供给模式正在向"源网荷储"变革，新能源汽车电池和氢能技术正在成为突破储能技术瓶颈的重要技术途径。电动汽车电池储能是分布式、小规模、短周期储能的主体。据测算，2060 年我国电动汽车保有量将为 3.9 亿辆，如果每辆电动汽车搭载 60 kWh 电池，即储能约 230 亿 kWh，可以满足电网白天对储能的需求。随着电动汽车电池与电网双向充放电的车网互动（V2G）的发展，电动汽车作为用能和储能的移动终端，将成为实现碳中和的重要抓手。

3. 推进绿氢制取技术，促进集中式氢能储能技术发展

氢能是可再生能源集中式、大规模、长周期储能的主体。氢能容量大、利用更充分、可长时间储存的特点能提高波动性可再生能源的利用率，其固定规模化储能模式成本比电池储能低一个数量级，制造、运输、储存方式更灵活，与电池储能互补。电解水制氢是目前最经济的绿氢制备技术，主要技术路线包括高效低成本大功率碱性电解水制氢、

高效质子膜（PEM）电解水制氢、固体氧化物电解池（SOEC）。氢能存储占空间大、安全性要求较高，氨气作为安全便捷的氢能储存载体，也吸引了国际上的广泛关注。通过绿氢/氮气热催化合成氨气、空气分离电催化合成氨制备绿色氢气，也可用于汽车行业发展氨燃料汽车。

（二）CCUS助力车用燃料零碳化

我国应加快CCUS（碳捕集利用与封存）负碳技术研发，助力可再生合成燃料汽车发展。基于CCUS制取和零碳电力制取可再生合成燃料，实现传统燃油汽车使用阶段的脱碳。CCUS捕集的CO_2经生物转化、光催化、热催化、电催化合成汽油、柴油、甲醇等碳氢醇醚类零碳燃料，其作为车用燃料可利用现有的加油站等基础设施，方便运输加注。利用CCUS技术实现燃料合成—燃烧—碳排放—燃料合成的有效循环。例如，冰岛碳循环国际公司通过电（地热发电）解水制备氢气与捕集的二氧化碳合成可再生甲醇，2014年该公司的甲醇产能达到4000吨；2015年吉利集团与碳循环公司合作，推广合成甲醇，吉利集团从2005年开始研发甲醇汽车解决方案，已在我国部分城市试点运营甲醇出租车。

（三）推动动力电池高质量发展

1. 聚焦关键原材料供应，技术革新，提高动力电池性能

目前，市场上电动汽车搭载的电池以磷酸铁锂和三元锂为主，随着电动汽车保有量增加，近年来镍钴锂等动力电池原材料价格飙升，掌握这些上游资源才能在未来的竞争中占据主导地位。我国锂资源利用率较低，镍钴缺乏，高度依赖国外资源。国家应将镍钴锂作为战略资源，强化整体调控与管理，提升资源开采效率。动力电池企业应布局海外矿产资源，同时加强关键原材料的循环利用。在动力电池性能上，加大新技术研发投入，进一步提高电池的能量密度、充电时间、安全性，突破低温性能衰减等问题。通过加强对电池在线监测和热传播路径的创新，减少由热失控引发的风险，从而提高电池的安全性；应用CTP、CTC等技术以提高电池体积效率和能量密度。加速下一代动力电池如钠离子电池、固态电池、以硅碳材料和无钴材料为负正极的高镍低钴电池、4680电池的研发，减少对钴锂原材料的依赖。

2. 全力推进动力电池回收利用技术

梯次利用和拆解回收是退役动力电池回收的主流方式。梯次利用是将电池容量为60%~80%的退役电池经过挑选拆分、统一标准、重新组合等流程后投放到低速电动汽车、储能等要求较低的领域，继续发挥剩余价值，降低电池生命周期成本。当电池容量下降至30%~50%时进行拆解回收，并将回收的镍钴锂锰等金属再生利用。电池回收利用企业应加大对湿法回收等再生利用技术及制备工艺的攻关，提高金属元素的循环利用率；开发动力电池精细智能化拆解途径，降低拆解成本，突破废旧电池状态评估、快速无损检测等技术瓶颈。推进以电池生产商、行业联盟、专业回收拆解机构为主流的动力电池回收商业模式。

二、整车企业应对建议

面对"双碳"变革的新机遇,整车企业的绿色转型势在必行。企业应秉持可持续发展理念,注重绿色、创新与可持续协同发展,设定碳中和发展目标,积极应对欧盟《新电池法》等国际碳壁垒,深耕产品端、生产端、供应链脱碳,推动全生命周期降碳。同时,盘活碳资产,逐渐在我国完善成熟的碳市场中获得碳收益。

1. 开展碳足迹核算,协同动力电池企业共同应对欧盟《新电池法》

摸清自身碳排放情况是高效精准开展减碳工作的前提,整车企业应开展组织层面碳核查,掌握自身范围一、范围二碳排放情况,以及供应链企业范围三的碳排放情况;开展汽车产品全生命周期碳足迹核算,建立自主核算能力。在摸清自身碳排放情况的基础上,整车企业应聚焦关键原材料绿色水平,改进生产制造环节工艺,提高能源利用效率,推动整车全生命周期减碳。出口欧盟的整车企业应与动力电池企业形成合力,参照欧盟认可的电池 PEFCR 进行出口动力电池全生命周期碳足迹的核算,打造反映我国先进电池制造工艺的本土数据库。此外,出口车企应提高动力电池循环材料的使用比例,搭建欧盟地区的动力电池回收网络。

2. 推动汽车产品全面新能源化,设定碳中和发展目标

2022 年,我国新能源汽车市场渗透率为 25.6%,新能源汽车市场渗透率稳步提升,整车企业应以纯电动汽车为核心,同时兼顾氢燃料、可再生合成燃料车型的发展。加大对动力电池能量密度、电驱动、充电、燃料电池电堆等先进技术的研发投入,降低新能源汽车的能耗。另外,企业应制定碳中和发展规划,围绕原料获取以及整车生产、使用、报废回收阶段设定减碳目标。例如,丰田汽车设定 2050 年碳中和目标,计划 2030 年在主要电气化市场的纯电动、燃料电池汽车销量达到 40%,全球工厂 CO_2 排放量较 2013 年减少 25%;大众汽车将在 2050 年实现碳中和,其发布的 goTOzero 战略,围绕气候变化、环保合规等 4 个角度,制订全生命周期降碳计划,2030 NEW AUTO 战略提出 2030 年电动汽车销量将占 50%;长城汽车宣布 2045 年实现碳中和,2021 年长城汽车发布了首个五年计划,布局零碳工厂、建立循环再生体系、布局"分布式储能+集中式氢能储能"、大规模电动化和多技术路线等降碳路线;吉利集团发布 2045 年碳中和目标,2025 年新能源汽车源销量占比超 40%,纯电动、插电式混合甲醇、氢能多技术路径全面发力。

3. 数字技术助力绿色智能制造

整车企业应以绿色工厂、零碳工厂为目标,围绕生产环节减碳。通过优化能源结构,使用清洁可再生能源提高电气化率,一方面增加光伏发电、水电、风电等绿色电力,与绿色建筑组合转化为微型发电厂,建立工厂级的虚拟电厂和智能微电网系统;另一方面可以通过购买绿证确保可再生电力的供应。在生产过程中,优化生产工艺以提升效率,开发低碳工艺,引进先进设备以降低能耗,开发智能化创新制造技术。例如,在油漆车间使用水性漆环保工艺,将冲压工艺的普通压力机改为伺服压力机后可使生产能耗降低 15%;建立节能减排管理制度,实行低碳办公,减少非直接生产过程的能耗。在智能制造方面,依托数字化技术,建立智慧能源管理、碳管理平台,实现工厂、企业碳排放精

准、实时、自动监测计量，自动生成碳排放报告，作为优化减碳行为的依据。利用数字化技术助力减排规划精准实施，开展数字化诊断工作，建模模拟生产过程中的碳排放情况、减排措施带来的减碳量，动态实时跟踪追溯整车生产全过程中人、机、料、法、环、测等行为因素，发掘工厂、企业隐蔽改善源，实现提质、降本、增效目标。

4. 加强供应链管控，实现关键原材料低碳化

据麦肯锡发布的数据，2025年电动汽车材料生产阶段碳排放将占汽车全生命周期碳排放量的45%左右，2040年将达到85%左右，2021年《汽车产品生产者责任延伸试点实施方案》要求汽车生产企业应建立绿色供应链管理体系，对供应链提出更高的减碳要求。整车企业应首先要求供应商定期报送或公示碳排放数据，车企可以向供应商提供减排基础培训和指导，引导供应商设定减排目标。例如，沃尔沃汽车要求供应链于2018—2025年减少碳排放25%，2040年实现零排放；吉利集团要求一级核心供应商于2025年100%使用可再生电力。其次，要求供应商采用新材料新工艺制造零部件，践行关键零部件再制造、推动整车拆解和回收利用绿色化发展，重点关注动力电池回收，提高对核心金属镍钴锂的再利用率。车企应增加再生材料、生物质材料、循环再生材料等低碳新材料在整车中的使用比例。

5. 布局碳资产开发

随着新能源汽车市场渗透率迅速增长，新能源汽车内含的碳资产也逐渐递增。汽车碳资产的开发利用将成为市场机制下汽车行业脱碳的重要抓手，可从市场端进一步推动我国新能源汽车产业的发展，基于新能源汽车出行阶段产生的减排量或将可以在碳市场变现，成为碳资产。目前，清洁发展机制（Clean Development Mechanism，CDM）、中国核证减排量（China Certified Emission Reduction，CCER）、地方碳普惠已有基于新能源汽车使用减排量核算的方法。车企应提前布局，获得的碳减排量可用于以下场景：第一，该减排量经过核查后可用于企业自愿碳中和的抵消，《大型活动碳中和实施指南》鼓励大型活动的举办方自愿进行碳抵消，成为碳中和活动。第二，待CCER重启后，汽车企业可基于现有新能源出行的方法申报CCER项目，在碳市场获利。第三，上海、深圳、广州的碳普惠核证减排量既可以进入当地碳排放市场，又可以用于自愿减排交易。吉利集团、蔚来汽车已经开展相关探索应用，基于新能源汽车车主的总里程、能耗，以同级别燃油汽车为基准，蔚来汽车计算其新能源汽车的减排量，通过蔚来App认证的减排量可以进行交易，并以碳积分的形式储存在车主账户中。

三、国家层面建议

面对国际碳排放的新挑战，我国急需加强研究应对国际碳壁垒，建立健全汽车碳排放政策法规体系，完善动力电池回收体系，引导汽车产业全方位低碳转型，提高我国汽车产业的国际竞争力。

1. 指导应对电池等碳壁垒，研究出台反制政策

我国应建立汽车行业电池、整车碳足迹产业联盟，指导电池供应商、整车企业共同应对碳壁垒；加快国内碳市场建设，提高碳价；在动力电池、汽车等行业研究出台反制政策，用于国际谈判。

2. 推进汽车及动力电池碳排放法规的制定和落地，并推动国际互认

我国应尽快建设汽车和动力电池全生命周期碳排放管理体系，统一汽车和动力电池生命周期碳排放核算方法，在此基础上逐步出台碳核查、碳监测、低碳产品标识、碳排放信息披露等标准；建立我国电池护照，并将其作为电池全生命周期管理的数字化工具；加强与欧盟等国家和地区的低碳发展合作，推动形成互认的碳计量、碳监测、碳排放、碳核算体系。

3. 完善动力电池回收管理体系

目前，我国动力电池回收存在市场缺乏监管、回收报废电池去向不明、梯次利用加工技术落后、成本较高等问题，迫切需要国家健全回收技术标准法规，加强动力电池梯次利用等行业管理，强制约束动力电池产业链主体，实施电池生产者承担主要责任，上游整车企业及下游回收企业配合的模式。国家应对规范企业给予政策支持，引导资源流向合规企业，同时鼓励废电池金属提取等技术的创新。

第六章 汽车网络安全、数据安全现状与行业实践

张亚楠[*]

摘要： 当前，汽车网络安全、数据安全重要性日益凸显，国内外汽车网络安全、数据安全监管体系日渐完善，有效应对各类安全风险并满足监管要求已成为汽车行业的急迫需求。本章系统梳理了 2022 年汽车网络安全、数据安全政策法规标准整体趋势，分析了汽车行业面临的主要网络安全、数据安全风险，并提炼了汽车行业的典型网络安全、数据安全实践情况。最后，基于汽车行业现状及存在的问题提出相关建议，推动智能网联汽车企业提升安全保障能力。

关键词： 智能网联汽车；网络安全；数据安全。

第一节 引言

当前，新一轮科技革命和产业变革蓬勃发展，智能网联汽车成为全球汽车产业转型升级的战略方向，推动着汽车产业形态、能源消费结构、交通出行模式和社会运行方式等发生深刻变化。随着汽车智能化、网联化加速发展，网络安全、数据安全等新安全风险也在不断蔓延。截至 2022 年底，由中汽中心建设并运营的车联网产品安全漏洞专业库（CAVD）累计收录汽车漏洞数据近 3000 条，影响车辆规模预估达 800 万余辆，漏洞隐患不容小觑。同时，国内外汽车网络安全事件频发，数十家主机厂汽车产品及车联网服务存在 API（Application Programming Interface，应用程序编程接口）安全漏洞，可被黑客利用发起远程解锁、跟踪汽车行踪等恶意攻击活动；高通骁龙通告软件漏洞，其中编号为 CVE-2022-33219、CVE-2022-33218 的两个高危漏洞可能引起汽车缓冲区整数溢出及内存损坏；欧美充电桩开放式充电协议（OCPP）部分版本存在漏洞，影响汽车充电安全；日本丰田汽车零部件供应商遭到网络攻击，导致工厂停工等事件，使汽车服务平台安全、软件升级安全、充电基础设施安全、供应链安全等成为汽车网络安全的热点。同时，滴滴因违法处理数据被处罚，蔚来用户数据遭窃，日产北美数据遭泄露等事件，也引起有关主管部门及行业对数据安全的高度重视，推动数据安全技术与管理体系在汽车行业加速落地。

第二节 汽车网络安全与数据安全管理现状

2022 年，国家有关部门就汽车安全体系建设、产品准入、汽车数据安全管理与流通等方面出台多项政策，推动企业加强网络安全、数据安全体系建设与能力提升；推进智

---

[*] 张亚楠，高级工程师，中国汽车技术研究中心有限公司首席专家。

能网联汽车网络安全、数据安全相关强制性国标及安全保障类重点标准的研究制定,强化标准支撑;在 L3 及以上级别智能网联汽车上路通行、沙盒监管等试点措施中融入网络安全、数据安全内容,鼓励企业先行先试,加强相关业务探索与创新。三管齐下、多措并举,助力智能网联汽车产业安全健康发展。

一、政策法规体系加快建设

2022 年,国家有关部门出台十余项智能网联汽车网络安全、数据安全领域的政策文件,管理要点更加明确,管理体系更加健全。2022 年 3 月,工业和信息化部等五部门联合发布《关于进一步加强新能源汽车安全体系建设的指导意见》,其中要求企业健全网络安全保障体系,依法落实关键基础设施安全保护等相关要求;强化数据安全保护,建立健全全流程数据安全管理制度。2022 年 10 月,工业和信息化部装备工业一司发布《道路机动车辆生产准入许可管理条例(征求意见稿)》,将网络安全与数据安全纳入准入管理范围,不仅要求智能网联汽车产品符合相关标准、技术规范要求,同时要求企业建立相应的保护管理制度,完善安全保障机制,落实安全保护责任。2022 年 12 月,工业和信息化部发布《工业和信息化领域数据安全管理办法(试行)》,通过数据分级分类,数据全生命周期安全管理,数据安全监测预警与应急响应,数据安全检测、认证、评估等方面要求规范工信领域数据处理活动,加强企业数据安全管理。相关网络安全、数据安全政策如表 6-1 所示。

表 6-1 2022 年网络安全、数据安全政策

发布时间	文件名称	发布机构	主要内容
2022 年 3 月	《关于进一步加强新能源汽车安全体系建设的指导意见》	工业和信息化部等五部门	健全网络安全管理体系与数据安全管理制度,落实关键基础设施安全保护
2022 年 4 月	《关于开展汽车软件在线升级备案的通知》	工业和信息化部装备工业发展中心	明确企业 OTA 升级备案要求、工作程序、企业责任等内容,保障产品生产一致性
2022 年 6 月	《关于开展数据安全管理认证工作的公告》	国家市场监管总局、国家互联网信息办公室	鼓励通过认证方式规范网络数据处理活动,加强网络数据安全保护
2022 年 7 月	《数据出境安全评估办法》	国家互联网信息办公室	对个人信息、重要数据的出境安全评估情形及申报提出具体要求
2022 年 8 月	《关于促进智能网联汽车发展维护测绘地理信息安全的通知》	自然资源部	对企业收集及应用测绘地理信息数据的安全性提出具体要求
2022 年 10 月	《道路机动车辆生产准入许可管理条例(征求意见稿)》	工业和信息化部	准入工作中增加对智能网联汽车企业及产品网络安全、数据安全相关要求
2022 年 12 月	《工业和信息化领域数据安全管理办法(试行)》	工业和信息化部	对工信领域数据处理活动进行规范,推动加强企业数据安全管理
2022 年 12 月	《关于构建数据基础制度更好发挥数据要素作用的意见》	中共中央、国务院	以保障数据安全为前提,促进数据要素确权、流通、交易

二、标准制定更加全面

2022 年 2 月,工业和信息化部发布《车联网网络安全和数据安全标准体系建设指南》。

与征求意见稿相比，文件将数据安全提升到与网络安全同等重要的地位，按照通用要求、分类分级、出境安全、个人信息保护、应用数据安全 5 类规划数据安全标准制定。2022年 9 月，工业和信息化部发布《国家车联网产业标准体系建设指南（智能网联汽车）（2022年版）》（征求意见稿），制定"三横两纵"核心技术架构，规划至 2030 年我国智能网联汽车相关标准制定工作，其中网络安全和数据安全部分包括正式发布标准 5 项、正在制定 5 项、起草和立项 3 项、预研 13 项。

工业和信息化部发布的《2022 年汽车标准化工作要点》中提出，完成软件升级、整车信息安全和自动驾驶数据记录系统等强制性国家标准的审查与报批，加快推进信息安全工程、应急响应、数据通用要求、车载诊断接口、数字证书及密码应用等安全保障类重点标准制定，进一步强化智能网联汽车信息安全、网络安全保障体系建设。《汽车整车信息安全技术要求》《智能网联汽车 自动驾驶数据记录系统》强标已进入征求意见阶段，《汽车软件升级 通用技术要求》强标已通过审查；《汽车信息安全应急响应管理规范》《智能网联汽车 数据通用要求》《汽车诊断接口信息安全技术要求及试验方法》等推荐性国标即将完成；《智能网联汽车 数据安全管理体系规范》《汽车数据脱敏技术标准化需求研究》《L2 数据记录标准化需求研究》等国标预研也已提上日程。2022 年几项重点强制性国标及推荐性国标均取得重要进展，相关标准会陆续出台，智能网联汽车标准体系将得到进一步完善，助力智能网联汽车产品质量有效提升。

三、各类试点强调安全先行

智能网联与数字化浪潮的共同驱动，使我国汽车产业迎来"换道超车"的历史机遇。为更好地促进智能网联汽车推广应用，提升智能网联汽车的产品性能和安全运行水平，2022 年 12 月，工业和信息化部发布《关于开展智能网联汽车准入和上路通行试点工作的通知（征求意见稿）》，遴选符合条件的智能网联汽车产品开展准入试点。征求意见稿要求试点汽车生产企业应具备汽车网络安全、数据安全、软件升级等安全保障能力，符合网络安全和数据安全等产品过程保障及测试要求，对汽车企业及产品网络安全、数据安全提出更具体的要求。2022 年 12 月，国家市场监管总局发布了《关于启动汽车安全沙盒监管试点申报的通知》，以"适度超前、便于实施"的原则推动包括"车辆态势感知技术、新型电子电气架构、车端数据脱敏技术"的网络安全、数据安全新技术、新功能推广应用，进一步完善汽车产品后市场质量安全监管工作，更好地应对前沿技术应用带来的不确定性风险。网络安全、数据安全要求已成为各类试点开展的必要条件，企业作为试点的参与主体，网络安全、数据安全能力建设已成为基本要求。

第三节 汽车网络安全与数据安全风险

作为智能网联汽车产业链的重要组成部分，汽车产品开发、供应链、应用服务等环节面临的网络安全风险都将影响行业的健康发展。同时，智能网联汽车作为数据应用载体，在提供服务的同时也带来了个人信息泄露、测绘地理信息无序采集、海量数据汇聚等数据安全风险。

一、网络安全风险

通过对整车及零部件进行漏洞挖掘与分析工作，并结合漏洞数据分析，中汽信息安全研究中心发布了 2022 年车联网网络安全十大风险，包括不安全的生态接口、存在已知漏洞的组件、系统固件可被提取及逆向、系统存在的后门、失效的身份认证、未经授权的访问、不安全的加密、敏感信息泄露、不安全的配置、车内域控未做安全隔离；攻击入口主要分布于远程通信终端 T-BOX、车载信息娱乐系统（In-vehicle Infotainment，IVI）、关键域控制器（Engine Control Unit，ECU）、移动 App、云平台、网络架构、无线电等（见图 6-1）。

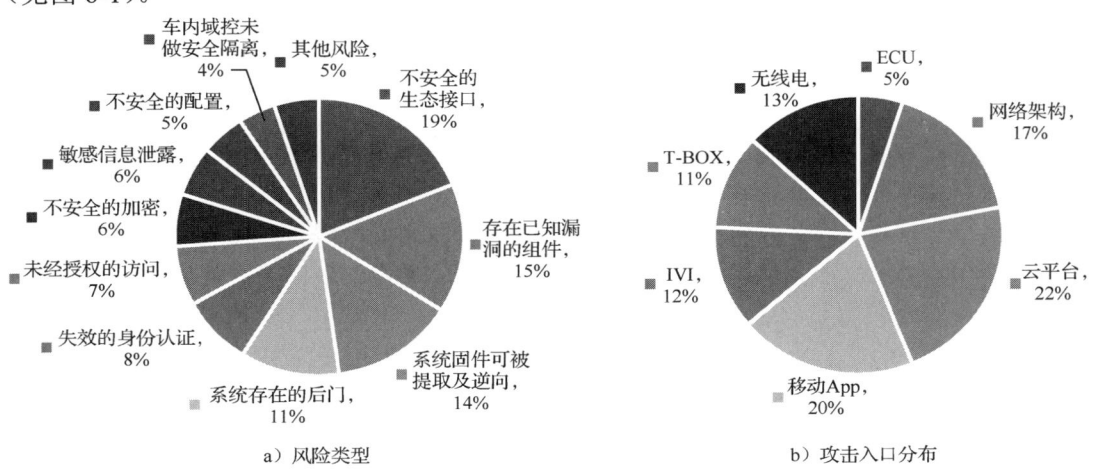

a）风险类型

- 车内域控未做安全隔离，4%
- 其他风险，5%
- 不安全的生态接口，19%
- 不安全的配置，5%
- 敏感信息泄露，6%
- 不安全的加密，6%
- 未经授权的访问，7%
- 失效的身份认证，8%
- 系统存在的后门，11%
- 系统固件可被提取及逆向，14%
- 存在已知漏洞的组件，15%

b）攻击入口分布

- ECU，5%
- 无线电，13%
- 网络架构，17%
- T-BOX，11%
- 云平台，22%
- IVI，12%
- 移动App，20%

图 6-1　2022 年车联网网络安全风险类型及攻击入口分布情况

（一）汽车产品网络安全风险

智能网联汽车产品架构复杂、对外网联接口多的特点使其更易遭受网络安全风险。智能网联汽车产品网络安全风险具体内容如表 6-2 所示。

表 6-2　智能网联汽车产品网络安全风险

风　险	具体内容	利用手段
存在已知漏洞的组件	车联网设备程序中存在安全漏洞组件模块，非法用户可以利用已知漏洞对车联网设备系统进行攻击	软件成分分析、漏洞自动化利用
系统固件可被提取及逆向	车联网零部件硬件接口安全防护不足，导致存储芯片中的数据可被读取，且因为芯片内数据缺乏相应的安全防护机制，被读取的数据可被外界人员解析、识别与利用	硬件引脚识别、J-flash 读取数据
系统存在的后门	开发者有意或无意留下的可供特殊情况使用的系统入口，但是发布系统软件之后未对程序再次进行安全验证，此后门容易被非法用户利用，达到控制系统的目的	接口遍历、命令注入、模糊测试
敏感信息泄露	汽车内部软件无法正确保护敏感数据，在程序文件、配置文件、日志文件、备份文件及数据库中泄露口令、密钥、个人隐私数据、授权凭据等	接口遍历、逆向分析、数据包重放
不安全的配置	汽车硬件设备或软件系统的默认设置不安全或缺乏对操作者修改配置的限制，导致汽车内部系统可以被非法利用	端口扫描、硬件调试、密码爆破

续表

风 险	具 体 内 容	利 用 手 段
车内域控未做安全隔离	通过外部设备直接读取车辆通信总线和汽车域控制器的信息。数据在车辆不同域转发时，将攻击数据发送至总线，可达到影响车辆正常通信及控制车辆动作的后果	地址/ID 遍历、模糊测试、洪水攻击、重放攻击

非法用户利用漏洞可获取系统权限，进一步控制 IVI；获取用户登录及使用情况，对敏感用户信息进行读取；通过重放报文等对车辆发起攻击，对汽车及驾乘人员安全构成威胁。主机厂应加强网络安全人员能力建设，增强对漏洞数据的分析、处理能力，及时发现漏洞，消除汽车产品网络安全隐患。

（二）云平台及移动 App 网络安全风险

智能网联汽车云平台集合地理信息服务和通信服务等技术，为驾乘人员提供导航、娱乐、车辆远程诊断、交通救援等服务。移动 App 作为车联网系统的接入端，用户可通过其实现远程开启车门、车灯及车辆启动等控车操作。通过车联网安全检查及十大风险的数据分析发现，汽车云平台、移动 App 存在多种类型的组合安全漏洞，十大风险中有超 40%的安全风险与移动 App、汽车云平台直接关联，其中的高危漏洞可导致大量用户敏感数据泄露、远程非法控车等后果。云平台及移动 App 相关网络安全风险如表 6-3 所示。

表 6-3　云平台及移动 App 网络安全风险

风 险	具 体 内 容	利 用 手 段
不安全的生态接口	在车联网通信系统连接终端、车联网云服务平台、车载终端通信的过程中，由于不安全的接口，导致非授权访问、敏感信息泄露，甚至汽车被远程控制等后果	通信接口遍历、代码注入攻击、暴力破解攻击
失效的身份认证	通过错误使用通信实体（如车端设备）及应用程序的身份认证凭证，或者通过盗用、破译、伪造身份凭证，或者利用其他系统漏洞、管理不善等问题来伪造合法用户的身份，或者冒充其他用户的身份	程序算法自身存在漏洞，信号重放、欺骗、中间人攻击，内部人员管理不善，系统测试、调试后门
未经授权的访问	对车载终端、车控 App 等，在功能操作时身份校验不足，未进行身份校验或者在未登录且获知业务功能页面的访问地址的前提下，可直接操作该页面下的功能，造成敏感信息的泄露	流量捕获、中间人攻击、身份绕过
不安全的加密	汽车传输或存储重要信息时不加密处理或加密强度不够，或者没有使用安全方法存储加密密钥（如泄露私钥信息、对称密钥、身份证书等），导致重要数据可以被轻易获取或解密	中间人攻击、嗅探抓包、密钥破解

主机厂应当加强安全隔离、防火墙、入侵检测、安全审计、鉴别验证等方面的技术防护，提高汽车云平台安全；加大安全加固、签名校验、访问控制、密钥白盒、防重放等技术研究，保障移动 App 安全。

（三）供应链网络安全风险

智能网联汽车供应链长，产业结构、供需关系融合交错，构成主体多元复杂、网络安全能力水平参差不齐。同时，随着软件和算法逐渐成为汽车产品的核心竞争力，跨领域技术融合应用使得技术体系复杂程度增加，造成汽车整体网络安全防护设计和协调难以保持一致，引发供应链网络安全风险。

国内主机厂的 CSMS（Cyber Security Management System，网络安全管理体系）建设普遍处于起步阶段，即使有少量已建立 CSMS 的主机厂，其体系指导业务开展的实践性和实效性仍有待验证。主机厂的供应商管理体系尚不健全，网络安全相关要求不够明确，产业链各级供应商的网络安全管理意识和能力普遍欠缺，具体为：缺乏组织层面的网络安全管理体系，缺乏覆盖产品全生命周期的网络安全管理流程，核心产品的网络安全防护技术设计缺失、测试验证不足，缺乏自身网络安全能力水平的有效证明等。

目前，华为、德赛西威、佛吉亚歌乐电子、地平线、汇川联合电子等服务提供商、零部件厂商已完成 ISO/SAE 21434 标准认证，但通过认证的仍属少数。我国汽车行业应尽快完善供应链网络安全风险管理体系，加强对供应商代码安全、接口安全、通信安全、OTA 安全等在内的网络安全防护技术，以及功能性网络安全测试、渗透测试、模糊测试、漏洞扫描等在内的网络安全测试能力审核，推动供应链企业加强网络安全风险管理。

二、数据安全风险

（一）个人信息泄露风险

随着智能网联应用的不断丰富，汽车通过收集包括车辆行踪轨迹、音频、视频、图像和生物识别特征（指纹、声纹）等在内的敏感个人信息来提供个性化服务。数据算法的更新迭代与个人信息价值的提高使得个人信息可能被不当收集和利用，行为隐私、位置隐私和喜好等泄露的风险不断提升。这些信息一旦泄露或被非法使用，可能导致驾乘人员、车外人员等受到歧视，甚至人身、财产安全受到严重危害。

《汽车数据安全管理若干规定（试行）》提出，"因保证行车安全需要，无法征得个人同意采集到车外个人信息且向车外提供的，应当进行匿名化处理，包括删除含有能够识别自然人的画面，或者对画面中的人脸信息等进行局部轮廓化处理等"要求。但目前缺乏技术指标与具体要求，企业执行标准不一致导致个人信息存在泄露的风险。《数据出境安全评估办法》《个人信息出境标准合同》《个人信息保护认证实施规范》等文件构成个人信息出境安全监管体系。但数据分类分级方法尚不明确，跨境传输规则不清晰，无典型行业实践案例供参考，导致个人信息出境存在问题与风险。同时，二手汽车或零部件仍保存个人信息、车载应用与服务违规收集个人信息、企业数据脱敏及受限访问控制等个人信息保护机制建设不完善、个人信息技术防护手段存在漏洞等，均可能造成个人信息的泄露。企业应在满足相关法律法规的要求下，加大技术防护投入力度，完善管理制度，有效保障个人信息安全。

（二）测绘地理信息采集、处理风险

高精度地图被认为是自动驾驶的核心技术之一，以高精度的道路场景、定位等信息辅助自动驾驶过程中的感知、定位、路径规划、决策与控制，提高驾驶安全性。随着我

国自动驾驶技术研究的不断深入，行业对高精度地图的需求日益增加，与此同时带来重要场所、关键地理信息泄露等风险。

由于高精度地图产生的数据量大，实时性要求高，目前行业普遍采用数据众包更新的技术路线。众包模式中，数据的使用者同时也是数据的提供者，自动驾驶汽车将传感器采集的环境感知数据回传云端，图商综合多个车辆传回云端的信息进行地图信息更新后下发到车辆。2022年8月，自然资源部出台《关于促进智能网联汽车发展维护测绘地理信息安全的通知》，进一步明确了测绘活动定义、责任主体、准入等要求。具体到车辆通过传感器采集的环境基础信息是否按照监管要求进行"即采即用即抛"，测绘数据处理及传输过程中是否采用脱敏、加密等技术手段进行有效数据安全防护，测绘类数据与非测绘类数据是否进行不同等级管理等处理活动，是否缺乏具体的执行要求及配套技术监管手段，是否存在重要地理信息泄露风险。因此，要加强行业协作，加快标准体系制定，明确地理信息防护要求与检测规范，有效保障测绘地理信息安全。

（三）海量数据汇聚风险

大数据时代，多源数据融合已成为企业运营和发展的关键。智能网联汽车作为服务的载体，承担着数据收集与应用的功能。据有关研究机构推测，未来每辆L3/L4自动驾驶汽车每8小时产生的数据将在10GB左右，海量数据汇聚于车企服务平台，使得数据泄露、损毁、遭受网络攻击等风险成倍放大。

智能网联汽车服务平台所收集汽车数据的主要类型为：汽车静态数据，即车牌号、车辆品牌和型号、车辆识别码、车辆颜色、外观等相关数据；行车环境数据，即基础设施、交通数据、地图数据等；汽车用户数据，即身份类数据（姓名、手机号码、证件号码、面部等生物特征识别信息）、状态数据（语音、手势、眼球位置变化等）和行为类数据（登录、浏览、搜索、交易等操作信息等）等。《汽车数据安全管理若干规定（试行）》中规定，汽车充电网运行数据、涉及个人信息主体超过10万人的个人信息等属于重要数据，随着网络安全威胁日益增加，汇聚于车企服务平台的重要数据必然引发巨大的安全风险。

现有车企服务平台虽然大多采用加密、脱敏等去标识化技术以满足匿名化处理要求，但数据融合结合大数据分析、机器学习等技术，可以将本身不敏感的各种数据进行关联，重新识别出重要信息。同时，管理制度方面不够健全完善，存在重要数据、敏感个人信息等防护不足及管理不到位的情况，仍存在数据泄露风险。应开展隐私计算、联邦学习等前沿技术研究，实现离散状态下数据的有效利用，避免数据过分聚集；进行数据分类分级管理，加强访问控制与人员管理，进行重要数据备份等工作，更好地实现数据安全保护。

第四节 汽车网络安全与数据安全实践

2022年，在国内有关部门发布系列政策法规标准文件，国际方面R155对汽车企业CSMS建设与新车型型式认证提出强制要求的背景下，为应对合规要求，提升企业自身安全保障能力，汽车行业对网络安全、数据安全风险管控展开积极探索与实践。

一、网络安全体系建设

基于车企出海需求及我国网络安全相关政策的双重导向，自主、合资及造车新势力的众多车企纷纷加大对汽车网络安全体系建设的投入力度。目前，已有 20 余家企业基于 R155 及 ISO 21434 建立 CSMS；随着《关于加强智能网联汽车生产企业及产品准入管理的意见》文件发布，10 余家企业以国内相关政策标准为依据，结合《汽车整车信息安全技术要求》试点工作，提前开展合规应对。

对行业 CSMS 建设情况进行调研发现，当前行业普遍存在审核标准不一致的问题，具体为：对同一家企业，认证机构的审核基准不同导致审核结论不一致；不同审核员对同一法条的理解有差异，审核工作依赖审核员自身知识经验；随着审核经验变化，同一审核员在不同时期对企业的审核标准不同等。因此，应统一审核基准，从审核团队组成、审核流程、审核点、审核输出模板、审核员管理机制等多个方面进行规范，拉齐审核工作基线，实现对企业安全保障能力的有效评价。

企业层面，CSMS 建设阶段存在标准不清晰的问题，企业无法对合规性进行准确判断，行业缺少最佳实践参考；专职人员缺乏，培养周期长，无法快速满足体系搭建周期需求。CSMS 运行阶段存在涉及部门多，各部门人员对体系了解程度各异，体系落地执行难的问题。CSMS 应审阶段存在审核文件需求大，体系、实施文件完整性难保证的问题。CSMS 优化阶段存在需根据标准法规更新，对体系进行持续优化及改进，企业执行难的问题。综合几方面的问题，应重点加强团队能力建设，加大对网络安全人员管理能力、技术能力、运营能力、合规能力培养，提升人员网络安全综合能力。

二、汽车产品信息安全合规

R155 提出，在车辆产品开发过程中，汽车制造商需识别并管理该车型相关的网络安全风险，基于车型的关键要素进行详尽的风险评估，并需对识别到的风险项采取技术手段进行相应缓解。国内也于 2021 年立项通过强制性国标《汽车整车信息安全技术要求》，编写过程中部分参考 R155 及我国汽车行业情况，已形成工作组内征求意见稿。信息安全合规将成为汽车产品市场流通的必要条件。

国内有出口需求的企业已启动 R155 车型型式认证申请，委托技术服务机构开展对国内自主开发车型的技术审核，主要分技术审核及试验审核两部分开展，技术审核包括设计、开发及运维过程审核，试验审核包括试验能力、过程、结果审核。但不同技术服务机构的审核侧重点不一致，导致审核标准不统一。企业层面，当前企业内部信息安全能力较为薄弱，人员、经验严重不足，无法有效支撑车辆安全开发及标准合规应对。企业应当加强风险评估、安全要求制定力、技术落地及测试验证能力建设。同时，缺乏针对不同车型专用适配的信息安全防护方案，没有建立核心能力。企业急需根据分布式、集中式、域集中等不同车型架构进行信息安全设计及开发，健全完善车型开发安全防护策略库，在风险评估、安全需求、安全设计、安全开发等过程中积累经验，形成不同架构全量威胁分析、安全防护全覆盖、安全防护组件开发集成等核心能力。

三、车端数据处理实践

2021年8月，国家网信办联合工业和信息化部等部委出台了《汽车数据安全管理若干规定（试行）》，明确要求汽车数据处理者在开展汽车数据处理活动时应遵循车内处理、默认不收集、精度范围适用、脱敏处理四项原则。同时，因保证行车安全需要，无法征得个人同意采集到的车外人脸、车牌信息且向车外提供的，应当进行匿名化处理。2021年11月，网信办联合工业和信息化部，组织车企开展汽车数据安全试点工作，聚焦车外人脸信息等匿名化处理、座舱数据车内处理、处理个人信息的显著告知三方面内容。

对相关企业试点工作落实情况进行调研发现，针对车外人脸信息匿名化处理，部分车企存在通过车辆摄像头采集的车外信息中涉及人脸、车牌等信息，未做匿名化处理传至车外的情况，为应对合规要求，车企选择暂时停用相关功能。同时，企业正在开发车端匿名化算法，实现数据车端脱敏，但存在车端算力有限、新老车型无法统一适配等困难。针对座舱数据车内处理，存在车辆语音唤醒功能、驾驶员注意力检测系统（Driver Monitor System，DMS）、人脸认证登录等功能在每次驾驶时默认开启车内麦克风、摄像头的情况，不符合"座舱数据默认不收集"原则，需通过软件升级方式调整收集策略以满足合规要求。车企通过隐私政策、隐私协议告知用户对语音的采集，但存在缺少与语音服务商约定数据保护义务合同的情况。针对个人信息显著告知，行业普遍存在隐私协议中个人信息保存地点宽泛，个人信息停止收集的方式和途径表述不够清晰，查阅、复制、删除个人信息的类别不够明确，权益事务联系人姓名不明确等问题。企业应当加大个人信息保护力度，通过技术支持及管理提升，满足监管相关要求。

第五节 思考与建议

一、加快标准体系健全完善

目前，我国形成以《中华人民共和国网络安全法》《中华人民共和国数据安全法》《中华人民共和国个人信息保护法》为顶层法律依据，以《汽车数据安全管理若干规定（试行）》《工业和信息化领域数据安全管理办法（试行）》为配套制度，以《关于加强智能网联汽车生产企业及产品准入管理的意见》为管理实践的政策管理体系，逐步完善了汽车企业及产品的网络安全、数据安全要求。但相关配套标准尚未出台，针对网络安全、数据安全这类新安全问题，企业因担心步调不一、重复投入等问题犹豫不决、静观其变，技术标准的落地也成为行业迫切关注的重点。因此，建议加快在机动车辆准入、汽车数据处理活动等方面标准的制定和出台，与相关政策文件形成强配套，更好地指导行业进行网络安全、数据安全防护建设。

二、加强汽车数据管理，促进数据安全应用/流通

数据价值的日益凸显与数据泄露等事件日益增加，使得加强数据安全管理成为行业发展的迫切需要。有关部门应尽快研究制定汽车行业重要数据、核心数据目录，指导行业企业进行数据分类分级管理，增加企业数据资产价值。建设智能网联汽车数据安全监

管平台，加强汽车数据处理活动中数据采集、加工、使用、销毁等情况监测，保障个人信息、重要数据安全，形成全生命周期数据安全监管能力。完善数据出境管理机制，促进数据安全保障与有序流动。

三、落实主机厂主体责任，强化供应商安全管控

汽车网络安全和数据安全需要全产业链的共同努力。主机厂应强化责任意识，以国内外监管要求为依据，加强供应链网络安全风险管控，加快网络安全、数据安全管理体系建设，将信息安全工作贯穿于整个车型开发过程，实现正向的信息安全设计、开发、工程验证、后市场监控等全生命周期的流程应用，提升汽车产品安全防护水平。供应商应正确认识网络安全风险管理的重要性，建立覆盖概念、开发、生产、运维、报废等各阶段的网络安全风险管理制度，提升企业服务质量，有效支撑主机厂汽车产品开发、合规认证等工作。

Part 3　标准篇

第七章 新能源汽车标准体系现状及趋势

刘桂彬，郝维健，郑天雷，柳邵辉*

摘要： 发展新能源汽车是中国从汽车大国迈向汽车强国的必由之路，是应对气候变化、推动绿色发展的战略举措。近年来，中国新能源汽车发展取得明显成效，在产业规模、产业链完整度及技术水平等方面均取得长足进步。其中，标准化作为行业发展的技术性基础工作，在支撑产业发展、促进科技进步、规范社会治理等方面发挥了重要作用。当前，中国正处于汽车强国建设的关键机遇期，需要持续完善新能源汽车标准体系，推动新能源汽车产业高质量发展。本章系统阐述了新能源汽车标准体系概况、2022 年新能源汽车标准化工作进展，提出未来标准化工作展望。

关键词： 新能源汽车；标准化；高质量发展。

第一节 新能源汽车标准体系概况

标准化作为行业发展的技术性基础工作，在支撑产业发展、促进科技进步、规范社会治理等方面发挥了重要作用。中国新能源汽车标准研究启动较早，1998 年成立第一届全国汽车标准化技术委员会电动车辆分技术委员会，2001 年发布实施第一批 6 项电动汽车标准以来，标准伴随了中国新能源汽车从无到有、从示范运行到大批量生产的历程。目前，新能源汽车领域共有现行标准 109 项，其中，国家标准 81 项（包括 3 项强制性国家标准）、汽车行业标准 28 项。标准细分领域涉及基础通用、新能源汽车整车、关键系统部件、充换电、加氢等，整体上已建立起强制性标准和推荐性标准相互配合，较为科学、完善的新能源汽车标准体系。

整体上看，中国新能源汽车标准体系分为基础通用、电动汽车整车、系统部件、能源补充系统四个领域，贯穿生产设计、产品评价、回收利用等多个环节（见图 7-1）。其中，基础通用领域分为基础、通用两类；电动汽车整车领域分为纯电动汽车、混合动力电动汽车和燃料电池电动汽车三个方面；系统部件领域分为车载储能系统、电驱动系统、燃料电池系统和其他部件系统四个方面；能源补充系统分为充电、换电和加氢三个方面。

---

* 刘桂彬，正高级工程师，任职于中国汽车技术研究中心有限公司中国汽车标准化研究院；郝维健，高级工程师，任职于中国汽车技术研究中心有限公司中国汽车标准化研究院；郑天雷，正高级工程师，任职于中国汽车技术研究中心有限公司中国汽车标准化研究院；柳邵辉，高级工程师，任职于中国汽车技术研究中心有限公司中国汽车标准化研究院。

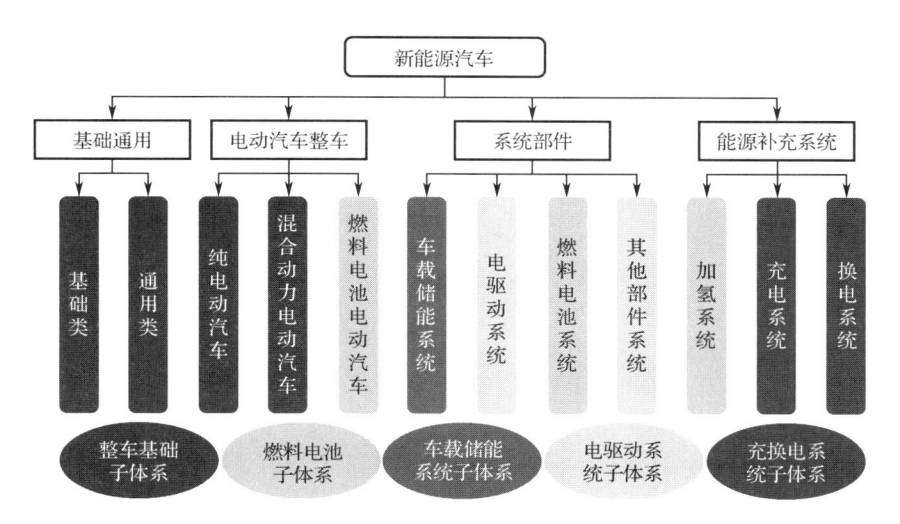

图 7-1 新能源汽车标准体系框架

一、基础通用标准

基础通用标准是本领域内其他技术标准制定与实施的前提和基础，在电动汽车的标准体系中，处于整个构架底层，对整个体系起到支撑作用。基础通用标准可分为基础类和通用类，基础类标准包括术语和定义、信号与标志、车辆分类、标签与标识等，规定了电动汽车领域的基本概念；通用类标准包括低速提示音、环境条件及电磁兼容性等通用性要求，适用于多种产品类型的车辆及部件。

二、电动汽车整车标准

电动汽车整车标准主要关注安全性、经济性等车辆的主要指标或性能。安全性主要指汽车通用安全内容之外的电动汽车的特殊安全要求，对纯电动汽车、混合动力电动汽车及燃料电池电动汽车均适用，主要针对电动汽车储能、电气、驱动等方面相对于传统汽车的特殊性，可能引发的人身触电、电气过热、电池起火等安全风险进行相应规定。电动汽车经济性主要指电能消耗量和续驶里程，电动汽车的能量源和驱动系统与传统内燃机汽车相比差异显著，需要对电动汽车的经济性指标进行单独规定。

三、系统部件标准

系统部件标准主要是指电动汽车特有的关键总成，如车载储能系统、电驱动系统、燃料电池系统及其他电力电子设备。

车载储能系统标准对象主要包括动力蓄电池和超级电容器等电能储存系统，除核心储能装置外，车载储能系统还包括电池箱体、电池管理系统等附件。车载储能系统对整车经济性、动力性和安全性有着重要的影响，是电动汽车最为关键的系统之一。

电驱动系统标准对象主要包括驱动电机、动力电子装置和将电能转换为机械能的相关操纵装置组成的系统。电驱动系统是电动汽车的主要驱动源，其性能优良与否将直接影响车辆的动力性和经济性。电驱动系统标准可以分为驱动电机系统、驱动电机单体、动力系统及其他三个方面的标准。

四、能源补充系统标准

电动汽车离不开外部能量源的能量和数据流动。电动汽车的补能方式主要分为充电、换电和加氢。

电动汽车充电按照电能传输介质的不同，可分为导体输电的传导充电和空间传输电磁波的无线充电。充电标准主要分为兼容性、安全性和相关产品标准。兼容性标准是指交直流充电接口和整车充电互操作性，安全性标准是指充电电气安全与电磁兼容性，产品标准如整车充电性能、充电接口要求和测试方法等。

换电标准对象是车载换电系统，主要包括乘用车换电安全、商用车换电安全、车载换电系统换电接口、换电互换性、通信协议标准。

加氢标准主要为加氢枪、加氢口、加氢通信协议相关标准。

第二节　2022 年新能源汽车产业发展情况

一、产业规模不断扩大，逐步进入全面市场化拓展期

2022 年，中国新能源汽车持续爆发式增长，逐步进入全面市场化拓展期，克服疫情散发频发、芯片短缺、电池原材料价格高位运行、局部地缘政治冲突等诸多不利因素，产销分别完成 705.8 万辆和 688.7 万辆，同比分别增长 96.9% 和 93.4%（见图 7-2），连续 8 年保持全球第一位。中国品牌新能源乘用车国内市场销售占比达 79.9%，同比增长 5.4 个百分点。除比亚迪、上汽通用五菱等品牌外，哪吒、理想、蔚来、小鹏、零跑等多家造车新势力年销量均突破 10 万辆。此外，2022 年中国新能源汽车出口 67.9 万辆，同比增长 1.2 倍，成为中国汽车出口量增长的重要支柱之一。

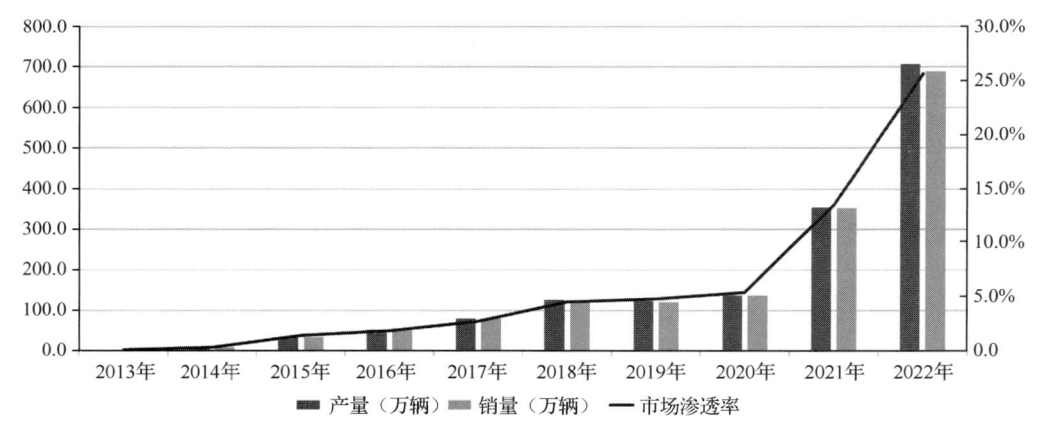

图 7-2　2013—2022 年中国新能源汽车产销量及市场渗透情况

在新能源汽车产业的带动下，以动力电池产业为代表的新能源汽车关键系统部件产业发展迅猛。2022 年全球动力电池装车量为 517.9GWh，中国企业市场份额达 60.4%；中国动力电池累计装车量为 294.6GWh，累计同比增长 90.7%（见图 7-3）。其中，三元

电池累计装车量为 110.4GWh，占总装车量的 37.5%，累计同比增长 48.6%；磷酸铁锂电池累计装车量为 183.8GWh，占总装车量的 62.4%，累计同比增长 130.2%。

图 7-3　2015—2022 年中国动力电池装车量及增长情况

二、技术水平不断提升，新产品新技术不断涌现

近年来，在主管部门的积极引导下，中国新能源汽车产业积极投入研发力量，整车性能、动力电池、电机电控等新能源汽车核心领域的技术水平不断提升，达到世界领先水平。

在整车性能方面，比亚迪、上汽、吉利、长安等头部整车企业均已开发纯电专属整车平台，有力提升整车动力性、经济性，续驶里程超过 700km 的车型不断涌现；此外，比亚迪 DM-i 混动技术、吉利雷神混动技术、蔚来换电技术的创新应用，也进一步提升了中国新能源汽车产品的技术水平。

在动力电池方面，近年来，在主管部门的大力支持下，动力电池行业企业积极投入研发力量，加强关键技术创新，新体系、新结构、新技术不断涌现。动力电池化学体系创新主要包括钠离子电池和固态电池两个方面。其中，钠离子电池与锂离子电池在制备工艺上接近，且钠资源储量更高，因而在成本上具有较大优势。固态电池方面，由于其电解质材料为不可燃固体氧化物、硫化物，因而安全性、能量密度相较传统液态电解质有明显提升。在电池结构创新方面，由于量产的动力电池正负极材料能量密度已逼近理论比容量，以无模组设计（Cell to Pack，CTP）、底盘一体化设计（Cell to Chassis，CTC）为代表的电池结构创新成为提升动力电池能量密度的重要途径。

在电机电控方面，经过多年的技术攻关和市场应用，中国自主研发的电机电控产品已基本满足行业需求。电机功率密度、电机系统效率、控制器功率密度等关键指标不断取得突破。此外，IGBT 芯片等新能源汽车专用芯片的国产化率不断提升，产业链不断完善。

三、基础设施不断完善，充分缓解补能焦虑

中国不断优化新能源汽车配套基础设施，已建成世界上数量最多、分布最广的充电基础设施网络。截至 2022 年底，全国累计建成充电桩 521.0 万台（见图 7-4）、换电站 1973 座（见图 7-5）。其中，2022 年新增充电桩 259.3 万个、换电站 675 座，充换电基础

设施建设速度明显加快。其中，公共充电基础设施新增约 65.0 万台，累计数量达 180.0 万台左右；私人充电基础设施新增超 190.0 万台，累计数量超过 340.0 万台。充电市场呈现多元化发展态势，各类充电桩运营企业已超过 3000 家，其中，公共桩保有量超过 1 万台的企业有 17 家，头部企业聚集效应明显。电动汽车充电量持续保持较快增长，2022 年充电量超过 400 亿千瓦时，同比增长 85%以上。

图 7-4　2016—2022 年中国充电桩保有量及增长情况

图 7-5　2016—2022 年中国换电站保有量及增长情况

第三节　2022 年新能源汽车标准化工作进展

2022 年，新能源汽车标准化工作积极贯彻落实《新能源汽车产业发展规划（2021—2035 年）》相关要求，统筹推进新能源汽车各领域标准制修订工作。在整车领域，加快推进电动汽车动力性、远程服务与管理标准研究；在动力电池领域，启动动力电池安全强标修订，推进电性能要求、热管理系统等标准征求意见；在电驱动系统领域，完成驱动电机系统可靠性标准审查和报批，推进电动汽车用驱动电机系统标准公开征求意见；在充换电领域，完成《电动汽车传导充电用连接装置》第 1 部分、第 3 部分标准审查及报批，全面推进《纯电动乘用车车载换电系统互换性》等 14 项行业标准制定；在燃料电池汽车领域，完成燃料电池电动汽车能量消耗量及续驶里程测量方法等 3 项标准审查并报批，推进燃料电池电动汽车动力性、碰撞后安全、车载氢系统等标准研究。

一、电动汽车整车标准进展情况（见表7-1）

推进纯电动汽车、混合动力电动汽车两项动力性标准研究。在现行GB/T 18385—2005《电动汽车 动力性能 试验方法》、GB/T 19752—2005《混合动力电动汽车 动力性能 试验方法》两项标准的基础上，结合电动汽车动力性不断提升的产业现状，修订试验道路条件、环境条件，加速试验速度区间设置方法。经过多次行业研讨，两项修订标准项目已于2022年12月进入公开征求意见阶段。

推进电动汽车远程服务与管理系统技术规范系列标准修订。根据主管部门电动汽车安全监管思路，统筹考虑管理需求及行业成本投入，针对续传与定期唤醒、热事件上报、一致性测试、信息安全等行业关心的核心问题开展进一步讨论和验证，充分听取行业意见，加快推进相关条款的完善和标准制修订工作。

启动插电式混合动力商用车技术条件标准预研工作。随着车辆节能减排的要求进一步提高，商用车电动化已经成为商用车发展的重要趋势。随着行业技术水平的不断提升，针对该类车型的技术要求有必要进一步提升。目前，插电式混合动力商用车技术条件标准修订预研工作已启动，本次修订将充分调研现有产品技术现状，结合未来的技术发展趋势，从续驶里程、油耗、安全性等方面提出对该类车型的技术要求。

启动GTR 21、GTR 22等电动汽车整车国际法规转化预研工作。GTR 21《混合动力及多电机驱动的纯电动汽车功率确定方法》、GTR 22《车载电池耐久性》等国际法规已先后发布。中国也启动了相关标准预研工作。其中，GB/T《混合动力电动汽车及多电机纯电动汽车动力系统功率测试方法》将建立适用于混合动力电动汽车及多电机纯电动汽车的功率测试方法，解决行业内尚无多动力驱动模式电动汽车最大功率测试方法的痛点问题；《电动汽车车载动力电池耐久性要求及试验方法 第1部分：轻型汽车》将提出动力电池耐久性整车车载数据获取方式、精度要求和最低性能要求，引导行业提升动力电池耐久性。

表7-1 2022年度电动汽车整车在研标准项目进展情况

序 号	计 划 号	标 准 号	标 准 名 称	制定状态
1	20211159-T-339	GB/T 28382	《纯电动乘用车 技术条件》	已报批
2	20214945-T-339	GB/T 18385	《电动汽车 动力性能 试验方法》	征求意见
3	20214946-T-339	GB/T 19752	《混合动力电动汽车 动力性能 试验方法》	征求意见
4	20220297-T-339	GB/T 32960.2	《电动汽车远程服务与管理系统技术规范 第2部分：车载终端》	正在起草
5	20220296-T-339	GB/T 32960.3	《电动汽车远程服务与管理系统技术规范 第3部分：通信协议及数据格式》	正在起草

二、动力蓄电池标准进展情况（见表7-2）

启动动力蓄电池强标修订研究。为进一步提升动力蓄电池安全要求，保障消费者生命财产安全，在工业和信息化部的指导下，电动车辆分标委组织电动汽车整车企业、动力电池企业、检测机构、科研院所等单位于2022年初启动GB 38031标准修订，并已完成修订草案编写和立项材料提交。

推动动力电池电性能、热管理系统标准研制。在电性能标准方面，完成 GB/T 31467《锂离子动力电池包和系统电性能试验方法》标准审查并报批，该标准修订非等效采用 ISO 12405—4:2018，并结合我国动力电池产品开发与测试经验，进一步完善部分测试方法，推进 GB/T 31486《电动汽车用动力蓄电池电性能要求及测试方法》标准修订，结合电池单体实际使用场景完善测试方法，进一步提升性能要求，有力规范产品质量；在热管理系统标准方面，组织起草《电动汽车动力蓄电池热管理系统》系列标准第 1 部分通用要求和第 2 部分液冷系统，并于 2022 年 12 月进入公开征求意见阶段。

开展动力电池回收利用、绿色低碳相关标准研究。完成《车用动力电池回收利用 管理规范 第 2 部分 回收服务网点》标准的审查和报批，明确回收服务网点建设技术规范；推动《车用动力电池回收利用通用要求》标准研制，基于政府管理的政策要求与回收利用行业发展需要，规范车用动力电池回收利用领域的相关术语，为行业交流与继续发展提供统一语言，同时围绕车用动力电池回收利用的主要环节，分别针对电池、综合利用、梯次利用及再生利用制定通用性的要求；启动动力电池及其梯次利用、再生利用企业、产品碳排放、碳足迹标准研究，提交标准立项。

表 7-2　2022 年度动力蓄电池在研标准项目进展情况

序号	计划号	标准号	标准名称	制定状态
1	20213561-T-339	GB/T 31467.1/ GB/T 31467.2	《电动汽车用锂离子动力电池包和系统电性能试验方法》	已报批
2	20205114-T-339		《车用动力电池回收利用 管理规范 第 2 部分：回收服务网点》	已报批
3	2021-1114T-QC		《电动汽车动力蓄电池热管理系统 第 1 部分：通用要求》	征求意见
4	2021-1115T-QC		《电动汽车动力蓄电池热管理系统 第 2 部分：液冷系统》	征求意见
5	20213562-T-339		《车用动力电池回收利用 通用要求》	正在起草
6	20221253-T-339		《车用动力电池回收利用 梯次利用 第 5 部分：可梯次利用设计指南》	正在起草
7	2022-1229T-QC		《电动汽车动力蓄电池排气试验方法》	正在起草
8	2022-1230T-QC		《电动汽车动力蓄电池峰值功率试验方法》	正在起草
9	2022-1964T-QC		《道路车辆 企业碳排放核算及报告 动力蓄电池制造企业》	正在起草
10	2022-1967T-QC		《道路车辆产品碳足迹 产品种类规则 动力蓄电池》	正在起草

三、燃料电池电动汽车标准进展情况（见表 7-3）

燃料电池发动机性能试验方法标准正式发布。2022 年 12 月，GB/T 24554—2022《燃料电池发动机性能试验方法》正式发布。相较 2009 版本，新版本标准明确了功率加载误差要求和额定功率测试方法，增加了低温冷起动、动态平均效率方法，进一步完善了燃料电池发动机性能评价体系；增加了功率密度测试方法，明确了燃料电池发动机边界，进一步统一了燃料电池发动机功率密度测试方法。

燃料电池汽车低温冷起动、能耗、动力性等多项标准报批。2022年度《燃料电池电动汽车低温起动性能试验方法》《燃料电池电动汽车 动力性能试验方法》《燃料电池电动汽车能量消耗量及续驶里程测量方法》三项燃料电池电动汽车整车标准，以及《燃料电池电动汽车 车载氢系统技术条件》《燃料电池电动汽车 加氢枪》两项关键系统及零部件标准顺利通过审查并报批。以上五项国家标准的报批将进一步完善燃料电池电动汽车标准体系，有力支撑燃料电池电动汽车示范运营工作。

推进空气压缩机、氢气循环泵等燃料电池关键附件标准研制。燃料电池发动机用空气压缩机、氢气循环泵等部件对于燃料电池发动机的动力性、耐久性有着至关重要的影响，这些零部件的承担功能、性能指标与传统汽车截然不同，无法使用现有标准。《燃料电池发动机用空气压缩机》等五项燃料电池发动机附件标准在起草过程中，这些标准的制定将进一步统一燃料电池发动机附件评价方法，便利企业产品研发和选型，降低研发测试成本，引导企业技术升级。

表7-3　2022年度燃料电池电动汽车在研及重点预研标准项目进展情况

序号	计划号	标准号	标准名称	制定状态
1		GB/T 24554—2022	《燃料电池发动机性能试验方法》	发布
2	20203973-T-339		《燃料电池电动汽车低温起动性能试验方法》	已报批
3	20203814-T-339		《燃料电池电动汽车能量消耗量及续驶里程测量方法》	已报批
4	20205115-T-339	GB/T 26990	《燃料电池电动汽车 车载氢系统技术条件》	已报批
5	20202531-T-339	GB/T 34425	《燃料电池电动汽车 加氢枪》	已报批
6	20202535-T-339	GB/T 26991	《燃料电池电动汽车 动力性能试验方法》	已报批
7	2020-0318T-QC		《燃料电池汽车加氢接口通信协议》	正在起草
8	20203676-T-339		《燃料电池电动汽车碰撞后安全要求》	正在起草
9	20213560-Z-339		《燃料电池电动汽车发动机耐久性试验方法》	正在起草
10	2021-1120T-QC		《燃料电池发动机用氢气循环泵》	征求意见
11	2021-1118T-QC		《燃料电池发动机用冷却水泵》	正在起草
12	2021-1119T-QC		《燃料电池发动机用氢气喷射器》	正在起草
13	2021-1117T-QC		《燃料电池发动机用空气压缩机》	征求意见
14	2022-1231T-QC		《燃料电池电动汽车 车载氢系统在线监测技术规范》	正在起草
15	2022-1232T-QC		《燃料电池发动机故障分类及处理方法》	正在起草

四、电驱动系统标准进展情况（见表7-4）

驱动电机系统可靠性试验方法、高压熔断器、高压接触器标准正式发布。2022年，电驱动系统标准领域有三项国家、行业标准发布。GB/T 29307—2022《电动汽车用驱动电机系统可靠性试验方法》提出了统一的驱动电机系统台架可靠性试验方法，包括转速升降循环和转矩负荷循环。QC/T 1174—2022《电动汽车用高压熔断器》、QC/T 1175—2022《电动汽车用高压接触器》分别规定了高压熔断器、高压接触器两类电动汽车关键零部件的技术要求及对应测试方法。

推进驱动电机系统标准修订工作。GB/T 18488《电动汽车用驱动电机系统》修订工作深入研究了车用驱动电机系统使用环境下的性能指标和安全要求,对国内外驱动电机系统标准等进行了充分调研,结合主要 OEM 和驱动电机生产企业驱动电机系统要求和试验方法,进一步完善一般性试验、输入/输出特性试验、安全性试验、环境适应性试验、电磁兼容性试验要求和方法,有效解决原标准要求不统一、方法不明确、不适用集成式驱动电机系统和 48V 驱动电机系统等问题。该标准修订已于 2022 年底完成征求意见,于 2023 年度审查和报批。

开展电动汽车芯片标准体系研究。新能源汽车芯片主要针对新能源汽车专用芯片,适用于高电压、电流、大功率应用场景的电动汽车使用条件,具有耐受大功率、快速响应、适应复杂多变的车载使用环境的特点。2022 年,中国按照产业化程度和市场需求紧迫度,率先推进功率芯片、控制芯片和功率驱动芯片这三个方面的五项标准制定工作。

表 7-4　2022 年度电驱动系统在研标准项目进展情况

序　号	计 划 号	标 准 号	标 准 名 称	制 定 状 态
1		GB/T 29307—2022	《电动汽车用驱动电机系统可靠性试验方法》	发布
2		QC/T 1174—2022	《电动汽车用高压熔断器》	发布
3		QC/T 1175—2022	《电动汽车用高压接触器》	发布
4	20213563-T-339	GB/T 18488	《电动汽车用驱动电机系统》	征求意见

五、充换电标准进展情况（见表 7-5）

基于现行充电接口开展大功率充电标准方案（2015+方案）研究验证和标准编制工作。完成《电动汽车传导充电用连接装置》第 1 部分、第 3 部分标准起草、征求意见、审查及报批。完成"2015+方案"控制导引电路、通信协议两部分内容研究,并在行业内广泛征求意见。组织行业广泛开展"2015+方案"验证,开展充电接口产品性能、实车实桩可行性、充电兼容性等测试活动。结果显示,"2015+方案"能够在满足兼容性的前提下安全、稳定地实现大功率充电、预约充电等功能,支撑未来充电技术发展需求。

全面推进电动汽车换电标准化工作,多项标准顺利报批。《纯电动乘用车车载换电系统互换性》等 14 项行业标准计划正式下达。乘用车方面,形成涵盖典型技术路线的换电平台标准方案,推动电气接口、冷却接口和电池包尺寸标准方案的确定,推动形成统一的车辆与电池、换电站与电池、车辆与换电站的通信协议标准方案;商用车方面,确定电池系统尺寸、电气接口、冷却接口、换电机构、车辆与电池通信协议的统一标准方案,完成标准公开征求意见,于 2022 年底完成标准审查、报批。

表 7-5　2022 年度充换电在研标准项目进展情况

序　号	计 划 号	标 准 号	标 准 名 称	制 定 状 态
1		GB/T 29307—2022	《电动汽车用驱动电机系统可靠性试验方法》	发布

第七章 新能源汽车标准体系现状及趋势

续表

序号	计划号	标准号	标准名称	制定状态
2	20193382-T-339		《电动客车顶部接触式充电系统 第2部分：充电连接装置》	已报批
3	20192312-T-339		《电动汽车传导充放电系统 第4部分：车辆对外放电要求》	已报批
4	2020-0317T-QC		《电动汽车传导充电用集成式交流供电标准插座》	已报批
5	2020-0316T-QC		《带功能盒的电动汽车传导充电用电缆组件》	已报批
6	2020-0315T-QC		《带充电机的电动汽车传导充电用电缆组件》	已报批
7	20162653-T-339		《电动汽车传导充电安全要求》	已报批
8	20215042-T-339	GB/T 20234.1	《电动汽车传导充电用连接装置 第1部分：通用要求》	已报批
9	20220295-T-339	GB/T 20234.3	《电动汽车传导充电用连接装置 第3部分：直流充电接口》	已报批
10	2022-0003T-QC		《纯电动商用车车载换电系统互换性 第1部分：换电电气接口》	已报批
11	2022-0004T-QC		《纯电动商用车车载换电系统互换性 第2部分：换电冷却接口》	已报批
12	2022-0005T-QC		《纯电动商用车车载换电系统互换性 第3部分：换电机构》	已报批
13	2022-0006T-QC		《纯电动商用车车载换电系统互换性 第4部分：换电电池包》	已报批
14	2022-0007T-QC		《纯电动商用车车载换电系统互换性 第5部分：车辆与电池包的通信》	已报批
15	2022-0553T-QC		《纯电动乘用车车载换电系统互换性 第1部分：换电电气接口》	正在起草
16	2022-0554T-QC		《纯电动乘用车车载换电系统互换性 第2部分：换电冷却接口》	正在起草
17	2022-0555T-QC		《纯电动乘用车车载换电系统互换性 第3部分：换电机构》	正在起草
18	2022-0008T-QC		《纯电动乘用车车载换电系统互换性 第4部分：换电电池包》	正在起草
19	2022-0556T-QC		《纯电动乘用车车载换电系统互换性 第5部分：电池包与车辆的通信》	正在起草
20	2022-0009T-QC		《纯电动乘用车换电通用平台 第1部分：车辆》	正在起草
21	2022-0557T-QC		《纯电动乘用车换电通用平台 第2部分：电池包》	正在起草
22	2022-0010T-QC		《纯电动乘用车换电通用平台 第3部分：车辆与设施的通信》	正在起草
23	2022-0558T-QC		《纯电动乘用车换电通用平台 第4部分：电池包与设施的通信》	正在起草

第四节　新能源汽车标准化工作展望

下一步，新能源汽车领域将贯彻落实产业发展规划要求，以产业规模化发展需求和新技术创新发展为导向，围绕电动汽车整车、关键系统及部件、充换电等领域继续加大工作力度，不断完善电动汽车标准体系，助力产业高质量发展。

一、电动汽车整车标准

在整车动力性标准方面，推动电动汽车两项动力性标准修订，完成标准征求意见、审查和报批；在整车远程监控标准方面，全面推进电动汽车远程服务与管理系统技术规范系列标准制修订，其中第 2 部分、第 3 部分标准完成征求意见和审查，第 1 部分、第 4 部分标准完成立项并形成征求意见稿；在预研标准方面，推进插电式混合动力商用车技术条件标准立项及起草工作；启动并推进混合动力汽车最大功率测试方法、电池耐久性整车测试方法两项国际法规转化工作，完成相关标准立项工作。

二、动力蓄电池标准

安全及性能方面，加快推进动力蓄电池安全强标修订立项和研究，形成标准修订草案并开展深入调研和验证；完成动力蓄电池电性能要求及测试方法、动力蓄电池热管理系统通用要求、液冷系统三项标准审查及报批；推动动力蓄电池循环寿命、热特性、热管理系统系列标准其余部分标准立项。回收及低碳方面，完成回收利用通用要求标准审查，完成回收服务网点标准报批；推进可梯次利用设计指南、回收利用绿色工厂评价、回收利用单位产品能耗及动力电池及其梯次利用、再生利用企业、产品碳足迹量化核算等标准立项和制修订工作。

三、燃料电池电动汽车标准

加快推进燃料电池发动机耐久性、燃料电池电动汽车碰撞后安全要求、加氢通信协议等标准研究和征求意见；完成燃料电池电动汽车空气压缩机、氢气循环泵两项燃料电池系统附件标准审查报批；推进两项氢燃料电池电动汽车示范运行标准修订立项。

四、电驱动系统标准

完成《电动汽车用驱动电机系统》标准审查、报批；推进《纯电动汽车用减速器总成技术条件》《电动汽车用电机控制器》《电动汽车用高压连接系统》等标准研究，完成标准征求意见稿；推进《电动汽车用驱动电机系统工况效率测试方法》标准预研及立项；不断完善新能源汽车芯片标准子体系，完成功率芯片和控制芯片等多项标准征求意见稿。

五、充换电标准

充电标准方面，推动《电动汽车传导充电用连接装置》 第 1 部分、第 3 部分标准发布；完成"2015+方案"控制导引和通信协议两部分方案研究和技术文件编制，支撑"2015+方案"落地实施；基于"2015+方案"开展电动汽车传导充电互操作性、通信协议一致性测试研究；开展电动汽车传导充电性能测试方法、纯电动商用车兆瓦充电标准预研。换电标准方面，完成《纯电动乘用车车载换电系统互换性》等9项乘用车换电标准审查、报批；推进《电动商用车换电安全要求》《纯电动商用车换电通用平台 第3部分：车辆与设施的通信》《纯电动商用车换电通用平台 第4部分：电池包与设施的通信》《纯电动商用车换电兼容性测试规范》等标准研究，完成标准立项流程并形成成熟草案。

第八章 智能网联汽车标准体系现状及趋势

王兆，孙航，吴嘉杰，吴含冰*

摘要： 随着中国智能网联汽车的快速发展，传统的汽车产业链、技术链被打破，产业边界日趋模糊，这对标准法规制定、检测认证技术升级提出了迫切需求和全方位挑战。为适应我国智能网联汽车发展的新趋势、新业态和新需求，推动产业高质量发展，需要充分发挥标准体系在产业布局与发展中的顶层设计和基础引领作用。本章系统梳理了智能网联汽车国家标准法规体系概况及现状，在此基础上立足产业新发展阶段，研判智能网联汽车标准体系发展趋势。

关键词： 智能网联汽车；标准体系；发展趋势。

第一节 智能网联汽车标准体系概况

智能网联汽车产业是汽车、电子、信息通信和道路交通运输等行业深度融合的新兴产业，是全球创新热点和未来发展制高点。智能网联汽车标准体系充分发挥标准在车联网产业生态环境构建中的顶层设计和基础引领作用，按照不同行业属性划分为智能网联汽车、信息通信、电子产品与服务、车辆智能管理、智能交通相关等若干部分，为打造创新驱动、开放协同的智能网联汽车产业提供支撑。

新版智能网联汽车标准体系在形成的过程中，立足智能网联汽车产业新发展阶段，紧贴技术发展趋势，适应行业实际需求，聚焦重点技术领域，强化基础支撑，注重协同创新，依托自动驾驶、先进驾驶辅助系统（Advanced Driving Assistance System，ADAS）、信息安全、网联功能与应用、资源管理与信息服务、电磁兼容、功能安全、汽车芯片、车载电子和电子环境及可靠性评价 10 个主要的研究领域，在国内外骨干企业广泛参与的情况下，开展国内、国际标准制修订与协调，共同推进智能网联汽车标准研究，健全完善智能网联汽车标准体系，开创智能网联汽车标准化工作新局面，促进智能网联汽车高质量发展。

一、智能网联汽车标准体系的建设原则

为积极落实《国家标准化发展纲要》要求，加快推进制造强国、网络强国、交通强

---

* 王兆，正高级工程师，任职于中国汽车技术研究中心有限公司中国汽车标准化研究院；孙航，高级工程师，任职于中国汽车技术研究中心有限公司中国汽车标准化研究院；吴嘉杰，助理工程师，任职于中国汽车技术研究中心有限公司中国汽车标准化研究院；吴含冰，高级工程师，任职于中国汽车技术研究中心有限公司中国汽车标准化研究院。

国、科技强国、数字中国建设，构建跨领域协同开放的智能网联汽车技术标准体系，发挥标准的基础性、引领性和规范性作用，推进智能网联汽车产业基础高级化、产业链现代化，构建以国内为主体、国内国际互促发展的格局，建设社会主义现代化智能网联汽车强国，智能网联汽车国家标准法规体系遵循以下基本建设原则。

统筹规划，协同推进。立足我国智能网联汽车产业现状，加强标准体系规划与政策措施研究、管理制度建设的协同，按照前瞻布局、急用先行的思路，以汽车产品为核心，统筹推进智能网联汽车标准体系建设。

服务需求，鼓励创新。以产业发展需求为导向，发挥标准在新产品新业态新模式发展中的领航作用，突出企业在技术创新、产品市场化等方面的主体地位，提升标准对智能网联汽车技术创新与产业发展的贡献和价值。

筑牢底线，保障安全。强化系统思维和底线思维，针对智能网联汽车发展应用带来的新形势新挑战，适时开展功能评价、产品规范、体系保障等相关标准规范制定，为智能网联汽车发展、应用及管理提供安全保障。

开放兼容，动态完善。强化智能网联汽车与相关产业的协同配合，主动分享我国标准体系研究及建设成果，强化国际标准法规参与合作及国内国际协调兼容，以动态发展的思维适时调整、优化智能网联汽车标准体系。

二、智能网联汽车标准体系的建设阶段

根据智能网联汽车技术现状、产业需要及未来发展趋势，分阶段建立智能网联汽车标准体系，以适应我国国情并与国际接轨：

第一阶段到 2020 年（已完成）。第一阶段以 2017 年发布的《国家车联网产业标准体系建设指南（智能网联汽车）》为重要节点，对我国智能网联汽车标准体系做出了系统性规划和部署，推动组建全国汽车标准化技术委员会智能网联汽车分技术委员会，统筹开展智能网联汽车标准体系建设工作。截至 2020 年底，智能网联汽车标准体系建设第一阶段目标任务已圆满完成，有效满足了产业发展和管理需求，并在国际标准法规协调中做出了积极贡献。在先进驾驶辅助、自动驾驶、网联功能与应用、资源管理与应用、功能安全及网络安全 6 个专业领域，我国已经完成 53 项国家和行业标准报批发布、30 项标准立项起草以及 31 项标准化需求研究项目的成果应用，初步建立起能够支撑驾驶辅助及低级别自动驾驶的智能网联汽车标准体系；在国际标准法规协调方面，我国承担多个主席、副主席、召集人及项目负责人等职责，牵头和参与国际标准法规 19 项，为全球智能网联汽车标准法规研制贡献了中国方案和中国智慧。

第二阶段到 2025 年，当前即为智能网联汽车标准体系发展的第二阶段，为适应我国智能网联汽车发展新阶段的新需求，充分发挥标准的引领和规范作用，工业和信息化部、国家标准化管理委员会联合修订形成了《国家车联网产业标准体系建设指南（智能网联汽车）（2023 年版）》。新版标准体系建设指南主要针对智能网联汽车通用规范、核心技术与关键产品应用，构建包括智能网联汽车基础标准、技术标准、产品标准、试验标准等在内的智能网联汽车标准体系，指导车联网产业智能网联汽车领域的相关标准制修订，充分发挥标准对车联网产业关键技术、核心产品和功能应用的引领作用，协调国家

车联网产业标准体系架构。到 2025 年时，将形成能够系统支撑组合驾驶辅助和自动驾驶通用功能的智能网联汽车标准体系：制修订 100 项以上智能网联汽车相关标准，涵盖组合驾驶辅助、自动驾驶关键系统、网联基础功能及操作系统、高性能计算芯片及数据应用等标准，并贯穿功能安全、预期功能安全、网络安全和数据安全等安全标准，满足智能网联汽车技术、产业发展和政府管理对标准化的需求。

第三阶段到 2030 年，将对智能网联汽车标准体系建设情况进行客观总结，深入分析智能网联汽车产业新需求和新趋势，全面形成能够支撑实现单车智能和网联赋能协同发展的智能网联汽车标准体系：制修订 140 项以上智能网联汽车相关标准并建立实施效果评估和动态完善机制，满足组合驾驶辅助、自动驾驶和网联功能全场景应用需求，建立健全安全保障体系及软硬件、数据资源支撑体系，自动驾驶等关键领域国际标准法规协调达到先进水平；以智能网联汽车为核心载体和应用载体，牵引"车—路—云"协同发展，实现创新融合驱动、跨领域协同及国内国际协调。

目前，智能网联汽车标准体系项目已累计完成发布和报批 53 项（含智能网联相关项目），完成标准立项 17 项，已申请立项标准 24 项，正在起草标准 7 项，开展标准化需求研究项目 45 项，其中已完成 31 项；以国内智能网联汽车标准体系为支撑基础，我国参与和牵头诸多标准法规项目并担任相关国际组织主席、召集人等职务。

第二节　智能网联汽车标准体系现状

当前，智能网联汽车标准体系是适应我国智能网联汽车产业新发展阶段的新趋势、新特征和新需求，其建设思路是：围绕智能化和网联化协同创新发展，兼顾企业产品研发、产业生态建设和政府行业管理的需要，同步推进技术创新发展和基本安全保障，统筹国内、国际标准法规，构建科学合理、开放创新、协调兼容的智能网联汽车标准体系，为我国智能网联汽车发展发挥引领和基础支撑作用。

一、智能网联汽车标准体系的技术逻辑结构

智能网联汽车标准体系的技术逻辑框架是基于智能网联汽车具备环境感知、智能决策和自动控制，或与外界信息交互，乃至协同控制功能的特点而形成的。智能网联汽车标准体系横向以智能感知与信息通信层、决策控制与执行层、资源管理与应用层三个层次为基础，纵向以功能安全和预期功能安全、网络安全和数据安全通用规范技术为支撑，形成"三横两纵"的核心技术架构，完整呈现标准体系的技术逻辑，明确各项标准在智能网联汽车产业技术体系中的地位和作用。同时，结合智能网联汽车与移动终端、基础设施、智慧城市、出行服务等相关要素的技术关联性，体现跨行业协同特点，共同构建以智能网联汽车为核心的协同发展有机整体，更好地发挥智能网联汽车标准体系的顶层设计和指导作用（见图 8-1）。

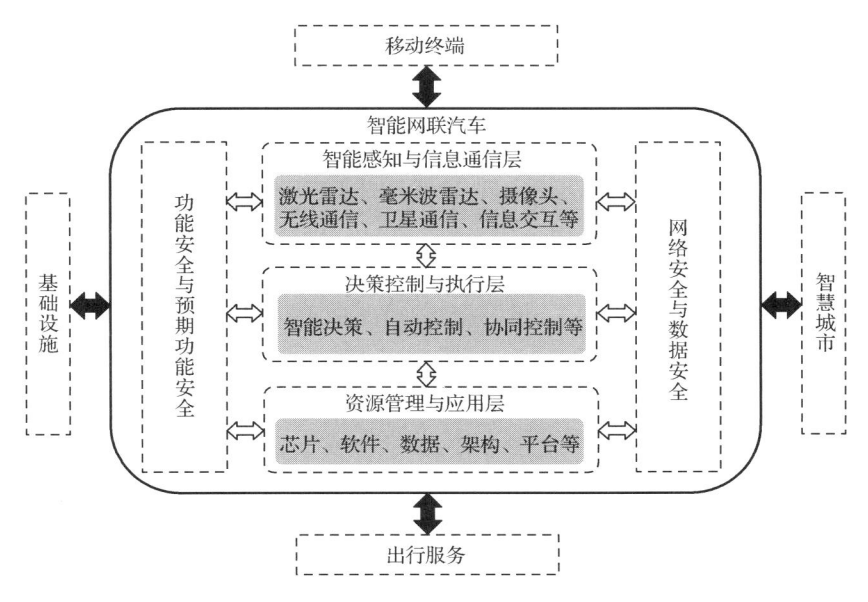

图 8-1　智能网联汽车标准体系技术逻辑结构

二、智能网联汽车标准体系整体框架

按照智能网联汽车标准体系的技术逻辑架构，综合考虑不同功能、产品和技术类型、各子系统之间的交互关系，将智能网联汽车标准体系划分为三个层级。其中，第一层级规定了智能网联汽车标准体系的基本分类，即基础、通用规范、产品与技术应用三个部分；第二层级根据标准内容范围和技术等级，细分形成 14 个二级分类；第三层级按照技术逻辑，进一步细化形成 23 个三级分类，从而形成了逻辑清晰、内容完整、结构合理、界限分明的标准体系框架（见图 8-2）。

三、智能网联汽车标准体系细分领域内容

智能网联汽车标准体系细分领域主要包括基础标准、通用规范标准、产品与技术应用标准三个部分，共有标准项目 144 个。

1. 基础标准

基础标准主要用于统一智能网联汽车领域相关概念，厘清标准化对象及边界，建立标准化对象的统一表达方式，包括术语和定义、分类和分级及符号和编码三个部分。

（1）术语和定义。术语和定义标准主要用于统一智能网联汽车领域的基础通用概念，为各相关行业统一用语奠定基础，同时为其他各部分标准的制定提供规范化术语支撑。

（2）分类和分级。分类和分级标准主要用于支撑各相关方认识和理解智能网联汽车领域标准化的对象、边界，以及各标准化对象之间的层级关系和内在联系，包括汽车驾驶自动化分级、汽车网联化等级划分及汽车网络安全防护等级划分等标准。

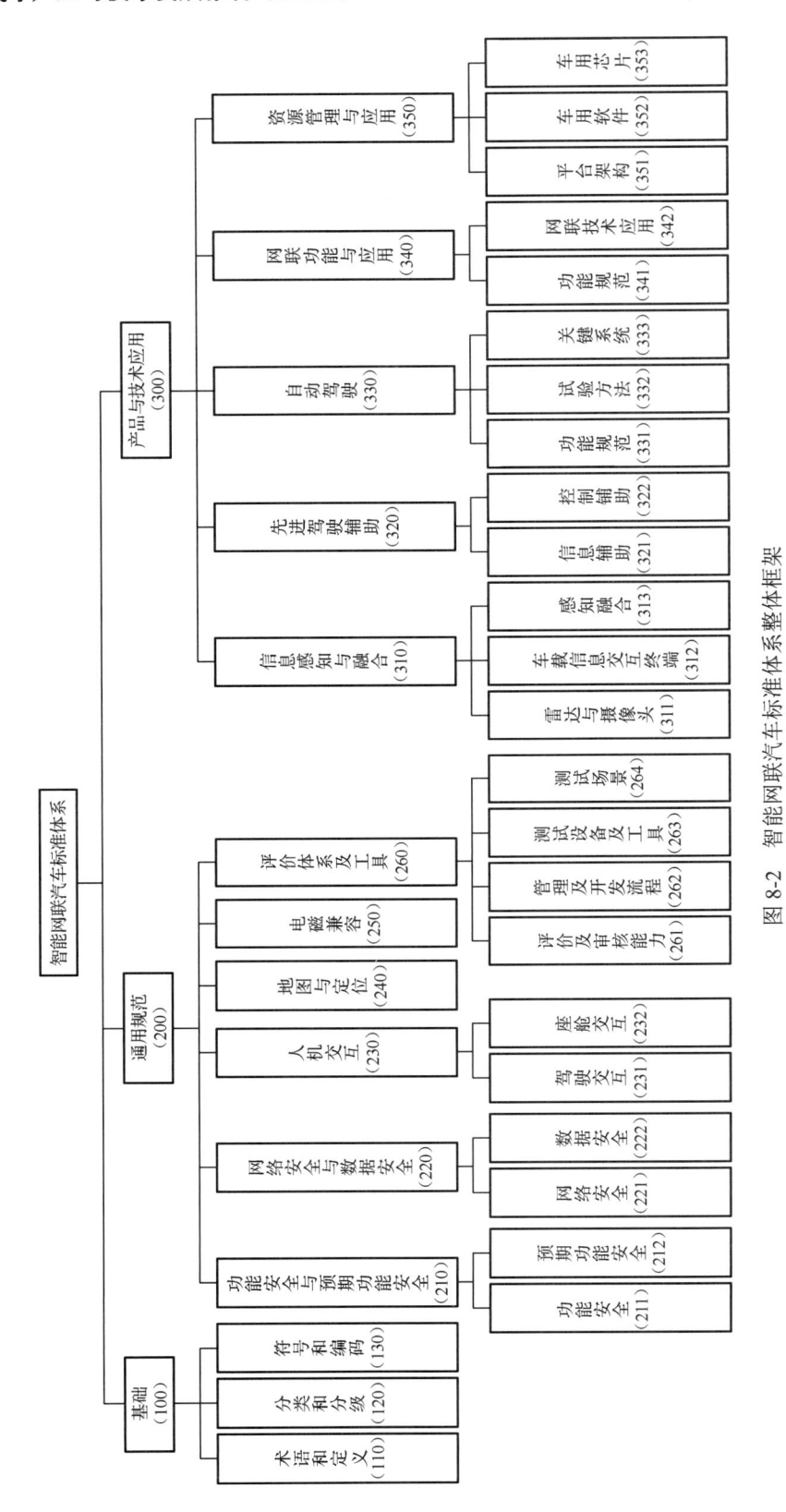

图 8-2 智能网联汽车标准体系整体框架

第八章　智能网联汽车标准体系现状及趋势

（3）符号和编码。符号和编码标准主要用于统一智能网联汽车各类产品、技术和功能对象的标识和符号，包括智能网联汽车操纵件、指示器及信号装置的标志，汽车软件识别码，车用数据格式及编码等基础性规则。

2. 通用规范标准

通用规范标准侧重于提出适用于智能网联汽车技术框架的通用要求和共性评价准则，主要包括功能安全与预期功能安全、网络安全与数据安全、人机交互、地图与定位、电磁兼容、评价体系及工具等部分。

（1）功能安全与预期功能安全。功能安全标准用于确保在电子电气系统故障（包括软件、硬件、系统故障）等功能异常的情况下，车辆能够安全运行，不会引发安全风险，主要包括产品层面的功能安全分析、设计开发要求、测试评价方法，以及企业层面的功能安全管理要求和审核评估方法。

预期功能安全标准用于规避车辆因设计不足、性能局限及人为误用导致危害发生的不合理风险，主要包括产品层面的预期功能安全分析、设计开发要求、测试评价方法，以及企业层面的预期功能安全管理要求和审核评估方法。

（2）网络安全与数据安全。网络安全标准基于车联网复杂环境，以车端为核心，运用纵深防御理念保护其免受网络攻击或缓解网络安全风险，主要包括安全保障类与安全技术类标准。其中，安全保障类标准主要规范了企业及产品相关的体系管理和审核评估方法；安全技术类标准规范了车用数字证书、密码应用等底层支撑类技术要求，元器件级、关键系统部件级、整车级安全技术要求及测试评价方法，以及入侵检测等综合安全防护技术要求、软件升级技术要求等。

数据安全标准用于确保智能网联汽车数据处于有效保护和合法利用的状态并具备保障持续安全状态的能力，对重要数据和个人信息提出明确的安全保护要求，主要包括数据通用要求、数据安全要求、数据安全管理体系规范、数据安全共享模型和架构等标准。

（3）人机交互。人机交互标准主要指智能网联汽车产品形态相较于传统汽车在人机工程、信息传递、交互方式等方面存在差异的技术规范类标准，分为驾驶交互和座舱交互两部分。驾驶交互指驾驶人或驾驶自动化系统在执行动态驾驶任务过程中的交互规范，交互的内容与动态驾驶任务有较强关联性，包括信号提示通用规范、车辆与外部交通参与者的交互、用户告知及安全使用等标准。座舱交互指与驾驶无关的智能座舱相关功能产生的交互需求，是针对新形态智能化交互技术在车辆上的应用要求的标准。

（4）地图与定位。地图与定位标准主要包括车用地图、卫星定位、惯性导航和融合定位等标准。车用地图标准主要用于规范车用地图实现上车应用的要求及评价方法。卫星定位、惯性导航和融合定位标准主要侧重于为车辆提供安全、可靠的定位服务，支撑车辆实现导航、路径规划和决策控制等功能。

（5）电磁兼容。电磁兼容标准主要包括智能网联汽车电磁兼容典型测试场景，以及在测试场景下进行智能网联汽车电磁兼容性能评价的要求与试验方法，保证在复杂的车内外电磁环境影响下，智能网联汽车相关功能不会发生性能降低或功能失效，进而影响车辆操控、提示报警、数据记录、数据传输等相关功能。

（6）评价体系及工具。评价体系及工具标准规范了智能网联汽车测试评价技术中的关键要素，创建以评价及审核能力、管理及开发流程、测试设备及工具、测试场景为核心的全新测试评价系列标准，为建立智能网联汽车测评认证体系提供基础支撑。

3. 产品与技术应用标准

产品与技术应用标准主要涵盖信息感知与融合、先进驾驶辅助、自动驾驶、网联功能与应用、资源管理与应用等智能网联汽车核心产品与技术应用的功能、性能及相应试验方法，其中，先进驾驶辅助和自动驾驶相关标准将充分体现智能化和网联化技术的融合发展需求。

（1）信息感知与融合。信息感知与融合是指通过车载毫米波雷达、车载激光雷达、车载摄像头等感知部件及车载信息交互终端，探测和接收车辆外部信息，经过感知融合和分析处理，为后续的决策与控制环节提供依据，主要包括雷达与摄像头、车载信息交互终端和感知融合等标准。

（2）先进驾驶辅助。先进驾驶辅助是指0~2级驾驶自动化功能，ADAS是利用安装在车辆上的传感、通信、决策及执行等装置，实时监测驾驶人、车辆及其行驶环境，并通过信息和/或运动控制等方式辅助驾驶人执行驾驶任务或主动避免/减轻碰撞危害的各类系统的总称。ADAS标准主要包括信息辅助与控制辅助两个部分，主要规定各类别ADAS对于车辆内外目标事件识别、系统状态转换条件及显示方式、动态驾驶任务执行及响应等核心能力的技术要求及相应试验方法。

信息辅助是指ADAS在特定条件下向驾乘人员发出车辆及环境信息的提示或预警信号，包括全景影像、汽车夜视、盲区监测、车门开启预警、后方交通穿行提示等标准。

控制辅助是指ADAS在特定条件下短暂或持续地辅助驾驶人执行车辆横向和/或纵向运动控制，包括自动紧急制动、紧急转向辅助、车道保持辅助、车道居中控制、泊车辅助、组合驾驶辅助、加速踏板防误踩等标准。

（3）自动驾驶。自动驾驶是指3~5级驾驶自动化，自动驾驶系统在特定的设计运行条件下能够代替驾驶人持续自动地执行全部动态驾驶任务，替代人类成为驾驶主体。自动驾驶类标准主要包括功能规范、测试评价和关键系统等标准。

功能规范标准主要以高速公路、城市道路、其他特定区域等不同应用场景为基础，综合考虑自动驾驶功能的级别和相应的设计运行条件两个因素，提出车辆自动驾驶系统在相应场景下的技术要求以及评价方法和指标。

以"多支柱法"为指导，针对车辆自动驾驶系统，利用仿真试验、场地试验、道路试验等方法验证车辆自动驾驶系统的基础安全性。

关键系统标准针对支撑车辆自动驾驶功能实现的关键系统提出功能、性能要求及试验方法。

（4）网联功能与应用。网联功能与应用主要指车辆在自身传感器探测的基础上，通过车载无线通信装置与其他节点进行信息交互，主要包括功能规范和网联技术应用两个部分。

功能规范标准针对在车辆上通过无线通信技术实现的特定功能，用于规范相关功能的技术要求和试验方法。

网联技术应用标准针对不同类型的无线通信技术制定相关系统技术要求标准，用于规范无线通信技术在车辆上的应用。基于现有产业基础，优先开展基于 LTE-V2X 的信息辅助类技术标准制定，并根据应用需求逐步推动基于下一阶段通信技术的车载应用标准制定。

（5）资源管理与应用。资源管理与应用侧重于规范平台架构、数据、车用软件、车用芯片等智能网联汽车核心共性资源的功能、性能及应用要求，推动软硬件资源协同化规范化，主要包括平台架构、数据应用、车用软件和车用芯片等标准。

平台架构标准主要包括智能网联汽车区域级网联应用平台的相关规范、电子电气架构的接口、车内有线通信技术、诊断通信等标准。

车用软件标准侧重于为软件管理及软件层级的应用实现提供标准支撑，主要包括软件升级管理标准、车用操作系统标准、应用软件标准等。

车用芯片标准侧重于智能网联汽车关键芯片性能要求及试验方法，主要包括安全芯片、计算芯片等体现智能网联汽车应用特点的车用芯片相关标准。

第三节　智能网联汽车标准体系发展趋势

未来智能网联汽车标准体系将紧贴汽车技术发展趋势和行业实际需求，持续完善标准顶层设计，加强统筹协调，优化标准供给结构和水平，积极推进标准全生命周期管理，后续将有以下重点发展方向。

一是智能网联汽车标准体系建设方案将进一步完善。加快推进重点急需标准制修订工作，完成强标软件升级、推标组合驾驶辅助、诊断接口的报批，以及自动驾驶通用技术要求、数据通用要求等标准的审查与报批。推进强制性国家标准整车信息安全和自动驾驶数据记录系统进入征求意见阶段。推动 L2 功能标准体系、倒车辅助系统、乘用车及商用车 AEB、测试目标物等标准的制定研究工作。持续推进封闭场地、实际道路及模拟仿真等试验方法类标准的制定或发布。推动智能网联汽车设计运行条件、自动泊车及车载定位系统等 L3 及以上级别通用要求类标准草案编制。加快推进信息安全工程、数字证书及密码应用等安全保障类重点标准制定。推进基于 LTE-V2X 的车载信息交互系统、基于网联功能的汽车安全预警场景应用、车用数字钥匙等标准的制定，协同推动智慧城市网联基础设施相关标准制定，支撑智能网联汽车与智慧城市基础设施、智能交通系统、大数据平台等的互通互联。推进汽车数据安全管理体系、数据脱敏等数据安全及应用类标准的制定及研究，分阶段推进智能网联汽车操作系统系列标准制定，开展基于人脸识别的车端身份认证功能标准的研究与制定，开展智能网联汽车软硬件、架构接口标准体系以及智能座舱、人机交互相关标准的研究工作。同时做好标准化需求研究及标准领航项目研究，为标准的立项、制定和后续实施奠定坚实基础。

二是国内体系与国际标准法规体系的协调程度将扩展深化。持续加强与联合国 WP.29、ISO、IEC 等国际组织、主要汽车生产国标准化机构等的沟通交流，依托政府间汽车标准对话合作框架及汽车领域各类合作机制，加强与欧盟及"一带一路"相关国家的交流合作，联合推动国际标准法规制定，在标准体系中注重与相应国际标准法规的协调，促进全球智能网联汽车技术及产业发展。

三是体系形成后，具体标准项目的实施应用及宣贯将得到加强。持续开展信息安全标准的示范应用活动，保障各项重点标准顺利实施。开展多项已发布标准的解读和宣贯，持续开展标准实施应用效果评估、标准应用与创新实践活动等，引导促进标准的广泛实施与应用，助力行业企业切实提升标准执行水平。调动地方主管部门、行业组织、科研院所、高等院校及行业企业等各方力量，推进智能网联汽车标准技术研讨、标准宣贯、示范应用、人才引育等工作，持续提升公众认知。结合技术创新和产业发展趋势，定期开展行业调研与实施效果评估，持续完善标准体系，为产业发展和行业管理提供有力保障。

四是标准体系支撑政府管理的属性将进一步强化。以标准体系为依托，支撑主管部门开展汽车标准化相关政策规划研究、汽车标准相关政策实施方案研究与技术方案调研，支撑工业和信息化部和国标委梳理智能网联汽车领域 2022 年度标准化工作要点；支撑国家市场监管总局编写《新产业标准化领航工程实施方案》、申报国标委年度标准案例；支撑工业和信息化部完成多项跨行业标准体系协调工作。

五是标准体系将跨行业、跨领域融合创新、相互赋能及协同推进。持续加强与通信、交通、公安、信安、密码、地理信息等相关行业标准体系的协调，做好跨界、交叉领域标准化分工协作；与通信标准化协会（CCSA）、信安标委（TC260）、地理信息标委（TC211）、密标委、信息技术标委（TC28）、智能交通协会、工业和信息化部网安局等就重点标准项目进展情况开展沟通与协调；依托汽车、通信、交通管理、智能交通四方协议框架，提出车联网急需标准推动落实建议。与上海、安徽、吉林等地方标委会，以及汽车工程学会、汽车工业协会、车载信息服务产业应用联盟（TIAA）等团标组织就智能网联汽车地方标准体系和团体标准体系在建设过程中做好协调互补，共同促进智能网联汽车产业发展。

第九章　汽车行业团体标准化现状及趋势

丁彦辞[*]

摘要：培育发展团体标准是国家深化标准化工作改革、加快新型二元标准供给体系建设的重要举措。本章系统梳理了国家、行业层面发展团体标准所出台的相关政策制度，回顾了国标委、中国科协启动团体标准化试点历程，调研了团体标准在推动产业转型升级和高质量发展中的作用，全面总结了中国汽车工程学会等组织推动团体标准在汽车产业发展上率先实践的做法与成效，展望了未来汽车行业团体标准化发展趋势。

关键词：汽车；团体标准；培育发展；示范应用。

第一节　中国团体标准化发展情况

团体标准在国外发展已有百余年历史，特别是在欧美发达国家，由团体组织主导制定的标准占据标准化活动的主导地位。团体标准在我国尚属新生事物，是指由团体按照自行规定的程序制定并发布的标准，供成员或社会自愿采用。

一、深化标准化工作改革，国家层面明确培育发展团体标准

（一）团体标准相关政策制度建设情况

2015年3月，国务院印发《深化标准化工作改革方案》（国发〔2015〕13号），提出把政府单一供给的现行标准体系，转变为由政府主导制定的标准和市场自主制定的标准共同构成的新型标准体系，从国家政策层面对培育发展团体标准做出安排部署。

2016年2月，国家质检总局、国家标准委联合印发《关于培育和发展团体标准的指导意见》（国质检标联〔2016〕109号），提出"培育发展团体标准，是发挥市场在标准化资源配置中的决定性作用、加快构建国家新型标准体系的重要举措"。

2018年1月，新修订的《中华人民共和国标准化法》正式施行，赋予了团体标准法律地位，团体标准与国家标准、行业标准、地方标准和企业标准共同构成国家新型标准体系。

2019年1月，国家标准化管理委员会联合民政部印发《团体标准管理规定》（国标委联〔2019〕1号），进一步完善了团体标准科学性和规范性的有关要求，为团体标准的管理提供了指导依据。

2021年10月，中共中央、国务院印发《国家标准化发展纲要》，明确提出优化标准

---

[*] 丁彦辞，副研究员，中国汽车工程学会标准管理部部长。

供给结构，充分释放市场主体标准化活力，优化政府颁布标准与市场自主制定标准二元结构，大幅提升市场自主制定标准的比重，大力发展团体标准，实施团体标准培优计划，推进团体标准应用示范，充分发挥技术优势企业作用，引导社会团体制定原创性、高质量标准。

（二）探索启动团体标准化工作试点

2014 年，为贯彻中央领导对科协工作的指示、批示精神，中国科协启动学会承接政府转移职能试点工作，组织中国标准化协会、中国汽车工程学会、中华医学会开展社团标准研制试点。

2015 年 7 月，在首批试点基础上，为进一步创新工作方法，加强制度建设，中共中央办公厅、国务院办公厅印发了《中国科协所属学会有序承接政府转移职能扩大试点工作实施方案》（厅字〔2015〕15 号），明确提出"选择 3D 打印、物联网、工业机器人、新能源汽车、中医药等专业领域，鼓励学会面向新兴交叉学科和市场需求空白，协调相关市场主体共同制定满足市场和创新需要的团体标准"。随后，试点单位扩大到 12 家，深入探索科技社团开展团体标准化的工作模式。

2015 年 8 月，国务院办公厅印发《贯彻实施〈深化标准化工作改革方案〉行动计划（2015—2016 年）》（国办发〔2015〕67 号），鼓励有条件的学会、协会、商会、联合会等先行先试，开展团体标准试点。国家质检总局、国家标准委选择市场化程度高、技术创新活跃、产品类标准较多的中国汽车工程学会等 39 家社会团体开展首批团体标准试点。

2017 年 8 月，国务院办公厅印发《贯彻实施〈深化标准化工作改革方案〉重点任务分工（2017—2018 年）》（国办发〔2017〕27 号），提出发展壮大团体标准、扩大团体标准试点，逐步形成一批有知名度和影响力的团体标准制定机构。2018 年 3 月，国家标准委发布了《关于印发第二批团体标准试点名单的通知》，144 家社团入选第二批团体标准试点，试点规模扩大至 183 家。

（三）推动团体标准规范优质发展

经过几年的试点培育，我国团体标准化工作快速发展。在国家标准委的推动引导下，团体标准化制度体系不断健全，团体标准化工作迈入规范优质发展新阶段。

2016 年 4 月，国家标准委发布《团体标准化 第 1 部分：良好行为指南》（GB/T 20004.1—2016），提供了团体开展标准化活动的一般原则，以及团体标准制定机构的管理运行、团体标准的制定程序和编写规则，适用于指导各类团体开展标准化活动。

2017 年 12 月，在国家标准委的指导下，中国标准化协会、中国汽车工程学会等多家团体发起成立团体标准化发展联盟，解决团体标准化工作中遇到的共性问题，营造有利于团体标准发展的社会环境氛围。

2018 年 7 月，国家标准委发布《团体标准化 第 2 部分：良好行为评价指南》（GB/T 20004.2—2018），确立了对社会团体开展团体标准化良好行为评价的基本原则，提供了评价内容和评价程序等方面的指导和建议。

2019 年 7 月，在国家标准委的推动下，团体标准化发展联盟启动首批"团体标准培优计划"，中国汽车工程学会、中国通信标准化协会等 28 家社会团体入选，推进团体标准向规范优质发展，带动我国团体标准化工作水平整体提升。

2021年10月，中共中央、国务院印发《国家标准化发展纲要》，市场自主制定标准的地位得以进一步提高，提出到2025年，标准供给由政府主导向政府与市场并重转变，并且将团体标准定位为原创性、高质量的标准。

2022年2月，国家标准化管理委员会等十七部门联合印发《关于促进团体标准规范优质发展的意见》（国标委联〔2022〕6号），提出十条明确意见规范团体标准化工作。

二、助推产业提质增效，团体标准示范应用成效逐渐显现

2023年，中共中央、国务院印发《质量强国建设纲要》，提出加强技术创新、标准研制等产业技术基础能力建设，以先进标准助推传统产业提质增效和新兴产业高起点发展。团体标准作为政府颁布标准与市场自主制定标准二元结构的重要组成部分，肩负着助力高技术创新、促进高水平开放、引领高质量发展的重要使命。

（一）团体标准成为各行业新型标准体系建设的重要组成部分

2016年，《住房城乡建设部办公厅关于培育和发展工程建设团体标准的意见》（建办标〔2016〕57号）提出，住房城乡建设主管部门原则上不再组织制定推荐性标准，推进政府推荐性标准向团体标准转化。

2017年，科技部、国家质检总局、国家标准委联合发布《"十三五"技术标准科技创新规划》（国科发基〔2017〕175号），将培育形成一批重要的团体标准作为标准科技创新目标之一。

2019年，工业和信息化部印发了《关于促进制造业产品和服务质量提升的实施意见》（工信部科〔2019〕188号），提出"建设一批国家标准、行业标准与团体标准协调配套的标准群，引领行业质量提升"。

2021年10月，全国工商联发布《全国工商联商会团体标准体系建设方案》，以高标准助力民营企业高质量发展，以团体标准为商会赋能提能。

2022年1月，国家卫生健康委印发《"十四五"卫生健康标准化工作规划》，提出"建立卫生健康强制性标准守安全、推荐性标准保基本、地方标准显特色、团体标准做引领的协同发展标准体系"。

2022年9月，国家能源局印发《能源碳达峰碳中和标准化提升行动计划》，提出系统谋划布局涵盖能源领域碳达峰碳中和全产业链标准体系，统筹推进能源行业标准与国家、团体相关标准协调一致的新型标准体系建设。2022年10月，市场监管总局等九部门联合印发《建立健全碳达峰碳中和标准计量体系实施方案》，提出"发挥市场自主制定标准优势，积极引导社会团体制定原创性、高质量的生态碳汇、碳捕集利用与封存等碳清除前沿技术、绿色低碳技术相关标准，以标准先行带动绿色低碳技术创新突破"。

（二）团体标准成为各行业引领高质量发展的重要抓手

截至2023年3月31日，共有7304家社会团体在全国团体标准信息平台注册，共计公布54909项团体标准，社会团体公布团体标准涵盖了全部20个国民经济行业分类。

从2017年至今，工业和信息化部连续六年开展百项团体标准应用示范工作，共评选出634项先进团体标准。这些团体标准应用示范项目的推广应用，对扩大工业通信业团体标准的市场影响力、打造团体标准高品质形象具有重要意义，在推动技术创新、促进质量品牌提升、引领产业高质量发展等方面发挥了积极作用。

从2021年开始，全国工商联连续两年启动商会团体标准"领先者"推选活动，共评选出25项企业认可度高、应用范围广、创新性强、指标领先、弥补相关行业标准空缺、促进企业高质量发展的团体标准，为民营经济团体标准的高质量发展起到良好的示范带头作用。

团体标准在服务国家战略和民生需求、重点产业和企业需求方面发挥着越来越重要的支撑作用。如中国水利学会发布的团体标准《农村饮水安全评价准则》（T/CHES 18—2018）被水利部、国务院扶贫办、国家卫生健康委员会共同发布的《水利部 国务院扶贫办 国家卫生健康委员会关于坚决打赢农村饮水安全脱贫攻坚战的通知》（水农〔2018〕188号）采信，并在1825个有脱贫任务的县域付诸实施。上海市食品安全工作联合会制定发布的《放心餐厅、放心食堂管理规范》（T/SFSF 000001—2019）、《守信超市管理规范》（T/SFSF 000002—2019）被上海市市场监督管理局采信，用于开展2019年食品经营示范创建工作。《唑啉草酯原药》（T/CCPIA 062—2021）等29项中国农药工业协会标准被农业农村部种植业管理司采信，为农药产品登记和监督抽查提供了标准支撑。中国汽车工程学会发布的《重型车排放远程监控数据一致性测试技术规范》（T/CSAE 258—2022）被北京市生态环境局采信，重型车生产企业须依据该标准提供并上传一致性检查报告。

第二节　汽车行业团体标准化发展与实践

当前，汽车产业正迎来百年未遇之大变革，汽车正加速与信息通信、互联网、人工智能、新材料等技术深度融合，以新能源、智能网联为代表的汽车科技创新活动日益活跃，新技术、新产品、新业态的蓬勃兴起和产业化发展亟待新型标准体系支撑。为快速响应汽车产业变革和科技创新对标准化的需求，中国汽车工程学会、中国汽车工业协会等社团组织正积极推动团体标准在汽车行业发展与率先实践。

一、中国汽车工程学会标准化发展与实践

中国汽车工程学会标准化工作始于2006年，早期主要是根据专业分会或创新联盟提出的标准需求，组织行业开展汽车相关领域技术规范的研究制定工作，并于2010年发布了第一项技术规范《商用车润滑导则》。2014年以来，随着国家标准化工作改革的不断深入，中国汽车工程学会（本节简称学会）先后承担了中国科协所属学会有序承接政府转移职能团体标准试点和国标委团体标准试点工作，在标准体系建设、标准示范应用、国际合作与制度体系建设方面扎实推进各项工作。通过几年的培育探索，学会标准化工作全面进入专业化、规范化发展新阶段。

一是聚焦"质量提升"，构建适度超前的团标体系。发挥科技社团技术优势，推进原创性、引领性团标体系建设：中国汽车工程学会标准（简称CSAE标准）以新能源汽车

和智能网联汽车新兴领域为主攻方向，开展关键技术领域标准体系研究与重点标准研制，发挥团体标准先行先试作用，加速促进了新技术在中国率先落地应用，引领产业技术创新发展。面向传统共性领域，查漏补缺，以更高更严的要求形成对现行国标、行标的有效补充；执行标准立项三级审查制度，不断优化规范标准程序管理；通过建立国家重大科技专项、科研机构自主创新与标准化工作联动机制，及时将先进适用科技创新成果融入标准。目前，学会累计发布现行有效标准270项、在研标准185项。

二是聚焦"示范应用"，拓宽团体标准推广渠道。团体标准的价值在于应用，学会标准工作始终坚持需求驱动、应用导向，不断探索团体标准推广应用新模式，通过先进团体标准示范应用引领产业技术发展。建立团体标准制定、检测、认证一体化工作机制，鼓励第三方检测、认证机构依据CSAE标准开展实验室能力建设、自愿性认证技术服务，推动CSAE标准融入现行检验检测认证体系：中汽中心、中国汽研、襄阳达安、国检中心（顺义）、上检、上电科、SGS等国内外头部检测机构在新技术领域依据CSAE标准开展实验室能力建设并获得CNAS扩项认可；华城认证、凯瑞认证、TÜV莱茵、添唯认证等多家行业头部认证机构，依据《电动汽车高压连接器技术条件》（T/CSAE 178—2021）等10多项标准面向行业开展第三方自愿性产品认证服务。组织大规模标准应用示范活动：2018年以来，中国智能网联汽车产业创新联盟联合多家机构基于《合作式智能运输系统 车用通信系统应用层及应用数据交互标准》（T/CSAE 53—2017）等标准，连续四年组织全球最大规模的智能网联汽车互联互通先导示范应用活动，参与单位由最初的30多家发展到100多家，涵盖汽车、信息通信、交通、密码、地图等多个行业，已成为汽车网联化技术和标准验证推广的行业权威平台。鼓励企业产品执行先进团体标准：2022年中石油润滑油公司、福建莱克石化公司的手动变速箱油产品执行标准陆续切换至《商用车手动变速箱油》（T/CSAE 110—2019），该标准基于中国商用车工况完全自主开发，打破了以往汽车润滑油产品沿用API等国外标准的格局。

三是聚焦"国际合作"，推动团体标准走向全球。团体标准制定周期短，能更快速地响应市场需求、反映市场创新水平。在我国先发和优势技术领域，团体标准在推动标准国际化中发挥了重要作用。积极支撑基于团体标准成果的国际标准提案：2019年，学会发布《燃料电池电动汽车 低温冷起动性能试验方法》（T/CSAE 122—2019），在汽标委的推动下，2022年"燃料电池电动汽车 低温冷起动性能试验方法"通过ISO立项提案。积极推动标准双边/多边国际交流与合作：2020年，学会正式成为3GPP市场合作伙伴（MRP），成为中国汽车产业界唯一代表，参与5G标准制定和推广；2021年，学会加入GIO（全球产业组织），与全球标准组织、产业组织和开源组织就相关议题建立常态化交流；2021年，学会与5GAA签署合作备忘录，共享C-V2X技术及标准研究成果，共同推进C-V2X标准全球化应用。推动标准国际互认：与世界汽车工程师学会联合会（FISITA）共同签署了《汽车工程师能力标准》互认协议，包括中国、德国、日本、韩国、法国、瑞典、澳大利亚、西班牙、印度等在内的14个成员国成为首批《汽车工程师能力标准》互认国，实现了跨国家、跨区域、跨文化的工程师认证；吸纳国际公司参与标准制定，启动标准中英文标准同步开发。

四是聚焦"能力建设"，探索团体标准治理新模式。团体标准既要遵循标准化工作的基本规律，同时也要突出市场自主制定标准的制度优势。注重标准化理论研究，做好标准制度顶层设计：在国标委、中国科协的指导支持下，学会先后作为牵头单位/主要起草单位参与了"团体标准监督管理机制研究"、《团体标准涉及专利处置指南》《团体标准版权管理指南》《团体标准百问百答》《团体标准制定工作手册》《团体标准化 良好行为指南》《标准化专业人员能力》等多项课题、标准及图书研究编制；依托研究成果及实践经验，学会先后制定发布了 6 项 CSAE 标准制度文件并持续修订优化。关注标准化前沿技术趋势：2022 年 11 月，学会成为国家标准委批准成立的第一届"全国标准数字化标准化工作组"委员单位，围绕标准数字化过程中的相关概念、原理、组织形式、制定程序、本体构建、应用和服务等方面的标准化需求，加速开展标准研究及制修订工作。加强信息化工作及服务能力建设：2022 年中国汽车工程学会标准信息平台正式上线，全面实现标准申请、立项、起草、征求意见、审查、报批、批准发布等制修订流程信息化；依托信息平台试点标准版权付费服务模式，通过提供标准文本、标准解读视频、标准研究报告等知识价值服务，探索标准化业务可持续发展模式。

五是聚焦"生态建设"，推动产业链标准协同合作。加强与国家标准之间的纵向协调：2018 年，学会与全国汽车标准化技术委员会（SAC/TC114）签署合作备忘录，加强团体标准与国家标准、行业标准之间的协同，双方从人员交叉任职、项目沟通、标准体系协同方面建立了全面良好的合作机制，在中国工况、汽车再制造、汽车灯光、汽车环保、无线充电等领域深度合作，构建国家、行业标准与团体标准一体化推进格局。学会加强与汽车相关产业标准组织间的横向合作，充分发挥团体标准制度灵活优势，与上下游标准组织加强合作，促进产业链标准有效衔接，减少行业间技术壁垒：学会针对智慧公路、智能网联汽车和 C-V2X 车车/车路通信等多领域团体标准体系建设不协同的问题，与中国公路学会、中国通信学会联合发布声明，构建协同和兼容的"车路云一体化系统"标准体系；与中国消防协会联合开展电动汽车消防安全标准体系研究，并联合制定发布 9 项电动汽车消防安全系列标准；与中国通信标准化协会签署合作备忘录，加强汽车与信息通信标准协调统一，在共同关注的技术领域联合发布团体标准；五年来，先后与中国标准化协会、中国铸造协会等 10 家相关产业标准制定机构建立合作，促进产业链上下游标准体系协调发展。

目前，共有来自行业 1029 家单位的 5000 多名技术人员参与 CSAE 标准起草工作。自 2018 年以来，学会连续五年共计 11 项标准入选工业和信息化部百项团体标准应用示范项目。

二、中国汽车工业协会标准化发展与实践

中国汽车工业协会（本节简称协会）着力开展体系建设，自 2020 年起，依托分支机构，组建了中国汽车工业协会标准法规工作委员会及相关专业委员会。截至 2022 年末，协会已完成 29 个专业委员会的组织和建立工作，覆盖汽车产业各个领域，构建了 600 余名标准专家组成的团队，与会员体系形成立体构架。同时，以产品为划分，协会组建了乘用车领域和商用车领域的标准工作组。2022 年，协会共发布团体标准 60 项，覆盖新能源汽车、智能网联汽车及零部件领域，具体包括新能源汽车及动力电池和燃料电池、智能网联汽车、专用汽车和旅居车、燃气汽车、甲醇汽车、"领跑者"标准评价、北斗产品标准的预研和标准制定。

截至 2023 年 3 月 31 日，共有 90 多家汽车领域的行业学会、协会和商会，以及 170 多家各行业社会团体从事汽车领域团体标准相关工作，包括国家层面、地方层面的学会、协会、促进会和产业联盟等。

第三节　汽车行业团体标准化趋势展望

一、团体标准国际化发展

随着标准的战略性作用日益凸显，争夺汽车产业国际标准主导权逐渐成为欧美发达国家的战略选择。而继续保持我国在新兴领域国家标准制定中已经取得优势、争取关键领域的国际标准主动权将是未来标准国际化的重点工作。团体标准由于其独有的机制灵活、短平快的特点，是我国汽车标准国际化的重要切入点和发力点。

探索团体标准国际化发展的主要路径为：一是积极参与国际标准制定工作，组织推动国际标准新提案；二是积极推动标准双边/多边国际交流与合作，与国际对口专业技术组织建立常态化交流、共同研制标准、推动标准国际互认、共同推进标准全球化应用。三是在国际工程、国际贸易往来、"一带一路"等工作中扩大我国团体标准的应用与实施，用先进技术和市场占有率推动我国团体标准形成国际化应用的事实标准。四是主动打造国际标准交流推广主场，结合标准工作开展国际交流与合作。五是吸纳国际公司参与标准制定，在技术优势领域，启动标准英文版编制，吸纳国外公司和外国专家参与。六是发起成立国际组织，推动国际标准制定。

二、团体标准数字化转型发展

随着数字经济时代的到来，汽车产业生态将全面进入以数字化生产力为新增长极的发展阶段。利用数字化手段，打通汽车设计、供应、生产与服务的全部环节，最终实现产业整体的转型升级。数字化转型的第一要务是实现标准化，标准先行系统谋划，配套支撑数字化转型。

标准数字化从实现、实践的角度而言，包括通用和具体两个方向。其中，国家标准主要是面向通用技术的，包括标准数字化基础通用、建模与实现共性技术、应用技术。团体标准是面向具体行业的，采用从具体到通用即自下而上的思路，将标准数字化中的通用技术方法结合具体行业领域特点进行落地，在此基础上提炼通用的方法和经验，进行总结推广。

三、专利技术与团体标准融合发展

近年来，技术标准与知识产权协同发展的趋势日益明显，标准与专利相结合成为先进技术竞争和推广的最佳途径。随着汽车智能化、网联化深入发展，汽车标准化与专利技术的结合日益紧密。

在政策方面，国家层面出台了《国家标准涉及专利的管理规定（暂行）》《标准制定的特殊程序　第 1 部分：涉及专利的标准》（GB/T 20003.1）等关于国家标准涉及专利的规定和标准。中国标准化协会制定发布了《团体标准涉及专利处置指南》《团体标准涉及专利管理规范》等团体标准。在实践层面，与由政府主导的国家/行业/地方标准相比，团体标准的市场化属性较强，聚焦新技术、新产业、新业态和新模式，需要利用专利来提升标准竞争力的意愿较强。需要关注的是，专利在提升了标准技术水平的同时，也为标准的推广使用带来了风险，其中较为突出的就是标准涉及专利的信息披露和许可问题。

四、跨产业链标准化协同发展

随着汽车产业动力来源、生产运行方式、消费使用模式全面变革，汽车产业生态正由零部件、整车研发生产及营销服务企业之间的"链式关系"，逐步演变成汽车、能源、交通、信息通信、人工智能等多领域多链条参与的"网状生态"，汽车发展呈现车能融合、智能互联、智能共享多领域融合发展的鲜明特征。在以新兴技术为引领、多链条融入、整体体系化最优的汽车产业发展特点下，对标准体系提出了更高的要求。

针对产业加快融合的趋势，亟须打破传统的领域划分界限，建立跨行业的标准联合工作机制，提升全产业链标准体系的协调性和配套性，增强产业链供应链自主可控能力。团体标准可以跨行业，解决不同行业之间接口的标准问题，使产业链之间的搭接更为协调、紧密，实现标准在新时代汽车全生命链条上的覆盖，提升产业链供应链现代化水平。

五、团体标准制定、检测认证一体化发展

标准的价值在于应用，建立标准制定、检验、检测、认证一体化工作机制，将团体标准纳入现行检验检测认证体系，有利于推动团体标准在第三方实验室能力建设、企业产品执行中得到应用实施，从而发挥先进团体标准示范引领作用，提升团体标准品牌的认知度、认可度。

Part 4 市场篇

第十章 2022 年乘用车市场情况及趋势

刘万祥，李富强，丁浩轩 *

摘要： 本章基于中国汽车产销数据，对中国乘用车市场运行特征和技术发展进行了全面的系统梳理分析。主要从整体走势、市场结构、区域分布等方面展开，剖析 2022 年中国汽车产业发展现状及趋势变化，并针对下一步发展趋势提出初步研判以供行业参考。

关键词： 汽车产业；技术发展；混合动力乘用车。

第一节 2022 年乘用车市场整体规模态势

2022 年，受芯片结构性短缺、动力电池原材料价格高位运行等诸多不利因素冲击，在购置税减半等一系列稳增长、促消费政策的有效拉动下，中国汽车市场整体向好，全年实现正增长，展现出强大的发展韧性。全年汽车产销量稳中有增，主要经济指标持续向好，为稳定工业经济增长起到重要作用。

一、汽车整体市场持续恢复，呈现稳增长发展态势

中国汽车生产规模于 2017 年达到最高峰后，自 2018 年开始迎来负增长，并呈现以存量更新为主的小幅波动。2021 年开始出现小幅回升，2022 年延续了 2021 年以来的增长态势。根据中国汽车工业协会数据，2022 年汽车产销分别完成 2702.1 万辆和 2686.4 万辆，同比增长 3.4%和 2.2%（见图 10-1），连续十四年居全球第一位，为我国工业经济持续恢复发展、稳定宏观经济增长贡献了重要力量。其中，乘用车在稳增长、促消费等政策拉动下，实现较快增长，为全年小幅增长贡献了重要力量；商用车处于叠加因素的运行低位。新能源汽车持续爆发式增长，全年销量超 680 万辆，市场占有率提升至 25.6%，逐步进入全面市场化拓展期，迎来新的发展和增长阶段。

二、乘用车市场保持高增速，新能源渗透率进一步提升

目前，中国乘用车市场已经进入结构调整转型升级的关键时期，在新车增量市场、二手车交易存量市场、报废车市场及汽车后市场方面都有较大的发展空间。根据中国汽车工业协会数据统计，2022 年我国乘用车销量为 2356.3 万辆，同比增长 9.5%，占汽车

---

* 刘万祥，工程师，任职于中国汽车技术研究中心有限公司中国汽车战略与政策研究中心；李富强，工程师，任职于工业和信息化部装备工业发展中心数据管理处；丁浩轩，工程师，任职于中国汽车技术研究中心有限公司中汽数据有限公司。

总量的 88%；商用车销量为 330 万辆，同比下降 31.2%。其中，乘用车市场虽受到芯片短缺和疫情防控等因素的影响，但得益于购置税优惠和新能源快速增长，2022 年国内乘用车市场销量呈"U 型反转，涨幅明显"的特点；商用车受前期环保和超载治理政策下的需求透支，叠加疫情影响下生产生活受限，包括油价处于高位等因素影响，商用车整体需求放缓。

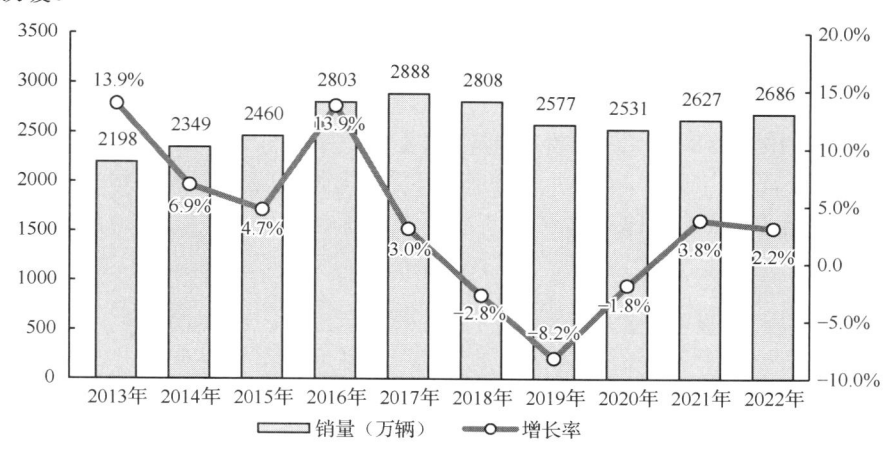

图 10-1　2013—2022 年中国汽车销量走势及增长率

数据来源：中国汽车工业协会

从全年汽车销量情况来看（见图 10-2），1—2 月开局良好，产销稳定增长，3—5 月受冲击，产销受阻，部分地区汽车产销出现断崖式下降，6 月开始，受购置税优惠落地、厂商促销等积极因素影响，汽车销量迅速恢复并实现较高的同比增速；进入四季度，终端消费市场增长乏力，消费者购车需求释放受阻，汽车产销增速回落，与 2020 年与 2021 年相比，产量和批发销量并未出现往年在预期政策结束时应产生的年底翘尾现象。

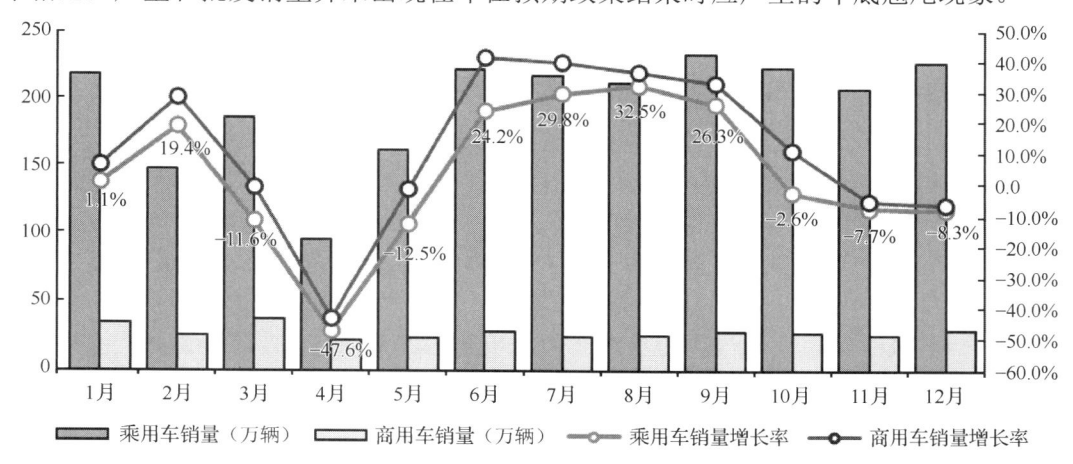

图 10-2　2022 年中国乘用车、商用车月度销量走势及增长率

数据来源：中国汽车工业协会

第二节　2022 年乘用车市场结构及消费特点

一、TOP10 集团企业生产维持较高集中度

根据机动车出厂合格证数据统计，2022 年中国乘用车产量为 2116.4 万辆，同比增长 6.3%；商用车产量为 316.6 万辆，同比下降 43.9%。如图 10-3 所示，从集团企业看，TOP10 集团企业乘用车产量合计 1885.0 万辆，占乘用车总产量的 89.1%，基本延续 2021 年头部集团企业产量排名情况，生产集中度较高。其中，上汽、一汽、广汽三家集团企业稳居前 3 位，产量合计占比为 44.3%；上汽集团领先优势明显，全年产量达 392.9 万辆，占乘用车总产量的 18.6%。比亚迪借助新能源汽车优势，继续扩大市场占有率，全年产量达 179.3 万辆，较 2021 年上升四个名次，排在第五位。

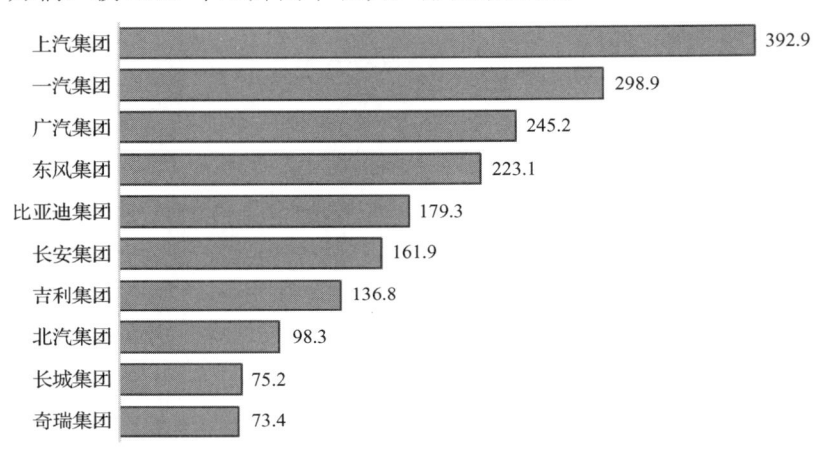

图 10-3　2022 年中国 TOP10 乘用车集团企业生产情况（单位：万辆）

二、混合动力乘用车规模增幅连续三年超 40%

混合动力乘用车通过发动机、动力电池、发电机、驱动电机、混动箱的协同工作，使动力系统全域高效化运行，显著改善燃油经济性，逐渐成为企业节能降耗的重要技术路线，市场认可度不断提升。近年来，在政策与市场双重推动下，混合动力乘用车市场规模、占比稳步增长，2022 年产量规模达 88.1 万辆（见图 10-4），同比增幅为 44.7%，产量增幅连续三年超过 40%。涡轮增压和缸内直喷技术逐渐成为汽油乘用车的主要节能技术，搭载率稳步提升，连续三年超过 60%。2022 年，缸内直喷搭载率突破 70%，同时搭载涡轮增压和缸内直喷技术的车型占比突破 60%。

三、国内企业加速布局，中国品牌竞争力显著提升

目前，中国汽车工业正在迈向高质量发展阶段，中国品牌乘用车企业抢抓新发展机遇，加速品牌塑造、产品研发投入，逐渐缩小与国外企业的差距。综合来看，现阶段中国国产乘用车企业的部分产品竞争力迅速提升，且已具备一定的国际竞争力。尤其是一

汽、比亚迪、吉利、长安、长城等自主品牌车企迅速崛起，打造了吉利领克、长安 UNI-K、长城 WEY 等多个高端品牌，锚定目标群体加速投放多元化产品，为进一步开拓市场打下坚实基础，同时助力中国品牌企业市场份额稳步增长。

图 10-4　2016—2022 年中国混合动力乘用车生产情况

根据机动车出厂合格证数据统计，2022 年中国品牌乘用车产量提升至 1035.6 万辆，同比增长 16.8%，占国内乘用车全年产量的份额约 49.0%（见图 10-5），相比 2021 年提升近 4 个百分点。对应 2021 年德系品牌乘用车 440.8 万辆的产量，同比增长 3.3%，占比为 20.8%；日系、美系品牌产量分别为 434.7 万辆、158.0 万辆，占比分别为 20.5%、7.5%。

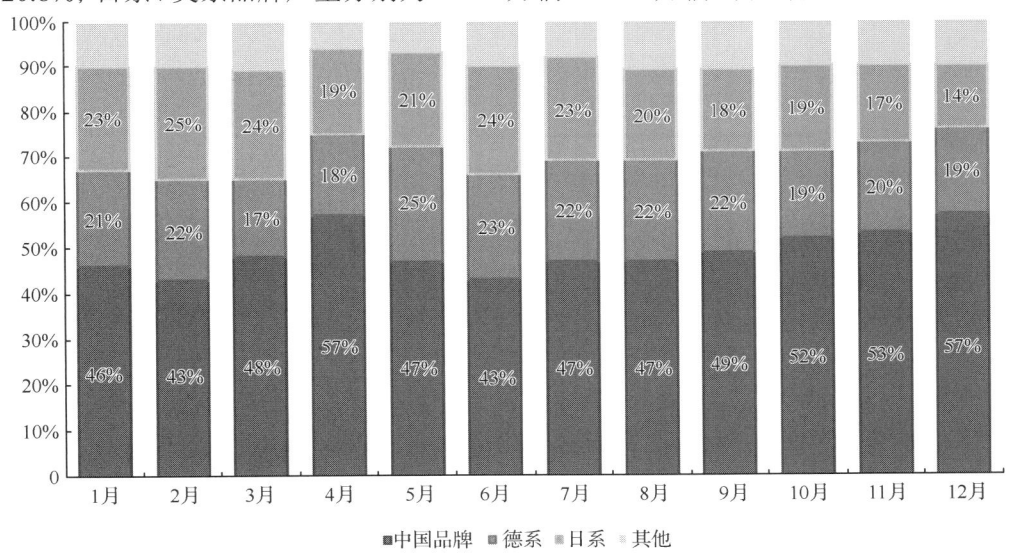

图 10-5　2022 年中国不同系别乘用车产量分布

第三节　区域分布及出口情况

一、区域分布：东部地区产销量占比较高，广东居首位

2022 年，共计 10 个省市的汽车生产规模超过 100 万辆，合计产量超过 2062.12 万辆，

占比超过75%（见图10-6）。其中，广东汽车产量为415.37万辆，以较大优势居首位，占全国总产量的15.1%。上海、吉林、重庆、湖北、广西、安徽、山西、浙江、山东汽车产量均超过100万辆，市场集中度相对较高。青海、西藏等地区受当地地理条件、消费水平、相关汽车配套产业发展不足等限制，目前市场规模仍处于全国尾部。

银保监会机动车交强险的上险数据显示，2022年全年，国内31个省市的新能源乘用车合计上险量为523.31万辆，同比增长80.24%。其中，纯电动乘用车上险量为397.44万辆，占比为75.95%；插电式混合动力乘用车上险量为125.86万辆，占比为24.05%；另外上险量中还有140辆燃料电池乘用车。

分地区来看，华东地区在浙江、江苏、山东、上海等多个新能源大省的拉动下，占据绝对优势地位，市场份额超过四成；华南地区占比接近两成，主要来自广东的贡献；华中、华北、西南各略超一成，其中河南、四川排名较为靠前；西北和东北则发展缓慢。

分省市来看，全年上险量超过10万辆的省份共有17个，其中前三强——广东、浙江和江苏呈梯次排列，分别为75.69万辆、61.96万辆和47.97万辆，在全国中的占比分别在10%左右；山东、上海和河南均超过30万辆，占比均在6%以上；四川超过20万辆，占比超过4%；安徽、广西、河北、湖北、北京、湖南、福建、陕西、重庆和天津这十个省市则为10万~20万辆，占比各维持在2%~4%。

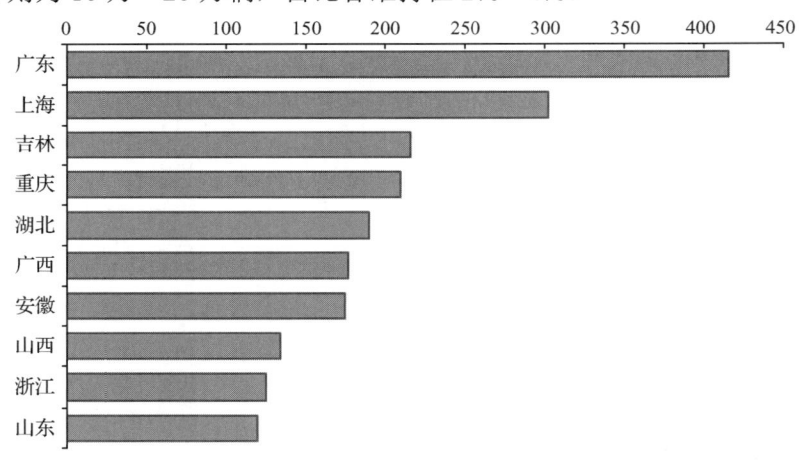

图10-6 2022年中国主要地区汽车产量（单位：万辆）

二、出口情况：汽车出口创历史新高，出口量首次超过300万辆

近十年来，中国汽车出口量一直为100万辆左右，2021年首次突破200万辆。2022年由于海外供给不足和中国车企国际竞争力的大幅增强，中国汽车出口量达到311万辆，同比增长54.4%，有效拉动行业整体增长（见图10-7）。分车型看，乘用车出口252.9万辆，同比增长56.7%，商用车出口58.2万辆，同比增长44.9%。新能源汽车出口67.9万辆，同比增长1.2倍。

统计显示，2022年以来，中国汽车出口均价达到1.89万美元，其中纯电动汽车均价为2.58万美元。从出口地区看，以比利时、英国、墨西哥为代表的欧美地区，正成为中国汽车出口的主要增量市场。从出口方式看，除传统的出口批发、零售模式外，越来

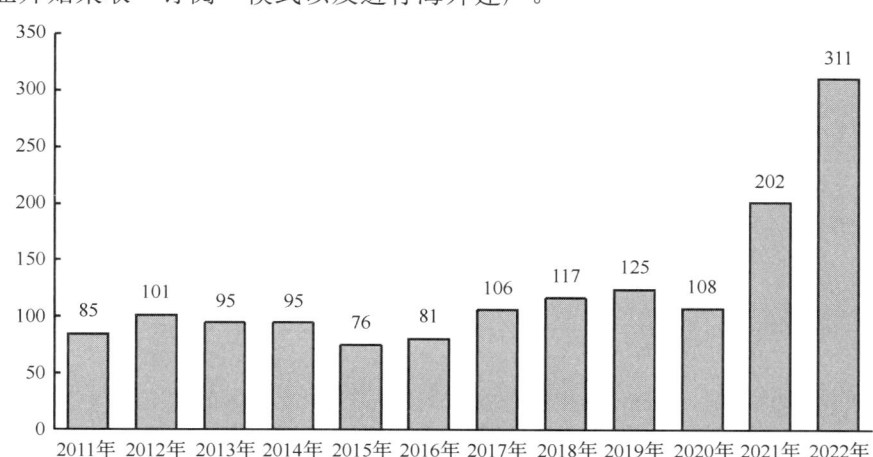

多的企业开始采取"订阅"模式以及进行海外建厂。

图 10-7　2011—2022 年汽车出口量（单位：万辆）

数据来源：海关总署，根据整车企业出口统计口径

第四节　发展趋势研判

随着供给侧结构性改革深化，在畅通国内大循环的新格局下，我国汽车产业的供给侧结构性改革不断深化，汽车总体规模有望保持稳增长。特别是在近十年国家新能源和智能网联汽车政策的引领下，汽车产业新技术不断突破，市场产品性能与消费认可度逐渐提升，消费者对新能源和智能网联汽车的接受度不断提高，新能源汽车市场化快速发展，共同推动了汽车市场的发展。

一、乘用车品牌竞争力显著提升

2022 年，自主品牌乘用车取得亮眼表现，主要归功于汽车新能源、智能化趋势下，自主品牌的产品设计能力与生产制造效率不断提升，产品市场认可度增强。尤其是比亚迪以 180 万辆的销量超过一汽大众，居中国乘用车市场年度销量第一名，改变合资品牌在市场长期居首的格局，中国品牌发展势能持续逆转。此外，我国新能源汽车初创品牌层出不穷，伴随着合资品牌及自主品牌主流车企纷纷加大新能源产品投放力度，市场竞争逐渐加剧，产业集中度有所提升。统计数据显示，全球新能源汽车销量 TOP10 企业中，我国企业占据 3 席，动力电池装车量 TOP10 企业中，我国企业占据 6 席。2022 年，自主品牌新能源乘用车国内市场销售占比达到 79.9%，同比提升 5.4 个百分点。此外，以红旗、理想、蔚来、岚图汽车等为代表的中国车企乘用车售价已突破 30 万元，部分车型更是主攻 40 万元以上市场。

二、整车出口持续攀升

由新能源汽车打破海外品牌原有的竞争格局，自主品牌的强势崛起成为推动中国汽车出口量增长的主要因素。同时，国内新能源领域的良性竞争环境，也促使越来越多的

外资和合资企业在中国生产新能源汽车并出口海外市场。2022年,中国汽车出口311万辆,超越德国,成为仅次于日本的全球第二大汽车出口国。2023年一季度,中国汽车出口量为107万辆,同比增长58.1%,超越同期日本的95.4万辆,成为全球汽车出口单季度冠军。根据行业机构预测,2023年中国汽车出口量或将达到400万辆,成为全球第一大汽车出口国。在中国汽车出口量不断增长的同时,出口均价也在提升。数据显示,2022年以来,中国汽车出口量价齐升,均价达1.89万美元,其中纯电动汽车均价为2.58万美元。从出口地区看,以比利时、英国、墨西哥为代表的欧美地区,成为中国汽车出口的主要增量市场。

三、智能化进程加速

智能网联汽车是新一轮科技革命的重要载体,已经成为全球汽车产业转型升级的战略方向。近年来,我国已出台多项政策措施,确保智能网联汽车行业的稳定发展,包括颁布了《智能汽车创新发展战略》《汽车驾驶自动化分级》《汽车产业中长期发展规划》及其他政策法规。政府的指导和政策支持、先进技术的广泛应用、云平台的发展及道路基础设施的建设,均有助于为智能网联汽车行业的发展奠定健康而成熟的基础。伴随我国新能源汽车的快速发展,配置智能网联功能的新车装备率持续攀升,销量和渗透率均呈递增趋势。2022年,搭载L2驾驶辅助功能的乘用车销量为694.08万辆,同比增长45.6%,渗透率达34.9%。其中,新能源汽车L2功能渗透率达45.7%,远超燃油汽车,电动化与智能化、网联化深度协同发展。未来,我国智能网联汽车行业将保持快速发展,汽车的智能技术将逐步由高端车型向低端车型渗透。

第十一章 2022年货车市场情况及趋势

赵国清，白鑫，金鑫，韩睿*

摘要： 本章围绕2022年中国货车行业市场情况，开展对货车市场宏观环境、整体销量及各重点企业和各车型的销量分析。2022年，中国货车市场经历了较为低迷的一年，全年销量"十二连降"，行业发展面临巨大考验。本章通过对中国货车产业的市场现状分析，剖析未来的发展趋势。

关键词： 货车；宏观环境；企业销量；车型销量；发展趋势。

第一节 2022年中国货车市场发展情况分析

一、2022年中国货车销量大幅下滑，市场进入调整期

随着国家对柴油货车污染治理标准实施、严格治理超载超限等政策因素影响，中国货车市场从2018年开始进入高位运行，并在2020年创下历史新高，高位运行持续到2021年上半年。2021年7月，国Ⅵ排放标准全面实施，叠加经济增速放缓、前期市场严重透支等因素，导致市场新车需求低于预期，市场销量下滑，但全年仍处于429万辆的高位水平。

2022年，原材料价格高位运行，宏观经济面临需求收缩、供给冲击、预期转弱三重压力，货运行业整体呈现"货源少、成本高、盈利难"的特征，叠加2020—2021年严重的需求提前透支，造成中国货车市场出现断崖式下滑，全年销量仅289.3万辆，同比下降32.6%，如图11-1所示。

二、2022年新能源货车销量逆势上涨

虽然2022年中国货车市场销量出现断崖式下滑，但新能源货车销量逆势上涨，全年实现销量20.3万辆，同比增长136.0%，渗透率达到7%，比2021年提升4.9个百分点。

2019年和2020年新能源汽车补贴退坡，新能源货车销量下降，但国家"双碳"目标逐步落地和重点地区、重点行业的环保要求逐渐加严，同时国家新能源汽车补贴政策于2022年12月31日正式退出，刺激了消费者提前购买新能源货车，共同促成了2022年新能源货车市场表现逆势上扬，渗透率不断提升。如图11-2所示。

---

* 赵国清，一汽解放汽车有限公司总经理助理；白鑫，工程师，一汽解放汽车有限公司战略管理部洞察室主任；金鑫，工程师，一汽解放汽车有限公司产品管理部产品项目管理师；韩睿，高级工程师，一汽解放汽车有限公司本部中重型车产品线战略与MKT部自卸产品管理室主任。

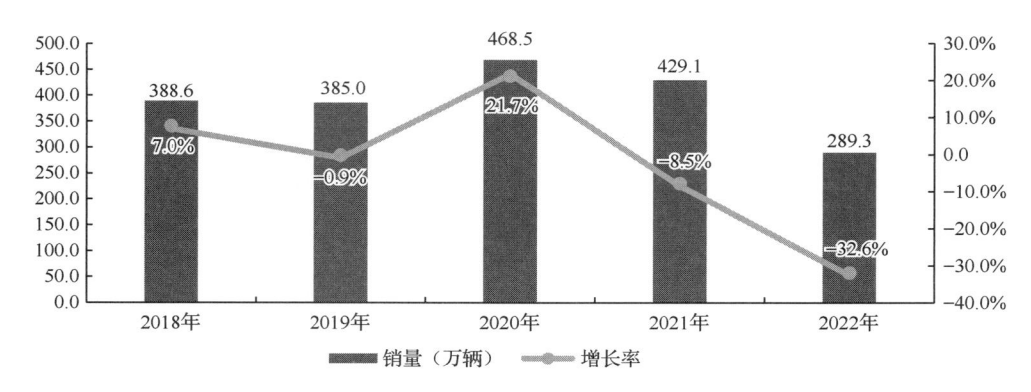

图 11-1　2018—2022 年中国货车销量及增长率

数据来源：根据中国汽车工业协会数据整理

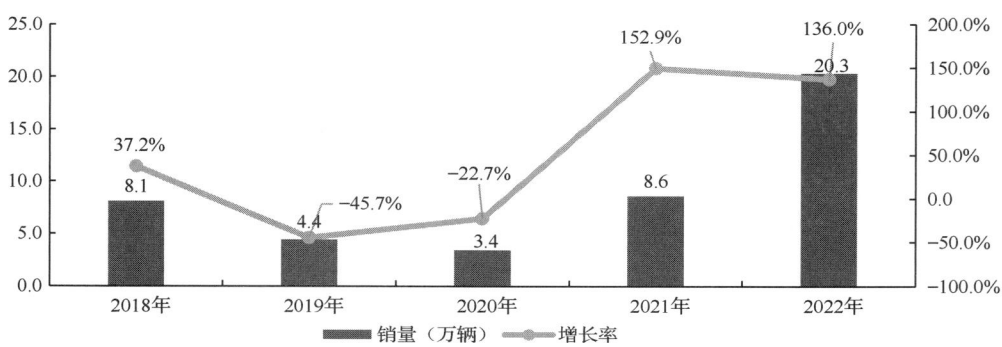

图 11-2　2018—2022 年新能源货车销量及增长率

数据来源：根据中国汽车工业协会数据整理

三、2022 年二手货车市场交易量下滑，下滑幅度小于新车市场

受中国货车整体市场需求放缓的影响，二手货车交易量下滑。中国汽车流通协会数据显示，2022 年中国二手货车交易量为 129.6 万辆，同比下降 10.9%，下滑幅度小于新车市场。如图 11-3 所示。

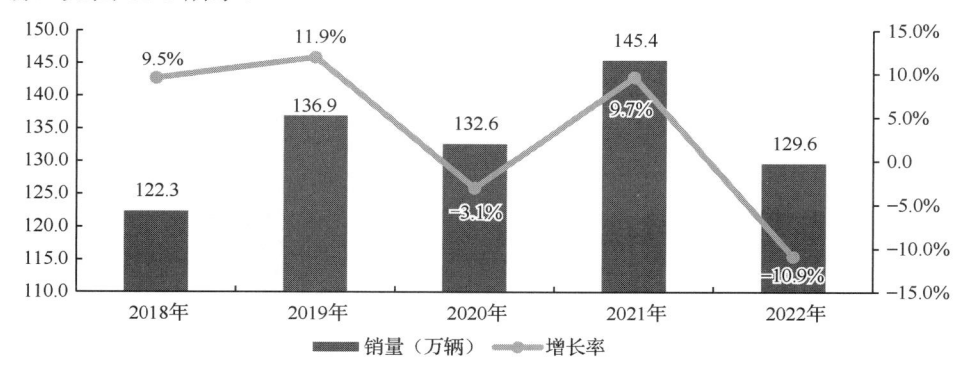

图 11-3　2018—2022 年二手货车销量及增长率

数据来源：根据中国汽车流通协会数据整理

随着物流运输恢复常态化，货车市场需求有望回暖，二手货车市场活跃度上升。在国Ⅲ、国Ⅳ及国Ⅴ车辆自然淘汰的基础上，柴油货车治理政策带动高污染排放车辆提前淘汰更新，在拉动新车市场销量的同时，二手货车也将迎来利好。

第二节　2022年中国中重型货车市场情况及趋势

一、2022年中重型货车市场销量变化分析

2022年，中国中重型载货车市场受到经济下行、货运行业低迷等负面影响，需求收缩，叠加2020—2021年的需求提前透支，全年销量仅76.8万辆，同比下降51.2%，遭遇了"断崖式"下滑。如图11-4所示。

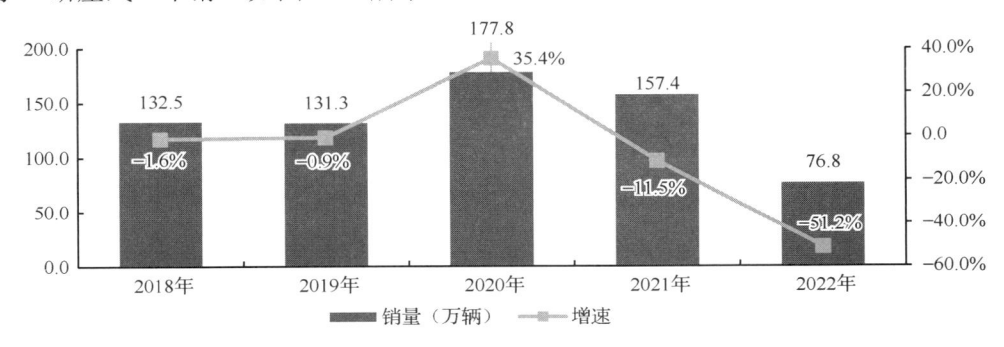

图11-4　2018—2022年中国中重型货车销量及增长率

数据来源：根据中国汽车工业协会数据整理

二、2022年中重型货车市场月度销量走势特征

受市场整体销量下滑影响，2022年中重型货车市场全年月度同比销量均呈下降趋势。如图11-5所示。从2021年5月开始至2022年12月，中重型货车市场销量同比连续20个月下降。

三、中重型货车企业竞争激烈，市场集中度进一步提高

2022年，中国重汽销量为16.1万辆，同比下降44.3%，市占率为21%，同比提高2.6个百分点，是市占率增幅最大的企业，超越一汽解放，居第一名；一汽解放销量为14万辆，同比下降62.4%，市占率为18.3%，同比降低5.4个百分点，排第二名；东风集团、陕汽集团、北汽福田分列第三、第四、第五名。TOP5企业市占率达84.3%，同比提升0.6个百分点，市场集中度进一步提高。但是受市场大环境影响，TOP10企业销量同比均下降，如表11-1所示。

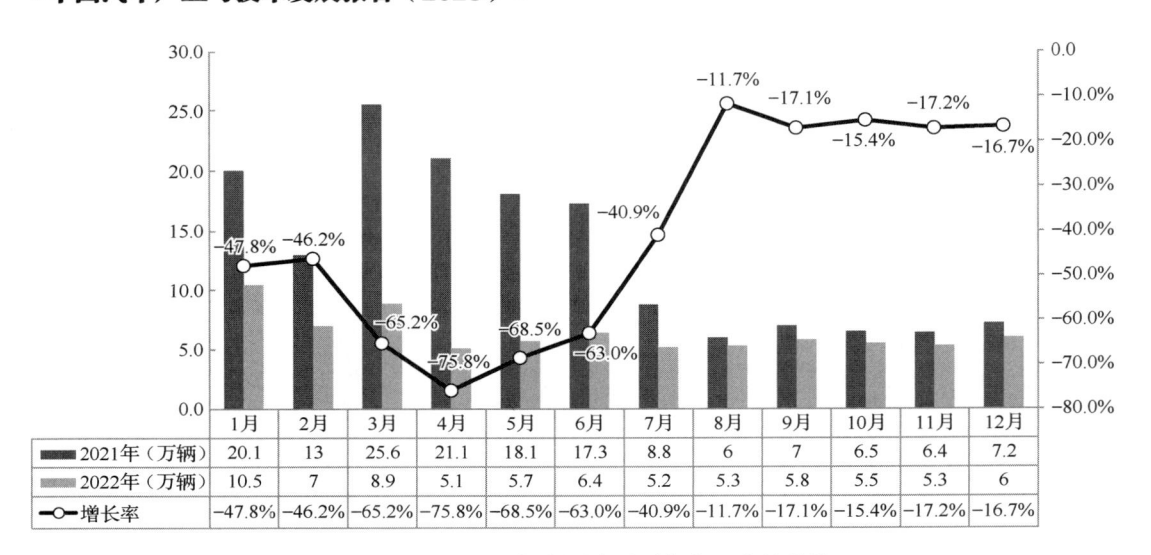

图 11-5 2021—2022 年中国中重型货车月度销量情况

注：中重型货车指总质量>6t 的货车，轻型货车指总质量≤6t 的货车，以下分析均采用此分类。
数据来源：根据中国汽车工业协会数据整理

表 11-1 2021—2022 年中重型货车企业销量和市场份额变化

企　业	2022年销量（万辆）	2021年销量（万辆）	同比增长（%）	2022年市占率（%）	2021年市占率（%）	同比提升百分点（个）
中国重汽	16.1	29.0	-44.5	21.0	18.4	2.6
一汽解放	14.0	37.3	-62.5	18.3	23.7	-5.4
东风集团	13.5	28.0	-51.8	17.6	17.8	-0.2
陕汽集团	10.8	19.3	-44.0	14.1	12.3	1.8
北汽福田	10.2	18.1	-43.9	13.2	11.5	1.7
江淮汽车	3.0	4.9	-38.8	4.0	3.1	0.9
成都大运	2.9	5.1	-43.1	3.8	3.2	0.6
上汽红岩	1.3	6.3	-79.4	1.7	4.0	-2.3
徐州徐工	1.2	1.9	-36.8	1.6	1.2	0.4
包头北奔	0.8	1.3	-38.5	1.0	0.8	0.2
其他	2.8	6.2	-54.8	3.7	3.9	-0.2

数据来源：根据中国汽车工业协会数据整理

四、从品系需求结构分析，牵引车、专用汽车降幅相对较大

从品系需求分析，2022 年牵引车销量为 29.9 万辆，同比降低 55.8%；载货车销量为 21.3 万辆，同比下降 43.8%；专用汽车销量为 13.1 万辆，同比下降 56.8%；自卸车销量为 12.5 万辆，同比下降 41.9%，如图 11-6 所示。牵引车仍然是各品系销量占比最高的车型，专用汽车受基建及房地产投资下降影响，是各品系中降幅最大的车型。

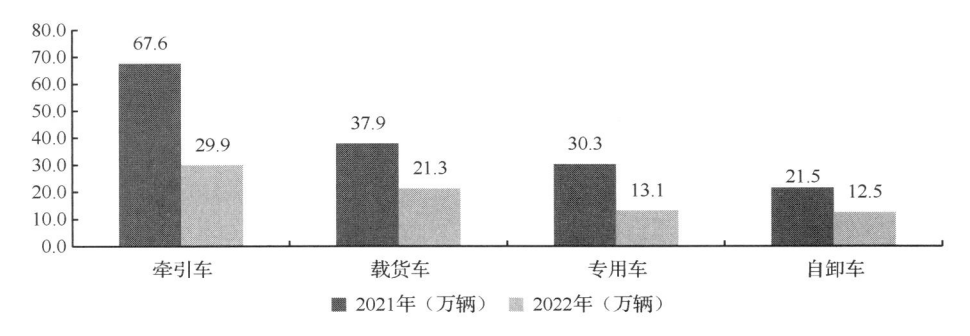

图 11-6　2021—2022 年中重型货车分品系销量情况

数据来源：根据中国汽车工业协会数据整理

五、从销售区域分析，各地区销量均同比大幅下降

从重点区域销量分析，2022 年中重型货车销量超过 5 万辆的省份有河北和山东；销量 3 万～5 万辆的省份有江苏、广东、山西，重点区域销量同比下降幅度均超 50%。如图 11-7 所示。

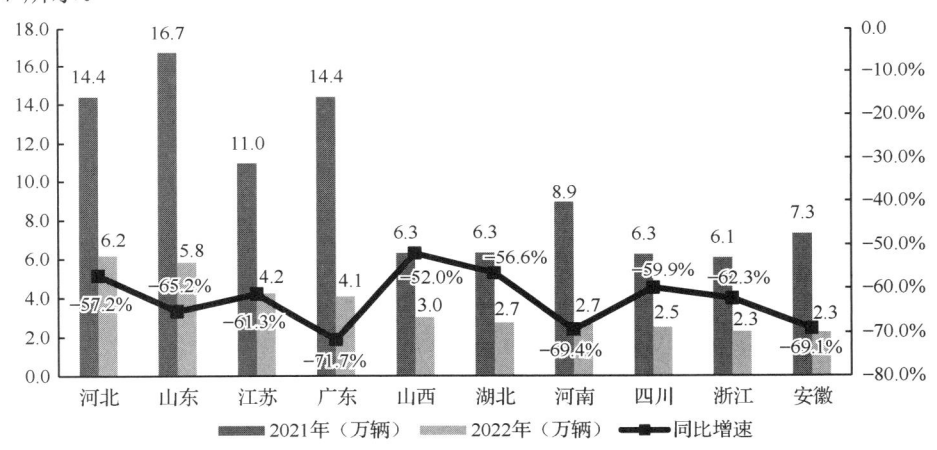

图 11-7　2021—2022 年中重型货车销量 TOP10 省级区域销量及增长率

数据来源：根据终端零售数据整理

六、优化全生命周期收益趋势

2022 年，中国中重型货车需求处于低位，市场存量竞争加剧，中端及以下"保卫战"持续升级；客户群体深度调整，由散户向法人客户快速转化。传统整车在制造销售环节的利润持续下降，利润水平更高的中重型货车后市场将成为整车企业新的利润增长点。

整车企业将从制造销售企业向一体化解决方案运营服务提供商转型，通过拓展后市场服务、金融、技术支持、二手车等一系列增值服务，为客户提供全生命周期收益最优的一体化解决方案，降低客户车辆维修使用成本，提高车辆使用率，促进企业、客户的共赢发展。

第三节　2022年中国轻型货车市场情况及趋势

一、2022年轻型货车市场销量变化分析

2022年，轻型货车市场累计销量为109.9万辆，同比下降29.4%，销量和增速均为近5年最低水平（见图11-8）。受消费增长放缓、油价上涨、运价低迷、卡友购车积极性降低，国Ⅵ排放升级需求透支，互联网货运平台和社区团购整顿导致购买需求下降，大吨小标治理等多方面的不利因素影响，轻型货车全年销量处于低迷状态。

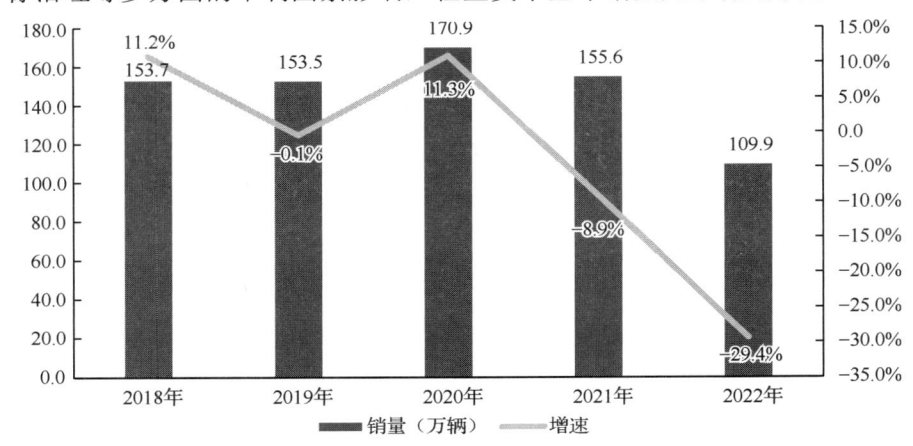

图11-8　2018—2022年中国轻型货车销量及增长率

数据来源：根据中国汽车工业协会数据整理

二、2022年轻型货车市场月度销量走势特征

2022年1月12日，工业和信息化部、公安部联合发布《关于进一步加强轻型货车、小微型载客汽车生产和登记管理工作的通知》（俗称"大吨小标"治理），要求2022年3月1日起实施，同时设置了6个月的销售过渡期，因此在2022年2月和8月，即政策落地前及过渡期结束前，出现了提前上牌现象，销量呈现非趋势性增长，如图11-9所示。

三、轻型货车企业集中度小幅度下降

2022年，轻型货车TOP10企业合计销售90.5万辆，市场份额为82.3%，较2021年下降1.7%，市场集中度小幅度下降，其中上汽通用五菱以22.5%的市场份额居首位，北汽福田和长安分列第二、三位，市场份额均超过10%，三者合计份额为51.9%，如图11-10所示。

四、从功能用途结构分析，经济、消费回暖拉动载货车销量占比增加

从功能结构用途来看，2022年销售的轻型货车主要以载货车为主，累计销售98.1

万辆，同比下降27.4%，占比为89.3%。在地产市场回暖、消费回暖、经济复苏的背景下，用于建材、家具运输的栏板车销售比重增长明显，如表11-2所示。

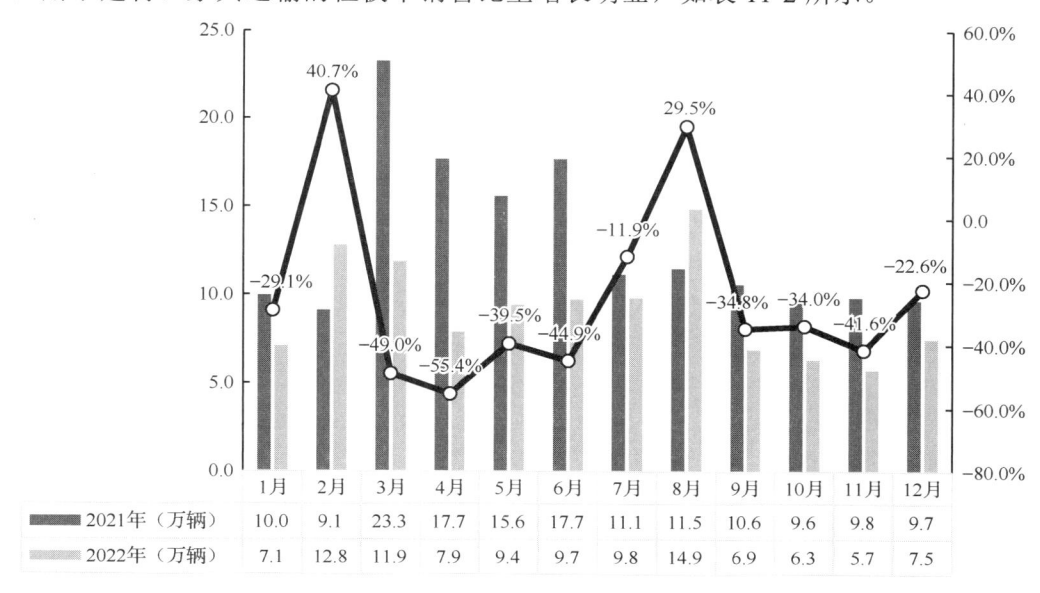

月份	1月	2月	3月	4月	5月	6月	7月	8月	9月	10月	11月	12月
2021年（万辆）	10.0	9.1	23.3	17.7	15.6	17.7	11.1	11.5	10.6	9.6	9.8	9.7
2022年（万辆）	7.1	12.8	11.9	7.9	9.4	9.7	9.8	14.9	6.9	6.3	5.7	7.5

图11-9　2021—2022年中国轻型货车月度销量情况

数据来源：根据中国汽车工业协会数据整理

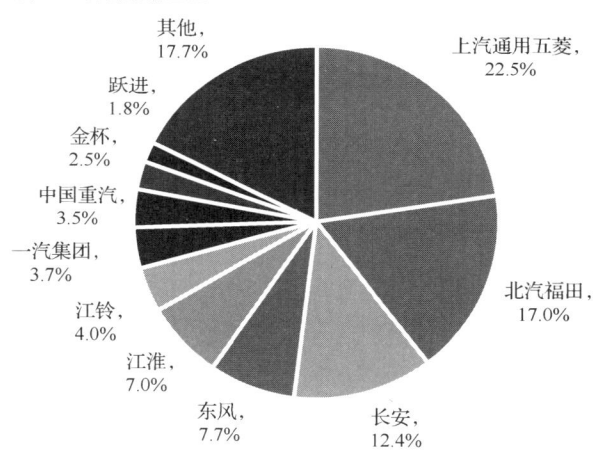

图11-10　2022年中国轻型货车TOP10企业份额结构

数据来源：根据中国汽车工业协会数据整理

表11-2　轻型货车功能用途结构

分　　类		2021年销量（万辆）	2022年销量（万辆）	同 比 增 幅	2022年市场占比
载货车	栏板车	77.7	60.3	-22.4%	54.9%
	厢式车	39.6	25.5	-35.6%	23.2%

续表

分 类		2021年销量（万辆）	2022年销量（万辆）	同 比 增 幅	2022年市场占比
载货车	仓栅车	17.8	12.3	−30.9%	11.2%
	小计	135.1	98.1	−27.4%	89.3%
专用汽车	冷链车	4.7	3.2	−31.9%	2.9%
	环卫车	1.6	1.5	−6.3%	1.4%
	清障车	1.4	1.1	−21.4%	1.0%
	平板车	0.3	0.2	−33.3%	0.2%
	其他	4.6	1.2	−73.9%	1.1%
	小计	12.6	7.2	−42.9%	6.6%
自卸车	小计	7.9	4.6	−41.8%	4.1%
总计		155.6	109.9	−29.4%	100%

数据来源：根据中国汽车工业协会数据整理

五、从销售区域分析，各地区销量同比均有下滑

从重点地区销量看，2022年轻型货车销售主要集中在山东、河北、广东、河南等地区，各地区销量同比均有所下滑，其中广东、江苏销量同比下降幅度均超40%，如图11-11所示。

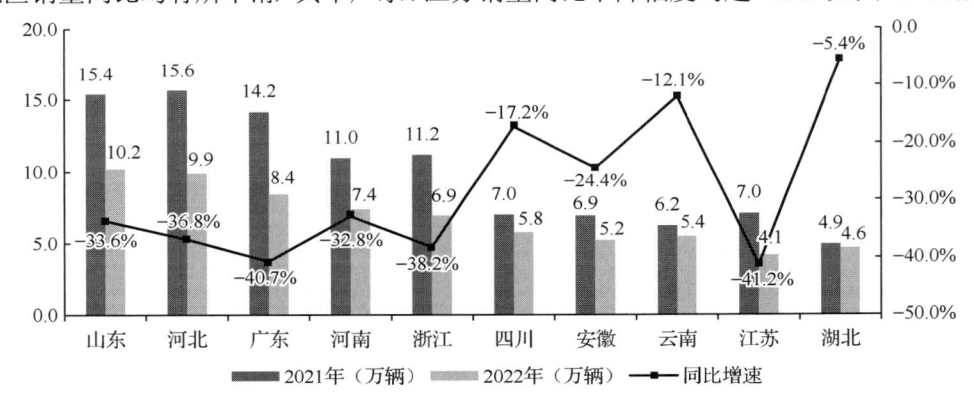

图11-11 2021—2022年中国轻型货车销量TOP10省级区域销量及增长率

数据来源：根据终端零售数据整理

六、从燃料类型分析，传统燃料汽车为主，清洁能源销量实现翻番式增长

2022年，中国轻型货车市场需求依然以传统燃料为主，如图11-12所示。传统燃料汽车产量占比为92.0%，累计终端销量为101.1万辆，同比下降32.5%。新能源汽车销量占比为5.3%，累计终端销量为5.7万辆，同比增长102.0%。其中，纯电动车型仍是新能源主力，插电式混合动力车型占比稳定，燃料电池电动汽车实现"零突破"，销量占比达0.1%，清洁替代燃料车型销量占比为2.8%，主要是天然气车型，累计终端销量为3.1万辆，同比增长76%。

2022年作为新能源补贴末年，新能源市场提前透支部分需求，出现短暂快速增长，

未来新能源物流市场将正式由政策主导回归为市场主导，受市场需求、产品成本限制，短期内销量难有较大突破。长远来看，随着"缺芯贵电"现象逐步淡化、高成熟度且有成本优势的乘用车技术逐步向轻型货车应用（如封闭式厢式货车 VAN，其技术主要来自企业同平台乘用车）、国七等环保要求升级驱动，新能源产品成本与传统产品成本将进一步拉近；因油价波动上涨，新能源汽车经济性效益显著，同时随着新能源商用车积分政策、公共领域电动化政策的深入，未来新能源汽车销量将稳步增长。

传统燃料
- 汽油 49.2% / 53.8%
- 柴油 47.8% / 38.2%

清洁能源
- 清洁替代燃料：天然气 1.1% / 2.8%
- 新能源：
  - 纯电动 1.8% / 5.1%
  - 插电式混合动力 0.1% / 0.1%
  - 燃料电池电动 0.0% / 0.1%

（2021年 / 2022年）

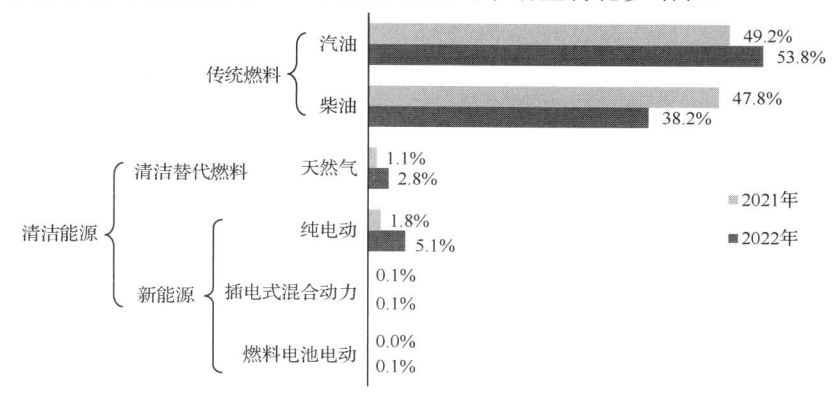

图 11-12　2022 年轻型货车燃料类型结构

注：清洁替代燃料汽车主要有天然气汽车，是以清洁能源取代传统汽油、柴油等燃料的环保低碳型汽车的统称，其特征在于能耗低、污染物排放少、环境友好，是汽车产业转型升级、交通系统绿色可持续发展的重要载体和抓手（《海南省清洁能源汽车发展规划》）

数据来源：根据终端零售数据整理

第四节　总结及展望

2022 年，中国货车市场经历了较为低迷的一年，受宏观经济增速下降、运价低迷、前期高位运行造成的需求透支等多方面不利因素影响，市场总体需求大幅减少，销量和增速达到了近 5 年以来最低点。

在中重型货车市场，随着国际商用车企业和国内造车新势力的不断入局，使市场竞争态势日益复杂。为应对激烈的市场竞争，国内商用车企业除不断提升产品竞争力和推动企业变革外，还在加大力度拓展自身业务范围，从整车销售盈利到向后市场要利润的模式转变。同时，为了能够适应全球化竞争，国内商用车企业在品牌价值挖掘、产品技术升级、商业模式创新等方面也加大了资源投入。

轻型货车的市场保有量进入缓慢增长阶段，随着"大吨小标"治理、公共领域电动化、新能源商用车积分政策的不断深入推进，短途运输需求占比上升，低碳化、电动化、轻量化推动轻型货车产品的发展，新能源、清洁替代燃料类车型销量占比显著提升，给轻型货车市场带来新的市场机会，轻型货车在货车市场的占比将逐步提升。

2023 年宏观经济将有所改善，物流需求逐渐恢复，物流行业运转将更为顺畅。同时，随着政府对货车行业合规性的监管加严，2023 年中国货车市场将迎来小幅反弹。但受多式联运转换影响，公路货运市场增速较低，物流市场运价低迷、运输成本较高等不利因素尚未消除，市场改善程度依然有限，预计未来数年仍将处于相对低位。

第十二章　2022年专用汽车市场情况与趋势

柳东威，陈韬，伍丽娜*

摘要： 专用汽车用途广泛、品种多样，在我国交通运输、施工作业等领域发挥着重要作用。本章阐述了2022年中国专用汽车市场运行特征，分门别类对专用货车、专项作业车、专门用途汽车、专用客车市场情况进行了分析。本章还分析了我国专用汽车行业市场集中度，并提出了专用汽车行业的发展趋势。

关键词： 专用汽车；市场；集中度；发展趋势。

第一节　2022年中国专用汽车市场运行特征分析

一、专用汽车市场承压明显

（一）概述

专用汽车市场周期与宏观经济和行业政策强相关。2022年在多因素叠加影响下，专用汽车累计销售97.91万辆，同比下滑34.16%，市场承压明显（见图12-1）。2022年度专用汽车市场下滑影响因素主要为：宏观经济增速放缓，内生动力减弱，市场需求下滑；原材料和劳动力成本上涨，挤压中端制造业利润，企业生产动力减弱；供给、需求两端动能恢复受限，社会经济活动不能正常开展；前期市场过分透支，市场预期不足，步入新循环周期。

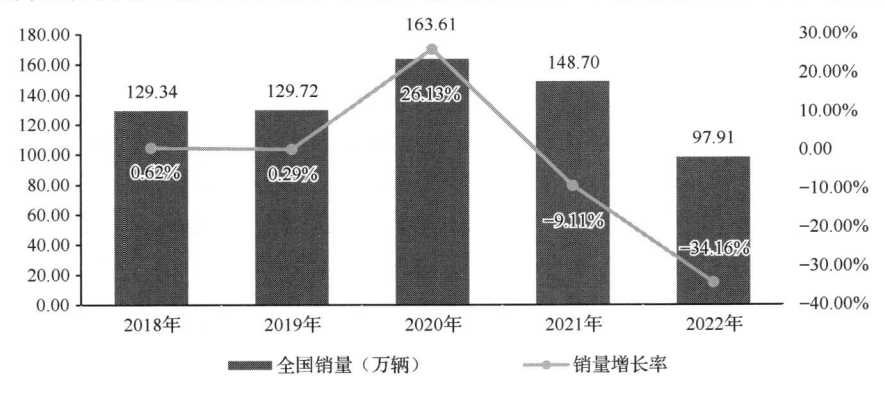

图12-1　2018—2022年中国专用汽车年度销量及增长率

---

* 柳东威，高级工程师，中汽研汽车检验中心（武汉）有限公司副总经理；陈韬，高级工程师，中汽研汽车检验中心（武汉）有限公司高级技术总监；伍丽娜，高级工程师，中汽研汽车检验中心（武汉）有限公司研发工程师。

注：本章图中增长率为相关数据精确到个位数后的同比计算，与图中整数（万辆）同比计算略有差异。

（二）月度走势

从月度走势看，专用汽车全年月均销量为 8.15 万辆，表现低于预期（见图 12-2）。2022 年上半年市场观望气氛浓烈，叠加 2021 年同期的高基数，同比出现较大幅度下滑。下半年在"稳增长"政策带动下，降幅收窄，市场逐步修复，显现发展韧性。

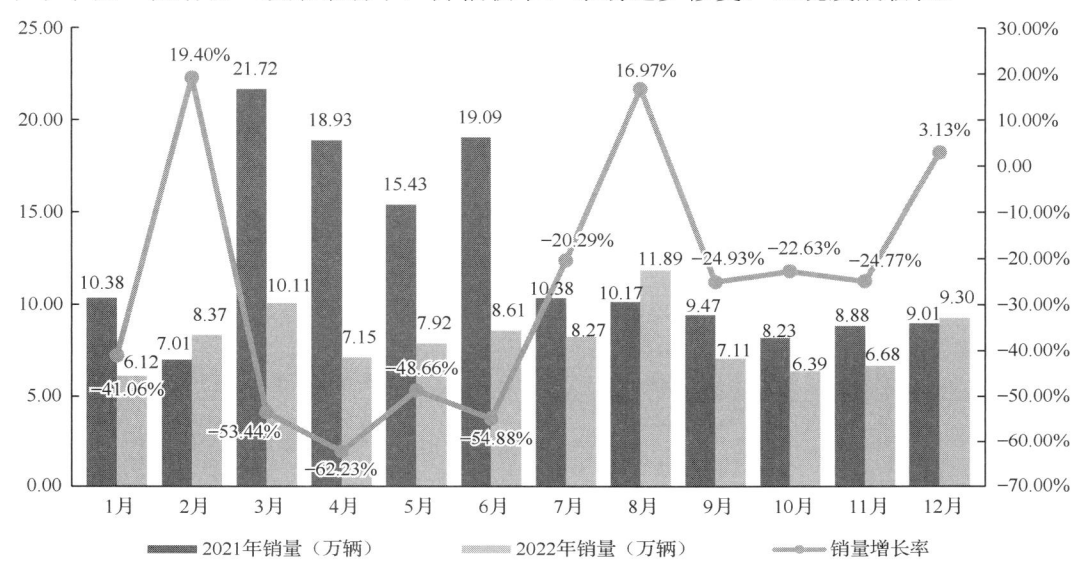

图 12-2　2021—2022 年专用汽车各月销量情况

（三）细分类别

根据 GB/T 3730.1—2022 对专用汽车产品分类定义[1]，2022 年专用汽车各细分类别中，专用货车销量占比为 82.48%，专项作业车销量占比为 12.70%，专门用途汽车销量占比为 4.59%，专用客车销量占比为 0.23%，运输类产品占比超 8 成（见图 12-3）。

（四）热门产品

从细分产品销量来看，行业销量前十名的专用汽车产品累计销售 80.65 万辆（见表 12-1），占行业总销量的 82.36%。根据产品所属应用场景来看，专用汽车的十大热门产品主要集中在物流、工程领域，且除医疗类的救护车外，其他领域的细分车型销量均有不同程度下滑。

---

[1] 根据 GB/T 3730.1—2022，专用汽车分为专用货车、专项作业车、专门用途汽车、专用客车、专用乘用车五大类。

专项作业车, 12.70%

专门用途汽车, 4.59%

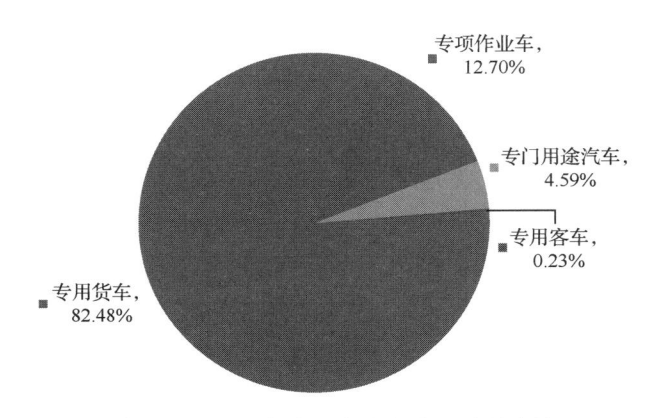

专用客车, 0.23%

专用货车, 82.48%

图 12-3　2022 年专用汽车各类别销量结构

表 12-1　2022 年专用汽车产品 TOP10 销量统计

序号	应用场景	主要车型产品	2022 年销量（万辆）	同比增幅
1	物流	厢式运输车	44.6	-25.64%
2	物流	仓栅式运输车	18.99	-41.07%
3	物流	冷藏车	5.2	-31.60%
4	工程	混凝土搅拌运输车	2.14	-78.27%
5	工程	汽车起重机	2.08	-56.56%
6	物流	翼开启厢式车	1.83	-34.03%
7	应急	清障车	1.74	-26.60%
8	医疗	救护车	1.65	13.53%
9	环卫	绿化喷洒车	1.29	-21.28%
10	工程	随车起重运输车	1.13	-47.32%
		产品合计	80.65	-35.39%

（五）区域市场

从需求端来看，国内经济较发达区域对专用汽车的需求相对较大，广东、山东、湖北、江苏、云南是专用汽车产品销售大省，占总需求量的 40% 左右，区域经济体量在一定程度上决定了其对专用汽车产品的需求规模。同时，从表 12-2 的数据可以看出，2022 年国内各区域市场的需求也呈现不同程度的下滑，销量前十名省份中，有六个省份的下滑比例超过 30%。另外，不同区域因经济结构的不同，其对专用货车、专项作业车、专门用途汽车、专用客车的需求比例也各不相同。

表 12-2　2022 年专用汽车销售区域统计　　　　　　　　　　　　单位：辆

序号	销售区域	专用货车	专项作业车	专门用途汽车	专用客车	总计	占比	同比增幅
1	广东	112028	16780	2781	96	131685	13.45%	-40.08%
2	山东	55627	8524	4712	158	69021	7.05%	-42.52%

续表

序号	销售区域	专用货车	专项作业车	专门用途汽车	专用客车	总计	占比	同比增幅
3	湖北	38379	19705	3410	197	61691	6.30%	-13.97%
4	江苏	48804	8624	3539	173	61140	6.24%	-37.53%
5	云南	57068	1942	861	54	59925	6.12%	-14.97%
6	河北	45073	6845	1728	122	53768	5.49%	-42.23%
7	浙江	37753	9989	4292	140	52174	5.33%	-32.95%
8	四川	44472	4260	2089	87	50908	5.20%	-19.95%
9	河南	38985	4351	2642	87	46065	4.70%	-41.48%
10	湖南	39431	4241	944	96	44712	4.57%	-35.02%
11	安徽	27800	3627	1429	38	32894	3.36%	-39.30%
12	广西	23868	1506	753	28	26155	2.67%	-39.05%
13	福建	23053	2149	681	96	25979	2.65%	-37.36%
14	北京	18162	3475	1709	133	23479	2.40%	-28.39%
15	陕西	17791	3922	1585	47	23345	2.38%	-33.27%
16	贵州	19318	1169	781	37	21305	2.18%	-26.12%
17	重庆	19030	1024	692	27	20773	2.12%	-28.44%
18	上海	18842	1074	734	108	20758	2.12%	-7.35%
19	新疆	14925	3873	1585	116	20499	2.09%	-33.14%
20	辽宁	16179	2296	1416	52	19943	2.04%	-34.19%
21	江西	16409	2073	1315	40	19837	2.03%	-38.22%
22	山西	13705	3455	1271	52	18483	1.89%	-43.23%
23	内蒙古	8901	2137	816	80	11934	1.22%	-15.69%
24	吉林	8545	1366	864	17	10792	1.10%	-36.18%
25	甘肃	8154	1729	630	16	10529	1.08%	-33.07%
26	黑龙江	8293	1378	727	44	10442	1.07%	-32.16%
27	天津	9246	761	305	40	10352	1.06%	-53.58%
28	海南	9411	428	198	14	10051	1.03%	-12.52%
29	宁夏	3740	757	203	12	4712	0.48%	-47.07%
30	青海	2984	523	145	30	3682	0.38%	-25.99%
31	西藏	1527	331	144	30	2032	0.21%	-30.77%

二、专用货车市场周期调整

专用货车[1]主要服务于货运物流行业，是公路物流运输的重要载体，也是行业中占比最大的产品类别。专用货车及其细分产品在经历了2020年前后的市场、政策叠加推动情

---

1 专用货车（Specialized Goods Vehicle）指在设计、制造和技术特性上用于运输特殊货物或载货部位具有特殊结构的载货汽车。

况下，市场行情持续增长，并达到历史新高。2021 年，专用货车市场步入调整周期，产品销量大跌（见图 12-4）；2022 年，专用货车累计销售 80.75 万辆，同比下滑 35.18%，市场仍处于深度调整期。2022 年物流行业整体显现出逐步恢复状态，跨境物流、智慧物流、冷链物流等成为未来各大企业争相布局的亮点。与此同时，专用货车周期调整阶段，企业粗放型增长模式的可持续效应逐步减弱，外部市场倒逼产业转型，"新四化"与传统物流车辆的融合是促进行业发展的重要动力。

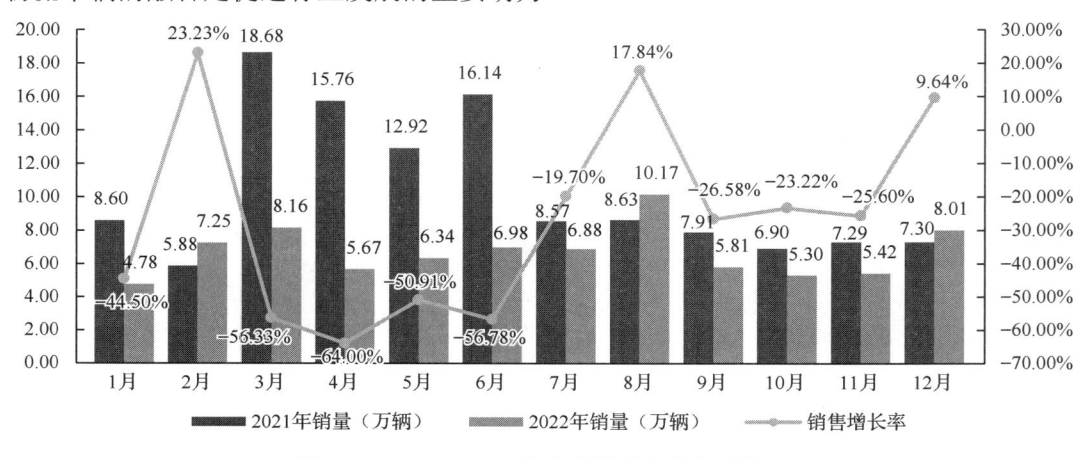

图 12-4 2021—2022 年专用货车各月销量情况

三、专项作业车市场需求回落

专项作业车[1]是将专用设备装载于车辆底盘上，以实现作业装置快速移动，同时替代或方便人工作业的一种专用车辆，其细分产品可以极大提升作业效率，节省人力资源，改善劳动强度。长期以来，我国经济水平不断提高，但劳动力人口增长趋缓，人口老龄化问题显现，适龄劳动力占总人口比例持续下滑。据国家统计局发布的数据，2022 年末，全国 16～59 岁劳动年龄人口减少 666 万人，比重下降 0.4 个百分点。另外，随着国民生活水平的提高，人工成本上升，新一代劳动群体从事机械、繁重的体力劳动意愿大幅下降。为此，专项作业车在生产生活领域的作业意义不断凸显，但受整体市场环境影响，2022 年专项作业车累计销售 12.43 万辆，同比下滑 29.98%。

如图 12-5 所示，从月度走势来看，2022 年专项作业车市场总体延续了 2021 年下半年的低迷走势，其主要影响因素在于 2021 年我国各地的重要工作任务以保障民生、稳固市场为主，导致社会经济活动被动减少，项目开工率不足，设备采购需求及频次降低。

---

1 专用作业车（Special Operation Vehicle）装备有专用设备或器具，在设计、制造和技术特性上用于工程专项（包括卫生医疗）作业的汽车，但不包括装备有专用设备或器具而座位数（包括驾驶员座位）超过 9 个的汽车（消防车除外）。根据标准 GB/T 17350 最新报批稿，专项作业车分为消防车类、油田类、市政及环卫类、混凝土浇筑及喷射类、起重举升类、应急保障类、道路施工及维修类和医疗专项类。

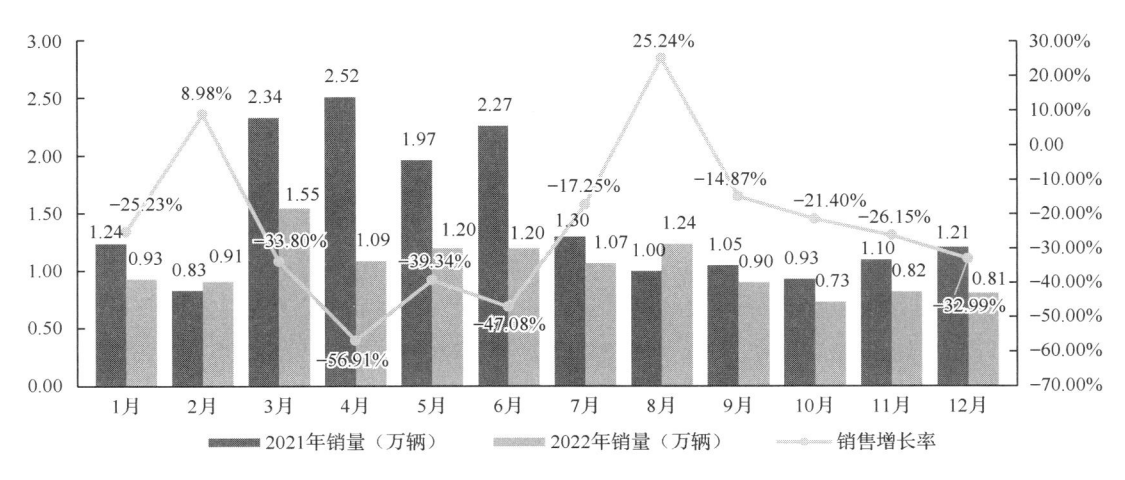

图 12-5 2021—2022 年专项作业车各月销量情况

四、专门用途汽车市场疲软却有亮点

专门用途汽车[1]的特征产品是以救护车、旅居车、售货车等为代表的服务类车辆。总体来看，2022 年专门用途汽车累计销售 4.49 万辆，同比下滑 25.90%。其中，救护车销量为 1.65 万辆，同比上涨 13.40%，占专门用途汽车销量的 36.66%；其次是自行式旅居车，年销量为 1.12 万辆，占比为 24.91%。从月度走势来看，2022 年专门用途汽车市场需求较稳定，除因春节假期在 2 月的销量有所下滑外，其他月份均维持在 0.4 万辆左右的销量（见图 12-6）。

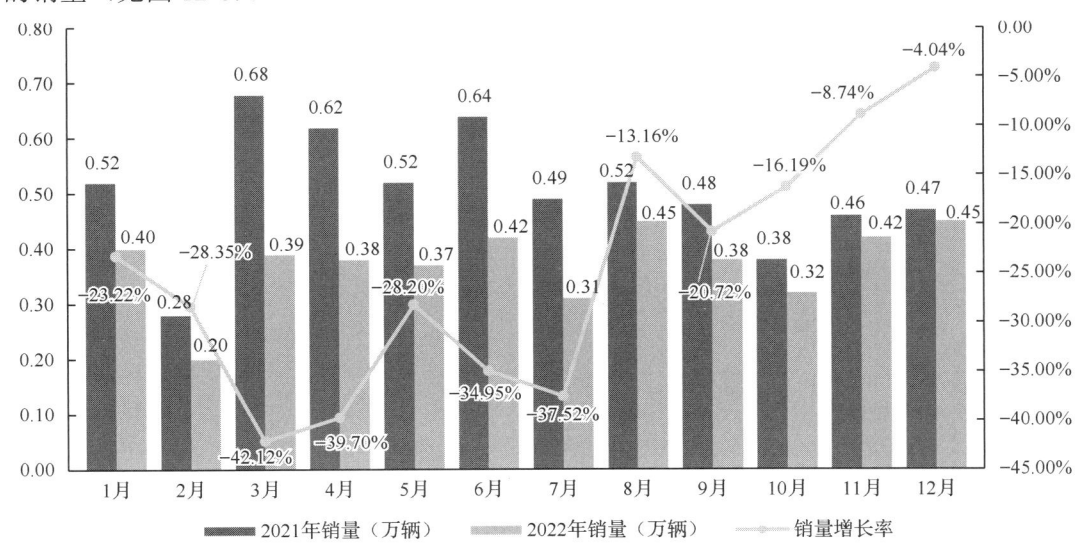

图 12-6 2021—2022 年专门用途汽车各月销量情况

---

1 专门用途汽车（Special Purpose Vehicle）是指装备有专用设备或器具，在设计、制造和技术特性上具有专门用途，但不属于专项作业车、专用乘用车、专用客车、专用货车的专用汽车。

新冠感染暴发以后，我国救护车需求激增，2020 年销量首次突破 1 万辆，同比增长 109.72%（见图 12-7）。2020—2022 年，年新增救护车数量都在 1.5 万辆左右，大大弥补了前期配置不足的问题。但我国服务类车辆的人均保有量一直处于较低的水平，与发达国家相比依然有一定的差距。以救护车为例，其销量已经连续三年处于高位，但如果要达到欧美国家 1~2 辆/万人的配置标准要求，仍具备提升空间。

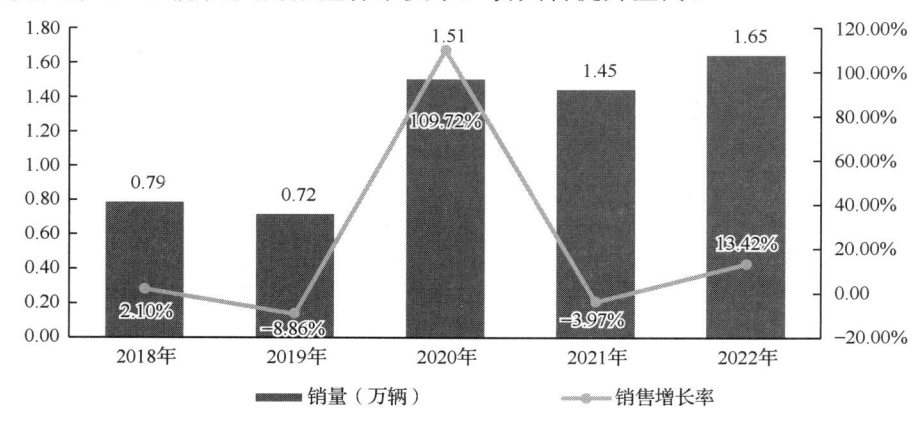

图 12-7 2018—2022 年我国救护车销量情况（体现走势线起点涨跌幅）

2022 年旅居车的主产区、主要销售区受新冠感染影响，国内旅居车大型展会不断延期，旅居车销量同比下滑 10.03%。旅居车作为休闲旅游类专用汽车一直备受关注。2022 年 11 月，十四部门印发《关于推动露营旅游休闲健康有序发展的指导意见》，提到大力发展自驾车旅居车露营地等措施；2021 年，国务院发布的《"十四五"现代综合交通运输体系发展规划》中提及促进房车等旅游方式的发展。受各种利好政策措施和需求升级影响，近五年，我国旅居车销量总体呈平稳上升趋势，年均复合增长率在 8.84%（不含旅居挂车）。虽然受新冠感染影响，2020 年和 2022 年旅居车销量同比下滑，但继 2021 年我国旅居车销量首次突破 1 万辆大关后，2022 年旅居车销量仍保持在 1 万辆以上（见图 12-8）。随着社会经济活动的全面恢复，2023 年旅居车市场将有望延续前期增长走势。

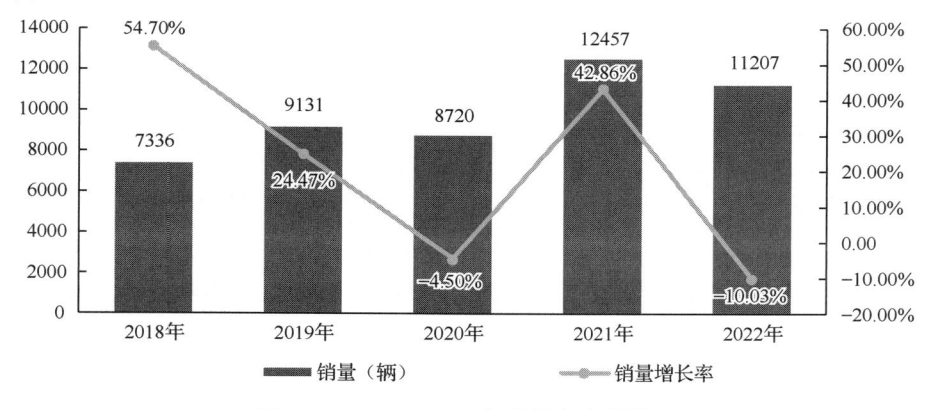

图 12-8 2018—2022 年旅居车市场情况

五、专用客车市场需求稳定

专用客车[1]主要有商务车、囚车、伤残运送车等以客厢类汽车改装的特殊服务类车型。2022 年专用客车共销售约 0.23 万辆，同比下滑 21.37%。从近两年的销售数据来看，专用客车需求比较平稳，月平均销售为 200 辆左右（见图 12-9）。2022 年销售情况有些许变动，2022 年下半年的市场需求量明显好于上半年。

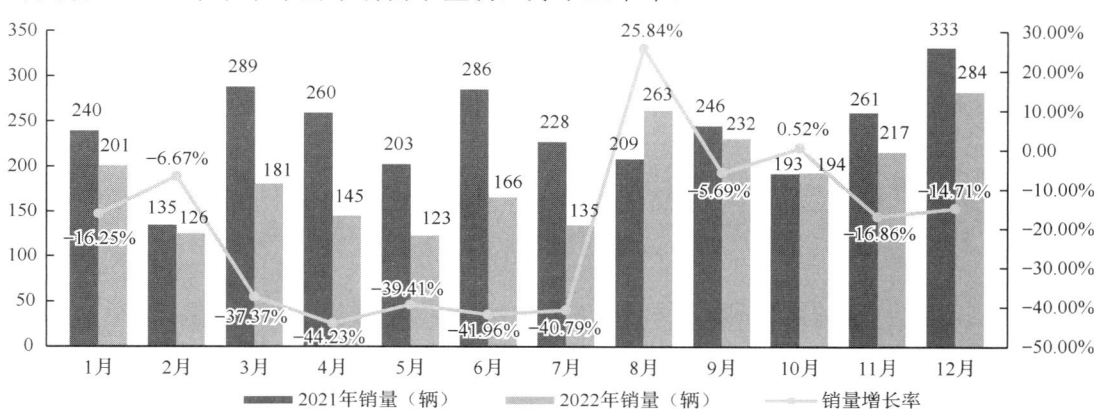

图 12-9　2021—2022 年专用客车各月销量情况

第二节　2022 年中国专用汽车行业集中特征分析

一、产业集中度

（一）区域产业转移

随着产业生态不断成熟，专用汽车供需关系发生逆转，买方市场逐步形成，市场竞争格局由单一产品竞争模式向产品体系、服务模式、供需关系、资本实力等多环节、多体系、多链条竞争新格局转变，推动专用汽车的行业技术不断提升，品牌价值逐步形成。同时，受企业端生产成本上升、需求端服务模式变化、管理端环保要求加严等因素影响，专用汽车产业在地域空间上逐渐发生转移，部分生产企业开始由高技术区域逐步向中低技术区域梯度转移，由城市核心区向城市外围转移，由经济发达地区向经济次发达地区转移。

（二）产业聚集形成

专用汽车单一品种的生产制造比较简单，但系列化规模化的生产模式有益于企业不断开拓服务领域和市场，促使专用汽车企业的生产制造空间增加，产业配套链条增长。

1　专用客车（Special Bus）是指设计、制造和技术特性上用于载运特定人员并完成特定功能的客车（如专用校车）以及装备有专用设备或器具，座位数（包括驾驶员座位）超过 9 个的专用汽车，也包括在客车基础上改装的但不属于专项作业车的载客类专用汽车。

随着专用汽车行业市场竞争的不断加剧，生产企业对制造成本和部件配套供应成本的敏感度越来越高，区域内单一的资源要素已经难以支撑专用汽车企业发展系列化规模化产业的需求。近年来，各地良好的招商引资政策，有效推动了专用汽车产业的集中集聚，在国内涌现一大批专用汽车产业聚集区，包括山东梁山、蒙阴、菏泽的挂车产业集聚区，湖北随州、十堰、襄阳的专用汽车集聚区，福建龙岩的专用汽车集聚区，河南新乡、焦作、驻马店的专用汽车集聚区；江苏徐州、张家巷、扬州的专用汽车集聚区，各聚集区在着力打造产业名片的同时也引领了城市价值跃升。

二、企业集中度

2022年实现专用汽车销售的企业达到981家，销量前十名的企业累计销售44.57万辆，占总销量的45.52%。从企业销量情况来看，销量过10万辆的企业1家，5万辆至10万辆的企业2家。销量在1千辆以下的企业数量约占企业总数的90.11%，其中低于1千辆高于100辆的企业有227家，销量不足100辆的企业有657家（见图12-10）。总体来说，专用汽车行业因产品特征的多样性和市场需求的定制化，导致行业企业呈现"多、小、散"的特点。

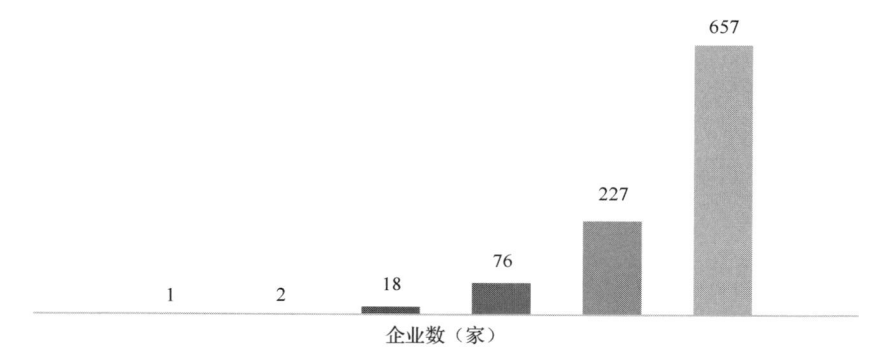

图 12-10 专用汽车生产企业销量情况

从细分类别看，专项作业车和专用货车市场实现销售的企业数量分别达到648家和593家（见表12-3）。由于货运市场需求量大且专用货车产品结构相对简单，企业比较容易形成规模生产。而专项作业车及其细分产品个性化需求明显，结构相对复杂，企业生产往往呈现"小批量、多品种"的特点。

表 12-3 2022年专用汽车企业销量集中度统计

类别	销售企业数量（家）	年度销量（万辆）	平均销量（辆）
专用货车	593	80.75	1362
专项作业车	648	12.43	192
专门用途汽车	352	4.50	128
专用客车	56	0.23	40

三、产品集中度

据统计，公路运输承担着全社会 70% 以上的货运量和客运量，是支撑经济社会发展的"大动脉"。随着电子商务的迅速崛起，推动了国内物流行业蓬勃发展，公路运输依托"点对点、门对门"的运输特点，在整个货运环节起着不可替代的作用。

从 2022 年专用汽车产品销量 TOP10 来看，厢式运输车、仓栅式运输车、冷藏车占据前列，仅这三款产品的行业销量占比高达 70.26%，产品集中度较高（见表 12-4）。

表 12-4　2022 年专用汽车产品 TOP10 销量统计

序号	产品名称	2021 年销量（万辆）	2022 年销量（万辆）	增长率	行业占比
1	厢式运输车	59.98	44.60	-25.64%	45.55%
2	仓栅式运输车	32.23	18.99	-41.07%	19.40%
3	冷藏车	7.61	5.20	-31.60%	5.31%
4	混凝土搅拌运输车	9.84	2.14	-78.27%	2.18%
5	汽车起重机	4.79	2.08	-56.56%	2.12%
6	翼开启厢式车	2.77	1.83	-34.03%	1.87%
7	清障车	2.37	1.74	-26.60%	1.78%
8	救护车	1.45	1.65	13.53%	1.68%
9	绿化喷洒车	1.64	1.29	-21.28%	1.32%
10	随车起重运输车	2.15	1.13	-47.32%	1.16%

四、吨位分布

专用汽车吨位构成比是反映市场需求特征的一个重要指标。随着社会货物介质的变化，以及国内交通设施水平的改善，专用汽车的吨位构成比也在发生变化。当前，我国专用汽车产品吨位分布呈现哑铃型特征，即专用汽车产品吨位以轻、重型产品为主（见表 12-5）。

表 12-5　2021—2022 年专用汽车产品吨位构成统计

类别	2021 年	2022 年
吨位	（轻：中：重）	（轻：中：重）
专用货车	6.8：0.3：2.9	7.9：0.3：1.8
专项作业车	2.4：1.8：5.8	3.2：1.7：5.1
专门用途汽车	8.4：1.3：0.3	9.0：0.9：0.1
专用客车	8.2：1.7：0.1	8.1：1.8：0.1

注：轻型中包含微型车。

从细分类别看，专用货车中服务城市物流的产品以轻型车为主导，而干线运输则需要大吨位重载车辆。专项作业车中工程类产品占比较高，吨位需求以重型车为主。专门用途汽车和专用客车多为服务类车型，吨位需求主要是轻型车辆。

五、能源构成

从销售数据来看，2022 年新能源专用汽车共销售 14.94 万辆，新能源渗透率从 2021 年的 3.98% 提升至 15.12%，新能源专用汽车占比快速提升，汽油、柴油等石化能源车辆占比在逐步降低。

从月度销量走势来看，新能源渗透率也在逐步提升。2022 年 12 月，新能源专用汽车渗透率达到年度新高的 46.76%（见图 12-11）。从细分场景来看，除危化类、油田类不涉及新能源外，在其他应用场景下，新能源专用汽车产品均有所表现；纯电动和燃料电池车辆主要涉及物流、环卫、工程、路政等城市内工作车辆（见表 12-6）。

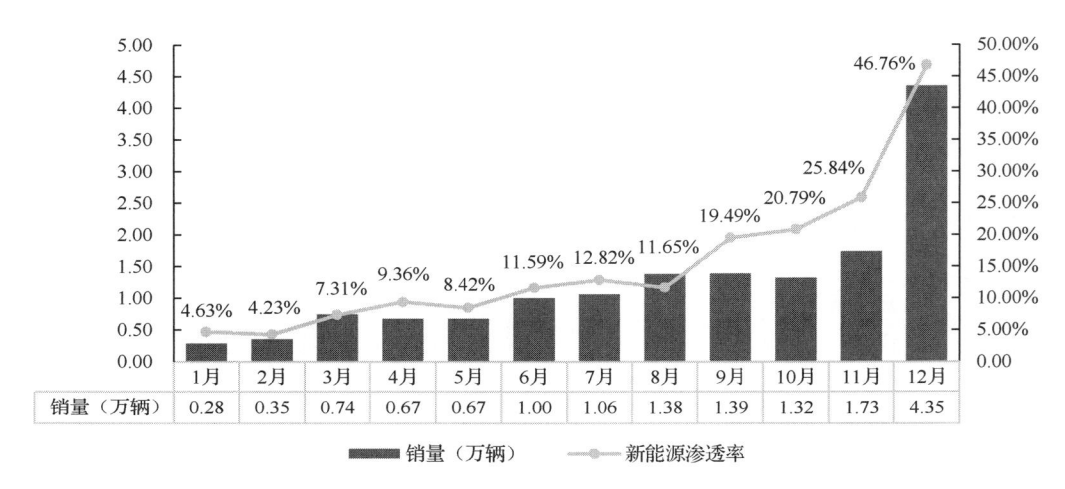

图 12-11　2022 年新能源专用汽车月度销量及渗透率

月份	1月	2月	3月	4月	5月	6月	7月	8月	9月	10月	11月	12月
销量（万辆）	0.28	0.35	0.74	0.67	0.67	1.00	1.06	1.38	1.39	1.32	1.73	4.35
新能源渗透率	4.63%	4.23%	7.31%	9.36%	8.42%	11.59%	12.82%	11.65%	19.49%	20.79%	25.84%	46.76%

专用汽车新能源化发展趋势和市场前景越来越明确，新能源化是推动行业发展的重要动力。加之近年来国家对于鼓励新能源汽车发展政策频出，如八部委联合发布的《关于组织开展公共领域车辆全面电动化先行区试点工作的通知》，将启动公共领域车辆全面电动化先行区试点工作，计划到 2025 年，公共领域车辆如公务用车、城市公交、出租（包括巡游出租和网络预约出租汽车）、环卫、邮政快递、城市物流配送、机场等领域用车，在试点省份及城市新增车辆全部采用以纯电为驱动能源，这必将进一步提升新能源在专用汽车领域的渗透率，促进对石化能源产品的替代。

表 12-6　2022 年专用汽车场景用车能源种类统计

使用场景	柴油	汽油	天然气	纯电动	燃料电池	混合动力
普通物流类	48.59%	29.04%	1.83%	20.32%	0.08%	0.14%
市政环卫类	87.09%	5.73%	0.85%	5.99%	0.29%	0.05%
工程类	96.15%	—	0.11%	3.64%	0.09%	0.01%
冷链类	83.16%	10.80%	0.06%	3.38%	1.71%	0.89%
应急保障类	92.04%	7.63%	—	0.33%	—	—

续表

使用场景	柴油	汽油	天然气	纯电动	燃料电池	混合动力
服务类	73.89%	25.83%	0.01%	0.26%	—	0.01%
危化类	93.80%	6.07%	0.13%	—	—	—
医疗类	53.82%	46.04%	—	0.14%	—	—
消防类	98.28%	1.25%	—	0.47%	—	—
油田类	100.00%	—	—	—	—	—
路政类	40.35%	43.89%	0.12%	15.43%	0.21%	—
其他类	90.24%	8.89%	—	0.87%	—	—

第三节 中国专用汽车行业发展趋势

一、2023年经济向好，有益于行业回暖

2023年，中国经济继续呈现恢复向好态势，增长动能加强，消费、投资等主要经济指标向好，市场预期有望改善。据统计，2022年国内生产总值（GDP）为121.02万亿元，同比增长3%。2023年预计全年GDP增速为5%左右。2023年一季度公布的相关数据显示，我国经济形势的修复符合预期。消费端社会零售总额同比增长5.8%，消费由负转正。投资端固定资产投资同比增长了5.1%，与2022年同期持平。出口端2023年一季度出口同比增长4.8%，特别是3月出口增长了23.4%，为全年经济复苏打下了坚实基础。专用汽车需求与国民经济保持高度正相关，宏观经济向好有益于带动专用汽车的需求提升。

二、专用汽车产业更新、淘汰进程加速

近十年，我国专用汽车生产企业的数量急剧增长，新增企业达1200余家（见图12-12），公告内企业数量超过2000家。大量资源的涌入扩大了市场容量，但低质、低价的重复竞争也阻碍了行业进一步发展。

图12-12 2013—2022年专用汽车新增企业数情况

2020年专用汽车销量达到高峰后持续回落，终端市场需求紧缩，企业经营压力增大、内生动能不足、创新能力偏弱。专用汽车企业以民营资本为主，抗风险能力普遍偏弱，

面对连续 2 年需求大幅下滑的形势，现金流吃紧，部分企业已经徘徊在破产的边缘。伴随着产业转型升级、产品质量提升、市场竞争加剧等因素影响，部分专用汽车企业逐渐消亡，行业内"僵尸"企业的数量逐步增加。因此，此轮终端市场的调整，必将倒逼行业企业加快结构性转型，不断推陈出新，行业发展模式也将迎来新的变化。

三、专用汽车海外战略提速

近年来，中国专用汽车产业海外布局及出口进程明显加快，车企海外战略和政策红利是主要驱动力。国家发布的外贸政策多次提及支持中国车企品牌"走出去"，"一带一路"合作和中国基建企业出海为专用汽车出口带来了机遇。同时，"一带一路"沿线国家仍处于经济发展的上升期，刚性需求高，且"一带一路"沿线国家进口限制少，利于专用汽车"走出去"。如中集车辆集团分别在北美、欧洲、东南亚等地建立生产制造基地，发展全球业务。

从数据上看，从 2016 年到 2022 年，中国专用汽车出口量由 1.82 万辆，增长到 3.48 万辆，年复合增长率为 9.71%。出口金额由 2016 年的 14.62 亿美元，增长到 32.09 亿美元（见表 12-7）。此外，二手专用汽车的出口也在快速发展，以山东梁山为代表的二手商用车出口基地迅速崛起，目前已辐射包括非洲、东南亚、中亚等 60 多个国家和地区的二手专用汽车出口。

表 12-7　2016—2021 年中国专用汽车出口数据统计

年　　份	出口数量（万台）	出口金额（亿美元）
2016 年	1.82	14.62
2017 年	2.15	15.48
2018 年	2.10	17.63
2019 年	2.35	17.97
2020 年	1.80	11.86
2021 年	2.51	20.04
2022 年	3.48	32.09

注：数据来源于海关总署的出口数据统计。

第十三章　2022年新能源汽车市场情况及趋势

刘万祥，刘可歆，张文静[*]

摘要：2022年，中国新能源汽车市场呈现较强增长态势，销售总量已超过680万辆，市场渗透率提升至25.6%。从车型结构来看，新能源乘用车高低两端车型热销带动市场增长、客车规模持续萎缩、货车仍以轻型物流车为主。从动力类型来看，纯电动车型仍占据我国新能源汽车市场主导地位，插电式混合动力车型主要集中在乘用车领域，燃料电池车型以商用车为主。从领域分布来看，2022年，中国新能源汽车置换用户主要集中于东部经济发达地区，中西部地区相对较少。未来随着产业进入规模化快速增长期，整体规模有望大幅增长，企业竞争也将进一步加剧，插电式混合动力市场有望迎来快速增长。

关键词：中国市场；市场结构；发展趋势。

第一节　产业进入加速发展阶段，市场渗透率持续攀升

经过多年发展，中国新能源汽车产业各方通力合作，持续完善新能源汽车产业政策体系，行业企业不断加大研发投入、强化技术和商业模式创新，共同推动我国新能源汽车产业在市场规模、产业体系、技术水平等各方面实现全面提升，新能源汽车产业进入加速发展阶段。

一、市场规模维持高增长态势，连续八年居全球首位

从市场规模来看，在政策和市场的双重作用下，中国新能源汽车市场规模屡创新高，已经成为全球最大的新能源汽车市场，产销量连续八年稳居世界首位，已经具备较好的发展优势。2022年，新能源汽车销量超680万辆，同比增长93.4%，市场渗透率提升至25.6%（见图13-1），逐步进入全面市场化拓展期，迎来新的发展和增长阶段。在出口方面，2022年新能源汽车出口67.9万辆，同比增长1.2倍。

保有量方面，截至2022年底，中国新能源汽车保有量达1310万辆，占汽车总量的4.10%，扣除报废注销量，同比增加526万辆，增长67.13%。其中，纯电动汽车保有量为1045万辆，占新能源汽车总量的79.78%。其中，2022年全国新注册登记新能源汽车535万辆，占新注册登记汽车总量的23.05%，同比增加240万辆，增长81.48%。新注册登记新能源汽车数量从2018年的107万辆到2022年的535万辆，呈高速增长态势。

---

[*] 刘万祥，工程师，任职于中国汽车技术研究中心有限公司中国汽车战略与政策研究中心；刘可歆，工程师，任职于中国汽车技术研究中心有限公司中国汽车战略与政策研究中心；张文静，工程师，任职于工业和信息化部装备工业发展中心数据管理处。

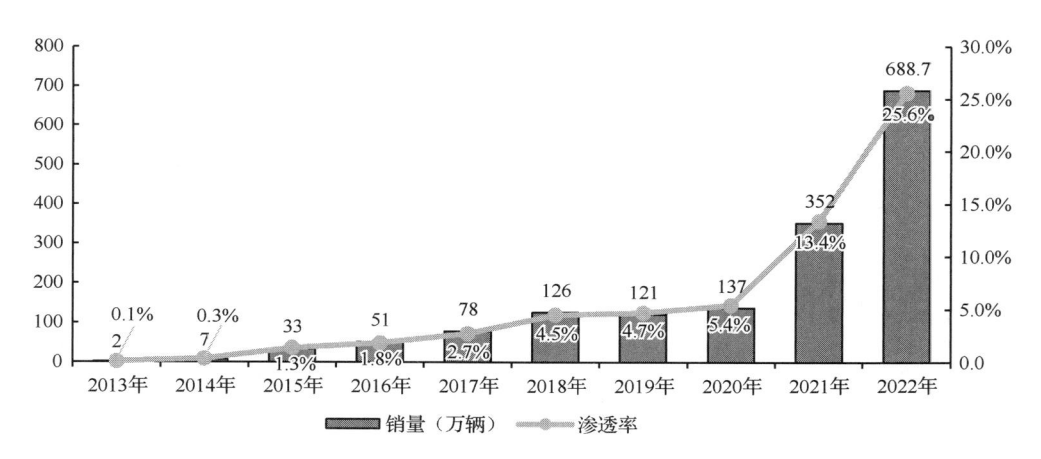

图 13-1 2013—2022 年中国新能源汽车销量及市场渗透率

数据来源：中国汽车工业协会

二、新能源汽车市场集中度较高，TOP10 区域占比超近 9 成

2022 年，我国长三角地区新能源汽车产量为 207.5 万辆，同比增长 98.0%，西部、京津冀、长江中游汽车产业集群增长率均在 120% 以上。前三名区域为广东、陕西、江苏，三地新能源汽车总产量达 224.6 万辆，占总产量的 35.5%；前十名区域新能源汽车产量达 538.8 万辆，占总产量的 85.1%（见图 13-2）。

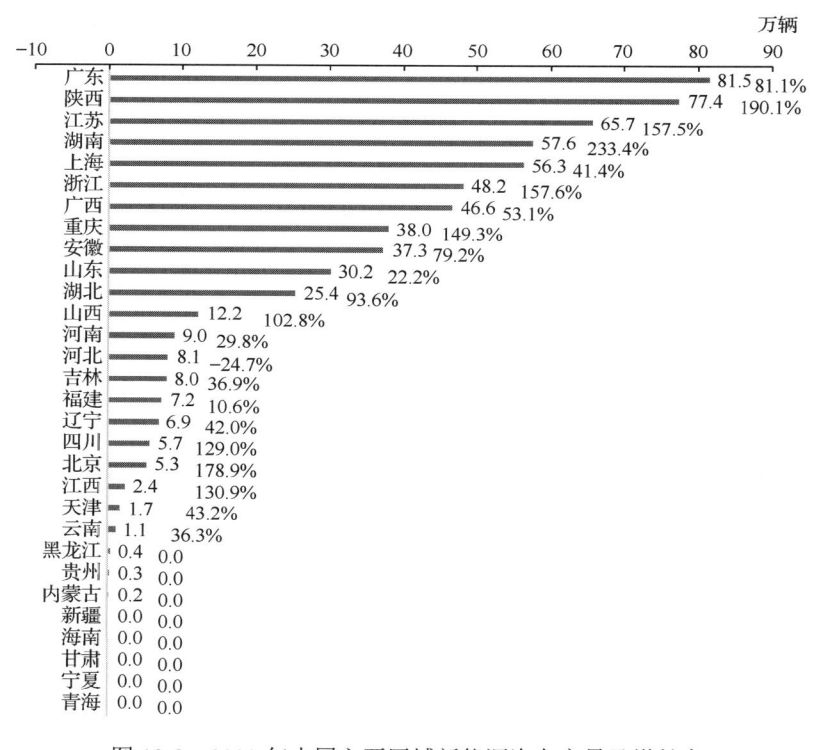

图 13-2 2022 年中国主要区域新能源汽车产量及增长率

第二节 新能源乘用车：市场化进程加快，渗透率快速提升

一、插电式混动乘用车呈现高增速，消费结构呈现多元化特征

受益于政策大力支撑、技术不断突破及产品供给日益丰富，2022年我国新能源乘用车产量达597.8万辆，同比增长95.6%，占新能源汽车总量的94%。其中，纯电动乘用车生产451.5万辆，同比增长78.9%，占比为76%；插电式混动乘用车生产146.2万辆，同比增长1.7倍，占比为24%。

新能源乘用车中，主销车型市场价格集中在15万～20万元区间，2022年累计销售185.5万辆，同比增长最显著，达到2.1倍（见图13-3）。除50万元以上市场，其他各价格区间同比均呈增长态势，消费结构呈现多元化特征。

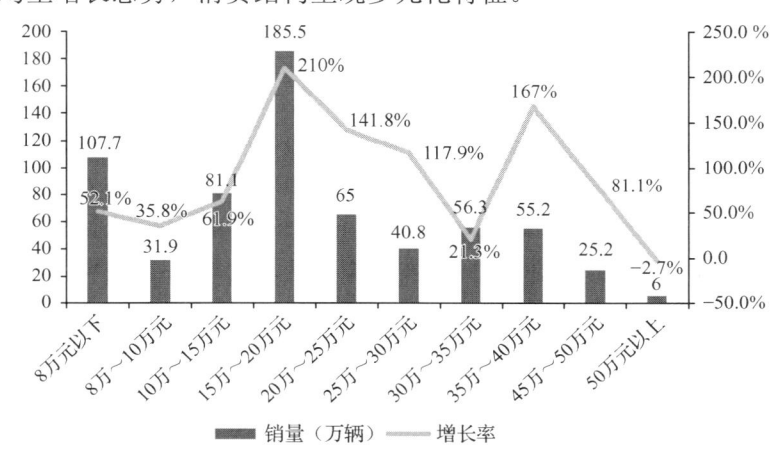

图13-3 2022年新能源乘用车各价格区间销量及增长率

数据来源：公开资料整理

二、企业分布：头部企业集中度不断强化，造车新势力企业份额大幅提升

（一）TOP10企业产量持续攀升，占比近7成

随着"双碳"目标的提出，中国新能源汽车产业发展越来越受到重视，已成为汽车产业节能减排的重要选择之一。近年来，国内重点新能源汽车生产企业不断加大投入布局，行业市场集中度逐渐提升。2022年中国新能源乘用车产量前十名企业分别为比亚迪、上汽通用五菱、特斯拉、广汽、重庆长安、奇瑞、江淮汽车、吉利、合众汽车、理想汽车，产量合计419.5万辆，占新能源乘用车全年产量的70.2%。其中，比亚迪自2022年3月停止生产燃油汽车以来，产量屡创新高，全年累计生产达178.5万辆，占新能源乘用车总产量的30%，稳居国内新能源乘用车产量首位；上汽通用五菱、特斯拉累计产量约60.9万辆和44.4万辆，分别列第二、三位（见图13-4）。

图 13-4 中 2022 年新能源乘用车前十名企业产量（单位：辆）

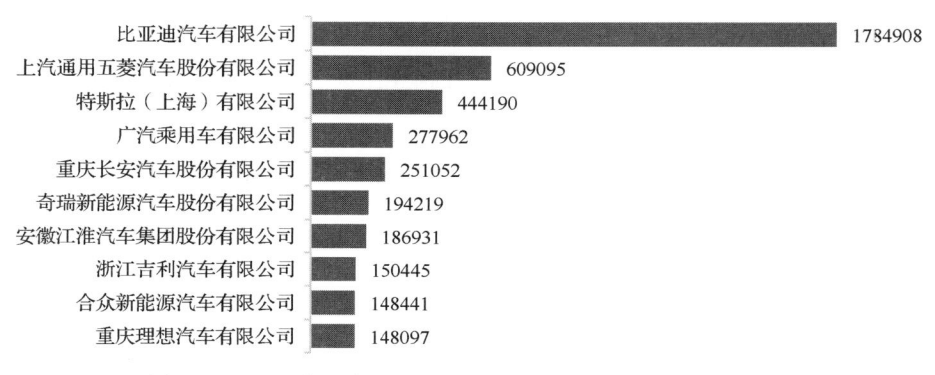

企业	产量
比亚迪汽车有限公司	1784908
上汽通用五菱汽车股份有限公司	609095
特斯拉（上海）有限公司	444190
广汽乘用车有限公司	277962
重庆长安汽车股份有限公司	251052
奇瑞新能源汽车股份有限公司	194219
安徽江淮汽车集团股份有限公司	186931
浙江吉利汽车有限公司	150445
合众新能源汽车有限公司	148441
重庆理想汽车有限公司	148097

图 13-4　2022 年新能源乘用车前十名企业产量（单位：辆）

数据来源：机动车出厂合格证

（二）造车新势力企业产量持续攀升，成为市场主要增长动力之一

近年来，中国造车新势力企业凭借产品和生态体系迅速崛起，在市场上持续发力，成为支撑我国新能源汽车快速发展的重要动力之一。2022 年，中国造车新势力企业产量持续提升，合计产量达 117.9 万辆，占新能源乘用车总产量的 19.7%，特斯拉、小鹏、蔚来、合众汽车等 6 家造车新势力企业 2022 年产量均超过 10 万辆。分企业看，哪吒汽车于 2022 年生产 14.8 万辆，同比增长 1.1 倍，在国内造车新势力中名列榜首；理想汽车、小鹏汽车紧随其后，累计生产 14.8 万辆、13.2 万辆，分别居第二、三位（见表 13-1）。但与此同时，造车新势力发展的隐忧正在暴露。根据合格证出厂数据监测显示，威马汽车连续两个月停产，生产经营受资金压力、原材料成本上涨等多重压力影响；哪吒汽车于 2022 年 12 月产量同环比也出现大幅下滑，受新能源补贴到期及消化库存等因素影响，12 月产量不足 7000 辆，环比下滑 39.6%，同比下滑 28.0%。

表 13-1　2022 年主要造车新势力企业产量统计

序　号	企业名称	品　牌	2022 年产量（辆）
1	特斯拉（上海）有限公司	特斯拉牌	444190
2	合众新能源汽车有限公司	哪吒牌	148441
3	重庆理想汽车有限公司	理想牌	148097
4	安徽江淮汽车集团股份有限公司	蔚来牌	132283
5	肇庆小鹏新能源投资有限公司	小鹏牌	129894
6	零跑汽车有限公司	零跑牌	113491
7	威马汽车制造温州有限公司	威马牌	20032
		威尔马斯特牌	4328
	湖北星晖新能源智能汽车有限公司	威马牌	6709
8	江苏吉麦新能源车业有限公司	凌宝牌	22347
9	福建天际汽车制造有限公司	天际牌	6137
10	云度新能源汽车有限公司	云度牌	2000

续表

序号	企业名称	品牌	2022年产量（辆）
11	江铃控股有限公司	爱驰牌	1099
12	兰州知豆电动汽车有限公司	知豆牌	352
13	国机智骏汽车有限公司	国机智骏牌	1
	总计		1179401

数据来源：机动车出厂合格证

三、产品结构：纯电动车型占据主导地位，插电式混动市场加速拓展

中国新能源汽车市场动力类型分布较为稳定，纯电动车型长期占据八成以上市场份额。2022年，中国新能源汽车销量合计688.7万辆，同比增长95.6%，其中，纯电动汽车销量为536.5万辆，同比增长84%，占比为77.9%；插电式混动汽车销量为151.8万辆，同比增长151.6%，占比为22.0%。燃料电池汽车处于小规模推广应用初期阶段，合计销量仅3397辆，同比增长112.8%，占比约0.1%（见图13-5）。保有量方面，根据公安部数据统计，截至2022年底，全国新能源汽车保有量达1310万辆，纯电动汽车保有量为1045万辆，占新能源汽车总量的79.78%。

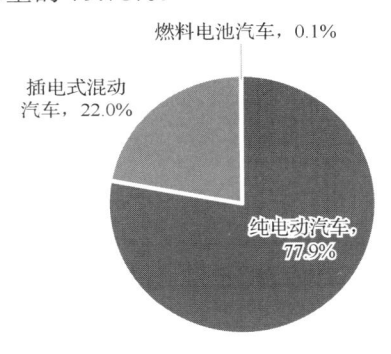

图 13-5　2022年新能源汽车产量结构

数据来源：机动车出厂合格证

（一）中国品牌纯电动乘用车优势明显

近年来，以比亚迪为代表的传统中国车企和蔚小理等国内造车新势力，抓住新能源乘用车发展契机，形成新技术应用多、技术配置高等品牌优势，引领中国品牌向上发展。2022年，中国品牌纯电动乘用车产量达370.0万辆，占纯电动乘用车的比例达82%，继续保持先发优势；美系品牌产量达48.2万辆，占比为11%；德系、日系、韩系等其他系别的纯电动乘用车合计产量为33.4万辆，占比为7%（见图13-6）。

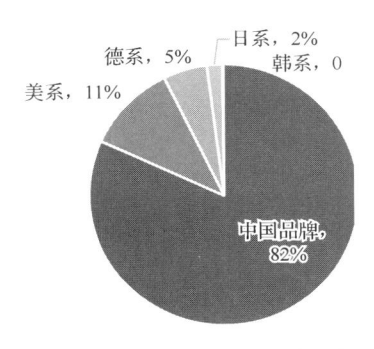

图 13-6　2022年纯电动乘用车不同系别车型结构

（二）国内企业加速布局插电式混动车型

自 2021 年以来，头部自主车企比亚迪、吉利汽车、长城汽车、长安汽车、奇瑞汽车等通过自研混动平台与混动系统，加速驶入混动赛道。以比亚迪 DM-i 系列产品、理想 ONE、赛力斯问界 M5 等为代表的多款插电式混动产品对传统燃油汽车的替代效应愈发明显。2022 年，插电式混动乘用车中国品牌产量提升至 132.9 万辆，占插电式乘用车总产量的 91%（见图 13-7），预计短期内中国品牌插电式混动车型仍占据市场主导地位。

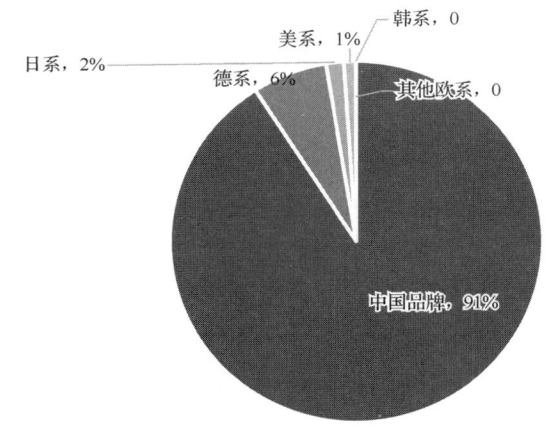

图 13-7　2022 年插电式混动乘用车不同系别车型产量结构

（三）燃料电池汽车产销量持续提升

2022 年，燃料电池汽车产销量分别达到 3628 辆与 3367 辆，创下有史以来的最好业绩（见图 13-8）。一是城市群示范政策落地后，政策迎来四年稳定期，五大城市群在未来四年将推广超过 32000 辆氢燃料电池汽车，明确了年度推广目标。二是"双碳"目标的推动和《氢能产业发展中长期规划（2021—2035 年）》的出台，2022 年 20 多个省（直辖市、自治区）均出台氢能产业规划，部分地区还有明晰的补贴政策，示范城市群和非示范区域推广应用氢燃料电池汽车的积极性空前高涨。三是燃料电池货车发展较快，燃料电池重卡更是呈现出较强的发展势头，为氢燃料电池汽车的增长提供了有力的支持。

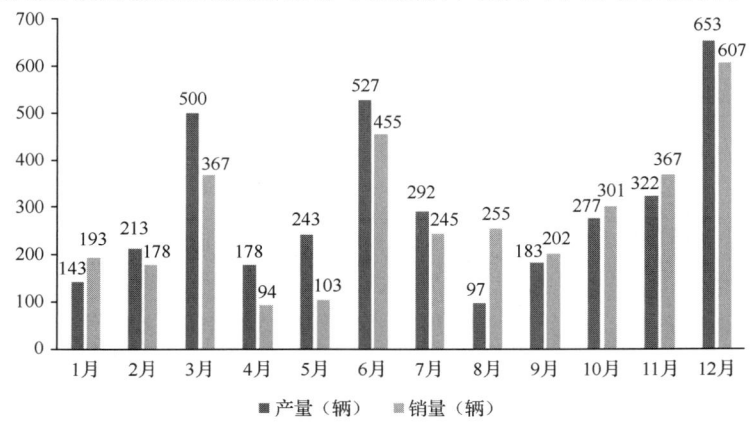

图 13-8　2022 年燃料电池汽车产销情况

第三节　新能源商用车：货车电动化取得明显进展，客车市场增长放缓

随着"双碳"目标的稳步推进，我国商用车电动化步伐加快，2022年新能源商用车累计生产35.2万辆，同比增长67.1%。其中，新能源客车、新能源专用汽车产量分别为5.5万辆、29.6万辆，新能源客车市场渗透率达62%。

一、客车生产集中度较高，头部企业领先优势明显

2022年有产量的新能源客车企业为67家，且生产车型多为纯电动车型。分企业看，排前10名的企业产量合计3.6万辆，占新能源客车总量的64%，生产集中度较高，头部企业领先优势明显。其中，宇通客车生产1.1万辆，占比为19%，排名首位；苏州金龙、中通客车占比为8%和7%，分列第二、三位。此外，燃料电池客车逐渐量产，累计总产量为1234辆，主要生产企业为宇通客车、苏州金龙、厦门金旅等。

二、专用汽车企业加快推进新能源转型

专用汽车企业加速进入新能源专用汽车市场。2022年新能源专用汽车生产企业合计224家，全年累计生产29.6万辆，同比增长81.1%，保持较好的发展势头。其中，排前10名的企业产量合计17.4万辆，占比为58.8%；前5名企业产量合计11.0万辆，占比为37.2%，生产集中度较高。其中，重庆瑞驰产量达3.0万辆，居第一位，领先优势明显（见图13-9）。

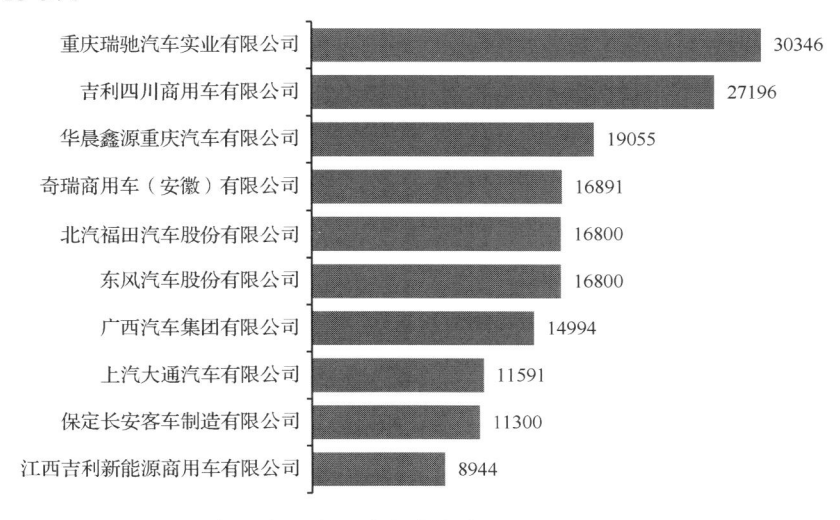

企业	产量（辆）
重庆瑞驰汽车实业有限公司	30346
吉利四川商用车有限公司	27196
华晨鑫源重庆汽车有限公司	19055
奇瑞商用车（安徽）有限公司	16891
北汽福田汽车股份有限公司	16800
东风汽车股份有限公司	16800
广西汽车集团有限公司	14994
上汽大通汽车有限公司	11591
保定长安客车制造有限公司	11300
江西吉利新能源商用车有限公司	8944

图13-9　2022年新能源专用汽车生产企业TOP10情况（单位：辆）

数据来源：机动车出厂合格证

第四节 动力电池：装车量规模快速拓展，磷酸铁锂占比超 6 成

近年来，我国动力电池产业在市场规模、技术水平及产业链完整度等方面都取得了显著进步，成为推动全球绿色低碳转型的重要力量。2022 年，中国动力电池产销量分别达 545.9GWh 和 465.5GWh，分别同比增长 148.5%和 150.3%，累计装车量为 294.6GWh，同比增长 90.7%。在产品技术上，我国动力电池单体能量密度从 2012 年的 130Wh/kg 提升至 300Wh/kg 以上，系统能量密度超过 200Wh/kg。动力电池关键材料研发、单体电池设计、系统集成技术等综合性能全面提升，先进产品供给能力持续加强。此外，在产业生态上，中国已经建成全世界最完备的上中下游和后市场为一体的大宗产业链条，动力电池回收利用、梯次利用、材料再生等后产业链体系持续延伸，累计建设动力电池回收服务网点超过 1.4 万个。

2022 年，我国磷酸铁锂电池装车量为 1775.0 亿瓦时，占比为 60%，三元材料电池装车量达 1077.8 亿瓦时，占比为 36%。2022 年动力电池配套企业达 55 家，配套量排前 10 名的企业装车量合计 2804.0 亿瓦时，占比为 94.9%，较 2021 年提升 2.6 个百分点。其中，宁德时代位居榜首，动力电池装车量达 1440.3 亿瓦时，占比为 48.8%，较 2021 年下滑 3.6 个百分点，但仍保持领先优势；比亚迪装车量达 691.3 亿瓦时，占比为 23.4%，较 2021 年大幅提升 7.1 个百分点，排第二位；中创新航、国轩高科装车量达 187.9 亿瓦时和 139.6 亿瓦时，占比分别为 6.4%和 4.7%，列第三、四位（见图 13-10）。

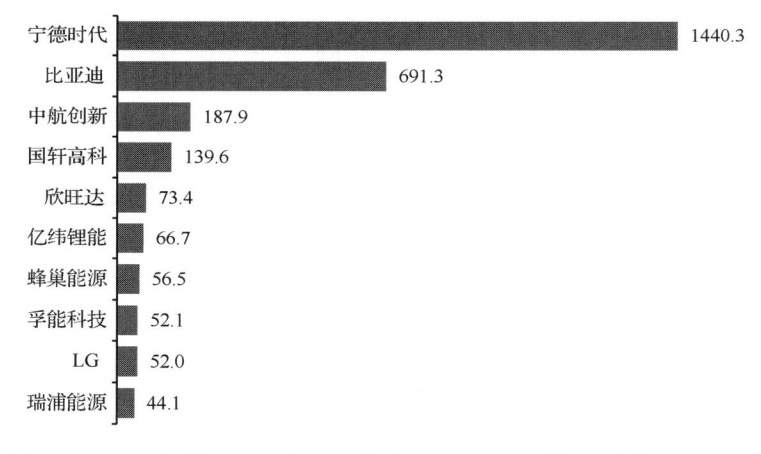

企业	装车量
宁德时代	1440.3
比亚迪	691.3
中航创新	187.9
国轩高科	139.6
欣旺达	73.4
亿纬锂能	66.7
蜂巢能源	56.5
孚能科技	52.1
LG	52.0
瑞浦能源	44.1

图 13-10 2022 年我国动力电池企业装车量 TOP10 情况（单位：亿瓦时）

第五节 使用环境：充电基础设施配套逐渐完善，整体保障能力提升

近年来，我国充电设施实现了从点到面覆盖，充电基础设施建设布局实现了从试点城市扩展到全国各级城市、从公共领域车辆扩展到私人领域车辆、从城市中心区域扩展到城市城际区域全面覆盖的跨越式发展，形成较为完备的新能源汽车充电服务保障体系。

2022 年，我国充换电基础设施增长保持较高增速。根据统计，2022 年中国充电基础设施增量为 259.3 万台，其中公共充电桩增量同比上涨 91.6%，随车配建私人充电桩增

第十三章 2022年新能源汽车市场情况及趋势

量持续上升，同比上升225.5%。截至2022年底，全国充电基础设施累计数量为521.0万台，同比增加99.1%。2022年公共充电站增量为3.7万座，保有量为11.1万座。2022年，充电基础设施增量为259.3万台，新能源汽车销量为688.7万辆，充电基础设施与新能源汽车继续爆发式增长，桩车增量比为1:2.7，充电基础设施建设能够基本满足新能源汽车的快速发展。

从2022年月度趋势看，月均新增公共充电桩约5.4万台（见图13-11）。公共充电基础设施省（直辖市、自治区）市运行情况，广东、江苏、浙江、上海、北京、湖北、山东、安徽、河南、福建建设的公共充电桩占比达71.3%。全国充电电量主要集中在广东、江苏、四川、浙江、河北、福建、上海、陕西、湖南、北京等区域，电量流向以公交车和乘用车为主，环卫物流车、出租车等其他类型车辆占比较小，2022年全国充电总电量为213.2亿度。

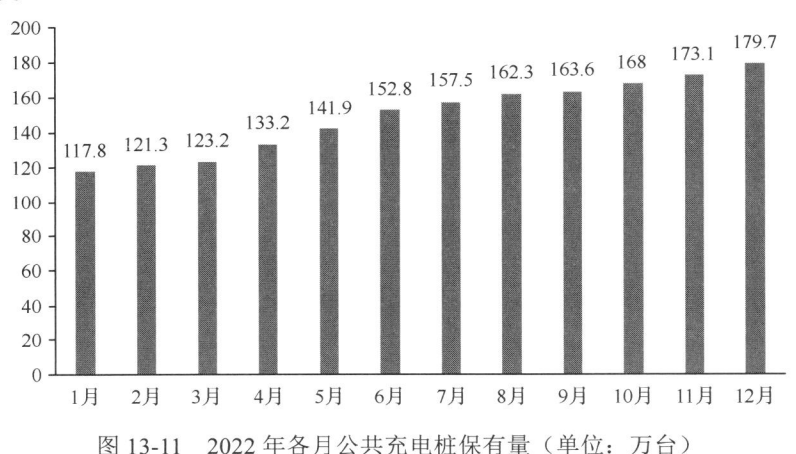

图13-11 2022年各月公共充电桩保有量（单位：万台）

第六节 未来发展趋势

一、"双碳"目标加速推动产业进程，市场有望维持高增长态势

汽车产业低碳发展路径选择中，新能源汽车是我国实现减排目标和产业高质量发展的战略选择，也将是全球汽车产业转型升级的主要方向。随着产品成本下降和技术水平提升，新能源汽车市场规模将持续扩大，市场占有率也将稳步提升，《新能源汽车产业发展规划（2021-2035年）》提出，到2025年，我国新能源汽车新车销量占比达到25%左右的目标提前达成。2023年我国新能源汽车密集上市，市场产品丰富度提升率助推增量市场开拓。初步统计，2023年国内约有100款新能源新车上市。一是10万～20万元主流市场有望扩容。长安、广汽本田、比亚迪、广汽埃安、零跑、大众、小鹏、长城等将继续推出10万～20万元高性价比的新能源车型，10万～20万元作为主流汽车价格段，新能源汽车产品的快速丰富有望带动渗透率进一步上涨。二是高端市场亮点突出。2023年，比亚迪、腾势、广汽埃安、长安、小鹏、蔚来、极氪、欧拉、沙龙、理想等均推出/交付高端新能源车型，主打"智能+快充+体验"，产品亮点突出，高端车型市场有望持

续扩容。三是插电式混动汽车市场受到认可。凭借比亚迪 DM-i 车型的优秀产品力，已为自主混动技术培养了良好的用户口碑。2023 年，比亚迪、腾势、理想、长城、长安、问界、吉利等众多车企继续推出高性价比插电式混动车型，插电式混合动力汽车市场销量有望迎来新高。

二、插电式混动市场或将迎来阶段性快速增长

多家自主和合资品牌发力插电式混动车型。2022 年，国内混动汽车市场由比亚迪一枝独秀；2023 年，长安汽车、长城汽车、吉利汽车等众多自主品牌均将加速布局混动车型，混动车型市场有望呈现百花齐放局面。一方面，部分国内车企加大插电式混动车型布局投入，包括吉利、长城、比亚迪、奇瑞、广汽传祺等自主品牌陆续推出主力插电式混动车型，长城哈弗枭龙 MAX、比亚迪海洋系列首款 B+级超混轿车驱逐舰 07、吉利汽车插电式混动 SUV 银河 L7。另一方面，合资品牌企业加速布局插电式混动车型。广汽丰田、广汽本田、东风日产等多家合资品牌开始推出规模化量产车型。部分行业专家预测，未来的一段时间内，全球插电式混动汽车市场尤其是中国市场，将进入快速增长。

三、市场竞争持续加剧，头部造车新势力迎来增长窗口期

2021 年、2022 年及 2023 年 1—4 月，中国新能源乘用车零售销量分别为 298.9 万辆、567.4 万辆、184.3 万辆，同比增速分别为 169.1%、90.0%、36.0%。2023 年一季度，新势力头部企业理想、小鹏、蔚来、合众新能源乘用车零售销量合计 12.4 万辆，增速由 2022 年同期的 62.4%下降为 1.7%，份额合计 9.5%，同比下降 1.9 个百分点。另外，蔚来、小鹏、理想汽车等积极进行长远战略布局，造车新势力企业成长能力快速释放，迈入快速成长期，2022 年，市场规模有望快速扩大。与此同时，随着新势力企业车型供给丰富，高端新能源汽车品牌及产品配置提升明显，与豪华合资品牌正面竞争将加剧。从车型配置与价格方面看，造车新势力车型竞争力强于豪华合资品牌，智能化配置水平尤其突出。未来，随着造车新势力新车型陆续上市，豪华合资品牌市场将逐步受到挤压。

Part 5　车型篇

第十四章　2022年乘用车新车型特征

邵帅，侯昕田[*]

摘要：本章依据《道路机动车辆生产企业及产品公告》数据，按照燃料结构、车辆类型结构、车型级别等维度阐述了2022年乘用车新车型申报情况。基于整车参数特征、动力参数特征及核心零部件特征分析了乘用车新车型技术特征及技术趋势，分析了2022年乘用车新车型的市场表现。2022年新车型《公告》申报总体较为平稳，新车型产量呈逐月稳步攀升态势。

关键词：乘用车；新车型；技术特征；发展趋势。

第一节　2022年乘用车新车型申报情况

一、乘用车新车型申报基本情况

2022年，工业和信息化部发布了第352批至第366批共计15批《道路机动车辆生产企业及产品公告》（以下简称《公告》），共有92家乘用车企业申报了1433个型号的乘用车新车型，较2021年的104家乘用车企业申报了1355个型号的乘用车新车型，企业数略有下降，车型数略有上升。如图14-1所示，随着"两月三批"等工业和信息化部便企措施的实施，不同批次间新车型数目差距较大，尤其是额外增加批次的乘用车新车型数量较少。但整体来看，每月申报《公告》的新车型数量大致为波动上升趋势，其中12月第365批申报的新车型数量最多，共申报193个型号新车型。

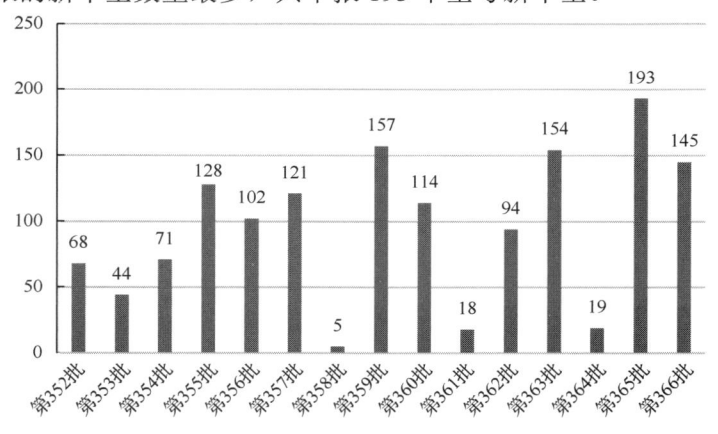

图14-1　2022年乘用车新车型申报情况（单位：个）

---

[*] 邵帅，助理工程师，任职于工业和信息化部装备工业发展中心；侯昕田，工程师，任职于中汽研软件测评（天津）有限公司。

二、乘用车新车型申报结构分析

（一）燃料类型结构分析

如图 14-2 所示，2022 年 55 家乘用车企业共申报了 775 个型号的传统燃料乘用车新车型，占全年乘用车新车型总量的 54.1%，一汽大众、上汽大众、上汽通用分别申报 91 个、60 个、42 个型号新车型，位列传统燃料乘用车新车型申报前三名。70 家乘用车企业共申报 452 个纯电动乘用车新车型，占全年乘用车新车型总量的 31.5%，上汽通用五菱、浙江吉利、浙江豪情分别申报 25 个、24 个、23 个型号新车型，位列纯电动乘用车新车型申报前三名。包括纯电动、插电式混合动力、燃料电池在内的新能源乘用车新车型数量占比为 40.5%，较 2021 年的 44.9%略有下降，但总体来说变化不大。

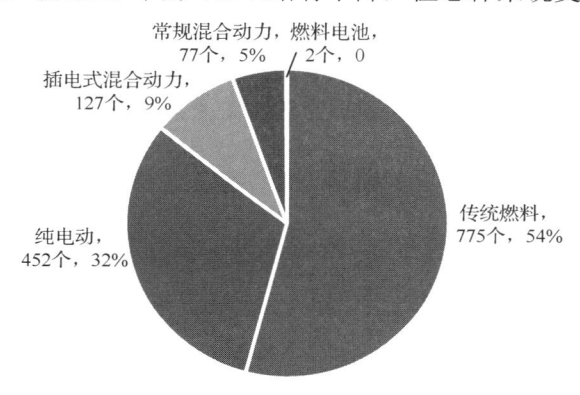

图 14-2　2022 年乘用车新车型燃料类型结构

（二）车辆类型结构分析

如图 14-3 所示，2022 年 65 家乘用车企业共申报了 628 个型号的 SUV 新车型，占全年乘用车新车型总量的 44%，长城汽车、上汽大众、一汽大众分别申报 63 个、49 个、38 个型号，位列 SUV 新车型数量前三位；其次是轿车车型，62 家乘用车企业共申报了 602 个型号轿车新车型，占全年乘用车新车型总量的 42%，一汽大众、浙江豪情、上汽通用五菱分别申报 60 个、34 个、27 个型号，占据轿车新车型数量前三位。最后是 MPV 车型，35 家乘用车企业共申报了 203 个型号 MPV 新车型，占全年乘用车新车型总量的 14%，上汽通用五菱、华晨鑫源重庆、上汽大通分别申报 26 个、26 个、17 个型号，占据 MPV 新车型数量前三位。

（三）车型级别结构分析

依据 GB/T3730.1—2022，将三厢轿车、两厢轿车及运动型乘用车分为 A00（微型）、A0（小型）、A（紧凑型）、B（中型）、C（中大型）、D（大型）六个级别，将多用途乘用车分为 A0（小型）、A（紧凑型）、B（中型）、C（中大型）四个级别。

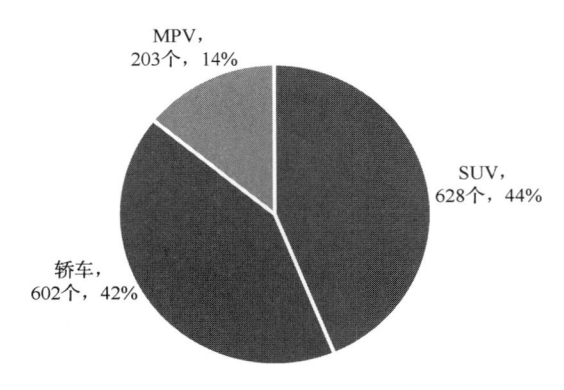

图 14-3　2022 年乘用车新车型车辆类型结构

三厢轿车方面，如图 14-4 所示，在 2022 年 42 家企业申报的 350 个新车型中有 A 级车型 62 个、占比为 18%，B 级车型 106 个、占比为 30%，C 级车型 141 个、占比为 40%，D 级车型 41 个、占比为 12%。可以看出，企业对 B 级和 C 级新车型申报热情较高，同时并无企业申报 A00 级、A0 级新车型。申报三厢轿车新车型的企业中，32 家企业申报了 B 级新车型，29 家企业申报了 C 级新车型。东风汽车集团、东风汽车、浙江豪情分别申报了 9 个、8 个、8 个 B 级新车型，位列前三名。比亚迪、上汽通用、广汽乘用车为 2022 年 C 级三厢轿车申报最多的整车企业，分别申报了 14 个、12 个、10 个新车型。在 A 级和 D 级方面，均为一汽大众申报最多，分别为其大众牌和奥迪牌的相关车型。

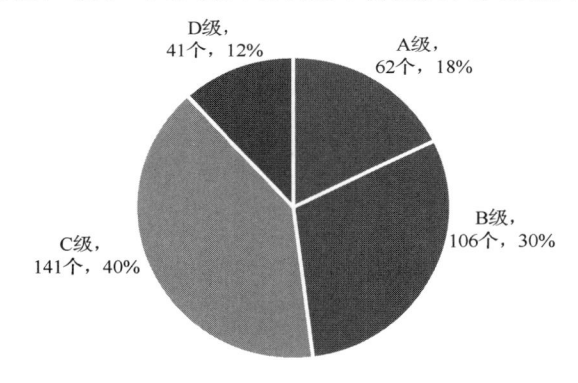

图 14-4　2022 年三厢轿车新车型级别结构

两厢轿车及 SUV 方面，如图 14-5 所示，在 2022 年 79 家企业申报的 880 个新车型中，A00 级车型 107 个、占比为 12%，A0 级车型 13 个、占比为 1%，A 级车型 222 个、占比为 25%，B 级车型 322 个、占比为 37%，C 级车型 167 个、占比为 19%，D 级车型 49 个、占比为 6%。与三厢轿车有所不同的是，企业对两厢轿车及 SUV B 级新车型申报热情较高，同时也申报了为数不少的 A00 级和 A 级新车型，C 级新车型占比略有下降。申报两厢轿车及 SUV 新车型的企业中，27 家企业申报了 A00 级新车型，37 家企业申报了 A 级新车型，49 家企业申报了 B 级新车型，28 家企业申报了 C 级新车型。上汽通用五菱、奇瑞新能源、江苏吉麦新能源分别申报了 18 个、13 个、9 个 A00 级新车型，位列前三名。在 A 级车型方面，前三名为一汽大众、长城汽车、广汽丰田，分别申报了 31 个、26 个、16 个新车型。在 B 级车型方面，长城汽车、浙江豪情、一汽大众分别申报了 32 个、26 个、24 个新车型，位列前三名。上汽大众、长城汽车、上汽通用为 2022 年 C 级三厢轿车申报最多的主机厂，分别申报了 18 个、16 个、14 个新车型。在 A0 级车型和 D 级车型方面，申报最多的企业为合众新能源、浙江吉利。

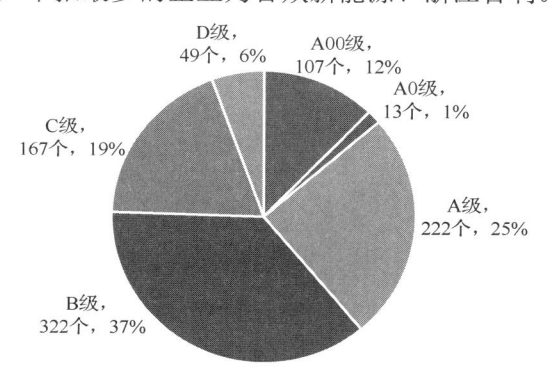

图 14-5　2022 年两厢轿车及 SUV 新车型级别结构

如图 14-6 所示，2022 年 35 家乘用车企业共申报 203 个 MPV 新车型，A0 级车型 26 个、占比为 13%，A 级车型 34 个、占比为 17%，B 级车型 34 个、占比为 17%，C 级车型 109 个、占比为 53%，超过一半。可以看出，在 MPV 方面，C 级新车型占据绝对主流地位，上汽大通、东风柳汽、安徽江淮分别以 14 个、10 个、8 个新车型，位列前三名。

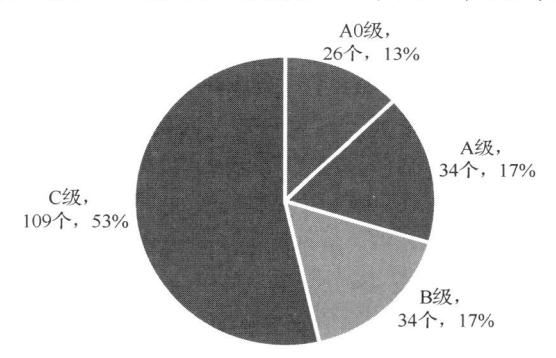

图 14-6　2022 年 MPV 新车型级别结构

（四）系别结构分析

2022 年，71 家自主品牌乘用车企业共申报了 847 个型号新车型，占比为 59%；30 家乘用车企业共申报 586 个合资型号新车型，占比为 41%。将自主品牌分为传统自主和合资两类，并将合资按系别区分，具体结果如图 14-7 所示。

传统自主品牌占比最高，共计 65 家企业申报了 769 个新车型，占比超过一半，达到 54%。长城汽车、上汽通用五菱、吉利汽车分别以 87 个、61 个、44 个新车型，位居前三名。新势力品牌占比为 5%，共计 9 家企业申报了 78 个新车型。值得注意的是，新势力品牌申报的车型均为纯电动或混合动力，其中，纯电动新车型 67 个、混合动力新车型 11 个。

合资品牌中，新车型数量最多的为德系，5 家企业共申报了 233 个新车型。其中，大众系占绝大多数，一汽大众和上汽大众分别申报 98 个和 66 个新车型，占德系的 70%。其次为日系，10 家企业共申报了 154 个新车型，广汽丰田、东风汽车、东风本田申报的车型最多，分别为 34 个、29 个、28 个新车型。再次是美系，7 家企业共申报了 101 个新车型，上汽通用、长安福特、上汽通用东岳汽车申报的车型最多，分别为 45 个、28 个、12 个新车型。仅有两家企业申报了韩系车型——北京现代和江苏悦达起亚，分别申报了 28 个和 27 个新车型。欧系车型包括瑞典系、英系、意系和法系，共有 7 家企业申报了 43 个新车型。

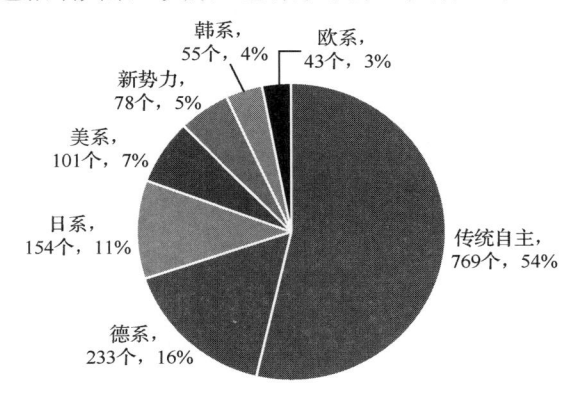

图 14-7　2022 年乘用车新车型系别结构

不同系别燃料结构有着较大的差异，具体结果如图 14-8 所示。合资品牌中，韩系、德系、美系以传统燃料车型为主，新能源车型占比较低，均低于 20%。欧系和日系新能源车型占比稍高，但未超过一半，值得注意的是日系混合动力新车型占比是最高的，达 27.92%，这与日系混合动力技术有一定优势有关。

传统自主品牌较合资品牌新能源新车型占比高，超过一半；其纯电动新车型占比更高，达到了 38.75%，仅次于国产新势力。新势力品牌于 2022 年没有申报传统燃料新车型，仅申报纯电动和混合动力新车型，占比分别为 85.90% 和 14.10%。

通过以上结果不难看出，国产乘用车品牌对新能源车型高度重视，无论是传统自主品牌还是造车新势力，在新能源汽车的研发方面都投入了大量资源，部分新能源车型取得了良好的市场反响，新能源车型占比快速提升。与之相对的，合资品牌则对传统能源汽车依赖度较高，申报的新车型仍主要为传统能源汽车。

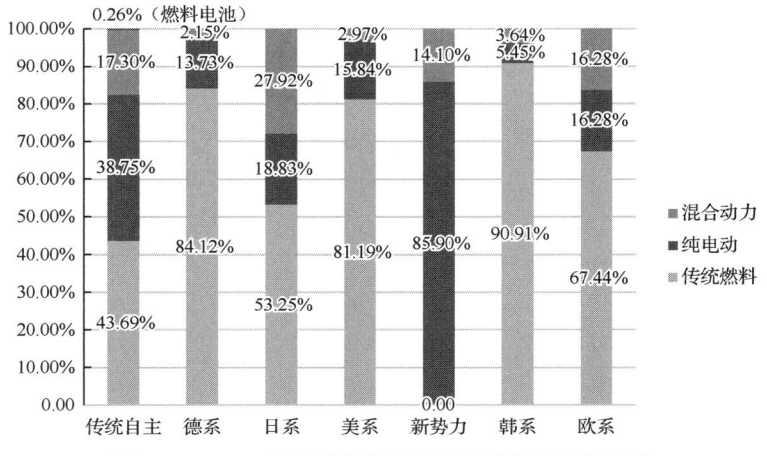

图 14-8　2022 年乘用车新车型分系别燃料类型结构

三、重点企业新车型申报情况分析

分企业看，如图 14-9 所示，2022 年一汽大众申报新车型数量最多，共计 98 个型号新车型；第 2～5 名依次是长城汽车、上汽大众、上汽通用五菱、吉利汽车，分别申报 87 个、66 个、62 个、56 个型号新车型，其余乘用车企业申报的数量均少于 50 个。TOP10 乘用车申报企业共申报了 583 个型号新车型，占全年乘用车新车型申报总量的 40.69%，产业集中度处于中等水平。

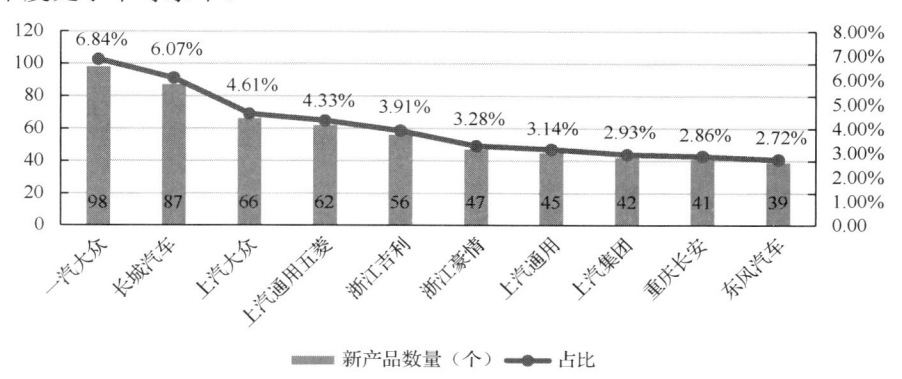

图 14-9 2022 年乘用车企业申报新车型 TOP10 情况

分批次看，如图 14-10 所示为 2022 年一汽大众分批次申报新车型情况，其中第 358 批、第 361 批、第 364 批未申报新车型。一汽大众全年申请新车型数量最多的批次是第 359 批，为 22 个型号。

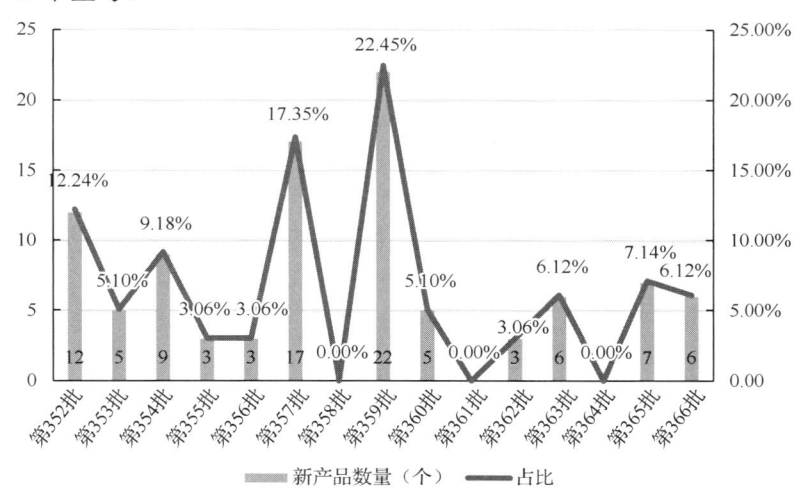

图 14-10 2022 年一汽大众分批次申报新车型情况

第二节 2022年乘用车新车型技术特征分析

一、整车参数特征分析

（一）空间尺寸大型化趋势明显

随着经济实力的增强和消费习惯的升级，消费者对汽车的舒适性和内部空间有了更高的要求。这导致了同一级别的乘用车在轴距及车身长度、宽度和高度方面不断增加的趋势。同时，小型车需求逐渐减少，而中大型车市场则在不断扩大。许多合资品牌纷纷将大型轿车和SUV引入中国市场，中国品牌也在不断挑战高端需求，努力提高整车配置和尺寸，使车型更接近豪华车的水平。以上多种因素导致了车型尺寸的大幅增加，乘用车朝大型车的方向发展。

A级车型具有很高的性价比，拥有广泛的用户群体。因此，许多汽车制造商竞相发力，使A级车的车身尺寸和内部空间逐渐接近B级车。一般来说，A级车的轴距为2600～2750mm。根据2022年A级车新车型的《公告》申报情况，如图14-11所示，轴距为2700～2749mm的车型占比达25%，并且轴距超过2750mm的车型占比达20%，A级车大型化趋势明显。

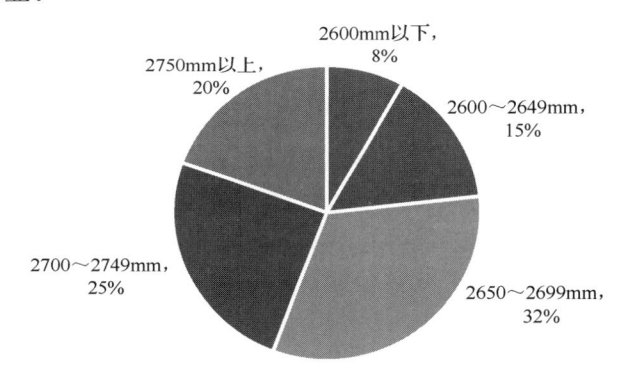

图14-11 2022年乘用车新车型分批次A级车申报轴距结构

（二）轻量化技术发展持续深入

随着全球汽车行业对环保和节能的日益重视，以及对整车安全性能的要求不断提高，轻量化已经成为汽车行业的热门话题。实验证明，汽车整车重量每降低10%，其燃油效率可提高6%～8%，轻量化技术是改善汽车燃油经济性的有效途径。在新能源汽车领域，降低汽车的整备质量可以提高动力性，减少电能消耗，进一步增加续驶里程，降低新能源用户的"里程焦虑"。

铝合金材料具有密度小、强度高、弹性好、抗冲击性能优良、易加工成形等优点。早期由于铝材价格高、燃油价格低，汽车制造并未广泛采用铝材。然而，近些年随着能源危机、环境保护和交通安全问题得到持续关注，以及铝合金生产成本的降低，铝合金材料被广泛应用到车身和零部件领域，对整车减重做出了明显的贡献。如图 14-12 所示，从 2022 年新车型《公告》申报情况可以看出，在新车型电器配置和舒适性配置不断提高的情况下，整备质量在 1800kg 以上的新车型占比相对较低，而多数新车型的整备质量控制在 1799kg 之下。轻量化技术获得更大范围的应用。

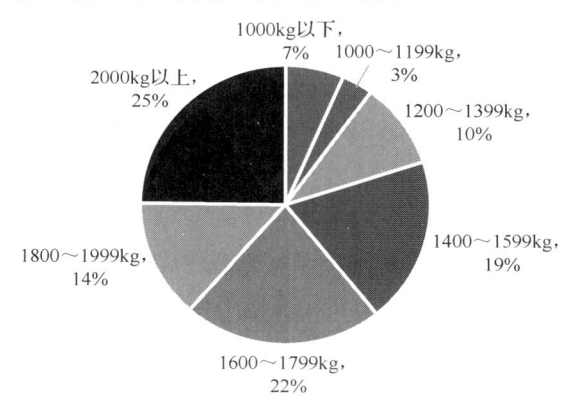

图 14-12　2022 年乘用车新车型分批次整备质量结构

二、动力参数特征分析

（一）小排量增压占据主要地位

在油耗排放法规日益严格以及消费者对于发动机性能要求的不断提升的趋势下，小排量增压发动机是当下实现动力性与燃油经济性兼得的必由之路。通过对增压发动机的调校与标定，可以提高发动机低转速时的扭矩，使汽车更多地工作在低转速区间，进一步减少摩擦损失和泵气损失，节油效果明显，增加涡轮后，发动机的动力性也将显著提升。同时，减小的发动机体积可为车厢内部腾出更大空间，进一步提升整车舒适性。因此，体积小、重量轻、动力强的小排量增压发动机成为汽车企业新车型动力系统选择的主流方案。

在如涡轮增压技术、多气门技术、可变气门技术、全铝发动机技术等先进发动机技术的加持下，如今小排量发动机已获得市场的认可。如图 14-13 所示，从 2022 年新车型《公告》申报情况可以看出，2000ml 以上的大排量发动机占比较少，1400～1599ml 及 1800～1999ml 的发动机排量为市场主流，主要对应 A 级、B 级乘用车和 A 级、C 级乘用车。

（二）节能技术重要性愈发凸显

节能减排是汽车行业绿色发展的重要目标。《节能与新能源技术路线图 2.0》表明：2030 年的燃料消耗目标是 3.2L/100km，我国计划于 2030 年前实现碳达峰，2060 年前实现碳中和，汽车节能技术对实现"双碳"目标至关重要。

汽车节能路径主要包括减少车辆行驶过程中所需能量、提高热动能转换效率、降低能量传输过程中损失、降低辅助系统能量消耗及优化车辆能源供需管理等，随着车辆轻量化、涡轮增压、混合动力、怠速启停等热门技术的逐渐应用，新车型油耗持续降低。如图 14-14 所示，从 2022 年新车型《公告》申报情况可以看出，超过 50% 的新车型百公里油耗在 7.0L 以下，9.0L 以上的车型占比较少。

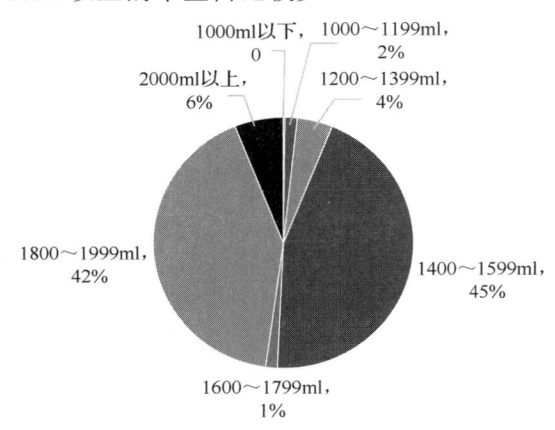

图 14-13　2022 年传统燃料乘用车新车型发动机排量结构

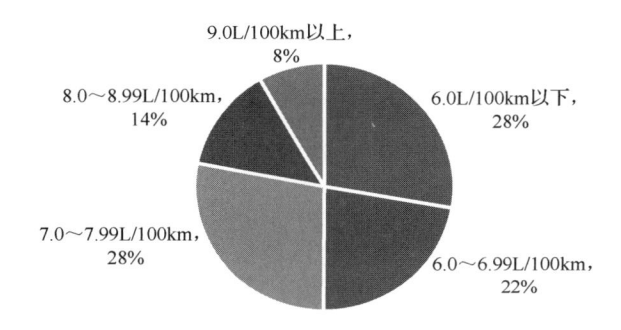

图 14-14　2022 年传统燃料新车型油耗结构

三、核心零部件特征

（一）四缸发动机占据绝对主导地位

过去两年，企业申报了不少的三缸发动机乘用车车型，尤其在 A 级车市场，为了进一步降低油耗，节能减排，三缸发动机增长较大，但是由于缺点明显，抖动问题一直得不到改善，市场接受度不高。2022 年，三缸发动机市场比例进一步萎缩，四缸发动机占据绝对的主导地位，2022 年乘用车新车型中，四缸发动机车型占比达 96%（见图 14-15）。

（二）DCT 变速器搭载量成为第一

目前市面上自动挡车辆大多搭载 AT、CVT 及 DCT 三大类自动变速器，这三类变速器的节油效果与技术成本成正比。AT 变速器性能稳定，技术成熟，如图 14-16 所示，2022 年搭载 AT 变速器车型占比达 32%；DCT 变速器兼顾驾驶运动感和车辆节油，得到了越来越多的搭载应用，申报占比为 37%。

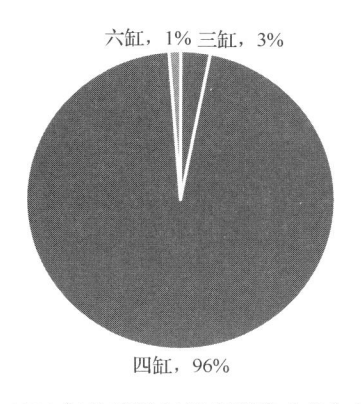

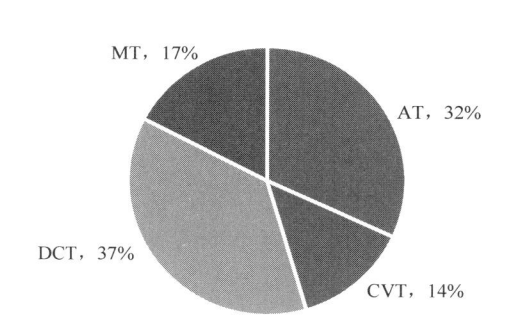

图 14-15　2022年传统燃料新车型发动机缸数结构　　图 14-16　2022年传统燃料新车型变速器类型结构

第三节　2022年乘用车新车型市场表现分析

一、乘用车新车型产量统计概述

2022年新申报《公告》的车型产量按月度呈现总体上升趋势。如图14-17所示，2022年12月乘用车新车型产量达69.4万辆，全年累计产量约308万辆，较2021年的396.8万辆有所下滑。从月度来看，除11月产量小幅回落外，2022年度乘用车新车型产量总体呈上升趋势。

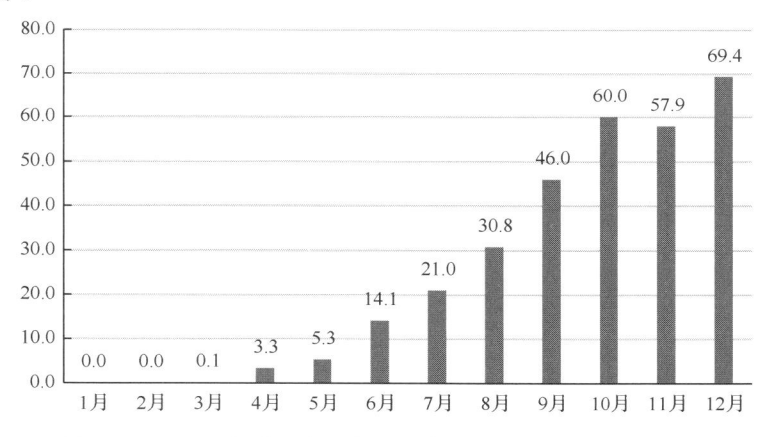

图 14-17　2022年乘用车新车型月度产量情况（单位：万辆）

二、乘用车新车型市场结构特征分析

（一）燃料类型结构分析

从燃料类型来看，传统燃料乘用车新车型产量占2022年乘用车新车型总量的比例为57%，较2021年同期的66.9%进一步下降，新能源燃料车型较2021年的29%进一步提升，达41%，常规混合动力燃料类型约占2%（见图14-18）。

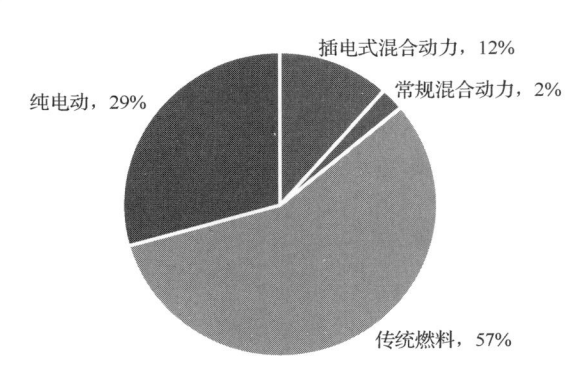

图 14-18　2022 年乘用车新车型产量燃料类型结构

从月度来看乘用车新车型产量燃料类型结构，除 3 月和 5 月外，整体上传统燃料乘用车、纯电动乘用车、插电式混合动力乘用车份额波动变化小；常规混合动力乘用车呈不断上升趋势，在 12 月达到峰值 3.13%，但总体上占比较低（见图 14-19）。

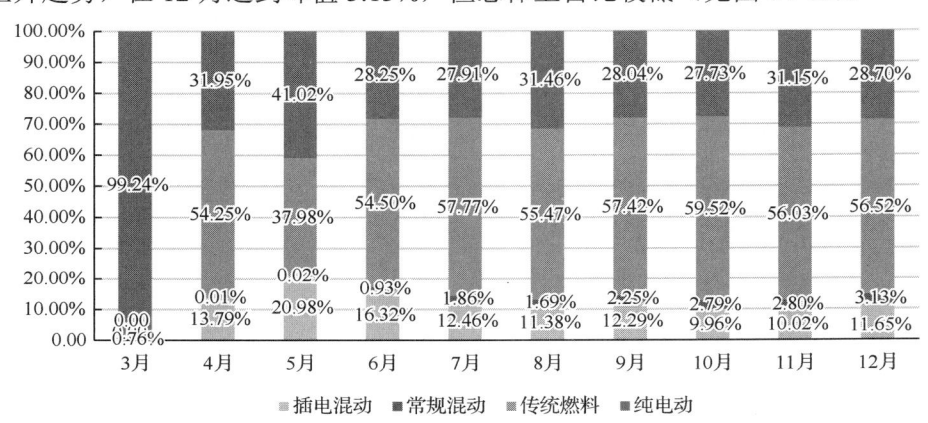

图 14-19　2022 年乘用车新车型月度产量燃料类型结构

（二）车辆类型结构分析

从车辆类型结构看，2022 年轿车、SUV、MPV 新车型产量分别为 183.3 万辆、98.3 万辆、26.4 万辆，所占比例分别为 59.5%、31.9%、8.6%（见图 14-20），轿车和 SUV 仍然是 2022 年乘用车新车型增量市场的主力车型。

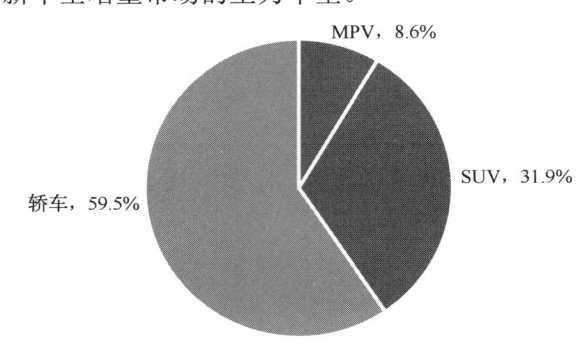

图 14-20　2022 年乘用车新车型产量车辆类型结构

从月度新车型产量车辆类型看，2022 年轿车新车型占比呈先上升后下降的趋势，5月达到峰值为 77.15%，此后逐月下降。SUV 则呈相反情况，从 3 月占比为 53.92%，下降到 4 月的 3.81%后，整体呈上升态势，仅在 12 月有小幅回落。MPV 则在 4 月达到峰值，为 36.35%，此后占比不断下降，直至 11 月、12 月才有小幅回升（见图 14-21）。

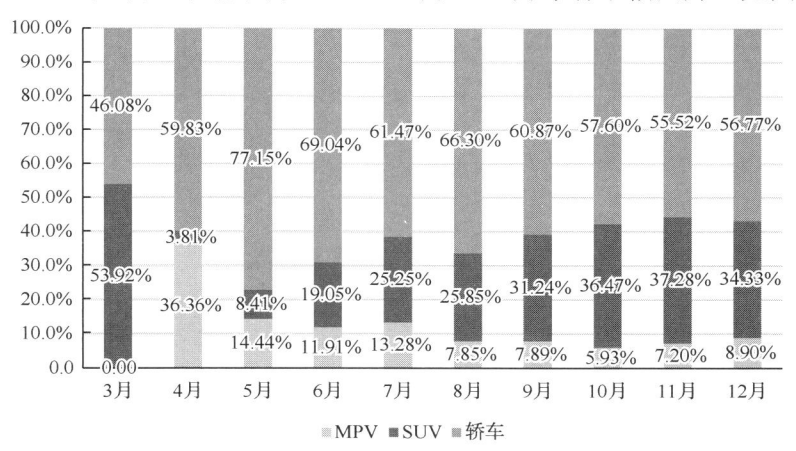

图 14-21　2022 年乘用车新车型月度产量车辆类型结构

（三）车型级别结构分析

从车型级别结构看，2022 年 B 级乘用车新车型产量为 100.2 万辆，占全年乘用车新车型总产量的 33%，C 级乘用车新车型产量为 80.0 万辆，占全年总产量的 26%，合计占比达到 59%，2022 年车型大型化趋势明显。A 级乘用车新车型占全年总产量的 20%，同比有所降低。另外值得注意的是，A0 级、A00 级乘用车新车型产量共 51.3 万辆，占全年总产量的比例分别为 5%、12%，同比有较大幅度增加，体现了乘用车市场两极分化的现状（见图 14-22）。

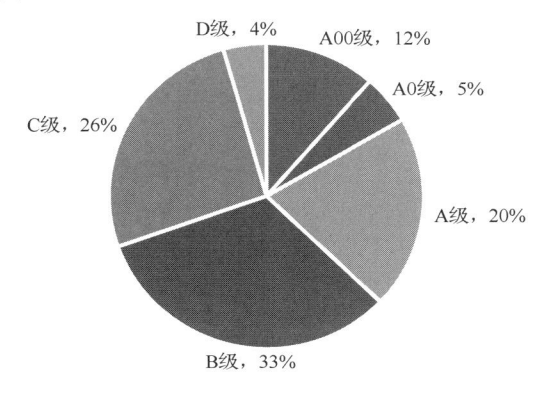

图 14-22　2022 年乘用车新车型产量车型级别结构

从乘用车新车型月度产量车型级别看，A0 和 A00 级车型从 4 月占比为 51%后不断下降，到 12 月仅占比约 13%。B 级新车型份额反而逐渐上升，最高份额出现在 10 月，约 38%（见图 14-23）。

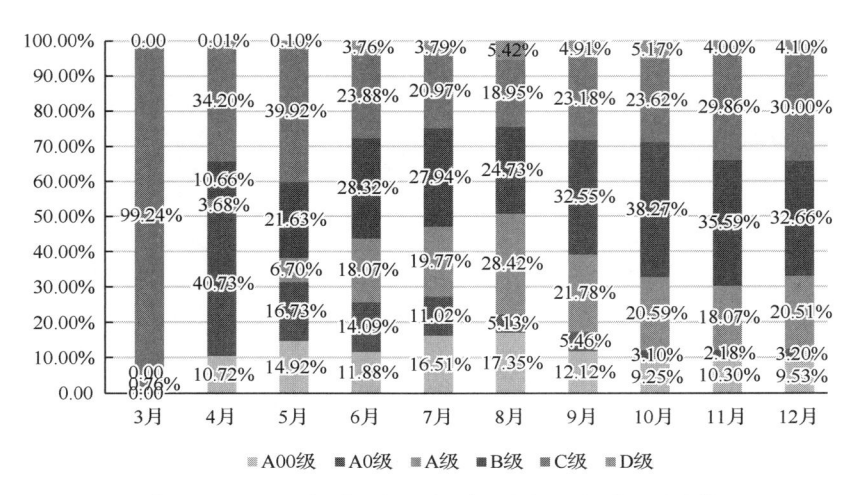

图 14-23　2022 年乘用车新车型月度产量车型级别结构

（四）系别结构分析

从乘用车新车型系别结构看，与 2021 年相比，变化较大。具体来看，中国品牌 2022 年乘用车新车型产量为 197.6 万辆，占比为 64%，远超过德系、美系、日系，占据第一名的位置。合资品牌市占率进一步下降，德系乘用车新车型产量约 47.2 万辆，占比为 15%，美系和日系占比分别为 9% 和 6%。另外，欧系、韩系品牌 2022 年乘用车新车型产量占比均为 3%（见图 14-24）。

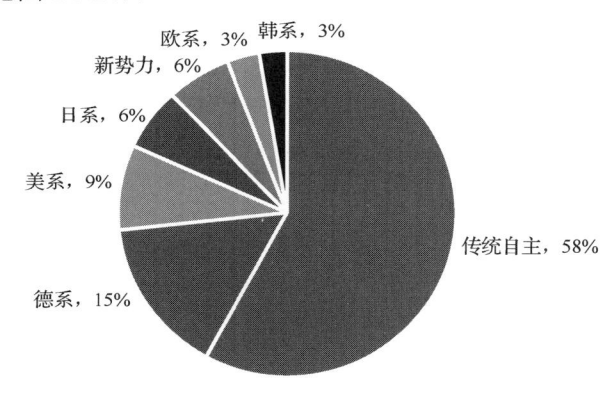

图 14-24　2022 年乘用车新车型产量车型系别结构

从乘用车新车型月度产量车型系别结构看，2022 年 3 月只生产了中国品牌新车型。4 月到 12 月，随着合资品牌新车型的产量提升，中国品牌新车型产量的占比虽有所下降，但基本保持在 60% 以上（见图 14-25）。德系在合资新车型产量中占比最高，下半年一直保持在 15% 上下浮动。

（五）企业结构分析

如图 14-26 所示，2022 年乘用车企业新车型产量 TOP10 累计约 193.5 万辆，占全年新车型产量的 62.8%，同比略有上升，产业集中度在总体上变化不大。上汽通用五菱、一汽大众、上汽通用分别以 37.17 万辆、31.36 万辆、20.48 万辆，占据新车型产量前三名位置，占全年新车型产量份额分别为 12.1%、10.2%、6.7%。

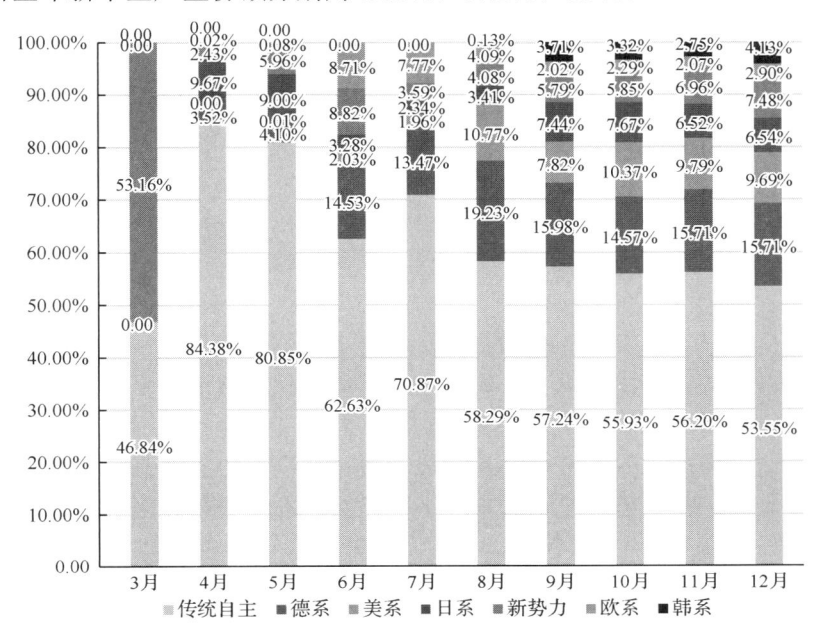

图 14-25　2022 年乘用车新车型月度产量车型系别结构

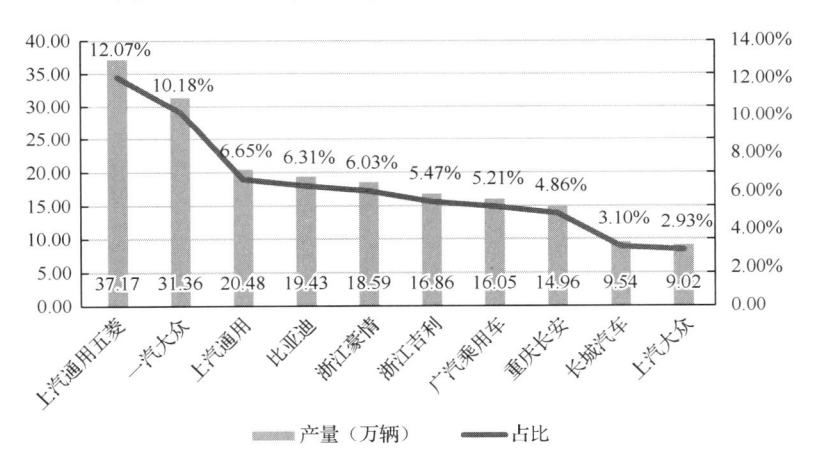

图 14-26　2022 年乘用车企业新车型产量 TOP10 情况

第四节　总结及展望

本章依据《公告》数据，按照燃料结构、车辆类型结构、车型级别结构等维度阐述了 2022 年乘用车新车型申报情况，分析了乘用车新车型技术特征及技术趋势，依据机动车出厂合格证数据，分析了 2022 年《公告》的乘用车新车型的市场表现，在一定程度上反映了汽车行业产品技术的发展趋势。

面对激烈的市场竞争，乘用车生产企业纷纷加快新车型的研发和上市，以满足快速变化的市场需求。2022 年，乘用车新车型申报整体呈现波动上升趋势，新能源乘用车新车型申报数量仍保持较高占比，占全年乘用车新车型总量的 42.9%，这说明乘用车生产企业继续保持对新能源乘用车车型的研发投入，新能源乘用车逐步得到了市场相应的认可。

在能源短缺和环境污染问题突出的背景下，我国做出了"双碳"目标决策，坚定不移走生态优先、绿色低碳的高质量发展道路。在汽车产业转型升级的过程中，传统能源乘用车承担着不可或缺的重要角色，坚持新能源驱动战略的同时，加快推动传统能源乘用车的节能降耗和转型升级，实现传统能源乘用车与新能源乘用车融合发展。未来传统能源乘用车占比将呈现逐渐下降趋势，同时，随着先进发动机技术、轻量化技术的不断应用，传统乘用车新车型的油耗和污染物排放将继续降低。

轻量化仍是降低能耗、减少排放的有效措施之一。短期内，应用钢铁仍然是汽车的主体材料形式，而铝合金、镁合金和碳纤维等先进材料的应用比例将逐渐提升。从轻量化技术发展路径来看，未来整车企业和零部件供应商仍将以材料技术为出发点，配合先进工艺的应用和结构设计的优化，提升性能的同时，降低先进材料的成本，实现轻量化技术的推广应用。目前，先进轻量化材料成本较高，制造工艺复杂，多在高端豪华车上率先应用，未来随着技术的普及和成本的下降，有望在中低端市场推广普及。

第十五章 2022年商用车新车型特征

韩非，马玥[*]

摘要： 本章依据《道路机动车辆生产企业及产品公告》（以下简称《公告》）数据，按照燃料结构、车辆类型结构、功能用途结构维度阐述了2022年商用车新车型申报情况。基于整车参数特征、动力参数特征及核心零部件特征分析了商用车新车型技术特征及技术趋势，分析了2022年商用车新车型的市场表现。通过研究发现，2022年商用车新车型申报规模较2021年下降，申报车型在动力性、经济性、可靠性等方面水平不断提升，总体呈现轻量化、节能化、绿色化发展趋势。

关键词： 商用车；新车型；技术特征；发展趋势。

第一节 2022年商用车新车型申报情况

一、商用车新车型申报基本情况

2022年，受"蓝牌轻卡"等政策发布，基础设施建设、旅游业等行业低迷，复杂的国际环境等因素叠加影响，我国的商用车市场下行压力加大，产销量同比显著下降。但是，企业积极应对行业发展和政策变化，增加细分市场挖掘，加大研发力度，不断推出新车型。2022年共有1018家企业申报了商用车新车型，合计申报16609个型号。

从整车底盘分类来看，2022年《公告》中，底盘、整车数量比例约1:10，各批次比例相对稳定。如表15-1所示，2022年合计申报商用车底盘新车型1530个型号，其中包含客车底盘87个型号、货车底盘1443个型号，客货车占比分别为5.7%、94.3%。同时，2022年合计申报整车新车型15079个型号，其中包含客车整车854个型号、货车整车14225个型号，客货车占比分别为5.7%、94.3%。由于商用车市场中货车需求规模占比较大且市场竞争相对激烈，而2022年商用车市场同比需求持续下降，整车及底盘新车型中，货车均在数量上占据主要地位。

表15-1 2022年商用车新车型（含底盘）分类统计

批次	352	353	354	355	356	357	358	359	360	361	362	363	364	365	366	合计
数量（个）	1678	1094	1246	1834	986	1598	303	1223	1344	342	937	1518	255	1145	1106	16609

---

[*] 韩非，高级工程师，任职于工业和信息化部装备工业发展中心产品审查处；马玥，高级工程师，任职于工业和信息化部装备工业发展中心产品审查处。

续表

底盘（个）	186	75	116	158	100	138	14	118	112	18	115	135	18	137	90	1530
客车底盘（个）	6	4	8	8	3	7	1	12	8	0	7	9	0	9	5	87
货车底盘（个）	180	71	108	150	97	131	13	106	104	18	108	126	18	128	85	1443
整车（个）	1492	1019	1130	1676	886	1460	289	1105	1232	324	822	1383	237	1008	1016	15079
客车整车（个）	53	65	61	93	41	62	16	76	84	20	68	104	9	50	52	854
货车整车（个）	1439	954	1069	1583	845	1398	273	1029	1148	304	754	1279	228	958	964	14225

如图 15-1 所示，商用车申报企业前十名合计申报新车型（不含底盘）2223 个型号，占比约 14.7%；其他企业合计申报新车型 12856 个型号，占比约 85.3%。随着商用车市场需求的不断发展以及车型技术迭代升级，各企业申报新车型频率、数量不断提升。

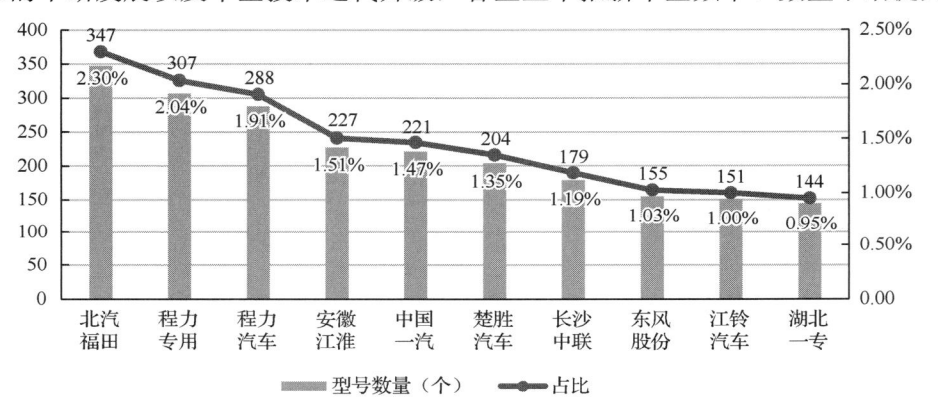

图 15-1　2022 年主要商用车企业新车型（不含底盘）申报情况

全年共 15 个批次新车型《公告》，如图 15-2 所示。总体来看，全年申报新车型相对平均，分批次来看，第 355 批申报数据达全年最高水平，共申报 1834 个型号。受芯片短缺的影响，工业和信息化部适时实施了"二月三批"及"容缺受理"等便企政策，尽可能保证生产企业的新车型能及时生产及销售，帮助企业度过困难时期。

二、商用车新车型申报结构分析

（一）燃料类型结构分析

如表 15-2 所示，2022 年申报的新车型燃料类型仍以传统能源（汽油、柴油、天然气）为主，申报了 12524 个型号，占总申报数量的 83%；其次为新能源，申报了 2555 个型号，占比为 17%。随着各企业新能源战略布局的推进，新能源新车型申报进程不断加快。

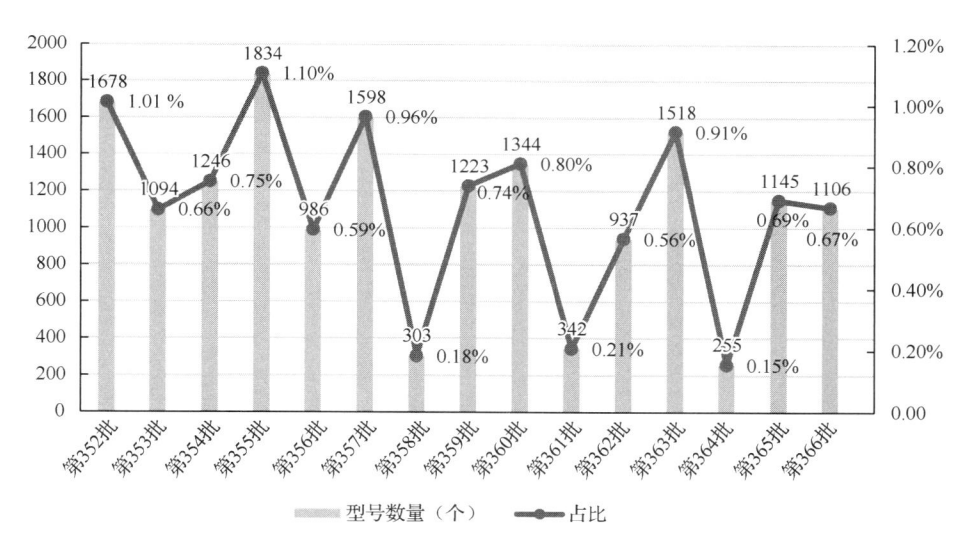

图 15-2　2022 年商用车新车型申报情况

表 15-2　2022 年各类型燃料（不含底盘）申报情况

分　类	申报数量（个）	占　比	分　类	燃料种类	申报数量（个）	占　比
传统能源	12524	83%	新能源	纯电动	2173	85%
				插电式混合动力	88	3.5%
				燃料电池	294	11.5%
				小计	2555	17%

从传统能源来看，柴油车型申报数量占比较高，主要为中重型货车及轻型货车；汽油车型申报数量较少，主要集中在部分轻型货车及小型客车市场；天然气车型仍以中重型货车为主。从新能源申报车型来看，纯电动车型占比最高，占新能源车型申报数量的85%，尤其是纯电动轻型货车、大中客、中重型货车申报数量较多；燃料电池车型申报数量与2021年相比略有增长，以中大型城市客车、半挂牵引车、环卫车辆为主；插电式混合动力车型申报量最少，主要为轻、中型货车。

2022年传统能源车型在申报数量上与2021年相比，减少了3000多个型号，传统能源车型占比略有下降，燃料电池车型申报数量有所上升。

（二）车辆类型结构分析

从车辆类别结构来看，如图15-3所示，特大、大、中及小型客车新车型分别申报了5个型号、187个型号、175个型号及487个型号，分别占客车总数的0.6%、21.9%、20.5%及57.0%。小型专用客车在客车市场占比最高。2022年出行需求持续回落，客车市场需求萎缩，客车新车型申报量继续下降。大中型客车新车型集中在城市客车市场，小型客车产品被广泛应用于城乡客运。且由于家用轿车的普及、高铁的发展，很多城市的客运相继停运或转型网约车，导致客车市场进一步萎缩。

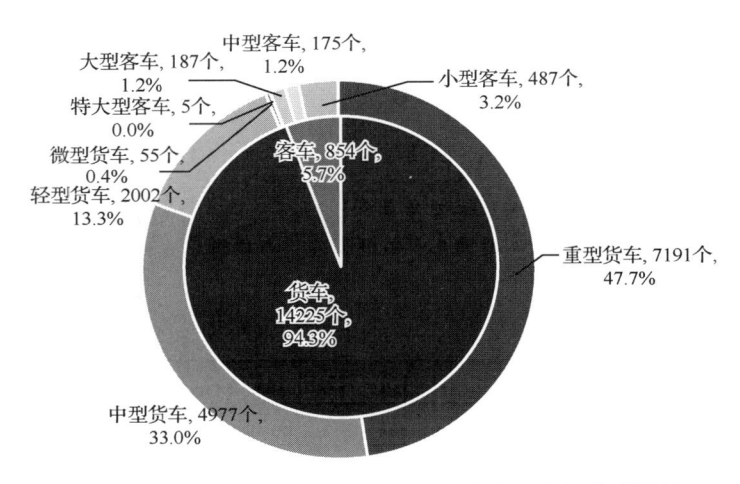

图 15-3　2022 年商用车新车型（不含底盘）车辆类别结构

重、中、轻及微型货车新车型分别申报了 7191 个型号、4977 个型号、2002 个型号及 55 个型号，分别占货车总数的 50.6%、35.0%、14.0% 及 0.4%。重、轻型货车新车型数量占比较高，重型货车新车型数量占比最高。重型货车市场进入成熟发展阶段，市场竞争较为激烈。一方面，进口重型货车国产化加速实施，重型货车市场在头部企业的引领下加速车型迭代，新车型申报数量较多。另一方面，排放标准、超载超限等治理措施日益趋严，推动市场重型货车车型标准化、合规化发展，实施按轴收费、税费改革也对重型货车市场需求更新产生了影响，智能化、网联化、低碳化新技术的应用也推动了新车型申报数量进一步增加。

（三）功能用途结构分析

如图 15-4 所示，从货车功能用途结构来看，专用汽车、载货车、自卸车、牵引车新车型分别占比为 89.6%、4.6%、3.4%、2.4%，专用汽车新车型占比最大且种类较多。专用汽车中，冷藏车、清障车、混凝土搅拌运输车、随车起重运输车、垃圾车和环卫车辆等新车型申报数量贡献度较大。工程作业、城市环卫需求是专用汽车产品发展的主要动力。专用运输车在厢式运输车的支撑下，其新车型数量也相对较高，厢式运输车单类别申报新车型数量为 1431 个，是新车型数量最多的单类别产品，这印证了消费模式的转变带动了以快递、快运为主的物流运输行业的快速发展，从而拉动了厢式运输车需求的升级和演变。另外，栏板、仓栅式运输车新车型申报量占比也较高。

如图 15-5 所示，从客车功能用途结构来看，公交车、座位客车、校车、专用客车新车型分别占比为 35.1%、11.1%、1.5%、52.3%，专用客车新车型申报占比最高。在持续的补贴政策影响下，公共交通市场趋于饱和，新能源车型已成为替代城市公交车辆车型申报的驱动。

第十五章 2022年商用车新车型特征

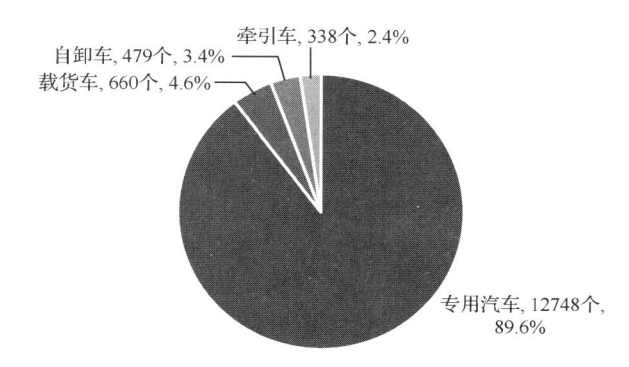

图 15-4　2022 年货车新车型（不含底盘）分功能用途结构

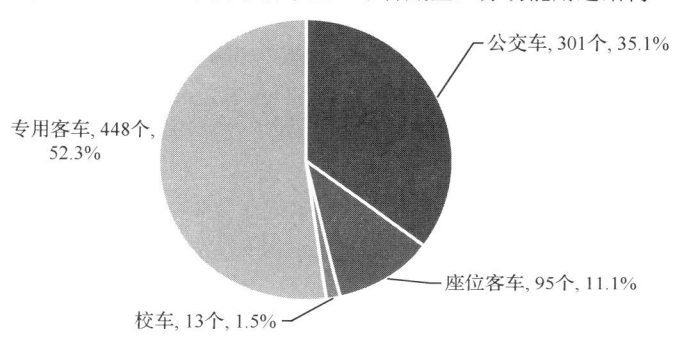

- 专用汽车, 12748个, 89.6%
- 载货车, 660个, 4.6%
- 自卸车, 479个, 3.4%
- 牵引车, 338个, 2.4%

图 15-5　2022 年客车新车型（不含底盘）分功能用途结构

- 公交车, 301个, 35.1%
- 专用客车, 448个, 52.3%
- 座位客车, 95个, 11.1%
- 校车, 13个, 1.5%

（四）企业结构分析

2022 年共有 942 家企业申报了货车新车型，申报车型数量占商用车新车型申报总数的 94.3%。从主要申报企业来看，如图 15-6 所示，货车申报企业前十名共申报货车新车型（不含底盘）2173 个型号，占比为 15.2%；其中北汽福田稳居榜首，申报数量远超其他企业；程力专汽、程力集团、安徽江淮申报数量也较高，申报新车型数量均超过 200 个。除前十名外，其他企业共申报新车型 12052 个型号，占比为 84.8%。从企业申报的集中度来看，货车新车型申报企业主要集中在前 22 家，随着市场竞争加剧，货车新车型申报的集中度也有所提升，头部企业的竞争力继续提升。

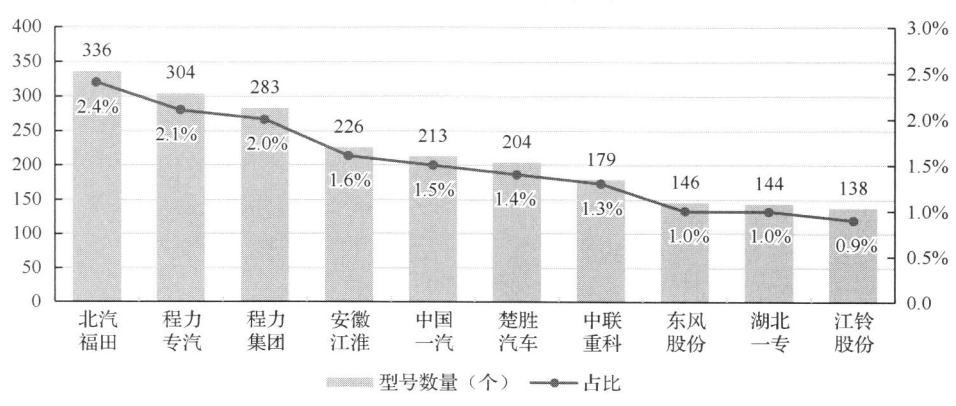

企业	型号数量（个）	占比
北汽福田	336	2.4%
程力专汽	304	2.1%
程力集团	283	2.0%
安徽江淮	226	1.6%
中国一汽	213	1.5%
楚胜汽车	204	1.4%
中联重科	179	1.3%
东风股份	146	1.0%
湖北一专	144	1.0%
江铃股份	138	0.9%

图 15-6　2022 年主要货车企业新车型（不含底盘）申报情况

2022年共有242家企业申报了客车新车型，占商用车申报企业总数的20.4%，申报新车型数量占商用车新车型总数的5.7%。从主要申报企业来看，如图15-7所示，前十名客车申报企业共申报客车新车型（不含底盘）234个型号，占比为27.3%；仅宇通客车申报数量超过50个型号。除前十名外，其他企业共申报新车型620个型号，占比为72.5%。相对于货车市场，客车新车型申报数量很少，主要集中在前十名申报企业，在客运需求不断下降的趋势下，行业集中度继续提升。

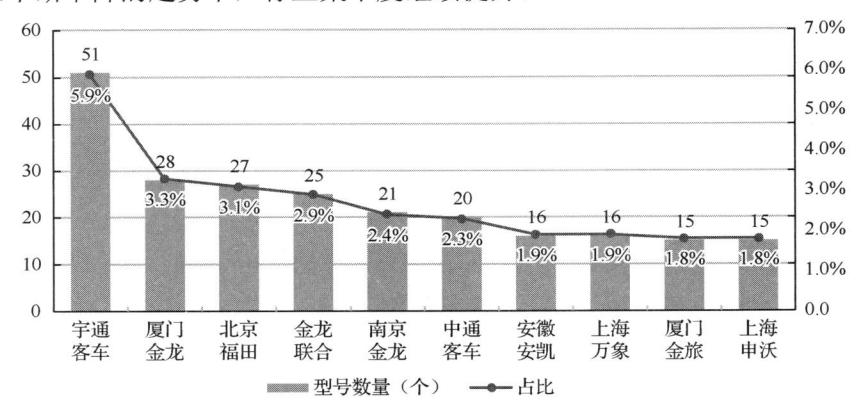

图15-7 2022年主要客车企业新车型（不含底盘）申报情况

第二节 2022年商用车新车型技术特征分析

一、货车新车型技术特征分析

（一）轻型货车分析

2022年，轻型货车（含微型货车）申报新车型4966个型号，占商用车申报总数的34.9%。受新能源补贴下滑及限于使用环境、蓝牌货车"大吨小标"治理等因素影响，新车型呈现新能源化程度低、国Ⅵ加速升级及产品小型化等特点，其中，产品小型化主要体现为小排量动力配装比例较高。

如图15-8所示，按燃料类型来看，新车型主要以传统燃料为主，占比超过80%，新能源新车型主要以纯电动车型为主，占比约16%，相比2021年有所提升。但是现阶段仍受充电设施不完善、补贴下滑、使用环境有限等因素影响，新能源轻型货车客户主要为集团客户、平台客户，市场成熟度仍然较低。从2022年新车型的分批次燃料结构来看，纯电动车型比重相对稳定，也在一定程度上反映出新能源轻型货车进入由市场需求主导的阶段性稳定期。

从新车型车长分布来看，轻型货车需求相对集中，如图15-9所示，2022年轻型货车新车型轴距主要集中在5751～6000mm，共1452个型号，占比高达57.0%。其中，车长在5990mm以上的新车型为967个，占轻型货车新车型总量的38%。受"大吨小标"治理影响，蓝牌轻型货车政策发布以后，大尺寸车型最受物流市场青睐，依然是轻型货车的主要需求。其中，兼具价格、承载、进城等优势的轻型货车产品持续受到市场追捧。

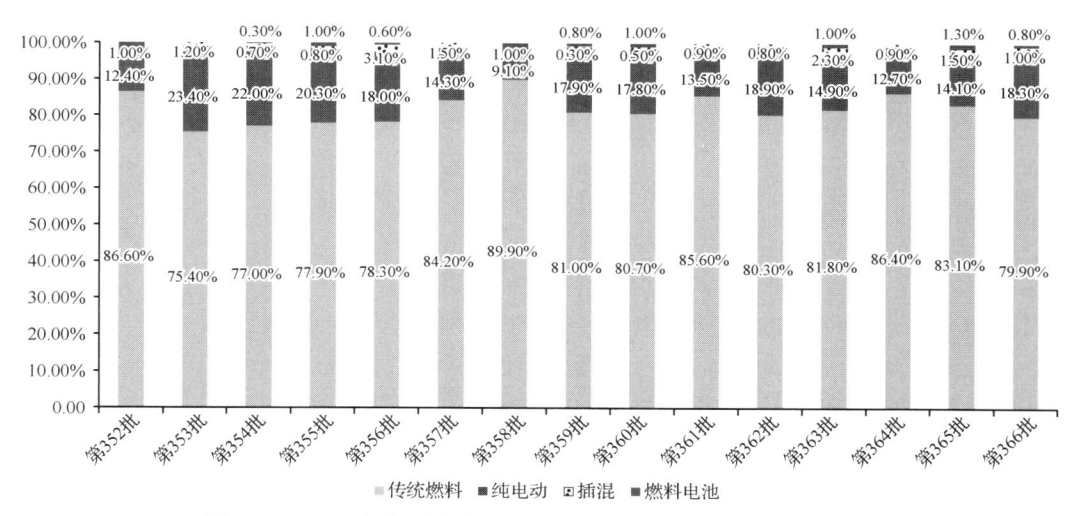

图 15-8 2022 年轻型货车新车型（不含底盘）分批次燃料情况

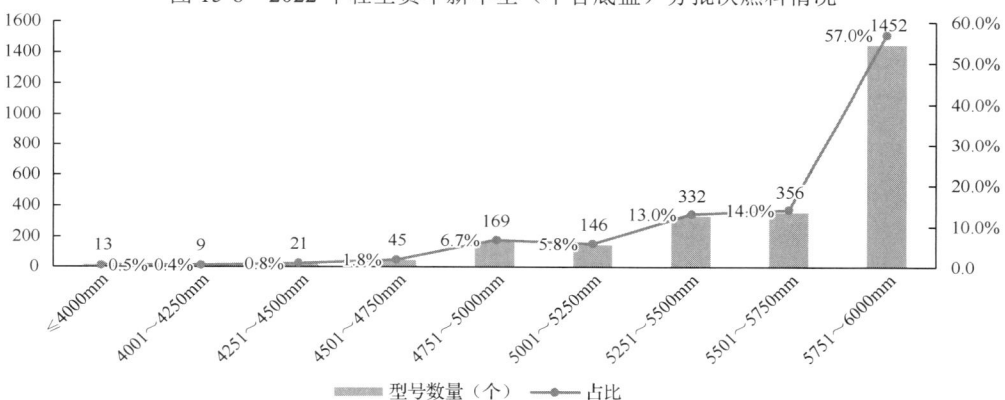

图 15-9 2022 年轻型货车新车型（不含底盘）轴距情况

分车型来看，2022 年蓝牌轻型货车申报新车型 4966 个型号，如图 15-10 所示，总质量主要集中在 4001~4500kg，共有 2469 个型号，占比约 50%。从 2022 年发布的蓝牌轻型货车新车型情况中可以看出，总质量区间分布较广，但仍以高总质量车型为主，反映出终端市场对承载能力的需求。为保证最大承载能力，在申报高总质量车型的同时，企业通过轻量化等技术措施降低车辆整备质量，从而提升整车的额定载重水平。

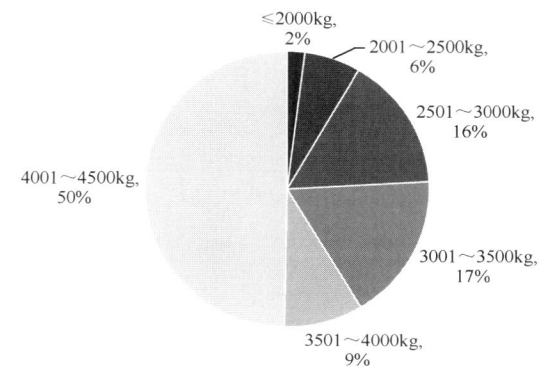

图 15-10 2022 年蓝牌轻型货车新车型（不含底盘）总质量结构

从轻型货车的吨百公里油耗来看，2.4～2.6L/t·100km 的新车型共计 905 个型号，占比 65.5%（见图 15-11）。随着用户对于油耗愈加重视，同时为了满足法规要求，企业通过优化标定，使得轻型货车的油耗进一步降低。

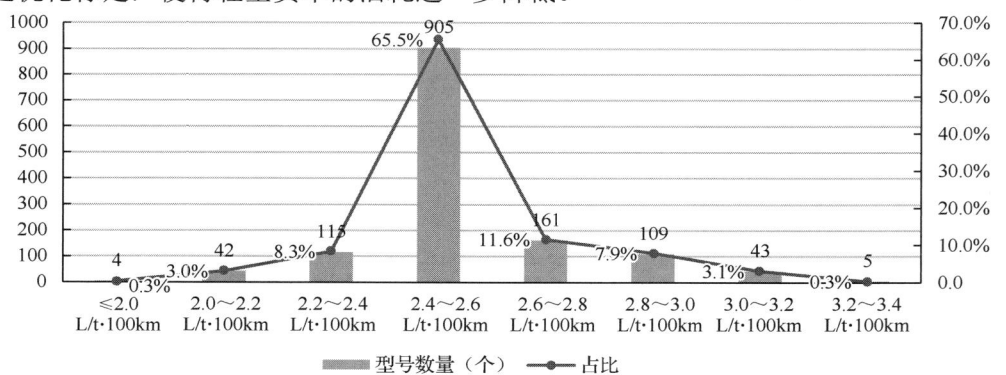

图 15-11　2022 年轻型货车新车型（不含底盘）吨百公里油耗情况

（二）中重型货车分析

2022 年，中重型货车（不含底盘）申报新车型 9259 个型号，占商用车申报总量的 65.8%。受新能源补贴下滑及限于应用场景、国Ⅵ排放标准阶段性实施推进、动力性及续驶里程要求、充电受限等因素的影响，中重型货车的能源类型仍以传统能源为主，传统能源车型占比为 86.3%。但是从下半年开始，各类新能源车型的申报占比显著提高，其中仍以纯电动车型为主（见图 15-12）。2022 年，共计申报纯电动中重型货车新车型 1064 个型号，占比为 11.5%。

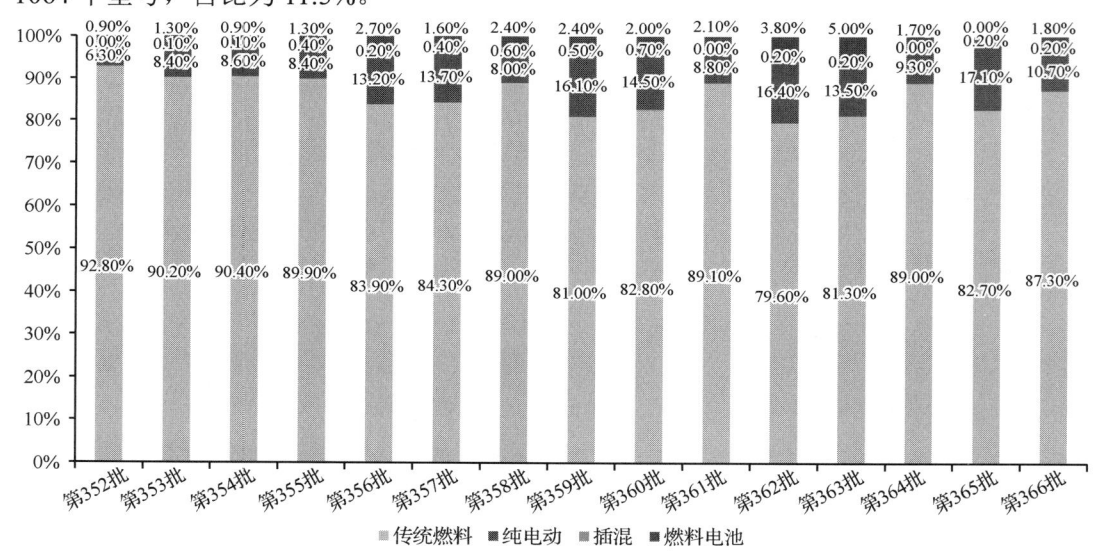

图 15-12　2022 年中重型货车新车型（不含底盘）分批次燃料情况

值得注意的是，为了解决里程焦虑和充电慢的问题，对于运行场景相对固定的半挂牵引车、自卸车、混凝土搅拌运输车等，纯电动车型中的换电式车型申报比例明显提升。

2022 年，共计申报换电式中重型货车新车型 407 个型号，占纯电动新车型申报总量的 38.2%，较 2021 年显著提升。如表 15-3 所示，换电式的纯电动半挂牵引车、自卸车和混凝土搅拌运输车车型数量已经超过非换电式纯电动车型。随着"双碳"目标的持续推进，以及换电设施的加快建设，换电式重型货车仍将继续发展。

表 15-3 2022 年中重型纯电动新车型（不含底盘）申报情况

半挂牵引车		自卸车		混凝土搅拌运输车	
纯电动类型	申报数量（个）	纯电动类型	申报数量（个）	纯电动类型	申报数量（个）
非换电式	48	非换电式	48	非换电式	69
换电式	102	换电式	88	换电式	74

受高速公路"按轴收费"政策实施，超载治理常态化，以及运输效率提升等因素影响，新申报车型呈现标载化、大马力化、高端化等特征。以牵引车新车型驱动型式为例，牵引车申报以 6×4 车型为主，2022 年共申报新车型 272 个型号，占比为 80.2%。其次，受"按轴收费"政策实施影响，4×2 车型申报数量继续增加，2022 年共申报新车型 65 个型号，占比为 19.2%。6×2 车型申报数量继续减少，2022 年只申报新车型 2 个型号，如图 15-13 所示。

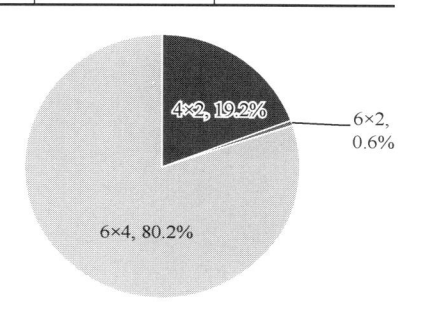

图 15-13 2022 年牵引车新车型驱动型式结构

如表 15-4 所示，从申报车型的总质量来看，牵引车申报以 18～25t 的三轴车型为主，2022 年申报新车型 267 个型号，占牵引车新车型总申报数的 78.6%，说明拖挂能力强的半挂牵引车仍是市场的主要需求。载货车新车型主要集中为 12～18t 的重型两轴货车，2022 年申报新车型 54 个型号，占载货车新车型总申报数的 37.5%，同样受到"按轴收费"政策实施影响，承载能力强收费低的两轴货车受到欢迎。而自卸车新车型以 25～31t 的四轴车型占比最高，2022 年申报新车型 210 个型号，占自卸车新车型总申报数的 50.5%。

表 15-4 2022 年中重型货车新车型（不含底盘）总质量申报情况

牵引车		载货车		自卸车	
总质量（t）	申报数量（个）	总质量（t）	申报数量（个）	总质量（t）	申报数量（个）
4.5～12	0	4.5～12	51	4.5～12	41
12～18	65	12～18	54	12～18	75
18～25	267	18～25	14	18～25	90
25～31	7	25～31	25	25～31	210
>31	0	>31	0	>31	0

从申报新车型的吨百公里油耗来看，牵引车的油耗最为集中，2.0～2.2L/t·100km 的占比最高，为 40.0%。载货车由于总质量分布比较分散导致油耗也比较分散，以 1.4～

1.6L/t·100km 的占比最高，为 28.9%。自卸车由于高总质量车型占比高，因此油耗相对较低，以 1.4~1.6L/t·100km 的油耗分布最高，占比为 40.0%，如图 15-14 所示。

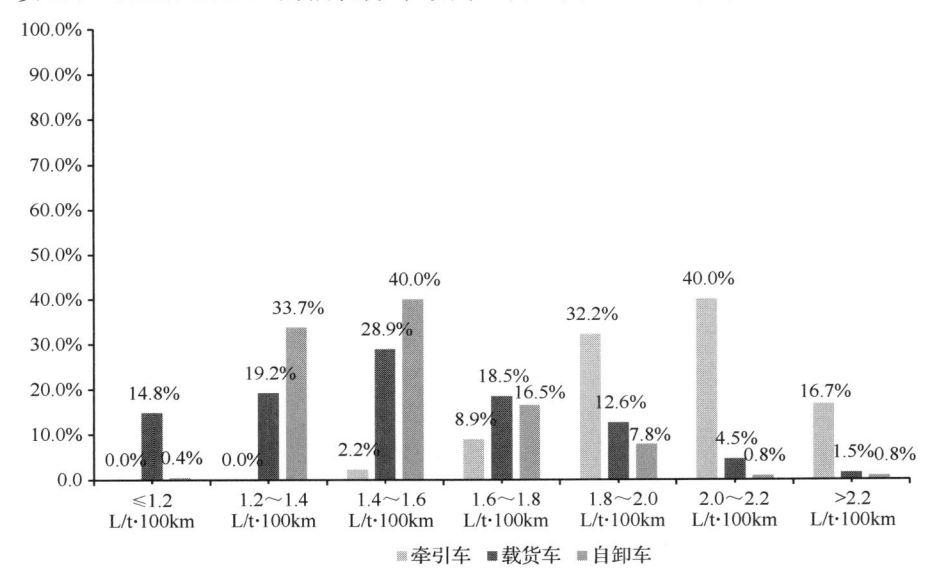

图 15-14 2022 年中重型货车新车型（不含底盘）吨百公里油耗情况

二、客车新车型技术特征分析

2022 年，客车市场持续萎缩，客车新车型申报量持续下滑。2022 年，共申报客车新车型 854 个型号（见图 15-15）。其中，大型客车共申报新车型 187 个型号，占比达 21.9%；中型客车共申报新车型 175 个型号，占比达 20.5%；小型客车申报新车型 487 个型号。

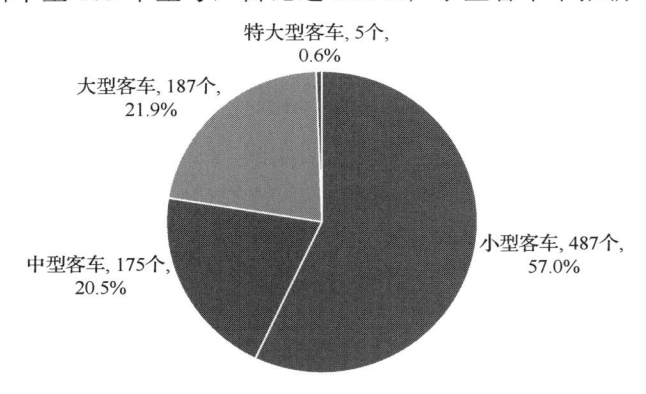

图 15-15 2022 年客车新车型（不含底盘）申报结构

（一）公交客车

2022 年，公交客车共申报新车型 301 个型号（见图 15-16）。随着私家车的普及，以及城市轨道交通、共享交通的发展，城市公交客运量连续多年下滑，为提升车辆利用率、降低采购成本，公交客车车型向中型化发展。如图 15-16 所示，8~11m 公交客车成为城市公交市场的主力车型，共申报新车型 209 个型号，占比达 69.4%。10～11m 车型申报 109 个型号，占比达 36.2%，8～9m 车型申报 99 个型号，占比达 32.9%。而作为曾经公交客车市场主力的 11～12m 车型申报量趋少，2022 年申报新车型 30 个型号，占比达 10.0%。7m 以下公交客车主要服务于农村公交市场与城市微循环公交市场等小众市场，共申报新车型 48 个型号，占比达 15.9%。

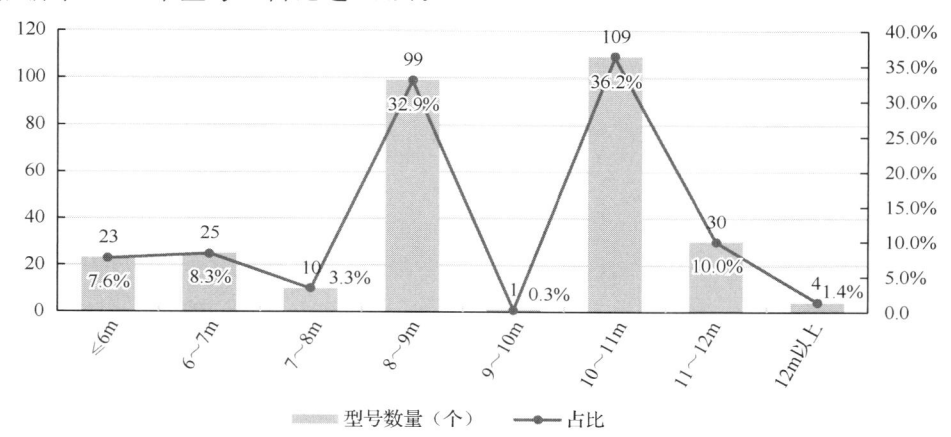

图 15-16　2022 年公交客车新车型（不含底盘）车型分米段申报情况

在新能源政策的推动下，在公交客车市场，新能源客车基本完全替代了传统能源客车。如表 15-5 所示，2022 年公交客车新能源车型申报 298 个型号，占比高达 99.0%，其中，纯电动新车型申报 237 个型号，占比达 78.7%，燃料电池新车型申报 53 个型号，占比达 17.6%，插电式混动新车型申报 8 个型号，占比达 2.7%。纯电动目前是新能源公交客车的主要技术路线，重点开发燃料电池技术，插电式混动则主要作为产品线的补充。传统能源公交客车新车型仅申报 3 个型号，申报量持续缩减，基本退出市场。

表 15-5　2022 年公交客车新车型（不含底盘）分燃料类型申报情况

分　　类	燃料种类	申报数量（个）	占　　比
新能源	纯电动	237	78.7%
	燃料电池	53	17.6%
	插电式混动	8	2.7%
传统能源	—	3	1.0%

（二）座位客车

居民出行多元化，高铁、航空、自驾等运输方式极大地压缩了公路客运市场的生存空间，座位客车市场需求持续下降。2022 年，座位客车新车型申报量远低于公交客车。目前，公路客运主要以中短途、高频次接驳运输为主，小型客车更贴合市场诉求，如图 15-17 所示，6m 以下的小型客车新车型申报数量最多，共申报了 33 个型号，占比为 35.8%。随着中长途公路客运市场地位的下滑，市场诉求减少，中、大型客车的新车型申报量显著下跌。10m 以上的大型客车共申报新车型 34 个型号，占比为 37.0%。6～9m 的重型客车共申报新车型 25 个型号，占比为 27.2%。

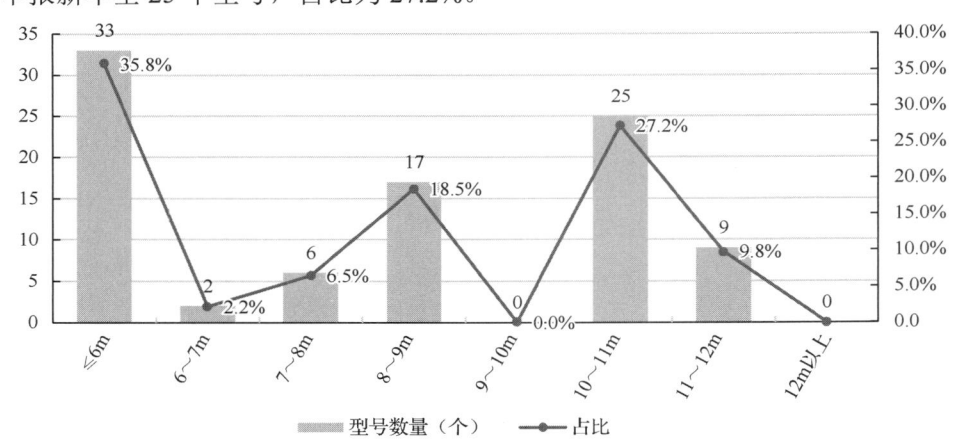

图 15-17 2022 年座位客车新车型（不含底盘）分米数段申报情况

在座位客车市场，新能源客车需求有所提升，国内民用充电设置、高速充电设施布局不断完善。如表 15-6 所示，2022 年新能源座位客车申报新车型 56 个型号，占比为 60.9%，其中以纯电动为主，燃料电池为辅，无插电式混动车型。传统能源座位客车申报新车型 36 个型号，占比为 39.1%。

表 15-6　2022 年座位客车新车型（不含底盘）分燃料类型申报情况

分　类	燃料种类	申报数量（个）	占　比
新能源	纯电动	37	40.2%
	燃料电池	19	20.7%
传统能源	—	36	39.1%

（三）校车

如图 15-18 所示，2022 年校车新车型申报量很少，且从结构上看比较平均。

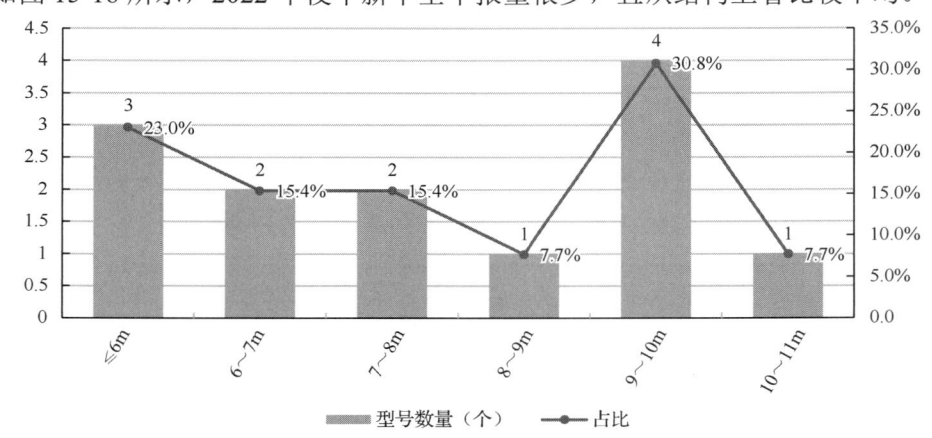

图 15-18　2022 年校车新车型（不含底盘）分米数段申报情况

新申报的校车车型中无新能源车型，均采用了满足国Ⅵ排放标准要求的柴油发动机，其中以 3L 以内排量为主，共 12 个型号，占比超过 92.0%。

第三节 2022 年商用车新车型市场表现分析

一、产量统计分析

2022 年，我国商用车市场需求进一步缩减，产销量同比显著下降。2022 年，商用车新车型产量为 26.0 万辆，同比降幅达 46.9%。从月度数据来看，如图 15-19 所示，随着新车型《公告》申报数量提升，新车型产量逐月提升，12 月当月新车型产量达到 6.6 万辆，占全部商用车新车型全年产量比重达 18.1%。

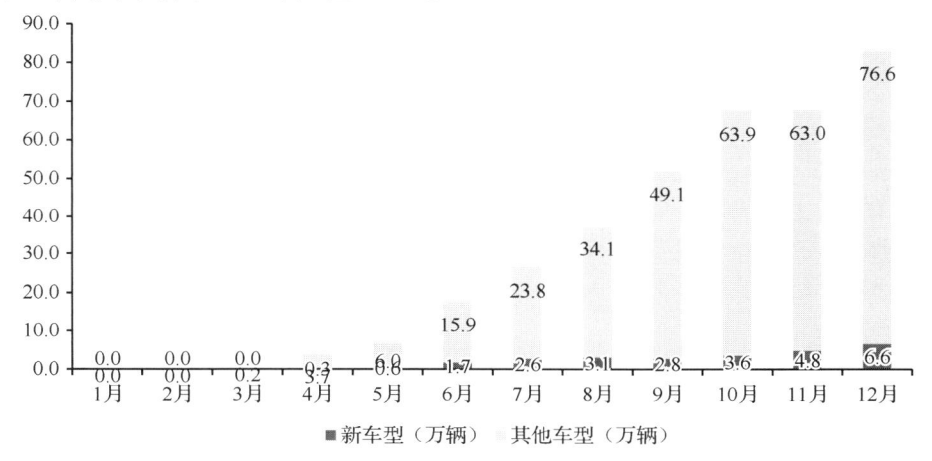

图 15-19 2022 年商用车新车型月度产量情况

从车辆类别来看，如图 15-20 所示，2022 年商用车分别生产货车和客车新车型 24.4 万辆和 1.0 万辆。受公共交通出行方式多元化等的影响，客车新车型产量同比大幅下降。细分类别层面，大型客车新车型全年生产 0.4 万辆，占客车新车型产量的 48.4%，单类别占比最高。其中，新能源客车产量对大型客车新车型产量起到了主力支撑作用，占比达到 99.0%。在新能源推广政策拉动下，新能源客车的新增和更新需求稳定增长。货车中，轻型货车新车型全年产量为 21.2 万辆，单类别数量最多，占货车新车型产量的 86.9%，占商用车新车型总产量的 81.5%，是新车型生产的重要贡献部分。具体来看，轻型货车新车型的生产以载货车为主，其原因在于在大吨小标、超载超限等违法违规行为治理日益趋严的情形下，轻型货车标准化、轻量化的趋势日益加快，产品升级需求拉动产量快速增长。货车中，中、重型货车新车型产量共计 2.8 万辆，占商用车新车型总产量的 10.8%，也是商用车新车型中的主要产品，其中自卸车和牵引车占据较大比重。

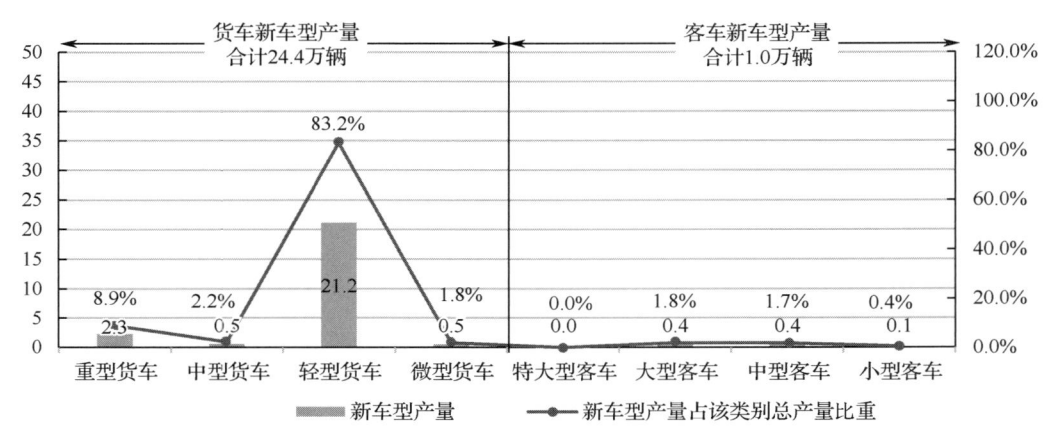

图 15-20　2022 年商用车新车型产量分车辆类别情况

二、企业结构分析

如图 15-21 所示，2022 年，上汽通用五菱新车型产量较高，轻型货车产品快速推出，促进了企业市场占有率的提升。从新车型对企业产量的贡献度来看，江铃股份、吉利四川商用车、安徽江淮集团均超过 50.0%，新车型贡献度较高，体现这些企业产品切换以及改进升级较快。

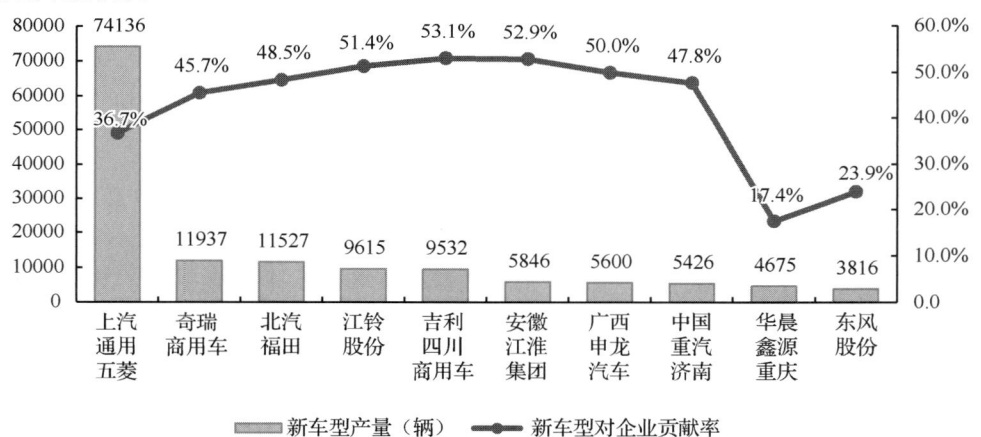

图 15-21　2022 年主要商用车企业新车型产量 TOP10 情况

受目标市场低迷的影响，2022 年客车新车型产量低于 2021 年，如图 15-22 所示，南京金龙、上海万象、北京福田欧辉的产量较高，TOP10 客车企业新车型合计产量占客车新车型总产量的 64.1%。

从新能源商用车新车型年度产量来看，奇瑞商用车（安徽）最高，超过了 1 万台，其中以纯电动轻型货车为主（见图 15-23）。TOP10 新能源商用车企业新车型合计产量占新能源商用车新车型总产量的 52.4%。

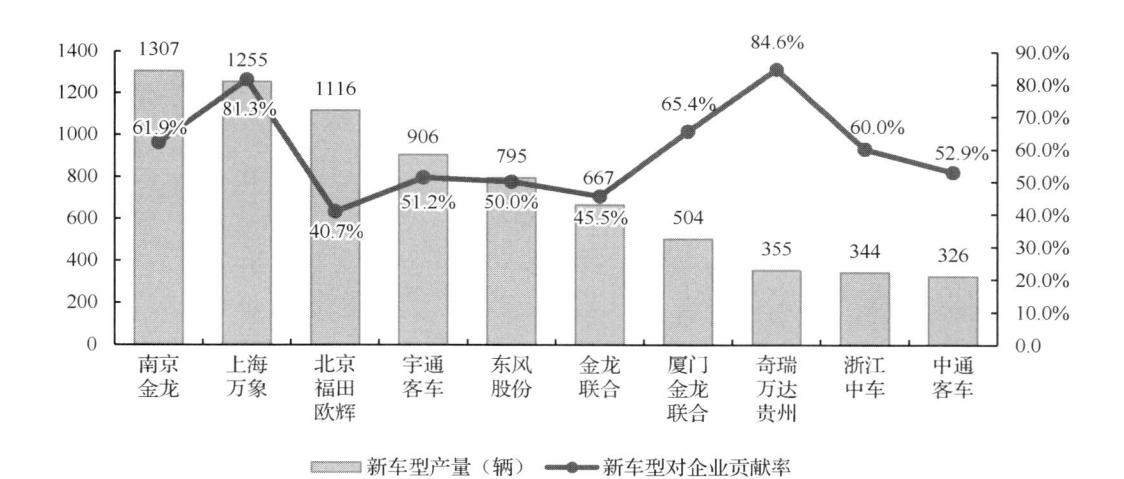

图 15-22 2022 年客车企业新车型产量 TOP10 情况

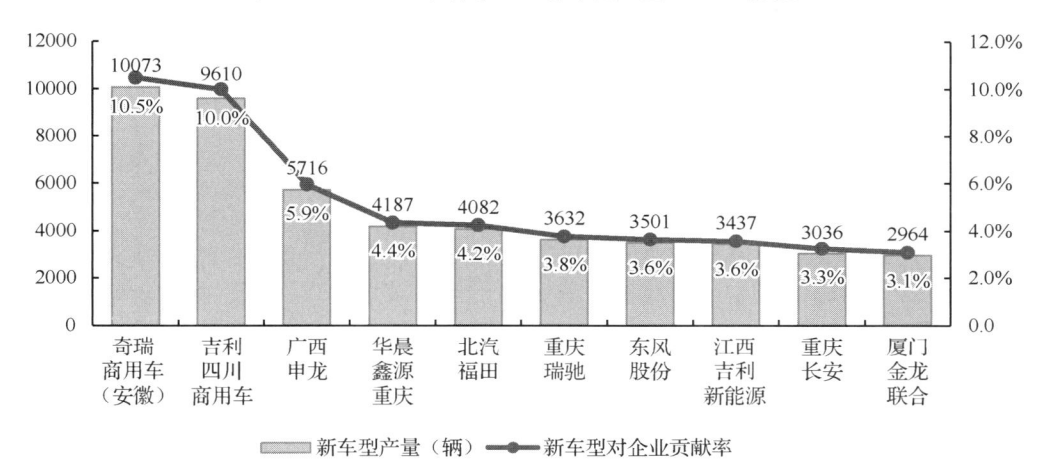

图 15-23 2022 年新能源商用车企业新车型产量 TOP10 情况

三、燃料结构分析

目前，商用车市场仍以柴油车与汽油车为主，汽油车主要集中于轻型货车和小型客车，而中重型货车、大中型客车则以柴油车为主。如表 15-7 所示，2022 年，汽油新车型产量为 9.5 万辆，占比为 34.50%，柴油新车型产量为 8 万辆，占比为 29.3%，传统能源新车型产量比重高达 63.8%，较 2021 年显著下降。新能源商用车动力性弱于柴、汽油车，采购成本高于柴、汽油车。此外，其充电时间较长也降低了车辆的利用率。新能源商用车应用场景较少，主要集中在公交客车市场、城市物流市场、公务用车市场。但是，随着"双碳"目标的持续推进及新能源政策导向深入影响，2022 年其新车型产量为 9.3 万辆，占比为 33.8%，纯电动车型和燃料电池车型产量较前两年均大幅提升。

表 15-7　2022 年商用车新车型产量分燃料类型情况

分类	燃料种类	产量（辆）	占比
新能源	纯电动	93056	33.80%
新能源	混合动力	543	0.20%
新能源	燃料电池	1613	0.60%
传统能源	柴油	80594	29.30%
传统能源	汽油	94831	34.50%
清洁能源	天然气	4264	1.50%
清洁能源	甲醇	315	0.10%

第四节　总结及展望

随着商用车标准法规的逐步完善，在超载、超限治理，运输高效化，环保，以及新能源汽车产业快速发展等因素影响下，未来商用车新车型呈现轻量化、节能高效、绿色化发展趋势。

一、轻量化

轻量化技术是实现商用车绿色发展的重要推动力，也是降低用户使用成本的重要举措。当前，新能源商用车市场从政策引导回归市场需求主导，轻量化技术在一定程度上提升了新能源商用车的续驶里程，是推进商用车新能源化的重要措施。另外，通过轻量化技术降低车身自重，在合规前提下能够最大限度地提高车辆的运载能力，还可以有效降低燃油消耗的总量，降低商用车用户的燃油支出成本，既满足节能减排绿色发展的理念，又符合用户的经济利益需求。铝合金具有重量轻、易回收、耐腐蚀、残值高等优势，目前企业通过采用铝合金材质或局部的结构优化，可以有效降低产品自重。同时，基于车辆用途进行针对性的结构设计，在保证车辆强度的情况下降低产品自重也是商用车技术发展的必由之路。

二、节能高效

随着物流运输效率的提升及环保要求的趋严，商用车发展呈现出节能化与高效化。在长途运输方面，配装大排量低能耗的发动机成为趋势，2022 年，《公告》新车型中，柴油和天然气牵引车生产了 1477 台 12L 以上排量新车型，占比达 34.4%。企业在提高大排量发动机的有效热效率上加大投入，新能源牵引车逐渐增加。在城市物流方面，2022年，蓝牌轻型货车申报车型中，1.5L 排量以下汽油车型共计生产 7.2 万台，占比为 80.9%，柴油轻型货车在蓝牌政策下基本实现 2.5L，配装动力呈现小型化、节能化趋势。随着对轻型载货汽车的管理进一步加严，排放法规及能耗要求日益严苛，商用车能源类型正在向纯电动方向转型发展。

技术路线方面，商用车基于"人—车—路"三要素有效地降低能耗。企业通过预见性动力控制技术实现车辆最佳运行状态，通过高效动力总成技术提高发动机和传动系统效率，使动力总成始终运行在高效区；通过智能热管理技术以最低能耗保障发动机工作在最小的冷却温度波动范围内，起到降低能耗的作用，使发动机更高效地工作；通过外流场优化管理，降低整车风阻。

三、绿色化

随着国家环保治理法规趋严及对新能源汽车产业发展的引导，绿色化、电动化成为行业发展的鲜明趋势。从2022年商用车新车型申报情况来看，新能源商用车申报数量占商用车申报总量的83.3%，产量达69.4%。申报车型涵盖城市公交、环卫、物流运输、工程车等应用场景。新能源在纯电动、燃料电池等方面新申报车型数量增长较快，纯电动商用车最长续驶里程可达到840km，燃料电池商用车最长续驶里程可超过1000km，清洁能源和新能源商用车新申报车型技术水平不断提升。2022年换电式纯电动商用车大量推出，能够有效解决购车成本高、充电速率慢的问题，在运行场景相对固定的半挂牵引车、自卸车、混凝土搅拌运输车等领域将继续推广。

随着国Ⅵ法规的全面实施，柴油车辆的污染物排放大幅降低。同时，随着"双碳"目标的持续推进，低碳燃料如天然气、甲醇车辆有望继续发展。

第十六章　2022 年专用汽车新车型特征

徐传康，陈小强*

摘要： 本章依据《道路机动车辆生产企业及产品公告》数据，阐述了 2022 年专用汽车新车型申报情况。其中，对应急救援类、消防类、防疫类、工程建筑类专用汽车新车型申报情况进行了重点说明，选取了 13 类车型分析新车型技术特征及技术趋势。在此基础上，提出了专用汽车车型技术发展趋势。

关键词： 专用汽车；新车型；技术特征；发展趋势。

第一节　2022 年专用汽车新车型申报情况分析

一、专用汽车新车型申报基本情况

2022 年，工业和信息化部发布了第 352～366 批共计 15 批《道路机动车辆生产企业产品及公告》（以下简称《公告》）。如图 16-1 所示，共有 1003 家企业发布了 13131 个专用汽车车型。整体来看，申报《公告》新车型数量按批次顺序大体呈现震荡的态势，下半年的表现要优于上半年。其中，第 364 批次发布的专用汽车新车型数量较少，仅 215 个型号；第 355 批次发布的专用汽车新车型为 1462 个型号，为全年单批次发布的最高水平。分月份看，2 月没有发布《公告》，7 月、9 月、11 月、12 月这四个月份各发布了两个批次《公告》，其余月份均发布了一次《公告》。

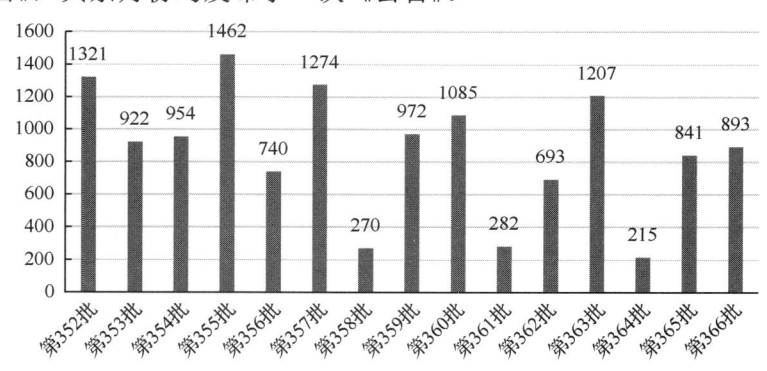

图 16-1　2022 年专用汽车各批次公告新车型情况（单位：个）

---

* 徐传康，工程师，任职于工业和信息化部装备工业发展中心产品审查处；陈小强，工程师，任职于中汽研汽车检验中心（武汉）有限公司。

分企业看,程力专用汽车股份有限公司申报新车型数量最多,共计 307 个型号,排在第二至第五位的企业依次是程力汽车集团股份有限公司、北汽福田汽车股份有限公司、楚胜汽车集团有限公司、长沙中联重科环境产业有限公司,分别申报新车型 284 个、209 个、204 个及 179 个型号。如表 16-1 所示,2022 年新车型申报数量排前 10 名的企业共申报了 1853 个型号,占全年新车型申报总量的 14.11%,另外,有近 7 成的企业的 2022 年新车型申报数量小于 10 个型号,整体来看产业集中度较低。

表 16-1 2022 年专用汽车新车型申报企业 TOP10 情况

序 号	企 业 名 称	新车型数量(个)	占专用汽车新车型比例
1	程力专用汽车股份有限公司	307	2.34%
2	程力汽车集团股份有限公司	284	2.16%
3	北汽福田汽车股份有限公司	209	1.59%
4	楚胜汽车集团有限公司	204	1.55%
5	长沙中联重科环境产业有限公司	179	1.36%
6	安徽江淮汽车集团股份有限公司	153	1.17%
7	湖北一专汽车股份有限公司	144	1.10%
8	中国第一汽车集团有限公司	134	1.02%
9	徐州徐工环境技术有限公司	121	0.92%
10	湖北专力汽车科技有限公司	118	0.90%
	合计	1853	14.11%

二、应急救援类专用汽车新车型申报结构分析

2022 年共有 166 家企业发布了 426 个应急救援类专用汽车新车型,下半年申报了 257 个型号,占全年新车型申报总量的 60.33%,表现优于上半年。分批次看,如图 16-2 所示,第 357 批申报了 50 个应急救援类新车型,数量为全年最高,第 358、361 及 364 批《公告》申报新车型数量较少,主要是因为这几个批次所在月份均发布了两次《公告》。

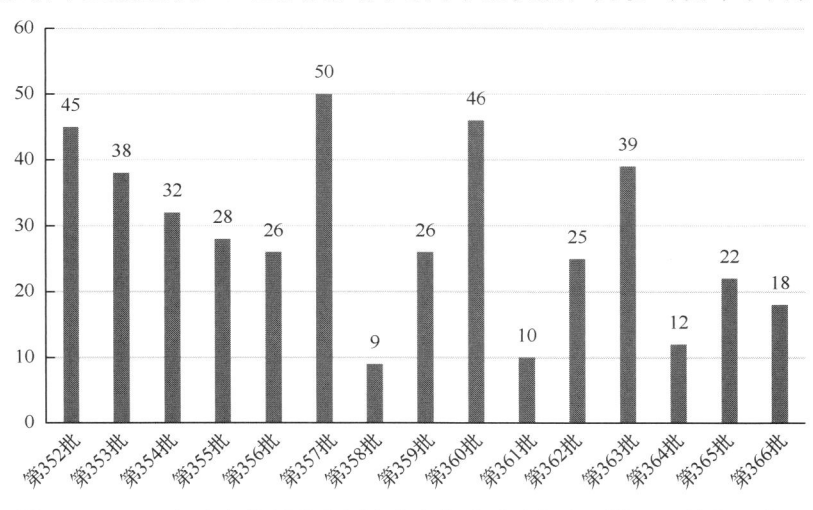

图 16-2 2022 年应急救援类专用汽车各批次公告新车型情况(单位:个)

各批次数据:第352批 45,第353批 38,第354批 32,第355批 28,第356批 26,第357批 50,第358批 9,第359批 26,第360批 46,第361批 10,第362批 25,第363批 39,第364批 12,第365批 22,第366批 18

从吨位上看，重型、中型、轻型、微型专用汽车分别申报新车型 130 个、115 个、176 个、5 个型号，分别占应急救援类专用汽车新车型总数的 30.52%、27.00%、41.31%、1.17%（见图 16-3）。除微型车占比较少外，轻型、中型、重型新车型数量占比相对均衡。从车型吨位偏好来说，申报最多的依次是 4.5 吨、18 吨、25 吨、12 吨及 16 吨这几个吨位的新车型，这主要还是与《公告》和上牌管理等要求相关。

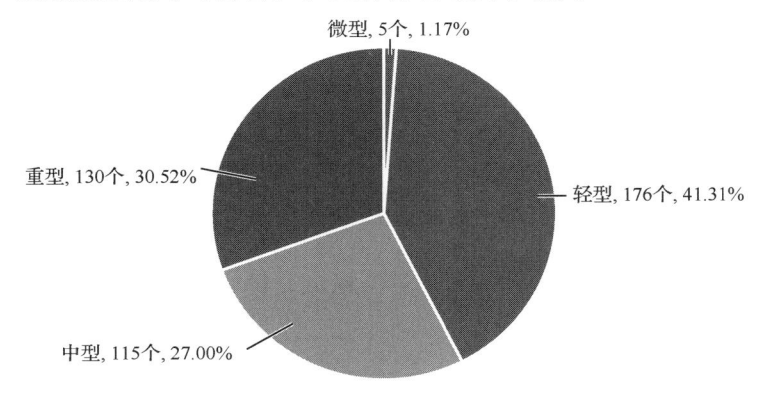

图 16-3　2022 年应急救援类专用汽车新车型按吨位分类结构

从车辆的外廓尺寸来看，车长为 5900～6000mm 的新车型最为集中，有 87 个型号，占总体比例的 20.42%。整车车宽尺寸为 2550～2500mm 的新车型最为集中，有 170 个型号，占总体比例的 39.90%。整车车高尺寸为 3900～4000mm 的新车型最为集中，有 81 个型号，占总体比例的 19.01%。

分企业看，龙岩市海德馨汽车有限公司和程力专用汽车股份有限公司申报应急救援类专用汽车新车型最多，均为 17 个，排在第三至第六位的企业依次是龙岩畅丰专用汽车有限公司、新航达（重庆）智能汽车有限公司、程力汽车集团股份有限公司、长沙迪沃机械科技有限公司，这几家企业于 2022 年都申报超过 10 个新车型。如表 16-2 所示，申报应急救援类新车型数量排前 10 名的企业共申报 107 个型号，占全年应急救援类专用汽车新车型申报总量的 25.12%。

表 16-2　2022 年应急救援类新车型申报企业 TOP10 情况

序　号	企 业 名 称	新车型数量（个）	占应急救援类新车型比例
1	龙岩市海德馨汽车有限公司	17	3.99%
2	程力专用汽车股份有限公司	17	3.99%
3	龙岩畅丰专用汽车有限公司	12	2.82%
4	新航达（重庆）智能汽车有限公司	12	2.82%
5	程力汽车集团股份有限公司	11	2.58%
6	长沙迪沃机械科技有限公司	11	2.58%
7	北京环达汽车装配有限公司	7	1.64%
8	襄阳腾龙汽车有限公司	7	1.64%

续表

序 号	企 业 名 称	新车型数量（个）	占应急救援类新车型比例
9	江西江铃汽车集团改装车股份有限公司	7	1.64%
10	福建省鑫港路通车辆制造有限责任公司	6	1.41%
	合计	107	25.11%

三、消防类专用汽车新车型申报结构分析

2022年共发布了841个消防类专用汽车新车型。分批次来看，如图16-4所示，第355批次申报消防类新车型213个型号，为全年最高，占全年消防类专用汽车申报总量的25.33%。第356~359批《公告》申报车型数量较少，这4个批次总共只申报新车型11个型号，占全年申报总量的1.31%。

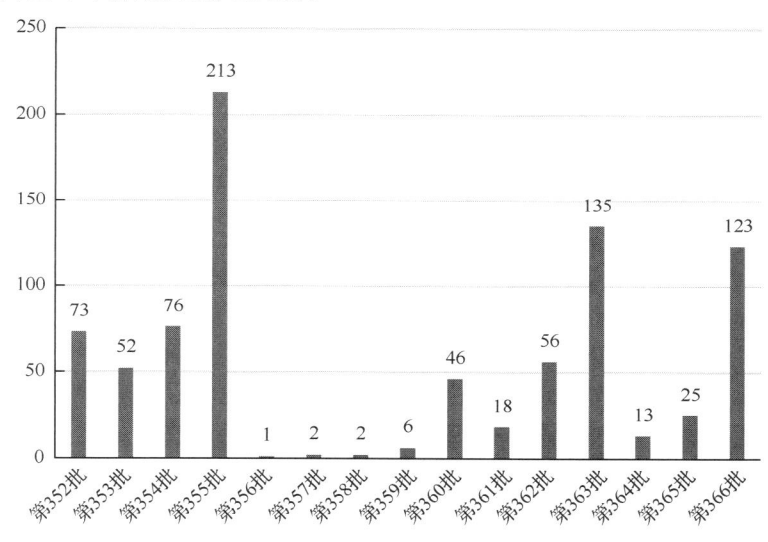

图16-4 2022年消防类专用汽车各批次公告新车型情况（单位：个）

从吨位上看，重型、中型、轻型、微型专用汽车新车型分别为639个、151个、50个、1个型号，分别占应急救援类专用汽车新车型总数的75.98%、17.95%、5.95%、0.12%。从图16-5可以看出，消防车还是偏好大吨位的车型，重型消防车新车型占比超过3/4，微型消防车只有1款新车型。从车型吨位偏好来说，申报数量最多的依次是19吨、38吨、42.6吨这几个吨位的新车型。

分企业看，共有52家企业申报了消防类专用汽车新车型，北京中卓时代消防装备科技有限公司申报新车型数量最多，为67个型号，排在第二至第五位的企业依次是四川川消消防车辆制造有限公司、重庆迪马工业有限责任公司、湖南中联重科应急装备有限公司、广东永强奥林宝国际消防汽车有限公司，分别申报66个、48个、46个、38个型号。如表16-3所示，2022年申报消防类专用汽车新车型数量排前10名的企业共申报了429个型号，占全年消防类专用汽车新车型申报总量的51.01%。整体来看，消防类专用汽车产业集中度在专用汽车车型中属于较高水平。

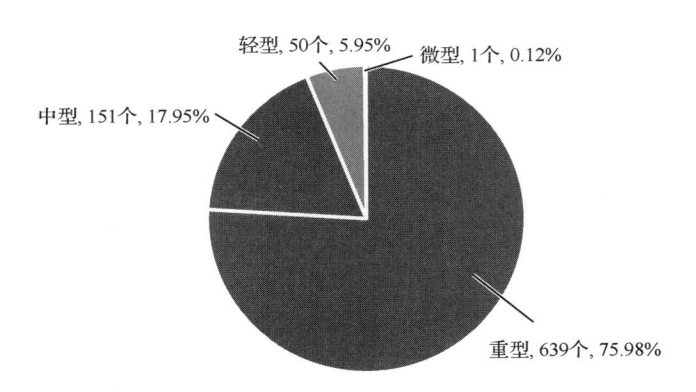

图 16-5　2022 年消防类专用汽车新车型按吨位分类结构

表 16-3　2022 年消防类新车型申报企业 TOP10 情况

序　号	企业名称	新车型数量（个）	占消防类新车型比例
1	北京中卓时代消防装备科技有限公司	67	7.97%
2	四川川消消防车辆制造有限公司	66	7.85%
3	重庆迪马工业有限责任公司	48	5.71%
4	湖南中联重科应急装备有限公司	46	5.47%
5	广东永强奥林宝国际消防汽车有限公司	38	4.52%
6	陕西银河消防科技装备股份有限公司	37	4.40%
7	捷达消防科技（苏州）股份有限公司	33	3.92%
8	沈阳捷通消防车有限公司	32	3.80%
9	湖北三六一一特种装备有限责任公司	31	3.69%
10	湖北江南专用特种汽车有限公司	31	3.69%
	合计	429	51.02%

四、医疗防疫类专用汽车新车型申报结构分析

2022 年共发布了 305 个医疗防疫类专用汽车新车型，下半年申报了 213 个型号，占全年新车型申报总量的 70.07%，表现明显优于上半年。分批次看，如图 16-6 所示，第 366 批次申报医疗防疫类新车型 39 个型号，为全年数量最高的一批，第 364 批申报新车型数量为全年最少，仅 5 个型号。

从吨位上看，如图 16-7 所示，医疗防疫类新车型主要集中为轻型车辆，有 223 个型号，占比为 73.11%；其次是重型车新车型，有 54 个型号，占比为 17.70%；中型车新车型有 27 个型号，占比为 8.86%；微型医疗防疫类新车型只有 1 款，仅占比 0.33%。在轻型医疗防疫类车型中，4.5 吨以下的新车型有 154 个型号，占轻型医疗防疫类新车型申报总量的 66.09%。

第十六章 2022年专用汽车新车型特征

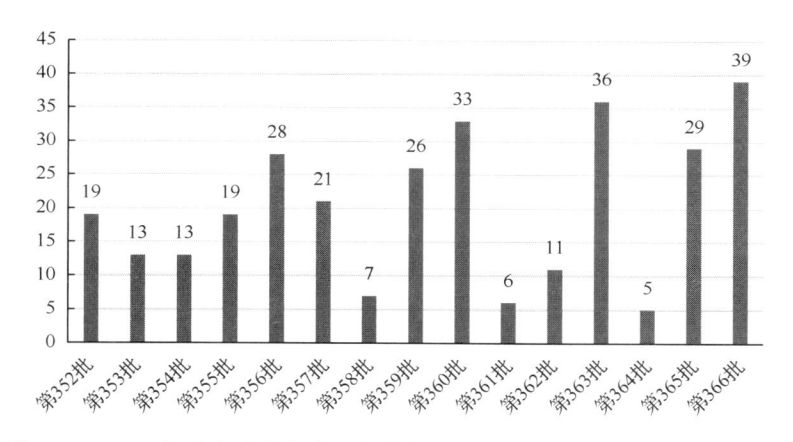

图16-6 2022年医疗防疫类专用汽车各批次公告新车型情况（单位：个）

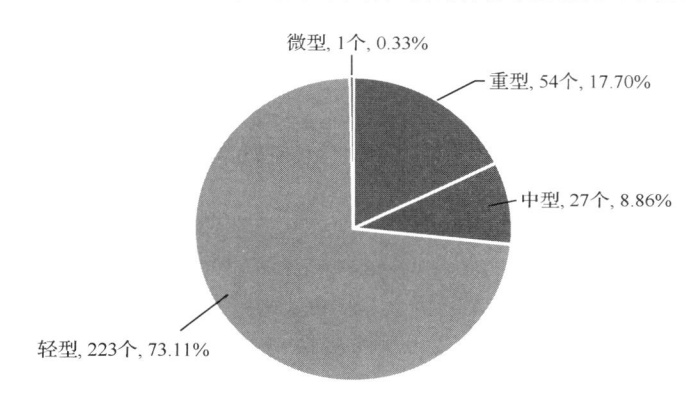

图16-7 2022年医疗防疫类专用汽车新车型按吨位分类结构

从底盘类型来看，医疗防疫类新车型在整车基础上二次改装的居多，62.63%的新车型底盘由承载式底盘改装而成，33.44%的新车型底盘由二类底盘改装而成，0.98%的新车型底盘由三类底盘改装而成，还有2.95%的医疗防疫类新车型是一阶段出厂的专用汽车整车（见图16-8）。

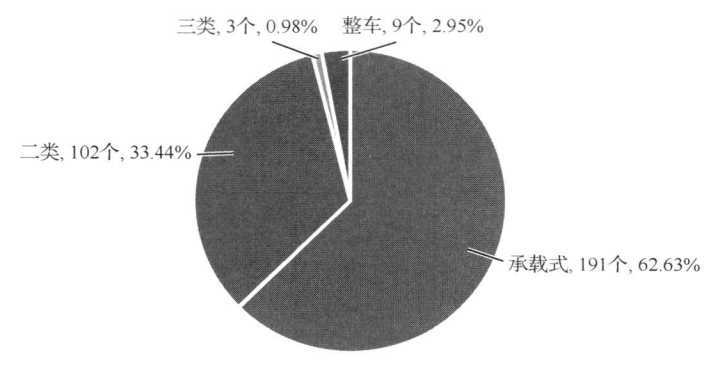

图16-8 2022年医疗防疫类专用汽车新车型按底盘类型分类结构

分企业看，共有118家企业申报了医疗防疫类专用汽车新车型，湖北聚力汽车技术股份有限公司申报新车型最多，共计19个型号，排在第二至第五位的企业依次是宇通客车股份有限公司、北京北铃专用汽车有限公司、江西江铃汽车集团改装车股份有限公司、程力专用汽车股份有限公司,分别申报新车型 14 个、13 个、12 个、12 个型号。如表 16-4 所示,2022 年申报医疗防疫类专用汽车新车型数量排前 10 名的企业共申报了 106 个型号,占全年医疗防疫类专用汽车新车型申报总量的 34.87%。

表 16-4　2022 年医疗防疫类新车型申报企业 TOP10 情况

序　号	企　业　名　称	新车型数量(个)	占医疗防疫类新车型比例
1	湖北聚力汽车技术股份有限公司	19	6.23%
2	宇通客车股份有限公司	14	4.59%
3	北京北铃专用汽车有限公司	13	4.26%
4	江西江铃汽车集团改装车股份有限公司	12	3.93%
5	程力专用汽车股份有限公司	12	3.93%
6	湖北中凯汽车科技有限公司	11	3.61%
7	宁波凯福莱特种汽车有限公司	7	2.30%
8	程力重工股份有限公司	6	1.97%
9	四川爱普康新能源科技有限公司	6	1.97%
10	厦门金龙联合汽车工业有限公司	6	1.97%
	合计	106	34.76%

五、工程建筑类专用汽车新车型申报结构分析

2022 年共发布了 566 个工程建筑类专用汽车新车型,整体上看,上半年新车型申报量基本与下半年持平。分批次来看,如图 16-9 所示,第 355 批次申报工程建筑类新车型 83 个型号,为全年数量最高的一批,第 364 批申报新车型数量为全年最少,仅 1 个型号。

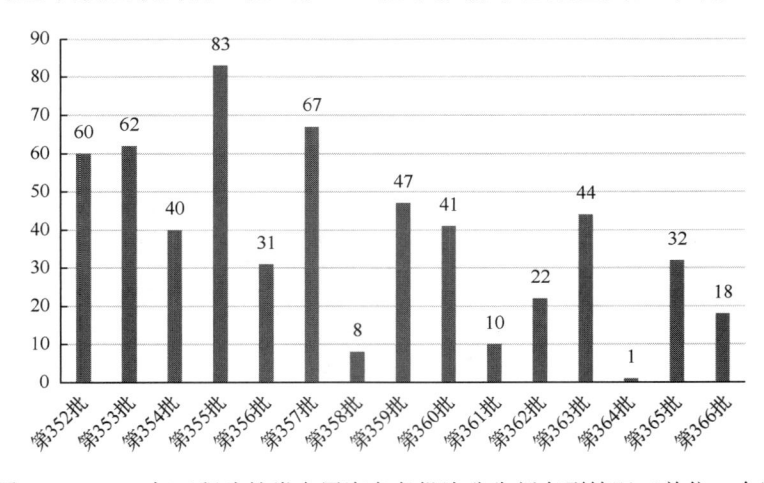

图 16-9　2022 年工程建筑类专用汽车各批次公告新车型情况(单位:个)

从吨位上看，工程建筑类专用汽车绝大多数都属于重型车辆，占比为 98.06%（见图 16-10）。除部分车载式混凝土泵车和水泥净浆洒布车为少量中型和轻型车辆外，其余工程建筑类产品均为重型车辆，且有相当部分产品属于超限产品。对于混凝土搅拌车车型，从车型吨位偏好来说，申报最多的依次是 31 吨、18 吨、24.5 吨这几个吨位的新车型，占工程建筑类专用汽车申报总量的 94.97%。

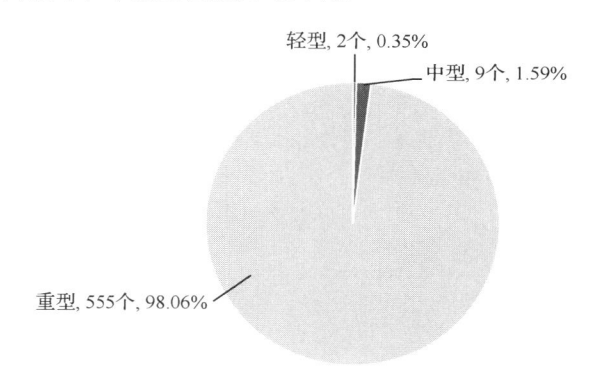

图 16-10 2022 年工程建筑类专用汽车新车型按吨位分类情况

分企业看，共有 103 家企业申报了工程建筑类专用汽车新车型，徐州徐工施维英机械有限公司申报新车型数量最多，共计 68 个型号，排在第二至第五位的企业依次是中联重科股份有限公司、三一汽车制造有限公司、洛阳中集凌宇汽车有限公司、芜湖中集瑞江汽车有限公司，分别申报 58 个、53 个、31 个、28 个型号。如表 16-5 所示，2022 年申报工程建筑类专用汽车新车型数量排前 10 名的企业共申报了 324 个型号，占全年工程建筑类专用汽车新车型申报总量的 57.24%，行业集中度较高。

表 16-5 2022 年工程建筑类新车型申报企业 TOP10 情况

序 号	企 业 名 称	新车型数量（个）	占工程建筑类新车型比例
1	徐州徐工施维英机械有限公司	68	12.01%
2	中联重科股份有限公司	58	10.25%
3	三一汽车制造有限公司	53	9.36%
4	洛阳中集凌宇汽车有限公司	31	5.48%
5	芜湖中集瑞江汽车有限公司	28	4.95%
6	唐山亚特专用汽车有限公司	24	4.24%
7	徐州徐工汽车制造有限公司	18	3.18%
8	郑州宇通集团有限公司	17	3.00%
9	北京福田戴姆勒汽车有限公司	14	2.47%
10	徐州工程机械集团有限公司	13	2.30%
	合计	324	57.24%

第二节 2022年中国专用汽车新车型技术特征

一、防撞缓冲车

防撞缓冲车是为给临时性车道封闭路段工作的养路工人及设备提供全面被动防护而研发的专用汽车，适用于公路、市政道路等养护作业，产品示例如图 16-11 所示，其主要是利用安装在专用汽车尾部的防撞缓冲垫变形吸收撞击能量，以防止追尾车辆直接碰撞施工人员及设备，同时最大限度地保护撞击车辆内人员的安全。防撞缓冲车的专用装置主要是车辆后部安装的防撞缓冲包，其内部为航空航天级特种铝蜂窝材料，符合 MASH2016 国际检测标准，可有效吸收追尾撞击车辆的碰撞能量，从而保护施工人员、施工设施及车内乘员。

a）车辆全貌图　　b）防撞缓冲垫示意图

图 16-11　防撞缓冲车

二、森林消防运兵车

森林消防运兵车以中型客车为基础平台，针对森林消防车辆对动力性、制动性、复杂路况通过性等要求进行专项开发，满足综合路况场景的使用需求（见图 16-12）。

图 16-12　森林消防运兵车

森林消防运兵车采用定制化车辆底盘设计及动力匹配，极限爬坡坡度超过35%，山路适应性更优；定制开发前后盘式制动器、电涡流缓速器，可实现长时间坡路制动，山路适应性更优；配备前轮胎压报警、驾驶员安全带未系提醒、车道偏离及碰撞预警系统、驾驶员疲劳预警功能等主动安全配置，可以大幅提升行车安全性；与此同时，该车配置了高端乘坐区座椅，适宜长途乘坐，提升运兵舒适性。

三、移动核酸检测车

移动核酸检测车是针对新冠感染多点多区域核酸检测需求而开发的专用汽车，车内配备自动化检测设备，并按照P2+生物安全等级要求设计车载移动核酸检测实验室，可高效快捷完成核酸检测任务。产品具有良好的机动性，适用于县区级疾控、医院、机场、火车站、学校、海关及进出口岸等多种应急场景核酸检验需求。

如图16-13所示，移动核酸检测车按照加强型负压生物安全二级实验室（P2+）进行设计，分成3个主实验区与3个配套区的布局，有效避免生物感染。主实验区包含试剂准备区、样本制备区和PCR扩增区3个区域；配套区包含缓冲区、洗消区和设备区3个区域。车辆内部采用具有良好防火性能的板材，高温1200℃无火苗，防火阻燃级别可达到A级。车辆搭配空调通风负压系统和全自动污水处理系统，实现各个实验室的洁净、梯度压差和制冷要求，并避免对环境的污染。

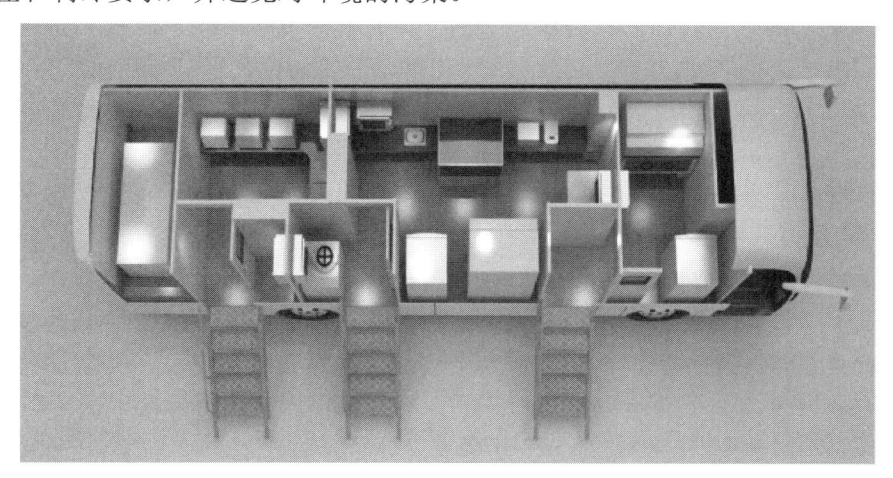

图16-13 移动核酸检测车车载试验室剖面图

四、负压救护车

负压救护车是具有负压系统的防护型救护车，用于救治、监护和转运传染病人。车载负压系统可实现医疗舱负压环境，具有污染空气过滤、杀菌消毒功能，其由进风口、净化排风装置、控制和监测装置组成，净化排风装置由排风风扇、空气过滤器、消毒器组成（见图16-14）。

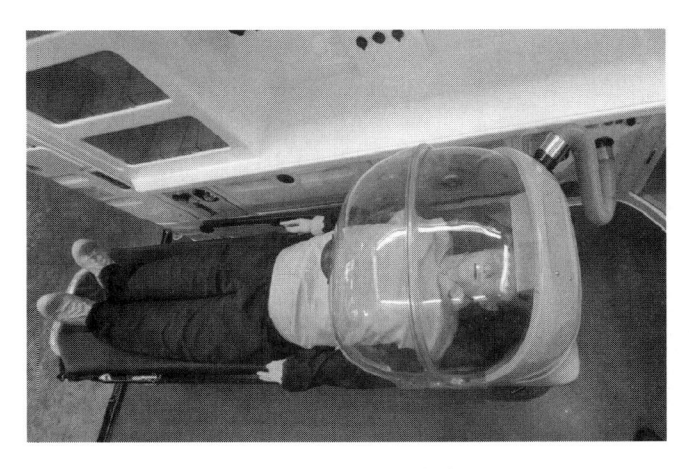

图 16-14 负压救护车内部

五、智能型救护车

智能型救护车是指具备独立医疗舱，装备有医疗救护设施，具有接入公共或专用通信网络功能，对实时移动交互车载医疗仪器和设备的数据进行采集、记录、转发，并装备急救智能辅助系统的医疗卫生类专用汽车。

智能型救护车在传统监护型救护车基础上集成救护车整体控制系统，具有医疗舱自检功能，如氧气余量监测、电池电量监测、照明电气设备监测等，并具备信息传输端口，可通过数字化技术将信息上传到院前急救中心进行数据分析和应用（见图16-15）。

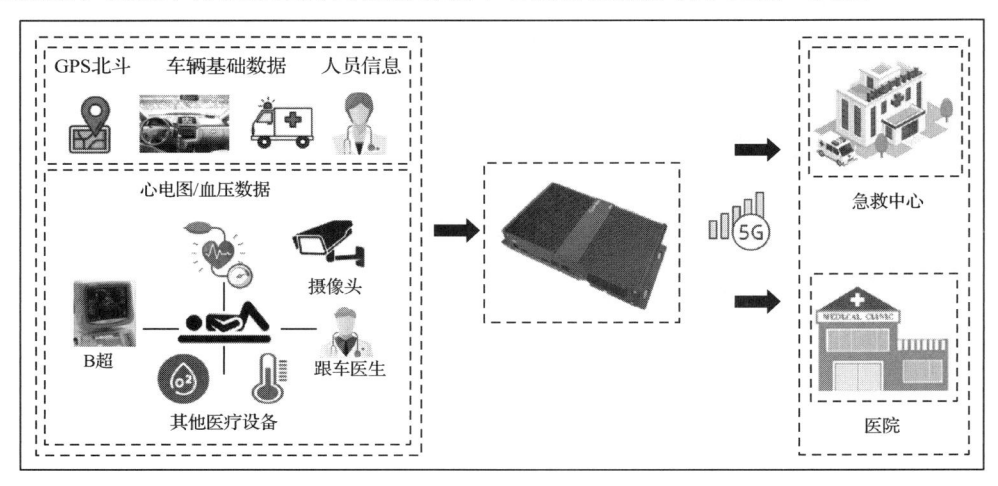

图 16-15 智能型救护车应用效果示意

六、混凝土泵车

混凝土泵车是将混凝土泵送机构、液压卷折式布料臂架、支撑机构集成在汽车底盘上的专用汽车，适应于住宅小区、体育场馆、立交桥、机场等建筑施工时的混凝土输送。混凝土泵车种类较多，其基本由底盘总成、臂架系统、转塔总成、泵送机构、液压系统

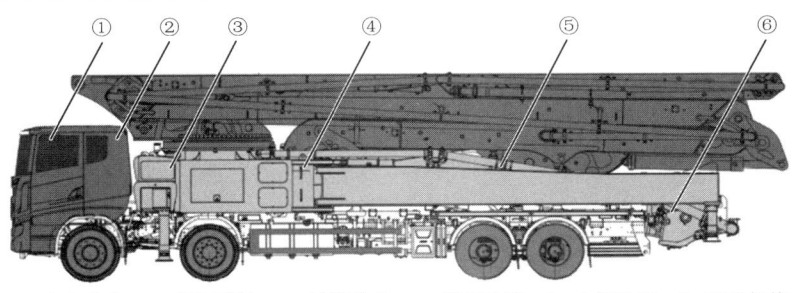

和电气系统六大部分组成,如图 16-16 所示。

1—底盘总成;2—臂架系统;3—转塔总成;4—液压系统;5—电气系统;6—泵送机构

图 16-16　混凝土泵车产品构成

先进的混凝土泵车具有臂架稳、打得快、不挑地、高智能、高可靠、低油耗等特点,目前已有 60 米级以上泵车配置两伸前支腿,占地面积降低 15%以上,并具有极强的场地适应能力,如图 16-17 所示。部分型号搭载机械行业专用的分布式控制系统、一体化中控智慧屏,实现整车状态实时监控与故障可视化。

图 16-17　混凝土泵车

七、矿山用多功能抑尘车

矿山用多功能抑尘车采用蓄能模式,给压力储水罐加入一部分水,利用剩余空间注入压缩空气蓄能,以实现作业时排水口短时间大流量喷水,从而达到快速抑尘效果,适用于矿山、工厂、楼宇等爆破场所瞬间扬尘的抑制需求。传统抑尘车辆水泵排量有限、排水出水量低、抑尘范围窄,蓄能模式的应用解决了特定抑尘场所的排水抑尘需求。该车型具备喷流压尘和清洗等多种功能,喷流功能喷射距离远、喷射流量大、覆盖范围广,适用于铁矿、水泥石灰、采石场等露天矿爆破开采时局部高密度粉尘的压尘,其清洗功能适用于路面冲洗、洒水降尘、绿化浇灌、广告牌清洗等,产品示例如图 16-18 所示。

a）车辆全貌图　　　　　　　b）矿山压尘作业示意图

图 16-18　矿山用多功能抑尘车

八、双向护栏清洗车

双向护栏清洗车的护栏清洗机构可实现清洗装置的水平伸出与缩回、垂直升降、左右角度摆动，同时可根据护栏高度自由调节清洗装置高度，根据护栏厚度和干净程度调整内外滚刷间距，并可选配热水系统，实现高温清洗，选配底座扫盘清洗护栏底座，实现对护栏及四周区域的一次性洗净，解决了国内行业产品对护栏前、后方向无法清洗干净的老大难问题，其主要适用于城市道路护栏的清洗。作业过程中由车辆的左、右角喷水冲洗地面，防止作业时产生二次污染，工作效率高且清洗效果明显，产品示例如图 16-19 所示。

a）车辆全貌图　　　　　　　b）护栏清洗作业意图

图 16-19　双向护栏清洗车

九、多功能墙面清洗车

多功能墙面清洗车可对公路隧道墙面、城市高架隔音屏、道路中间护栏进行自动化清洗，同时可在清洗过程中洒水降尘避免二次污染。车辆臂架系统能实现 360°全方位清洗，清洗过程滚刷能自动调整滚刷与清洗面之间的距离，并配有洗涤液水路及手持喷枪冲洗等多种功能，能完成各种设施的立面和顶面清洗，清洗高度可达 4m。该车型采用多节折叠、伸缩臂架，可多自由度灵活动作，运动速度可无级调节，滚刷能全方位、多角度调整，以适应不同角度墙面的清洗，并具备一键式操作功能，能够一键复位、一键展出、一键避障。车型产品示例如图 16-20 所示。

a）车辆全貌图　　　　　　　　　　　　b）立面清洗作业示意图

图 16-20　多功能墙面清洗车

十、湿式除雪车

湿式除雪车前部可装配滚刷或雪铲进行机械除雪，后部配有智能湿式撒布系统喷洒液体融雪剂，防止路面结冰，适用于高速公路、公路、城市主干道、机场、大型停车场、大型广场等地区的除雪工作。湿式撒布相对颗粒融雪剂干式撒布，上料简便快速，在雪季可实现快速反应。同时，液体融雪剂不需要预湿溶解，路面防冻效果好，可减少融雪剂撒布量，降低对环境的影响。湿式除雪车具备洒水功能，通过配备低压水路系统，利用低压水流冲洗路面、洒水降尘。车型产品示例如图 16-21 所示。

a）车辆全貌图　　　　　　　　　　　　b）撒盐水作业示意图

图 16-21　湿式除雪车

十一、电化学储能电源车

（一）产品结构及功能特点

电化学储能电源车通过储能变流器进行可循环电能存储、释放，由底盘、静音箱体、电池柜、变流器、交流配电柜、空调系统、进风/排风消音系统及液压支撑系统、倒车监控装置、照明系统、消防设备、负载输出电缆、电缆收放装置等组成（见图 16-22）。

（二）产品应用场景

利用电化学储能电站技术，将成熟系统移植到车载平台上，具备灵活、多功能特性，可应用于配变临时增容、改善电网末端电能质量、重要场合应急保电等多种应用场合。

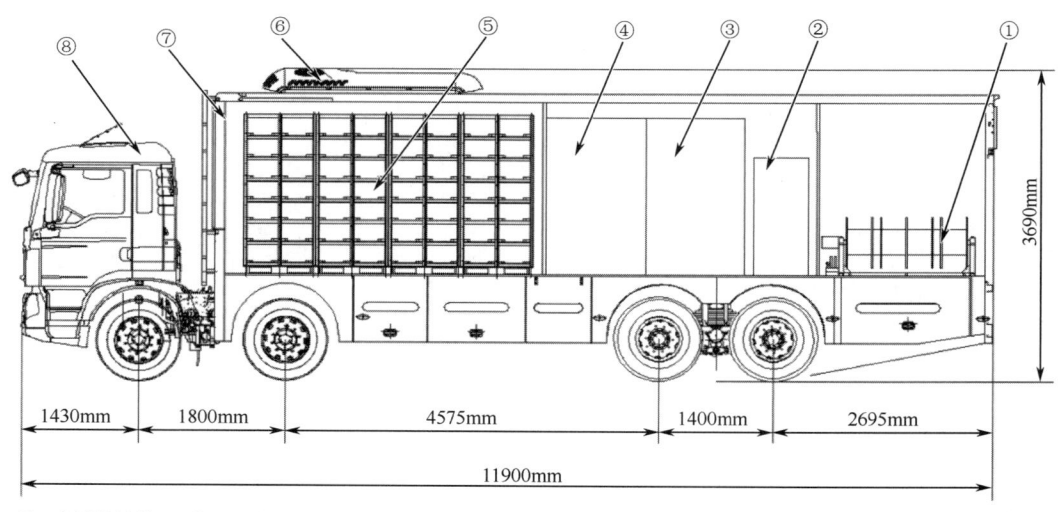

①—电缆收放装置 ②—灭火系统 ③—隔离变压器 ④—PCS ⑤—电池系统 ⑥—顶置空调 ⑦—静音厢体 ⑧—底盘

图16-22 电化学储能电源车产品构成

（三）产品技术特点及安全防护措施

（1）电池系统。电池系统采用三级管理架构和四级安全架构设计，具备点对点采集模式，电芯级保护，温度精度为0.5℃、电压精度为5mV，三相四线制设计，实现高精度、高可靠度。电池可根据电芯自身特性采用被动均衡控制，更大限度地保证电芯一致性。

（2）智能温度调节。通过空调、车厢进排气系统、车厢隔热处理等手段，实现实时调控高温制冷和低温加热系统运行，达到高效低能耗车厢恒温控制效果，使车厢温度始终处于锂电池和变流器最佳工作温度范围。

（3）智能监控技术。车载监控系统集成变流器、电池管理系统、液冷电池控温系统、消防系统、支撑液压系统、风机、百叶窗、充电桩、远程监控系统、多电源能量管理系统，实现一体化集中智能控制。

（4）复合式多模高效灭火技术。基于锂电池产热特性和热失控机制，通过车厢内火灾着火源和着火点布置快速检测点和智能快速联动消防系统，达到车厢密闭空间的高效自动感应灭火效果。

（四）产品法规适用性

QC/T 911《电源车》标准报批稿规定了电源车配备不间断电源系统电池组的能量限值为120kWh。一般而言，不间断电源系统的电池包备电时间为15min左右，只能满足电网检修时不间断供电需求。电化学储能电源车辆通常会携带几百甚至上千千瓦时电量，无法归集到QC/T 911《电源车》标准规定的产品范畴，故无法按照传统的电源车进行管理。

此外，依据GB 12268—2012《危险货物品名表》规定，锂电池属于第九类危险品。JT/T 617《危险货物道路运输规则》系列标准对电池和电池组以及安装在设备上的电池和电池组提出了相关运输安全要求。电化学储能电源车如果按照危险货物运输车辆进行管理，在车辆准入、监控系统、路权、运行时段、驾驶员等方面都将受到诸多限制，大幅增加车辆制造和运营使用成本。

十二、双向行驶专用汽车

双向行驶专用汽车是搭载特殊用途底盘的特种车辆，其通过双向行驶技术，实现车辆正向、逆向行驶，可在公路隧道、街区巷道等狭窄道路环境中实施专项作业（见图16-23）。

a) 双向行驶底盘　　　　b) 双向行驶消防车　　　　c) 双向行驶道路应急救援车

图16-23　双向行驶专用汽车

（一）产品技术特点

双向行驶专用汽车实现双向行驶一般有如下几种路径。

（1）双向行驶专用底盘，即在传统燃油汽车底盘上增加独立转向机构，通过两套独立机械转向机构实现双向行驶（见图16-24）。专用底盘主要由动力装置、传动系、行驶系、转向系、制动系、正副驾驶室、电气设备和双向行驶控制系统组成，其前后各布置一个驾驶室、各配置一套转向机构，前后驾驶室内均可实现转向、换挡、车速控制等操作。车辆底盘可独立根据前后驾驶室内驾驶员的操作指令进行行驶、转向、换挡、加速、制动等操作，并通过汽车CAN总线技术实现互锁控制，确保在任一个驾驶室内操作时，另一个驾驶室所有操作均失效，防止误操作。

图16-24　双向行驶底盘

（2）双向动力耦合及控制技术，即传统二类底盘车不做改装，上装共用汽车底盘行走系统，取力装置通过发动机全时取力，在变速挡位输出端增设机械连杆机构，取前进1挡和倒车挡，驾驶室和操纵室选挡互不干涉，驻车制动增设一路开关控制，行车制动和离合器控制均各自使用一套单独的控制执行机构，与原车相应系统并联，并设置系统隔离与原车系统互不干扰、独立运行（见图16-25）。转向系统在转向杆轴末端增设机械传动机构，由操纵室控制的液压系统驱动汽车转向杆轴，并在液压管路中增设离合装置，驾驶室和操纵室的转向功能控制互不干涉。

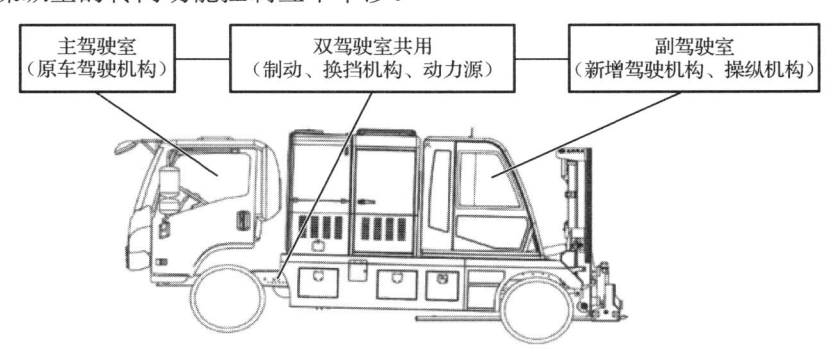

图 16-25 双向行驶专用汽车产品结构

（3）基于改变电机磁场方向的线控底盘技术，即通过改变电机磁场方向控制电动线控底盘的前进与后退，驱动电动机转向可通过电路控制来实现变换（见图16-26）。倒车信号发送至整车控制器，再通过 CAN 线传递给电机控制器，电机控制器通过控制它内部的 6 个 IGBT 的开关顺序，改变输出三相交流电 UVW 相序，从而控制电机反转，实现车辆向后行驶。

图 16-26 双向行驶智能汽车

（二）产品应用场景

双向行驶专用汽车可用于公路隧道、街区巷道等狭窄道路作业的特殊用途和工作环境，通过模块化上装丰富作业功能，拓展产品车型，还可用于高速公路施救、交警执法、道路清障、专业应急救援、企事业单位应急备勤、消防应急部门抢险救援、军用遂行伴随保障等。

（三）产品法规适用性

双向行驶底盘改装专用汽车前后各设置一个单独的驾驶室，并各装配独立转向盘。

GB 7258—2017 的 6.1 章节转向系[1]中对汽车转向盘的设置条款未覆盖前后转向盘或无转向盘情况，因此通过双向行驶底盘改装的专用汽车在合法身份上仍需要法规进一步明确。

十三、大件运输车

（一）产品结构

大件运输车是指设计和制造用于大件运输的专用汽车，其主要包括大件运输牵引车、大件运输挂车、液压悬挂挂车、模块单元车。其中，大件运输牵引车（见图 16-27）和大件运输挂车（见图 16-28）是指外廓尺寸、质量、轴数、轴荷参数至少有一项超出 GB 1589 规定，牵引车专门用于牵引大件运输挂车，挂车用于载运不可解体货物。

图 16-27 大件运输牵引车

图 16-28 大件运输挂车

液压悬挂挂车是指采用液压悬挂的模块单元车、附件及其他辅助设备等组合而成的大件运输挂车，其具有三个或更多个支点的液压悬挂系统，能够实现货台升降、液压牵引全轮转向和手控全轮转向功能（见图 16-29）。

---

1 汽车（三轮汽车除外）的转向盘应设置于左侧，其他机动车的转向盘不应设置于右侧；专项作业车、教练车按需要可设置左右两个转向盘。

图 16-29　液压悬挂挂车

模块单元车是由车架、车轴/车桥、悬挂、制动系统、转向装置、液压系统等组成，采用液压悬挂也可采用其他悬挂，能够实现承载、升降和转向功能的单元式挂车，可独立承载，也可拼接组合（见图 16-30）。

图 16-30　模块单元车

（二）产品应用场景

大件运输行业具有"车货超限、货物不可解体、货物价值高、风险等级高"等特点，涉及运输领域包括电力工业、石油化工、重型机械、交通基建、军工装备、海工装备等。其中，电力设备、建筑工程用机械、起重机等行业占比较高，合计占比达70%以上。随着我国积极推动实现"双碳"目标，逐步调整经济结构，未来一段时间内，以风电、核电为代表的非化石能源电力设备，以挖掘机、起重机、压路机为代表的工程机械，以及航空航天装备、海洋工程装备、高技术船舶、轨道交通装备等领域的大件物流需求将逐步增加。

(三) 产品法规适用性

我国大件运输行业走向规范化管理形式经历过以下几个重点政策法规和标准迭代，具体如表 16-6 所示。

表 16-6 大件运输行业重要的政策法规变革

年　　份	政策标准名称	主　要　作　用
1995 年	《道路大型物件运输管理办法》	规范界定标准，无具体通行审批办法，不适合大型化、重型化
2000 年	《超限运输车辆行驶公路管理规定》	明确运输范围，细化生僻流程；异地通行，异地审批
2011 年	《公路安全保护条例》	起运地统一受理，沿途协调难度大
2016 年	《超限运输车辆行驶公路管理规定》（交通运输部令 2016 年第 62 号）	联网许可审批，起运地申请，一键式服务
2017 年	跨省大件运输并联许可平台	实现全国联网运行，极大提高许可效率
2018 年	《关于进一步优化跨省大件运输并联许可服务工作的通知》	建立数据库，加快系统升级改造，完善技术监测设施
2021 年	《交通运输部关于修改〈超限运输车辆行驶公路管理规定〉的决定》	与《行政处罚法》严格保持一致
2021 年	QC/T 1149—2021《大件运输专用车辆》	填补了大件运输专用车辆标准的空白

当前，《超限运输车辆行驶公路管理规定》统一了超限认定标准，优化了大件运输许可流程，加强了对大件运输车辆行驶公路的管理，规范了对违法超限运输行为的处罚等。跨省大件运输并联许可系统实现"起运地省份统一受理，沿线省份限时并联审批，一地办证、全线通行"。

此外，《大件运输专用车辆》标准规定了大件运输专用车辆的术语和定义，以及大件运输挂车型号表示方法、要求、试验方法、检验规则、大件运输标志、标牌标识、车辆识别代号、合格证、随行文件和贮存。这一标准的出台实施，为大件运输车的设计、制造、使用提供参考，将更加有利于行业主管部门从生产制造、销售流通、市场使用等环节规范化管理大件运输专用车辆。

第三节　技术趋势与展望

一、专用汽车底盘重型化与轻型化趋势

为了提高专用汽车转运能力和上装承载能力，专用汽车底盘呈重型化发展趋势，中重型专用汽车底盘配合大功率发动机，可满足专用汽车重载工况下功率输出要求；同时为提高专用汽车在城市巷道、园区道路等狭窄路面的通行和作业便利性要求，专用汽车的体积也逐步小型化，其底盘呈轻型化发展趋势，以尽可能地扩展专用汽车的使用区域范围，提高车辆运营效率与经济效益。

二、上装系统专业化与精细化趋势

随着专用汽车应用领域对车辆作业广度、效率、精度的要求越来越高，专用汽车的细分品类也越来越多，其上装系统也越来越专业化、精细化，如为疫情防控研发的核酸检测车、负压救护车，为裁剪树枝、清理落叶等研发的绿化养护车，为清洗护栏、安全柱、涵洞等研发的清洗车，为收集和摆放交通锥等研发的路锥自动收放车，上述专业化与精细化专用汽车即可满足应用领域专用分工作业的要求，同时也能提高作业效率和精度。

三、上装系统新能源化与电动化趋势

随着汽车产业新能源化水平不断提升，专用汽车新能源底盘的占比逐年提高，并在市政环卫、物流运输等领域得到了较大范围的应用。为更适宜和匹配专用汽车的新能源电动底盘，传统上装液压执行器件将逐步由电动执行部件替代，"电动底盘+电动上装"整体新能源化设计技术逐步成熟，且为达到底盘和上装协同控制效果，CAN 总线通信技术等集成化控制技术将逐步应用于上装控制单元。

四、材料和结构轻量化趋势

专用汽车应用新材料、新结构、新工艺等轻量化技术减轻整车和上装重量，可在降低运行能耗的同时保证运行效率和强度。在新材料方面，高强度钢、铝合金、碳纤维复合材料等已经在车厢、罐体、存储容器等方面得到了有效应用；在新结构方面，车轴、轮毂、悬架、液压缸、阀块、风机、水泵等部件的轻量化结构设计更有利于新材料的应用，从而降低整车重量；在新工艺方面，专用汽车企业逐渐吸收汽车行业先进的轻量化制造和加工工艺，通过工艺升级进一步提升产品轻量化水平。

五、整车智能化、网联化趋势

随着汽车智能网联技术的发展，自动驾驶车辆的示范应用范围逐步扩大，环卫清洁、港口转运、矿山载运、配送运输等场景下专用汽车的自动驾驶技术也不断成熟，相关车辆无人干预作业需求更加迫切，先进电子传感、电子执行器、机电气液一体化控制系统、云平台控制系统、智能语音系统、智能识别系统、智能监控系统等智能化、网联化技术正不断应用于专用汽车上装系统，以匹配和协调整车智能控制要求，从而实现专用汽车整车的自动驾驶和无人控制。

第十七章　2022 年新能源汽车新车型特征

徐传康，李国永[*]

摘要： 本章以 2022 年《新能源汽车推广应用推荐车型目录》数据为基础，分别针对新能源乘用车、新能源商用车，详细分析新能源汽车新车型的车型结构、技术特征、企业布局和市场表现，通过研究发展现状，基于整车参数特征、电池参数特征及驱动电机特征分析了新能源汽车新车型技术特征及技术趋势。通过研究发现，目前新能源汽车市场的发展以纯电动产品为主导，燃料电池和插电式混合动力路线并行，各企业立足国家战略、能源战略、企业战略，逐步加快新能源产品布局。

关键词： 新能源汽车；推荐目录；技术特征；发展趋势。

第一节　2022 年新能源汽车新车型申报情况

一、新能源汽车新车型申报基本情况

2022 年，工业和信息化部发布《新能源汽车推广应用推荐车型目录》（以下简称《推广目录》）共 12 个批次，累计申报企业 273 家，共计 3328 个型号的新能源汽车车型，同比减少 26.5%，主要由于新能源汽车推广应用财政补贴政策实施期限仅持续至 2022 年底，2023 年企业申报车型预算有所降低。其中，新能源乘用车 751 个型号，占新能源汽车新车型的比例为 22.6%；新能源商用车 2577 个型号，占新能源汽车新车型的比例为 77.4%。商用车申报种类繁多，其车型数量明显高于乘用车。

从批次来看，如图 17-1 所示，第 9~11 批《推广目录》的型号数量快速增长，其中第 11 批《推广目录》达到 395 个型号，为 2022 年最高水平，生产企业在推广应用财政补贴政策终止之前，于 11 月加大了生产及营销力度。同时，企业为降低自身申报风险，其多数车型会提前申报以保证补贴到位，若在年度末月申报，极有可能因错过上牌时间而导致补贴取消，因此呈现 11 月申报车型较多、12 月申报车型较少的情形。

分技术类型来看，如图 17-2 所示，2022 年新能源汽车《推广目录》共 273 家企业申报了 3328 个型号，其中纯电动车型共 259 家企业申报了 2804 个型号，占新能源汽车新车型的比例为 84.3%，可以看出新能源汽车的技术路线还是以纯电动为主；插电式混合动力车型共 51 家企业申报了 217 个型号，占新能源汽车新车型的比例为 6.5%，保持基本的稳定趋势；燃料电池车型共 62 家企业申报了 307 个型号，占新能源汽车新车型的

---

[*] 徐传康，工程师，任职于工业和信息化部装备工业发展中心产品审查处；李国永，工程师，任职于招商局检测车辆技术研究院有限公司。

比例为 9.2%，燃料电池车型同比有所增长，在政策支撑下，燃料电池汽车将有望继续保持稳定增长态势。

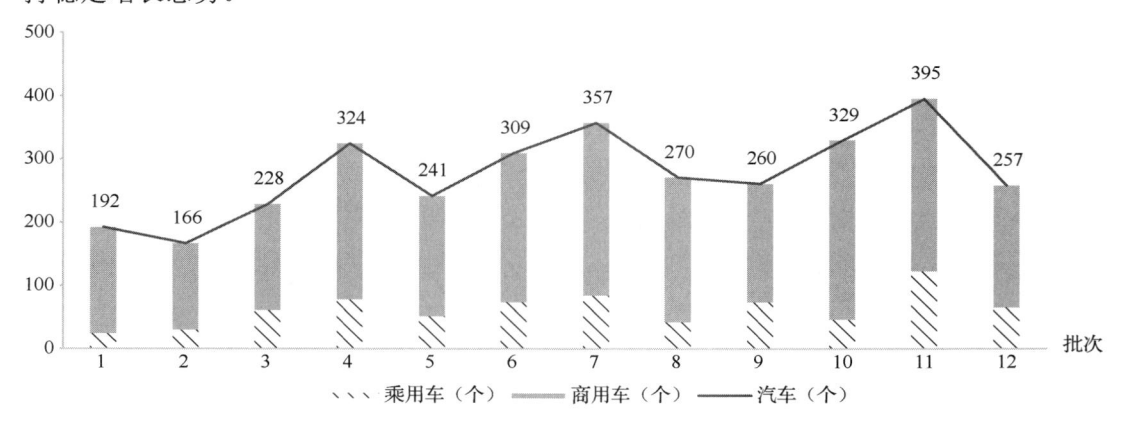

图 17-1 2022 年新能源汽车新车型分批次情况

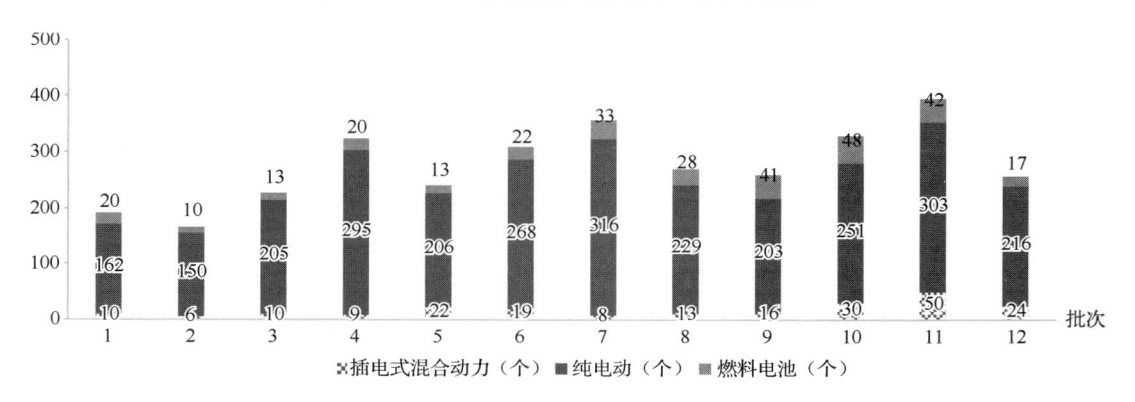

图 17-2 2022 年新能源汽车新车型技术类型情况

二、新能源汽车新车型申报结构分析

（一）新能源乘用车新车型申报结构分析

2022 年，新能源乘用车申报企业数量为 75 家，包含 101 个品牌、751 个型号新车型。分批次来看，如图 17-3 所示，2022 年呈现整体申报数量逐渐增多的发展特征，其中第 7 批、11 批新车型数量在处于较高水平，分别申报了 84 个、122 个型号，占 2022 年《推广目录》乘用车新车型的比例分别为 11.2%、16.2%，保持较高水平。同时，第 11 批《推广目录》的新车型数量为 2022 年最高水平，占同期新能源汽车新车型的比例为 30.9%。新能源乘用车新车型在年末也迎来了一次爆发式增长，市场持续向好发展。

1. 技术类型结构分析

在 2022 年共 12 批《推广目录》中，共 67 家企业申报纯电动乘用车新车型，包含 85 个品牌、613 个型号，占新能源乘用车新车型的比例为 81.6%，可见纯电动仍是主要方向；共 29 家企业申报插电式混合动力乘用车新车型，包含 31 个品牌、137 个型号，占新能源乘用车新车型的比例为 18.2%；1 家企业申报燃料电池乘用车新车型，包含 1 个品牌、1 个型号，占新能源乘用车新车型的比例为 0.1%。由于燃料电池系统质量较大，在乘用车搭载方面尚存在劣势，商业化应用处于较低水平。

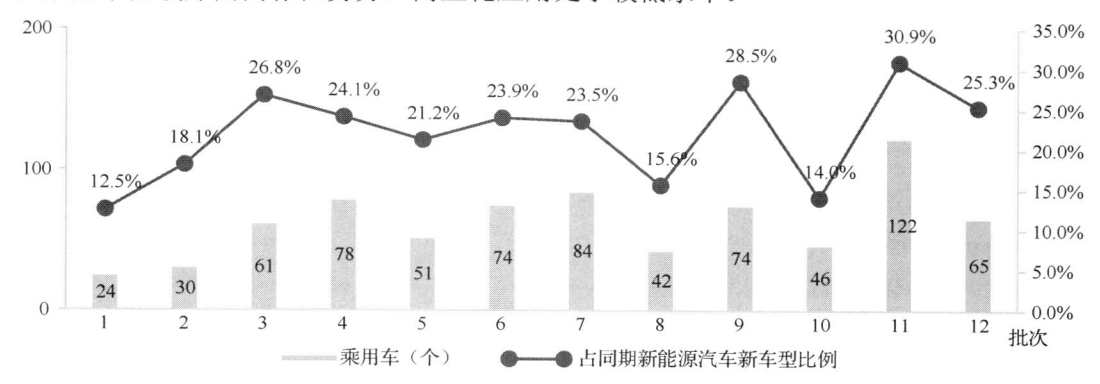

图 17-3　2022 年新能源乘用车新车型分批次情况

从各批次来看，如图 17-4 所示，纯电动乘用车及插电式混合动力乘用车新车型的市场份额涨跌互现，其中，纯电动乘用车占比均在 60% 以上。2022 年 12 批《推广目录》中共有 7 个批次的纯电动乘用车新车型占比超过 80%，第 4 批纯电动乘用车新车型的份额高达 94.9%，表明市场更青睐纯电动解决方案。插电式混合动力车型在《推广目录》中的占比于第 1 批次达到峰值，为 37.5%，在第 10～12 批次保持较高占比水平，市场表现较为突出。

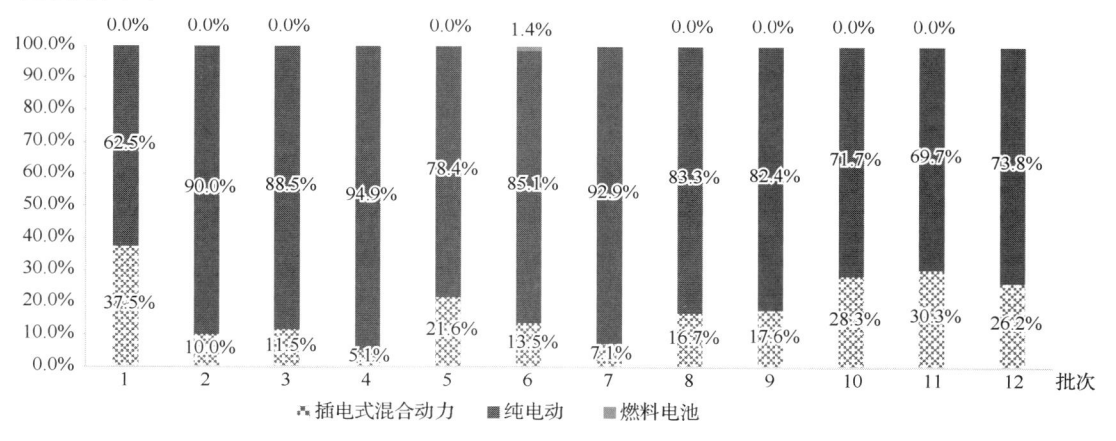

图 17-4　2022 年新能源乘用车新车型技术类型情况

2. 车辆类型结构分析

从车辆类型结构来看，如图 17-5 所示，新能源乘用车新车型中，轿车新车型以 403 个型号位居榜首，浙江吉利汽车有限公司、上汽通用五菱汽车股份有限公司、浙江豪情汽车制造有限公司申报数量居前三名；SUV 新车型共 303 个型号，长城汽车股份有限公司、重庆长安汽车股份有限公司、浙江吉利汽车有限公司申报数量领先；MPV 和交叉型新车型分别为 34 个型号和 11 个型号。

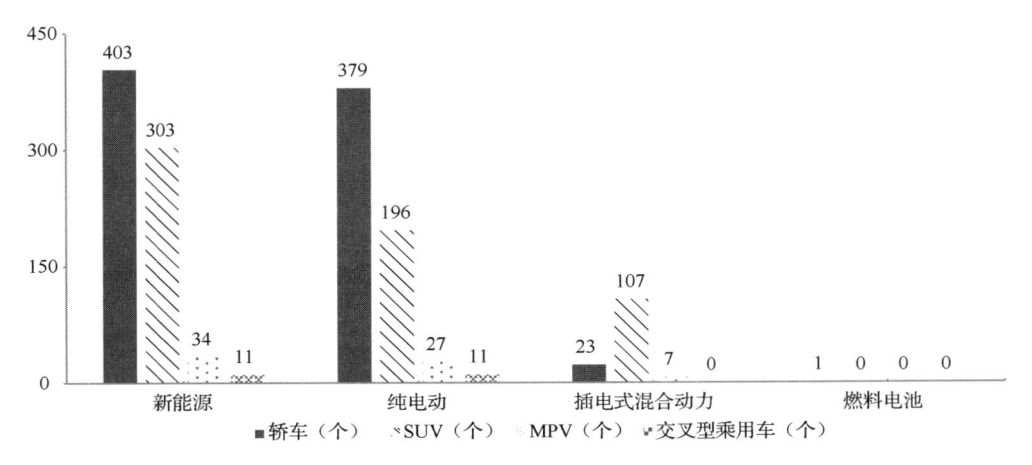

图 17-5　2022 年新能源乘用车新车型车辆类型情况

纯电动乘用车车辆类型的结构趋势与新能源乘用车结构基本一致，其中，轿车新车型以 379 个型号位居榜首，占纯电动乘用车新车型的比例为 61.8%；SUV 共 196 个型号，占纯电动乘用车新车型的比例为 32.0%；MPV 和交叉型新车型分别为 27 个型号和 11 个型号，占纯电动乘用车新车型的比例分别为 4.4% 和 1.8%。

插电式混合动力乘用车新车型中，SUV 新车型依然占据主导地位，以 107 个型号位居榜首，占插电式混合动力乘用车新车型的比例为 78.1%，同比有较大增长；轿车新车型共 23 个型号，占插电式混合动力乘用车新车型的比例为 16.8%；MPV 新车型为 7 个型号，占插电式混合动力乘用车新车型的比例为 5.1%。

3. 车型级别结构分析（见图 17-6）

从新能源乘用车来看，B 级车新车型以 254 个型号居第一名，占新能源乘用车新车型的比例为 33.8%，A 级车新车型以 206 个型号居第二名，占新能源乘用车新车型的比例为 27.4%，满足日常出行需求；A00 级新车型全年申报 139 个型号，市场表现亮眼，这说明 A00 级微型车以其经济性方面的优势，在市场上有一定的竞争力；B 级和 C 级新车型数量共 364 个型号，占新能源乘用车新车型的比例为 48.5%，占比较高，高端化趋势明显。

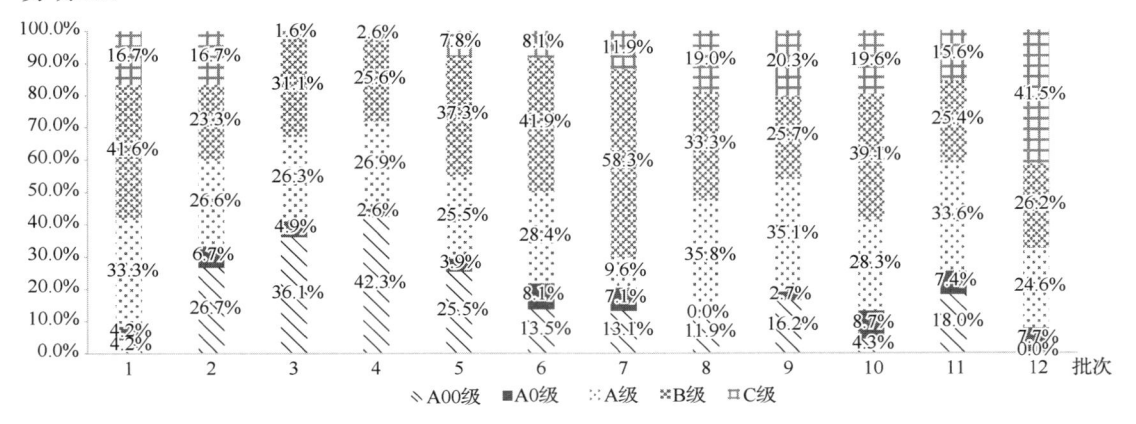

图 17-6　2022 年新能源乘用车新车型车型级别情况

第十七章 2022年新能源汽车新车型特征

4. 企业结构分析

从新能源乘用车来看，如图17-7所示，TOP10企业共申报373个型号，占新能源乘用车新车型的比例为49.7%，各企业申报车型数量均超过20个型号，其中，浙江吉利汽车有限公司和长城汽车股份有限公司居前两名，分别申报70个型号和54个型号，增长较明显。对比往年申报数据发现，乘用车迎来了新的市场格局变化，浙江吉利汽车有限公司从之前未进前十名而直接冲至第一名，长城汽车股份有限公司则从第十名跃至第二名。2021年分别排第一、二名的比亚迪汽车工业有限公司和比亚迪汽车有限公司于2022年增长较慢，分别跌至第五名、跌出前十名。

企业	数量
浙江吉利汽车有限公司	70
长城汽车股份有限公司	54
重庆长安汽车股份有限公司	50
上汽通用五菱汽车股份有限公司	40
比亚迪汽车工业有限公司	33
浙江豪情汽车制造有限公司	28
上海汽车集团股份有限公司	28
安徽江淮汽车集团股份有限公司	24
肇庆小鹏新能源投资有限公司	23
合众新能源汽车有限公司	23

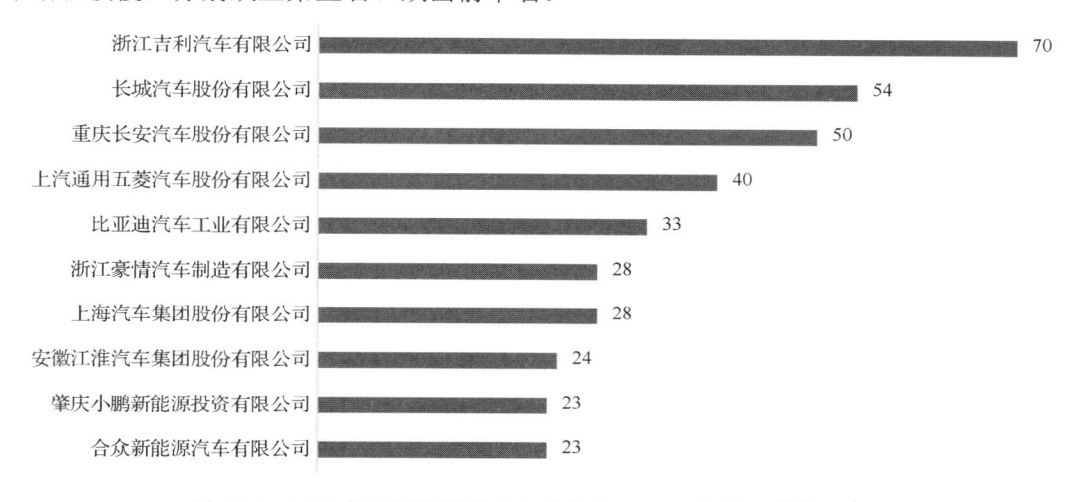

图17-7 2022年新能源乘用车申报企业TOP10情况（单位：个）

（二）新能源商用车新车型申报结构分析

伴随着新能源行业飞速发展，相关新能源汽车车型不断推出，2022年新能源商用车新车型分批次情况如表17-1所示。全年共12个批次新能源商用车《推广目录》新车型公告，共2577个型号。分批次来看，第10批次为单批次申报新车型数量最多的，共283个型号新能源商用车新车型；第2批次申报新车型数量最少，仅136个型号新能源商用车新车型。

表17-1 2022年新能源商用车新车型分批次情况

批次	1	2	3	4	5	6	7	8	9	10	11	12	总计
数量（个）	168	136	167	246	190	235	273	228	186	283	273	192	2577

1. 技术类型结构分析

从技术类型来看，如图17-8所示，纯电动商用车新车型占据绝对优势，全年共申报2191个型号，占比为85.0%，仍然是市场主流推广应用的新能源商用车车型；燃料电池商用车新车型共申报306个型号，占新能源商用车新车型的比例为11.8%，同比呈现增长趋势，表明燃料电池在商用车领域应用优势明显；插电式混合动力商用车新车型共80

个型号,占新能源商用车新车型的比例为3.1%,插电式混合动力商用车新车型占比依旧较少。

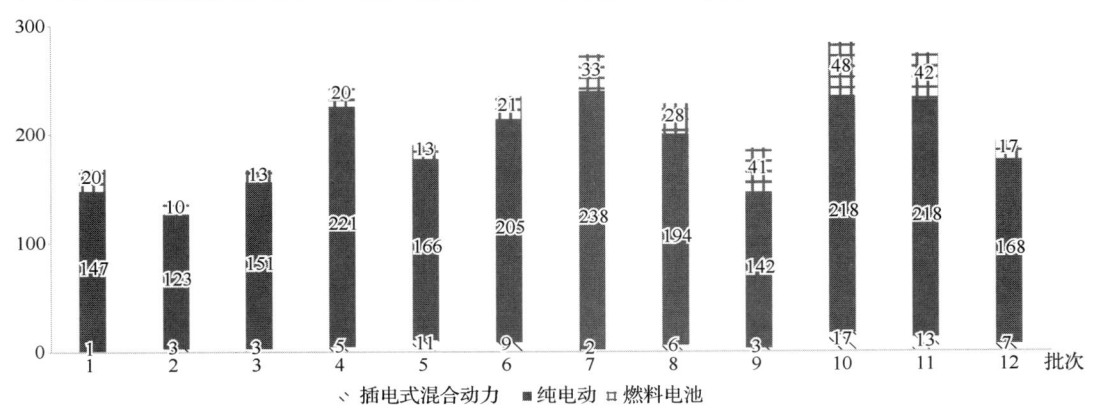

图17-8 2022年新能源商用车新车型技术类型情况(单位:个)

2. 车辆类型结构分析

2022年,新能源货车共申报2204个型号新车型,占新能源商用车新车型的比例为85.5%,说明新能源商用车还是以货车为主。其中,中重型货车申报1372个型号,占货车申报量的比例为62.3%,轻型货车申报832个型号,占货车申报量的比例为37.7%。新能源客车共申报373个型号新车型,同比下降幅度较大,侧面反映了2022年客车行业的不景气。其中,大中型客车申报336个型号,占客车申报量的比例为90.1%,小型客车申报37个型号,占客车申报量的比例为9.9%,表明在公交电动化趋势影响下,大中型客车存在一定优势。具体数据如图17-9所示。

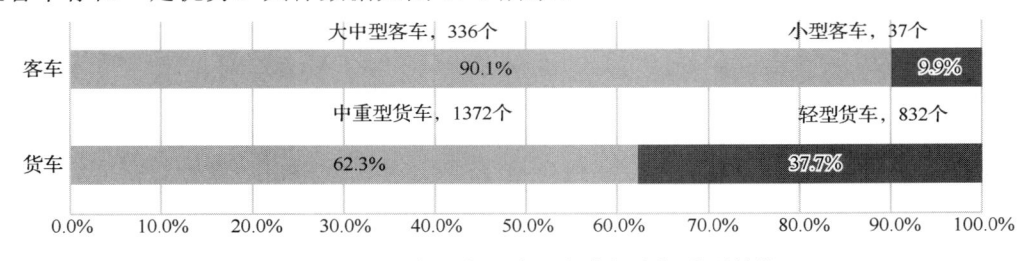

图17-9 2022年新能源商用车申报车辆类别结构

3. 功能用途结构分析

按照功能用途将新能源货车分成四类,分别为载货、牵引、自卸及其他车型。2022年,新能源载货车共申报1160个型号新车型,占新能源货车申报量的比例为52.6%,市场应用仍以载货为主要用途;新能源牵引车、新能源自卸车分别申报了255个型号、275个型号,申报车型数量较少,新能源应用率较低;其他车型共申报514个型号,占新能源货车申报量的比例为23.3%,如图17-10所示。

新能源客车的申报主要以公交车型为主,2022年新能源公交车共申报312个型号新车型,占新能源客车申报量的比例达83.6%,占据绝对主导地位,也可以看出在政策引导下,新能源公共交通得到了广泛的推广应用。

第十七章 2022年新能源汽车新车型特征

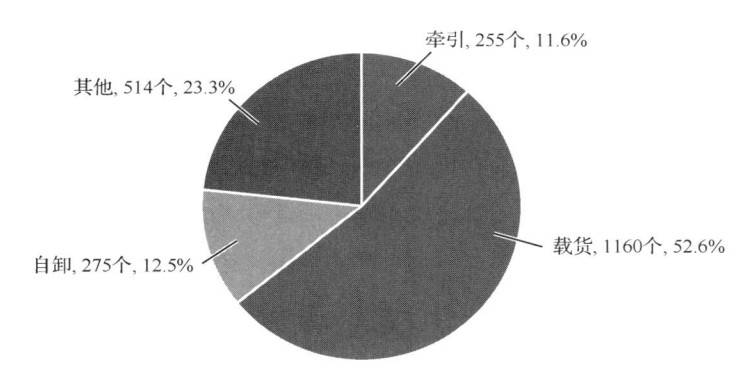

图 17-10 2022 年新能源货车分功能用途结构

4. 企业结构分析

2022年，新能源商用车申报企业 TOP10 共申报了 683 个型号的新能源商用车，占新能源商用车总申报量的 26.5%，行业集中度不高，均没有绝对领先优势，企业分布上呈现百花齐放态势。其中，长沙中联重科环境产业有限公司申报了 139 个型号，占比为 5.4%，居第一位，郑州宇通集团有限公司申报了 80 个型号，占比为 3.1%，居第二位，如表 17-2 所示。

表 17-2 2022 年新能源商用车申报企业 TOP10 情况

序号	企业名称	申报数（个）	占比
1	长沙中联重科环境产业有限公司	139	5.4%
2	郑州宇通集团有限公司	80	3.1%
3	徐州徐工环境技术有限公司	73	2.8%
4	南京金龙客车制造有限公司	66	2.6%
5	三一汽车制造有限公司	59	2.3%
6	北汽福田汽车股份有限公司	57	2.2%
7	吉利四川商用车有限公司	54	2.1%
8	东风汽车股份有限公司	52	2.0%
9	陕西汽车集团股份有限公司	52	2.0%
10	安徽华菱汽车有限公司	51	2.0%
	合计	683	26.5%
	其他	1894	73.5%

新能源货车申报企业 TOP10 共申报了 646 个型号的新能源货车，占新能源货车总申报量的 29.3%。其中，长沙中联重科环境产业有限公司申报了 139 个型号，占比为 6.3%，居第一位，郑州宇通集团有限公司申报了 80 个型号，占比为 3.6%，居第二位，如表 17-3 所示。

表17-3　2022年新能源货车申报企业TOP10情况

序号	企业名称	申报数（个）	占比
1	长沙中联重科环境产业有限公司	139	6.3%
2	郑州宇通集团有限公司	80	3.6%
3	徐州徐工环境技术有限公司	73	3.3%
4	三一汽车制造有限公司	59	2.7%
5	陕西汽车集团股份有限公司	52	2.4%
6	北汽福田汽车股份有限公司	51	2.3%
7	安徽华菱汽车有限公司	50	2.3%
8	郑州宇通重工有限公司	48	2.2%
9	东风柳州汽车有限公司	47	2.1%
10	航天晨光股份有限公司	47	2.1%
	合计	646	29.3%
	其他	1558	70.7%

新能源客车申报企业TOP10共申报了199个型号的新能源客车，占新能源客车总申报量的53.4%，行业集中度较高。其中，宇通客车股份有限公司申报了35个型号，占比为9.4%，居第一位，厦门金龙联合汽车工业有限公司申报了28个型号，占比为7.5%，居第二位，如表17-4所示。

表17-4　2022年新能源客车申报企业TOP10情况

序号	企业简称	申报数（个）	占比
1	宇通客车股份有限公司	35	9.4%
2	厦门金龙联合汽车工业有限公司	28	7.5%
3	金龙联合汽车工业（苏州）有限公司	22	5.9%
4	南京金龙客车制造有限公司	20	5.4%
5	上海万象汽车制造有限公司	18	4.8%
6	北京福田欧辉新能源汽车有限公司	17	4.6%
7	上海申沃客车有限公司	17	4.6%
8	中通客车股份有限公司	15	4.0%
9	奇瑞万达贵州客车股份有限公司	14	3.8%
10	东风汽车股份有限公司	13	3.5%
	合计	199	53.4%
	其他	174	46.6%

第二节 2022 年新能源汽车新车型技术特征分析

一、新能源乘用车技术特征分析

(一) 整车参数特征分析

从整车参数来看，如图 17-11 所示，在新能源乘用车新车型中，2022 年 12 批《推广目录》中共 533 个型号车长超过 4.5m，占新能源乘用车新车型的比例为 71.0%，车型大型化趋势更加明显；共 152 个型号车长不足 4m，占新能源乘用车新车型的比例为 20.2%，占比有所增加，小型细分市场得到进一步发展；共 66 个型号车长为 4~4.5m，占新能源乘用车新车型的比例为 8.8%。

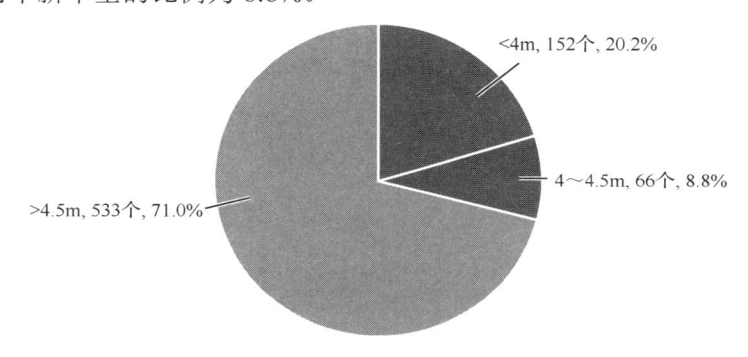

图 17-11 2022 年新能源乘用车新车型车长情况

(二) 电池配套及技术特征分析

从电池配套系统来看，在新能源乘用车新车型中，如图 17-12 所示，2022 年 12 批《推广目录》中，共 52 家企业、350 个型号配套磷酸铁锂电池，占新能源乘用车新车型比例为 46.6%，居第一位，磷酸铁锂电池的份额同比呈现显著上升趋势；共 47 家企业、342 个型号搭载三元锂电池，占新能源乘用车新车型比例为 45.5%，相比 2021 年有所降低，主要因为国家补贴将在 2023 年退出，凭借更高能量密度获得政策补贴的三元锂电池的优势将有所减弱。在纯电动乘用车新车型中，共 51 家企业、294 个型号配套磷酸铁锂电池，占纯电动乘用车的比例为 48.0%；40 家企业、277 个型号搭载三元锂电池，占纯电动乘用车新车型的比例为 45.2%。

从电池续驶里程来看，2022 年纯电动乘用车平均续驶里程为 490.6km，同比增长 17.5%，主要是随着"三电"技术不断进步，整车性能不断提升所致。如图 17-13 所示，根据补贴政策，纯电动乘用车工况法续驶里程 (R) 不低于 300km，2022 年《推广目录》中共有 488 个型号的纯电动乘用车符合 2022 年国家补贴的车型技术要求，占纯电动乘用车新车型的比例为 79.6%，续驶里程 300km≤R<400km 的新车型共 60 个型号，占纯电动乘用车新车型的比例为 9.8%，其余 69.8%的 428 个型号的续驶里程均不低于 400km。

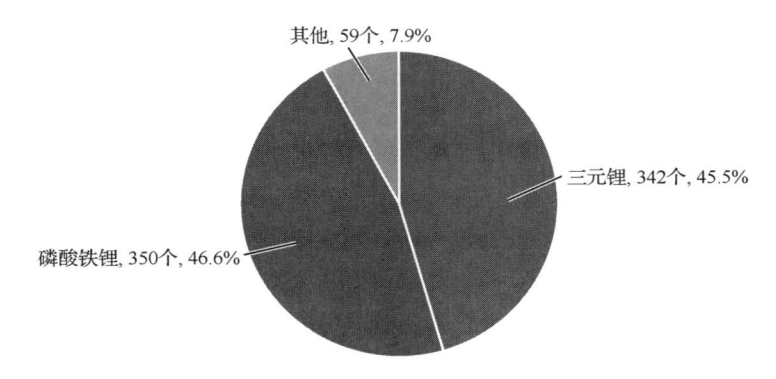

图 17-12　2022 年新能源乘用车新车型电池类型情况

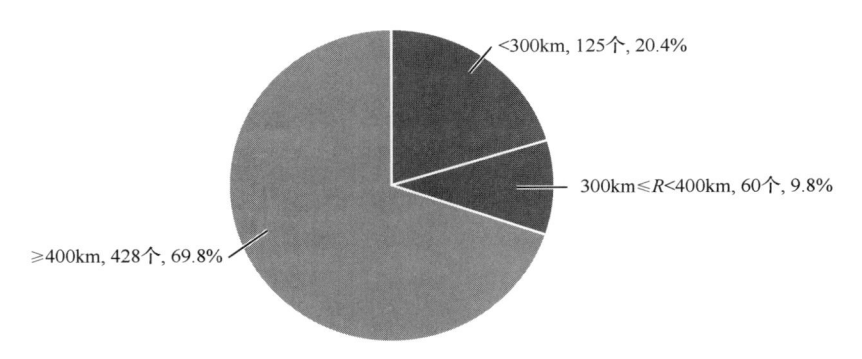

图 17-13　2022 年新能源乘用车新车型续驶里程情况

从电池能量密度来看，2022 年纯电动乘用车新车型电池平均能量密度为 151.1Wh/kg。根据 2022 年补贴政策，纯电动乘用车的电池能量密度不低于 125Wh/kg。按此标准，2022 年《推广目录》中共 531 个型号纯电动乘用车符合 2022 年国家补贴的产品技术要求，占比为 86.6%。如图 17-14 所示，能量密度小于 125Wh/kg 的车型共 82 个型号，占纯电动乘用车新车型的比例为 13.4%；能量密度 $125 \leq R < 140$ Wh/kg 的车型共 103 个型号，占纯电动乘用车新车型的比例为 16.8%；能量密度 $140 \leq R < 160$ Wh/kg 的车型共 175 个型号，占纯电动乘用车新车型的比例为 28.5%，其余 41.3% 的 253 个型号新车型电池能量密度均不低于 160Wh/kg。

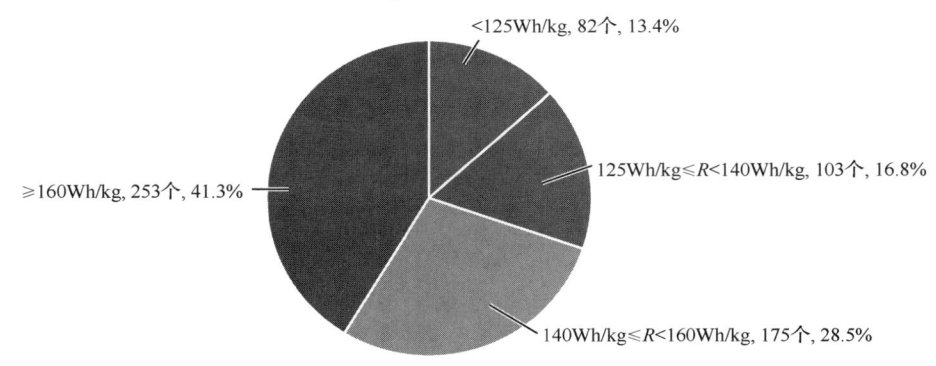

图 17-14　2022 年纯电动乘用车新车型电池能量密度情况

（三）驱动电机配套情况

从驱动电机类型来看，2022年《推广目录》共739个型号的新能源乘用车搭载了永磁同步电机，占新能源乘用车新车型的比例为98.4%，其中包含605个型号纯电动乘用车和133个型号插电式混合动力乘用车；仅有12个型号搭载了交流异步等其他电机类型，由此可见永磁同步电机在推广使用上占据绝对领先地位。

二、新能源商用车技术特征分析

（一）新能源货车技术特征分析

1. 新能源中重型货车

2022年《推广目录》共有1372个型号的中重型货车，主要以纯电动技术路线为主。其中，纯电动中重型共1158个型号，占比为84.4%；其次为燃料电池中重型货车，共193个型号，占比为14.1%；插电式中重型货车共21个型号，占比为1.5%。纯电动、燃料电池、插电式中重型货车的占比与2021年相比变化不大，产业布局格局没有发生大的变化。

1）质量参数

从2022年《推广目录》来看，如图17-15所示，新能源中型货车以8～12t为主，占新能源中型货车新车型总量的82.8%，总质量8.5t、10t是新能源中型货车的主要车型；新能源重型货车车型以18～31t为主，占新能源重型货车新车型总量的91.5%，总质量为18t、25t、31t是新能源重型货车的主要车型，其中18t、31t车型数量分别为411个、413个，占新能源重型货车新车型总量的比例分别为34.8%、35.0%。

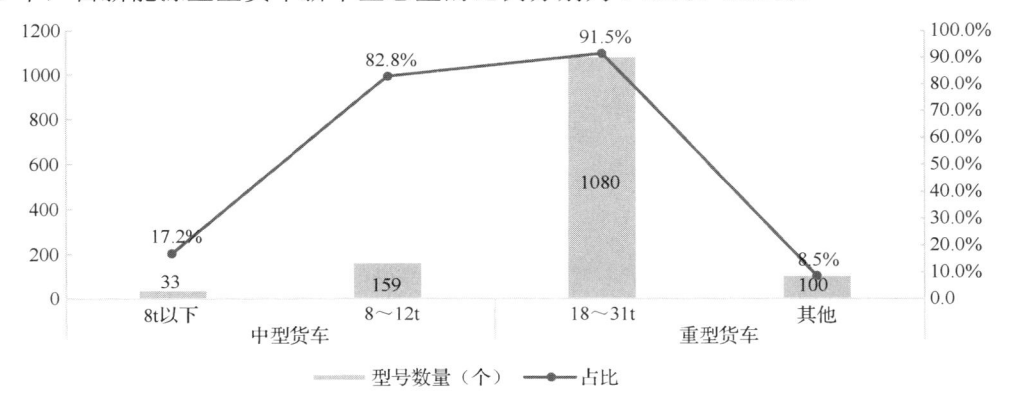

图17-15 2022年新能源中重型货车新车型总质量情况

2）电池配套及技术特征

2022年新能源中重型货车动力电池仍以磷酸铁锂电池为主，如图17-16所示，《推广目录》中使用磷酸铁锂电池的新车型有1283个型号，占比为93.5%；其次为使用锰酸锂电池的新车型，有70个型号，占比为5.1%，使用包含三元锂电池在内其他类型电池的新车型仅有19个型号，占比为1.4%。总体来看，磷酸铁锂电池以其可靠性、成本低、可快速充电等优势,在新能源重型货车中应用较普遍,依然是各大汽车制造厂的首选。

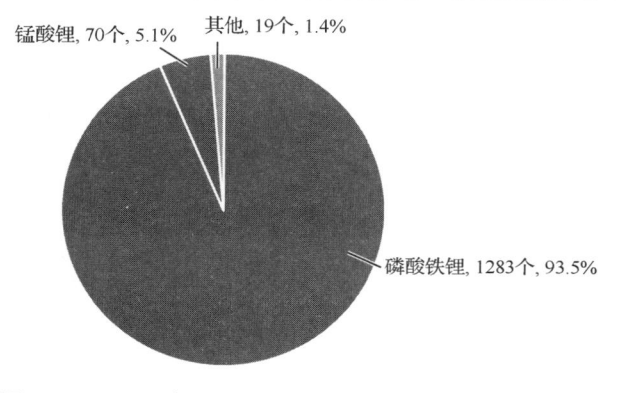

图 17-16　2022 年新能源中重型货车新车型主要电池类型

从续驶里程来看,2022 年新能源中重型货车新车型的平均续驶里程为 318.0km,相比 2021 年,平均续驶里程数量进一步提升。其中,纯电动中重型货车平均续驶里程为 296.1km,主要集中在 201~400km(见图 17-17),最长续驶里程达到 500km;插电式混合动力重型货车续驶里程仍较短,且市场发展插电式混合动力车型的积极性仍然较低。燃料电池重型货车平均续驶里程为 478.4km,且大多在 400km 以上,最长续驶里程达到 880km。随着新能源中重型货车的续驶里程不断增加,满足市场运输里程需求的车型将会变得更为普遍。

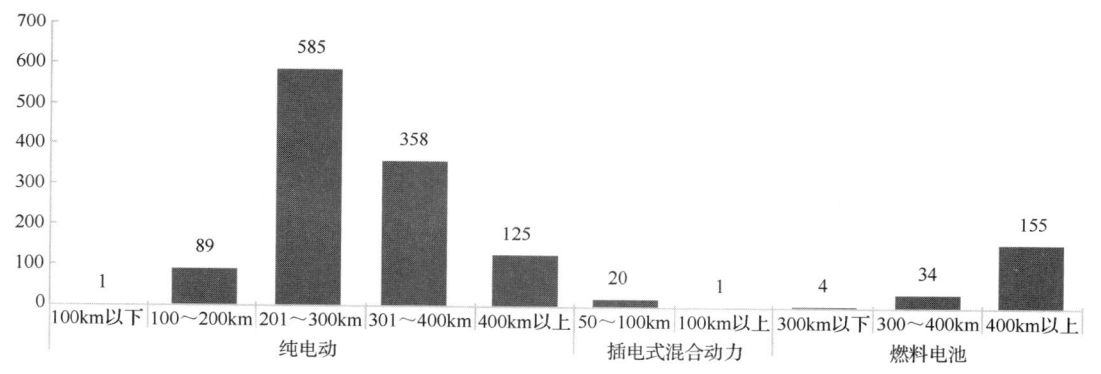

图 17-17　2022 年新能源中重型货车新车型续驶里程情况(单位:个)

在能量密度方面,新能源中重型货车主要以纯电动车型为主,且在新能源货车政策要求方面,仅纯电动车型对能量密度有要求,因此仅展示纯电动车型的能量密度分析结果。2022 年纯电动中重型货车平均能量密度为 156.8Wh/kg,相比 2021 年数值进一步增加,说明纯电动中重型货车领域中电池技术获得进一步提升。如图 17-18 所示,纯电动中重型货车动力电池密度主要集中在 140(含)~165Wh/kg,占比为 99.2%,2022 年纯电动中重型货车中动力电池最高能量密度达 176.1Wh/kg,为湖北三江航天万山特种车辆有限公司申报的换电式纯电动自卸汽车。

第十七章 2022年新能源汽车新车型特征

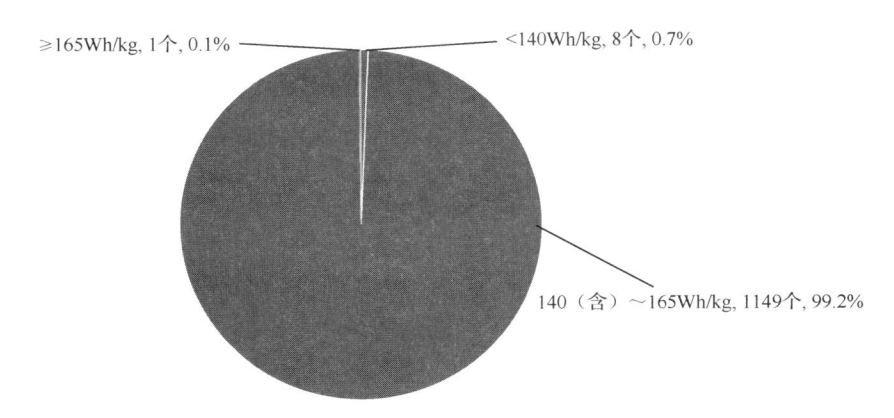

图 17-18　2022年新能源纯电动中重型货车新车型装载电池的能量密度情况

3）电机技术特征

2022年新能源中重型货车新车型中应用永磁同步电机的占比接近100%，车型应用率非常高，体现了永磁同步电机的市场地位。同时，永磁同步电机技术优势明显，宇通客车股份有限公司已生产出驱动功率最高达500kW、相应转速为3000r/min、相应扭矩为4800N·m的永磁同步电机。从驱动电机来看，新能源重型货车动力性能有所提升。

2. 新能源轻型货车

分技术路线看，2022年申报新能源轻型货车新车型832个型号，包含纯电动、插电式混合动力、燃料电池三种技术路线，如图17-19所示，其中纯电动745个型号，占比为89.5%，插电式混合动力新车型50个型号，占比为6.0%，燃料电池新车型37个型号，占比为4.5%。新能源轻型货车依然以纯电动技术路线为主要方向，插电式混合动力和燃料电池车型虽然占比不多，但在市场上也有一定需求。

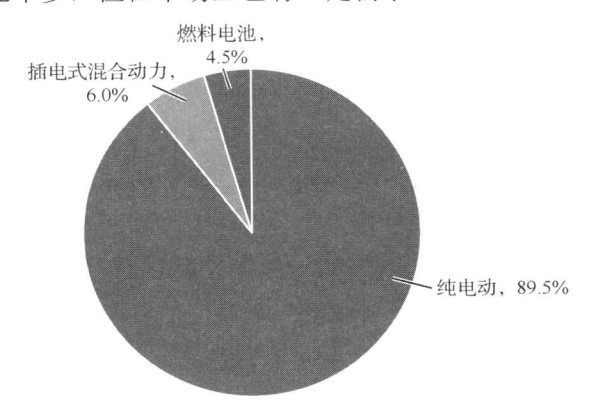

图 17-19　2022年新能源轻型货车新车型技术路线情况

分续驶里程看，2022年新能源轻型货车新车型的平均续驶里程为302.6km，依旧保持较高水平。如图17-20所示，88.1%的新车型续驶里程超过200km，其中17.9%的新车型续驶里程超过400km。其中续驶里程最大的达907km，为一汽解放青岛汽车有限公司申报的燃料电池冷藏车。为解决新能源车型里程焦虑等问题，市场对新能源车型提出了更高的要求，随着"三电"技术水平的不能提升，新能源轻型货车新车型的性能将进一步提升。

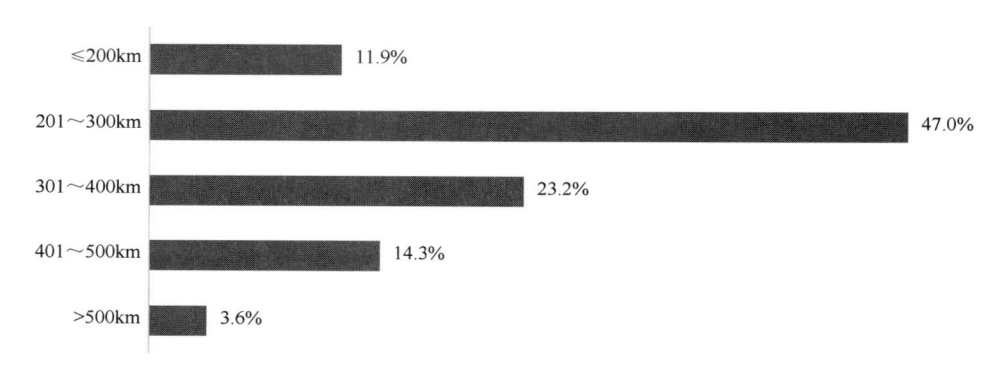

```
≤200km          11.9%
201～300km       47.0%
301～400km       23.2%
401～500km       14.3%
>500km           3.6%
```

图 17-20　2022 年新能源轻型货车新车型续驶里程情况

分储能装置种类看，2022 年新能源轻型货车储能装置种类分为磷酸铁锂电池、锰酸锂电池、三元锂电池及多元复合锂电池，其中，磷酸铁锂电池占比为 88.4%，与 2021 年相比未发生大的变化。磷酸铁锂电池由于较好的安全性能、较高的输出效率及较低的成本，成为新能源轻型货车的首选。

从能量密度来看，2022 年新能源纯电动轻型货车平均能量密度为 143.7Wh/kg。如图 17-21 所示，能量密度分布情况与新能源纯电动中重型货车有些区别，纯电动中重型货车的能量密度在 140（含）～165Wh/kg 区间占绝大多数，但纯电动轻型货车的能量密度在 140（含）～165Wh/kg 的占比为 67.9%，140Wh/kg 以下的纯电动轻型货车占比为 31.3%，较低能量密度的电池在新能源轻型货车领域得到了应用。

```
≥165Wh/kg, 6个, 0.8%
<140Wh/kg, 233个, 31.3%
140（含）～165Wh/kg, 506个, 67.9%
```

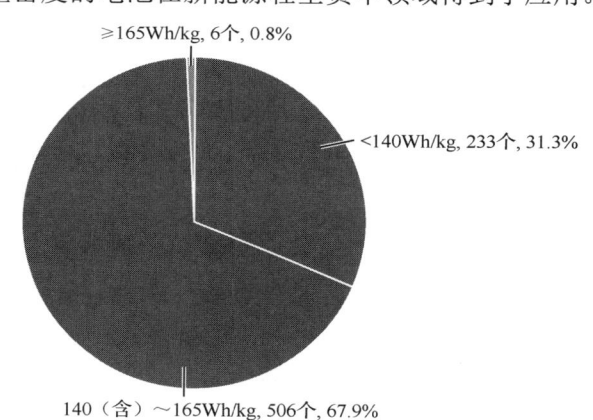

图 17-21　2022 年新能源纯电动轻型货车新车型装载电池的能量密度情况

（二）新能源客车技术特征分析

2022 年，新能源客车车型共申报 373 个型号。其中公交客车申报了 312 个型号，占比为 83.6%，在政策的引导和支持下，公交客车成为新能源客车市场应用的主力军。其他客车新车型申报 61 个型号，占比仅为 16.4%，这些车辆主要用于道路客运、公务用车等领域，在新能源应用上有一定的局限性，市场需求量不足导致发展缓慢。

公共交通领域是新能源客车应用的主要场所，具有公益性和运营线路固定、车辆使用频次高等特点，因此对车辆的使用安全提出了更高的要求，特别是电池的安全性方面。

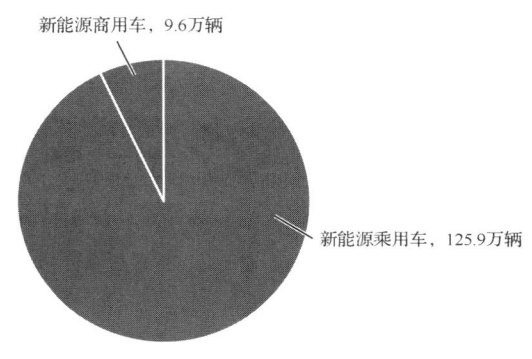

第十七章 2022年新能源汽车新车型特征

磷酸铁锂电池具有高安全、长寿命、低成本等优势，目前在新能源客车领域应用广泛，成为最主流的配套电池体系。2022年，配备磷酸铁锂电池的新能源客车新车型共申报356个型号，占比为95.4%。综合稳定性、可靠性、环保等因素，使得其他电池类型如三元锂电池、锰酸锂电池、钛酸锂电池应用率不高，占比仅为4.6%。

新能源客车主要应用于城市公交，对续驶里程要求较高，产品至少需要保证车辆运行当天的使用需求。从续驶里程看，2022年新能源客车平均续驶里程为519.5km，同比增长5.8%，同时远高于新能源货车平均续驶里程，能够满足城市运行需要。其中最大续驶里程达925km，为厦门金龙联合汽车工业有限公司申报的燃料电池城市客车。

如图17-22所示，2022年，续驶里程为201～500km的新能源客车车型申报了149个型号，占比为39.9%，501～800km的新能源客车车型申报了199个型号，占比为53.4%，占比呈现一定程度的增长，车辆的续驶里程实现了进一步的提升。

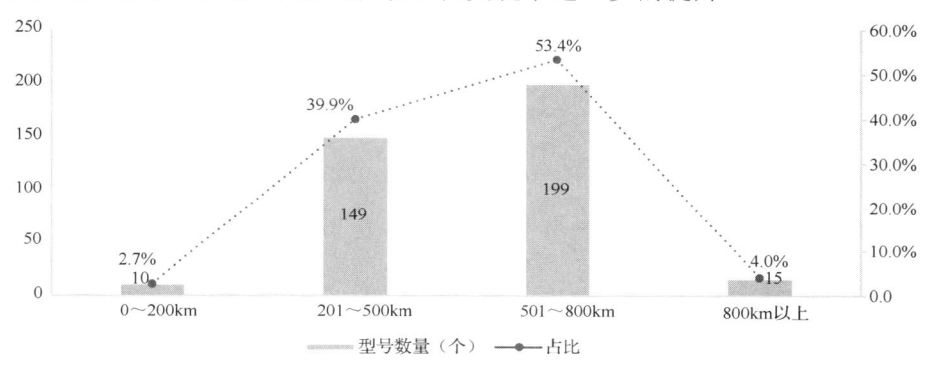

图17-22　2022年新能源客车新车型续驶里程情况

第三节　2022年新能源汽车新车型市场表现

2022年，新能源汽车新车型累计产量为135.5万辆，占2022年新能源汽车总产量的21.4%，如图17-23所示，其中新能源乘用车新车型产量为125.9万辆，占新能源汽车新车型产量的比例为92.9%；新能源商用车新车型产量为9.6万辆，占新能源汽车新车型产量的比例为7.1%。从产量方面看，新能源乘用车是新能源汽车市场的主体，受众群体多，需求量大，仍旧占据市场主导地位。

图17-23　2022年新能源汽车新车型产量情况

一、新能源乘用车新车型市场表现分析

（一）新车型产量分析

2022 年，新能源乘用车新车型累计产量为 125.9 万辆，占整体乘用车比例为 6.0%。如图 17-24 所示，从月度走势来看，2022 年上半年整体产量低迷，1～6 月新能源乘用车新车型产量仅 11.2 万辆；下半年企业逐步复工复产，经济快速回暖，消费需求得到释放，行业产能利用率明显提升；10～12 月新能源乘用车新车型每月产量均超 20 万辆，保持较高水平且稳步增长，其中 12 月单月新能源乘用车新车型产量达 28.0 万辆，占比达 22.2%，市场信心逐渐恢复。

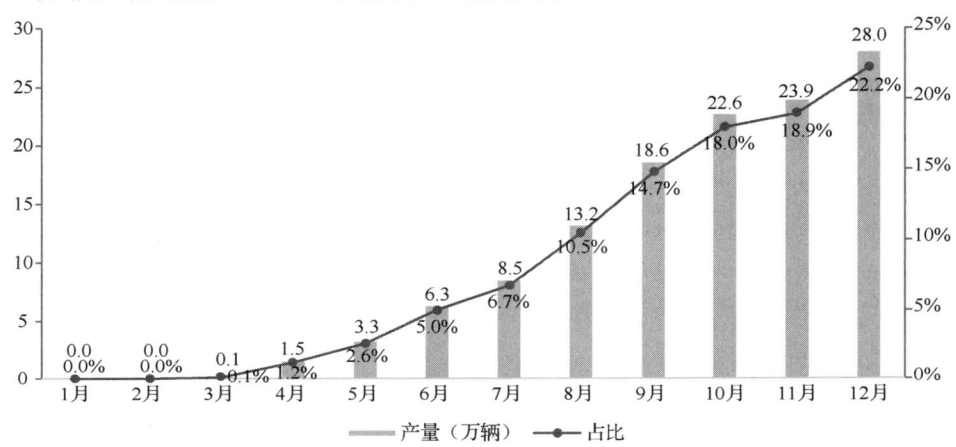

图 17-24　2022 年新能源乘用车新车型月度产量情况

（二）新车型市场结构特征分析

2022 年，纯电动乘用车新车型累计产量为 90.4 万辆，占新能源乘用车新车型的比例为 71.8%。插电式混合动力乘用车累计产量为 35.5 万辆，占新能源乘用车新车型的比例为 39.2%，插电式混合动力乘用车新车型产量同比增长约 10 万辆。随着插电式混合动力技术的不断进步和售后服务能力提升，此类车型基本得到了市场认可。

从企业来看，2022 年《推广目录》中 TOP10 企业新车型累计产量为 91.1 万辆，占新能源乘用车新车型总产量的比例为 72.3%，其中，比亚迪汽车工业有限公司以 19.4 万辆居榜首，市场份额为 15.4%，企业的车型布局得到正向反馈；其次为上汽通用五菱汽车股份有限公司和广汽乘用车有限公司，产量分别为 15.0 万辆和 11.6 万辆。

从车型来看，新能源乘用车生产企业 TOP10 新车型累计产量为 38.2 万辆，占新能源乘用车新车型的比例为 33.2%，其中，比亚迪汉和广汽埃安 AION S 分别以 11.6 万辆和 4.2 万辆居前两位，重庆长安糯玉米和上汽通用五菱宏光 MINI EV 紧随其后，产量均超过 3 万辆。

二、新能源商用车新车型市场表现分析

（一）新车型产量分析

2022年，新能源商用车新车型共生产9.6万辆。2022年上半年，新能源商用车产量趋势基本与新能源乘用车一致，下半年的市场需求开始反弹，新能源商用车产量快速增长，其中12月产量达26359辆，如图17-25所示。

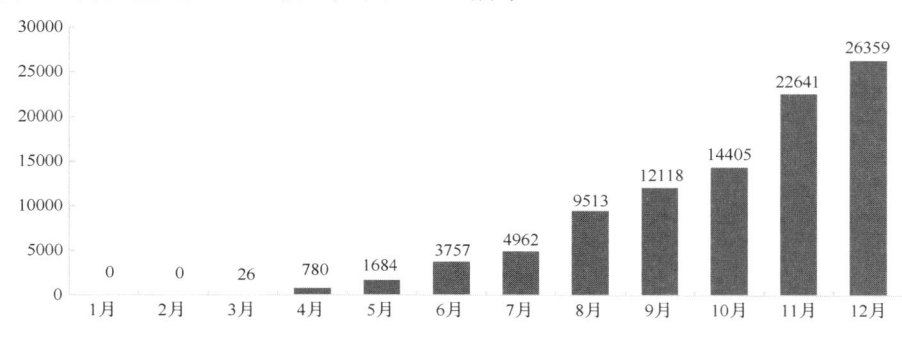

图17-25　2022年新能源商用车新车型产量情况（单位：辆）

（二）新车型市场结构特征分析

从新能源商用车各技术类型生产情况来看，2022年《推广目录》中，纯电动商用车产量为9.3万辆，插电式混合动力商用车产量为541辆，燃料电池商用车产量为2648辆，后两者产量相对较少，特别是插电式混合动力商用车市场应用率很低。

从车辆类别来看，如图17-26所示，2022年新能源商用车新车型共生产9.6万辆，其中包含新能源货车约8.7万辆、新能源客车9554辆。新能源货车新车型以轻型货车为主，占比为92.5%，这主要得益于相关利好政策及城市路权开放等优势，市场火热，有效推动了新能源轻型货车的发展。新能源客车中，大、中型客车占绝大多数，全年生产8561辆，占新能源客车总产量的89.6%，主要是因为客车市场中主要以新能源公交客车为主，而大、中型客车的较强载客能力很好地满足了城市公交市场的需求。

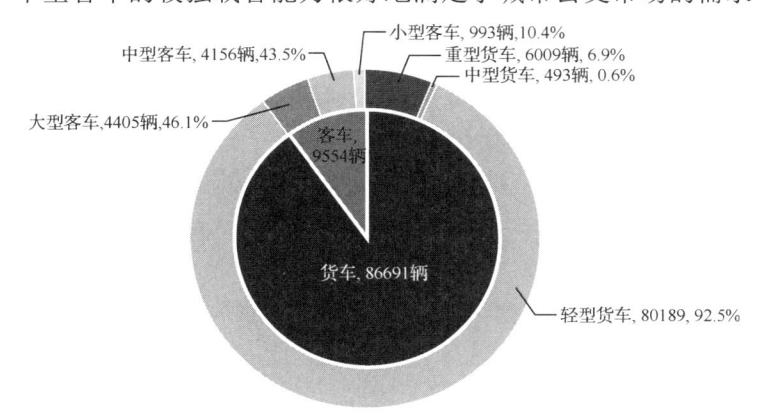

图17-26　2022年新能源商用车新车型车辆类别情况

分企业来看，新能源商用车生产企业 TOP10 共生产新能源商用车新车型约 4.8 万辆，占全部新能源商用车新车型的 50.8%，其中，奇瑞商用车（安徽）有限公司（以下简称奇瑞商用车）共生产约 1.0 万辆，居首位（见图 17-27）。

新能源货车新车型产量企业中，奇瑞商用车、吉利四川占据前两位，2022 年生产新能源货车均超过 9500 辆，产品以纯电动轻型货车为主，占新能源货车总产量的比例均超过 20%。新能源货车新车型产量企业 TOP3～10 的差距不大，产品均以新能源轻型货车为主，市场竞争比较激烈。

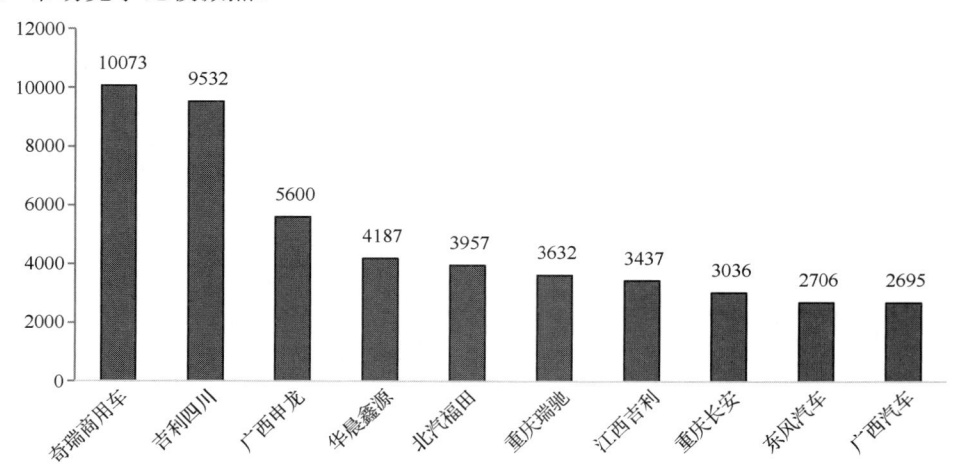

图 17-27 2022 年新能源货车新车型产量企业 TOP10 情况（单位：辆）

新能源客车新车型产量企业格局与 2021 年相比发生较大变化，2021 年宇通客车占据绝对优势，但 2022 年南京金龙、上海万象、福田欧辉占据前三名，分别生产新能源客车新车型 1307 辆、1255 辆、1051 辆，三者占新能源客车新车型总产量的比例共 37.8%，TOP3～10 企业产量及市场份额呈阶梯状减少（见图 17-28）。

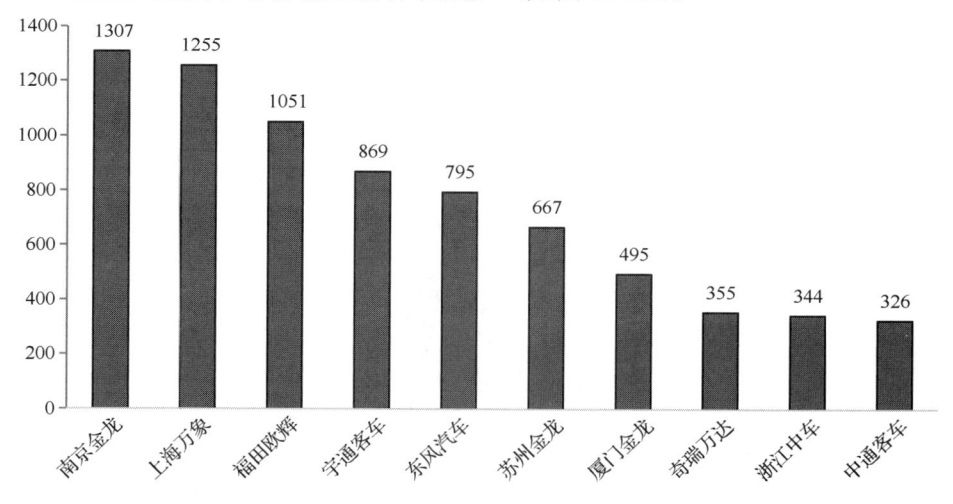

图 17-28 2022 年新能源客车新车型产量企业 TOP10 情况（单位：辆）

第四节　总结及展望

一、持续强化技术创新，推动新能源汽车高质量发展

科技是第一生产力，我国新能源汽车行业的持续进步，离不开相关技术的不断迭代升级。国内新能源汽车构建了纯电动汽车、插电式混合动力汽车、燃料电池汽车"三纵"技术路线，以及电池、电机、电控系统"三横"的研发布局。当下无论是在乘用车领域，还是在商用车领域，均以纯电动路线为主，以磷酸铁锂电池、永磁同步电机应用居多。同时，能量密度、续驶里程、电机性能均有不同程度的提升，促进了新能源汽车产业不断进步，基本能够满足不同客户、不同用途、不同场景的市场需求。但是新能源汽车依然面临诸多挑战，需要不断推进技术创新。电动化水平的进一步提高，有赖于"三电"系统的持续自主研发投入，特别是电池技术的全面革新，切实解决安全担忧、里程焦虑、补能困难等痛点，从而提高产品核心竞争力。此外，新能源汽车正朝着智能化、网联化方向发展，网络安全和数据安全的风险与日俱增，只有掌握核心科技，不断追求技术进步，才能实现新能源汽车的高质量发展。

二、持续推进市场多元化布局，完善新能源汽车发展格局

为保障行业健康可持续发展，新能源汽车推广应用财政补贴政策终止之后，新能源汽车需快速完成从政策驱动向市场驱动的转变。推进新能源汽车市场多元化布局，是新能源汽车产业进一步发展的关键，需要体系完善化、服务多样化、市场下沉化、产品国际化等方面的布局。第一，完善新能源汽车政策体系，优化新能源汽车发展环境，同时完善新能源汽车产业供应链，保障产业生态安全；第二，新能源汽车需要差异化的产品设计，以满足用户多样化需求，包括充换电、自动驾驶、智能座舱、软件系统等差异化解决方案；第三，新能源汽车城乡区域发展不均衡，农村的新能源汽车市场发展空间广阔，需进一步挖掘其市场潜力；第四，我国在新能源汽车领域处于领先水平，产品颇具竞争力，同时，新能源老一代产品尚未淘汰，国内市场竞争激烈，因此应积极探索海外市场，推动中国品牌走向世界。

Part 6　技术篇

第十八章 节能与新能源汽车技术发展与应用

李弘扬，周一鸣，王一戎，杨天宇*

摘要： 中国汽车产业低碳化转型呈现多路径发展，电池、电机、电控系统技术不断升级，混合动力技术持续迭代，高压架构组合方式不断构建，纯电整车平台及热管理技术不断进步，充换电补能网络进一步普及，燃料电池技术进一步发展，绿色低碳和安全高效成为全球新能源汽车科技战略重点。本章从纯电技术、混合动力技术、整车及热管理技术、充换电技术、燃料电池技术等方面入手，深入分析2022年节能与新能源汽车技术发展与应用情况。

关键词： 动力电池；电驱动；混合动力；热管理；燃料电池。

第一节 纯电动汽车关键技术发展与应用情况分析

一、动力电池技术

发展新能源汽车已成为世界各国解决碳排放问题的共识，动力电池行业也进入飞速发展阶段。2022年中国全域碳排放量约114.8吨，居世界第一位，其中，交通行业碳排放量约占全行业碳排放量的10%，道路交通占比约80%，实现以道路交通为主的绿色化转型迫在眉睫。

（一）动力电池装车量增长显著，政策推动技术迅速发展

在全球新能源汽车产业高速发展的大背景下，新能源汽车销量呈现了爆发式增长。作为纯电动汽车的唯一动力来源，动力电池需求量随之持续增长。2022年新能源汽车产销分别完成705.8万辆和688.7万辆，同比分别增长96.9%和93.4%，市场占有率达到25.6%，高于2021年12.1个百分点。预计2023年中国动力电池装车需求量将达到409.9GWh，同比增长39%。

根据中国汽车动力电池产业创新联盟数据统计，2022年中国动力电池装车量达294.6GWh，同比增长90.7%，全球动力电池装车量为517.9GWh，装车量前十名的中国企业在全球市场中占据60.4%的份额，其中，宁德时代以37.0%的市场份额占据榜首，比亚迪市场份额达13.6%，与LG新能源并列第二（见图18-1）。

---

* 李弘扬，浙江吉利控股集团有限公司协同创新中心总监；周一鸣，浙江吉利控股集团有限公司协同创新中心高级研究员；王一戎，浙江吉利新能源商用车有限公司副院长；杨天宇，工程师，浙江吉利动力总成研究院项目管理部技术管理经理。

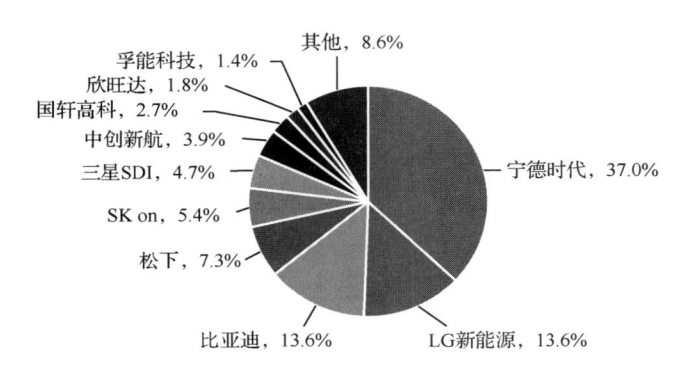

图 18-1　2022 年全球动力电池装车量市场份额

从材料种类来看，新能源汽车最常见的动力电池为磷酸铁锂电池和三元锂电池（见图 18-2）。随着 2022 年新能源补贴汽车退坡，磷酸铁锂电池装车量占比持续增长。2022年，磷酸铁锂电池总计装车量约 183.8GWh，占比为 62.4%，三元锂电池装车量为 110.4GWh，占比为 37.5%。

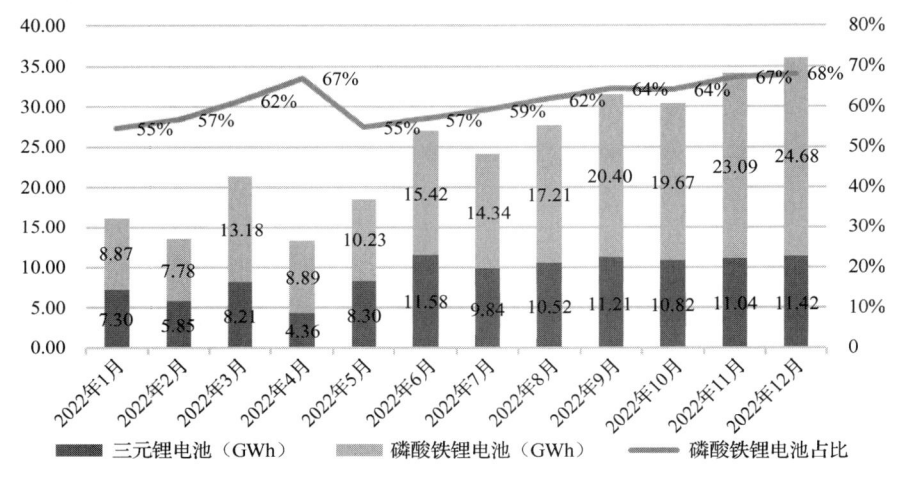

图 18-2　2022 年各月动力电池装车量（分电池类型）

从封装工艺来看，中国 2022 年方壳、软包和圆柱动力电池装车量分别为 269.5GWh、16.0GWh 和 9.1GWh，占比分别为 91.5%、5.4% 及 3.1%（见图 18-3）。宁德时代（141.3GWh）、比亚迪（69.1GWh）、中创新航（19.2GWh）、国轩高科（9.7GWh）等电池企业产品均以方壳电池为主；国内软包电池装车量最多的电池企业为孚能科技（5.3GWh）；圆柱电池装车量第一名为 LG 新能源（5.05GWh）。

动力电池技术水平与新能源汽车性能、主流市场需求息息相关。从技术层面看，动力电池的容量（影响续驶里程）技术参数在 2010 年后开始

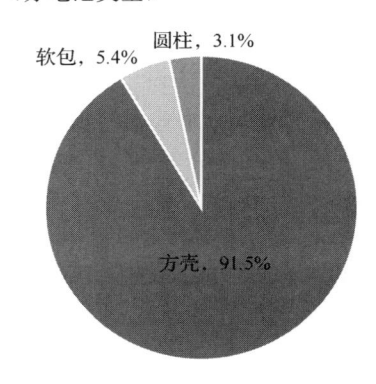

图 18-3　2022 年不同封装工艺动力电池装车量占比

满足新能源汽车市场的最低需求。中国关于动力电池的技术参数，在2017年前无明确的规划路线。但经过多年的市场经验积累，政府于2017—2022年规范并明确了最有价值的技术参数——动力电池系统能量密度，该参数体现在新能源汽车国家补贴之中，起到了引领市场良性发展的积极作用。同期，主流纯电动汽车动力电池能量密度从105Wh/kg提升到160Wh/kg（见图18-4），纯电动汽车的续驶里程也从250km提升到500km+。

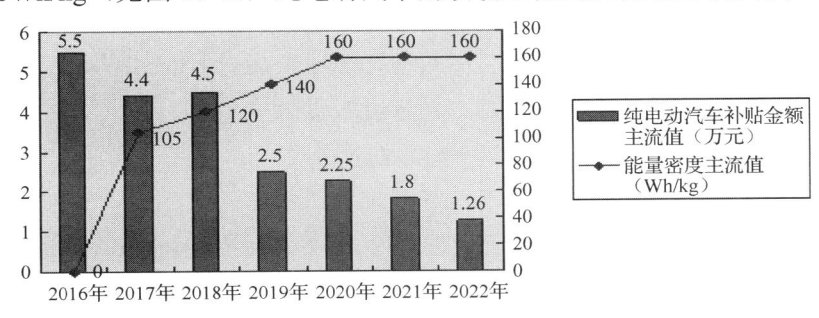

图18-4 中国新能源汽车补贴金额与动力电池能量密度要求

2022年工业和信息化部发布的十二批《新能源汽车推广应用推荐车型目录》中，各批最高系统能量密度均超过了180Wh/kg（见图18-5），极氪、起亚、岚图等品牌部分车型的系统能量密度甚至超过200Wh/kg。

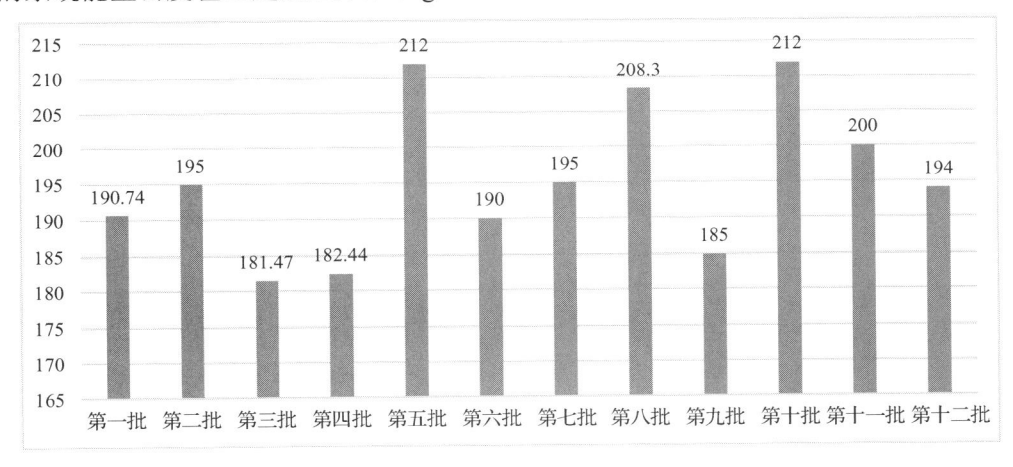

图18-5 2022年各批《新能源汽车推广应用推荐车型目录》最高系统能量密度（单位：Wh/kg）

（二）动力电池多材料、多形态、多方向同步发展革新

1. 固态锂电池具有技术优势，但成本过高

固态锂电池技术的特殊性质对长续航和安全性有所裨益，但是充电速度和成本不具优势。固态锂电池的工作原理与传统液态锂电池类似，核心区别在于锂离子移动时所在介质形态的差异。固态电池根据电解质中液体含量主要可分为半固态、准固态和全固态三种类别。由于其特殊的电解质形式，不仅可有效防止电解液挥发，并且无腐蚀性，其耐高温性及不可燃性均可降低电池热失控风险，全固态电池理论上能够实现锂电池的安

全性。此外，固态电池电化学窗口可达到 5V 以上，高于液态锂电池的 4.2V，允许匹配更高能正极和金属锂负极，能量密度可达到 500Wh/kg 以上；由于固态电池无漏液风险，可简化封装和冷却系统，在有限空间内缩减电池重量，体积能量密度较液态锂电池提升 70%以上。固态电池既能够满足电动汽车对高比能、长续航的需求，也能够在本质上解决传统液态电池的安全性问题。

尽管如此，固态电池因电极与电解质之间属于固固界面，导致界面阻抗较大，因此倍率性能较差，快充性能不佳。此外，固态电池的生产线与传统锂电池的相比重合度较低，其内部材料的稀缺性使得短期内难以具备成本优势。

受 2030 年动力电池能量密度达 500Wh/kg 的国家政策支持，固态电池预计在 2030 年左右逐步实现商业化，在此之前可采取与液态锂电池生产工艺重合度更高的半固态电池作为过渡。

2. 传统锂电池体系不断革新，正负极材料选择多样

锂电池正负极作为充放电时储存锂离子的载体，其材料的储锂容量与电压平台直接影响电池能量密度。在固态电池的时代真正到来之前，对传统液态电池材料体系的不断革新，是追求高比能、长续航的重要方向。

正极材料目前主要分为钴酸锂、锰酸锂、磷酸铁锂、三元材料四大技术路线，而动力电池中的应用主要以磷酸铁锂和三元材料为主。磷酸铁锂材料的实际克容量为 150mAh/g，电压平台约 3.4V；三元材料实际克容量约 160～190mAh/g，电压平台约 3.7V，当前与人造石墨负极 330～360mAh/g 的克容量相比，正极材料克容量仍处于较低水平。提升克容量与电压平台成为提升电池能量密度的重要方向。超高镍化（9 系）、单晶化为三元材料未来发展的趋势，随着镍含量的提高，正极克容量也将提高（9 系三元材料实际克容量达 210mAh/g），但同时会使三元材料的热稳定性下降。单晶化技术则有助于提高正极材料结构的稳定性，并且提升电压及能量密度。但超高镍化、单晶化制备难度较高，目前仅有少数企业实现了单晶 9 系量产。锰铁锂化为磷酸铁锂发展的方向，磷酸锰铁锂材料（电压平台约 4.1V）主要通过提升电压的方式来提升能量密度。但相比磷酸铁锂的材料导电性较差、锰溶出等应用受限制问题，短期内以三元材料与锰铁锂掺混的应用方式为主，如宁德时代 M3P 电池。

从负极来看，当前主流材料为人造石墨和硅。人造石墨实际克容量最高能做到 360mAh/g，已接近理论克容量 372mAh/g，提升空间很小，在此背景下，理论克容量高达 4200mAh/g 的硅基负极材料应运而生，能够大大提升电芯能量密度；此外，硅基负极空间储锂方式不同于石墨的插层储锂方式，更不容易产生锂枝晶。但硅材料在脱嵌锂时的 3 倍以上的体积膨胀问题与较差的导电性，限制了硅基负极的应用，不过随着材料工艺的不断提升，硅氧负极有望率先在动力电池上应用。

3. 钠离子电池为新材料动力电池的主要发展方向，量产仍有技术限制

随着锂等资源的日渐短缺及价格上涨，钠元素作为全球范围内广泛分布的资源，钠离子电池成为未来动力电池材料发展的首选。钠离子电池低温性能优越，-20℃下钠离子电池容量保持率可以高于 90%且其可实现 0℃以下充电功能。除此之外，相较于磷酸铁锂电池有较长的平台期，钠离子电池充放电曲线全程无明显平台期，更有利于电池管理

系统的静态标定。

但是钠离子电池能否成为新能源汽车产业的新选择进行量产，仍在验证过程中。截至目前，钠离子电池还面临以下发展限制：一是钠离子电池能量密度较低，无法满足整车使用需求；二是钠离子电池在 25℃时，循环寿命普遍为 1200 次左右，当温度提升到 45℃时，循环寿命接近 800 次，较目前 LFP 电池普遍循环寿命为 4000 次尚有一定差距；三是钠离子电池电压范围广，充放电时单体电压范围为 2～4V，成组后电池包电压范围进一步扩大，当电池电压较低时无法满足电机等用电器工作电压范围，对所搭载用电器考验较大。因此，钠离子电池的发展前景还需电池厂家同车企进行长期测试及实车搭载验证。

（三）多种类动力电池灵活应用，回收循环过程逐渐完备

1. 不同类型的主流锂离子电池应用特点

磷酸铁锂电池与三元锂电池两类动力电池在性能、成本等指标上有所差异，因此各有适用场景。其中，由于磷酸铁锂电池整体成本、循环寿命和热稳定性优于三元锂电池，因此适合应用于低价格、低成本的入门级电动汽车或同款车的低配车型上，另外因为循环寿命的优势，磷酸铁锂电池在纯电动出租车和网约车领域都有大规模使用，商用车因对容量需求高，所以更倾向于使用低成本的磷酸铁锂电池。三元锂电池因能量密度较高、充放电速度较快，更适用于中高档车型，且在寒冷地区性能表现稍优。

2. 动力电池应用集成趋势显著（见图 18-6）

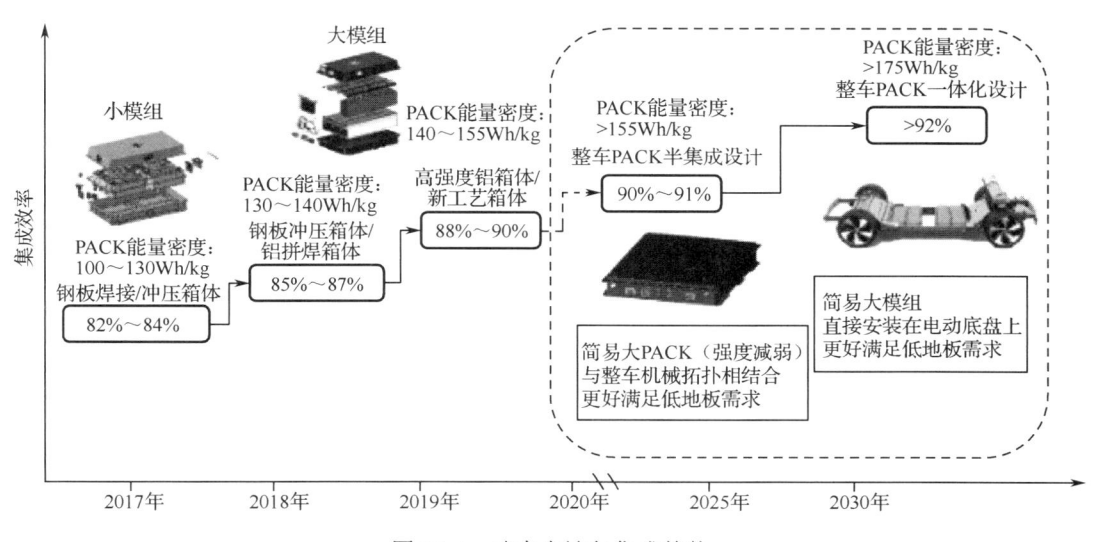

图 18-6 动力电池包集成趋势

2022 年系统集成技术也在不断更新迭代，多家企业推出动力电池集成系统以提升电池包效率与安全性。2022 年 6 月，宁德时代 CATL 发布的第三代 CTP 电池（CTP3.0），其内部代号为"麒麟"，系统能量密度最高可达 255Wh/kg，续驶里程超过 1000km，导热效率大于 50%，充电倍率最高可达 4C。比亚迪刀片电池致力于安全领域，使电池在短路时产热少、散热快，同时，能量密度也比传统磷酸铁锂电池有所提升。2022 年还有上汽魔方电池、欣旺达龙鳞甲电池、孚能科技 SPS 大软包电池等问世，均在动力电池系统集成上不断优化创新，在续驶里程、充电效率、降本增效及适配车型等方面满足用户需求。

3. 新能源汽车动力电池的梯次利用和回收（见图 18-7）

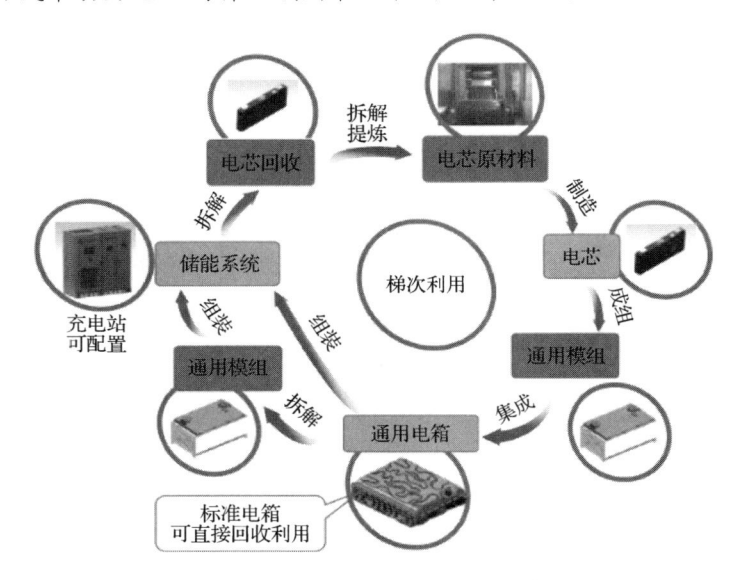

图 18-7　电池的梯次利用和回收

2022 年由于碳酸锂的价格剧烈波动，回收行业迅速升温，也带来了行业发展的不规范，各类不合规的小作坊野蛮生长。2022 年 11 月，工业和信息化部就拟公告的符合《废旧动力蓄电池综合利用行业规范条件》企业名单（第四批）公开征求意见。第四批纳入名单的 41 家企业中，获得梯次利用资质的企业为 26 家，再生利用资质的企业为 15 家，第四批名单公布后共有 88 家企业符合废旧动力蓄电池综合利用行业规范条件，其中有 50 家梯次利用企业、31 家再生利用企业，另有 7 家综合利用企业。

动力电池的回收主要经过梯次利用和拆解回收再生利用两个循环过程，退役动力电池理论上经过梯次利用后拆解再生，能够将电池价值最大化。动力电池退役后一般仍有 80% 的电池容量，针对不同的可用剩余电池容量，动力电池梯次利用的主要方向为储能、低速车辆动力电池、备用电池等。而当电池容量已损耗严重，无法继续使用时，可以通过化学方式提炼电池中的镍、钴、锂等元素，达到再生目的。

二、电驱动总成技术

（一）新能源电驱动技术将进入"集成化，高电压平台化"新阶段

随着新能源汽车产业的蓬勃发展，作为汽车核心部件的电驱动产品也进入了深度变革期。其中，系统深度集成和高电压平台化已成为电驱动产品的一大特色。例如，上汽、比亚迪、博世、博格华纳和舍弗勒推出了三（电机、电机控制器和减速器）合一产品（见图 18-8），华为、博世、汇川和舍弗勒等主流供应商也积极推出多（电机、减速器、电

机控制器、车载充电机、直流变换器、高压分线盒、电池管理系统主板、整车控制器、热管理控制器和 PTC 加热控制器）合一产品（见图 18-9）。但是，随着产品的集成化程度越高，功率密度和售后维修成本也越高，通用化程度和集成方案的布置灵活度会随之降低。

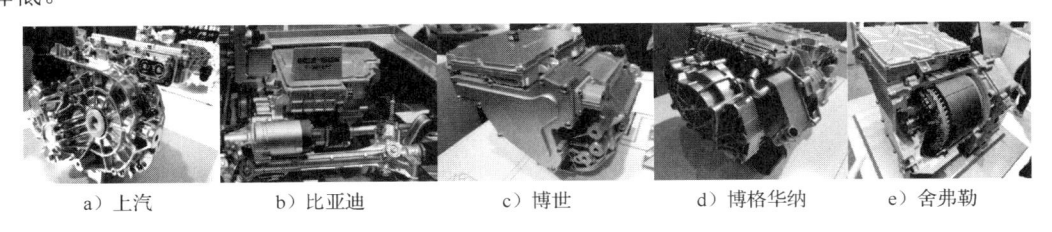

a）上汽　　b）比亚迪　　c）博世　　d）博格华纳　　e）舍弗勒

图 18-8　三合一电驱

a）华为　　b）汇川　　c）博世

图 18-9　多合一电驱

在以上三合一和多合一电驱动技术产品中，电机控制器基本上都采用 SiC 模块，适用于高频率、高温、高电压平台，整个电驱动系统的工作效率也有明显的提高。与低电压平台相比，高电压平台有以下优势：一是在功率不变、电压提升的条件下，线束电流变小，高压线束规格降低，规模化应用后可实现降本的目的；二是提高充电功率、电驱效率和续驶里程。目前，高压化电驱系统已全面进入乘用车领域。

（二）扁线油冷电机提升电机效率将成为新趋势

扁线电机体积紧凑，功率性能优于圆线。由于定子绕组导线呈扁平化形状（见图 18-10），扁线电机绕线布置比圆线更加紧密，可有效提高绕线的槽满率（绕线放进槽内后占用槽内空间比例），当电流相同时，扁线产生的磁场更强，电机功率也更大。而在相同功率密度条件下，扁线电机体积会更加紧凑，质量也会下降。此外，由于导线与导线之间的接触面积增大，也增强了电机本体散热能力。扁线电机导线应力较大，刚性比较强，因此对电枢噪声具有抑制作用。

油冷技术的推进进一步解决了高功率下电机升温的问题，为电机功率的进一步提升预留了空间。新能源汽车驱动电机技术向着高压化、高功率密度方向发展，对电机冷却效率也提出了越来越严苛的要求。为顺应电驱动技术的快速发展，冷却效率更高的油冷技术成为研究热点。预计到 2027 年，油冷电机技术将逐渐取代水冷电机，成为主流驱动电机的冷却技术。2022 年，一些主流车企和供应商设计了油冷电机并逐渐推向市场。其中，博格华纳研发的扁线油冷电机，具有独特向心式油冷定子油路，可有效减少电机直径，降低电机的体积和重量（见图 18-11）。该款电机的散热接触面积大，冷却效率高，无须喷油管、喷油环、密封圈等零部件，在满足电机性能和散热需求的同时可显著降低整体成本。同时，为满足电机高转速需求，汇川和博格华纳还推出了碳纤维电机转子，最高转速可达25000rpm，适用于大功率、高转速工作场合。其中，油冷技术通过定子绕组直接油冷、转子甩油等方式可解决低速大转矩下的绕组升温及高速大功率下的磁钢升温快的问题，电机持续输出能力可提升20%以上，大幅度提高电机功率密度。

图 18-10 扁线定子

图 18-11 扁线油冷电机

（三）分布式驱动将成为新潮流

分布式驱动系统由两个或多个电机分别驱动不同的车轮，电机通过控制转矩和转速来驱动车轮，提高了驱动效率和能源利用率。与传统中置式驱动系统相比，分布式驱动系统取消了中间差速器的力矩传递，使电机直接驱动车轮，传动链更为简单、紧凑。此外，分布式驱动系统可通过调节电机转矩的大小和方向，实现精细化轮胎附着力分配，提高车辆操控性和行驶稳定性。分布式驱动系统是将电机最佳效率范围与车辆工况匹配的优解。分布式驱动分为轮边驱动和轮毂驱动，两种驱动技术逐渐成熟并开始应用在一些高端乘用车领域。

1. 轮边双电机方案（见图 18-12）

双电机分布驱动型式是两个驱动电机通过减速器分别驱动左右两侧车轮，可通过电子差速控制实现转向行驶，以取代机械差速器。盘毂动力、汇川和舍弗勒都采用分布式双电机方案，其使用动态矢量管理和电子差速器，依托电机旋变对车速的高精度感知，通过毫秒级快速响应对前后轴扭矩进行分配及动态调节，有效抑制低附着路面打滑，以及转弯过程中转向不足和转向过度的现象。

■第十八章 节能与新能源汽车技术发展与应用■

a）盘毂动力双电机　　　　b）汇川双电机　　　　c）舍弗勒双电机

图18-12　轮边双电机

2. 轮毂电机方案（见图18-13）

轮毂电机将驱动、传动和制动装置全部安置在车轮轮毂内，直接驱动车轮转动，简化传动系统并优化乘客体验。2022年，舍弗勒和博世都已自主研发设计了轮毂电机方案，且舍弗勒轮毂电机即将进入量产阶段，单个峰值功率可达60kW，配合舍弗勒Corner转向模块可实现90°转向，适合6m以下电动公交及其他专用车辆。博世设计的是低速动力方案，从轮毂电机外形结构和应用方案来看，与电动自行车的驱动轮高度相近。

a）舍弗勒轮毂电机　　　　b）博世轮毂电机（"最后1公里"方案）

图18-13　轮毂电机

分布式驱动系统是一种新型电机驱动方式，该传动形式具有能源利用效率高和扭矩精确分配的优点，是未来汽车发展的重要方向之一。另外，未来分布式驱动系统发展还需更加高效、智能的电机控制算法和系统，以实现更高的能源利用效率和驾驶体验。随着技术不断进步和市场需求发展，分布式驱动将会得到更广泛的应用。

（四）控制系统呈现集成化及域控化，并迅速成长迭代

电驱系统乃至整车智能控制功能的增加会带给车辆线束体积和成本方面的压力，所以控制系统逐渐呈现集成化和域控化，以使得控制系统脉络更加清晰高效，同时优化车辆线束冗杂程度。对于燃油汽车来说，从驾驶意图的获取到能源供给，再到能量的转化，几乎都是由发动机控制器ECU来完成的。而对于电动汽车来说，类似功能则由"整车控制单元VCU（Vehicle Control Unit，也称电控单元）"来完成。VCU可被视作电动汽车的动力总成系统的主控单元，负责根据驾驶人意图、车辆运行状态及整车控制策略，经过计算分析然后给各部件发出相应的控制命令，以实现电车的高性能安全行驶。经典动

力总成系统通常包含驱动电机、电机控制器、减速器、车载充电器、直流变换器、配电箱、VCU 和电池管理器八大部件。在当前汽车域集中式 E/E 架构的发展趋势下，控制系统朝着"集成化"和"域控化"演进是两大主流发展趋势。

1. 集成化

从最早的驱动电机、变速器和电机控制器"三合一"开始，这两年国内主机厂和动力总成 Tier1 供应商陆续推出了集成化程度更高的"多合一"动力总成系统。集成化程度更高的好处是显而易见的，如可减小电驱动系统体积，降低系统总重量；集成度更高也意味着降低生产成本；减重也可反过来增加续驶里程。

2. 域控化

电驱动力系统的多合一集成化也带动了动力总成系统中原本分散的控制器单元朝着集中式的域控制器融合发展。性能更强劲的域控制器促进了从模块到系统的融合，再进一步到整体方案的融合。比如，比亚迪 E 平台 3.0 中的智能动力域控制器，将原来的 VCU、BMS、电机控制器以及 DC/DC 和 AC/DC 的控制部分都集成到了动力域控制器平台上。

从目前国内外相关论文来看，以原有的 VCU 为基础，升级为一个性能更强劲的汽车动力域控制器（Vehicle Dynamics Controller）平台，然后整合电池管理系统、电机控制器、DC/DC 和 AC/DC 相关的软硬件功能是一个趋势。在这种发展趋势下，原最高频率不超过 200MHz 的 MCU 芯片不能提供动力域控制器所需性能。面向应用复杂度越来越高的汽车动力域控制器场景，需芯片厂商推出性能更强劲的微控制器产品。具备更高性能的动力域控制器平台，可尝试更复杂的模型预测控制算法，从而使得 VCU 能够对扭矩做更好的控制并对动力电池能量的使用做更好的管理，提升电池续驶里程。

3. 中央计算机方案是下一阶段的发展方向

以功能区分的域控制器也存在天然的"算力资源浪费"和"性能偏科"，而域融合架构方案和基于区域控制器的中央计算机方案能进一步降低线束数量并整合性能，有效降低物料成本和提高集中化需求，是下一阶段域控制器的发展方向。

围绕域融合和中央集成发展趋势，许多车企均计划在未来几年内加速推出"中央集成+区域控制器"的电子电气架构，进一步对整车的控制功能单元进行深度集成和融合。2022 年，围绕着高价值的自动驾驶和智能座舱域控制器，以新势力为代表的多家主机厂正在加速供应链核心环节的自主布局。基于新四化和 E/E 架构发展趋势，预计到 2025 年国内域控制器的产值将超过 800 亿元。

第二节 混合动力技术发展与应用情况分析

由于完全实现纯电动化周期较长，而政策法规对燃油汽车排放及能耗的多重限制日益严苛，因此在一定时期内，以 PHEV 和 HEV 为代表的混合动力（以下或简称混动）车型将逐步成为市场的主力。

第十八章 节能与新能源汽车技术发展与应用

由中国汽车工程学会发布的《节能与新能源汽车技术路线图 2.0》指明了混动汽车的发展方向，提出未来新能源汽车中的混合动力汽车（包括节能汽车、PHEV 和 EREV）的合计占比，到 2025/2030/2035 年将增加到 42.0%/47.8%/52.5%，可见混动汽车市场前景广阔。同时，"双积分"政策倒逼企业电动化转型成果显著，在极大程度上推动了国内燃油车企向新能源转型的步伐。2021 年，节能汽车、新能源汽车销量迎来大幅增长，全年 CAFC 积分由负转正、NEV 积分实现正增长。2022 年 7 月，工业和信息化部发布修订"双积分"办法的征求意见稿，相关规定有望进一步收紧，倒逼企业持续电动化转型。

一、混动技术品类繁多，技术路线日趋统一

（一）按照动力及传递路径分类

根据动力及传递路径不同，混合动力系统分为串联式、并联式、混联式三种构型，其中混联式混合动力又分为串并联式混合动力和功率分流式混合动力两种构型。

（二）按照电机安装位置和数量分类

按电机安装位置（见图 18-14）和数量的不同，可将混合动力系统分为 P0、P1、P2、P3、P4、SP、PS。典型并联混动方案分类及特点如表 18-1 所示。

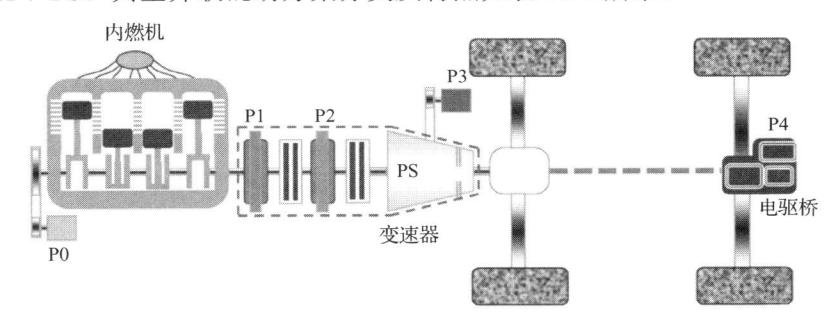

图 18-14 混合动力系统电机位置分类

表 18-1 典型并联混动方案分类及特点

分类	定 义	优 点	缺 点	应用车型
P0	电机置于发动机前端，支持怠速停机、停机后的快速启动以及制动时发动机能量的回收	成本低，只需加装或者更换电机便可实现	节油效果不突出（相比其他混合技术形式）	多用于微混车辆，如 48V 系统，目前许多车型都可以勉强算在 P0 级别
P1	电机置于变速箱之前，连接发动机曲轴，在 C0 离合器之前	全程可以制动能量的回收和储存，可靠性高而且成本较低	电机与发动机刚性相连，输出的动力受发动机牵绊，无纯电工况	多用于中混车辆：本田 CR-Z、Insight
P2	电机置于变速箱的输入端，在 C0 离合器之后，即发动机与变速箱之间两个离合器和一套电机	技术上较容易实现，借用传统变速箱，初期投资低，节油效果明显	受限于发动机及变速箱之间的加装空间	更适合插电式混动：奥迪 A3 e-Tron、高尔夫 GTE、BMW530L

续表

分类	定义	优点	缺点	应用车型
P3	电机置于变速箱的末端；与发动机分享同一根轴，同源输出	不占空间，空间布置比较灵活	功率受限，变速箱要做大的改动，适合于本身就有变速箱研发的企业	本田 i-DCD、比亚迪-秦
P4	电机置于后驱动桥之上，直接驱动车轮	可实现纯电动驱动和四驱，动力性强	须与P0/P1搭配使用，价格较为昂贵	多应用于跑车和越野车：保时捷918 Spyder、讴歌 NSX、宝马 i8 等
SP	串并联（Series-parallel），也称为 P1+P3 构型	结合了串联构型和并联构型的优点	没有多个挡位进行工作点的调整，直驱时发动机与轮端无法解耦	本田 i-MMD、比亚迪 DM-i
PS	功率分流（Power Split），采用行星排作为功率分流装置	发动机转速和扭矩与轮端解耦	价格高，结构复杂，控制难度大	丰田普锐斯、凯迪拉克 CT6-PHEV

（三）按照混合程度分类

按动力混合程度还可以将混合动力系统分为轻度、中度和深度混合动力系统，不同构型混合动力系统节油潜力如图 18-15 所示。

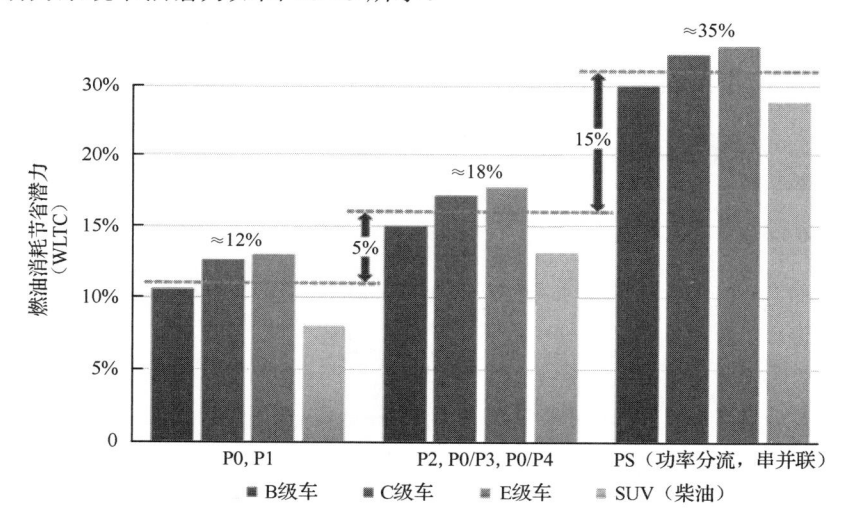

图 18-15　混合动力系统按节油潜力分类

（四）动力电池配电量影响因素分析

混合动力汽车中动力电池的配电量与混合程度相关：通常以 48V 系统为代表的轻度混合系统只需配备 0.5kWh 电量；以混联系统为代表的深度混合动力系统一般需配备 1kWh 以上的电量，结合系统具体参数，最多可以配备 1.8kWh；而以 P2/P3 为代表的中度混合动力系统所配备的电池电量通常介于其中。

不同分类方式混合动力系统及对电池的要求如表 18-2 所示。

表 18-2　不同分类方式混合动力系统及对电池的要求

动力路径	串联式	并联式					混联式	
电机位置	S	P0	P1	P2	P3	P4	SP	PS
电机数量	2	1					2	2
机械结构	专用式	扩展式					专用式	
混合程度	深混	轻混		中混			深混	
工作电压	~300V	~48V		~144V			~300V	
需求电量	1~2kWh	0.5kWh		1kWh			1~2kWh	
需求功率	~40kW	~12kW		~25kW			~40kW	

由此可见，各种混动技术各有其优势、缺陷与其相应的适用场景。串联式混合动力系统虽实现了全车速范围内发动机与轮端解耦，但发动机不能直接驱动，中高速时系统效率无优势。并联式混合动力系统在特定挡位下，发动机转速跟随车速变化，其系统效率只能在两点之间的连线上寻优。串并联式混合动力系统低速时在串联模式工作，高速直驱时又相当于并联式系统，发动机和电机需配置多个挡位来寻求最佳发动机工作点的优化，因此在并联模式下具有较好的动力性优势。功率分流式混合动力系统具有无级变速功能，发动机与输出端完全解耦，发动机工作点能在较大区域范围内寻优，因此可达到更加显著的节油效果，并且同时具有机械分流和电分流两条动力路径，可灵活选择用电还是用油，在满足整车功率需求的同时，可对电池功率进行精确控制，特别适用于配置小容量电池的 HEV 车型。

以 48V 系统为代表的弱混系统入门门槛低，理论上可成为系统标配，但由于节油率不佳，启停和助力功能不完善，其推广和应用没有达到预期效果，并有被放弃的趋势。

以 P2 或 P2.5 为代表的单电机混合动力，由于保留传统多挡变速箱，系统未得到简化，因此总成本并不低，节油率相对于 48V 系统也没有高太多，所以总体性价比不高。其曾在 PHEV 车型上得到一定范围的应用，但近年来也有逐渐被淘汰的趋势。

串并联和功率分流虽使用双电机，但变速箱得到了简化，总体成本相对于传统多挡箱增加并不明显。其节油率明显，总成综合性能优势突出，越来越受到重视。由于电池成本下降、充电普及、使用成本优势等原因，功率分流变速箱结构和控制与其相比更加复杂，所以在国内没有得到主流应用。而单挡的串并联系统由于结构简单得到广泛运用，逐渐占据国内主流技术路线。

二、插混市场增量显著，车企推陈出新百花齐放

在传统混合动力汽车向纯电动汽车演化的过程中，插电式混合动力汽车是一条重要的路径。在电气化乘用车市场，PHEV 越来越被消费者接受，市场也越来越成熟，PHEV 市场正经历由量变到质变，可能未来新能源汽车的主要增量市场来自 PHEV。2019—2022 年，包括 HEV/PHEV/EV 的电气化乘用车快速增长，2022 年 HEV/PHEV/EV 综合渗透率达到 30%，EV 增长迅速达到 20%，而 2022 年 PHEV 市场占有率由 2.6% 增加到 6.3%，增幅达 142%（见图 18-16）。

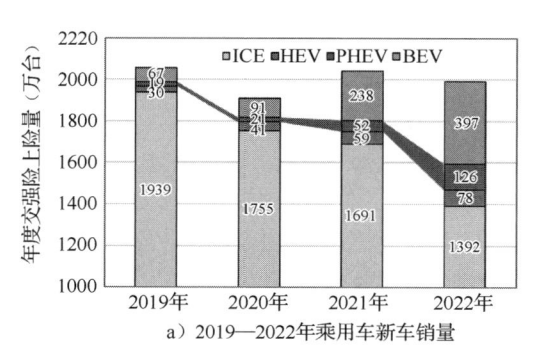

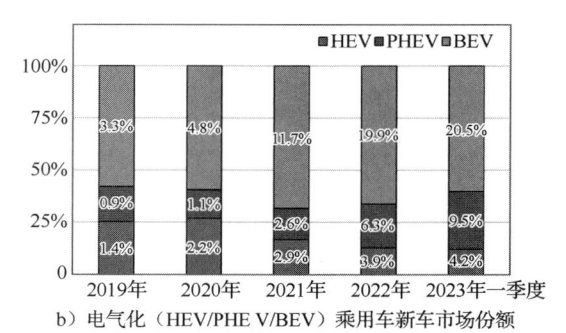

图 18-16 近年来乘用车新车销量与电气化乘用车新车市场份额

PHEV 同时兼顾油耗和里程两方面的顾虑。《2022 年中国新能源汽车大数据研究报告》统计数据表明，私家车用户日均行驶里程平均值由 42km 上升到 46km，其中 81%以上的用户日均行驶里程<60km，96%的用户日均行驶里程小于 100km，目前市场主流 PHEV 续驶里程为 80～120km，增程式 PHEV 续驶里程在 150km 以上，基本上能覆盖用户绝大部分的使用场景，在长里程场景中，没有纯电里程焦虑，油耗水平也低于燃油汽车，而电动汽车的快速普及也降低了客户对于安全性的担忧，PHEV 非常完美地解决了用户的痛点，这成为 PHEV 销量增长的主要动力。同时，近年来电池技术进步很快，快充技术得到快速发展，不少电动汽车 WLTC 续航都达到了 600～800km，但实际上客户对于长续航的需求更多的是来自高速驾驶，统计表明，驱动车辆功率需求约与车速的 2.4 次方成正比关系，如 120km/h 的车速比 100km/h 的驱动功率需求增加 54.9%，同等电量对应的里程衰减达到 23%，导致车速越高、能耗越高，以 2.8 吨的车为例，90kWh 的电量输出的电动汽车，在高速公路上以 120km/h 的车速只能行驶 2 小时就必须充电。因此，单纯堆电池很难解决高速里程焦虑。从这个意义上来说，电动汽车更适合<300km 里程范围内的出行，想要进一步发展还需在电池技术上实现大的突破。而 PHEV 则是彻底消除了里程的限制，实现全里程覆盖。

（一）插混技术进一步发展优化

2022 年，随着新能源汽车市场的不断发展，插混技术也得到进一步的发展和推广。特别是受电池原材料价格不断攀升的影响，各大造车新势力纷纷推出增程电混车型以拉低售价、提升产品竞争力。国内插混系统技术路线呈现百花齐放的格局，每一种路线都有其长处和短板，但整体来说，呈现如下几大趋势：一是区别于国外混动路线，国内插混系统核心理念为"以电为主、以油为辅"，打造客户纯电驾驶体验；二是不断提升混动系统的效能，以达到低能耗、高续航的目标；三是高度集成化，多合一电混总成的打造，节省布置空间以带来更高驱动功率/扭矩的输出；四是高度智能化，针对不同的使用场景和使用需求提供不同的驱动模式，以达到最佳驾驶体验。

（二）主流车企插混方案多样化发展应用（见表 18-3）

以吉利雷神混动系统为例：吉利雷神混动系统功率储备靠高功率增压直喷混动专用发动机，扭矩储备靠多挡变速，通过三挡实现扭矩放大，轮边扭矩提升 60%。多挡设计可以让发动机运行的转速和负荷具有更大的自由度，让发动机运行于更经济的转速，获得更好的油耗表现，第二代混动系统相比燃油版，节油率超过 40%，同时让发动机尽可能运行于相对较低的转速，降低整体噪声水平。

第十八章 节能与新能源汽车技术发展与应用

表18-3 主流车企插混方案

系统方案	P1+P3 PHEV	P1+P3+P4 PHEV	P1+P2 PHEV	P1+P2+P4 PHEV	P1+P4 REEV	P1+P3+P4 REEV	P2+P4 PHEV
结构简图	ICE+P1, P3	ICE+P1, P3, P4	ICE+P1+P2	ICE+P1+P2, P4	ICE-P1, P4	ICE-P1, P3, P4	ICE+P2, P4
主要搭载主机厂	BYD（王朝/海洋）吉利（领克08）长城（咖啡平台）	BYD（王朝/海洋）吉利（领克08）长城（咖啡平台）	吉利（星越L/银河L7）	吉利（领克09 EM-P）	长安深蓝 哪吒S 零跑C11 问界M5&M7	理想L 平台 岚图FREE 问界M5/M7	长城枭龙
可实现驱动模式	纯电前驱 增程前驱 混联前驱	纯电四驱 增程四驱 混联四驱	纯电前驱 增程前驱 混联前驱	纯电四驱 增程四驱 混联四驱	纯电后驱 增程后驱	纯电四驱 增程四驱	纯电四驱 增程后驱 混联四驱
纯电动力性	★★	★★★★★	★★	★★★★★	★★★★	★★★★★	★★★★★
亏电动力性	★★★	★★★	★★★	★★★	★★	★★	★★★
最高车速	单挡★★★ 多挡★★★★★	单挡★★★ 多挡★★★★★	多挡★★★★★	多挡★★★★★	★★★	★★★	多挡★★★★★
亏电油耗	★★★★	★★★★	★★★★★	★★★★	★★	★★	★★★
系统成本	★★★★	★★	★★★★	★	★★★★	★★	★★★

混动硬件架构是混动系统的躯干，混动的软件控制系统则是混动技术的灵魂。从燃油时代开始，国内动力系统控制软件主要依靠 Tier1 供应商。混动系统控制难度大，且涉及驾驶安全，功能要求也是汽车软件要求中最高的。吉利雷神混动实现了混动控制系统全栈自研自主。混动控制系统的一大开发难点是类型多、模式多，柔性灵活对于混动控制系统至关重要。吉利雷神混动控制系统基于电机路径管理策略，针对不同的路径开发不同的功能模块群，通过路径和功能自由组合，实现软件控制和硬件完全解耦，并通过配置开关可选择软件功能模块组合柔性适配从 P0 到 P4 的任意组合，满足不同混合动力构型的系统控制需求，百公里纯电续航可以覆盖绝大部分日均客户里程，而电动汽车最大的挑战来自高速里程焦虑。PHEV 高度契合客户的需求，市场增量由专项质变，未来有更广阔的市场空间。

三、增程器发展热度不断攀升

在政策和市场需求驱动下，我国增程式电动汽车呈现良好发展态势，越来越多的整车厂推出增程式产品，新技术、新产品不断推出，销量迅速增长。增程式电动汽车凭借其无里程焦虑、电池用量少、不依赖充电基础设施、综合油耗低等特点，热度不断攀升。

（一）增程式产品的乘用车、商用车双路线应用

1. 增程式产品在乘用车上的应用情况

增程式技术路线在乘用车上的应用越来越广泛，比较有代表性的如理想、比亚迪、赛力斯、岚图、零跑、哪吒等车企。理想 ONE 上一代采用 1.2T 汽油增程器产品，最新一代产品切换为热效率更高的 1.5T 汽油增程器，发动机采用理想新晨自主研发生产的高效 1.5T 四缸汽油机，热效率高达 41%。岚图 FREE 增程电动版也采用 1.5T 四缸汽油发动机增程器，匹配 80kW 高效发电机。赛力斯 AITO 问界 M7 采用 1.5T 四缸发动机增程器。零跑 C11 搭载理想同款东安 1.2T 三缸汽油发动机增程器，而零跑自主研发的油冷增程发电机系统，发电功率为 88kW。

2. 增程式产品在商用车上的应用情况

吉利商用车已率先布局增程式轻卡、重卡、客车等多款整车产品。其中，增程式轻卡冷藏车、物流车、市政环卫车、房车已成熟量产，增程器采用 1.5T 汽油增程器。2022 年吉利正深耕甲醇增程式产品研发，后续会推出甲醇增程式轻卡、重卡、客车产品。重汽豪曼增程式小电量冷藏车，增程器也采用 1.5T 汽油发动机，动力电池 15 度，综合纯电续驶里程 43km。东风商用车凯普特增程式小电量冷藏车，增程器采用 2.4L 柴油发动机增程器，动力电池 17 度，综合纯电续驶里程 50km。比亚迪推出了一款增程式轻卡产品，采用 1.5T 汽油增程器，百公里加速 13.2 秒，工况油耗 8.0L/100km。

（二）增程式产品集成化、高效化、燃料多元化发展

增程式技术路线作为新能源汽车产业重要技术路线之一，随着应用范围不断拓展，技术的不断发展进步，技术趋势也越来越清晰，主要可分为集成化、高效化、燃料多元化三个发展方向。

1. 集成化

传统分体式增程器具有结构简单的优点,但由于发电机和控制器采用独立单元设计,存在尺寸和重量均偏大、成本偏高、效率偏低等问题。因此,各主机厂增程器系统均往集成化方向发展,而集成方式也不尽相同。比较有代表性的有以下两种集成路线。

(1) 发电机与发动机曲轴直连,取消中间连接结构,减小增程器轴向尺寸和重量,并降低增程器成本。发电机及控制器进行二合一集成,在发电机后端或上方集成布置发电机控制器,而增程器作为一个独立的物理模块搭载在整车上。

(2) 多电机集成采用高速发电机,并与减速箱、驱动电机、双电机控制器一体化设计集成,节省整车布置空间。

2. 高效化

增程器作为纯串联动力路线的发电产品,提高经济性指标是其永恒的主题,增程器发电效率从目前的技术发展来看,主要有以下两个方面。

(1) 提升增程器系统效率:发动机和电机系统高效区合理匹配,通过协同开发,使发电机与发动机高效区有效重叠,提升系统效率;优化运行策略,通过控制策略合理优化匹配,从而保证增程器始终工作在高效区间,降低运营成本。

(2) 关键零部件高效化:从发动机角度来看,各主机厂针对混动和增程技术路线,开发混动专用发动机,如发动机采用阿特金森和米勒循环、高压缩比、高爆压、长冲程、低压EGR、附件电气化等技术方案,有效提升发动机热效率,目前市场上混动专用发动机热效率普遍达到41%,甚至高达43%;从发电机角度看,高效化的主要方向是采用扁线及油冷技术。扁线绕组通过提升槽满率,增加发电机效率和高效区范围,同时可减小发电机尺寸和重量,油冷技术可有效提升发电机冷却效率,降低热损耗,提高综合发电效率;从发电机控制器角度看,其采用TiC等功率器件,可有效提升电机控制器效率。

3. 燃料多元化

为寻找最佳整车经济性及环境适应性,增程器燃料种类已呈现多元化现状。2022年,包含汽油、柴油、天然气、甲醇、甲醇燃料电池等在内的增程器系统均陆续推出。

乘用车普遍采用汽油增程器,持续不断提升增程器热效率。而商用车市场增程器燃料种类较多:玉柴、陕汽的柴油增程器有少量应用;而吉利商用车主要采用甲醇燃料增程器,甲醇燃料来源广泛、价格低、有害排放少,更具较高的运行经济性。

第三节 整车及热管理技术发展与应用情况分析

一、纯电平台技术降低成本,提升用户体验

对于拥有丰富车型矩阵的大型车企而言,架构造车可在最大限度上降低单车型研发成本,缩短车型研发周期,降低采购成本。与同轴距"油改电"车型相比,纯电平台车型可实现更小尺寸、更轻重量、更合理的前后轴重量分配,带来整车性能和用户体验大幅提升,以及能耗、成本大幅下降。多家自主车企均大力加码纯电平台(见表18-4)。

表 18-4　主流车企已发布的纯电平台

车　　企	纯电平台名称	发布时间（年份）	代 表 车 型
比亚迪	E1.0	2009	比亚迪 e6
	E2.0	2018	元 EV、唐 EV
	E3.0	2021	比亚迪元 Plus EV
长安汽车	EPA 平台	2021	C385
	CHN 平台	2021	阿维塔 11
吉利汽车	PMA	2018	几何 C
	SEA 浩瀚	2020	极氪 001
广汽新能源	GEP 2.0	2019	埃安 S、埃安 V、埃安 LX
	GEP 3.0	2023	—
长城	ME 平台	2020	欧拉
荣威	E0	2018	荣威 ERX5
	E1	2021	Marvel R
	E2	2022	荣威 ERX7

吉利汽车发布的浩瀚架构是主流纯电动汽车平台之一。其拥有全球最大带宽，具备强大的兼容能力，实现了从 A 级车到 F 级车的全尺寸覆盖，可以满足轿车、SUV、MPV、小型城市车、跑车、纯平地板的 Shuttle、VAN、皮卡及未来出行车辆等全部造型需求。浩瀚架构具备最强兼容能力，高度模块化集成了 400V/800V 以及更高电压平台，用平行轴、同轴、多合一电机，51～145kWh 不同化学体系的高压电池，多代次的电子电气架构，涵盖全线控底盘、高阶智能悬架的智能底盘系统，融合钢铝混合车身、轻量化一体铸铝下车身以及 CTB 车身与电池一体化技术，并结合新型材料的跨界应用以及高效的热管理系统等不断协同迭代。浩瀚架构覆盖域集中、域融合和中央计算+区控制器架构，部署整车操作系统并支持整车 OTA，重新定义了汽车软件的研发周期，将软件开发时间缩短 50%以上，大幅度降低了成本。

二、热管理技术进一步发展革新

（一）热管理系统呈现集成化趋势

在新能源汽车加速渗透的过程中，同时促进了新能源汽车热管理系统的技术变革。新能源热管理系统经历了单冷配合 PTC 电加热、热泵配合电辅热、宽温区热泵与整车热管理一体化（余热回收一体化热泵）三个阶段（见图 18-17），总体朝着高度集成化发展，动力电池、乘员舱通过换热器与管路完成高度集成。

热管理系统集成化既是对传统汽车热管理系统的重大革新，也是全球新能源汽车热管理行业的核心趋势之一。热管理系统集成化是通过全新的设计和工艺，将以往由多个零部件分别实现的功能，集成在一个模块组件中。目前行业内主要技术路线有冷媒侧集成、冷却液侧集成及两者混合的方案。国内及欧美 OEM 以冷媒侧阀岛或水侧单独集成为主，仅集成了冷媒或水侧的部分零部件。仅少数美国 OEM 使用基于多通阀系统原理的冷却液及冷媒侧的大集成热管理模块。热泵系统方面，较多采用 EDS 电驱回路与电池回路分离设计。此类系统下，可供热泵余热回收的热源受限，热回收利用率不高，热泵功能较为单一。同时，普遍通过切换电磁阀实现制冷制热功能切换的热泵系统，冷媒回路较为复杂，故障率高。自 2022 年开始，热管理集成模块开发及应用呈井喷之势，装车量逐年走高，行业内热管理供应商 VALEO、三花智控、拓普、银轮股份等正在积极加速布局。

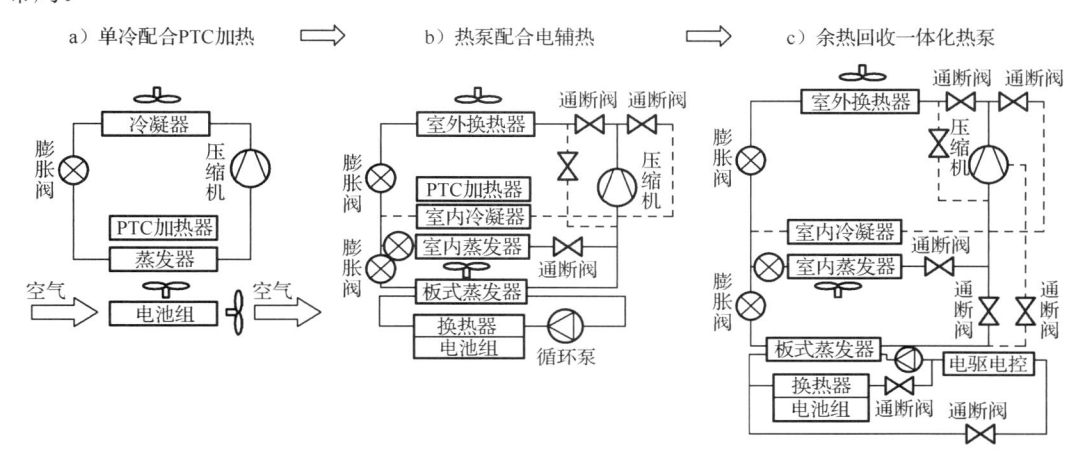

图 18-17　新能源热管理技术演化

（二）热管理集成模块旗舰产品技术应用分析

各汽车品牌结合自身实际情况，热管理系统有一定差异性。例如，小鹏 P7 采用 PTC 电加热方案，威马则采用柴油加热方案，特斯拉 Model Y 采用八通阀热泵方案，比亚迪海豚、极氪 001 采用直接式热泵方案。

以特斯拉品牌为例，十多年来，热管理系统在如上所示的技术演化上，又有自己的特色（见图 18-18）。

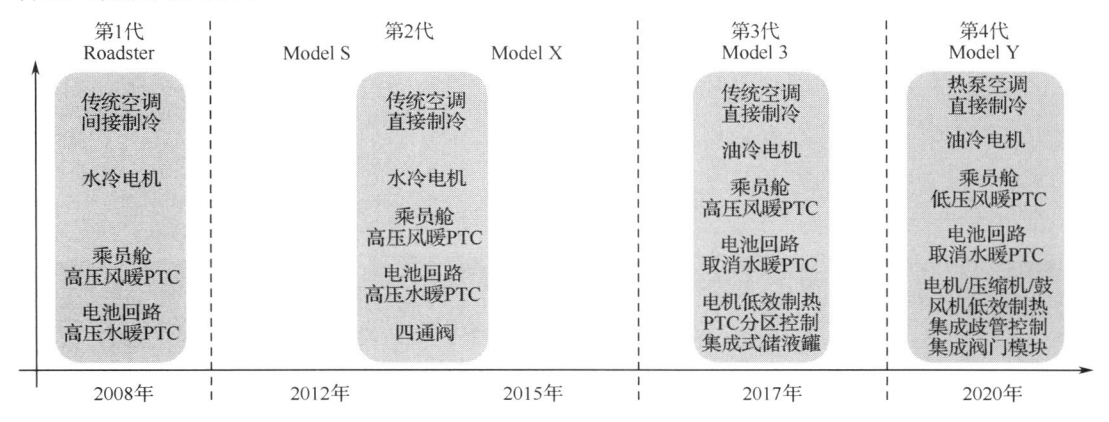

图 18-18　特斯拉热管理技术迭代

Model Y 的热管理系统中使用了一个八通阀，省去了传统的管路，将整车热管理集成化，通过车载计算机精确控制各元器件的运转情况，保障各系统安全有序、高效运转，极大地提升了 Model Y 的整车性能和可靠性（见图 18-19）。

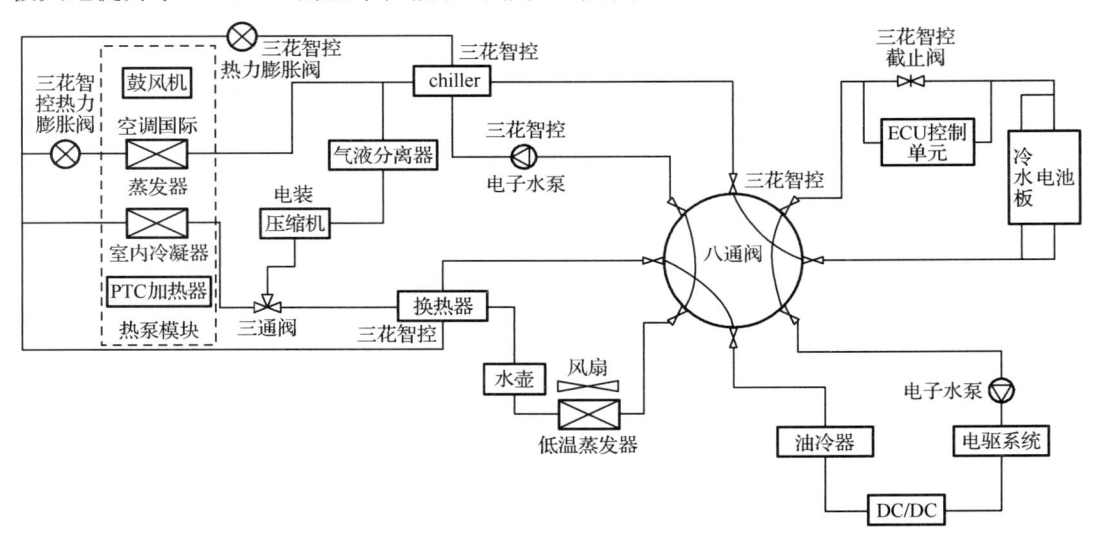

图 18-19　Model Y 热管理系统

极氪热管理集成模块 2.0 亦采用冷却液及部分冷媒侧混合集成的技术路线（见图 18-20），相较于行业内其他热管理系统，在以下方面实现了全面升级：一是升级 Chiller 功率至 10kW 以上，可以为更大的电池提供快充散热能力，满足整车 15min 以内超级快充需求，热管理带宽可覆盖 100kWh 以上电量电池包，并增加了低温热泵吸热能力，使热泵系统从低温环境中吸热性能相比 1.0 系统提升约 2kW；二是增加 LCC（水冷冷凝器）提升热泵运行稳定性、春秋季除湿工况，热泵可稳定运行，无须 HVCH（高压水加热器）介入，进一步降低系统能耗，除湿工况里程收益约 5%；三是充分拓宽热量来源，利用电池余热，电机主动发热及回收 ADCU 等电器件余热，并通过多通阀技术对 LCC 放热进行主动控制，可实现热泵系统智能化能量分配、加热座舱、电池等功能。搭载热气旁通等技术，制热能力从 7kW 可以增加到 10kW 以上。通过以上技术（多源热泵、热气旁通）的应用减少低温环境时里程衰减，同时缩短冬季低温快充时间 10min 以上。

a）热管理系统集成前　　b）热管理系统集成后

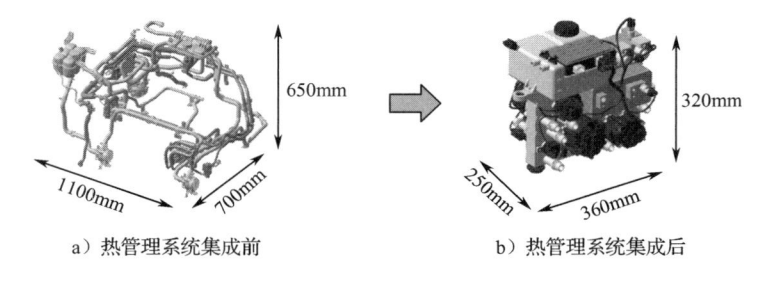

图 18-20　极氪热管理集成模块 2.0 集成设计

基于热管理系统 2.0 技术原理，极氪自主设计流道及九通阀等关键零部件，开发出了集成模块 2.0。对比传统新能源汽车热管理系统，单车集成相关零部件成本降低约 15%，重量降低 2kg 左右，此外，节省总装工时及前舱布置空间，提供更大的前备箱布置可行性。得益于集成模块设计，大部分冷却液流道为内流道，缓解了外部漏热的情况，实现了节能并增加了续驶里程。

第四节　充换电技术发展与应用情况分析

一、政策支持充电基础设施建设提速推进

随着新能源汽车保有量的增加，以及新能源汽车渗透率不断提升，用户对补能需求日益增长，完善充电基础设施建设成为支撑新能源汽车规模扩大的基本保障，加快电动汽车充电桩等配套基础设施建设已迫在眉睫。2020 年，充电桩首次被写进政府工作报告，纳入"新基建"。近年来，充电桩产业政策不断推出，要求大力推动充换电网络建设。2022 年 1 月，国家发展改革委、国家能源局等十部门发布《关于进一步提升电动汽车充电基础设施服务保障能力的实施意见》，表示到"十四五"末，我国电动汽车充电保障能力进一步提升，形成适度超前、布局均衡、智能高效的充电基础设施体系，能够满足超过 2000 万辆电动汽车的充电需求。2023 年 2 月，工业和信息化部等八部门发布《关于组织开展公共领域车辆全面电动化先行区试点工作的通知》，提出建成适度超前、布局均衡、智能高效的充换电基础设施体系，要求智能有序充电、大功率充电、快速换电等新技术应用有效扩大。2022 年，全国公共充电基础设施充电电量为 213.23 亿度，同比增长 92.24%。2022 年，国内充电桩建设提速。根据中国充电联盟（EVCIPA）发布的数据，2022 年全国新增公共充电站 3.7 万座，截至 2022 年底保有量为 11.1 万座，同比增长 50%。2022 年，全国新增充电桩 259.3 万台，截至 2022 年底保有量为 521 万台，同比增长 99.07%。

二、800V 超快充平台大幅度加速充电速度，但相应基础设施还未匹配

提高充电速度的方式主要包括提高电流和提高电压两种。大电流模式容易产生高热量损失，能够实现的功率上限并不高，而且大电流下线束加粗也会增加整车成本、降低使用便捷性，此技术应用以特斯拉 Model 3 为代表，最大充电电流可达 700A，实现 30 分钟充 80% 的电量。大部分厂商选择采用高电压平台架构提高功率。高电压技术的落地和推广，需要电动汽车端、电池端、充电桩端三方联动，以及整个产业链上下游协同发展，共同建设大功率高压快充产业生态。

随着保时捷发布了全球首款搭载 800V 电压平台的纯电动汽车 Tayca，我国车企也陆续开始布局 800V 电压平台。近年来，比亚迪、吉利、现代、广汽、小鹏、极狐等陆续发布了搭载 800V 高电压平台的车型，其中的小鹏、比亚迪等都将 800V 平台车型的量产定在了 2022 年。

实现高压快充需要搭配大功率直流充电桩，目前市场存量充电桩大多只能支持 400V 电压，快充需求正在推动充电桩技术变革。未来，新建快充桩将大部分具备 3C 及以上大功率充电能力。充电桩核心部件需要升级适配，大功率充电模块需求的提升，对于充电桩所采用的功率器件的耐压性、转换效率、导通损耗、液冷散热等性能要求也更高。2022 年，由中国电力企业联合会组织报批的 GB/T 18487.1《电动汽车传导充电系统　第

1 部分：通用要求》中，直流额定最大电压推荐值增加了 1000V 与 1250V，以满足未来新能源汽车高压化发展需求。为适应未来大功率高压快充发展趋势，主流车企及充电运营商已经开始布局大功率快充桩：国网已开始布局 360kW 的大功率快充桩，广汽埃安的 A480 超级充电桩最大充电功率更是达到 480kW。

三、换电站逐渐布局，换电行业标准呼之欲出

换电模式作为对充电模式的有益补充，换电网络加速覆盖。截至 2022 年 12 月，中国换电站总数为 1973 座，增长快速；国内主要运营商相继公布扩产计划，2023 年起，中国换电站保有量将见证新一轮井喷期。根据彭博新能源财经统计，六大换电运营商计划到 2025 年建设约 26000 个站点（见图 18-21）。

a）换电站保有量（座）

b）六大运营商换电站建设计划（座）

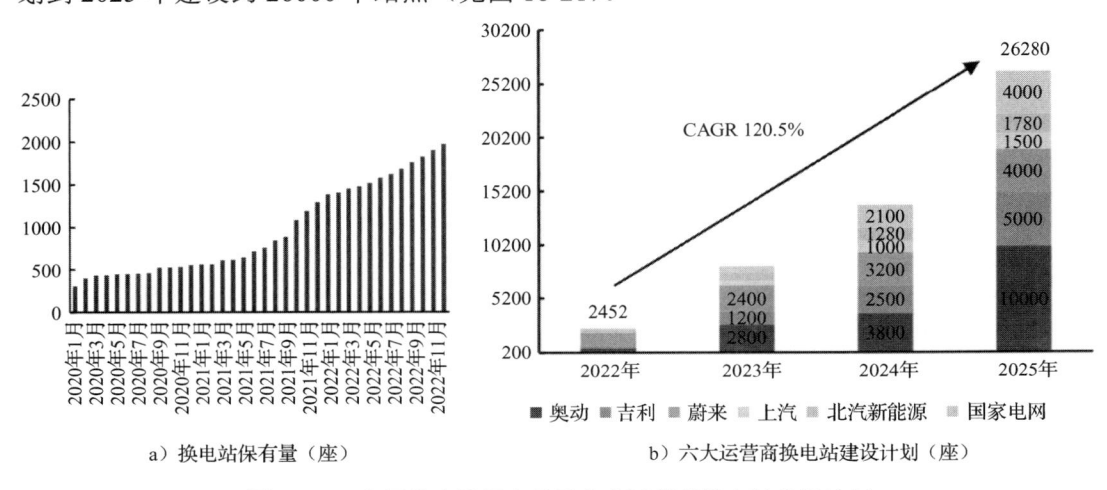

图 18-21　中国换电站保有量及六大运营商换电站建设计划

同时，电池更换技术不断延伸。按照电池拆卸方式可将换电方式分为底盘换电、模块分箱换电和侧方换电（见表 18-5）。近年来，国内换电技术发展迅速，形成了针对不同类型车辆、不同运营场景的不同换电技术路线：乘用车的换电安全性和一致性提高，整包自动底盘换电成为主流；商用车多采用多箱侧方换电。换电技术经历了"从手动到自动、从分箱到整箱"的发展阶段，实现了更高的自动化程度和更短的换电时间，能够服务更多的电池型号。

表 18-5　换电模式技术路径比较

	底盘换电	模块分箱换电	侧方换电
自动化程度	全自动	全自动/半自动/人工	人工
换电时间	1~3 分钟	1~3 分钟	>5 分钟
技术要求	高	高	低
兼容车型	少	多	少
换电成本	高	低	高

续表

	底盘换电	模块分箱换电	侧方换电
应用规模	高	高	低
发展潜力	高	高	低
应用场景	私家车、出租车	分时租赁车	出租车、物流车
代表车企	蔚来、北汽、奥动	伯坦科技、东风、力帆、众泰	时空电动

对于各有参差的换电模式与技术，行业标准呼之欲出。百家争鸣对于换电模式的探索、技术路线发展有极大的助益，但是随着换电模式的发展推广，其中换电技术标准缺乏统一性问题逐渐暴露，包括换电电池、换电机构、适配驱动电机、电连接器、水接口及软硬件协议方面的标准化、通用化。

第五节 燃料电池技术发展与应用情况分析

一、燃料电池技术不断完善，零组件的国产化水平不断提升，整体成本不断下降

燃料电池系统突破较快，功率密度持续上升，不断向大功率方向发展。与2020年相比，2022年燃料电池系统额定功率提升明显，如图18-22所示，2020年超过90%的燃料电池系统功率不高于80kW，而2022年燃料电池系统功率在80kW以上的车型销量占比达84%，110kW以上的也达52%。截至2023年5月，部分厂家的系统额定功率更是突破了150kW。此外，鲲华科技还发布了额定功率250kW的单堆燃料电池系统（鲲运200），但150kW以上额定功率系统应该是极个别的。主流厂家燃料电池系统额定60kW、80kW和120kW的系统产品质量功率密度已分别突破400W/kg、500W/kg和700W/kg，鲲华科技250kW系统质量功率密度更是达到了900W/kg。

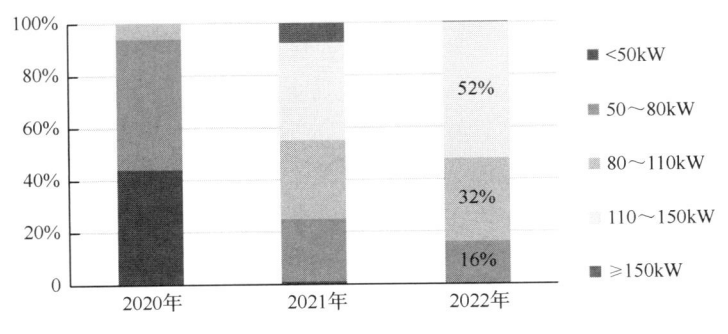

图18-22 2020—2022年我国燃料电池系统功率结构

（一）电堆

燃料电堆技术一直在取得突破，更新迭代较快，越来越多的企业推出了金属极板的电堆。部分企业已推出了超200kW的电堆产品，其体积功率密度也不断加大，有的产品

已达 4.3kW/L。尽管电堆层面已基本实现国产化，相关企业基本可做到自主研发，但其核心组件国产材料的使用率不高，主要依赖进口。

（二）质子交换膜

中国氢燃料电池市场中，质子交换膜仍以国外品牌为主，长期被杜邦、戈尔、旭硝子等美国和日本少数厂家垄断，但国产化进程正在加速，东岳、科润等企业积极布局。截至 2022 年末，国内现有质子交换膜产能达 140 万平方米/年，其中东岳集团拥有产能 50 万平方米/年；武汉绿动氢能拥有产能 30 万平方米/年；科润新材料和浙江汉丞科技均拥有 30 万平方米/年的质子交换膜产能。

（三）催化剂

铂资源有限，成本高昂。目前，国内催化剂应用还是以进口产品为主。但国内催化剂企业技术在不断突破，催化剂性能衰减也有所改善。部分企业的铂碳、铂合金催化剂产品（如济平新能源）已在国内燃料电池汽车上批量应用，且已出口海外市场。中自公司已形成百克级中试生产能力。但目前国内单车铂用量为 0.3g/kW，距国外先进水平 0.06g/kW 存在一定差距。

（四）气体扩散层

国产气体扩散层国产化进程已开启。通用氢能公司已突破连续化气体扩散层生产技术，建成年产 10 万平方米扩散层生产线，年产 100 万平方米的生产线也在建设中，其产品已在巴拉德、捷氢科技、潍柴动力等头部燃料电池系统企业进行长时间的测试验证。天鸟公司的准三维立体碳纤维预制体制备技术，也是碳纤维应用领域的一项重大技术创新。

（五）双极板

国产石墨双极板比较成熟，金属和复合双极板的研究开始较晚，但技术进步较快。但与 2020 年相比，近两年来国内主流双极板企业的出货量快速增长，头部企业石墨双极板出货量达 50 万片/年，年产能达数百万片；而金属双极板领域也已出现单个企业、单个客户出货百万片的情况。

二、燃料电池汽车推广加速，重型化趋势明显，系统厂家及车辆推广地域集中

（一）燃料电池汽车销量创新高

在"双碳"目标的背景下，随着燃料电池汽车示范应用城市群政策启动，近两年来我国燃料电池汽车销量迎来快速增长。如图 18-23 所示，根据终端上牌数据显示，2022 年全年销量为 5009 辆，同比增长 166%，创历年销量新高，保有量超过 13000 辆。

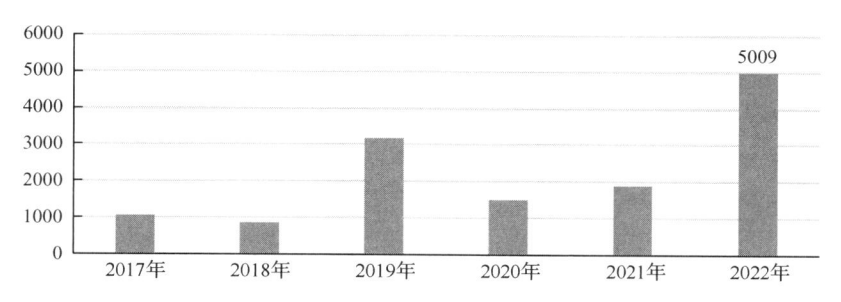

图 18-23 2017—2022 年我国燃料电池汽车销量（单位：辆）

（二）燃料电池汽车重型化趋势明显

燃料电池汽车车型以牵引车为主，政策重点鼓励中重卡应用，燃料电池汽车重型化趋势明显。如图 18-24 所示，客车所占比例由 2020 年的 90%大幅减少至 2022 年的 25%。燃料电池货车及专用汽车中，总质量为 12 吨以上的车型占比达 74%。燃料电池半挂牵引车成为销量最大车型，2022 年销量为 1327 辆，占比为 26%。

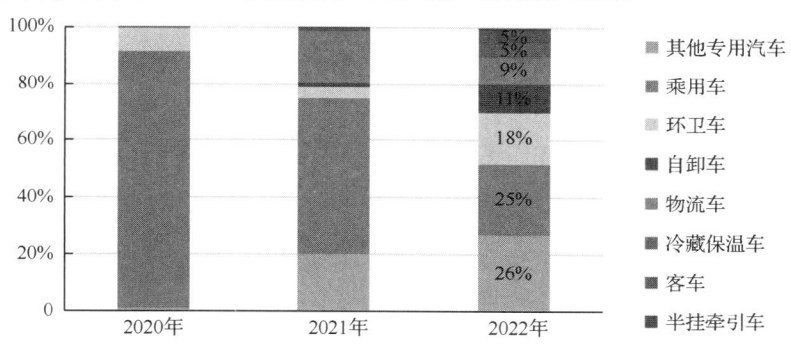

图 18-24　2020—2022 年我国燃料电池汽车车型结构

第十九章 燃料电池汽车产业与技术发展

姚占辉，王佳，吴征[*]

摘要：本章基于燃料电池汽车示范应用进展，对我国燃料电池汽车产业发展情况进行了全面的系统梳理和深入分析。本章主要从政策体系、技术动态、市场结构、企业布局等方面展开，剖析了我国燃料电池汽车产业发展最新情况，并系统分析了我国燃料电池汽车示范应用工作启动以来所取得的成效，最后总结了现阶段中国燃料电池汽车产业发展存在的问题，并从技术创新、推广应用、氢能供给、支持政策等方面提出针对性的建议，助力我国燃料电池汽车产业高质量发展。

关键词：燃料电池汽车；示范应用；支持政策。

氢能作为一种清洁无碳、可再生、可储存的二次能源，已成为新一轮世界能源变革的重要方向。燃料电池汽车作为新能源汽车技术路线之一，是氢能大规模应用的最佳场景和重要突破口。中国高度重视氢能与燃料电池汽车产业的发展，持续加强政策支持，并启动了京津冀、上海、广东、郑州、河北5个城市群开展示范应用，有力推动了中国燃料电池汽车产业快速发展，并取得多方面明显成效。但中国燃料电池汽车产业整体还处于发展初期阶段，仍存在多方面的问题和压力，需要进一步整合行业优势资源，加强技术创新突破和多元化场景应用探索，并健全氢能供给生态、完善政策体系，全面推动燃料电池汽车产业高质量发展。

第一节 中国燃料电池汽车产业态势

中国于20世纪50年代开展对燃料电池的研究，"十五"到"十四五"连续5个五年计划支持氢能及燃料电池汽车产业发展，目前已初步掌握关键材料、部件及动力系统部分核心技术，并结合奥运、世博、冬奥等示范项目开展了小规模示范运行。2021年，中国正式批复了京津冀、上海、广东、郑州、河北5个示范城市群启动燃料电池示范应用工作。目前，燃料电池汽车示范已经启动一年多，在国家政策的大力支持下，中国燃料电池汽车产业开始呈现加速发展态势。

---

[*] 姚占辉，高级工程师，中汽中心中国汽车战略与政策研究中心绿色低碳研究部部长；王佳，高级工程师，中汽中心中国汽车战略与政策研究中心绿色低碳研究部总监；吴征，工程师，中汽中心中国汽车战略与政策研究中心绿色低碳研究部研究员。

一、政策态势：加快推进示范应用工作

近年来，中国相继发布了一系列氢能及燃料电池汽车支持政策，目前已经初步形成了涵盖宏观综合政策、行业管理政策、财政补贴政策、税收优惠政策、科技创新政策等的支持政策体系。2019年两会期间，氢能首次被写进《政府工作报告》，提出"推进充电、加氢等设施建设"。2020年11月，国务院办公厅印发《新能源汽车产业发展规划（2021－2035年）》，将发展燃料电池商用车作为燃料电池汽车行业的突破口。2021年10月，中共中央、国务院印发《关于完整准确全面贯彻新发展理念做好碳达峰碳中和工作的意见》，提出加快发展新能源和清洁能源车船，推动加氢站建设；同时，国务院印发《2030年前碳达峰行动方案》，要求扩大电力、氢能、天然气等新能源、清洁能源在交通运输领域应用，逐步降低传统燃油汽车在新车产销和汽车保有量中的占比，推广电力、氢燃料、液化天然气动力重型货运车辆。为推动我国燃料电池汽车产业高质量发展，财政部、工业和信息化部、科技部、国家发展改革委、国家能源局于2020年9月发布《关于开展燃料电池汽车示范应用的通知》，对燃料电池汽车的购置补贴政策，调整为燃料电池汽车示范应用支持政策，并于2021年正式批复京津冀、上海、广东、郑州、河北5个城市群、40多个城市启动示范应用。当前，中国正加快推动推进燃料电池汽车示范应用工作，对带动氢能及燃料电池汽车企业加大投入，推进技术进步和创新突破，培育供应链和产业生态体系，加快实现燃料电池汽车商业化推广等起到了积极作用，有效促进了我国氢能及燃料电池汽车产业发展。

二、技术态势：关键技术水平持续提升

当前，中国氢能和燃料电池核心技术取得了较大突破，燃料电池等核心零部件的国产化率也开始显著提升，已基本掌握了原材料、燃料电池电堆、燃料电池系统及其辅助部件、燃料电池整车集成和氢能基础设施等关键技术，建立了具有自主知识产权的燃料电池汽车动力系统技术平台，产业逐步驶入了发展快车道。从技术进步情况看，中国燃料电池系统额定输出功率明显提高、集成程度显著上升、控制策略得到了进一步优化，燃料电池系统自主化产品性能快速提升。与2015年相比，中国车用燃料电池系统的额定功率由30kW提升到了100kW以上，提高了约230%；石墨双极板电堆功率密度从1.5kW/L上升到了3.5kW/L以上，提高了约130%，金属双极板电堆功率密度从2.0kW/L上升到了4.0kW/L以上，提高了100%；燃料电池冷启动温度从-20℃进一步探低至-30℃。亿华通、潍柴、上海重塑、上海捷氢、未势能源等部分领先企业的燃料电池产品已经和丰田的第一代技术基本持平，并在部分性能上实现赶超，但与国际先进水平相比，我国产品性能与技术成熟度仍有一定差距，企业规模普遍不大，技术水平和产品质量还需要不断提升。

三、市场态势：市场规模较小但呈现快速增长趋势

2014—2022年，中国燃料电池汽车累计销售13639辆，其中，2022年销量达5037辆，同比大幅增长约1.6倍（见图19-1）。在国家示范政策的持续推进下，近年来呈现快

速增长的态势,但相比纯电动汽车,当前燃料电池汽车处于产业发展初期,市场整体规模仍然较小。2022年市场推广的燃料电池汽车中,乘用车、客车、货车分别为256辆、1259辆、3522辆,占比分别为5%、25%、70%;销量排前三名的企业分别为北汽福田、佛山飞驰、郑州宇通,销量分别为659辆、538辆、375辆;销量排前三名的地区分别为北京、上海、河南,销量分别为919辆、786辆、721辆燃料电池汽车(见表19-1)。

图 19-1　2014—2020 年中国燃料电池汽车销量情况(单位:辆)

数据来源:机动车上险数据

表 19-1　2022 年中国燃料电池汽车销量分布情况

排名	前十名企业 2022 年销售情况		前十名地区 2022 年销售情况	
	企业名称	销量（辆）	地区	销量（辆）
1	北汽福田汽车股份有限公司	659	北京	919
2	佛山市飞驰汽车制造有限公司	538	上海	786
3	郑州宇通集团有限公司	375	河南	721
4	上汽大通汽车有限公司	354	山东	451
5	金龙联合汽车工业（苏州）有限公司	332	山西	381
6	郑州宇通客车股份有限公司	322	浙江	284
7	厦门金龙联合汽车工业有限公司	219	广东	258
8	中国第一汽车集团	193	河北	251
9	上海万象汽车制造有限公司	184	湖北	193
10	东风汽车集团有限公司	176	内蒙古	174

数据来源:机动车上险数据

四、企业态势:主要企业加强产业布局及产品开发

在国家政策的大力支持下,中国氢能及燃料电池汽车产业发展持续升温,越来越多的企业通过收购、兼并、入股等方式快速进入,推动中国产业链逐渐完善。据不完全统计,中国共有涉及氢能及燃料电池汽车产业链的企业近 5000 家,初步建立了涵盖制氢、

储氢、加氢、燃料电池、关键部件、整车的产业链体系。整车方面，已进入《新能源汽车推广应用推荐车型目录》的燃料电池整车企业超过40家，主要企业包括宇通、东风、佛山飞驰等（见图19-2），所开发产品涵盖乘用车、客车、货车等多类型产品（见表19-2）。燃料电池方面，中国已经初步具备了燃料电池系统的研发和产业化能力，已进入《新能源汽车推广应用推荐车型目录》的燃料电池企业超过60家，主要包括亿华通、上海重塑、潍柴、上海捷氢、未势能源、新源动力等。

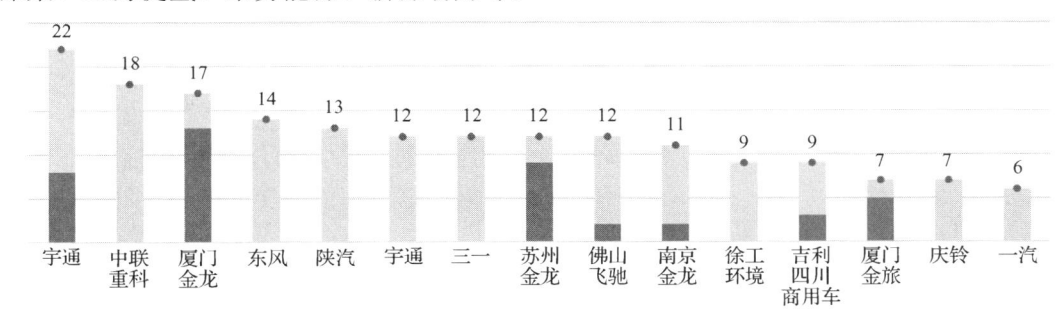

企业	数量
宇通	22
中联重科	18
厦门金龙	17
东风	14
陕汽	13
宇通	12
三一	12
苏州金龙	12
佛山飞驰	12
南京金龙	11
徐工环境	9
吉利四川商用车	9
厦门金旅	7
庆铃	7
一汽	6

■乘用车 ■客车 ■货车 •总计

图19-2　2022年《新能源汽车推广应用推荐车型目录》中燃料电池汽车分企业产品数量（单位：个）

数据来源：《新能源汽车推广应用推荐车型目录》

表19-2　2022年《新能源汽车推广应用推荐车型目录》中燃料电池汽车分类型产品数量

序　号	分　类	车　辆　类　型	数量（辆）
1	乘用车	燃料电池轿车	1
2	客车	燃料电池城市客车	29
3	客车	燃料电池低入口城市客车	25
4	客车	燃料电池客车	20
5	货车	燃料电池半挂牵引车	42
6	货车	燃料电池厢式运输车	23
7	货车	燃料电池洗扫车	18
8	货车	燃料电池冷藏车	18
9	货车	燃料电池压缩式垃圾车	17
10		其他	96

数据来源：《新能源汽车推广应用推荐车型目录》

第二节　示范应用取得的成效

2020年，《关于开展燃料电池汽车示范应用的通知》发布，提出对关键零部件研发产业化、车辆推广、氢能供给等采取综合奖补支持，进一步调动了地方政府和行业企业的积极性。在国家示范政策的引领带动下，中国启动了全球最大规模的燃料电池汽车示范应用。经过近一年的努力，中国氢能的经济新动能效益初步显现、产业政策环境不断完善、燃料电池汽车推广步伐加快、氢能基础设施日益完善、市场主体愈加活跃，燃料电池汽车示范取得了积极成效。

一、示范城市探索政策创新，推动打造生态闭环

在国家示范政策的推进下，各示范城市积极研究制定氢能及燃料电池汽车支持政策，探索创新支持措施，重点推动燃料电池汽车产业化发展。据不完全统计，各示范城市已累计发布90多项氢能及燃料电池汽车相关政策，涵盖研发、生产、购置、使用等各个环节，加强对燃料电池汽车示范应用奖补资金配套支持。北京、上海等积极探索政策创新，采取"揭榜挂帅"方式，支持产业链上下游企业组成"示范应用联合体"开展示范应用，引导产业优质资源集聚，进一步打通从上游制氢、中游制造到下游运营的生态闭环。此外，中国已有30多个城市发布了加氢站建设审批管理办法，明确了各环节职责分工和安全要求，上海临港、唐山、张家口、佛山等已经开始探索将氢能作为能源管理，破除了将制氢项目限制在化工园区的制度障碍。

二、关键技术加速突破，产品成本实现快速下降

国家示范政策明确提出，将对电堆、膜电极、双极板、质子交换膜、催化剂、碳纸、空压机、氢气循环系统等领域取得研发产业化突破的产品给予奖励，进一步调动了中国燃料电池汽车相关企业在关键技术领域加强技术研发及产业化的积极性。从示范进展看，产业链上下游企业积极响应国家号召，加强技术研发和产业化攻关，推动中国燃料电池汽车关键技术加速突破，产业生态体系基本形成。其中，整车方面，中国燃料电池汽车典型产品供给日趋丰富，大中型客车、中重型货车等不同类型产品数量和市场规模快速提升，产品竞争力不断增强，氢耗、续驶里程、系统功率、使用寿命等核心技术水平持续优化。零部件方面，中国基本实现了燃料电池系统、电堆、膜电极、双极板、质子交换膜、催化剂、空压机、氢气循环系统等核心技术的自主化突破，产品性能水平逐渐提高，成本大幅下降。目前，电堆额定功率已从2020年的50kW提高到100kW以上，提高了1倍，系统成本已由2020年的15000元/千瓦降低到了4000元/千瓦，下降超过70%，空压机成本由10万元/台以上降低到了2万元/台以下，下降超80%，贵金属铂用量减少了70%，气体扩散层成本下降40%。

三、车辆推广规模快速提升，应用场景逐渐丰富

在示范启动前，燃料电池汽车更多应用于公交车领域，应用场景相对单一，行驶线路较短且固定，随着示范工作的持续推进，我国燃料电池汽车逐渐在中远途、中重型商用车领域进行拓展。例如，京津冀城市群通过建设跨区域的物流运输专线，持续打造"京津冀氢能大廊道"，上海城市群通过重点示范应用燃料电池货车，积极打造长三角带状氢能走廊。行业主要企业抱团合作，联合探索挖掘燃料电池汽车潜在应用场景，如一汽与晋南钢铁合作开展钢铁运输、东风与湖北氢动力、中石化合作开展渣土运输等。当前，中国5个示范城市群已逐渐成为全球最大的燃料电池汽车示范应用基地，第一示范年度共推广燃料电池汽车超过3000辆，直接推动中国2022年整体市场规模的大幅增长，推广车辆类型也覆盖了城市物流、城市公交、渣土运输、环卫、倒短运输、矿场运输等多

元化应用场景。

四、基础设施不断完善，氢能供应体系初步建立

在国家示范政策的大力推动与支持下，多方资本加快转向氢能领域，推动了氢能基础设施建设的不断完善，初步构建了涵盖制备、储运、加注等较为完善的氢能供给体系。目前，中国已建成加氢站超过 350 座，数量规模居全球首位，日供氢能力超过 170 吨，其中，示范城市群在第一示范年度建成加氢站 91 座，形成车用氢气产能超过 28 万吨/年。随着氢能制备、储运、加注等主要技术和生产工艺水平快速提升，车用氢气成本逐步下降，在部分工业副产氢资源丰富的地方形成了一定竞争优势。此外，张家口等部分地区积极探索可再生能源电解水制氢等"绿氢"路线和商业模式，推动构建清洁低碳氢能供给体系。

第三节　存在问题及有关建议

一、存在问题

示范启动之后，中国氢能及燃料电池产业快速发展，技术水平快速提升，市场规模不断扩大，燃料电池汽车经济性开始明显提升，加氢基础设施的建设步伐也持续加快。但整体看，氢能及燃料电池汽车产业还处于发展的初期阶段，受前期疫情多点散发、城市群体制机制不健全、国家有关政策法规不完善等因素影响，中国燃料电池汽车产业还面临以下突出问题。

（一）部分关键技术水平有待提升

当前，中国车用燃料电池系统的功率密度、最高效率等方面技术与国际先进水平基本保持同步，且主要关键部件也已基本实现了国产化，但在燃料电池汽车整车经济性、耐久性、环境适应性以及燃料电池寿命、可靠性、低温适应性等方面，与国外先进水平相比还有一定差距，如国内燃料电池低温冷启动温度约-30℃，耐久性为 10000～15000 小时，而国外同期水平分别可达-40℃和 2 万小时。同时，催化剂、碳纸、质子交换膜等产业基础也较为薄弱，虽已有企业开发出可应用产品，但产品一致性、可靠性和耐久性还需进一步验证和提升。此外，70MPa 碳纤维缠绕塑料内胆气瓶（Ⅳ型瓶）、大容量氢气压缩机、70MPa 加氢枪、管阀件等相比国外先进水平还存在明显差距。

（二）多元化应用场景仍需加强探索

目前，中国燃料电池汽车推广应用步伐加快，但整体规模仍然较小，多元化场景下的应用模式有待进一步探索。一方面，燃料电池汽车与纯电动汽车互补发展的路径尚不清晰，且部分细分市场受换电模式产品的竞争影响，适宜燃料电池汽车的应用场景仍需在示范中加强探索。另一方面，燃料电池汽车相对成熟的应用场景主要以短途运输为主，且运行范围主要集中在城区内部或周边，受基础设施和氢能供给等限制，跨区域、长途运营等应用模式还处于发展初期，示范过程中探索较少，使得燃料电池汽车中远途、中

重型特色优势未能有效发挥。此外，针对 70MPa 储氢系统、液氢系统等新技术、产品，长途重载干线运输虽已具备场景实践基础，但受限于加氢站等基础设施和配套政策不完善，尚未形成规模化示范应用。

（三）低成本氢能供应体系尚不健全

目前，国家层面虽已经发布氢能产业顶层规划，并明确氢能的能源属性，但从产业实际发展情况看，我国氢能供应体系建设仍相对缓慢，制氢、储运氢以及加氢站建设和运营成本仍较高，还未形成可持续发展的商业模式。目前，国内的氢气价格普遍在 50~70 元/千克，较为昂贵，使得燃料电池汽车使用成本一般是传统燃油汽车的 1.5~2 倍，是纯电动汽车的 3~4 倍，在经济性方面尚不具备市场优势。尽管地方加强氢气补贴支持，但不可持续，仍需进一步扩大产业规模，降低氢气成本。同时，氢能作为能源管理的配套体系尚未建立，地方普遍将氢能作为危化品而非能源，大部分地方仍将氢气制备严格限制在化工园区。此外，加氢站建设也面临标准不完善、用地及建设审批主管部门不明确等难题，在一定程度上阻碍加氢站建设的步伐，从而难以支撑燃料电池汽车规模化应用的需求。

（四）政策体系和组织机制仍需完善

一方面，国家示范政策提出将对电堆、膜电极、双极板、质子交换膜、催化剂、碳纸、空压机、氢气循环系统等领域取得自主化突破的先进产品给予补贴支持，但尚未出台具体实施细则。同时，随着中国燃料电池汽车技术进步加快、成本大幅下降，示范政策也需要根据产业发展进一步优化完善，以实现对燃料电池汽车发展的合理引导与支持。另一方面，国家示范政策提出的城市群机制旨在形成产业优势互补，避免低水平重复建设，但在实际推动过程中，部分城市群因牵头城市行政级别较低、负责领导变动等原因，城市群协调联动、优势互补的机制没有形成，部分地区仍各自为战，导致城市群没有发挥出应有的作用。此外，部分城市在支持燃料电池汽车推广和产品应用方面，存在涉嫌地方保护的行为，优先对本地企业和产品给予支持，偏离了国家对示范工作的整体要求，不利于产业的高质量发展。

二、有关建议

燃料电池汽车是氢能的重要应用领域，对推动中国汽车产业落实"双碳"目标具有重要意义，已成为中国汽车产业发展的重要方向。从燃料电池汽车示范效果看，示范政策作为燃料电池汽车产业专项支持政策，在完善产业发展政策环境、加快产业发展速度、构建氢能供应体系等方面发挥了重要作用。总体上，我国应系统总结前期示范经验，坚定落实示范目标要求，但也应结合产业发展阶段和实际情况，积极稳妥推进燃料电池汽车产业发展。

（一）加强关键技术创新支持，建立自主可控产业链

建议整合行业优势资源，重点聚集高比功率电堆、催化剂、碳纸、液氢储运、70MPa 加氢技术等先进技术、关键部件，以国家科技计划、增强制造业核心竞争力、技术升级

改造等国家重大工程为平台，进一步加强技术创新研发和产业化支持力度，推动燃料电池汽车核心技术水平与国际基本同步，部分技术指标实现领先，尽快补齐我国燃料电池汽车产业链短板，推动建立自主可控的产业链体系。鼓励整车企业采购自主零部件，通过一定规模装车应用，持续提升我国关键零部件产业化能力，提高自主产品一致性、可靠性和耐久性，满足车用要求。此外，建议加快整合燃料电池汽车研发和工程化资源，推动建立若干个氢能或燃料电池创新中心，形成产业链上下游企业共同参与、产学研用相结合的协同创新机制，搭建从关键材料、部件到系统的协同开发平台，促进关键共性技术突破，并持续提升在燃料电池电堆、关键零部件、系统集成等方面的测试试验能力，推动产业链协同发展。

（二）扩展多元化场景示范应用，加强氢能高速网络建设

国家示范政策明确提出，要明确合适的应用场景，重点推动燃料电池汽车在中远途、中重型商用车领域的产业化应用。当前，我国燃料电池汽车示范应用步伐已经加速，且已在更多的场景进行探索，但示范应用规模较小，尚未形成可持续的应用模式。建议国家和示范城市加强对多元化场景示范应用的政策引导与支持，鼓励行业企业加强适合长距离、大载重场景下燃料电池汽车产品的开发与应用，进一步探索燃料电池汽车新技术、新业态融合应用的商业化、可持续模式，将其作为纯电动汽车的有益补充。同时，加强统筹整车企业、加氢站建设及运营企业、车辆运营企业等产业链上下游资源，积极开展氢能高速网络体系等示范场景建设，推动跨区域燃料电池商用车的规模化发展，为大功率系统、液氢、70MPa储氢等先进技术应用搭建多元化场景，协同推动产业技术发展。

（三）建立健全氢能供给体系，探索"绿氢"应用模式

建议系统研究多种氢能供应路径的可行性，建立适合中国产业发展的科学合理、安全高效的制氢、储运氢、加氢产业链，促进建立健全完善的氢能供应体系。制氢方面，引导地方探索将氢能按照能源来管理，支持具备氢气资源的地方因地制宜建立特色化的氢能供给体系，研究制定"绿氢"支持政策，推动可再生能源电解水制氢方式发展，保障车用氢能供给。储运氢方面，在长管拖车储运基础上，加强探索液氢、管道等储运氢方式，降低氢能储运成本。加氢方面，建议研究制定国家层面加氢站建设规划和管理规范，指导地方系统布局加氢站建设，明确加氢站在立项、审批、建设、验收、投运等环节的管理要求，推动形成适度超前、供应有力的氢能基础设施网络。

（四）优化支持政策体系，强化组织机制保障

一是建议进一步完善燃料电池汽车政策体系，加强研究推动燃料电池汽车产业发展的战略规划或指导意见，明确发展目标、重点任务、保障措施等。二是健全示范政策配套措施，尽快发布出台膜电极、双极板、质子交换膜、催化剂、碳纸、空气压缩机、氢气循环系统等核心部件先进产品评价细则，以及清洁低碳氢评价规范，支撑示范奖补措施落地实施。三是建议各示范城市充分把握国家示范政策的宝贵机遇，建立健全跨城市、跨部门统筹协调机制，成立城市群或省级层面燃料电池汽车协调领导小组，明确各城市、

各部门职责分工，完善配套政策，加强资金支持，确保完成燃料电池汽车示范应用实施方案提出的各项目标任务，加快形成可复制可推广的先进经验。四是加快完善适用于车用燃料电池相关的制造、测试、加氢等氢安全技术标准体系，为燃料电池汽车产业高质量发展提供支撑。

（五）总结和推广示范经验成效，加强示范成效宣传

已经获得批复的 5 个城市群、40 多个城市，基本涵盖了国内的典型场景和各种资源禀赋条件。各个城市群在国家示范政策的指导下，因地制宜推进示范工作，并取得了一定成效，在此基础上，建议加强示范经验交流论坛，重点就技术创新与产业化应用、车辆推广、加氢站建设、商业模式探索和政策制度环境完善等方面进行交流，打造城市群和行业企业的交流平台，将好的经验和做法在城市群间及时推广复制。此外，也要加快建立多元化、多层级的示范效果宣传渠道，增强产业发展信心，营造良好的产业发展环境，在宣传国家示范成效的同时，也能够加强消费者对燃料电池汽车的认识，提高消费者对燃料电池汽车的接受度，为产业发展营造良好的外部环境。

第二十章 基于国家监管平台的新能源汽车安全运行分析

王震坡，刘鹏，张照生，李阳，王鹏飞[*]

摘要： 本章围绕新能源汽车国家监管平台大数据对我国新能源汽车推广应用的现状、行驶及充电特征进行了详细分析，可以看出，中国新能源汽车累计推广规模快速扩大，其中，私人购买的纯电动乘用车占据主导地位，从区域分布看，东南沿海地区需求旺盛。本章在大数据分析的基础上，分析了我国新能源汽车市场及产业发展趋势。

关键词： 新能源汽车；大数据；发展趋势。

一、新能源汽车推广现状

新能源汽车累计推广规模快速扩大，历年接入率稳步攀升。新能源汽车是全球汽车产业转型升级的主要方向，是各国应对气候变化、推动绿色低碳发展的战略选择。在党中央国务院的坚强领导下，我国新能源汽车产业取得显著发展成效，成为引领全球汽车产业电动化转型升级的重要力量。根据新能源汽车国家监测与管理平台（以下简称"国家监管平台"）数据显示，截至2022年12月31日，全国已累计接入新能源汽车1207.3万辆，占全国新能源汽车保有量的92.2%（见图20-1）。2022年新能源汽车接入量快速增长，年度接入量达541.8万辆，相较于2021年度接入量为373.2万辆，几乎实现翻倍增长。新能源汽车接入量数据略低于保有量数据，主要原因有两方面，一是车辆接入时间是在整车销售后接入平台，存在一定的滞后性；二是平台对进口新能源汽车不强制要求接入。因此，本章以国家监管平台新能源汽车接入量作为新能源汽车推广统计样本，基本反映全国新能源汽车市场的推广应用情况。

纯电动乘用车历年新增推广量占主导，插电式混合动力乘用车新增推广量占比快速增长。从2021—2022年不同动力类型的新能源汽车新增推广量占比结构来看（见图20-2），纯电动（BEV）乘用车新增推广量均占据主导地位，近两年占比均超过70%。插电式混合动力汽车（PHEV）主要集中在乘用车领域，随着比亚迪DM-i系列、理想ONE等插电式混合动力车型（含增程式）市场认可度的逐步提高，插电式混合动力乘用车于2022年新增推广量占比高达21.9%，同比增长了231.8%。

---

[*] 王震坡，北京理工大学教授，新能源汽车国家大数据联盟秘书长；刘鹏，北京理工大学副教授，新能源汽车国家大数据联盟副秘书长；张照生，北京理工大学副教授；李阳，高级工程师，新能源汽车国家大数据联盟执行秘书长；王鹏飞，新能源汽车国家大数据联盟研究员。

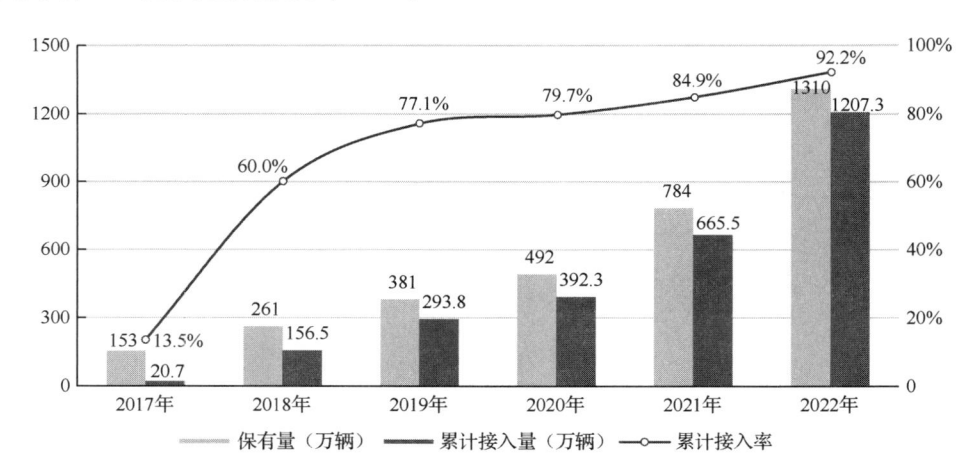

图 20-1 国家监管平台新能源汽车历年累计接入量情况

注：汽车累计接入率=新能源汽车累计接入量/当期新能源汽车保有量。
数据来源：新能源汽车保有量数据来自公安部

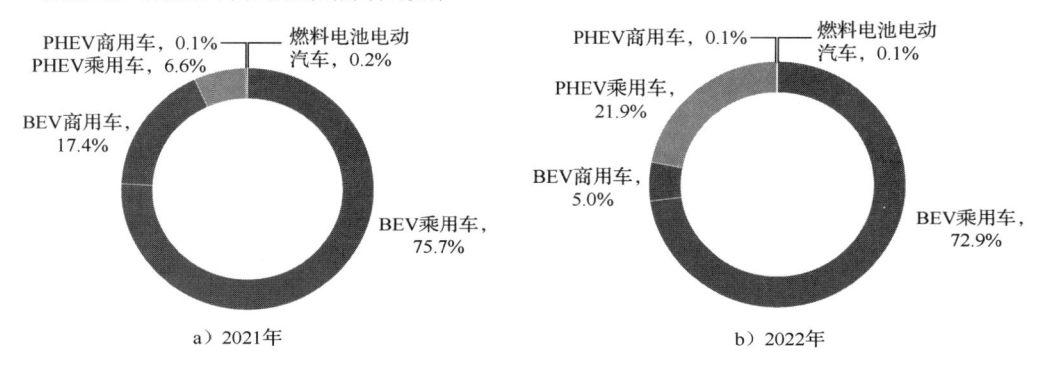

图 20-2 2021—2022 年分类型新能源汽车新增推广量占比结构

私人购买成为新能源汽车市场增长的主要驱动力。对比 2021—2022 年不同应用场景下的新能源汽车增推广占比结构（见图 20-3），私家车新增推广量均占主要比重，2022 年接近 3/4，同比增长 0.9%，新能源私家车逐渐向主流家用车渗透，成为市场增长的主要驱动力。运营乘用车领域，2022 年网约车、出租车年度新增推广量占比相较于 2021 年均有所扩大。

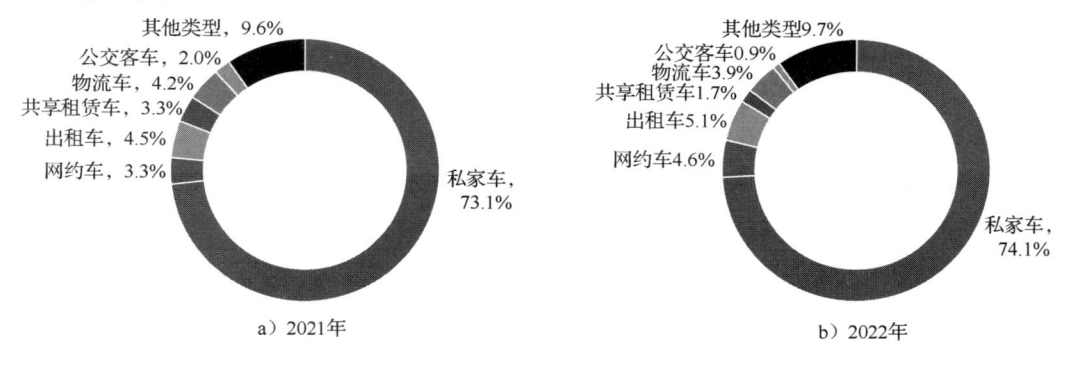

图 20-3 2021—2022 年分用途新能源汽车新增推广量占比结构

第二十章 基于国家监管平台的新能源汽车安全运行分析

东南沿海地区市场需求旺盛，新能源汽车推广规模排名靠前。从各省（自治区、直辖市）新能源汽车三年累计接入量排行来看（见图 20-4），东南沿海地区人口众多，新能源汽车市场需求相对旺盛。2022 年，广东、浙江、江苏、上海、山东排在前五名，广东、浙江累计接入量均超百万辆。

注：此 TOP10 排名以 2022 年各省（自治区、直辖市）新能源汽车累计接入量排名为顺序依据。

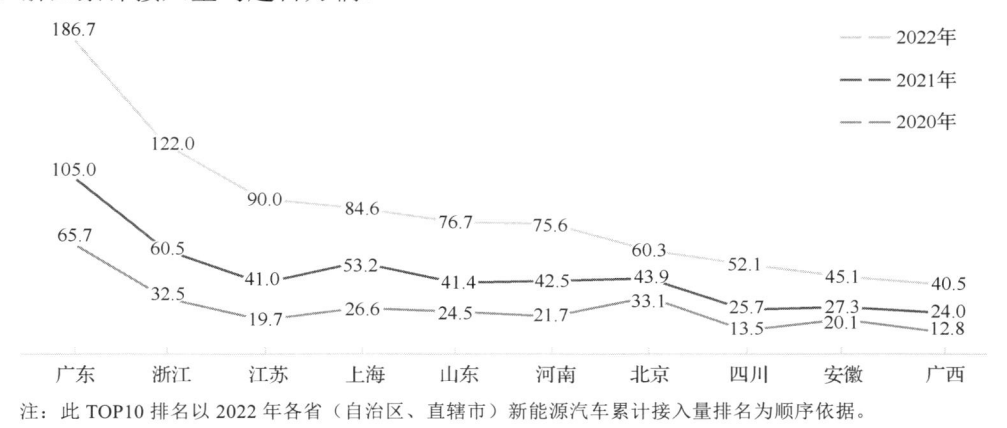

图 20-4 省（自治区、直辖市）新能源汽车三年累计接入量 TOP10 情况（单位：万辆）

全国新能源汽车区域集中度呈现逐年稳步下降趋势。从区域集中度历年变化情况来看，新能源汽车历年累计接入量前 10 名的省（自治区、直辖市）的占比呈现逐年下降趋势（见图 20-5）。专用汽车区域集中度总体保持在 71% 左右的高位，但从 2018 年到 2022 年下降了 8.5 个百分点；新能源客车在全国各地分布相对分散，其累计接入量前 10 名的省（自治区、直辖市）的占比相对较低，自 2018 年以来，累计接入量前 10 名的省（自治区、直辖市）的占比从 63.7% 下降至 2022 年的 59.8%。

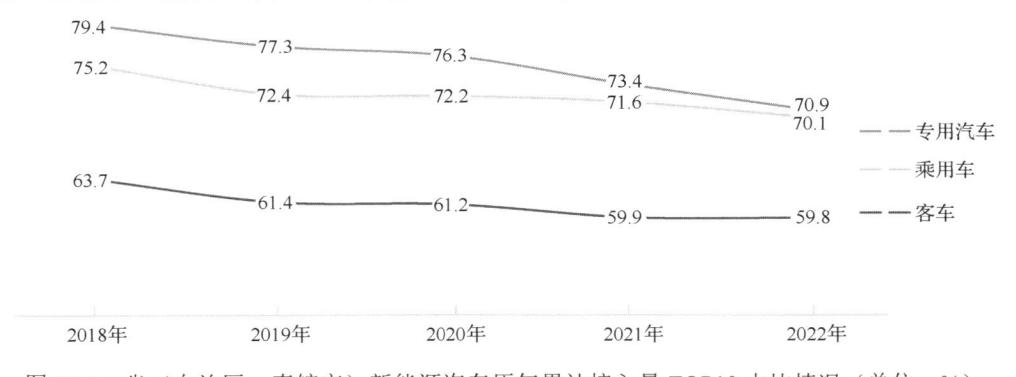

图 20-5 省（自治区、直辖市）新能源汽车历年累计接入量 TOP10 占比情况（单位：%）

二、新能源汽车行驶及充电特征

（一）车辆活跃度

全国新能源汽车历年上线率稳步提升，插电式混合动力汽车上线率高于其他类型车辆。车辆上线率指当期车辆的运行数量占累计车辆接入量的比值，反映当期车辆的使用情况。车辆上线率越高，说明车辆的使用需求越高，车辆活跃度越高；反之，则说明当期车辆存在一定的闲置情况。纵观近年来，我国新能源汽车上线率平均值呈现稳步提升趋势（见图20-6），从2018年的70.2%提升至2022年84.8%，新能源汽车的刚需属性逐步凸显。分车辆类型来看，2022年插电式混合动力汽车上线率为90.4%，明显高于纯电动汽车和燃料电池汽车（FCV）；2022年燃料电池汽车上线率不足五成，据了解，主要受加氢的便利性和经济性所限，氢能配套体系亟待完善。

a）2018—2022年全国车辆上线率平均值

b）2020—2022年分类型车辆上线率

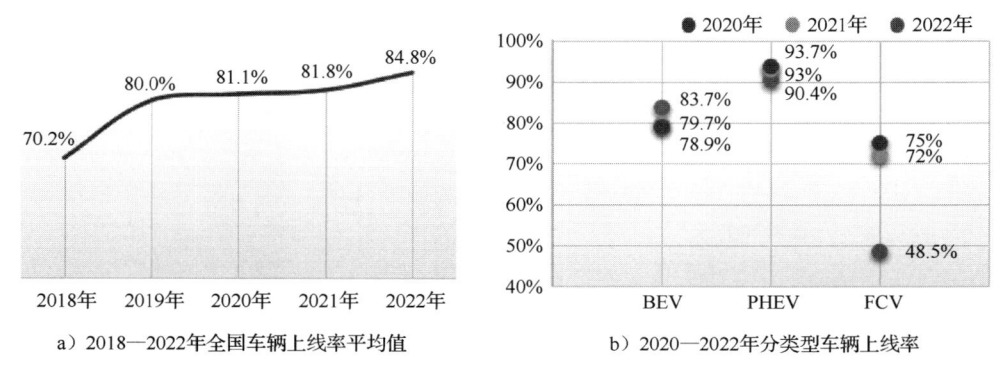

图20-6 国家监管平台新能源汽车近年上线率情况

各地区新能源汽车上线率总体呈上升趋势，东北地区上线率基本稳定。根据2018—2022年全国各地区新能源汽车上线率情况（见图20-7），除东北地区外，其他地区的上线率总体保持稳步上升趋势。其中，华南地区、华东地区、华中地区、西南地区年度增幅较高。东北地区新能源汽车上线率基本保持稳定，主要由于东北地区营运商用车比例较高，车辆出勤率稳定。

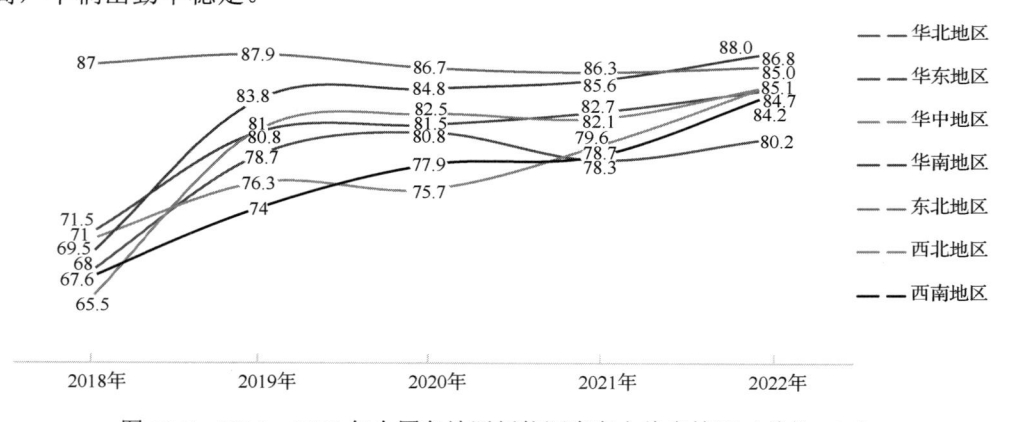

图20-7 2018—2022年全国各地区新能源汽车上线率情况（单位：%）

分场景看，新能源网约车、重型货车上线率快速攀升。近年来，网约车作为共享出行领域出现的新业态，活跃度明显高于共享租赁市场，网约车上线率从2018年的70.4%提升至2022年的96.1%（见图20-8）。重型货车作为道路交通低碳发展的技术路径之一，伴随着充电设施体系不断完善，在车辆接入规模、车辆使用率等方面表现出较高的活跃度，2022年重型货车上线率为83.9%，相较于2018年提高了14.9个百分点。

第二十章 基于国家监管平台的新能源汽车安全运行分析

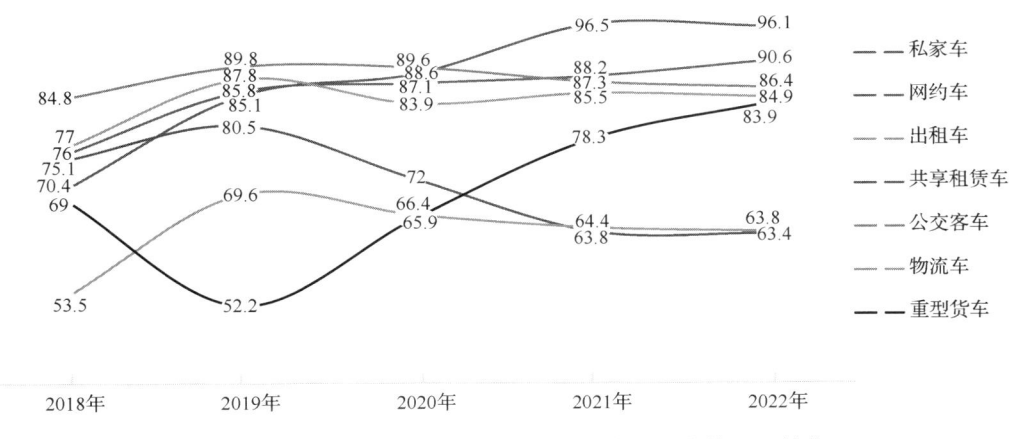

图 20-8 2018—2022 年分场景新能源汽车上线率平均值情况（单位：%）

（二）日均行驶里程

私家车日常用车目的主要为通勤，日均行驶里程明显低于营运车辆。对比新能源汽车不同应用场景（见图 20-9），私家车近年来日均行驶里程平均值低于 50km。新能源营运乘用车领域，网约车和出租车日均行驶里程均接近 200km，逐渐趋于常态化运营，基本满足商业化营运车辆的出行需求。相对于出租车和网约车市场，新能源共享租赁车日均行驶里程仅为 102.9km，但共享租赁车不存在空驶现象，尽管如此，新能源共享租赁车市场认可度仍待提高。

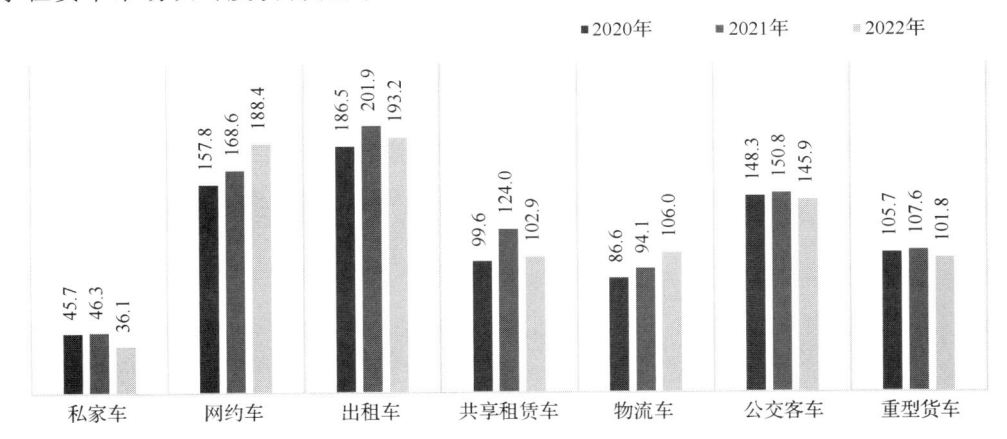

图 20-9 2020—2022 年分场景新能源汽车日均行驶里程平均值情况（单位：km）

新能源商用车领域，公交客车日常运营规律性较强，日均行驶里程基本保持稳定，主要集中在 100～200km；新能源货车领域，近年来物流车日均行驶里程平均值主要在 100km 左右，车辆运营效率和运营强度有待进一步提高；新能源重型货车领域，受制于载重限制、充电设施体系，现阶段重型货车运输主要集中在中短途运输和封闭运输场景。纯电动作为当前重型货车领域清洁化较为成熟的技术路线，未来中长距离运输路线还有赖于充电体系和换电设施建设的完善程度。

（三）日行驶和充电时刻分布

新能源乘用车领域，私家车以通勤为主，车辆行驶和充电特征与营运乘用车差异较大。私家车每日行驶时刻分布呈现明显的早晚高峰特征，在 7:00～8:00、17:00 左右形成明显的出行高峰，通勤效应明显。私家车充电时刻分布呈现通勤目的地充电特征，车辆在工作场所和居住地的充电行为特征显著；相较于私家车，营运乘用车日行驶时刻分布相对分散，夜间行驶车辆占比相对更高，充电在白天中午 12:00 左右和下午 15:00 左右出现快速补电现象，夜间充电车辆相对更多（见图 20-10）。

a）日行驶时刻分布　　　　　　b）日充电时刻分布

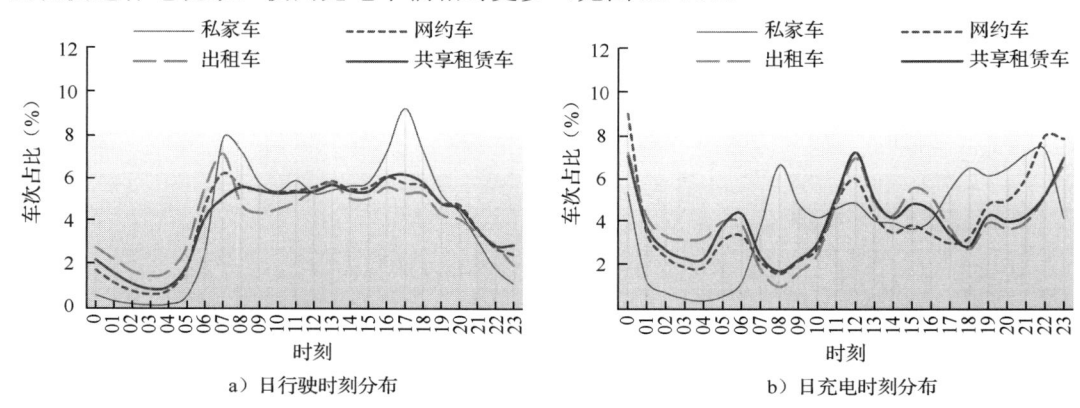

图 20-10　分场景新能源乘用车日行驶时刻和充电时刻分布情况

新能源商用车领域，公交客车出行的早高峰现象明显，重型货车由于作业特征，每日行驶时刻分布相对均匀；从全天充电时刻分布来看，不同于私家车的"行程终点补电"模式，公交客车、物流车、重型货车充电主要选择快充补电，车辆充电时刻在全天早、中、晚各时段分布较为均匀（见图 20-11）。

a）日行驶时刻分布　　　　　　b）日充电时刻分布

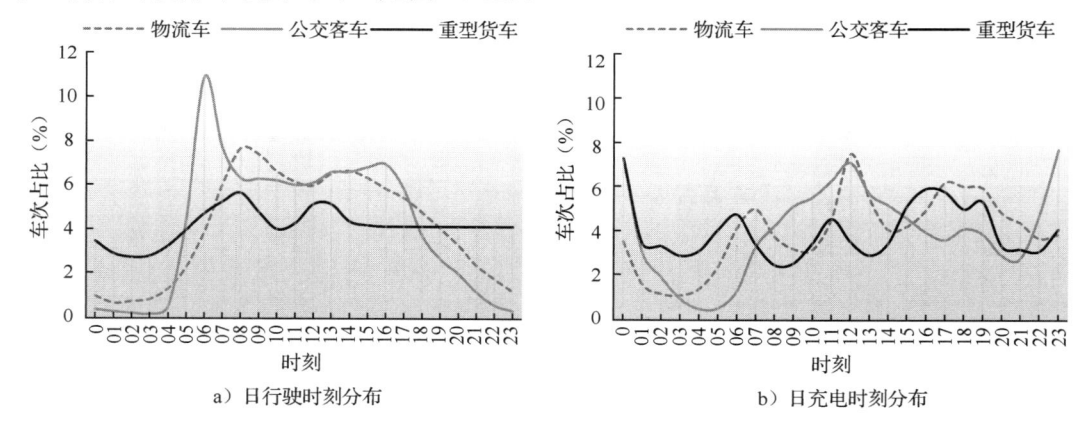

图 20-11　分场景新能源商用车日行驶时刻和充电时刻分布情况

（四）充电方式

充放电倍率 Charge Rate（简称"C 倍率"）大小对应动力电池充放电速度快慢。C 代表电池总容量（Capacity），xC 表示一小时充电时间能够充满 x 倍电池总电量，倍率值

第二十章 基于国家监管平台的新能源汽车安全运行分析

x 越大，充满电时间越短。本章采用充电倍率指标作为衡量快慢充方式的标准。通常车辆充电倍率≥0.33C，则车辆充电方式为快充；若车辆充电倍率<0.33C，车辆充电方式为慢充。充电倍率提升，依赖于相关技术包括电芯材料、电芯内部结构、模组设计方案、电池包设计方案 CTP（Cell to Pack）及电池管理系统等不断突破。

新能源私家车以慢充为主、快充为辅，营运车辆以快充为主、慢充为辅，充电效率等因素使得快充次数占比呈逐年扩大趋势。对比 2020—2022 年分场景新能源汽车快充次数占比变化情况（见图 20-12），私家车以慢充为主，慢充次数占比约 80%，营运乘用车及商用车注重运营效率，多选择以快充方式补充电量，2022 年网约车、出租车、共享租赁车、物流车、重型货车快充次数占比均在 70%以上。纵观 2020—2022 年各应用场景快充次数占比情况，新能源汽车用户更倾向使用快充方式补电。一方面是因为新能源汽车用户对充电时间较为敏感，快充由于充电效率高，成为用户首选。另一方面，伴随着整车企业在高压快充技术领域的不断进步，新能源营运车辆用户的充电习惯发生调整，快充正成为营运车辆一种更为可行的充电方式。此外，现阶段充电设施建设速度仍滞后于新能源汽车市场保有量的快速增长，充电设施网络覆盖度仍有待提高，用户多选择以快充方式补充电量。

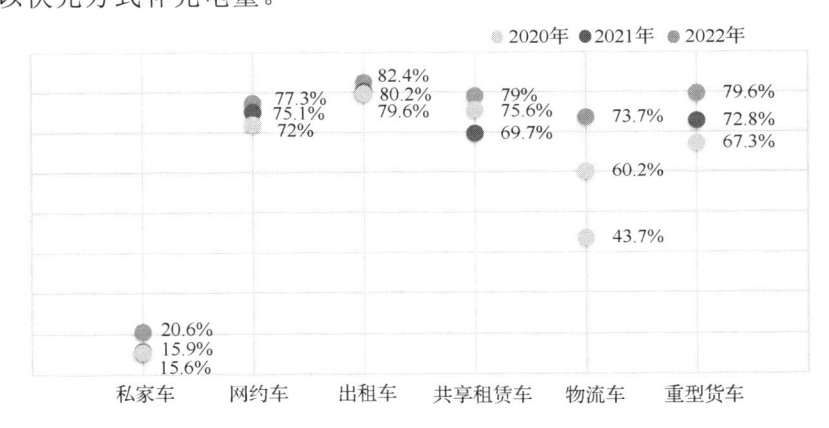

图 20-12 2020—2022 年分场景新能源汽车快充次数占比情况

（五）充电半径

中国新能源汽车充电设施网络体系持续改善，新能源汽车充电半径主要集中在 3km 以内。本章通过统计国家监管平台新能源汽车充电地点与车辆行驶路径起始点距离，作为新能源汽车充电半径衡量方法。根据数据统计结果显示，我国新能源汽车充电半径主要集中在 3km 以内（见图 20-13），车辆占比约 75%。从 31 个省（自治区、直辖市）车辆充电半径平均值分布看，大部分省（自治区、直辖市）的新能源汽车充电半径平均值在 3km 以内，北京、上海、广东、天津等新能源汽车推广规模靠前的省份和城市的充电设施完善程度较高，车辆充电半径相对较小，用户充电相对便捷。2020—2022 年各省（自治区、直辖市）新能源汽车充电半径总体呈现下降趋势（见图 20-14），说明新能源汽车充电设施网络体系总体持续完善。

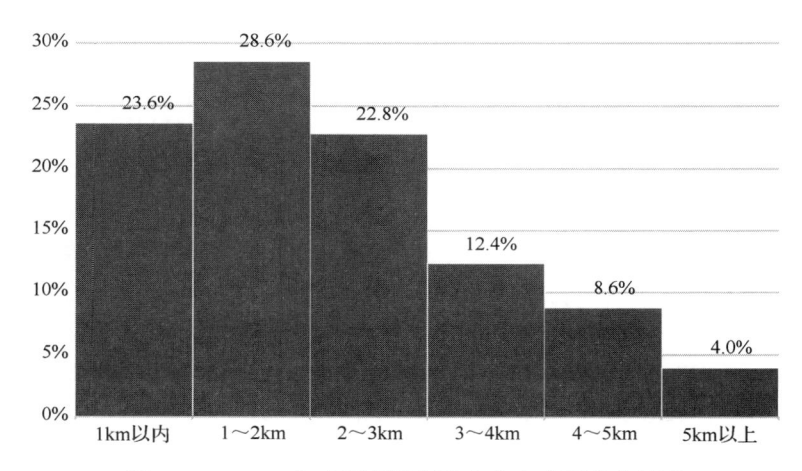

图 20-13　2022 年中国新能源汽车充电半径分布情况

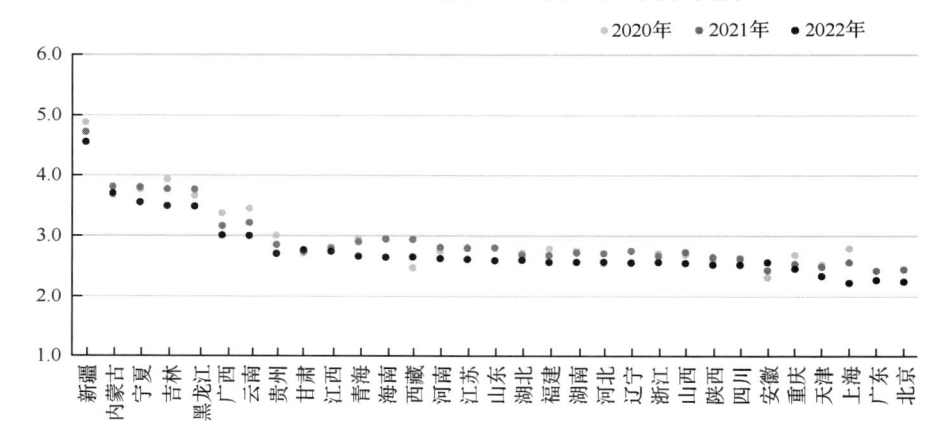

图 20-14　2020—2022 年 31 个省（自治区、直辖市）新能源汽车充电半径平均值情况（单位：km）

（六）充电起始 SOC

充电起始 SOC 直接表征了用户对新能源汽车的充电焦虑，与充电设施体系完善程度及车辆续驶里程有一定关系。充电起始 SOC 平均值能够较好地量化用户在实际工况下使用车辆的"里程焦虑"程度。对比 2018—2022 年不同应用场景新能源汽车充电起始 SOC 平均值（见图 20-15），各类型车辆充电起始 SOC 总体呈现年度下降趋势，说明伴随着车辆整体续驶里程稳步提高及充电设施体系逐渐完善，用户充电焦虑程度有所下降。分车辆类型来看，新能源公交客车、重型货车及物流车的充电起始 SOC 均高于乘用车的充电起始 SOC：公交客车线路固定，公交场站一般配有充电设施，充电起始 SOC 平均值基本稳定在 55%以上；乘用车领域，私家车充电起始 SOC 普遍低于营运乘用车，充电起始 SOC 平均值基本保持在 40%左右，部分原因是近年来私家车续驶里程平均值快速提升，用户里程焦虑明显有所下降。根据 2022 年不同场景的新能源汽车充电起始 SOC 车辆分布情况（见图 20-16），新能源公交客车、物流车和重型货车充电起始 SOC 分布主要集中在高 SOC 段。

长续驶里程新能源车型的充电起始 SOC 相对更低。对比不同续驶里程典型车型，纯电动车型 A 的续驶里程小于 200km，纯电动车型 B 的续驶里程大于 400km。从两款纯电动

第二十章 基于国家监管平台的新能源汽车安全运行分析

车型 2020—2022 年充电起始 SOC 平均值来看，车型 B 充电起始 SOC 呈现逐年下降趋势，并且 2022 年车型 B 充电起始 SOC 有更多车次集中在低 SOC 段充电（见图 20-17）。

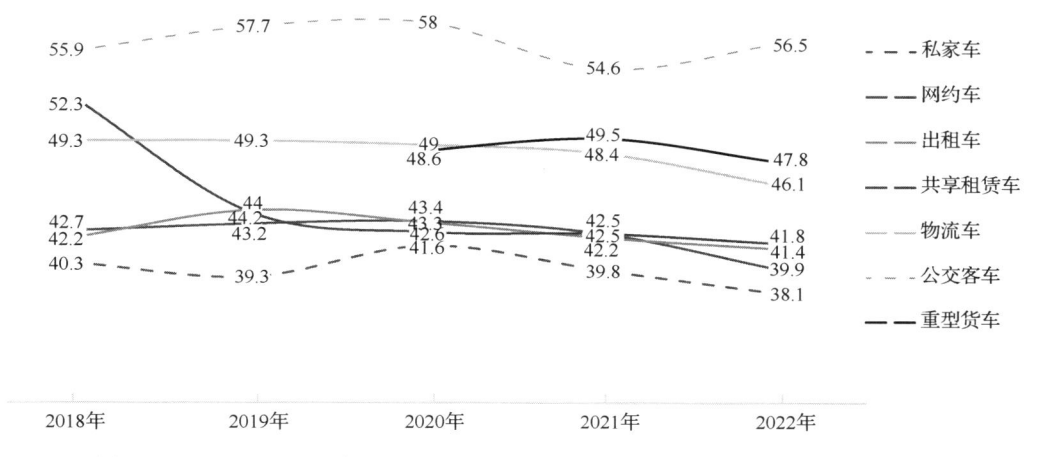

图 20-15 2018—2022 年分场景新能源汽车充电起始 SOC 平均值（单位：%）

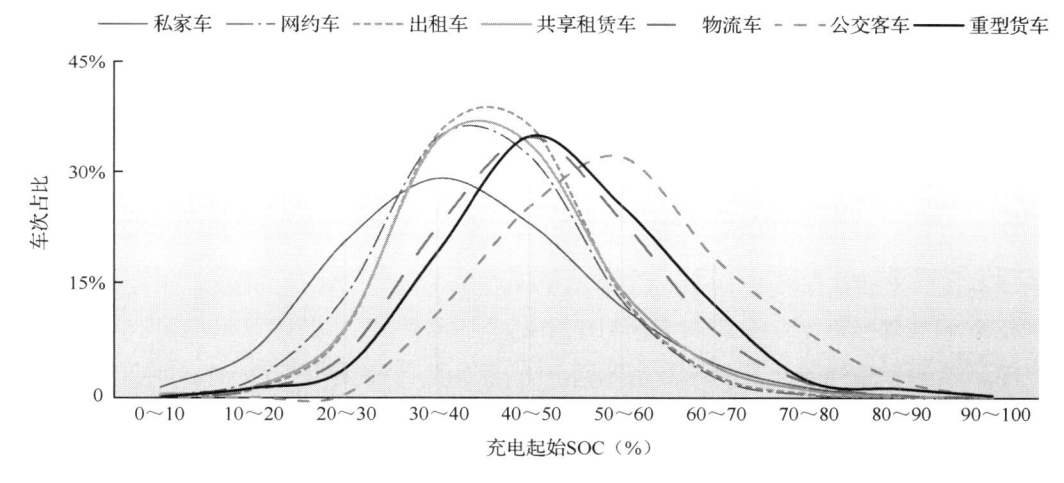

图 20-16 2022 年分场景新能源汽车充电起始 SOC 分布情况

a）充电起始SOC（%）

b）2022年充电起始SOC分布（%）

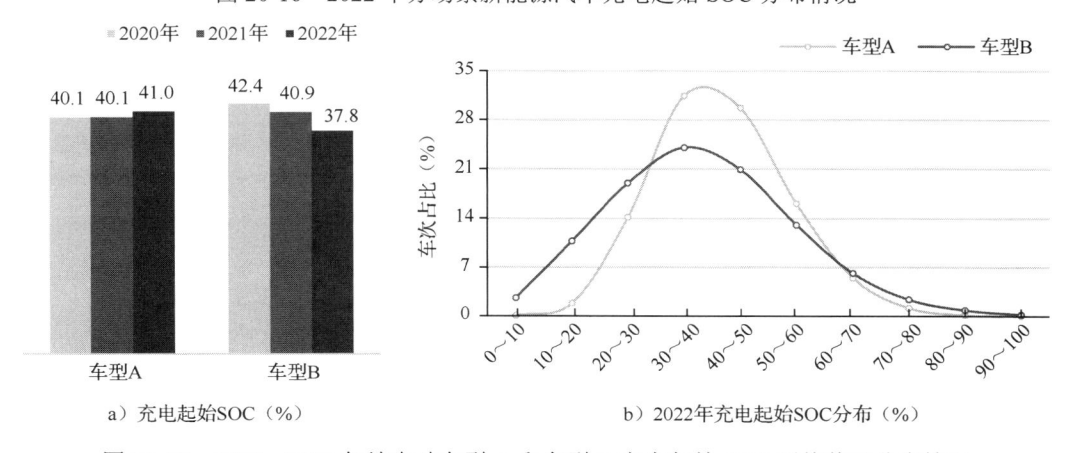

图 20-17 2020—2022 年纯电动车型 A 和车型 B 充电起始 SOC 平均值及分布情况

三、新能源汽车运行趋势总结

通过总结国家监管平台新能源汽车历年接入特征、新能源汽车运行及充电特征，可以看出现阶段我国新能源汽车运行情况，主要特点总结如下。

（一）新能源汽车市场需求旺盛，产业发展迈向市场化驱动新阶段

当前，发展新能源汽车作为推动中国迈向碳达峰碳中和的重要战略路径，产业发展的市场化内驱力逐渐显现。市场推广规模方面，截至 2022 年底，国家监管平台已累计接入超过 1200 万辆新能源汽车，占新能源汽车保有量的比例超过 90%，车辆运行状态也得到了良好监测与管理；车型结构方面，纯电动车型始终占据主导地位，另外值得关注的是插电式混合动力车型接入量占比快速增长，究其原因主要是插混产品在便利性和经济性做到了双向兼顾，并且能够满足消费者多样化使用需求，同时在市场供给层面，我国自主品牌插混产品具备了明显的市场化竞争优势，在产品质量、车型谱系等层面全面突破；应用场景方面，新能源私家车以其科技感、电动化、智能化等优点得到消费者认可，逐步向主流家用车渗透，并对传统燃油汽车形成显著替代效应，成为市场增长的主要驱动力。

（二）新能源汽车活跃度逐渐提升，车辆应用的刚性需求逐步凸显

纵观近五年中国新能源汽车上线率平均值，新能源汽车上线率从 2018 年的 70.2%提升至 2022 年的 84.8%，新能源汽车应用逐渐常规化。从场景应用来看，私家车、出租车及公交客车上线率平均值表现稳定，自 2019 年以来，上线率均在 80%以上。网约车和重型货车上线率呈现快速上升趋势。网约车作为共享出行的新业态，已成为低碳出行领域的新潮流，上线率平均值从 2018 年的 70.4%提升至 2022 年的 96.1%；相较于网约车，共享租赁车上线率较低，主要由于新冠感染，车辆活跃度受到影响。重型货车近五年上线率呈现波动增长趋势，作为道路交通运输领域低碳减排的重头戏，重型货车将是未来一段时间燃油替代的重点领域之一。

（三）出行规律方面，私家车侧重通勤需求，运营车辆效率优先，两者日行驶里程差异较大

新能源私家车与新能源营运车辆在日行驶特征方面差异较大。私家车以通勤需求为主，主要往返于居住地点和工作单位，车辆出行形成早晚高峰效应；营运车辆主要集中在白天运行，而重型货车受交通管控等因素影响，夜间车辆行驶比例较高。不同车辆行驶特征对应的充电时刻分布差异也较大。私家车充电时刻主要集中在"目的地"充电，分别在工作地点和小区充电，而营运车辆的充电时刻分布主要利用运营间歇时间，采用快充方式补充电量，全天充电时刻分布相对分散。

（四）用户快充需求迅速提高，需融合智慧城市与智能交通体系建设，进一步提升充电设施数字化水平

现阶段，中国新能源私家车以慢充为主，新能源营运车辆以快充为主，但不同应用

场景的新能源汽车快充次数占比均呈现扩大趋势。快充次数占比的增长，一方面体现出用户对充电时间、充电效率敏感度较高，更倾向于选择快充方式补充电量，另一方面也说明充电网络建设覆盖度有待完善。此外，高压快充技术进步以及车桩功率匹配程度显著提升，也会带动快充次数的增长。快充方式作为公共领域主流的充电方式，在城市配电网建设和管理的重要性越来越突出。结合当前智能汽车与智慧城市协同发展示范，充电基础设施需要着重提高智能化水平和协同控制能力，进一步加强充电基础设施与车端、网端的技术融合，推进电动汽车与智能电网间的能量和信息双向互动。

第二十一章 智能网联汽车技术发展与应用

朱志保,桂飞,王后正[*]

摘要:随着智能网联汽车技术的不断进步和应用场景的不断拓展,智能网联汽车正快速与互联网、大数据、云计算、人工智能、5G通信等科学技术加速融合,推进智能网联汽车技术发展已成为全球汽车产业发展大趋势。本章基于《智能网联汽车技术路线图2.0》"三横两纵"的技术架构,从车辆关键技术、信息交互关键技术、基础支撑关键技术、车载智能计算基础平台、智能网联基础设施等方面总结了2022年智能网联汽车技术发展概况,分析了当前智能网联汽车技术发展应用情况,研判未来发展趋势,提出了推动智能网联汽车技术发展应用的建议。

关键词:智能网联汽车;关键技术;应用场景;发展趋势。

第一节 2022年智能网联汽车技术发展概况

新一轮科技革命和产业变革方兴未艾,智能网联汽车技术发展迅猛,与互联网、大数据、云计算、人工智能、5G通信等科学技术加速融合,智能网联汽车业已成为全球汽车产业发展的战略方向。全球范围内智能网联汽车技术正处于高速发展阶段,各国都在争相抢占产业与技术发展的制高点,以在未来的智能出行时代保持竞争优势。美国、日本、欧洲等国家和地区在智能网联汽车技术标准、法规和安全等方面进行深入研究,以确保新技术应用的安全、可靠和可持续发展。中国作为全球最大的汽车市场之一,也在智能网联汽车顶层设计、市场应用等方面开展了一系列工作。

在顶层设计方面,2022年8月,交通运输部发布《自动驾驶汽车运输安全服务指南(试行)》(征求意见稿),指出在保障运输安全的前提下,鼓励在封闭式快速公交系统等场景使用自动驾驶汽车从事城市公共汽(电)车客运经营活动,在交通状况简单、条件相对可控的场景使用自动驾驶汽车从事出租汽车客运经营活动,在点对点干线公路运输、具有相对封闭道路等场景使用自动驾驶汽车从事道路普通货物运输经营活动。2022年11月,工业和信息化部发布《关于开展智能网联汽车准入和上路通信试点工作的通知》(征求意见稿),提出了由工业和信息化部、公安部遴选符合条件的道路机动车辆生产企业和具备量产条件的搭载自动驾驶功能的智能网联汽车产品,开展准入试点;对通过准入试点的智能网联汽车产品,在试点城市的限定公共道路区域内开展上路通行试点。总体来看,2022年相关部委推出的一系列智能网联汽车支持政策,为构建跨部门协同的管理机

---

[*] 朱志保,高级工程师,奇瑞控股集团有限公司总监;桂飞,中级经济师,奇瑞控股集团有限公司高级经理;王后正,助理工程师,奇瑞控股集团有限公司认证技术中心总经理助理。

制、协同创新发展、多产业融合打下了坚实的基础，有利于推动中国智能网联汽车技术创新应用与产业高质量发展。

在市场应用方面，随着硬件平台和软件算法不断成熟，中国智能网联汽车已经从小范围测试验证转入技术快速发展、生态加速构建的新阶段。智能网联汽车渗透率不断提升，2022年我国搭载L2功能的新车的渗透率为35%，其中，自动紧急制动（AEB）、自适应续航（ACC）、交通拥堵辅助（TJA）、自动泊车（APA）等技术得到了广泛应用。总体来看，随着智能网联汽车技术的不断发展和应用场景的不断拓展，智能网联汽车技术将继续显著提升，为未来出行方式的革新和汽车产业的转型升级带来更多的机遇和挑战。

第二节　智能网联汽车技术发展与应用情况分析

基于《智能网联汽车技术路线图2.0》"三横两纵"的技术架构，2022年智能网联汽车技术在车辆关键技术、信息交互关键技术、基础支撑关键技术、车载智能计算基础平台和智能网联基础设施五个方面取得突出进展。

一、车辆关键技术

（一）车载激光雷达市场迎来量产交付元年，未来产业前景广阔

激光雷达能够通过精确测量目标的位置、形状和状态进行目标探测、识别和跟踪，是辅助驾驶、自动驾驶功能感知系统的重要组成。据统计，2022年中国乘用车配备激光雷达的车型销量为11.14万辆，同比增长1490.2%，2022年成为激光雷达行业量产交付元年。

市场应用方面，车载激光雷达面向市场广泛，激光雷达整机厂商主要有禾赛科技、图达通、速腾聚创、华为、大疆览沃、北醒光子、探维科技等企业，应用市场主要分布在Robotaxi、自动驾驶货运汽车及物流小车等领域。2022年，蔚来、理想、小鹏等造车新势力已经推出了搭载激光雷达的车型，而奇瑞、比亚迪、极氪、集度、路特斯等制造商也计划在2023年发布类似的新车型，为行业发展注入活力和动力。

量产成本方面，车载激光雷达内部拥有大量的精细器件，因此在生产工艺上需要付出较高的物料成本和设备调试成本。此外，在产品结构上由于机械部件的增大造成激光雷达的体积和重量也较大。曾经被称为"烧钱机器"的激光雷达行业，随着激光器元器件在芯片上的集成度不断提高，以及半导体制程的不断改进，芯片的成本得到了有效降低，物流成本和安装调试成本也进一步降低，使得车载激光雷达量产在2022年得以实现。

产品技术方面，以理想L9为例，这是一款注重设计和性能的车型，充分利用激光雷达的优点，满足了消费者的需求和期望。在2022年中国大型SUV市场上，理想L9量产不到半年，就占据了市场高达50.73%的份额。每辆理想L9都配备了一颗激光雷达，作为自动驾驶系统的"眼睛"，通过测量周围物体的距离和方位，帮助判断车辆与障碍物的相对位置。自动驾驶算法将根据这些传感器感知的数据，对车辆下达各种操作指令，使车辆行驶更加安全和稳定。

（二）车载摄像头市场快速发展，自主品牌装配率进一步扩大

车载摄像头在汽车领域应用广泛，从最初的行车记录、倒车影像、泊车环视到现在的智能座舱内行为识别和 ADAS 辅助驾驶，车载摄像头已成为辅助驾驶和自动驾驶功能的核心传感设备之一，能通过镜头和图像传感器采集图像信息，实现 360°视觉感知，弥补雷达在物体识别方面的缺陷。

近年来，随着智能网联汽车快速发展、智能化技术量产应用，车载摄像头的需求量也不断增加。我国现已拥有五家大型车载摄像头制造商，分别是舜宇光学科技和欧菲光，以及专注车载领域的联创电子、特莱斯光学和弘景光电。数据显示，2022 年我国车载摄像头的出货量达 6131 万颗，其中配备环视摄像头的车型数量为 602.1 万辆，同比增长 30.4%。同时，车载摄像头的装配率也从 2021 年的 22.7%上升至 30.3%。在所有配备环视摄像头的车型中，自主品牌的装配量最高，达 444.2 万辆，装配率为 48.5%，明显高于外资品牌的水平。智能网联汽车 L2 级别至少需要 6 颗摄像头，L3 级别至少需要 7 颗，L4 级别需求量达到 13 颗。

车载摄像头光学与车规性能进一步提升。一方面，目前用于前视摄像头的接触式图像传感器的图像分辨率达到了 8MP，而环视和后视摄像头的分辨率基本在 2MP 左右；新一代产品基本都具有高动态范围和低照度敏感的性能，这使得摄像头在所有光照条件下都能捕捉到高清图像。另一方面，相对于消费电子摄像头，车载摄像头的工作环境更加恶劣，需要更加稳定、可靠、清晰的功能。为了控制车大灯等正面强光干扰引起的"鬼影杂光"，能在极端温度或短时间快速温差变动的状况下保持光学成像稳定性以及有效捕捉和分辨物体细节等方面都要进一步改进。

总的来说，伴随着智能汽车市场快速崛起和自动驾驶技术的逐步成熟，车载摄像头需求量将不断增加，车载摄像头成像清晰度和车规性能也将不断提升。车载摄像头未来将具备更多的功能和应用场景，以满足汽车智能化发展的需要。

（三）汽车电子电气架构智能化不断进化，车企加速该领域布局

随着智能驾驶、智能座舱、车联网等技术的不断发展，传统的分布式电子电气架构已无法满足汽车智能化不断进化的需求，对电子电气架构的要求也越来越高。华为预测，2030 年汽车的电子电气架构将向中央计算平台、区域接入和大带宽车载通信的计算和通信架构方向演进。其中，域控制器作为整车智能化网联化的核心载体，产品形态将由"单域控制"向"跨域融合"过渡，降低硬件、软件、功能之间的耦合度，进一步精细化产业分工，加速构建智能网联汽车产业链生态。

大多数汽车制造商都在规划整车集中式 E/E 架构，以提升车辆智能化水平。例如，广汽计划在 2023 年推出名为"星灵"的中央集中式电子电气架构，红旗计划于 2023 年推出准中央架构 FEEA3.0，长城计划在 2024 年推出中央计算架构 GEEP5.0，长安则计划在 2025 年完成中央域架构的开发。其中，广汽的新电子电气架构由中央计算机、智能驾驶计算机、信息娱乐计算机三个核心计算机群组及四个区域控制器组成；智驾域搭载华为昇腾 610 高性能芯片，算力达到 400TOPS。这些技术的采用将有助于提升车辆的智能化水平，并为汽车行业带来更高效的生产和研发。

奇瑞计划在2024年推出第五代电子电气架构，基于SOA的服务化分层软件，将采用3个计算中心和区域控制器的硬件架构。该架构将整车的18个功能模块集成在整车计算中心和区域控制器中，实现计算与硬件接入的分离。计算中心的软件采用6层架构，实现了双解耦、软硬解耦、应用软件分层解耦，支持软件定义汽车。计算中心和区域控制器采用千兆以太网通信，通信响应时间微秒级，并且区域控制器之间采用环网技术，实现通信冗余和功能备份。此外，奇瑞还在2022年发布了新的混动架构——火星架构2.0，该架构主要用于奇瑞的高端车型。火星架构2.0平台灵活性强，可以适应多个关键尺寸的变化，支持多种奇瑞自主研发的动力总成，包括燃油汽车、插电式混合动力汽车、纯电动汽车等。

2022年，吉利升级了多款车型的电子架构至GEEA2.0，并搭载最新的高通8155车机芯片，实现了智能座舱的OTA升级。几何G6/M6则与华为联合开发了基于HarmonyOS的超电智能座舱，推进了智能化在纯电动市场的发展。福特发布了全新的FNV智能互联全网架构，通过对智能电控区域的整合和串联，实现了更智能、更安全的智能车机系统。该架构为电马、新一代蒙迪欧和全新探险者等车型提供了与电动汽车同级的智能座舱和辅助驾驶功能，并具备整车OTA升级的能力。沃尔沃发布了全新的纯电旗舰SUV沃尔沃EX90，搭载先进的中央电子电气架构，并通过中央计算平台和整车SOA软件架构实现了功能的充分融合和快速迭代，车辆还具备自主学习和整车级OTA在线升级的能力，为用户打造更加个性化、智能和舒适的出行体验。

（四）人机交互技术进一步促进智能化、自然化、沉浸式的用户体验

伴随着人们日益增长的美好生活需求的发展，汽车不再只是简单的交通工具，人们希望在汽车中集成更多的信息、娱乐、办公和生活等功能。而智能网联人机交互技术是指通过人与车辆之间的信息交流，实现更加智能化、自然化的操作和控制方式，从而提高驾驶安全性和驾驶体验。这项技术涵盖了语音识别、手势识别、面部识别、虚拟现实等多种技术，可以让驾驶人通过简单的语音命令、手势或注视来操控车辆，实现更加便捷和人性化的操作方式。

当前，国内外许多汽车厂商先后推出了人机交互系统，主要采用触摸显示屏、物理按键/旋钮和语音控制等多种交互方式。不同厂家基于不同的设计理念，各自设计出独特的控制方式、操作流程和控制区域，同时，一些厂商还提供了远程人工控制和售后支持等深度服务。其中沃尔沃的Sensus系统由智能在线和随车管家两大核心功能组成，可以提供互联、服务、娱乐、导航、控制等多种车载互联功能，并采用了人性化设计的控制系统。日产的CARWINGS是一种车载信息服务系统，支持触摸和旋钮两种操作方式，并集成了语音控制和多种音源，还可以通过电话、网络提供远程服务和人工导航。丰田的G-BOOK智能副驾是一种车载智能通信系统，提供了多种智能通信服务，如紧急救援、防盗追踪、保养通知等。比亚迪的DiLink智能网联系统则是一种基于移动互联、人工智能、语音识别、车联网等技术研发的交互系统，采用了智能自动旋转大屏DiPad，并包含DiPad、Di云、Di生态和Di开放四大能力平台，可以实现连接人—机—车—云。未来的人机交互技术将会实现更加智能化、自然化、沉浸式的用户体验，为人们的生活、工作、学习等各个方面带来更加便捷、愉悦和高效的体验。

（五）线控底盘技术在自动驾驶中进一步得到应用和发展

线控底盘是智能汽车实现 L3 及以上高阶自动驾驶的必要条件。线控底盘由线控换挡、线控油门、线控悬架、线控转向、线控制动五大环节组成。相关数据显示，新上市产品基本采用线控油门技术，渗透率接近 100%。线控换挡技术的发展也较为成熟，主要在中高端车型上进行搭载，渗透率约 25%。线控制动渗透率仅为 3%左右、线控悬架渗透率不足 3%、线控转向几乎尚未实现规模化量产。

线控悬架多以空气悬架为基础，进一步增加传感器配合实现精细化控制，以 2022 年理想 L9 所搭载的"魔毯"空气悬架为例，其中的自动调节及不间断减振器控制算法会根据包含轮端加速度传感器、转向盘转角、制动状态、摄像头等在内的超过 15 个传感器的信号，实时地调整减振器阻尼。

线控转向系统通过实现转向盘和转向系统的物理解耦，兼具高阶自动驾驶、舒适性和轻量化等优势。然而，该技术在落地方面面临着巨大的挑战，包括安全性和算法优化等核心难题。目前市场上只有英菲尼迪 Q50L 实现了量产。据各公司官方网站披露的信息，舍弗勒、万都、捷太格特和耐世特的线控转向产品预计在 2023 年实现量产，博世和大众的产品计划在 2024 年前后量产，而 PSA 的产品计划在 2025 年前后实现量产。相比之下，国内企业切入较晚，多数仍处于研发阶段。长城推出了"智慧线控底盘"计划，其中包括支持 L4 自动驾驶的线控转向技术，并计划在 2023 年实现配套量产。

线控制动是智能驾驶系统中不可或缺的关键组成部分，其具备高度的功能耦合性。外资品牌如博世、大陆和采埃孚天合已经率先实现了 One-box 产品的量产，而国内企业伯特利也成功实现了该类型产品（见表 21-1）的量产，且技术处于领先地位。高工智能汽车研究院监测数据显示，2022 年 1—11 月，中国市场（不含进出口）乘用车前装搭载线控制动系统的车辆数量达到了 426.91 万辆，前装搭载率高达 24.45%。奇瑞瑞虎 8PLUS 和鲲鹏版在 2022 年都增加了"豪情+"版本，并加入了线控制动系统，从而提高了车辆制动效率。此外，在启用智能驾驶辅助系统时，该系统还能有效提升跟车加减速时的乘坐舒适度。格陆博开发出了一款全新一代的集成线控制动系统 GIBC，其采用全液压解耦式电子制动主缸模块和伺服轮缸液压调节模块的一体化设计方案，可以完全替代传统的"真空助力器+ESC+EPBi"制动方案。该产品具备高度动态响应的线控制动功能，能够支持自适应巡航控制、自动紧急制动、自动泊车等高级智能驾驶需求，既助力自动驾驶技术发展，也能够为用户提供更高的安全保障。

表 21-1 线控底盘主要供应商产品技术路线

厂商		产品	技术方案
国外	博世	iBooster+ESP	Two-box
		IPB	
	大陆	MKC1	One-box
	采埃孚天合	IBC	One-box
	日立	E-ACT	Two-box

续表

厂商		产品	技术方案
国内	伯特利	WCBS	One-box
	拿森电子	Nbooster+ESC	Two-box
	英创汇智	E-booster	Two-box
	同驭汽车	EHB	Two-box
	亚太股份	IBS+ESC	Two-box
		IEHB	One-box
	拓普集团	IBS	Two-box
	汇众汽车	ebooster	Two-box

二、信息交互关键技术

（一）C-V2X技术进一步应用，车联网发展前景向好

V2X（Vehicle to Everything，车对外界的信息交换）通信技术在车联网、智能交通系统、自动驾驶等领域应用广泛。通过V2X将"人、车、路、云"等交通参与要素有机地联系在一起，一方面能够获取更为丰富的感知信息，提高驾驶安全性、降低事故发生率，促进智能网联汽车与无人驾驶技术加速实现；另一方面，通过构建智慧交通系统，可提升交通效率、改善交通管理、缓解环境污染等。

C-V2X是中国企业主导的车联网国际标准，依托C-V2X技术，中国车联网产业链条日渐完善。多厂家供货环境已经形成，从C-V2X车联网芯片到通信模组、终端和路侧设备，具备较强的商业化能力。目前，中国信科（原大唐）、华为等企业已经研制出了车规级通信芯片，多个厂家已发布提供基于各自芯片的通信模组；在车载终端和路侧设备层面，中国信科（原大唐）、华为、德赛西威、东软、金溢科技、千方科技、万集科技、星云互联等多家企业积极推广部署产品落地应用。

从芯片技术来看，C-V2X芯片技术门槛高，国产率有待提升。目前可实现C-V2X芯片量产供应的仅高通、Autotalks、华为、宸芯科技等少数几家企业，虽然已经实现国产化突围，但国内企业市场份额还比较低，市场上大多数C-V2X模组仍然使用的是高通、Autotalks的芯片，华为海思的芯片主要供应华为C-V2X模组，宸芯科技的芯片除了自用，也供应给高鸿智联、移柯通信、安富科技、阿尔卑斯阿尔派等企业。目前，国内外企业都在积极进行C-V2X芯片技术的迭代，以适应量产落地的市场需求。在C-V2X模组领域服务的主要是国内企业。此外，各大厂商还在积极布局5G+C-V2X模组，如移远通信的AG55xQ系列、华为二代MH5000、有方科技A590、高新兴的GM860A等。

从产业情况来看，随着智能网联汽车技术持续发展，C-V2X量产前装已经成为车企共识。福特EVOS已在无锡、长沙、广州、西安等城市智能网联汽车开放测试道路上进行了基于C-V2X技术的车路协同商业探索。福特透露，2025年前，50%的新车会配备V2X。奥迪透露，计划向中国市场推出配备5G模块和C-V2X功能的奥迪A7L和奥迪A6L，将在未来把相关硬件及功能推广至更多的量产车型。2022年6月，奥迪在智能网

联汽车产品检测与认证技术国际论坛上获得了国内首张"LTE-V2X 安全预警功能认证"证书，说明车联网预警功能应用的有效性，为主机厂搭载 C-V2X 技术提供动力。数据显示，已有十几家国内车企发布了 C-V2X 量产车型，包括一汽、上汽、上汽通用、上汽奥迪、广汽、长安福特、长城、比亚迪、蔚来、华人运通等多家车企。据佐思汽研统计，2022 年 1—6 月，国内汽车市场搭载 C-V2X 技术的量产乘用车约 4.6 万辆，装配率约 0.5%，预计 2026 年装配率可达 10%，装配量可超过 200 万辆。中汽中心的中国新车评价规程（C-NCAP）计划于 2025 年将 C-V2X 功能纳入安全预警场景。整体来看，C-V2X 技术已经获得汽车产业界的广泛认可。

（二）大数据云控基础平台为智能网联汽车技术发展带来新机遇

随着智能化和网联技术的不断发展，智能网联汽车在运行过程中会产生大量的数据。这些数据主要用于四个方面，一是丰富车载应用，提高驾驶体验；二是用于实现交通智能化，提高交通效率和安全性；三是用于政府监管和城市应用，帮助政府制定更有效的交通政策；四是用于建设虚拟仿真测试评价体系，帮助车企提高产品研发和测试效率。大数据云控基础平台通过收集、处理、分析智能网联汽车相关数据，服务于智能化、网联化技术发展应用。作为智能网联汽车中国方案的重要组成部分，云控基础平台经历了多年的研发与落地实践，目前正处在关键技术突破、规模化推广应用落地的关键阶段。

根据 2022 年发布的《关于开展智能网联汽车准入和上路通行试点工作的通知》（征求意见稿），试点城市主管部门应具备省级或市级智能网联汽车安全监测平台，以便对区域内的智能网联汽车安全事件进行监测和分析。同时，试点汽车生产企业应当建立智能网联汽车产品安全监测服务企业平台，以大数据支持智能网联汽车产品的安全性能评估和准入许可评估等工作。此外，试点使用主体应当具备智能网联汽车运行安全监测平台，对试点车辆的运行安全状态进行实时监测，以大数据协助相关部门进行事件调查、责任认定和原因分析等工作。所有的平台都应具备数据接收、数据上报、数据存储、数据补发等功能，同时保障网络安全和数据安全，具备权限管理功能、防篡改功能和高可用机制等。

北京公交集团于 2022 年 1 月 10 日表示，该年度开始在亦庄进行无人驾驶公交车的实际道路测试，利用大数据技术进行数据积累，并推广应用"行车计划辅助编制系统""智能调度发车系统""智能公交助手"等信息化手段。同时，将原本分散在 700 余处公交场站的调度单元整合为 53 处区域智能调度中心，以实现对 1210 条常规公交线路的智能调度。华为云在 2022 年发布了"1+3+M+N"的全球汽车产业云基础设施布局，旨在加速汽车产业的智能化和网联化。在自动驾驶产生的海量数据方面，华为云与合作伙伴在全国建立了 50 多个专门的数据接入点，使数据能够全天候上传到云端。数据上传后，使用华为云的三级联动存储方案可以降本 50%。同时，大数据为华为云 AI 发展提供训练素材，使得华为云 AI 开发生产线 ModelArts 提升端到端训练效率，分布式多级缓存技术减少 50%的训练时间。总之，随着云计算和大数据技术的不断发展，智能网联汽车行业有望实现更快速、更高效、更智能的转型发展新机遇，为消费者带来更好的驾驶体验。

三、基础支撑关键技术

(一)人工智能技术在自动驾驶应用中有着举足轻重的作用

人工智能在汽车领域的运用是人工智能技术的重要组成部分,包括无人车、无人公交和无人配送等。海内外各大企业争相加大人工智能在汽车领域应用的研发投入。尤其是非传统的汽车厂商,包括各大 IT 和互联网公司及新兴公司,如特斯拉、蔚来等。人工智能技术在自动驾驶应用中有着举足轻重的作用。人工智能技术在无人驾驶方面的应用主要包括以下几个方面:一是智能感知。无人驾驶车辆需要通过传感器获取周围环境的信息,包括道路情况、交通情况、行人情况等。人工智能技术可以通过计算机视觉和深度学习技术对这些信息进行处理和分析,帮助车辆实现智能感知。二是路径规划。驾驶人需要根据周围环境的信息进行路径规划。人工智能技术可以通过机器学习算法和大数据分析技术对交通情况进行预测,为车辆提供最优路径规划方案。三是自主决策。无人驾驶车辆需要根据周围环境的信息进行自主决策。人工智能技术可以通过深度强化学习算法帮助车辆实现自主决策,避免交通事故的发生。

感知方面的人工智能技术的发展最受瞩目且应用最为广泛的是 BEV+Transformer。这里的 BEV 是"鸟瞰图"的意思,以特斯拉为例:特斯拉车型使用 8 个摄像头采集图像,并进行有效的融合,当然,这不同于我们最常见的那种 360°环车影像的图像缝合,系统直接通过所有摄像头采集图像并校正后,统一输入神经网络来提取特征,然后利用基于自注意力机制的 Transformer,将这些特征进行关联,再投影到一个向量空间之中,并且之前的还未去掉雷达的特斯拉车型还会加入一些雷达的数据,最终拿到一张反映周围环境的鸟瞰图。从算法原理来讲,BEV+Transformer 将视觉图片转到 BEV 坐标系下,并使用连续帧编码的方式,获取更丰富的特征信息。因此,这种组合模型的体量比较大,需要更多的数据进行训练,也需要更强的 AI 芯片推理部署,对芯片和数据都提出了更高的要求。BEV+Transformer 的优势是识别准、精度高,方便与激光、毫米波做前融合,但即使有众多优点,也存在明显短板——无法准确感知远处环境和目标,这对于智能驾驶来说,或许并非最终的解决方法。通过一些方法可以弥补远处感知能力弱的问题,如前视单目使用 CNN (卷积神经网络),获取远处的感知,再和 BEV+Transformer 的结果融合;再如前视叠加 4D 雷达(特斯拉方案),同时提供近处冗余和远处障碍物感知能力,来补齐 BEV+Transformer 的短板。

基于规则的传统驾驶决策系统,往往只能采取非常保守的驾驶策略,需要人为设计精妙的规则来应对各种复杂情况。一旦设计的规则有所疏忽,后果将不堪设想。此外,传统的方法假设无人车为驾驶环境中的唯一智能体,其他车辆、行人均是障碍物,忽视了车辆与车辆、车辆与行人的互动性。而强化学习则从人类的驾驶样本(包含了成功样本和失败样本)中学习相应的策略抉择,并能将决策泛化到类似的驾驶情景中。同时,强化学习将无人驾驶拓展成多智能体决策的问题,考虑了车辆之间的交互。在无人驾驶中,深度强化学习等方法饱受争议的主要原因在于模型的难以解释性。策略决策都是由神经网络完成的,即无人车的操控(车速、转向等)完全由一个黑箱模型输出,无法解释其推理过程,一旦系统发生故障也难以进行针对性的改进。而人为构建选项图之后,每个决策细分成对应动作,再由神经网络控制,极大增强了决策的整个推理过程的可解释性。目前,无人驾驶中的强化学习算法主要依赖模拟器进行训练和验证,其结果能否在真实环境中得到复现,还需要感知模块的正确输出。如果需要强化学习真正能够在自动驾驶的场景下应用,还需要很多的改进。第一个改进方向是强化学习的自适应能力。现有的强化学习算法在环境性质发生改变时,需要试错很多次才能学习到正确的行为。而人在环境发生改变的情况下,只需要很少次试错就可以学习到正确的行为。如何只用非常少量的样本学习到正确的行为是强化学习能够实用的重要条件。第二个改进方向是模型的可解释性。目前,强化学习中的策略函数和值函数都是由深度神经网络表示的,可解释性比较差,在实际的使用中出了问题时很难找到原因,也比较难以排查。在自动驾驶这种人命关天的任务中,无法找到问题原因是完全无法接受的。第三个改进方向是推理和想象能力。人在学习的过程中,很多时候需要有一定的推理和想象能力。比如,在驾驶时,不用亲身尝试,也知道危险的行为会带来毁灭性的后果。这是因为人类对这个世界有一个足够好的模型来推理和想象做出相应行为可能会发生的后果。这种能力不仅在存在危险行为的环境中非常重要,在安全的环境中也可以大大加快收敛速度。只有在这些方向做出了实质突破,强化学习才能真正使用到自动驾驶或机器人这种重要的任务场景中。相信在可预见的将来,无人驾驶将会把人类从低效、重复的驾驶中解放出来,让人类用更多的时间、更多的精力去思考与解决其他问题。

(二)高精度地图技术在自动驾驶和智能交通中得到广泛应用

智能网联高精度地图技术是指将地图与车辆的实时定位数据相结合,通过高精度的测绘技术和数据处理算法,实现对车辆周围环境的高精度感知和识别,从而提供更加准确、可靠的导航和驾驶辅助服务。政府部门、汽车制造商和科技企业都在积极进行研发和推广高精度地图技术,政府部门主要致力于提供基础设施建设和公共服务,包括绘制高精度地图和开展智慧交通等相关领域的建设;汽车企业在研发自动驾驶技术的同时,积极引入高精度地图技术,提高车辆的定位和导航精度,提升行驶安全性;而科技企业则在开发高精度地图的同时,致力于提供更为精准的位置服务,为用户提供更好的出行体验。

2022年1月14日,国汽大有时空科技(安庆)有限公司(以下简称大有时空)与芜湖雄狮汽车科技有限公司(以下简称雄狮科技)在奇瑞汽车工程技术研发总院签署了一份战略合作协议,重点合作方向包括高精度地图数据引擎和高精度定位。作为雄狮科技的重要合作伙伴,大有时空将为所有搭载"雄狮智能驾驶系统"的量产车型提供高精度地图数据引擎和高精度定位服务,以协助雄狮科技完成自动驾驶系统的开发、测试验证等全过程。此外,大有时空还将为雄狮科技提供虚拟仿真测试服务,包括相关仿真场景库、仿真软件平台和测试服务,以共同加快自动驾驶车辆的量产下线。

2022年8月2日,自然资源部办公厅印发《关于做好智能网联汽车高精度地图应用试点有关工作的通知》(以下简称《通知》),在北京、上海、广州、深圳、杭州、重庆六个城市开展智能网联汽车高精度地图应用试点。《通知》明确,鼓励管理创新、技术创新和服务业态创新,支持不同类型地图面向自动驾驶应用多元化路径探索,支持不同主体就不同技术路线、不同应用场景开展测试验证和应用推广,支持试点城市根据产业实际需求，开展高级辅助驾驶地图城市普通道路、高精度位置导航应用等先行先试和示范应用。

截至 2022 年底，腾讯已获得第三个试点城市的高精度地图许可，这是其继广州和深圳之后又一次获得此项许可。腾讯现已有覆盖全国 38 万千米的高速路及城市快速路的高精度地图数据，并在重点城市开展高精度地图研发应用工作。其目标是加速覆盖全国上百个城市的普通道路，并推进智能网联汽车和智慧交通等业务的发展。

智能网联高精度地图技术的应用领域广泛，包括自动驾驶、智能交通、车联网等。随着自动驾驶技术的不断发展，智能网联高精度地图技术也将扮演越来越重要的角色。通过不断更新和维护地图数据，智能网联高精度地图技术可以为自动驾驶提供更加精准的定位和路径规划，从而提高车辆的安全性和行驶效率。此外，在智能交通领域，智能网联高精度地图技术可以实现智能信号灯控制、路况预测等功能，从而缓解城市交通拥堵问题，提高交通效率。

（三）智能网联汽车标准化迈上新台阶

2022 年，我国智能网联汽车产业正进入新的发展阶段。为适应这一趋势，国家标准化管理委员会已经批准发布了 31 项智能网联汽车相关国家标准，覆盖基础、功能安全、信息安全、产品和技术等多个领域，这些标准已经发挥了重要作用，推动着我国智能网联汽车的发展。截至 2022 年底，根据中国智能网联汽车产业创新联盟的统计，已经发布了 30 项团体标准，并有 54 项团体标准正在研发中。其中，在车辆关键技术方面，已经发布了 4 项团体标准，19 项团体标准正在研发中，这些标准涵盖了环境感知、智能决策、控制执行、系统设计等关键技术方向。在信息交互关键技术方面，已经发布了 7 项团体标准（其中包括多标准号的 7 项），同时还有 9 项团体标准正在研发中，这些标准涉及专用通信与网络、大数据及信息服务、车路协同与网联融合等方面。在基础支撑关键技术方面，已经发布了 19 项团体标准（其中包括多标准号的 3 项），同时还有 26 项团体标准正在研发中，这些标准包括安全、高精度地图与定位、测试评价与示范推广等方面。

四、车载智能计算基础平台

（一）智能计算平台成为无人驾驶关键

智能计算平台技术是依靠高性能计算技术和高可信软件技术，实时感知外部环境信息，并实时实现对整车最优决策和控制的计算系统，是实现无人驾驶技术的"中央处理器"，是智能网联汽车发展的制高点，还是智能网联汽车的"大脑"。加速开发自主可控的智能计算平台，抢占智能网联汽车战略发展先机，具有重要的战略意义和历史价值。

智能计算平台通常由一个或多个 SoC、MCU、数据交换模块等部分组成，不同的模块之间通过总线连接。SoC 主要负责复杂的逻辑和计算功能，MCU 则负责安全功能、电源管理、温度电压监控等功能。数据交换模块则负责 SoC、MCU 之间以及与外部部分传感器、HMI、T-box 等的连接及时间同步。

随着智能网联汽车关键技术的不断更新，高速 NGP 等 L2 自动驾驶技术的日渐普及，激光雷达等传感器的上车，使得智能计算平台在新发车型中的配置要求越来越高。2022

年量产的蔚来 ET7 及 ET5 搭载 NIOAdam 超算平台，该超算平台包含四颗英伟达 DRIVE Orin 系统级芯片，算力高达 1016TOPS。2022 年 9 月上市发布的小鹏 G9Max 版车型，采用双英伟达超级计算平台，总算力达到 508TOPS，配合第二代智能辅助驾驶系统 XNGP 及新一代视觉感知融合技术，可以实现不依赖高精度地图运行。2022 年 6 月发布的理想 L9 的智能驾驶算力平台包含两颗英伟达 Orin-X 处理器，总算力达到 508TOPS。2022 年发布的理想 L8 pro 智能驾驶算力平台搭载 1 颗地平线征程 5 芯片，算力为 128TOPS，可实现高速 NOA 等功能。2022 年 5 月发布的阿维塔 11 搭载 HI 华为全栈智能汽车解决方案，同时搭载华为 MDC810 智能驾驶计算平台，算力高达 400+TOPS。

（二）芯片技术革新尤为重要

2022 年各大芯片公司及主流 Tire1 均对其计算平台特别是 SoC 芯片进行了技术革新。英伟达在 GTC 上发布了新一代自动驾驶芯片 Thor，算力达到 2000TOPS，CEO 黄仁勋表示，只用一颗 Thor 芯片就能集成智能汽车所需的算力需求，包括高阶自动驾驶、车载操作系统、智能座舱、自主泊车等。高通推出 SnapdragonRide 平台，作为高度可扩展、开放、完全可定制化且针对功耗高度优化的自动驾驶解决方案，可以满足从 L2+高速公路自动驾驶，到机器人出租车的一系列需求，基于不同的 SoC 和加速器的组合，Snapdragon Ride 平台能够根据自动驾驶的每个细分市场的需求进行匹配，根据不同等级的自动驾驶系统提供相应的算力支持。寒武纪行歌宣布，为满足市场需求，将面向 L4 自动驾驶的芯片 SD5226 的人工智能算力进一步提高到超过 400TOPS，CPU 最大算力超过 300KDMIPS，依旧采用 7nm 工艺、独立安全岛设计，率先提供基于单颗 SoC 的 L4 级别的自动驾驶解决方案。黑芝麻华山二号 A1000 芯片通过 AEC-Q100Grade2 级别认证和 ISO 26262 功能安全产品 ASILB 认证，算力达 196TOPS、16nm 工艺制程、25W 典型功耗，以先进 Dynam AINN 与大算力架构支持 L3/L4 高级别自动驾驶功能，实现从停车场泊车、城市内部，到高速公路多场景的完美无缝衔接。

从以上热门车型所搭载的智能驾驶计算平台及自动驾驶芯片公司的动态可以看出，2022 年智能计算平台继续朝着更大的算力、更低的功耗、更先进的工艺方向前进。但与此同时，行业内部不再"唯算力论"，而是更加注重算力的有效利用率和算法效率，特别是对于不断更新的人工智能算法进行的架构的优化和调整。目前，智能驾驶计算平台和智能座舱计算平台是分离的，但是就发展趋势而言，自动驾驶与智能座舱芯片一体化趋势明显，将更大限度地利用自动驾驶芯片的高算力。另外，整个行业市场渗透率仍低且还未固化，需求和技术路线仍在探索中，与国外代表性企业如 Mobileye、特斯拉等相比较，国内企业并未有明显的优势。国内自动驾驶计算平台企业特别是芯片企业有望依托国内强势新能源车企获得突破。

五、智能网联基础设施

（一）各地积极推进智能网联基础设施建设和应用

智能网联基础设施是指支撑智能网联汽车运行和交互的底层设施和平台，车路协同

V2X 通信设施、路侧设施、车载终端、通信网络及相关云平台的搭建都属于智能网联基础设施的范畴。这些设施和平台是实现车辆之间、车辆与道路基础设施之间信息交互的重要组成部分，是智能网联汽车系统顺畅运行的基础。其中，路侧设施主要包括车路协同的基础设施、智能交通信号灯、视频监控设备等，车载终端包括车载通信模块、导航系统等，通信网络则包括车辆与云端之间的通信网络以及车辆与道路基础设施之间的通信网络，相关云平台则为车辆与云端之间的信息交互提供支持。

近年来，我国持续加快智能网联基础设施建设，强化车路协同场景应用，推动智能网联汽车从测试验证向多场景示范应用转变。2022 年 4 月 6 日，大众安徽智慧物流项目在合肥经开区正式启动，该项目的一期建设包括智能交通基础设施和数字化集成平台，组建了一个由 3 辆纯电动汽车和 1 辆燃油汽车组成的网联卡车车队，以模拟大众安徽及供应商之间的货物运输。同时，该项目还引入了一辆 L4 自动驾驶接驳巴士，以确保大众安徽整车制造工厂和研发中心之间员工的通勤安全和便捷。2022 年 5 月，广州市海珠区琶洲公测了广州中心城区首条自动驾驶便民线，在广交会展馆周边部署部分智慧综合杆、路侧设备、传感器等智能网联基础设施，完成车城网平台一阶段部署，上线智能公交、停车信息服务、道路智能监测等部分应用。琶洲试验区还在积极推进智能化基础设施建设，推动如与车城网项目结合的智慧路口，破解停取车问题的 AVP 自主代客泊车系统等更多应用场景落地。蔚来和腾讯于 2022 年 11 月 28 日在深圳签署了战略合作协议，双方将在自动驾驶云、智能驾驶地图、数字生态社区等方面展开广泛合作。双方将共同构建一体化混合云智能网联基础设施，可以存储最高 EB 级规模的自动驾驶数据，并支持 100 万 QPS 的访问效率，从而极大提高自动驾驶研发效率。

到 2022 年底，国内越来越多的车路协同相关项目得以落地实施，这也催生了以车路协同为基础的城市建设运动。多个试点城市取得了"双智"阶段性成果，城市智慧基础设施建设和管理水平等方面的提升初见成效。在车端方面，越来越多的车企开始推出 C-V2X 量产车型，加速了这项技术的产业化进程。一汽、上汽、广汽、长安福特、长城、比亚迪、蔚来等多家车企已经推出了 C-V2X 前装车型。车路协同技术的应用场景也在不断拓展，不仅服务于 L2 量产乘用车，而且能够促进 L4 自动驾驶的普及和规模商业化落地，并被应用于智能交通、定制化服务等领域。

（二）智能网联汽车应用场景得到进一步推广

智能网联汽车应用场景是智能网联汽车基础设施的一部分，涵盖智能交通基础设施、车路协同基础设施、车联网基础设施等，这些设施为智能网联汽车提供基本功能，如数据传输、车路协同、定位导航等。智能网联汽车应用场景则是根据不同的使用场景（港口、矿区、环卫、干线物流、高速公路等），为智能网联汽车提供特定的应用服务。全国已有近 30 个城市发放超过 1000 张道路测试牌照给 80 余家企业。在不同领域中，百度、小马智行代表了乘用车领域，友道智途、主线、西井、斯年则在港口从事商用智能车运营，踏歌、伯镭则从事矿山运营，图森、赢彻等则致力于干线物流。

在港口场景方面，2022 年 9 月，陕西重型汽车有限公司取得了陕西省自动驾驶牵引车的路测牌照，该车辆未来将主要用于港口物流领域。

在干线物流场景方面，友道智途于 2022 年 11 月获得了上海市交通委等颁发的全球首张智能网联载货示范运营牌照，这标志着 L3 以上自动驾驶技术在干线物流场景中开始进入商业化示范运营阶段。DeepWay 获得了北京市高级别自动驾驶示范区的商用车自动驾驶路测牌照，并已经完成了干线物流商用车自动驾驶功能测试，被批准在示范区公共道路上进行测试。

在 Robosweeper 应用场景方面，文远知行宣布推出中国首款前装量产全无人驾驶环卫车，2022 年 5 月开始在广州南沙区全区域开展公开道路测试，该车型是继文远知行无人驾驶小巴（MiniRobobus）后第二款无转向盘、加速踏板、制动踏板的前装量产车型。

在 Robotaxi 应用场景方面，中国 Robotaxi 正处于商业化测试阶段。各自动驾驶公司需要解决技术和安全方面的长期难题，并且需要通过数据收集和算法迭代的能力来不断完善技术解决方案，以实现商业化应用。为此，自动驾驶公司和出行服务运营商正在积极探索多种商业化落地路径，如车队运营、算法降维和场景开拓等。小马智行于 4 月 24 日宣布，成功中标广州市南沙区 2022 年出租车运力指标，这是国内自动驾驶企业首次获得出租车经营许可。小马智行是在北京和广州两地均获得落地商业化 Robotaxi 服务许可的首家公司。2022 年 6 月，甘肃为蘑菇车联 Robotaxi-E70 颁发了自动驾驶道路测试牌照，该自动驾驶汽车具有自主避障、自主换道、信号灯识别、路口通行等功能。2022 年 10 月，小鹏 G9 成功获得广州智能网联汽车道路测试牌照，这标志着该公司已经迈进了商业化运营 Robotaxi 载客服务的大门。

未来，智能网联汽车应用场景的推广将继续扩大，预计将涉及更多的领域和场景。同时，智能网联汽车应用场景也将更加智能化和个性化，为用户提供更加精准的出行服务。随着技术的不断发展和应用场景的不断扩大，智能网联汽车的发展前景非常广阔。

第三节 智能网联汽车技术发展趋势

一、智能网联汽车技术将成为新能源汽车的标配

在 2022 年中国新能源汽车持续爆发式增长的背景下，智能网联汽车关键技术得到了快速发展，成为各大汽车企业的发展重点。据相关数据统计，中国 L2 辅助驾驶乘用车新车市场渗透率从 2021 年的 23.5%提升到了 30%，其中新势力品牌对 L2 及以上级别乘用车的渗透率基本为 70%以上，预计到 2025 年，中国 L2 乘用车渗透率有望达到 50%。智能网联汽车关键技术结合新能源汽车的特点，通过先进的传感器、控制器和人工智能等技术，赋予汽车自动驾驶的能力。在国家政策、核心技术和市场需求的共同推动下，未来智能网联汽车关键技术将成为新能源汽车的标配。

二、4D 毫米波雷达有望为自动驾驶带来全新发展机遇

4D 毫米波雷达是一种高性能感知传感器，具备高精度、大范围、多目标、多环境、安全可靠的特点。它能够以高分辨率和高精度感知目标物体的位置、速度和大小等重要信息；覆盖范围广泛，能够有效探测和跟踪多个目标，包括车辆、行人、建筑等不同类型的物体；能够应对雨、雪、雾、夜晚等各种恶劣的环境条件，保证数据的可靠性和准确性。同时，4D 毫米波雷达的成本仅约激光雷达的 1/10，基于 4D 毫米波雷达多方面的

优势，在自动驾驶领域有着比激光雷达更低成本，以及传统的毫米波雷达不可比拟的性能，Waymo、采埃孚、博世、华为、华域汽车、安智杰、苏州毫米波、复睿智行等国内外众多企业相继发力 4D 毫米波雷达领域。此外，上汽、北汽集团等车企也在加速 4D 毫米波雷达产品的落地，4D 毫米波雷达已经进入了小规模量产导入阶段，未来或将为自动驾驶带来全新的机遇。

三、汽车电子后视镜或将改变后视镜市场竞争格局

汽车电子后视镜是一种基于智能网联汽车关键技术的新型汽车后视镜，它采用高清摄像头取代了传统的车内后视镜和车外后视镜，实现了更广阔、更清晰的视野，并且可以通过图像处理技术提高夜间视觉效果。汽车电子后视镜还可以实现多种功能，如自动调节亮度、自动降低头灯光强度、远近光灯自动切换、行车记录仪、盲区监测、路况提醒等。此外，电子后视镜还具有抗震、防水、耐高温等特性，可以适应各种复杂的道路和气候条件。2022 年 12 月 29 日，汽车电子后视镜 CMS 新国标 GB15084—2022《机动车辆间接视野装置性能和安装要求》正式发布。根据规定，新国标在 2023 年 7 月 1 日正式实施。这也意味着新国标实施后车辆可以装载电子后视镜，而无须再配备传统的光学后视镜。这一规定将推动汽车电子后视镜在市场上的发展，并有望改变传统后视镜市场的竞争格局。

四、众多车企或争相布局城市辅助驾驶领域

城市驾驶场景是最常见且最为复杂的驾驶场景，因此城市辅助驾驶系统成为自动驾驶技术在城市道路环境中的关键突破口。2022 年，华为、小鹏、毫末智行等企业的城市智能驾驶技术开始在个别城市逐步落地。尽管这些技术只在局部区域进行单点推广，但是这标志着智能驾驶从封闭、场景相对简单的高速快速路拓展至十分复杂的开放城市道路，具有非凡的意义。相比高速智能驾驶，城市驾驶场景无论是使用频率还是实际应用价值都更高，但这也意味着其开始朝向点到点的全场景智能驾驶迈进，变成高阶智能驾驶。虽然城市辅助驾驶技术仍需要一段时间才能真正成熟，但意味着可以在城市道路上使用导航辅助驾驶开到家门口，还是值得期待的。虽然高级城市辅助驾驶技术的开发难度和成本较高，但市场前景广阔，因此众多车企纷纷进军该领域争相布局。这也将成为企业间高阶智能驾驶发展的重要分水岭。

第四节 智能网联汽车技术发展建议

一、进一步完善智能网联汽车标准体系

智能网联汽车技术作为推动汽车产业变革的重要力量，正引起全球范围内的激烈竞争。智能网联汽车涉及的技术领域广泛，包括通信技术、车联网技术、人工智能技术、数据安全等多个方面，在政府部门、行业机构、企业等多方协助下，智能网联汽车技术的顶层规划和产业政策逐渐完善，进一步完善智能网联汽车标准体系显得尤为重要。这一标准体系应涵盖技术、安全、数据等多个方面，以确保政府、行业、企业和用户需求

的满足，为智能网联汽车技术的快速发展提供基础和保障。通过标准化，智能网联汽车技术的生态环境将更加健康有序，促进技术创新和产业协同发展，推动智能网联汽车在全球范围内的应用和普及。

二、探索建立智能网联汽车科学的网络安全和数据安全管理机制

随着汽车网联化和智能化的快速发展，汽车网络安全和数据安全越来越受到全球和国内的一致高度重视。研究报告显示，智能网联化的汽车带来的网络攻击风险显著增加，网络安全事件不断涌现。智能网联汽车的网络安全和数据安全问题不仅涉及车辆本身的安全，还关乎个人、社会、国家的安全。虽然我国在汽车基础软件信息安全方面投入了大量的资源，已出台了有关智能网联汽车网络安全和数据安全的法律法规，但在许多细化专业领域仍需要进一步完善。例如，对于车载操作系统、中间件、虚拟机等基础核心技术服务的专业细分安全法律法规，现阶段受限于技术产业发展，部分基础软件核心技术尚在研究阶段。该领域法律法规还未能及时完善。在标准建设方面，现阶段仍缺乏细分领域技术标准，导致商业化量产进程缓慢。因此，建立符合行业主体良性发展的规范标准及相关政策，形成具有科学、完整、统一的网络安全和数据安全管理机制，对于产业健康有序发展非常关键。

三、加强突破关键核心技术

在关键核心技术方面，我国尚缺乏系统重构技术，基础技术存在落后和不足之处。同时，基础器件供应也受到一定的制约。缺乏车规级软件、操作系统、芯片等关键基础设施，这对主机厂的产销量产生了一定的影响。另外，我国在仿真测试软件、卫星定位、高精度地图、线控执行器等领域与国际先进水平相比还存在一定的差距，产业链尚未完全形成，核心技术积累亟待加强。为此，需要在整个汽车产业的布局中加强智能底盘、车用操作系统、下一代感知系统、信息安全、智能座舱芯片、线控执行、人车路云信息聚合平台等关键技术的研发和突破，以确保我国在这些领域具备全球竞争力。我们要坚定不移地推动智能网联汽车技术的创新和发展，实现技术的快速推广和商业化应用。

四、加快推动智能网联汽车商业化发展

要实现城市场景的自动驾驶，车辆需要具备更高的智能化水平，以应对各种复杂的交通规则、道路情况和行人、车辆的交互。城市场景中的测试和验证是提高自动驾驶系统安全性、可靠性和适应性的重要手段，也是实现商业化落地的基础。然而，我国在测试示范应用方面仍有不足之处，如网联融合应用不充分、城市级规模化示范探索不足、缺乏科学评价体系理论指导等。此外，智能化、网联化道路基础设施改造缓慢，城市级大规模测试也尚未组织起来，深度融合方面的探索不足。因此，需要加快智能网联汽车商业化发展，明确国家试点产品准入要求，推动建立试点检验合格产品的商业化升级机制并制定方案，提供扩大商业化应用试点规模和范围的途径。这些措施将帮助完善自动驾驶技术，为实现城市场景自动驾驶奠定坚实基础。

第二十二章 乘用车绿色性能测评方法及测评结果分析

孟庆宇，张诗建，周博雅，李向荣[*]

摘要： 近年来，我国汽车市场快速发展，保有量和产销量连续多年迅速增长。消费者的用车观念也在快速发生变化，从简单关注造型外观、安全可靠，到越来越重视汽车健康、能效、低碳等绿色性能。党的二十大报告明确提出"加快发展方式绿色转型"，应加快节能降碳先进技术研发和推广应用，倡导绿色消费，推动形成绿色低碳的生产方式和生活方式。中共中央、国务院在《扩大内需战略规划纲要（2022—2035 年）》中指出要积极发展绿色低碳消费市场，健全绿色低碳产品生产和推广机制。工业和信息化部也推出了《"十四五"工业绿色发展规划》。绿色发展已经成为政府、行业和消费者重点关注内容，开展汽车测试评价可有效推动汽车技术转型升级，为消费者选购绿色汽车提供参考。本章详细介绍了针对汽车健康、能效和低碳的测试方法和评价方法，并对相关测评数据进行了分析总结。

关键词： 绿色性能；健康；能效；低碳；测评。

第一节 汽车绿色健康性能

一、车内环境问题越来越受到行业和消费者关注

汽车虽然方便了人们的日常生活，但为人们的健康带来很多方面的潜在风险。其中，车内空气和人体电磁防护受到的关注度较高。有研究表明，在汽车启动或车内空调开启时，驾驶人会出现不同程度的头晕、恶心、咳嗽和胸闷等现象，重者会产生轻度黏膜刺激症状，并感到压抑和注意力无法集中。随着行业的快速发展，车辆车载电子设备复杂程度显著增加，例如，座椅加热、车载手机无线充电模块等。目前，广泛装车的手机无线充电模块工作频率范围为100k～250kHz，处于人体电磁防护较为敏感的频段范围，存在车内过量电磁辐射风险。车辆电磁辐射对人体的伤害一直是消费者较为关注的话题，尤其是电动汽车电磁辐射的问题，受到的关注度较高。很多消费者将脱发、长期驾车疲乏与车辆电磁辐射联系在一起。

---

[*] 孟庆宇，工程师，任职于中国汽车技术研究中心有限公司汽车测评管理中心；张诗建，工程师，任职于中国汽车技术研究中心有限公司汽车测评管理中心；周博雅，高级工程师，中国汽车技术研究中心有限公司汽车测评管理中心综合协调部部长；李向荣，高级工程师，中国汽车技术研究中心有限公司汽车测评管理中心副主任。

国外的统计数据表明，因身体不适引发的交通事故率远比疲劳驾驶和酒驾引发的事故率高得多。目前，世界卫生组织（World Health Organization，以下简称为世卫组织）已明确将车内空气污染与高血压、艾滋病等共同列为人类健康的十大威胁。

在车内空气方面，2003年深圳市计量质量检测研究院进行使用少于半年的新车的随机抽检，结果有70%的汽车车内有害气体的浓度超过国家IAQ标准值，最高者超过标准基准值的10倍以上。为了满足消费者对汽车舒适性和感官的要求，生产企业不断优化汽车内饰的设计，在此过程中使用的新技术、新材料和新工艺都会引起车内空气质量的问题。随着公众自我保护意识的不断增强，以及消费者对车内空气质量的要求不断提升，车内环境问题逐渐成为人们关注的热点和重点（见图22-1）。严重的车内空气污染不仅时刻危害着驾乘人员的身体健康，而且会造成巨大的经济损失。因此，如何控制和改善汽车车内空气质量，为人类营造健康、舒适的绿色车内环境，已成为关系国计民生的大事。

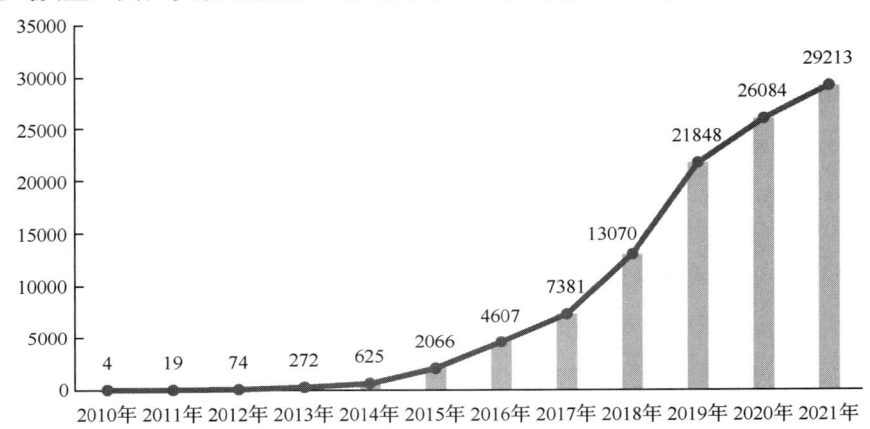

图22-1 2010—2021年车内异味投诉量（单位：宗）

数据来源：《消费指南》

在电磁辐射方面，随着GB/T 37130—2018《车辆电磁场相对于人体曝露的测量方法》的发布实施，以及CCRT规程（中国汽车消费者研究与评价规程）在行业内的广泛认可，越来越多的车企开始关注车辆人体电磁防护项目，在对整车进行要求的同时，也会对车辆的电池包、电机、空调等关键部件进行相应管控，以提升产品的电磁兼容性能。同时，随着整车无线充电技术的发展，尤其是2020年发布的专项国家标准GB/T 38775.4—2020《电动汽车无线充电系统 第4部分：电磁环境限值与测试方法》，使车辆人体电磁防护问题在行业获得了更为广泛的重视。随着500kW以上大功率充电、800V以上高压电控平台技术的发展，用户在获得更好驾乘体验的同时，也产生了对车辆高电压、大电流带来的电磁安全风险的担忧，亟待相关的测试数据了解行业现状，提供优化措施。

二、绿色健康相关指标测评方法

中国汽车技术研究中心有限公司汽车测评管理中心（以下简称中汽测评）在健康方面主要设置了车内空气和人体电磁防护两个指标，其中车内空气包含常温、高温、高温开空调状态下的车内空气质量，以及常温和高温车内气味。

（一）车内空气质量测评方法

中汽测评相关测评管理规则规定了车内空气质量和车内气味的测评方法。该测评方法将现有标准方法的优势相结合，优化了国内外不同车内空气质量测试标准间的兼容性，最终形成包括车内空气质量常温模式、高温模式、高温开空调模式，以及气味等级常温模式、高温模式的综合测评方法，从多个角度测评车辆的车内空气质量及车内气味水平。

1. 常温车内空气质量测评方法

通过对行业内的国内外标准的研究，中汽测评选择了较为适合中国国情的 HJ/T400—2007《车内挥发性有机物和醛酮类物质采样测定方法》来对车辆开展常温模式下的测评。该测评方法是模拟消费者于晚 5 点下班后将车辆停放至次日早晨 9 点，测评经 16 小时密闭后的车内空气质量。试验方法是将车辆放入常温恒湿的环境舱中，关闭车门窗 16 小时后采集并分析"五苯三醛"的含量。

2. 高温车内空气质量测评方法

中汽测评参照 ISO 12219-1:2012 (E) *Part 1: Whole vehicle test chamber — Specification and method for the determination of volatile organic compounds in cabin interiors*（《第一部分：整车试验室 测定车厢内部挥发性有机化合物的规范和方法》）测评车辆在高温模式下的车内空气质量。该测评方法是模拟车辆在正午至下午阳光最强的时段停靠在路边等露天停车场，测评经光照升温后的车内空气质量。试验方法是将车辆放入常温恒湿的环境舱中，关闭车门窗并使用舱内顶部辐照灯照射车辆 3.5 小时后采集并分析"五苯三醛"的含量。

3. 高温开空调车内空气质量测评方法

中汽测评在常温模式和高温模式的基础上，增加了高温开空调模式。该测评方法是模拟车辆在正午至下午阳光最强的时段停靠在路边等露天停车场，驾乘人员进入车内将车辆启动并开启空调后的车内空气质量。试验方法是在高温模式测试后，试验人员进入车内快速启动车辆并打开车辆空调后关闭车门窗，采集并分析"五苯三醛"的含量（见图 22-2）。

图 22-2　高温开空调车内空气质量测评

（二）车内气味测评方法

区别于车内空气质量的客观测试评价，车内气味等级评价是主观评价，由专业的气味评价员进行评价。

1. 常温车内气味等级测评方法

气味等级常温模式的评价在车内空气质量常温模式后开展。由 5 名气味评价员进入测评车辆对车内气味进行评价，给出气味等级。气味等级为 1 至 6 共 6 个等级，1 级最优、6 级最差。气味评价员在上岗前均经过专业机构培训，并持有国家级气味评价员证书。

2. 高温车内气味等级测评方法

气味等级高温模式的评价在车内空气质量高温模式后开展。使用抽气装置将车内空气抽取至气味袋中，再将气味袋置于嗅辨仪中，由 5 名气味评价员对气袋气味进行评价，给出气味等级。

三、人体电磁防护测评方法

依据标准：GB/T 37130—2018《车辆电磁场相对于人体曝露的测量方法》。
测试场地：室内或室外，使用测功机进行测试，按车辆整备质量设置道路负荷。
环境要求：环境电场、磁场暴露低于限值的 10%。

（一）行驶状态测试

行驶状态测量位置如图 22-3 所示，包括驾驶人位置和乘客位置。各座椅位置测试点如图 22-4 所示，为通过座椅中心线的 3 个固定测试点：头枕中央、座椅靠背中央、坐垫中央，脚部空间区域均分为四个子区域，测试点为每个子区域的中心点（见图 22-5）。

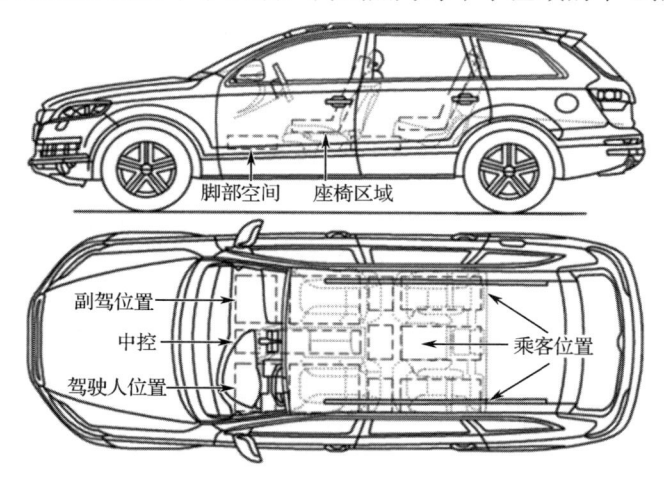

图 22-3 行驶状态测量位置

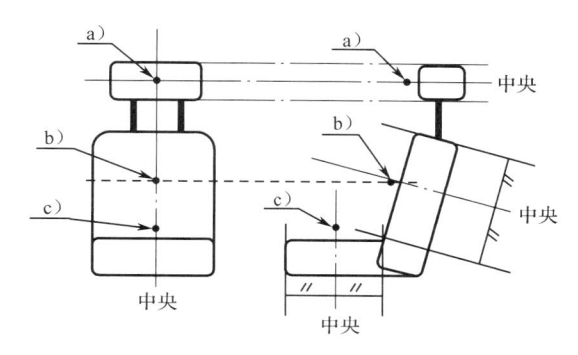

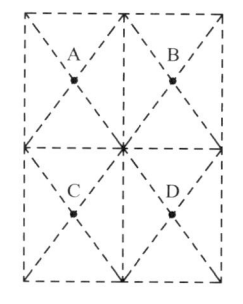

图 22-4 座椅位置测试点　　　　图 22-5 脚部空间区域测试点

在行驶状态测量时，所有能够由驾驶人或乘客手动打开且持续工作时间超过 60s 的车载电器都应处于典型负载状态，应至少包括：车辆前照灯设为远光状态、仪表灯为最大亮度、前刮水电动机以最大速度工作、空调工作、收音机打开且设为中等音量、座椅加热打开、车载手机无线充电处于充电状态（使用主流手机作为典型无线充电负载，在整个测试过程中电量应为 20%～80%）。

所有可以调节的座椅都应在前后可动范围内调至中央位置，上下可动范围内调至最低位置。所有可调节角度的椅背，调至（15±5）°后倾角度。

整个测试过程中，电动汽车和混合动力汽车的荷电状态 SOC 应为 20%～80%；混合动力汽车应在电动机和内燃机共同作用下运行，若不能，车辆需分别在单独由内燃机驱动和单独由电动机驱动的状态下进行测试。

车辆的行驶状态包括匀速状态、加速状态和减速状态。其中，匀速状态时车辆速度为 40km/h，加速状态时车辆以大于等于 $2.5m/s^2$ 的加速度从静止开始加速到 90km/h 或达到最高速度，减速状态时车辆以大于等于 $2.5m/s^2$ 的减速度从 90km/h 或最高速度开始减速直到停车为止。

测试时，首先使用磁场暴露分析仪，分别对车内各个座椅的头枕中央、座椅靠背中央、坐垫中央、脚部空间区域进行测试，记录各位置的裕量最小值（以 dB 表示）；进而对裕量最小位置进行加减速恶劣工况的测试，以该位置的各个工况下的最小裕量值作为行驶状态车辆磁场辐射测量结果。

（二）充电状态测试（针对电动汽车或混合动力汽车）

对于电动汽车和混合动力汽车等可以进行传导充电的车辆，还需对其充电状态进行测试，包括交流充电和直流充电测试。充电状态测试位置包括充电接口区域和行驶状态测试位置（见图 22-6）。充电接口位置如图 22-7 所示。

充电状态测试时，车辆的荷电状态 SOC 应为 20%～80%，所有在充电时允许驾驶人打开的车载电器应处于典型负载状态，推荐状态应至少包括：空调工作、收音机打开且设为中等音量、座椅加热功能打开、车载手机无线充电器处于充电状态（使用主流手机作为典型无线充电负载，在整个测试过程中电量应为 20%～80%）。

若有多种传导充电模式，应分别进行测试。

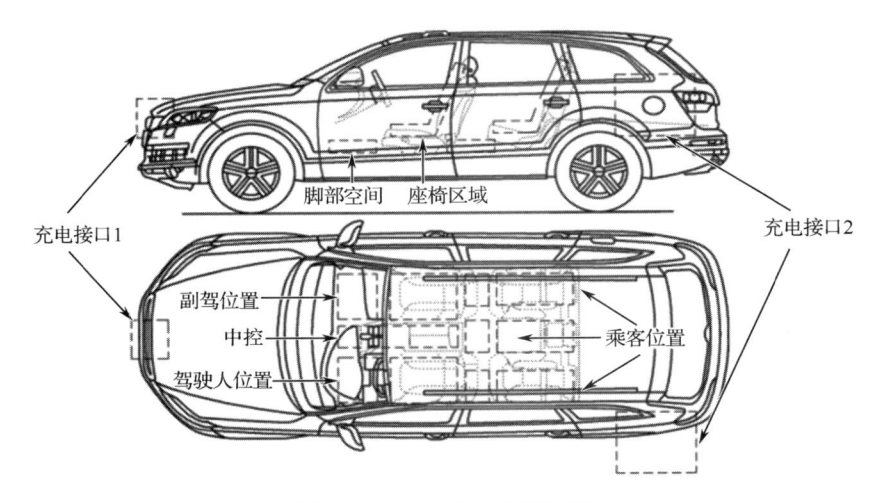

图 22-6　充电状态测试位置

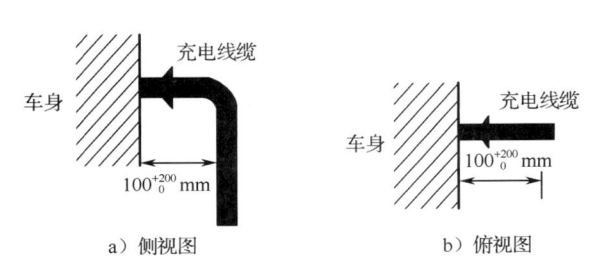

图 22-7　充电接口位置

车辆处于充电状态时，分别对车内各个座椅的头枕中央、座椅靠背中央、坐垫中央、脚部空间区域和充电接口进行测试，以各位置最小裕量值作为充电状态车辆磁场辐射测试结果。

以行驶状态、充电状态测试结果中的最小值作为评分依据。

（三）人体电磁防护评价方法（见表 22-1）

依据标准：GB 8702—2014《电磁环境控制限值》。

表 22-1　人体电磁防护项目评分表

项目名称	裕量（dB）	得分系数
人体电磁防护	≥25	100
	15	60
	3	20
	<3	0

注1：裕量，装置、设备或系统的电磁兼容电平与发射限值之间的差值，以 dB 表示。
注2：裕量之间采用线性差值法进行得分计算。

以车辆在行驶状态、充电状态的最小裕量值进行评分。

四、汽车绿色健康性能分析

(一) 车内空气质量测评结果分析

车内空气质量是中汽测评针对汽车健康性能的重要测试内容,包含车内空气质量测试和气味等级评价。本节基于中汽测评于 2022 年测试的 22 款车型数据进行分析。车内挥发性有机物是影响车内空气质量和气味等级的主要因素,其主要来自车内内饰非金属材料的挥发。车内使用非金属材料的优劣、是否使用先进的生产工艺,以及是否对生产后的内饰在装车前进行后处理是影响内饰物质散发的主要因素。中汽测评在充分调查消费者用车需求及用车习惯后,在车内空气质量常温模式和高温模式测评的基础上,增加了高温空调开启模式的测评规程。新的测试场景模拟了车辆在经过高温暴晒后消费者进入车内并开启空调换气降温的用车场景,更加贴合消费者的实际用车情况。

1. 常温车内空气质量测评结果分析

车内空气在常温模式下,8 项挥发性有机物测评结果情况良好。除丙烯醛结果持平外,2022 年平均结果较 2018—2021 年均有不同程度地下降。一类致癌物甲醛和苯的数值分别下降了 19.08%和 65.10%,其余五种物质的数值分别下降 22.42%至 76.65%(见图 22-8)。

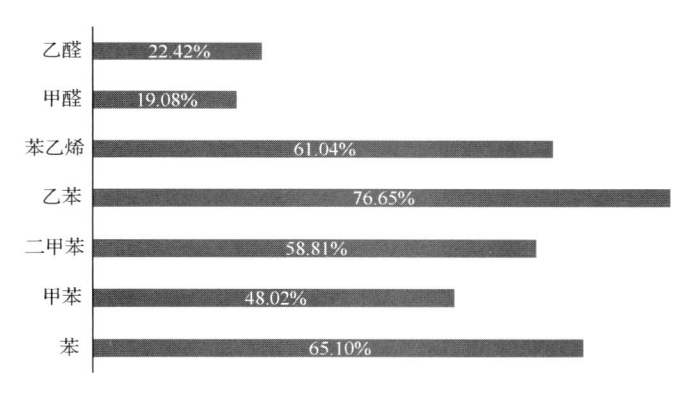

图 22-8　2022 年常温车内空气质量测评结果较 2018—2021 年下降比例

2. 高温车内空气质量测评结果分析

车内空气在高温模式下,8 项挥发性有机物测评结果情况一般,平均数值为常温模式结果的 2 倍。甲醛和乙醛数值为车内空气质量的主要失分项,分别为常温模式的 3.8 和 1.5 倍,较 2018—2021 年测评结果略有好转且甲醛低于基准值,值得关注的是高温模式下乙醛的平均数值为国标建议值的 1.3 倍,较 2018—2021 年测评结果的 1.8 倍有明显好转。丙烯醛数值虽增长 2.7 倍但其浓度较低,在高温模式下依旧表现较好。苯系物中二甲苯和苯乙烯表现较差,数值分别为常温模式的 2.3 倍和 2.7 倍(见图 22-9)。

3. 高温开空调车内空气质量测评结果分析

车内空气在高温开空调模式下,8 项挥发性有机物测评结果情况较高温模式有明显改善，8 项物质均有 44.9%至 131.3%的大幅下降。但除乙醛外，其余 7 项物质相较常温模式仍有 4.2%至 84.1%的增长，乙醛的高温开空调模式测试结果相较常温模式下降了 0.4%。由此说明车辆在经过高温后开启空调对车内挥发性有机物具有切实有效的净化效果，但是净化后的效果也很难达到常温模式下的结果（见图 22-10）。车内空气质量要从根本上改善，必须使用环保材料及工艺，进而降低车辆内有机物在各个工况下的挥发。

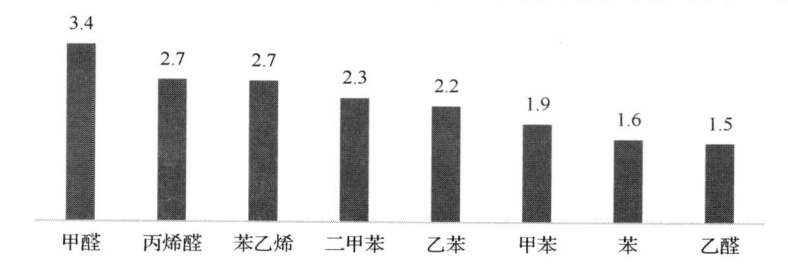

图 22-9 2022 年高温车内空气测评结果较常温模式增长倍数

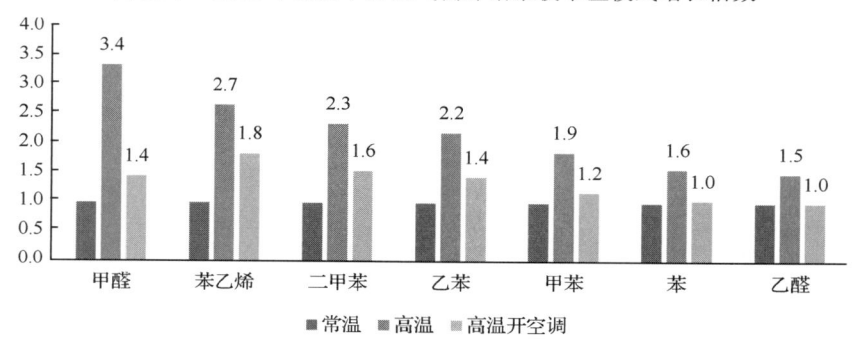

图 22-10 2022 年高温开空调车内空气测评结果较常温模式增长倍数

（二）车内气味测评结果分析

1. 常温车内气味测评结果分析

2022 年，常温模式下，车内气味良好率（3.0 级）为 45.45%，较 2018—2021 年测评车型 28.57%的良好率（3.0 级）有明显提升；54.55%车型的气味等级为 3.5 级；测评结果中并未出现气味等级为 4.0 级的车型（见图 22-11）。整体而言，常温模式下，车内气味得到明显改善，得益于消费者对车内气味的高度关注，促使汽车行业加大研发投入，对车辆用材及生产工艺进行革新，最终使车内气味得到明显改善。

图 22-11 2022 年常温车内气味等级测评结果与 2018—2021 年比较

2. 高温车内气味测评结果分析

高温模式下，车内气味良好率（3.0 级）为 9%，91% 的车型车内气味等级为 3.5 级，测评结果中并未出现气味等级为 4.0 级的车型。高温模式下，车内气味整体表现可接受，但是仍有较大的提升空间。由此建议汽车企业在开发车型时，不仅要关注车内常温模式的气味，更要对消费者在实际用车工况下的车内气味开展研发工作，以保证消费者的实际用车感受与企业开发目标相结合，提升消费者满意度。

第二节　汽车绿色能效性能

一、电动汽车能效问题受行业关注度较高

2015 年起，我国新能源汽车产销规模跃居世界首位，连续六年蝉联世界第一，新能源汽车保有量不断增加。2022 年，纯电动汽车产销量持续增长，随着纯电动汽车的迅速发展，消费者对纯电动汽车的性能要求也越来越高，尤其在能效方面，不同工况下纯电动汽车的综合续航能力已经成为很多消费者衡量一辆纯电动汽车好坏的关键指标之一。"续航能力"尤其是"低温续航能力"是纯电动汽车发展急需突破的一项技术壁垒，其中，低温环境下的续航能力问题尤为突出，同时也是消费者关注的重点。纯电动汽车的低温续航性能是消费者用车过程的重点考虑因素，提升纯电动汽车的低温续航性能对电动汽车市场的发展有着至关重要的影响。

二、绿色能效相关指标测评方法

本节主要针对纯电动汽车的能效性能展开讨论。汽车产品测试工况是汽车行业一项重要的共性基础技术，是电动汽车续驶里程/能耗测试方法的基础。测试工况与用户实际工况的差异是造成用户实际续驶里程/能耗和认证续驶里程/能耗差异的主要原因之一。我国电动汽车型式认证一直在使用欧洲的 NEDC 工况。但该工况在其开发过程中没有考虑新能源汽车以及中国车辆的实际行驶数据，偏离我国车辆的实际运行情况。经过对中国交通特色的广泛研究，国标 GB/T 38146.1—2019 发布了中国轻型车工况 CLTC-P（工况曲线见图 22-12），并率先在 CCRT（中国汽车消费者研究及测试中心）续驶里程/能耗评测和电动汽车续驶里程认证测试中应用。

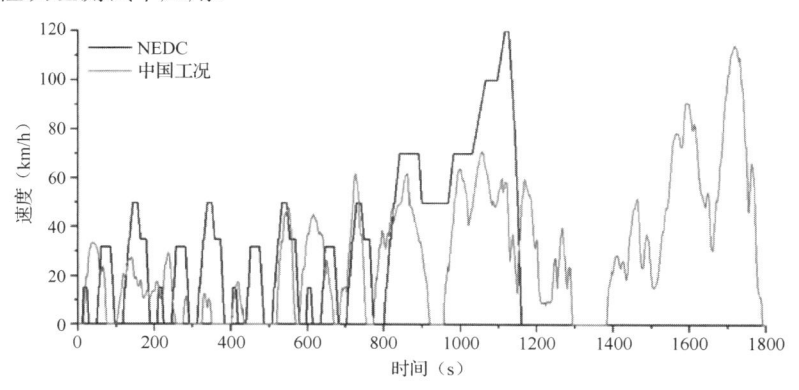

图 22-12　CLTC-P 与 NEDC 工况曲线比较

中汽测评针对电动汽车绿色能效主要设置了中国工况电耗、常温续航和低温续航等指标，测评使用了符合中国实际驾驶特征的测试工况（CLTC-P 工况），此外，还考虑到了环境条件、驾驶习惯等因素的影响。

（一）续航电耗测试工况

中国工况创新性地提出利用 GIS（Geographic Information System，GIS）数据计算工况各速度区间权重，克服传统工况构建方法宏观权重受主观选择影响的不足；开发了中国乘用车工况 CLTC 等典型工况，与其他典型工况相比，中国工况具有低平均速度、高怠速比例和频繁加减速的特点。中汽测评使用了符合中国实际驾驶特征的测试工况（CLTC-P 工况），更加贴近实际行驶工况。该循环已被国家最新标准《中国汽车行驶工况第 1 部分：轻型汽车》（GB/T 38146.1—2019）采用，可靠性、科学性均得到了相关部门的检验与认可。

（二）续航电耗测试环境条件

目前，续驶里程的测试值多对应的是常温条件下的试验结果，在实际使用中，不同区域、不同季节的环境温度和车辆状态显著不同，由此造成续驶里程测试结果与实际值产生差异。其中，冬季续驶里程衰减一直是电动汽车用户的痛点，CCRT 电动汽车低温续驶里程测评是评价电动汽车在低温环境开启空调状态下续驶里程、续驶里程下降率及表显里程估计准确度的。

低温续驶里程测试前，车辆在（-7±3）℃低温环境中浸置 12～15 小时，最大限度地模拟夜间室外停车实际场景，待浸置完成后立即开展低温续驶里程测试，试验循环开始时，空调状态需要设置为外循环及吹脚模式，使车内测试点平均温度尽快达到 20℃以上，之后到测试结束期间应尽量保持在不高于 22℃且不低于 20℃的范围。

（三）续航电耗测试驾驶习惯

认证试验时都是由经过专业训练的司机驾驶车辆跟随工况曲线，他们的驾驶水平较高，与普通用户水平存在较大差异，这也是工况测试续驶里程/能耗与用户使用续驶里程/能耗具有差异的原因之一。

（四）续航电耗评价方法

中汽测评以百分制的形式对纯电动汽车测评结果进行展示，主要对中国工况常温电耗、低温续驶里程和低温剩余里程估计准确度等指标进行评价。

中国工况常温电耗以试验数据进行计算，并以电耗作为评分依据。纯电动乘用车产品，根据 Y=0.006M+8 的组合公式计算，得分保留至小数点后一位，评分方法如表 22-2 所示。

表 22-2　中国工况常温电耗评分表

指标名称	测量值（kWh/100km）	得分
电耗	≥1.2Y	0
	=Y	60

续表

指 标 名 称	测量值（kWh/100km）	得　　分
电耗	≤0.7Y	100

注：（1）车辆电耗≤1.2Y，≥Y，得分为 0~60 分，在区间内线性插值；
（2）车辆电耗<Y，且≥0.7Y，得分为 60~100 分，在区间内线性插值；
（3）M 为被测车辆整备质量，单位为 kg。

低温续驶里程以相对常温续驶里程下降率为评分依据，得分保留至小数点后一位，评分方法如表 22-3 所示。

表 22-3　低温续驶里程下降率评分表

指 标 名 称	测量后计算值	得　　分
低温续驶里程下降率	≥60%	0
	=40%	80
	≤30%	100

注：（1）下降率≤60%且≥40%，得分为 0~80 分，在区间内线性插值；
（2）下降率≤40%且≥30%，得分为 80~100 分，在区间内线性插值；
（3）空调性能减分有两项：
（a）车内温度首次达到目标温度的时间高于 15 分钟，每增加 1 分钟扣 2 分，最多扣 10 分；
（b）15 分钟后，直至测试结束，达不到温度区间的时间超过 1.5 小时，扣 10 分。

低温续驶里程以估计准确度为评分依据，得分保留至小数点后一位，评分方法如表 22-4 所示。

表 22-4　低温续驶里程估计准确度评分表

指 标 名 称	确 定 系 数	得　　分
低温续驶里程估计准确度	<0.40	0
	=0.99	60

注：续驶里程估计准确度≥0.40 且≤0.99，得分为 0~100 分，区间内线性插值。

三、汽车绿色能效性能分析

2021—2022 年，中汽测评完成了 19 款热销新能源车型的测试评价，包含 9 款轿车和 10 款 SUV。本节展示了各车型续航测评结果，同时基于车辆类型、价格区间、品牌类别等分类对测试结果进行了分析，并得出相应结论供消费者参考。

（一）评测车辆分布

在已评价的 9 款轿车中，将价格区间划分为小于 15 万元、15 万~25 万元、大于 25 万元。小于 15 万元价格区间的有 2 款车型，占比为 22%；15 万~25 万元价格区间的有 1 款车型，占比为 11%；大于 25 万元价格区间的有 6 款车型，占比为 67%。将车系品牌划分为国产、合资两类，国产品牌共 7 款车型，占比为 78%（见图 22-13）。

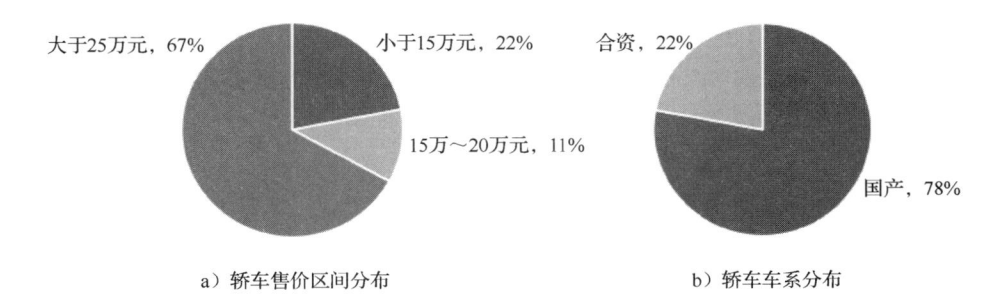

a) 轿车售价区间分布　　　　b) 轿车车系分布

图 22-13　测评车型轿车分布情况

在已评价的 10 款 SUV 中，以价格区间划分为小于 15 万元、15 万~25 万元、大于 25 万元三个区间，小于 15 万元价格区间的有 1 款车型，占比为 10%；15 万~25 万元价格区间的有 5 款车型，占比为 50%；大于 25 万元价格区间的有 4 款车型，占比为 40%。将车系品牌划分为国产、合资两类，国产品牌共 9 款车型，占比为 90%（见图 22-14）。

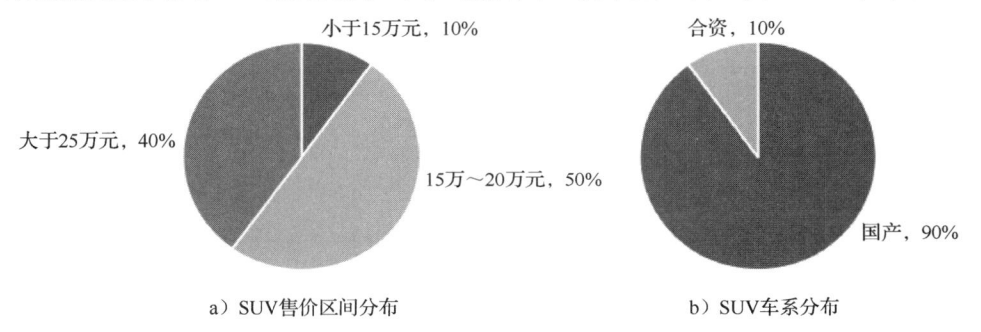

a) SUV 售价区间分布　　　　b) SUV 车系分布

图 22-14　测评车型 SUV 分布情况

（二）常温续驶里程/电耗测评结果分析

从平均结果看，纯电动轿车和 SUV 的 CCRT 中国工况常温续驶里程平均值分别为 552km 和 522km，中国工况常温电耗平均值为 12.7kWh/100km 和 16.0kWh/100km，如图 22-15 所示。SUV 平均电耗比轿车高 26.0%。

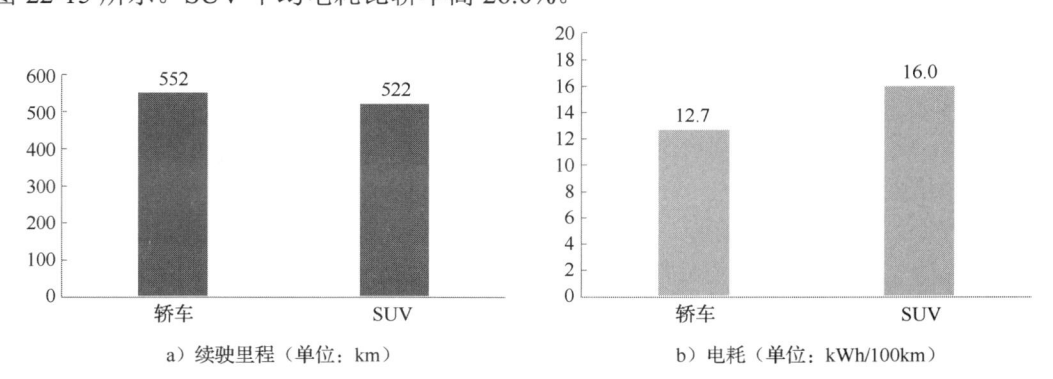

a) 续驶里程（单位：km）　　　　b) 电耗（单位：kWh/100km）

图 22-15　纯电动轿车和 SUV 常温续驶里程、电耗对比

轿车之中，中国工况常温续驶里程及电耗测评结果（如图 22-16、22-17 所示）均与

企业申报值差异很小。常温续驶里程平均测评值比企业申报值高 4.9%。常温电耗平均测评值比企业申报值低 6.6%。

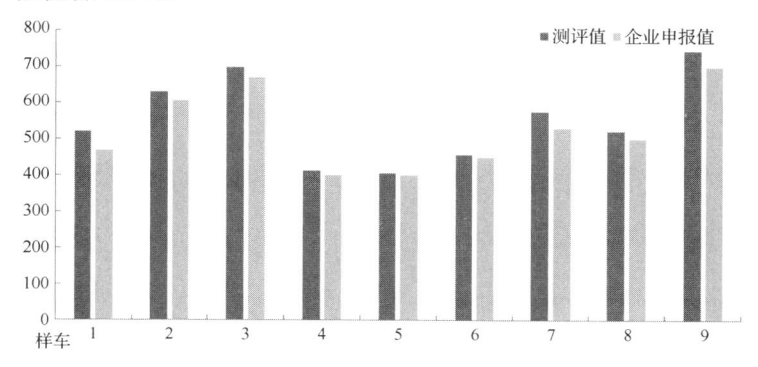

图 22-16　纯电动轿车常温续驶里程测评结果（单位：km）

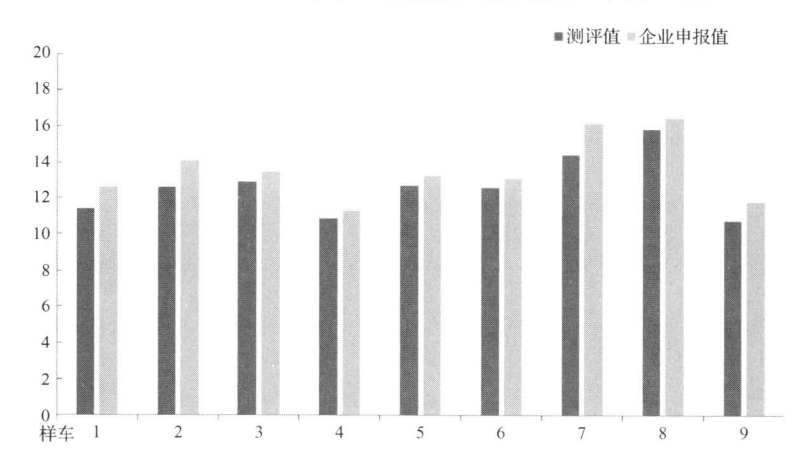

图 22-17　纯电动轿车常温电耗测评结果（单位：kWh/100km）

SUV 之中，大部分车型的中国工况常温续驶里程及电耗测评结果（如图 22-18、图 22-19 所示）与企业申报值基本一致，个别车型续驶里程结果低于企业申报值或电耗结果高于企业申报值。

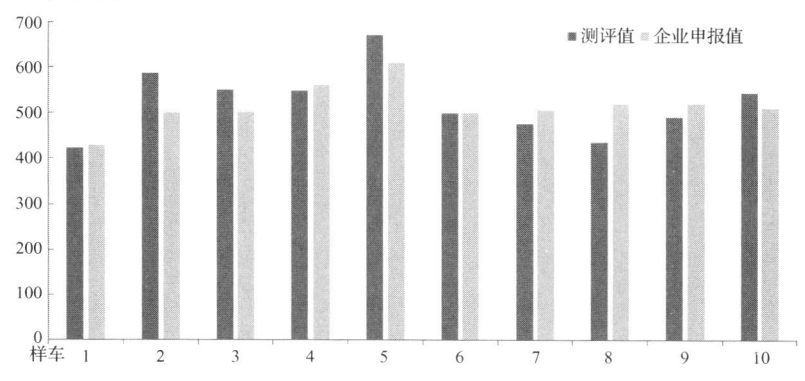

图 22-18　纯电动 SUV 常温续驶里程测评结果（单位：km）

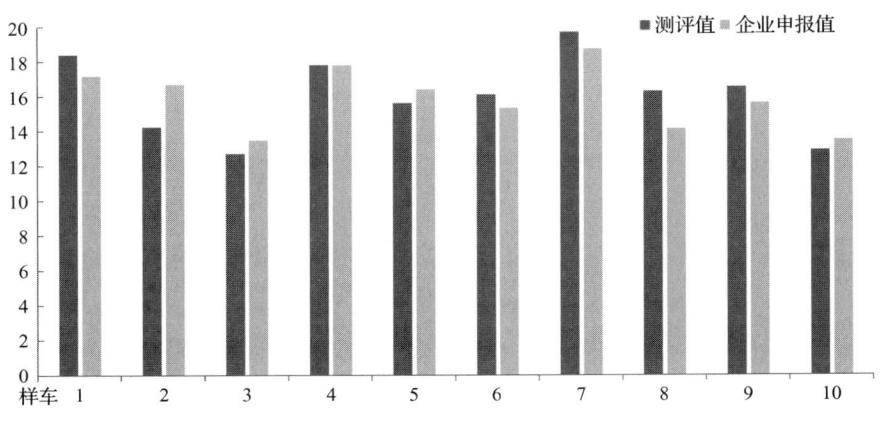

图 22-19　纯电动 SUV 常温电耗测评结果（单位：kWh/100km）

（三）低温续航测评结果分析

2021 年测评车型低温续驶里程测评结果如图 22-20 所示，低温续驶里程下降率平均值为 41.1%，最低续驶里程下降率达到 30.9%。2022 年测评车型低温续驶里程测评结果如图 22-21 所示，低温续驶里程下降率平均值为 41.6%，与 2021 年基本持平，但最低温续驶里程下降达到 26.2%，相比 2021 年下降了 4.7 个百分点。

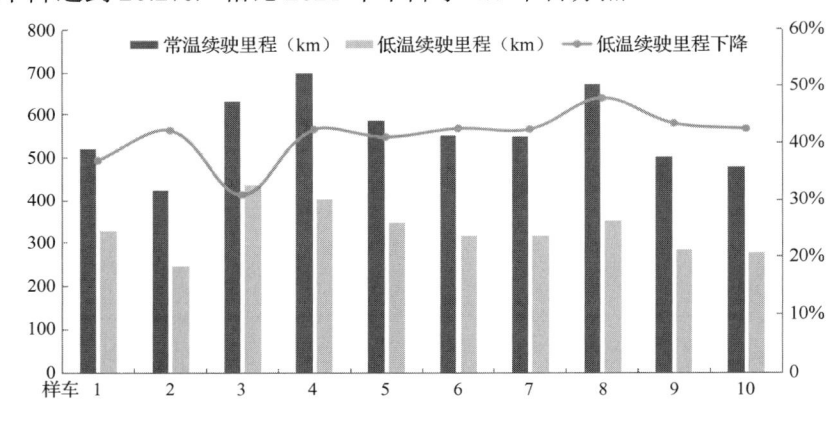

图 22-20　2021 年测评车型低温续驶里程测评结果

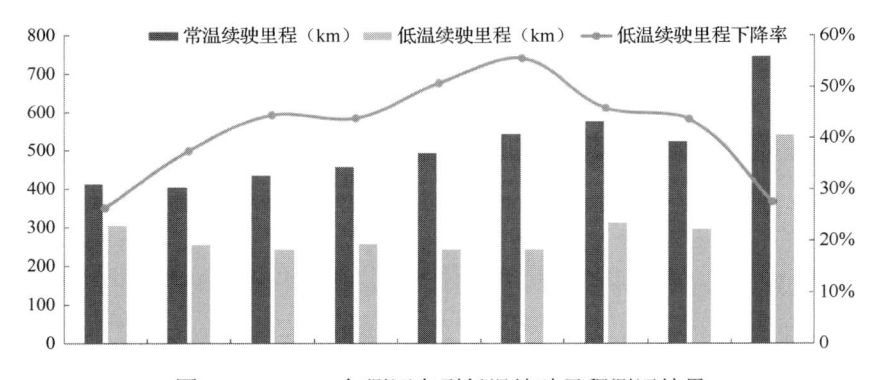

图 22-21　2022 年测评车型低温续驶里程测评结果

（四）低温剩余里程估计准确度测评结果分析

电动汽车表显里程与实际里程不符，是广大纯电动汽车车主里程焦虑的主要原因之一。尤其到了冬天，受低温影响，表显里程估计准确度可能与实际里程差值更大。如何选择一款表显续驶里程与实际里程更接近的车型是消费者普遍关心的问题。

低温续驶里程估计准确度越高，说明车型的表显里程与实际里程差值越小，表显里程估计值更可信，寒冷天气出行可以参考。根据中汽测评测评结果（见图22-22），测评车型之间的低温续驶里程估计准确度差异较大，表现优秀的车型低温续驶里程估计准确度能达到99%，也存在测试结果很差的车型，其低温续驶里程估计准确度不到30%，总的来说，测评车型低温续驶里程估计准确度平均值为74%，超过半数车型的低温续驶里程估计准确度超过90%。

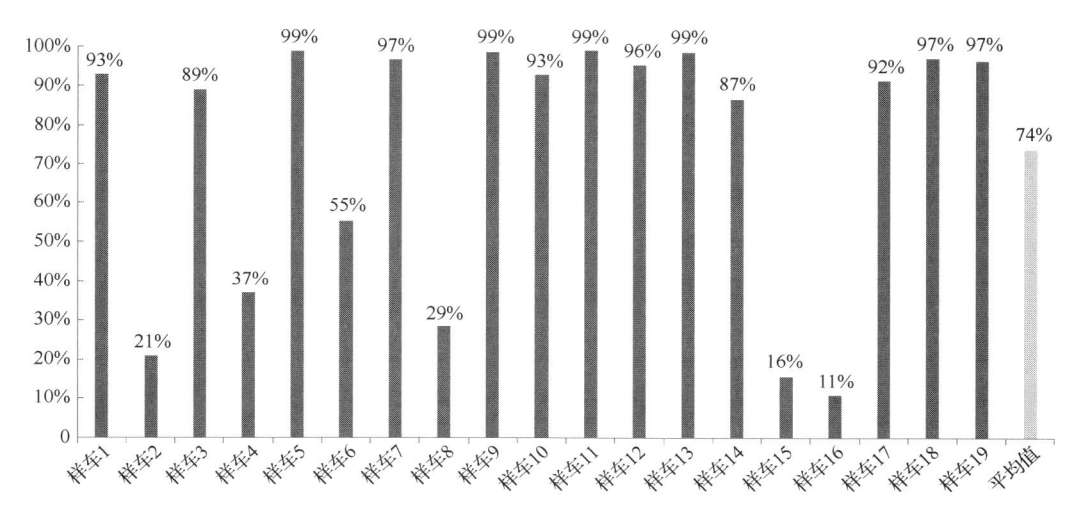

图 22-22　低温续驶里程估计准确度

第三节　汽车绿色低碳性能

一、汽车绿色低碳发展是实现国家碳中和战略目标的重要途径

随着气候变化挑战日益严峻，全球气候治理进程推进，低碳发展成为全社会经济、能源和技术转型的关键，碳中和已成为国际共识。2020年9月22日，我国宣布二氧化碳排放力争于2030年前达峰，努力争取2060年前实现碳中和。"双碳行动"是应对气候变暖的国际行动的一部分，是我国积极参与全球气候变化治理的需要，也是我国践行生态文明、实现美丽中国的重要里程碑。

交通行业作为碳排放的"大户"，履行"双碳"承诺责无旁贷。根据中国汽车技术研究中心有限公司测算，从碳排放总量来看，我国汽车行业碳排放增长迅速，2019年道路交通碳排放近8亿吨，占我国二氧化碳排放总量的8%左右，逐渐成为交通行业乃至我国碳排放的重要来源之一。若考虑到汽车上游产业链产生的碳排放，汽车行业碳排放占我国二氧化碳排放总量的比例更大。此外，我国单车全生命周期碳排放强度与发达国家相比，低碳竞争力薄弱。随着欧洲绿色新政以及一系列低碳战略的实施，包括欧洲电池法案、循环经济行动计划、可持续和智能交通战略、欧洲氢能战略和欧盟能源系统整合战略等，预计未来中欧单车碳强度差距将进一步拉大，中国汽车产品"走出去"将面临更大的碳排放压力与挑战。

为助力国家实现碳达峰碳中和目标，汽车行业扎实做好碳减排各项工作、全面推进绿色低碳转型具有重要意义。中汽测评积极响应国家和政府号召，在绿色汽车测评体系中加入低碳相关指标——碳排放。该指标基于汽车生命周期碳排放核算方法，开展单车层面的生命周期碳排放量核算，依据我国目前汽车产品碳排放整体技术水平，设定合理的评价体系，对车辆的碳排放进行评价。这一行为对促进汽车行业做好减碳各项工作，加快推动汽车行业消费新型模式具有重要意义，相关成果可以进一步支撑国家碳排放政策制定，促进企业低碳技术研发和应用，引导消费者绿色低碳消费，引领汽车行业向全生命周期碳中和愿景迈进。

二、绿色低碳相关指标测评方法

碳排放指标用于评价车型的生命周期碳排放量，包含车辆使用过程中，由燃烧燃料直接产生的二氧化碳排放，还包含燃油上游生产过程中产生的排放和车辆在制造过程中（包括材料、零部件制造过程）产生的间接排放。

（一）碳排放计算方法

车型碳排放计算基于 IPCC 2013 GWP 100a 方法和中国汽车生命周期数据库，结合企业公开及工业和信息化部公示数据，使用汽车生命周期评价模型对汽车生命周期碳排放量进行计算，计算边界和数据清单介绍如下。

1. 功能单位和系统边界

车型碳排放计算过程中的功能单位为一辆乘用车生命周期内行驶 1km 提供的运输服务，生命周期行驶里程按（$1.5×10^5$）km 计算。核算对象包括二氧化碳、甲烷、氧化亚氮、氢氟碳化物、全氟碳化物、六氟化硫和三氟化氮在内的温室气体排放。汽车的生命周期系统边界包括车辆周期和燃料周期在内的全生命周期阶段。其中，车辆周期包括材料生产、整车生产、维修保养（轮胎、铅蓄电池、液体的更换及制冷剂的逸散）等阶段；材料生产阶段包括两个部分，一是原生材料获取及加工过程，二是再使用和再生利用材料生产加工过程。燃料周期即"油井到车轮"（Well to Wheels，WTW），包括燃料的生产和运输（Well to Pump，WTP）和燃料的使用（Pump to Wheels，PTW）两个阶段。对于燃油汽车，WTP 包括原油开采、提炼加工和运输等过程。

原材料和零部件等的运输过程、加工制造，生产用设备制造、厂房建设等基础设施不包括在边界范围内。汽车生命周期碳排放核算的系统边界如图 22-23 所示。

第二十二章 乘用车绿色性能测评方法及测评结果分析

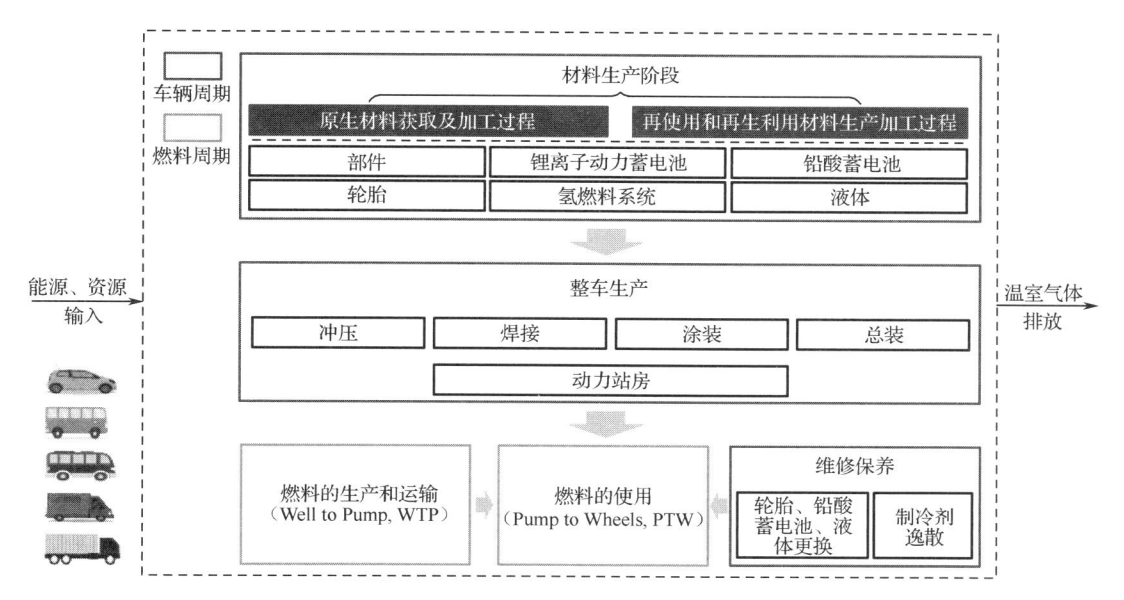

图 22-23 汽车生命周期碳排放核算系统边界

2. 清单数据

清单数据方面，车辆周期部件、轮胎、铅酸蓄电池和液体的重量占比及各自的材料组成占比、材料碳排放因子、整车生产碳排放因子，汽车行驶过程中轮胎更换、铅蓄电池更换、液体的更换次数等数据来自汽车生命周期评价模型。部件、轮胎、铅酸蓄电池和液体的重量占比及各自的材料组成占比数据来源于中汽测评拆解的 90 余款主流车型的产量加权的平均值。

车用材料、能源、燃料及整车生产等的碳排放数据来源于中国汽车生命周期数据库（China Automotive Life Cycle Database，CALCD），代表中国平均水平数据。

燃料周期的燃料消耗量数据来源于企业公开及工业和信息化部公示数据。燃料生产的碳排放因子数据来源于中国汽车生命周期数据库，代表中国平均水平数据。燃料使用的碳排放采用 GB 27999—2019 中的 CO_2 转换系数，汽油类按 2.37 $kgCO_2e/L$ 计算，柴油类按 2.60 $kgCO_2e/L$ 计算。

（二）碳排放评价方法

根据汽车生命周期碳排放量进行得分计算，得分系数划分如表 22-5 所示，其中 CM 为车型的整备质量（kg）。

表 22-5 汽车生命周期碳排放量评分表

名 称	汽车生命周期碳排放量 [X/（gCO_2e/km）]	得 分
碳排放	X≥0.1396×CM+70.168	0
	0.1396×CM+66.614≤X<0.1396×CM+70.168	10
	0.1396×CM+62.829≤X<0.1396×CM+66.614	20
	0.1396×CM+58.872≤X<0.1396×CM+62.829	30

续表

名　称	汽车生命周期碳排放量 [X/（gCO$_2$e/km）]	得　分
碳排放	0.1396×CM+55.372≤X<0.1396×CM+58.872	40
	0.1396×CM+51.525≤X<0.1396×CM+55.372	50
	0.1396×CM+48.003≤X<0.1396×CM+51.525	60
	0.1396×CM+44.843≤X<0.1396×CM+48.003	70
	0.1396×CM+41.564≤X<0.1396×CM+44.843	80
	0.1396×CM+37.441≤X<0.1396×CM+41.564	90
	X<0.1396×CM+37.441	100

三、汽车绿色健康性能分析

2022 年，中汽测评累计完成了 14 款车型的碳排放计算，得分结果如图 22-24 所示。14 款车型的碳排放得分差异明显，得分区间为 10～100 分，平均得分为 83 分。从得分分布来看，100 分有 7 款车型，90 分段有 3 款车型，80 分段、60 分段、40 分段和 10 分段各有 1 款车型。

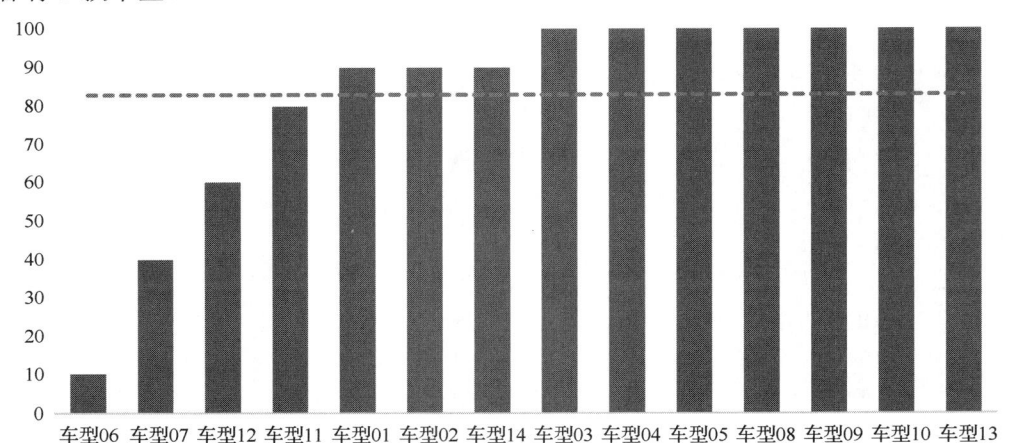

图 22-24　测评车型碳排放指标得分汇总

如图 22-25 所示为本批次测评的 14 款车型的整备质量—碳排放分布图，从图中可以看出，本批次测评车型的碳排放与整备质量基本呈现线性关系，整备质量较小的车型，其碳排放量通常较小。

以车型 03 为例，进一步分析具体车型全生命周期碳排放情况（见图 22-26）。

车型 03 的生命周期碳排放量为 226.7gCO$_2$e/km，其中，汽车使用阶段的排放最大，为 177.76gCO$_2$e/km，占比为 78.4%；其次为材料生产阶段，为 45.28gCO$_2$e/km，占比为 20.0%；生产阶段的排放占比最小，为 3.67gCO$_2$e/km，占比为 1.6%。

材料生产阶段，车型 03 部件材料的碳排放量最高，为 43.55gCO$_2$e/km，占材料生产阶段的 96.2%；其次为轮胎，碳排放量为 1.06gCO$_2$e/km，占材料生产阶段的 2.3%；液体和铅酸蓄电池碳排放量依次降低，分别为 0.44gCO$_2$e/km、0.23gCO$_2$e/km，占材料生产阶段的比例分别为 1.0%、0.5%（见图 22-27）。部件材料的低碳化是降低材料生产阶段碳排放的重要手段。

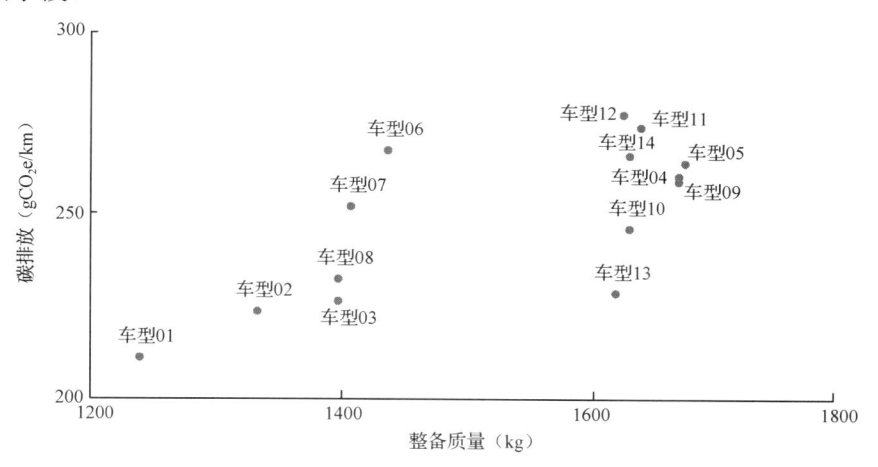

图 22-25　测评车型整备质量—碳排放分布图

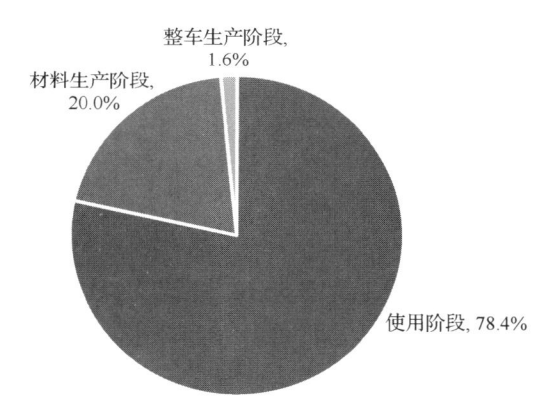

图 22-26　车型 03 生命周期各阶段碳排放占比

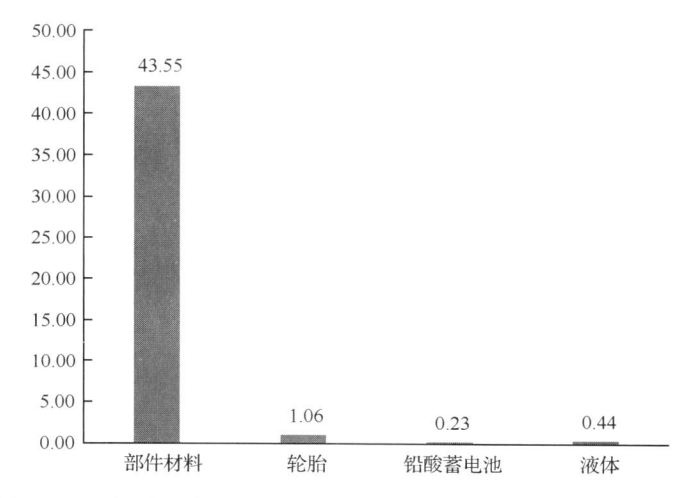

图 22-27　车型 03 材料生产阶段各部分碳排放（单位：gCO_2e/km）

使用阶段，车型 03 的燃料使用过程产生的碳排放最大，为 135.09gCO$_2$e/km，占使用阶段碳排放的比重为 76.0%；燃料生产过程产生的碳排放次之，为 27.76gCO$_2$e/km，占使用阶段碳排放的比重为 15.6%；其他 8.4%的碳排放依次由制冷剂逸散、液体更换、轮胎更换、铅酸蓄电池更换产生，碳排放量分别为 9.15gCO$_2$e/km、3.61gCO$_2$e/km、1.64gCO$_2$e/km 和 0.46gCO$_2$e/km（见图 22-28）。降低车型燃料消耗量是降低使用阶段碳排放的重要手段。

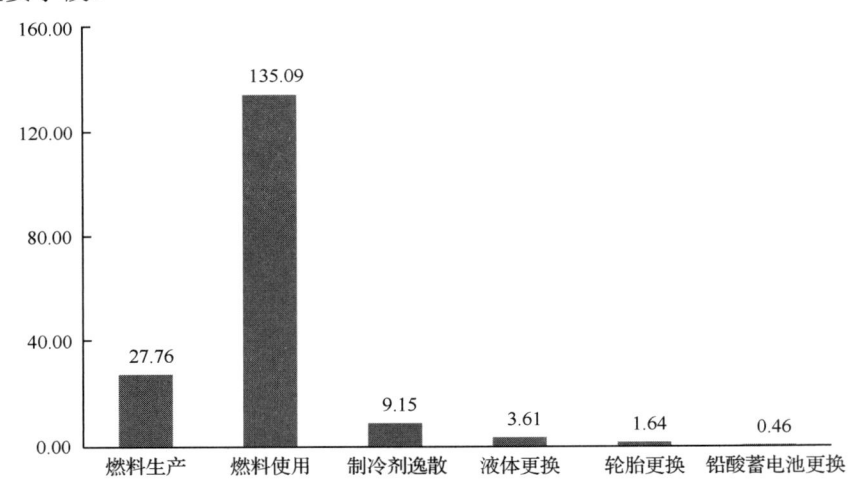

图 22-28　车型 03 使用阶段各部分碳排放（单位：gCO$_2$e/km）

第二十三章　汽车先进检测技术及装备发展

马毅，张龙平，殷健力，张谦益，王坤*

摘要：汽车先进检测技术和装备在提升汽车产品安全、促进产业高质量发展、践行国家战略、支撑政策落地等方面具有不可或缺的作用，其服务贯穿于产品技术开发、生产认证、销售注册等环节，为汽车整车及零部件企业和用户提供性能测试、检验检测等相关技术服务。本章从先进检测技术和装备的总体概况、主要检测技术发展现状、存在问题及发展趋势等方面进行阐述。

关键词：汽车；检测技术；装备；发展建议。

第一节　中国汽车先进检测技术及装备概况

一、汽车检测技术及装备的重要性

汽车是人们日常出行的重要工具，其质量和安全等性能直接关系到人们的生命财产安全，汽车检测技术及装备对汽车的各个部件进行检测和评估，保障了汽车质量和安全等性能，在汽车研发、生产、检测和认证、售后等各个环节具有重要作用。

研发测试验证是在产品设计和生产过程中对产品功能性和一致性的验证，而检测技术和装备是整车和关键零部件性能、安全、节能、环保技术和功能确认的核心手段。在汽车"新四化"和"软件定义汽车"的新形势下，汽车技术融合和迭代不断加快，汽车先进检测技术和装备有助于企业对新产品和新技术进行验证、评估与优化，推动汽车产品高质量发展。

强制性检测的目的是确保汽车产品符合安全、节能、环保、防盗等国家标准，是车辆准入的前提，是汽车产品在生命周期内使用的前置条件和基础，国家多部委从各自职责出发，对该环节汽车的相关特性进行约束和管理。工业和信息化部对汽车生产企业及产品实施行政许可式的准入管理，并开展事中事后监管；市场监督管理总局对汽车及其零部件强制性产品认证（CCC 认证）活动实施监管；生态环境部开展机动车环保信息公开及监督检查；交通运输部开展营运车辆油耗、安全达标管理，并以目录形式发布达标

---

* 马毅，高级工程师，中国汽车工程研究院股份有限公司环保与健康测评研究中心主任助理；张龙平，高级工程师，任职于中国汽车工程研究院股份有限公司环保与健康测评研究中心；殷健力，工程师，任职于中国汽车工程研究院股份有限公司环保与健康测评研究中心；张谦益，工程师，任职于中国汽车工程研究院股份有限公司环保与健康测评研究中心；王坤，高级工程师，中国汽车工程研究院股份有限公司环保与健康测评研究中心副主任。

车型。以上四类管理制度得以切实落地的前提都依赖于汽车的检测技术和装备的发展。

简言之，汽车检测技术和装备贯穿于汽车研发、生产、认证测试、维修保养等多个环节。在研发、生产等环节通过检测装备对零部件及整车产品检测检验，不断优化产品性能和功能；在检测认证环节通过检测装备对零部件及整车产品检测检验，确保产品符合相关政策法规。检测装备是汽车产品安全可靠和实现汽车高质量发展的必要条件。

二、汽车检测技术及装备的主要类型和应用领域

近年来，伴随着汽车产业电动化、网联化、智能化、共享化的发展，汽车产业检测技术也迎来了新的变化。同时，中国汽车行业标准工作迅速推进，使得检测标准体系不断完善和壮大，相应的测试装备种类和数量不断增长。据统计，中国汽车行业整车和零部件相关的强制性检测项目多达 100 余种，涉及检测标准 1000 余项。按照产品法规可将中国汽车检测技术及装备分为智能网联汽车测试技术装备、新能源汽车测试技术装备、环保与节能测试技术装备、汽车安全测试技术装备和其他功能性测试技术装备等，为汽车工业高质量发展保驾护航。

节能与环保检测标准不断细化。汽车、摩托车、工程机械车等移动源是大气污染物和温室气体的重要排放源之一。中国汽车排放和温室气体管控法规日益发展，相关体系建设已经比较成熟。其检测技术和装备主要应用于发动机动力性和经济性指标检测、整车排放污染物和燃油经济性指标检测，以及轮胎和刹车磨损等非常规污染物检测等。

新能源汽车检测体系建设不断推进。为贯彻落实《新能源汽车产业发展规划（2021—2035 年）》《2022 年汽车标准化工作要点》等相关要求，我国的新能源汽车检测技术装备和相关法规保障加快推进，主要集中在电动汽车整车、动力电池、电驱动系统、充换电、燃料电池汽车等领域的测试管控。相关的先进测试技术和装备主要应用于热失控后碰撞等安全性能的管理、电动汽车的安全保障、动力性等驱动电机系统技术、动力电池和燃料电池能耗性能的提升。

智能网联汽车检测标准逐渐完善。近年来，我国智能网联领域的相关标准已累计完成报批和发布四十余项，已立项和申请立项的标准有四十余项，已开展的标准化需求研究项目有三十余项，其发展方向主要聚焦自动驾驶、先进驾驶辅助系统（ADAS）、信息安全、网联功能与应用、资源管理与信息服务等。其中，信息安全工程、数据通用要求、数字证书及密码应用等是智能网联检测技术及装备重点应用领域。

除此之外，在全面电动化、智能化、网联化的变革浪潮下，汽车检测技术及装备领域也迎来了诸多新的课题，如在智能网联的发展趋势下，汽车安全检测领域已经突破了传统的被动安全检测，向网络数据安全、智能底盘功能安全测试等方面发展，它们共同成为汽车安全性能的重要防线。随着人机交互在车载电子电器系统中变得越来越重要，汽车电子电气和 EMC 测试的作用日益突显。这些测试为智能驾驶和汽车电子控制系统提供了功能和安全方面的保障，且同新能源和智能网联汽车检测的关系日益紧密；另外，先进的整车测评技术融合了道路测试与台架测试、主观评价与客观评价、为实现汽车"新四化"，丰富和完善汽车性能评价体系提供了技术支持和检测保障。以上各检测板块的发展情况如表 23-1 所示。

第二十三章 汽车先进检测技术及装备发展

表 23-1 汽车检测板块发展情况

检测板块	主要相关法规	应用领域	装备名称
环保与节能检测	GB 18352.6—2016 GB 17691—2018 GB 19578—2021 GB 27999—2019 GB 30510—2018 GB/T 27840—2021	发动机动力性和经济性检测； 汽车尾气排放污染物检测； 汽车蒸发污染物； 车内污染物排放检测； 汽车实际道路行驶污染物 OBD 诊断； 非常规污染物检测	发动机测功机系统、底盘测功机系统、汽车排放分析系统等
新能源汽车检测	GB/T 18385—2005 GB/T 24554—2005 GB/T 26779—2005 GB/T 31486—2015 GB/T 18488.1—2015 GB/T 18488.2—2015	驱动电机系统功检测； 动力电池耐久性、安全性、可靠性检测； 超高速大功率测功机台架功能性检测； 燃料电池动力性、经济性、安全性和驾驶适应性检测	高速电机测试台、动力电池模拟与测试系统、动力电池热失控气体分析系统、燃料电池汽车加氢口测试系统、燃料电池电堆测试系统等
智能网联汽车检测	GB 39732—2020 GB 39265—2020 GB/T 41797—2022 GB/T 39901—2021 GB/T 39323—2020 GB/T 41796—2022 GB/T 41630—2022 GB/T 41798—2022	导航系统功能性和精度性的检测； 远程升级（OTA）技术接口安全和策略完整性检测； 车机系统功能检测	通信综测仪、GNSS 信号模拟器、场景仿真基础软件、自动驾驶机器人、目标物及其驱动系统、高精度 GNSS 融合惯导、道路测试数采系统等
电子电气及 EMC 检测	GB 17675—2021 GB 34660—2017 GB/T 18387—2017	整车电磁兼容检测； 车载电器灯光检测； 电气安全检测； 车载总线检测	电波暗室、EMI 接收机、瞬态传导抗扰测试设备、仿真测试系统、功能安全测试设备等
安全性检测	GB 11557—2011 GB 11551—2014 GB 20071—2006	汽车被动安全测试； 汽车预期功能安全检测； 汽车网络与数据安全检测	牵引系统、碰撞测试假人、基于场景的仿真系统、预期功能安全评价系统等

第二节 关键检测技术和装备发展现状

一、环保与节能检测技术和装备发展现状

（一）环保与节能标准发展情况

1. 环保标准发展情况

中国社会经济的快速发展带动了汽车产业的蓬勃发展。根据公安部的统计数据，截至 2023 年初，全国机动车保有量已经达到了 4.17 亿辆，其中汽车数量高达 3.19 亿辆。然而，这也带来了严重的环境污染和能源消耗等问题。

中国现行的第六阶段排放标准全称为"国家第六阶段机动车污染物排放标准",分为轻型车及重型车两类标准,分别于 2016 年 12 月 23 日及 2018 年 6 月 22 日发布,被认为是全球最严格的机动车污染物排放法规之一。从 2001 年实施强制性标准 GB18352.1《轻型汽车污染物排放限值及测量方法》和 GB17691《车用压燃式发动机排气污染物限值及测量方法》(国Ⅰ)起,随后近 20 年,国Ⅱ、国Ⅲ、国Ⅳ、国Ⅴ、国Ⅵ阶段排放标准先后发布,对汽车排放的控制逐渐加严。轻型车和重型车各阶段排放法规实施时间分别如图 23-1 和 23-2 所示。

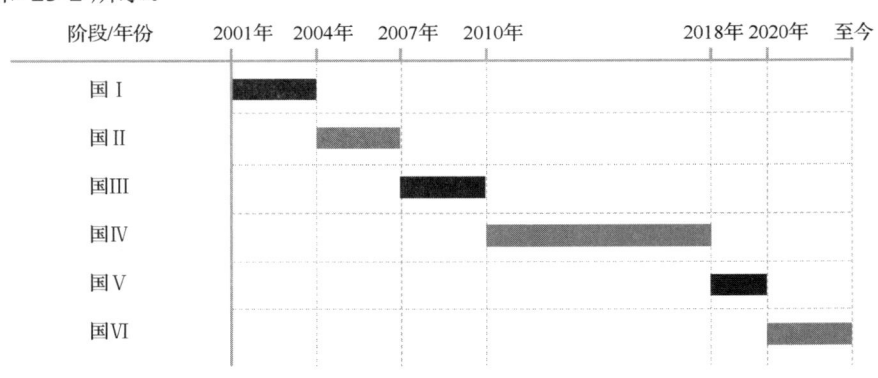

图 23-1 轻型车各阶段排放法规实施时间

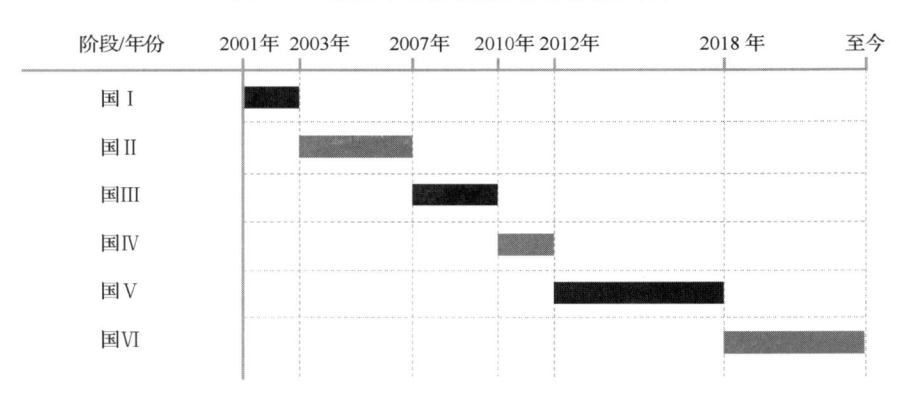

图 23-2 重型车各阶段排放法规实施时间

轻型车排放标准最初只有常温下排气污染物、低温下排气污染物、曲轴箱污染物等检测类型,其检测对象为一氧化碳(CO)、氮氧化物(NO_x)、碳氢化合物(HC)和 PM。如今还增加了实际行驶污染物和加油过程蒸发污染物两种试验类型,也将有较强温室效应的污染物 N_2O 和粒径超过 23nm 的粒子总数纳入检测范围,如表 23-2 所示。

表 23-2 轻型车各阶段法规污染物检测种类

法规阶段	CO	NO_x	HC	PM	PN	N_2O
国Ⅰ	√	√	√	√	—	—
国Ⅱ	√	√	√	√	—	—
国Ⅲ	√	√	√	√	—	—

续表

法规阶段	CO	NO_x	HC	PM	PN	N_2O
国Ⅳ	√	√	√	√	—	—
国Ⅴ	√	√	√	√	√	—
国Ⅵ	√	√	√	√	√	√

注：表中各污染物仅表示需要进行检测的污染物种类

重型车的污染物检测最初与轻型车类似，只检测到一氧化碳、氮氧化物、碳氢化合物和 PM 四种污染物类型。但随着国家排放标准的不断升级，国Ⅵ标准已要求检测粒径超过 23 纳米的颗粒物总数及氨的泄漏情况。

值得关注的是，2022 年 11 月欧盟委员会公布了最新的欧七提案，首次将轻、重型车的排放要求合并到一个法案中，柴油车限值加严到欧六法规汽油车的限值水平，而汽油车限值基本与欧六限值持平。欧七提案体现了燃料和技术中立原则，无论是汽油、柴油、电动传动系统还是替代燃料的车辆，都在同一套法案下执行。欧七提案限值详见表 23-3 和表 23-4。

表 23-3　M1、N1 型车辆的欧七污染物排放限值

排气污染物	M1、N1型车辆	功率质量比小于35kW/t的N1类车辆	所有行程均小于10km的M1、N1型车辆排放预算	功率质量比小于35kW/t且所有行程均小于10km的N1型车辆排放预算
	km	km	trip	trip
NO_x/mg	60	75	600	750
PM/mg	4.5	4.5	45	45
PN_{10}/#	6×10^{11}	6×10^{11}	6×10^{12}	6×10^{12}
CO/mg	500	630	5000	6300
THC/mg	100	130	1000	1300
NMHC/mg	68	90	680	900
NH_3/mg	20	20	200	200

表 23-4　M2、M3、N2 和 N3 型车辆的欧七排放限值

排气污染物	冷态排放	热态排放	所有行程 3*WHTC 车辆的排放预算	可选怠速排放限值
	kWh	kWh	kWh	hour
NO_x/mg	350	90	150	5000
PM/mg	12	8	10	—
PN_{10}/#	5×10^{11}	2×10^{11}	3×10^{11}	—
CO/mg	3500	200	2700	—
NMOG/mg	200	50	75	—
NH_3/mg	65	65	70	—

续表

排气污染物	冷态排放	热态排放	所有行程 3*WHTC 车辆的排放预算	可选怠速排放限值
	kWh	kWh	kWh	hour
CH_4/mg	500	350	500	—
N_2O/mg	160	100	140	—
HCHO/mg	30	30	—	—

提案首次为制动和轮胎磨损造成的空气污染设置标准，增加制动和轮胎排放要求，并逐步应用到包括电动汽车在内的所有车辆上，如表 23-5 所示。

表 23-5　欧 7 制动颗粒排放限值

制动颗粒排放限值	M1、N1 型车辆	M2、M3 型车辆	N2、N3 型车辆
PM_{10}	7[1]/3[2]	—	—
PN	—	—	—

（1）2034 年 12 月 31 日之前实施刹车颗粒排放限值；
（2）2035 年 1 月 1 日起实施刹车颗粒排放限值

2. 节能标准发展情况

随着汽车工业飞速发展，能源日益紧张，因此，中国将节能问题提高到了国家战略层面。1997 年我国通过了首部节约能源法，并将交通运输的节能写入该法规，引导和鼓励汽车生产企业研制和生产环保节能型汽车。2003 年至 2015 年，国家通过陆续发布多项战略、规划和标准，逐步建立起一套适用于我国国情的节能政策体系。轻、重型车主要节能标准发布时间如图 23-3 所示。

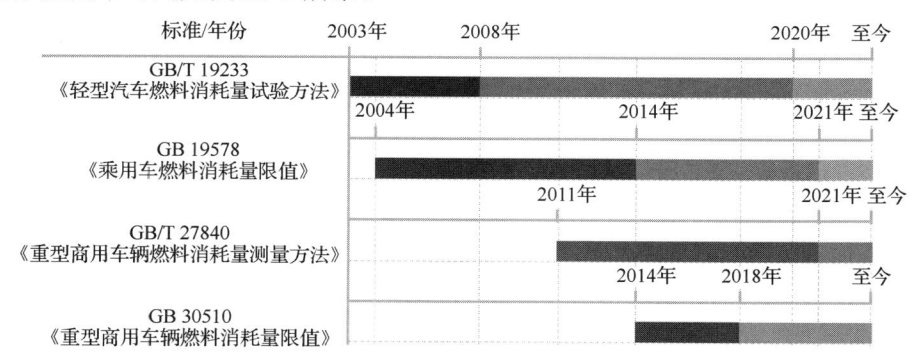

图 23-3　轻型车和重型车排放法规各阶段实施时间

节能标准经历了近 20 年时间的发展，体系构建逐渐完善，影响力不断攀升，同时也为汽车产业中落后产能的淘汰和技术革新的发展起到了重要作用。

（二）环保与节能主要检测技术及装备

尽管我国排放法规加严，污染物排放水平不断降低，但是检测方法和检测原理变化均不大。对于新增的污染物 PN_{10} 颗粒物，目前也有相应测试技术和设备。而针对制动、轮胎磨损产生的颗粒物的测试技术和设备正在研究当中。这两类污染物在物化特性上与排气产生的颗粒物有很大的区别，世界范围内相关研究成果也较为稀少。

能耗试验的检测技术与设备相对污染排放检测技术简单，但如何完善能耗试验的场景库、如何在实际道路上进行运用、如何引导新型技术和动力型式的发展，以及挖掘油耗限值的潜力是后续工作的重点。轻型车和重型车检测所需检测装备分别如表 23-6 与表 23-7 所示。

表 23-6　轻型车检测装备

设　备	排放法规阶段					
	国Ⅰ	国Ⅱ	国Ⅲ	国Ⅳ	国Ⅴ	国Ⅵ
底盘测功机	√	√	√	√	√	√
定容取样系统	√	√	√	√	√	√
不分光红外线吸收型分析仪分析	√	√	√	√	√	√
氢火焰离子化型分析仪[1]	√	√	√	√	√	√
化学发光型分析仪分析[2]	√	√	√	√	√	√
颗粒物收集滤纸	√	√	√	√	√	√
压力计	√	√	√	√	√	√
燃油箱加热装置	√	√	√	√	√	√
颗粒计数器（PN_{23}）	—	—	—	—	√	√
气相色谱仪[3]	—	—	—	—	—	√
便携式排放测试系统	—	—	—	—	—	√

（1）对于压燃式发动机应采用加热式氢火焰离子化型分析仪；
（2）或可采用非紫外线谐振吸收型分析仪；
（3）红外吸收光谱法（如适用）

表 23-7　重型车检测装备

设　备	排放法规阶段					
	国Ⅰ	国Ⅱ	国Ⅲ	国Ⅳ	国Ⅴ	国Ⅵ
发动机测功机	√	√	√	√	√	√
定容取样系统	√	√	√	√	√	√
不分光红外线吸收型分析仪分析	√	√	√	√	√	√
氢火焰离子化型分析仪[1]	√	√	√	√	√	√
化学发光型分析仪分析[2]	√	√	√	√	√	√
颗粒物收集滤纸	√	√	√	√	√	√
颗粒计数器（PN_{23}）	—	—	—	—	—	√
氨气分析仪	—	—	—	—	—	√
便携式排放测试系统	—	—	—	—	—	√

（1）对于压燃式发动机应采用加热式氢火焰离子化型分析仪；
（2）或可采用非紫外线谐振吸收型分析仪

二、新能源汽车检测技术和装备发展现状

（一）新能源汽车行业发展规模

发展新能源汽车是中国从汽车大国迈向汽车强国的必由之路，也是应对气候变化、推动绿色发展的战略举措。近年来，随着政策的扶持和法规体系的日益完善，中国新能源汽车市场发展迅猛（2018—2022 年新能源汽车销量情况如图 23-4 所示）。2022 年，我国新能源汽车销量为 688.7 万辆，同比增长 93.4%，占全球总销量的 61.2%，其中，新能源汽车新车销量占汽车新车总销量的 25.6%，提前三年完成 2025 年规划目标，全面进入市场驱动发展的新阶段，预计 2035 年中国新能源汽车保有量将超过 1 亿辆。新能源汽车的快速发展也为相应的检测技术带来了新的需求，主要集中在动力电池、驱动电机、燃料电池等方面。

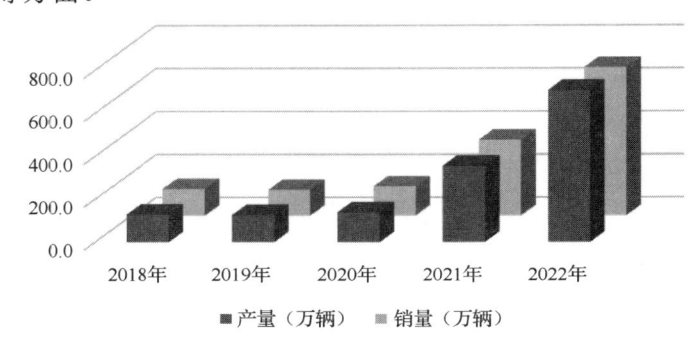

图 23-4 2018—2022 年中国新能源汽车销量

（二）新能源汽车先进检测技术

1. 动力电池检测技术

动力电池检测方面，我国已形成了覆盖车用动力电池性能、寿命、安全性、可靠性等完善的标准体系，其主要的检测技术有三类：一是寿命加速测试技术。针对动力电池寿命测试时间长、成本高的难题，寿命加速测试技术通过合理配置温度、倍率、工况等加速因子，有效缩短测试周期，加快研发进程，降低研发成本。二是安全性量化测评技术。该技术主要面向动力电池的热安全性，通过触发单点或者多点热失控，量化电池的热安全行为，评估极端工况下电池系统的热防护性能。三是动力电池可靠性测评技术。该技术主要将动力电池内部状态与材料特性、外部环境等综合进行测评，以测得电动汽车实际运行状态下其性能和安全性的耦合关系。

2. 驱动电机测试技术

集成化、高速化、高效化、高压化是新能源汽车驱动电机系统发展的主要趋势。其先进检测技术主要有电驱动测功机技术、"三电"集成测试技术等。电驱动测功机系统用于测量电驱动机功率、转矩、转速、电压、电流等核心参数，从而实现电驱动系统各个性能的检测。"三电"集成测试将电机同电池和电控相结合，综合衡量新能

源电动汽车的各项性能。

3. 燃料电池汽车测试技术

燃料电池是把燃料的化学能转化为电能的化学装置，其储能系统、驱动系统、补能方式、电气系统等与纯电动汽车均存在差异。其检测技术主要围绕动力性、经济性、安全性、环境适应性、行驶特性等，从材料、系统到仿真等多个方面进行全面检测。主要测试技术有：

（1）燃料电池发动机性能检测。通过获取稳态性能、动态性能、峰值功率、噪声、电磁兼容、低温性能等多项指标对燃料电池发动机进行综合评价。

（2）燃料电池堆性能检验。结合燃料电池堆功率、动态响应特征、极化曲线等性能参数，对燃料电池堆各个性能进行综合检测。

（3）燃料电池安全性检测。旨在研究燃料电池在汽车部件受到机械冲击和极端环境影响的情况下，其气密性、绝缘性等安全性能的受影响程度。

（4）燃料电池堆耐久性检测。基于实际道路行驶中怠速、加速、减速等工况，搭建燃料电池堆耐久测试工况，检测分析燃料电膜电极及催化器、质子交换膜等衰减性能。

（5）车载氢系统检测。包括供氢系统强度测试、管路气密性测试、泄漏量测试、压力保护测试、振动与冲击测试及环境耐受性测试等。

（三）新能源汽车主要检测装备

1. 动力电池模拟与测试系统

动力电池模拟与测试系统用于检测电动汽车动力电池系统的输入输出性能，该装备可在特定的电流、电压和功率范围内，对动力电池系统的充放电性能、耐久性能、寿命等进行测试；除此之外还可模拟标准动力电源，辅助进行电机回馈能量测试等。该设备是新能源汽车动力系统研发、测试和验证的重要检测装备，其核心技术包括大功率IGBT及并联技术、低功耗碳化硅技术、上位机软件控制和数据处理技术等。

2. 动力电池热失控分析系统

动力电池热失控分析系统是新能源汽车动力系统研发和验证环节的重要测试装备，包含燃烧测试仓系统、红外光谱仪系统和气相色谱仪等。工作原理是采用充放电设备或短路设备对动力电池进行多种热失控触发，将气体收集于定容燃烧测试仓系统中，再通过采用傅里叶变换红外光谱仪（FTIR）和气相色谱仪（GC）等分析技术对收集的失控气体成分和含量进行检测。

3. 绝热量热仪

绝热量热仪（ARC）主要用于测试大容量动力电池的热失控特性，通过精确的温度跟踪，为被测电池提供一个近似绝热的环境，模拟电池内部热量不能及时散失的放热反应过程，从而获得热失控条件下热特性和相关动力学参数。除热失控特性外，该设备也可用于测试大容量动力电池的比热容、循环产热特性等热特性，以及电池材料如正负极、隔膜和电解液等的热稳定性研究。

4. 电驱动测功机系统

电驱动测功机系统用于测试新能源汽车电机的功率、转矩、转速、电压、电流等关键参数。系统结构主要包括高速测功机、变频器、扭矩传感器、控制板卡、控制软件、电池模拟器等部件。核心技术主要有：解决高速下的机械加工精度、扭矩精度控制、瞬态时间响应、低转动惯量技术、电机轴承的耐高温和耐久性，以及软件控制技术等。

5. 燃料电池动力测试系统

燃料电池动力测试系统主要用于测试氢燃料电池的催化器性能、单电池性能、电堆稳定性和耐久性、系统控制策略和评价等。

燃料电池电堆检测装备是针对燃料电池电堆的高精度检测和认证工具，测试内容包含燃料电池电堆冷/热机启动、额定功率、峰值功率、温度敏感性、湿度敏感性、压力敏感性、活化及耐久性等方面。其核心技术主要集中在高效率低能耗测试系统集成与优化、气—电—水—热等多物理量耦合解析与精准调控、数据分析与综合评价技术等。其他测试设备包括燃料电池电堆测试系统、氢气利用率测试仪、氢燃料电池发动机测试系统、加氢口测试系统等。

新能源汽车检测板块的先进技术和装备，以及国产化面临突破的核心技术如表23-8所示。

表23-8　新能源汽车先进检测技术及装备

先进检测技术	先进检测装备	面临突破的核心技术
动力电池检测技术	动力电池模拟与测试系统	大功率IGBT、芯片技术、低功耗碳化硅、控制软件
	动力电池热失控分析系统	高精度气体分析仪、数据分析处理
	绝热量热仪	绝热补偿、高灵敏度温湿度和压力检测
驱动电机检测技术	电驱动测功机系统	高速电机、变频器、扭矩传感器、控制板卡
燃料电池检测技术	燃料电池电堆测试设备	高精度峰值功率检测、高灵敏性温湿度检测、气—电—水—热耦合分析、高效率低能耗测试系统集成与优化技术、综合性能评价
	氢气利用率测试仪	
	氢燃料电池发动机测试系统	
	燃料电池加氢口测试系统	

三、智能网联汽车检测技术和装备发展现状

中国高度重视车联网产业发展，提出了建设"制造强国、网络强国、交通强国"的战略发展目标，建立健全车联网测试评价体系并提升检测验证能力。近年来，国家陆续发布了一系列标准，包括GB/T 39263—2020《道路车辆先进驾驶辅助系统术语及定义》、GB/T 40429—2021《汽车驾驶自动化分级》及GB/T 40861—2021《汽车信息安全通用技术要求》等。结合智能网联汽车政策法规和产品技术的发展趋势，自动驾驶仿真测试、软体目标物与驱动机器人、网联可靠性测试技术是目前研究的重点。

（一）自动驾驶仿真测试

为了验证自动驾驶车辆的功能完备性和正确性，需要进行多维度的检测，包括仿真测试、实际场地测试及开放道路测试等。只有通过这些测试，才能更好地验证自动驾驶车辆的性能和功能是否符合要求。仿真测试工具覆盖了道路环境建模、交通场景建模、天气和环境模拟、简单和物理真实的传感器仿真及高精度的实时画面渲染等。该测试应用于软件在环、驾驶员在环、车辆在环和硬件在环等仿真测试各阶段。

1. 软件在环仿真测试

软件在环仿真测试通过设置ECU的相关信号与仿真平台相连，实现目标控制器算法的在线或离线仿真。软件在环仿真测试的被测对象为自动驾驶算法（也就是"软件"），需要在仿真环境下模拟实车测试的各项要素，使算法能够闭环运行。

2. 硬件在环仿真测试

硬件在环仿真测试通过实时处理器运行仿真模型来模拟受控对象的运行状态，通过I/O接口与被测的控制器连接，对被测控制器进行全方面和系统测试。

3. 整车在环仿真测试

整车在环仿真测试通过整合虚拟仿真技术与常规道路试验实现，一辆真车将被"嵌入"至一个虚拟交通环境（包含交通场景、交通标志、道路等）中。整车在环仿真测试可以分为两种，一种是在空旷场地内进行测试，可实现测试车辆横、纵向极限场景测试，但在做高速试验时对场地尺寸要求较高，因此封闭试验场车辆在环主要用于中低速极限场景测试；另一种是转鼓式整车在环试验系统，可以在试验室内实现整车在环仿真测试。

（二）软体目标物与驱动机器人

软体目标物是指具备中国交通参与者基本特征，用于构建ADAS测试、自动驾驶测试等主动安全试验的柔性目标，并具备激光雷达、毫米波雷达、超声波雷达和摄像头等传感器的感知属性。主动安全试验软目标物主要包括假人（成人/儿童）、3D乘用车、自行车、二轮踏板电动车软目标物。核心技术包括类人/车均质雷达横截面（RCS）分布技术、类人/车红外反射技术、类人/车运动特征技术、防撞击可重复使用技术等。

软体目标物驱动平板机器人是一个可导航平台，为ADAS测试、自动驾驶开发测试提供可移动的本土特征主动安全软体目标所需的运动平台。

（三）网联可靠性测试技术

C-V2X（蜂窝车联网无线通信技术）是智能网联车实现全方位连接和通信的新一代通信技术，是未来智能交通和自动驾驶的重要使能技术。C-V2X包含V2V（车辆与周围的车）、V2P（人）、V2I（交通基础设施）和V2N（云平台），网联可靠性是车联网功能应用实现的基础保障，其中，V2V、V2P、V2I具有低时延、高可靠等严苛的通信要求，V2N没有严格的时延要求。另外，智能网联汽车上的GNSS定位性能与导航相关，也有严格的技术要求。

天线作为无线信息交互的必备接口，安装于车身结构的各个位置，其性能优劣直接影响智能网联汽车自动驾驶的信息交互,通过实验室天线性能测试间接实际覆盖范围。目前有 SISO OTA 和 MIMO OTA 两种测试方法:SISO OTA 测试用于客观评估整车的互联互通性,MIMO OTA 测试客观评估在复杂道路环境下通信的低时延、高可靠,整车定位性能测试用于评估整车定位性能。

四、其他汽车关键检测技术和装备发展现状

(一)汽车安全检测技术及装备

1. 被动安全检测技术及装备

汽车被动安全检测技术通过模拟车辆碰撞事故场景来评测车辆的结构设计的安全性。测试项目主要有实车碰撞、滑车模拟碰撞、台架模拟碰撞试验等,按照事故类型又分为正面碰撞、侧面碰撞、追尾碰撞、车辆翻滚等。主要的先进检测装备有碰撞牵引系统、假人、碰撞用壁障、灯光系统、高速摄像机、数据采集系统、防护检测装置、侧翻试验台、加速台车、冲击试验系统、柔性腿型、三维测量仪、约束系统专用测试设备、安全气囊专用测试设备等。

碰撞牵引系统在汽车碰撞试验中用于引导车辆沿正确的路线撞向壁垒,目前国内实验室主要采用进口设备,国产化在牵引系统控制精度、运行可靠性等核心技术方面需要突破。碰撞测试假人用于模拟车祸对人体所造成的影响,根据用途可分为实车碰撞假人,如 Hydrid III、THOR、WSID、ES-II、SID IIs、Q 系列儿童假人等;用于辅助且无测量功能的 TNO-10 安全带假人、配重假人等;用于行人保护测试的柔性腿型 aPLI、行人保护头型等。部分假人产品的国产化率很低,原因是材料、传感器、高速摄像等核心技术仍被国外垄断。

2. 汽车信息与数据安全检测技术及装备

汽车信息及数据安全检测评价体系用于评价汽车及个人信息数据在采集、存储、使用、加工、传输、删除等各个环节的安全性和可靠性。除传统的汽车网络安全仿真技术外,还包括数据安全匿名化检测、数据出境检测、数据安全可信检测等先进技术。

数据安全匿名化检测通过实车道路的方式,采用车载视觉传感器等设备,对人脸和汽车号牌等信息进行匿名化采集和导出。结合车载数据和采集数据,对人脸检出率、车牌检出率、人脸误检率、不可识别性各项指标进行计算,以验证匿名化处理的性能及效果。

数据出境检测技术在车辆 Wi-Fi 及蜂窝网络传输过程中,采用空口数据抓包技术和数据出境自动化检测工具对数据包、流量、IP 等进行分析,验证是否存在境外传输的情况。

数据安全可信测试用于检测数据在存储、传输、使用和加工等环节的来源真实性、不可抵赖性、完整性和一致性。其核心技术是对汽车密码算法(如认证算法 SM2、DSA;加密算法 SM1、SM4、IDEA;完整性校验算法 SM3、SHA1;密钥交换算法 SM9、ECDH 等)的安全性验证。

区态势感知体系检测模型由数据采集层、保障机制层、态势安全运营平台、信息库四个层次构成。其中,数据采集层通过终端设备实时收集设备的日志信息、流量信息、

进程信息、状态信息，并传输上报给态势平台；保障机制层通过身份认证机制、传输加密机制保障通信安全，并将认证日志上传至态势平台；态势安全运营平台是核心，通过将上传数据进行比较分析，将预警信息提供给运营管理员；信息库主要用于同步、收集、整理 CNNVD、CNVD 的漏洞信息，形成情报库，建立信息管理规则。

（二）汽车电子电气及 EMC 检测技术及装备

在汽车智能化、网联化的发展背景下，数字集成一体化的座舱电子技术、车载娱乐系统、流媒体中央后视镜、抬头显示系统 HUD、全液晶仪表及车联网模块等技术成为新的人机交互发展的主题，这对汽车电子控制系统及车载电子电器系统的功能性、可靠性和安全性提出了更高的要求。

电子电气及 EMC 检测主要包括车载电器灯光检测、电子仪表检测、电气安全检测、部件及整车电磁兼容检测、电控功能性检测、车载总线检测等，旨在保证车辆的汽车电子控制系统与车载电子电器系统功能性和安全性满足设计要求，同时避免对其他设备造成电磁干扰。相关检测装备主要有电波暗室、EMI 测量接收机、HIL 仿真测试系统等。

1. 电波暗室

电波暗室分为全电波暗室和半电波暗室，主要用于电磁干扰（Electromagnetic Interference，EMI）和电磁抗扰（Electro Magnetic Susceptibility，EMS）测量中车辆的自由空间场和室外开阔场的模拟。电波暗室的主要组成结构包括屏蔽室和吸波材料。目前国内在复合吸波材料、滤波器件等核心部件上存在技术短板。

2. EMI 测量接收机

EMI 测量接收机又叫做电磁干扰测量仪，是电磁兼容测试中最基本、应用最广的测量设备，主要用于汽车零部件级、系统级和整车级的 EMI 测量。目前，国产设备在测量准确度、动态响应灵敏度、稳定性等方面与国外存在一定差距。

3. 照明与光信号测试系统

照明与光信号测试系统用于对汽车照明和光信号系统的各个性能进行检测，是汽车产品公告检测和进出口检测的重要项目。主要核心设备为 LMT 灯具配光性能测试系统，该测试系统由配光转台、灯具测试单元、回复反射测试单元组成，测试内容包括光强度、光分布、光束角度、色温、色彩指数等性能。目前，国内相关制造技术在光度探头精度和控制软件等方面同国外差距较大。

（三）整车先进检测技术及装备

1. RV4-动态 KC 测试系统

完善的整车检测技术和装备在提升车辆性能、降低开发成本和完善主观客观评价体系等方面发挥着重要作用。RV4-动态 KC 测试系统采用高精度传感器技术对车轮的坐标位移、变形、外倾及速度和扭矩等参数进行测量，为相关设计、底盘研发和改善、弹簧和减震器性能改善、驾驶辅助测试等提供检测和评估。

2. AVL-DRIVE 驾驶性评价系统

AVL-DRIVE 驾驶性评价系统通过客观测试对主观驾驶性进行评价，可应用于驾驶性评测、变速器标定等。不同于主观感受，AVL-DRIVE 覆盖内容更加广泛和丰富，它以测量参数为依据，具有非常好的一致性和重复性。每一测试事件在给出评分的同时可以清楚直观地看到其主要的影响因素，从而为优化和改进对应的驾驶性能提供指导。

3. 驾驶机器人系统

驾驶机器人测试技术提高了整车测试过程中的重复性、操作便捷性和控制性。例如，转向机器人能快速精准控制转向角度和转向速度；制动机器人能精确控制制动踏板行程和加速踏板开度，从而改善车辆速度和加速度的控制精度和测试的重复性。除常规测试外，驾驶机器人还可实现 DTS 无人驾驶测试、ESC 正弦停滞测试、ADAS 测试等项目。

其他汽车关键检测装备和对应的核心技术见表 23-9 所示。

表 23-9 其他汽车关键检测技术及装备

其他检测技术	检 测 装 备	核 心 技 术
汽车安全检测	碰撞牵引系统	电机系统、机械牵引装置、电气控制
	碰撞测试假人	传感器、材料技术
	信息与数据安全测评体系	数据采集分析技术、算法技术
汽车电子 EMC 及软件检测	电波暗室	背景噪声控制技术、复合吸收材料技术、滤波器件等
	电磁干扰测量仪	检波器，测量电平准确度，测量动态范围，EMI 测量带宽
	照明与光信号测试系统	高精度光度探头、控制软件
整车先进检测	RV4-动态 KC 测试设备	传感器技术、控制技术、仿真模拟技术
	AVL-DRIVE 驾驶性评价系统	
	驾驶机器人系统	

第三节 中国汽车检测技术和装备发展建议

一、先进检测技术及装备的发展趋势

战略对汽车产业带来了前所未有的变革，推动汽车不断向智能化、数字化和低碳化方向发展，与此同时，中国汽车检测技术和装备产业也将进入一个转型升级的关键时期。

（一）检测技术的自主化

当前的中国正经历百年未有之大变局，我国的汽车检测技术想要取得重大突破，必须实现检测技术的自主化，行业标准的自主化是检测技术自主化的关键。汽车行业的标准是检验技术和装备发展的指引器，中国已经先后启动了第七阶段排放标准和第五阶段燃料消耗量标准的预研工作，同时在新能源汽车、燃料电池、智能网联等领域开展了适合中国国情的标准研究，力争在下一个发展窗口占得主动地位。

（二）全生命周期的在线实时检测

重型车国Ⅵ和非道路四阶段都要求车辆或机械在用阶段需装配远程车载终端，生产企业应保证车辆在全生命周期内，接收、存储并向国家平台发送数据，目前管理机构仅要求车辆上传相关实际运行数据，暂未根据上传数据开展相关检测和执法的行为，但是相关部门已经在组织行业机构和专家开展研究探索，如何利用算法技术实现车辆全生命周期的在线实时检测。此外，欧七提案也提到要充分利用数字技术确保车辆数据不被篡改，并采用 OBM 等方式对车辆全生命周期排放进行管控。因此，利用网络和数字技术实现车辆的全生命周期的在线实时检测势在必行。

（三）智能化检测

汽车检测技术的智能化，能够有效提高检测机构的管理和检测效率，提升关键检测设备应用能力，减少设备故障，提升相关业务的自动化、智能化服务能力，对于提升汽车检测行业的服务能力具有重要价值。检测技术的智能化还能实现检测流程的信息化和数字化，在数字经济时代，分析挖掘检测大数据的应用价值，将为新形势下的检验机构和汽车研发赋予全新价值。

二、中国汽车先进检测技术及装备存在的问题

（一）行业标准发展滞后

汽车行业标准法规升级是检测技术进步的助推剂，国内汽车产业起步较晚，标准体系建设过程中大多参考欧美日，虽然近年来发展迅速，但仍然面临不足，与发达国家和地区相比仍然有差距，国际影响力偏弱。

（二）核心检测技术靠引进

中国汽车行业检测起步晚、更新快，检验检测核心技术研发升级迭代跟不上标准的升级速度。国内检验检测技术大多是在参考国外的基础上，进行补充完善，导致一方面缺乏核心技术的原创性，另一方面由于是引入的国际检测技术，因此存在与中国的实际情况不能完全匹配的情况。

（三）国产检测设备精度不足

目前，国内检测设备研发投入严重不足，市场主流的检测设备份额大多被国际大公司占据。当前只有部分国产检测装备可以满足测试要求，而在一些复杂环境和复杂试验条件下的稳定性、控制精度与国外先进水平相比还存在一定差距，需要加大技术研发和工程化开发，如测功机台架在负载大幅度快速交变时的转速控制技术、早期故障检测和数据分析技术、测试系统软件硬件技术、声学信号采集分析技术、大数据分析与处理技术等。

三、中国汽车关键检测装备及核心技术发展建议

随着中国汽车市场的快速发展，汽车检测装备及核心技术的发展成为行业发展的关键所在。而在当前的形势下，中国汽车关键检测装备及核心技术发展既面临着机遇，也面临着挑战。需要从多个方面推动中国汽车关键检测装备及核心技术的发展。

（一）提高技术创新和研发投入

中国汽车关键检测装备及核心技术的研发是发展的基础。当前，行业内的技术研发投入仍相对较少，需要加强技术创新和研发投入，不断开发新技术、新产品和新应用。加强与高校、科研机构等合作，吸引更多的优秀人才参与研发，提高研发实力和水平。同时，也需要加强对人才的引进和培养，建立科研与产业结合的人才培养模式，提高人才队伍的素质和水平。

（二）提高产品质量和性能

汽车关键检测装备及核心技术的质量和性能对于汽车行业的发展至关重要。需要加强产品质量和性能的控制和提升，加强产品的可靠性和安全性。改进产品设计和生产工艺，采用先进的制造技术和检测手段，提高产品的制造和检测精度。同时，还需要加强对产品的质量监控和管理，对不合格产品进行处置和追溯，保障消费者权益。

（三）加强品牌建设和营销能力

品牌是企业的重要资产，需要加强品牌建设和营销能力，提高品牌知名度和美誉度，增强品牌的竞争力。可以加强市场调研和分析，了解消费者的需求和喜好，制定差异化的营销策略，提高产品的市场竞争力。同时，也可以加强产品的品牌推广和宣传，打造具有影响力的汽车品牌。

（四）加快与国际标准的接轨

国际标准是衡量汽车关键检测装备及核心技术水平的重要标准，需要加快对与国际标准的接轨，提高产品的质量和安全性能，增强产品的市场竞争力。可以加强与国际标准组织的合作，学习和吸收国际先进标准和技术，提高国内标准与国际标准的一致性和相互认可性。

Part 7 供应链篇

第二十四章 2022年国产车规级芯片发展与应用

张慧，周昕，曹志昊，郭宇辉，张圣峰*

摘要： 近年来，随着全球汽车行业加快电动化、智能化转型，车规级芯片市场呈现增长趋势，芯片市场竞争愈发激烈。本章梳理了2022年中国车规级芯片产业的发展与应用现状，分析了国产车规级汽车芯片的发展趋势，对中国汽车芯片产业面临的问题提出了发展建议。从芯片类型和车型结构来看，中国汽车芯片用量提高1倍，功率半导体用量提高了261%。目前，车规级芯片国产化率整体不足20%，国产汽车芯片检测认证体系不够完善，国产芯片上车率低。

关键词： 车规级芯片；国产芯片。

第一节 2022年国产车规级芯片产业发展与应用概况

随着汽车从单纯的交通工具向移动智能终端、储能空间和数字空间转变，芯片的重要性与日俱增，满足不同功能需求的芯片种类也日益增多。据Strategy Analytics数据，在传统燃油汽车中MCU芯片仍是汽车芯片的"主角"，单车平均搭载MCU约70个，类型占比为23%（见图24-1）；相较而言，由于新能源汽车电池普遍使用高压电路，对电池输出的高电压进行电压变化的需求大幅上升，需要大量的DC/AC逆变器、变压器、整流器，因此会用到大量的功率半导体，在纯电动汽车中，功率半导体类型占比高达55%（见图24-2）。

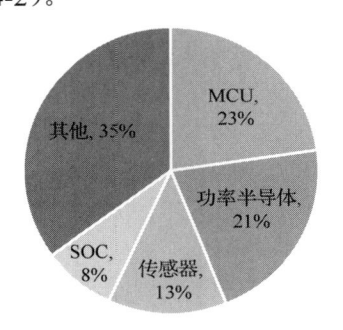

图24-1 燃油汽车芯片类型占比 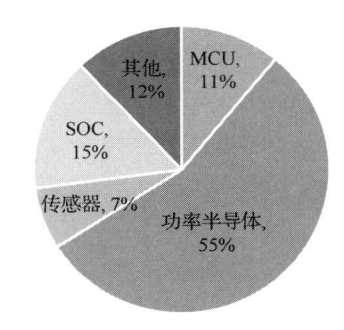　　图24-2 纯电动汽车芯片类型占比

---

* 张慧，政策研究工程师，任职于中国汽车工程研究院股份有限公司；周昕，芯片主任工程师，任职于中国汽车工程研究院股份有限公司；曹志昊，芯片测试工程师，任职于中国汽车工程研究院股份有限公司；郭宇辉，奇瑞汽车股份有限公司芯片总监；张圣峰，工程师，奇瑞汽车股份有限公司芯片高级主任师。

第二十四章 2022年国产车规级芯片发展与应用

一、车规级芯片市场规模持续扩大

2022 年，电动化、智能化汽车销量依旧保持增长趋势。在汽车电动化方面，2022年全球纯电动汽车销量达 780 万辆，同比增长 68%，占所有新车销量的比例首次达到 10%。其中，中国全年新能源汽车产销量同比分别增长了 96.9%和 93.4%，连续八年保持全球第一位；新能源汽车新车销量达到汽车新车总销量的 25.6%，发展势头强劲。在汽车智能化方面，全球已售车型中，L1 和 L2 自动驾驶车辆渗透率超过了 50%，据 Strategy Analytics 数据，到 2035 年 L2 渗透率将达到 59%，L3 渗透率将达到 10%。中国 2022 年 L2 乘用车渗透率达 34.9%，同比增加 11.4 个百分点，连续十个月超过 30%。随着全球汽车行业加快电动化、智能化转型，车规级芯片市场规模持续扩大。

在全球半导体市场增速放缓态势下，汽车芯片成为市场增长主要动力。2022 年，全球汽车芯片市场规模约 3100 亿元，中国汽车芯片市场规模达到 835.2 亿元，同比增长 9.4%。其中，控制类芯片市场占比最大，为 28.6%，功率半导体芯片市场占比为 26.1%，汽车传感器芯片市场占比为 14.3%。

二、政企加速汽车芯片产业建设

随着芯片在汽车中的重要性与日俱增，供应链健全已成为汽车产业健康发展的关键因素，各级政府积极推动汽车芯片产业建设。工业和信息化部等行业主管部门统筹发展与安全，组建汽车半导体推广应用工作组，组织编制《汽车半导体供需对接手册》《国家汽车芯片标准体系建设指南》，加强两大行业供需对接和工作协同，推动中国汽车芯片技术研发和匹配应用，促进汽车芯片产品批量上车应用。上海市鼓励政策企业参与芯片投资布局，组建汽车芯片专家组和产业联盟、车规级芯片设计和中试的公共服务平台、汽车芯片第三方检测认证平台，推动汽车芯片装车应用。武汉市推出促进车规级芯片产业创新发展实施方案。

国内芯片企业、整车企业、高校研发机构通过多种形式合作，共同推进国产车规级芯片技术进步（见表 24-1）。2022 年 5 月，由东风公司牵头，联合中国信科、武汉菱电、武汉理工、华中科大、芯来科技、泰晶科技等 8 家单位，启动共建"湖北省车规级芯片产业技术创新联合体"，致力于推动芯片近地化供应链发展，带动湖北省成为国家级的区域链长。

表 24-1 当前国内主要车厂对国产芯片的扶持情况

车 厂	芯片厂商	具体合作情况
一汽	芯擎科技	一汽向芯擎科技提供数亿元战略投资，将在车规级、高算力芯片领域展开合作，推动芯片国产化进程
吉利	芯聚能	设立合资公司，主要面向新能源汽车及相关应用领域的碳化硅（SiC）芯片产业化
上汽	晶晨、地平线、黑芝麻等	上汽投资晶晨，发展车载信息娱乐系统芯片；投资地平线、黑芝麻，发展自动驾驶；投资芯旺微、旗芯微，发展车规级 MCU
长城	地平线	长城投资地平线，发展智能座舱和自动驾驶芯片

续表

车厂	芯片厂商	具体合作情况
东风	时代电气	成立合资公司,建设功率半导体模块封装测试生产线,自主研发、制造和销售功率半导体模块,以用于替代进口

三、国产车规级芯片上车应用加速

随着国产芯片推广应用工作的开展,越来越多的国产芯片产品开始上车应用,国产芯片企业迎来了快速发展期。无论技术人员储备还是研发投入,国产芯片企业都有很大的进步,特别是在成熟制程领域,产品质量更加可靠。整车企业对国产芯片产品的使用态度也发生了从"不敢用"到"谨慎用"再到"规模用"的转变。

国内芯片企业在控制类、功率类、传感器类、计算类、存储类、通信类、模拟/电源/驱动类等类型方面取得了很大进步,很多整车企业已开始大规模使用国产类型芯片进行替代。根据重点企业反馈的数据来看,乘用车和商用车对存储类芯片使用比例最高,分别达到了24.85%和30.96%;通信类芯片使用比例最低,分别为3.74%和6.07%。

(一)碳化硅功率芯片发展提速

碳化硅功率半导体不仅是全球车规级芯片发展最快的领域,也是我国功率芯片厂商的重点研发内容。从国内SiC模块大规模上车的车型情况来测算,目前国内车企使用的国产SiC主驱功率模块厂商中,比亚迪凭借自身汽车销量和自供的优势,占据较大市场份额;而专注于SiC功率模块的芯聚能,随着吉利Smart精灵1号的热销及交付,其市场占有率也从2022年的12.44%,提升到2023年1月的26.39%,是国内第三方交付量最大的SiC模块供应商。斯达半导体的SiC模块也于2022年9月应用于小鹏G9。

(二)国产32位车规级MCU芯片量产加速

虽然车规级MCU国内厂商还处在起步阶段,但杰发科技、比亚迪半导体等头部控制芯片厂商逐渐实现产品量产,正在推动进入汽车供应链(见表24-2)。

表24-2 国内车规级MCU厂商产品及量产情况

公司	产品	位数	性能特点	量产情况
上海芯旺微	8位汽车MCU-KF8A系列	8位	基于KungFu32内核	2019年,KF8A(AECQ100)实现量产
	32位汽车MCU-KF32A系列	32位		KF32A159汽车MCU准备量产
杰发科技	车规级MCU-AC781x	32位	芯片基于ARM Cortex®-M3内核,适用于汽车电子和高可靠性工业应用;芯片基于ARMCCortex®-M10+内核,主要用于电控领域	2018年底,自主研发并量产了国内首颗车规级MCU芯片AC781x;母公司四维图新已和宝马、丰田、福特、大众等国内外车企建立了全面合作
	车规级MCU-AC7801x			

续表

公司	产品	位数	性能特点	量产情况
赛腾微电子	8位低功耗型 ASM87L(A)164X	8位	单周期8051兼容CPU内核；IT8051兼容COU内核、ARM Cortex®-M0内核	截至2019年，针对汽车LED尾灯流水转向灯的主控MCU芯片已通过国内知名汽车厂家一系列上车测试认证，出货量超百万颗
	8位超值型 ASM87F(A)081X			
	32位电机控制型 ASM30(A)M083X	32位		
比亚迪半导体	第一代8位车规级MCU芯片	8位	基于8051内核的通用8位Flash储存MCUBF7006AMXX芯片系统	截至2020年，比亚迪半导体车规级MCU批量装载在比亚迪全系列车型上，已累计装车超500万颗
	第一代32位车规级MCU芯片	32位		

（三）智能座舱SoC的竞争愈发激烈

传统的座舱市场芯片格局即将被打破，中国品牌车企虽然已经逐渐开始接受国产芯片，但目前尚未出现市占率特别高的国产座舱芯片厂商。目前已有几款国产智能座舱SoC芯片取得应用定点，如芯擎科技旗下首款7nm智能座舱芯片——"龙鹰一号"已经拿下了多款车型定点，并在2023年实现量产交付；芯驰科技的16nm工艺X9智能座舱芯片已经获得百万片/年的订单，客户覆盖合资、自主品牌车企和Tier1；地平线征程2已经在长安UNI-K中落地；瑞芯微最新发布的座舱SOCRK3588M，其AI算力达到6TOPS，已获得众多合作伙伴的认可，将在未来上市的车型中得到广泛应用。

（四）多类型智能传感器与国外差距减小

摄像头、毫米波雷达、激光雷达等产品，国内外基本处于同一起跑线，尤其是激光雷达，有望成为国产突破点（见表24-3）。

表24-3 国内激光雷达公司概况

公司	核心产品	雷达类型	应用领域
思岚科技	PRLIDAR系列360°激光扫描测距雷达	机械	机器人、AGV
速腾聚创	RS-LiDAR-16/32激光雷达	混合固态	无人车、机器人、无人机
禾赛科技	PandarGT/Pandora/Pandar40激光雷达	机械/固态	无人驾驶、机器人
北醒光子	TF系列单点测距激光雷达 YDLIDAR系列激光雷达	固态	无人车、机器人、无人机、AGV
玩智商	YDLIDAR系列激光雷达	固态	机器人
镭神智能	N301系列激光雷达	固态	服务机器人、AGV、无人机
北科天绘	A-Pilot/R-Angle/R-Fans等系列激光雷达	固态	无人机、无人车
数字绿土	LiAir、LiEagle、LiMobile系列激光雷达扫描设备	固态	无人机

（五）高端芯片供应仍依赖进口

当前，国产芯片主要集中在中低端MCU、普通的电源芯片、部分传感器类别芯片及功率器件等。国产高端芯片基本空白，尤其是高端 MCU 控制芯片、集成保护和诊断功能的智能驱动芯片、集成度较高的电源管理芯片、高低边驱动芯片、特殊领域的通信芯片、高精度传感器等。例如，我国乘用车雷达装车量持续保持高位增长，但乘用车雷达产品进口依赖严重，博世、电装、大陆等国外头部雷达公司的产品安装量占比达 96%，成为继域控芯片、大算力芯片等之后又一种进口依赖严重的关键零部件。在部分高功能安全领域，基本上也很难找到能够满足要求的国产芯片，导致 ESP、EPS、安全气囊等与安全强相关的控制器，依然匹配国外的芯片。

第二节 国产车规级芯片发展趋势

随着全球经济放缓以及汽车市场需求疲软，车企价格战逐步由整车蔓延至上游芯片端。汽车芯片厂商加码砍单，汽车芯片市场按照类型差异呈现"供过于求、供不应求"的两极分化局面。一方面，全球经济疲软，消费电子需求下滑，传统汽车销量不及预期，叠加芯片生产持续恢复，传统汽车芯片供应趋于过剩。另一方面，智能网联电动汽车快速发展，IGBT、FPGA 等车用芯片需求增长较快，仍处于相对紧张的供给态势。

整体而言，我国汽车芯片产业仍处在发展初期，在关键核心技术自主、生产与供应能力、规模与成本、标准体系与测试能力等方面与国外差距较大。因此，在完善标准体系建设、提升全产业链研发生产水平及加强车规级芯片研究方面，我国汽车芯片也将面临更加严峻的竞争压力。

一、标准体系建设持续完善

车规级芯片工作环境复杂，需适应高低温交互、高湿度、发霉、粉尘、振动、电磁干扰等恶劣条件，产品各项要求标准远高于消费和工业级芯片。当前，国内车规级芯片标准与测试能力缺失，严重影响产品质量提升，阻碍国产车规级芯片应用。因此，标准体系建设将成为国产车规级芯片产业发展的重点内容。国内汽车芯片相关的标准团体、行业机构、企业将从多个领域先后推进团体标准、行业标准编制，进而构建完善的国家标准体系。

二、部分领域有望形成品牌效应

中国拥有世界上最全面的道路状况、最庞大的汽车市场，尤其是电动化、智能化汽车方面，为车规级芯片的实际道路应用与迭代升级提供了良好基础。与此同时，软硬件协同发展也是当前智能汽车产业发展的重要趋势，国内车规级芯片企业充分利用国内大数据、云计算生态，以及道路基础设施、配套保障等资源，开发更契合国内市场需求的智能化汽车功能方面，具备一定的优势。

根据中国汽车芯片产业创新战略联盟标准工作组数据，按每年新增车辆 1800 万辆计算，自动驾驶芯片的市场规模新增 3600 万片左右。目前，国内有超过 100 家企业从事开发及生产汽车芯片，50 多家芯片上市公司宣称有车规级产品或者量产应用。中国在自动驾驶算力芯片、智能座舱控制芯片方面，技术发展快，实现量产应用，并取得了一定的口碑。在碳化硅功率芯片方面，国内外技术发展水平差距相对较小，是最容易实现与国外并驾齐驱的领域之一。在上述领域，头部汽车芯片企业有望通过应用量的不断提高，逐步实现产品与技术迭代升级，构建国产品牌。

三、全产业链供应能力建设水平加强

中国车规级芯片全产业链供应能力在芯片设计所必需使用的 IP 核、软件设计工具、原材料与设备供应、芯片产能等主要环节均存在较大的自主供应难题，这也将是中国车规级芯片产业未来发展的重要内容。

（一）EDA："国产替代+下游需求"共促 EDA 赛道高成长

2021 年全球 EDA（Electronic Design Automation，电子设计自动化）市场规模为 133 亿美元，中国 EDA 企业与国外头部 EDA 企业在产品覆盖范围和先进制程上存在较大差距。随着美国对中国先进制程 EDA 工具的步步紧逼，EDA 软件国产替代势在必行。

（二）半导体设备零部件：半导体设备上游制造基础国产化加速

2021 年全球半导体设备零部件市场规模约 513 亿美元；根据 SEMI 关于全球半导体设备市场规模的预测，全球半导体设备零部件市场规模在 2022/2023/2024 年应分别达到 542.7 亿/456 亿/535.8 亿美元。半导体零部件相关企业主要集中在美国、日本和欧洲，中国半导体零部件自给率不足 10%，国产替代空间广阔。

（三）半导体设备："制造+封测"核心上游，国产技术突破是关键

半导体设备包括硅片制造设备、前道晶圆制造设备和后道封装测试设备。根据 SEMI 数据，2021 年全球半导体设备市场规模为 1025 亿美元，2022/2023/2024 年应分别达到 1085.4 亿/912 亿/1071.6 亿美元。全球半导体设备生产厂商主要集中在欧洲、美国和日本，中国半导体设备整体国产化率不足 20%，仍有待提高。

（四）半导体材料："制造+封装"核心上游，未来空间广阔

半导体材料分为晶圆制造材料和封装材料。根据 SEMI 数据，2021 年全球半导体材料规模为 643 亿美元；2022 年达到 698 亿美元；2023 年将超过 700 亿美元。半导体材料的生产厂商主要集中在日本、美国、韩国和德国，中国的国产自给率仍偏低，国产化率不足 15%。

（五）汽车电子：IGBT、SiC 和车载传感器前景可期

汽车电动化推动 IGBT 和 SiC 充分受益。根据 Infineon 和 StrategyAnalytics 数据，从燃油汽车向纯电动汽车升级的过程中，整车半导体价值量从 417 美元/辆提升至 834 美元/辆，增幅约 100%；功率半导体价值量从 88 美元/辆提升至 459 美元/辆，增幅约 421.6%。SiC 作为实现电动汽车 800V 高压快充的关键材料，有望快速增长。根据 Yole 数据，2021—2027 年，电动汽车用 SiC 市场规模将由 6.85 亿美元增长到 49.86 亿美元。汽车智能化促进多传感器融合，单车传感器需求量提升。根据 Deloitte 数据，L2、L3、L4、L5

级别分别需要 6 颗、13 颗、29 颗、32 颗传感器。

（六）车规级芯片生产：生产线建设是推动国产车规级芯片发展的必要举措

车规级芯片要求高可靠性、高安全性、高稳定性，需要进行严苛的认证，因此芯片的开发、认证和测试周期长（3～5 年），导致国内汽车芯片生产线可选择余地少。部分芯片的功能设计、工艺设计已达到成熟车规级芯片要求，但由于加工设备能力或生产一致性控制不足等原因，量产品良品率不稳定，始终无法被整车生产选用，生产线建设成为推动国产车规级芯片发展的必要举措。其中，中芯国际、华虹半导体等厂商通过了车规级芯片生产线认证。然而，国产车规级芯片成产存在较大缺口，需要国际代工。

第三节　国产车规级芯片发展建议

一、全产业链协同发展，逐步提高芯片产业能力

应加强国内汽车芯片全产业链（软件设计、原材料加工、设备研制、芯片研制、封测、测试检测、工具链、关键材料、等各环节）情况调研，全面评估国内汽车芯片工业技术能力，准确把握国内芯片研制的共性关键问题。制定全产业链协同发展的路线图，根据技术难易程度、技术重要程度，明确原材料生产、设备研制、芯片设计、芯片研制、封测、检测与认证、推广应用等各环节的短期、中期、长期发展目标与发展模式，逐步提高我国芯片产业综合能力。

二、建立健全汽车芯片检测与评价能力，加快汽车芯片国产化

应建立测试能力全面而先进、测试场景齐全、符合当下国际标准的国家级汽车电子验证中心，为国产车规级芯片开展上车验证，积累测试数据，在此基础上构建数据库，形成我汽车电子产业基石。通过设置合理的运营机制和知识产权归属划分，充分调动产业链上下游的资源，促进全产业同步发展。构建完备的汽车芯片检测评价制度。开展汽车电子定期评价机制，从设计成熟度、生产成熟度、产品性能成熟度、应用验证成熟度等多维度对国产汽车芯片产品开展评价。根据评价结果编制《国产化替代芯片产品目录》，对其中的芯片产品进行优先上车测试和试点推广应用。由国家级汽车电子验证中心提供行业背书、标准化验证和效果评估，加快国产化替代芯片的产业应用。

三、建立车规级芯片评价体制，推广芯片上车应用

国产车规级芯片已在部分领域取得重大突破、产品质量与性能已能够达到整车应用标准。但由于当前国产车规级芯片测试资源相对匮乏，在无法快速有效完成认证的情况下，整车厂在选用产品时，便会优先考虑国外一线成熟产品，不会轻易调整供应商，这一直接影响了国产产品质量和验证能力的提升。国产车规级芯片缺乏上车验证机会，市场难以打开，不仅给研发企业带来资金链断裂的破产风险，还会使国产车规级芯片产品在技术层面陷入缺用户、缺反馈、难以改进提高的恶性循环，制约国家产业结构的升级。因此，当前应优先建立健全车规级芯片产品评价机制，根据评价结果进行针对性的优先

上车测试和试点推广应用；结合评价结果，确定共性关键技术，集中攻关，实现产业技术水平升级。

四、坚持长期发展模式与发展环境优化

美国《2022 年芯片和科学法案》除 527 亿美元的芯片补贴外，更有 2000 亿美元的预算将用于人工智能、机器人技术、量子计算等关键领域的研究与创新，促进基础研究。基础研究也是半导体器件的设计和制造实现技术突破和商用化的原动力。一项研究成果需要 10～15 年的时间才能达到商业化阶段，如 EUV 技术从概念到进入晶圆厂实施阶段大约需 40 年。美国多年来一直确保基础研究占半导体总研发投入的 15%～20%，而我国投入基础研究的费用只占 5%～6%，半导体领域的基础研究更低。因此，我国半导体产业应充分借鉴美国半导体发展策略，坚持长期发展战略，坚持全产业链发展战略，制定原材料技术、设备研制技术、芯片设计技术、芯片制备与封测技术、应用推广策略的发展目标与发展模式，从财税、投融资、产业生态、人才培养等方面全面优化芯片产业的发展环境，逐步提高我国芯片产业综合能力。

五、加大政策资金支持，保障应用环境

政策、资金的支持，能让产能不足的企业有一个稳定的支持空间，让做长时间研发的企业有一个稳定的投入机制。这种情况下，我国为国产化芯片上车应用给予制度保障和资金支持。倡导应用环境，制定国产化替代芯片采购与应用政策，如制定国产车规级芯片上车应用比例、将采用国产车规级芯片的汽车纳入政府/国企采购名录、给予消费者补贴等，保障《国产化替代芯片产品目录》中芯片产品的采用量，加快市场认可度。同时，建议将汽车电子纳入沙盒监管制度，减少新产品进入市场的时间与潜在成本，并降低监管的不确定性。

第二十五章　2022年动力电池产业与技术发展

孟祥峰，阮碧琳，欧阳小龙，刘沕，刘金敬*

摘要： 本章对2022年动力电池产业与技术发展进行分析，主要从动力电池全球市场格局、中国动力电池市场装车与配套、供应链、未来技术发展趋势等方面展开。回顾2022年，全球动力电池企业竞争逐渐演变为中国企业的较量，随着中国新能源汽车市场转向消费驱动，国内动力电池需求跃升；从动力电池企业竞争来看，头部企业规模效应越加明显，前10名企业名单基本稳定，宁德时代、比亚迪作为动力电池行业的标杆企业，与第二梯队企业逐渐拉大差距，两家企业市场合计份额扩大至72%；从供应链上看，动力电池需求的快速增加使锂需求量节节攀升，导致2022年市场材料紧缺，价格大幅上涨；从技术趋势上看，动力电池技术在安全性、能量密度、快充能力、循环寿命、低温性能、成本控制等方面需要进一步提升。

关键词： 动力电池；市场格局；产业链；技术发展。

第一节　动力电池市场规模概况

一、全球动力电池企业竞争逐渐演变成为中国企业的较量

2022年全球新能源产业面临诸多挑战，海外市场成为重点冲击对象；地缘政治冲突导致欧洲能源供给紧张，电力、天然气价格飙升，直接影响新能源终端需求。同时，全球新能源汽车行业经历了原材料价格疯涨、芯片短缺问题等重重障碍；在此情况下，全球新能源汽车行业迎难而上，并迎来历史性时刻。根据韩国SNE Research最新数据，全球新能源汽车销量突破千万辆，带动动力电池使用量增长至518GWh，较2021年整体增长72%；中国新能源市场的增长带动全球新能源市场的发展，从新能源销售地区来看，中国市场占全球市场比例已上升至58%；虽然中国地区较2021年实现翻倍增长，但由于海外地区增速下降至45.2%，使得全球动力电池市场整体增速较2021年略微放缓。

从动力电池企业来看，全球份额最高的前10家企业名单相对稳定，中国企业欣旺达、孚能科技替代远景动力、蜂巢能源进入前10名行列，动力电池企业的竞争格局也由原来的中日韩"三足鼎立"逐渐演变成中国企业之间的竞争；宁德时代保持高增速的同时，持续提升全球市场占比，以市占率37%的优异成绩连续6年稳坐市场第一位置；比亚迪凭借自供车型的热卖，完成对松下的超越，一路追赶韩国企业LGES，动力电池使用量

---

* 孟祥峰，博士，宁德时代新能源科技股份有限公司董事长助理；阮碧琳，宁德时代新能源科技股份有限公司市场部高级数据分析师；欧阳小龙，任职于宁德时代新能源科技股份有限公司；刘沕，宁德时代新能源科技股份有限公司政策研究经理；刘金敬，宁德时代新能源科技股份有限公司政策研究经理。

基本与 LGES 持平；日韩企业 LGES、松下、SK On 等主要依赖欧洲市场，而欧洲市场在 2022 年受市场因素影响增速明显放缓，无法为日韩企业带来更多额外的订单增量，因此虽然使用量绝对值有所上升，但市场份额明显下降（见图 25-1）。

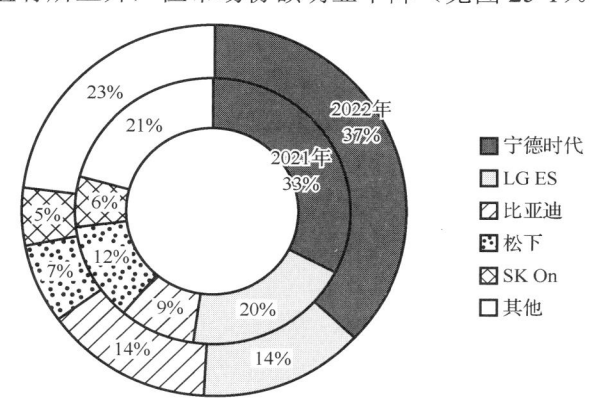

图 25-1 2021—2022 年全球电池企业市场份额

数据还体现了中国动力电池企业呈爆发式增长，合计占比从 2021 年的 48.6%提升至 60.4%，除中国新能源汽车市场的增长带动外，还得益于中国新能源汽车企业加快了新能源汽车出口的步伐，带动中国动力电池企业在海外市场的份额增长，2022 年出口规模较 2021 年增长 146%，其中，宁德时代占比达 95%。电动汽车、光伏产品、锂电池作为"新三样"代表，中国高技术、高附加值、引领绿色转型的产品成为出口新增长点。

中国电池企业加快走出中国市场的步伐，实现向全球市场的跃进，预计今后中国企业与日韩企业之间的竞争愈加激烈；随着中国企业在海外产业布局逐渐明朗，全球动力电池企业的竞争将演变成中国动力电池企业之间的较量。宁德时代继续完成全球布局，在不同区域市场探索多样化合作模式，与日本大发工业株式会社签署战略合作谅解备忘录，双方将在电池供应及电池技术方面开展战略合作，推动日本电动化转型；与越南第一家进军全球市场的车企 VinFast 达成多种合作，帮助 VinFast 快速打开全球市场；将与福特开展全球战略合作，涵盖北美、欧洲及中国的动力电池供应；与 Arun Plus 达成 CTP 技术许可；与欧洲电动客车领军企业 Solaris 公司达成合作，推动欧洲巴士电动化；加强客户合作的同时，海外供货能力也在不断加强，目前已具备对欧洲客户的本地生产及供货能力，位于德国图林根州的首个海外工厂如期实现锂电池电芯的量产；宣布在匈牙利建设欧洲第二座工厂，加速欧洲布局的电动化和能源转型。国轩高科与阿根廷胡胡伊省国家能源矿业公司在阿根廷签订合作协议，规划建设电池级碳酸锂生产线，进一步推动公司供应链全球化战略落地；在印度尼西亚投资设立印尼国轩绿色能源应用有限公司，计划与上汽通用五菱汽车印尼有限公司合作开发电动汽车，并提供优质的电池和售后服务；在泰国、越南启动建厂计划，主要用于生产电动汽车及储能系统。亿纬锂能已经与戴姆勒、宝马等国际巨头签订长期供货合同，同时积极布局海外电池产能，计划在匈牙利建厂，预计 2026 年投产。远景动力与宝马、奔驰、马自达达成供货协议，有望使其海外市场份额有所回升。

二、中国新能源汽车市场转向消费驱动，动力电池需求跃升

2022年，新能源市场未显颓势，终端需求日益旺盛。得益于电池产品性能提升、充电基础设施的配套跟进、老用户口碑的正向传播，逐渐打消了消费者的里程焦虑，新能源汽车市场消费驱动化特征越发明显（见图25-2）。随着消费者对新能源汽车认可度的逐渐提高、新能源产品丰富度的提升、基础设施不断完善，各地政府的大力支持及油价上涨等外在因素叠加刺激，2022年新能源汽车终端市场需求继续高歌猛进，带动中国动力电池企业的高速发展。

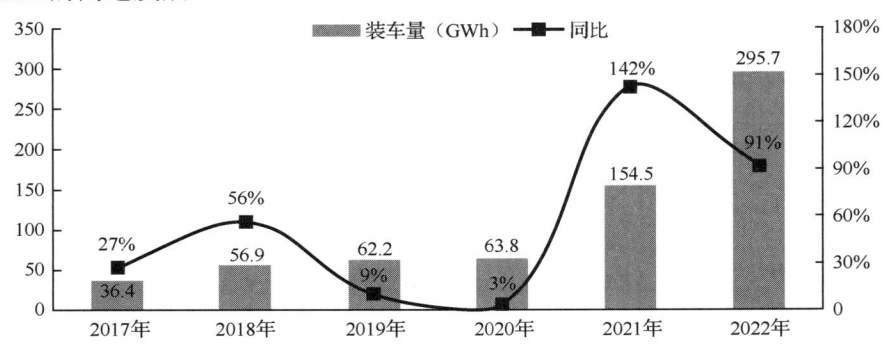

图25-2 近6年中国动力电池装车量走势

随着新能源汽车的蓬勃发展，动力电池装车量水涨船高，2022年动力电池装车295.7GWh，同比增长93%，增速较2021年有所放缓；从月度装车量走势（见图25-3）可以找到增速放缓的原因：全年增长步调基本保持翻倍的状态，仅在4月、12月出现了两次较大的增速滑坡。2022年4月，上海新冠感染导致长三角地区汽车产业供应链受到严重影响，物流资源紧张也使得全国新能源汽车产业零部件短缺、整体生产能力下降；2022年12月初，国内从"防感染"转变为"保健康、防重症"，新冠感染病例量达到最高峰，直接影响消费者的进店率及成交量，终端市场需求收缩，新能源汽车产业链因生产力短缺只能保障基本的生产量，以应对即将到来的春节交付高峰，以上两个重要的节点事件将2022年动力电池发展增速拉低。

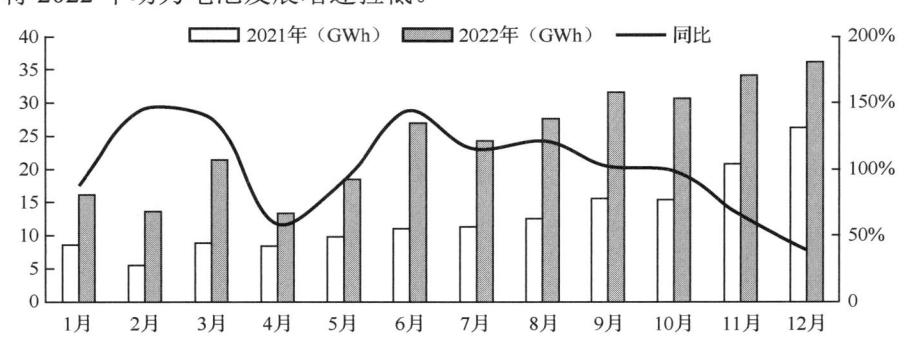

图25-3 2021—2022年中国动力电池装车量月度走势

第二节 中国动力电池企业竞争与产品配套情况

一、动力电池企业打响新一轮"拉锯战",探索自身发展之路

根据合格证数据统计显示,2022 年共计 56 家动力电池企业在产或有动力电池产品装车,与 2021 年数量基本持平,其中装车量在 1GWh 以上的企业名单与 2021 年的基本保持一致,且装车量在 2022 年均有不同程度提升。从竞争格局来看,头部企业规模效应越加明显,前 10 名企业名单基本稳定;前 4 名企业仍然为宁德时代、比亚迪、中创新航、国轩高科,瑞浦兰钧则替代塔菲尔重返前 10 名行列,头部企业市场集中度再创新高,前 10 家企业市场占比合计达 95%,较 2021 年提升 4 个百分点(见表 25-1)。

表 25-1 2022 年动力电池企业国内装车量及排名

排名	2022 年				2021 年	
	电池企业	装车量(GWh)	份额	客户数量(家)	排名	份额
1	宁德时代	144.3	49%	235	1	52%
2	比亚迪	69.1	23%	29	2	16%
3	中创新航	18.8	6%	34	3	6%
4	国轩高科	14.0	5%	60	4	5%
5	欣旺达	7.3	3%	13	10	1%
6	亿纬锂能	6.7	2%	47	8	2%
7	蜂巢能源	5.7	2%	11	6	2%
8	孚能科技	5.2	2%	13	9	2%
9	LGES	5.2	2%	3	5	4%
10	瑞浦兰钧	4.4	1%	10	40	1%
	其他	15.0	5%			9%
	总计	295.7	100%	299		100%

宁德时代、比亚迪作为动力电池行业的标杆企业,与第二梯队企业逐渐拉大差距,两家企业市场合计份额扩大至 72%,第二梯队的动力电池企业也展现出了明显的增长趋势。宁德时代拥有广泛的客户群体,稳坐行业龙头位置,连续 6 年蝉联市场第一名;在高装车量的同时仍然保持着高增长率,2022 年全年装车 144.3GWh,同比增长 80%,市占率达 49%。宁德时代在各个细分市场表现亮眼,乘用车领域除配套特斯拉 Model 3、Model Y、吉利极氪 001、大众 ID 系列、蔚来 ES 系列等热销车型外,还助力客户完成 50 余款新车上市;在客车市场呈现深度合作、高占有率特点,在物流车、中重卡领域持续发力,促进装车量进一步提升。比亚迪在新能源市场持续走强,动力电池装车量增速最为明显,2022 年市占率上升至 23%;比亚迪市占率的提升主要来自两个方面,一是比亚迪在插电式混合动力汽车市场的爆发增长,利用自身企业垂直生产的特点,以同等级别车型更低的定价优势打开市场,当前比亚迪插电式混合动力汽车的装车量已超过纯电

动汽车的，占比约 52%；二是 2022 年 4 月上海新冠感染导致众多车企同行陷入零部件短缺、产能不足的情况，比亚迪利用自身较为完整的汽车产业链应对难关、奋力向前，借此扩大品牌优势；比亚迪自 2017 年拆分动力电池业务以来，电池产品主要以自用为主，虽然为了降低市场风险大力拓展外部客户，但效果甚微，2022 年电池外供比例不足 3%，比亚迪后续若是想要进一步提升竞争力，外供规模仍需扩大。

自 2021 年起，车企与动力电池企业之间的关系逐渐从单一转向多元，除主供外，为了降低成本及稳定供应问题，开始引入二供、三供，这一现象使得中国第二梯队的动力电池企业规模得以提升；第二梯队企业主要通过绑定客户关系，努力融资创造机会、构建产能，其中，中创新航成为竞争的焦点，通过把握广汽乘用车、上汽通用五菱、小鹏汽车、长安汽车的客户机会，2022 年装车量实现翻倍增长，市占率也提升至 6%；国轩客户则主要为奇瑞汽车、上汽通用五菱、长安汽车、江淮大众、零跑汽车；欣旺达背靠吉利汽车表现稳定，为了稳定市场地位同时还配套东风柳汽、零跑汽车、智马达、东风系等第二梯队车型；可以发现，第二梯队企业之间的客户重合度较低，且大部分汽车动力电池的主供企业一般为宁德时代。过去两年，各大电池企业的竞争更加白热化，当前动力电池技术较为成熟，想要产生新的突破比较困难，竞争战场除产品技术外，还加入了产能布局、上游原材料保障等问题；特别是第二梯队企业，通过融资创造的产能将在未来 3~5 年逐渐释放，更加迫切地通过各种商务策略绑定客户，保证产能的有效利用，从而稳定行业地位。

二、动力电池先进产能需求旺盛，持续扩张产能成为必选项

新能源汽车市场延续了 2021 年火热的增长态势，成为动力电池产业扩张的兴奋剂，扩充浪潮依旧声势浩大。根据高工产业研究院统计，2022 年动力及储能电池开工项目达 44 个，总产能规划超 1.2TWh，规划投资超 4300 亿元，竣工、投产项目达 16 个。头部动力电池企业开始抢跑优质产能的快速释放，巩固市场强者的地位，宁德时代依托规模效应，进一步扩大与竞争者的优势差距，福鼎时代生产基地、上海瑞庭基地、厦门时代基地、山东时代基地相继开工，宁德湖西三期项目、广东瑞庆基地、四川宜宾基地也在 2022 年竣工投产；2022 年，比亚迪收获多家外部主机厂新项目开发定点，其动力电池装车量进一步提升，刀片电池产能规划链条逐渐清晰，襄阳、盐城、济南、绍兴等基地的相继投产为订单稳定交付保驾护航。除产业布局较为完善的头部企业外，二三梯队动力电池企业通过融资、参股、联盟等多种方式扩充产能，同时深化与主机厂的绑定程度，以保障未来产能的有效利用。

面对如火如荼的扩产态势，"产能过剩"的声音不绝于耳。实际上，市场对优质动力电池企业的需求不断增加，主要是对优质产能提升的挑战，同时存在无效产能过剩的问题。随着新能源汽车渗透率的不断提升，基本到了能源转型的关键时刻，各国政府对新能源行业提供了不同程度的支持，因此动力电池作为新能源汽车的关键部件，其需求规模仍在持续扩大；目前中国乃至世界新能源产业的发展还处于早期阶段，动力需求增长的空间是巨大的，根据 SNE Research 预测数据，到 2035 年，全球三大市场的电动汽车渗透率将超过 90%，基本完成电动化转型。从全球范围来看，中国动力电池企业优势明显，一方面拥有完整的产业链，并具备更好的成本控制能力，另一方面产能布局和规划

领先于海外企业，海外工厂的建设也能满足本地化生产需要，研发和人才储备完善，因此中国动力电池不仅应用于中国区域市场，未来还有望成为全球动力电池供应的主力军。市场对于优质动力电池的产能需求只会不断扩大，主机厂的择优选择从而产生了无效产能过剩问题。在此竞争态势下，二三梯队动力电池企业为了扩大市场竞争优势，除资本投入于产能扩充外，还应该在产品、技术、供应链等方面多下一番功夫。

三、磷酸铁锂电池装车规模显著提升，后补贴时代竞争优势明显

从动力电池材料体系来看，磷酸铁锂技术路线凭借成本更低、更稳定的特性回归引领市场，带动市场格局进一步转变。自2021年以来，磷酸铁锂电池月度装车量超过三元材料电池并逐月提升，2022年装车量结构占比达60%，三元材料电池市场缩水至36%（见图25-4）。

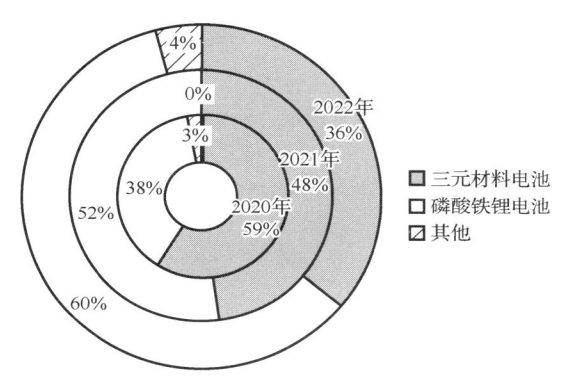

图25-4 2020—2022年动力电池分材料装车量结构占比

大众对于磷酸铁锂电池的共识在于其具备高循环寿命、低成本、电池体积大等特点，从应用细分领域来看，磷酸铁锂电池十分适用于续航要求低、充放电次数多、经济性要求高的客车、专用汽车市场，2022年客车、专用汽车市场的增长，为磷酸铁锂电池带来了10.4GWh的增量；随着磷酸铁锂电池工艺的提升，宁德时代CTP磷酸铁锂电池、比亚迪刀片电池等先进产品的产能提升、量产应用，磷酸铁锂电池在乘用车市场的装车规模快速增长，2022年装车量达145.2GWh，占乘用车全市场装车量的55%，同比增速为150%，远超三元材料电池。补贴退坡、原材料涨价等市场因素导致整车厂成本压力提升，此时磷酸铁锂电池的低成本优势成为中低端车型配套方案的首选，2022年配套磷酸铁锂电池版本的车型数量增加至129款，除比亚迪全系车型均配套刀片电池外，特斯拉Model Y/3、广汽埃安系列、长安混动车型、小鹏全系车型等都上市了磷酸铁锂版本，蔚来换电车型也增加了磷酸铁锂电池。

虽然三元材料电池在能量密度、耐低温性、体积比等方面具备更优秀的表现，但受限于现阶段新能源行业补贴退坡压力特别是整车厂成本压力，成本相对较高的三元材料电池市场占比有所下滑，2022年合计装车107.8GWh（见图25-5），市场规模较2021年增长33.5GWh，但市场占比下滑至36%；三元材料电池主要应用于高性能车型市场，高能量密度、长续航、快充、耐低温是该市场的销售热点，以极氪001、特斯拉Model Y、理想ONE、小鹏P7、大众ID系列等热销车型为代表，同时还覆盖了几何系列、广汽埃

安系列等面向私人市场的紧凑级车型，由此可见，三元材料电池在新能源市场应用十分广泛，与磷酸铁锂电池的竞争赛道有所差异。但从成本角度考虑，通过技术手段降低三元材料整体成本是必须要解决的问题，提升镍含量、降低钴含量以控制成本是三元材料电池发展的必然途径，"高镍化"在一定程度上保证了电池能量密度，极大提升了续驶里程及电池的使用循环寿命和安全性；伴随高镍系列三元材料技术成熟度的提高，高镍系列三元材料的规模化应用有望使其总体成本逐渐低于普通三元材料，从中长期来看，高镍三元有望在综合成本上接近甚至低于铁锂，铁锂的成本优势降低，再有高镍三元的技术先进性加持，电池材料市场格局将再次发生变化。

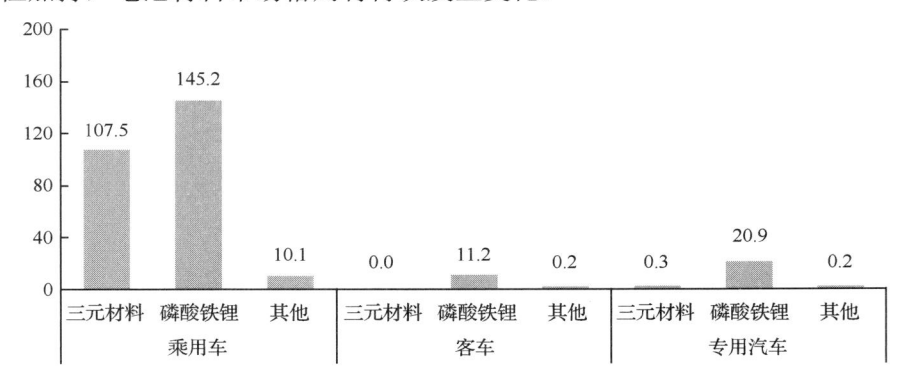

图 25-5　2022 年动力电池分材料车型应用及装车量（单位：GWh）

四、动力电池系统结构创新百花齐放，高安全、低成本成为抢占市场份额利器

高能量密度、长续航、加强安全保障、充电效率提升、低成本一直以来都是动力电池发展的长远目标，主要助力电动汽车在续航能力、补能便利性、制造成本等核心指标方面得到明显提升和改善。2022 年，动力电池企业主要在以下三个赛道展开竞争。

一是能量密度，在国补政策逐渐消退的情况下，现阶段主流纯电动乘用车系统能量密度集中在 140～160Wh/kg、160～180Wh/kg 两个区间，过去为了提升动力电池系统能量密度，动力电池企业主要通过改善电池材料提升单体电芯能量密度，现阶段则将目光重点放在动力电池集成管理技术创新上，改善电池系统体积利用率。宁德时代麒麟电池问世，采用宁德时代第三代 CTP 技术，系统集成度创全球新高，体积利用率最高可达 72%，能量密度最高可达 255Wh/kg，可实现整车超过 1000km 续航，该产品落地问界、极氪等系列车型，并在 2023 年实现交付；比亚迪发布 CTB 电池，将刀片电池与车身刚性连接，使得电池系统体积利用率达 66%，系统能量密度提升 10%，海豹是全球首款搭载 CTB 技术的量产车型；孚能科技推出全新动力电池解决方案 SPS（Super Pouch Solution），采用大软包电芯卧式布置设计，使得电池系统部件空间减少 50%，与采用 4680 圆柱电池的车型相比，体积利用率高出 12%；蜂巢能源发布龙鳞甲电池，量产定点车型包括 2023 年 10 月量产的一款 SUV 和一款轿跑车；整车企业研发电池也有了新进展，上汽魔方电池采用"卧式电芯"，把当前动力电池中普遍正向直立的电芯改成了平躺放置，提升成组效率，带来电池系统能量密度的提升。

二是安全性，在三元、铁锂的竞争中，安全性成为宣传重点，安全是前提也是终极目标。目前，动力电池企业提升安全性主要从热管理、电池包刚度、材料安全等方面着力，各大电池企业侧重点有所不同。宁德时代麒麟电池高效解决电池散热问题，缩短电芯控温时间，孚能科技 SPS 方案同样提高电池系统散热效率；比亚迪 CTB 蜂窝结构保证整体结构刚度，蜂巢能源龙鳞甲采用双面冷却设计，缓解电芯间热蔓延问题；中创新航 OS 高锰铁锂电池号称采用航天级材料进行热失控抑制防护，适应高温场景。

三是降本，在碳酸锂价格飙涨的趋势下，动力电池企业应进一步促进对新型材料的研究，以满足不同场景需求。钠离子电池原材料储量丰富、生产成本较磷酸铁锂更低，能量密度、循环寿命、热稳定性和安全性与磷酸铁锂电池相当甚至更优。目前，宁德时代第一代钠离子电池能量密度已达 160Wh/kg，第二代产品预计可提升至 200Wh/kg，再配套 AB 电池混搭技术，整车续航可提升至 500km，满足绝大多数出行场景需求；亿纬锂能于 2022 年底发布大圆柱钠离子电池产品，能量密度可达 135Wh/kg，在极寒低温的场景中仍然能够正常工作；除此之外，欣旺达、国轩高科、鹏辉能源等公司也加入了钠离子研发的浪潮当中，推进整体行业布局，加快产量进度。现阶段钠离子电池制备工艺尚不成熟、生产效率较低、前期投入成本高，在一定程度上抵消了磷酸铁锂电池的成本优势，未来随着产业链的逐步完善，钠离子电池的成本优势将会逐步体现。

电池技术的发展方向受多种因素的影响，如能源政策、材料科学、技术研发等，最终技术的规模应用则由市场需求来确定，在着力电池技术发展的同时也要关注可持续发展，减少对环境的负面影响，实现行业生态的健康发展。

第三节　原材料价格趋势及后续影响

2021 年，动力电池需求的快速增加亦使锂需求量节节攀升，由于锂的使用量超过了产量并耗尽库存，新增产能未到释放期，随着需求的进一步增长，导致 2022 年市场材料紧缺、价格大幅上涨。为了平抑供应链价格波动，实现核心原材料成本管控的需求，大型动力电池企业为了稳定自身供应链，选择与材料企业绑定，通过合资建厂和签订长单的方式进行产能锁定。部分电池企业纷纷加大了对锂资源的争夺，全球锂矿资源争夺战越演越烈。

一、2022 年中国动力锂电池市场增速翻番，原材料行业积极扩产，除隔膜外，主要锂电材料价格均已出现下跌

根据高工机器人产业研究所最新统计，2022 年中国动力电池市场出货量同比增长超 110%。其中，磷酸铁锂电池占比为 61%，三元材料电池占比为 39%，主要受国内新能源汽车产量增长和动力锂电池海外出口带动。

2022 年正极材料出货 189 万吨，同比增长 68%。从细分来看，磷酸铁锂材料出货 111.3 万吨，同比增长 131.83%，三元材料出货 63.9 万吨。磷酸铁锂材料出货量大幅上升主要受动力锂电池降本和储能锂电池高速增长带动；锰酸锂主要应用在小动力、低端储能等市场，2022 年锂电池价格高企，对比铅酸等电池性价比降低，锂电渗透率下滑，钴酸锂出货量下滑。负极、隔膜、电解液领域受全球动力及储能市场增长带动，2022 年

出货量同比分别增长90%、68%、69%。

由于产能的爬升，2022年四季度主要材料价格均出现不同程度的下降。正极材料中，尽管锂盐价格一度突破60万元/吨，但因四季度订单量减少，进入11月价格开始下降，致使电池级磷酸铁锂价格降低幅度超过10%，中高镍三元材料价格下降3%左右。

负极材料领域，人造石墨成品产能逐渐释放，从平衡走向过剩。新建石墨化产能集中投放叠加新型箱式炉工艺应用比例上升，供需松动下石墨化加工费逐步下滑。在上游焦类价格同步下降的支撑下，部分负极材料也给出了5%的价格降幅。隔膜随着2021年二季度之后新增产能的释放，行业供需关系已经初步得到缓解，全年供需紧平衡，价格较为平稳。电解液及上游原材料产能加速释放，受六氟磷酸锂和VC价格下滑影响，售价持续走低，对比2022年初价格下滑超50%。2022年六氟磷酸锂新增投产超8万吨，VC新增投产超2万吨，电解液市场新增产能超35万吨。铜箔随着新建产能投放，行业加工费持续走低。上游原料方面，锂盐价格在2022年下半年开始下滑，截至12月底跌幅超20%，6F、VC、PVDF全年跌幅超50%，石墨化代加工价格跌幅超30%，下跌主要产生在2022年下半年。

从供需来看，磷酸铁锂产业链、负极材料产业链以及6F、VC、PVDF等随着行业扩产项目的投放，2023年有效产能利用率将进一步下滑，供给过剩的情况加剧。

二、受补贴取消、原材料价格等因素影响，车企开启涨价潮

电池供应链中除矿商通常受市场驱动对原材料定价外，供应链上的其他参与者通常采用成本加成定价策略，仍然在很大程度上使最终用户面临成本波动。

2022年由于新能源汽车市场的持续升温、国际局势变化、芯片短缺、补贴政策退坡、原材料价格上涨等诸多原因，新能源汽车制造企业在成本方面的压力越来越大，各大企业纷纷上调了自家汽车产品的指导价格，包括特斯拉、上汽通用五菱、几何汽车在内的至少30余家主流车企，都在过去两年内先后调整旗下新能源车型价格。

2022年3月，特斯拉在一周内对Model 3、Model Y两款市场热销车型连续涨价3次，其中，Model 3高性能版车型分别在3月10日和3月15日涨价1万元和1.8万元，累计上涨2.8万元。哪吒汽车连续3次涨价。7月中旬，上汽大众宣布ID.家族于8月全系调价，幅度约1万元。8月1日，江淮汽车宣布，思皓E10X花仙子款新能源汽车的四叶草、满天星、向日葵款车型价格均上涨1000元。零跑汽车也从8月1日起对T03全系车型补贴后的官方指导价进行调整，各车型涨价幅度为5600~6600元。尽管原材料价格上涨现象已有所缓解，但新能源汽车市场销量的大幅增长叠加市场环境等因素，使得新能源汽车成本下降缓慢，新能源汽车的性价比优势也在大幅减小。

在汽车上下游产业链上，受原材料价格上涨、供应链紧张因素的影响，产业链的利润结构被极大地重塑，利润从下游整车企业流向了上游原材料企业。为提升利润空间，2022年，越来越多的车企开始通过合资合作、入股等方式与原材料厂商深度绑定，锂矿投资热潮开始在行业兴起。

2022年6月，长城汽车旗下蜂巢能源与国内锂矿巨头赣锋锂业签署《战略合作框架协议书》，双方将在锂资源、锂盐供销、电池回收等多方面开展深入合作。12月，澳大

利亚矿企 ST GEORGE 公告称，蜂巢能源拟投资近 500 万澳元（约合 2342 万元人民币），参与该公司的股权增发。同时，蜂巢能源将协助开发 ST GEORGE 位于西澳的 Mt Alexander 锂辉石矿项目，并获得此项目 25%的锂矿包销权。

2022 年 8 月，广汽埃安与赣锋锂业举行战略合作协议签约仪式。11 月，广汽全资子公司广汽部件与狮溪煤业、遵义能源设立合资公司，开展相关矿产地质勘查和矿产资源的投资管理经营。

2022 年 12 月，比亚迪成为盛新锂能第三大股东，持股 5.11%。

蔚来也被曝计划投资澳大利亚的矿石开采公司——Greenwing Resources Ltd，总金额最高或超过 6 亿元。

除车企外，动力电池企业如宁德时代、国轩高科等，也在收购或入股锂矿企业。宁德时代于 2022 年 4 月以 8.65 亿元拿下宜春一处锂矿勘探权，国轩高科于 2022 年 5 月与阿根廷某矿业公司签约合作，其本意为在控制成本、保证供给的情况下，通过扩产抓住渗透率提升的最后窗口期。动力电池企业越早释放产能越可以在全行业产能紧张的时候拿下关键车企客户，绑定后期利益；规模化是动力电池产业的核心壁垒之一，越快释放产能越有利于锁定市场份额，并为价格谈判获得更多筹码。

2022 年，尽管汽车行业整体存在较大挑战，但随着全球储能的订单放量，赛道开启长期的高增长，锂电需求量上涨将是未来的长期趋势。

第四节　动力电池发展趋势

经过数年发展，各个级别车型平均续驶里程增长曲线趋于平缓，对纯电续驶里程的追求趋于理性（见图 25-6），续驶里程将不再是阻碍消费者选择电动汽车的障碍，购置成本、补能效率、补能便利性、低温续航、安全、使用成本、耐用性等的差异性将成为消费者选择不同品牌汽车的主要因素。

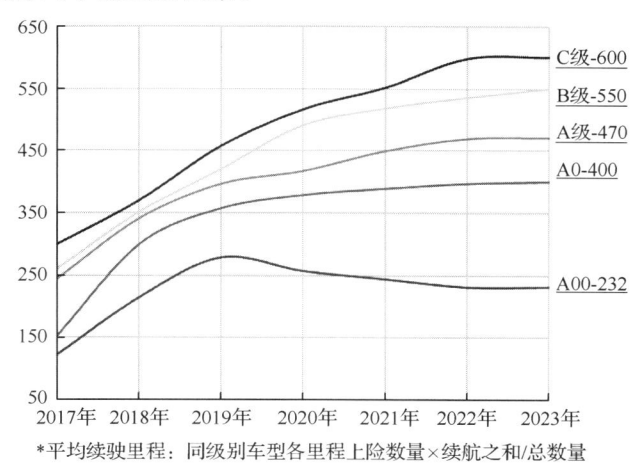

*平均续驶里程：同级别车型各里程上险数量×续航之和/总数量

图 25-6　2017—2023 年各级别车型平均续驶里程增长曲线（单位：km）

一、动力电池安全性

近年来，随着保有量的增加和使用年限的增长，新能源汽车安全事故呈多发态势，严重影响消费者选择意愿，不起火电池技术已成为行业基础要求。

要实现动力电池的高安全性，需要从系统的安全设计、严格的制造品质管理、智能监控和预警系统、全生命周期的安全管理等多维度持续攻关。具体地，产品设计层需要构建材料、电池单体、模块、电池包多级安全防控体系，这正在成为当前行业安全新标杆；最主要的，源头的材料选择和产品设计应该更耐缺陷；产品制造层需要注重制造过程的质量与安全管控，将产品缺陷率由 ppm 级降低至 ppb 级；辅以基于人工智能技术对动力电池系统建立提升安全状态参数评估能力，并在全生命周期进行安全监管和预警。

当前，行业可普遍实现以被动安全为主的不起火电池，并实现规模化量产，预计到 2025 年系统可实现电芯发生热失控时起火不冒烟，并且在短时间内仍然可以安全放电，从而大大提升消费者对电动汽车的安全认知。

二、动力电池能量密度

过去几年，动力电池能量密度低，成组效率较低致使电动汽车续驶里程短。同时，充电桩数量有限、充电设施布局不合理，电动汽车使用的便捷性大受影响，两个因素共同作用，里程焦虑一直制约着用户对电动汽车的选择。当前，随着电池系统能量密度提升、整车留给电池系统的空间优化，CTP 等系统集成效率的提升及整车电耗的降低，单次充电可媲美燃油汽车续驶里程（>1000km）的电动汽车陆续发布。后续随着充电设施的逐渐增加，里程焦虑可大大缓解，续驶里程的设定将逐步趋向理性，因此经济性高的电动汽车会逐步成为主力，此部分车型配套的电池的能量密度已完全满足需求，会随着整车智能化、娱乐化的加强而持续小步优化。同时，换电技术的逐步推广也降低了终端用户对电池能量密度和续驶里程的高要求。追求长里程的高档车型或旗舰车型也会满足个性化市场，此部分车型会追求单次充电续航大于 1000km 的长续航。

在电芯级别方面，具有高能量密度的高镍正极材料、高电压三元材料及硅等新型负极等将实现量产，与之匹配的电解液技术、负极黏结剂技术及电芯制造技术也将进一步提升，到 2025 年，量产电芯能量密度有望达到 800Wh/L 和 350Wh/kg。

在 pack 级别，pack 系统成组效率由早期的不足 50%，提升至以宁德时代麒麟技术为代表的 72%，并且油改电车型逐步被纯电平台车型取代，动力电池包络更加规整、集成度更高。系统能力密度有望达成 250Wh/kg。

三、动力电池快充能力

充电速度是决定电动汽车终端用户体验的关键因素。充电速度越快，用户充电等待时间越短、体验越好，而充电时间媲美燃油汽车加油时间的电动汽车一直是用户的期望，因此追求更短充电时间会分化出更高的快充需求。

预计到 2024 年，电动汽车充电时间将从目前的 30 分钟以上降低到 10 分钟左右，到 2025 年以后进一步降低到 5～8 分钟。在具体技术上，动力电池系统电压由 400V 逐步向 800V 转变，可以大幅降低系统充电电流，综合性能优异的石墨负极的快充性能将进一步提升并得到大规模应用。同时，为了实现快速充电，在动力电池系统热管理方面，温度实时/高精度监控、高效冷却/加热、系统内部温度高均匀化控制等技术将得到显著发展，实现动力电池精细化热管理。以上技术条件将支撑动力电池逐步由目前的 1C 充电能力向 2C/4C 方向发展。

但与长续航一样，考虑到整车性价比和经济性，对于拥有私人充电桩等充电方便的用户，快充的需求会降低。换电的推广也使终端用户不必过多考虑充电时间的困扰，因此，在市场上，预计会出现分化的高、低两类充电需求的细分车型和技术方向。

四、动力电池超长循环寿命

动力电池是电动汽车的核心，其寿命在很大程度上决定了电动汽车的寿命。长寿命电池可减缓电池容量的衰减速度，将电池的续驶里程衰减维持在比较慢的水平上，帮助用户减缓里程焦虑。

目前，业内针对减缓电池容量衰减、延长电池寿命的解决方案主要从正负极、电解液等材料入手，也会从结构设计上进行改良，提升电池稳定性。

终端用户对价格高昂的电池质保及整车残值顾虑较大。以典型的电动乘用车为例，动力电池的循环寿命一般为 1000~2000 次，对应的电动汽车质保时间为 8 年左右，总质保里程为 20 万千米左右，更高质保诉求（大于 15 年）、提升二手电动车交易残值、电池系统梯次利用、换电的推广发展等均需要开发更长寿命的电池以达成更高的经济性。要提高动力电池的寿命，需要对动力电池正负极材料及电解液添加剂等进行优化，如采用结构稳定性更好的正负极材料，使用成膜效果更好、保护性能更强的电解液添加剂等。同时，通过动力电池系统技术的提升，对动力电池的使用环境及使用方案进行优化，如更优的热管理与充电流程，以及全生命周期的智能管理，可以进一步提高动力电池的寿命。

五、动力电池低温性能

冬季续驶里程减少是新能源汽车遭诟病的痛点之一，这主要是由于低温下锂离子在正负极材料中的传导难度大，正负极颗粒表面的反应速度慢，电解液的黏度大等，限制了动力电池在低温下的放电能力。但对于整车，低温续航难题还存在整车能耗、热管理、空调等耗电器件的使用，里程缩短导致回充电量减少等其他影响因素。动力电池自身因素影响占比约 60%。

打造全天候动力电池，将是未来动力电池技术的一个重要发展方向。通过对正负极材料的成分、颗粒结构、表面性能进行优化，可以显著提高锂离子电池的低温放电保持率；通过优化材料结构和电解液，可以提升电芯的低温回充功率性能以增加行驶中的回收电量。同时，通过对动力电池系统进行优化，采用更高效的热管理系统对动力电池进行加热或者冷却，可以进一步拓宽动力电池的使用温度范围。

六、动力电池成本控制

电动汽车能否最终被大众普遍接受，成本是关键因素。随着新能源汽车渗透率的逐渐上升，终端用户的购车认可度也在提升。动力电池降成本技术发展的重要方向有以下几点：

（1）材料技术提升，如开发低钴甚至无钴含量材料，降低稀缺元素钴等的用量；开发高电压材料，提高充电电压，使单位重量的原材料可以提供更多的能量。

（2）高效集成技术的开发，如采用CTP等，降低系统级别的零部件数量，简化制造过程，降低制造成本。

（3）规模化生产和标准化，提高制造效率和成品率。

（4）新一代超低成本动力电池技术的探索开发，如钠离子电池、富锂锰基电池、5V尖晶石高电压电池等。

此外，除动力电池自身技术发展外，可使用低成本体系电池覆盖更高的续驶里程来达到整车降本（如配置磷酸铁锂的车型覆盖里程在逐渐增加），或降低整车电耗，达成相同续驶里程下降低配电量以进一步降本。

七、低碳化发展

新能源汽车已成为国家应对气候变化、实现"双碳"目标的战略举措。而动力电池作为新能源汽车重要的组成部分之一，兼具能源的存储使用和制造业的属性。如果能用绿色能源对其充电则可提高新能源的利用率，从本质上改变能源结构。而其自身制造的低碳化也应该满足国家、国际社会对低碳发展的要求。尤其是欧盟自2020年12月发布《电池与废电池法》草案后，新增了要求电池生产和使用的低碳化、追踪碳足迹等规定，体现出对动力电池更为明显和激进的"碳壁垒"特征。此举也势必影响各主要参与者，尤其是我国从法律法规和产业结构上去做相关完善和应对。

随着法规的落实和低碳要求的推进，可预计电池行业的变化趋势为：电池制造、上游材料生产都需要将工艺向低碳化方向调整，达到节能优化；大比例或全部使用清洁化电力；原材料中加大循环材料的使用比例；电池使用增加梯次利用，尽可能将一次能源消耗生产的产品延长使用的周期。具体地，电芯工厂和正极材料工厂切换绿电生产，三元材料的过渡金属、铝壳、塑料组件使用回收材料。这会带动生产环节向资源地、清洁能源产地集中，加大低能耗工艺研发，提升能源使用效率，产品做好碳足迹记录和追踪，国际贸易增加碳税，相关产业制定新的行业、国家、国际标准、法规等。

第五节 2022年动力电池产业技术创新

新能源汽车产业持续保持领先优势的关键，在于动力电池核心技术的持续创新突破。国外陆续出台新能源汽车政策支持产业发展，动力电池作为新能源汽车的核心，关键技术创新和前沿技术突破逐步成为全球市场竞争的焦点。

一、动力电池系统集成技术"百花齐放"

系统结构创新是当前电池企业实现动力电池技术创新的主要路径。在此过程中，电池企业通过电池系统结构设计创新，减少系统零部件以减轻电池包重量，实现电池包体积利用率提升，从而提升系统能量密度。

2022 年 5 月，比亚迪发布了 CTB（Cell to Body）电池，将电池上盖与车身地板合二为一，以长刀电芯充当部分结构件，形成蜂窝结构，使得电池系统体积利用率达 66%，系统能量密度提升 10%，正碰安全性提升 50%，侧碰安全性提升 45%，整车扭转刚度提升一倍，扭转刚度突破 40000N·m/°。

6 月，宁德时代发布了 CTP（Cell To Pack）3.0 技术及其应用产品——麒麟电池，采用多功能弹性夹层代替水冷板、隔热垫和横纵梁等独立部件，电芯底部集成了结构防护、高压连接、热失控排气等功能模块，增加了 6% 的空间，使得换热面积扩大了 4 倍，电池包内部体积利用率达 72%，能量密度提升至 255 Wh/kg。

9 月，孚能科技在大软包方面推出全新动力电池解决方案——SPS（Super Pouch Solution），采用高效液冷板与底盘的一体化设计，半固态大软包电芯直接集成于系统底盘，高效液冷板和导热片的复合使用使电池系统的散热效率提升 4 倍，系统部件减少 50%，材料成本降低 33%，提升体积利用率至 75%。

12 月，蜂巢能源发布"龙鳞甲"电池，创新采用短刀电芯底出防爆阀、"热—电分离"、双面冷却等设计，电池系统上盖、水冷板与车身乘员舱地板合三为一，显著提升安全性的同时，减少了 20% 的结构件，减重 10～20kg，成组效率提升至 76%。

二、钠离子电池即将量产

2022 年，碳酸锂价格飙涨导致锂离子电池成本居高不下，促使行业加快研发原材料储量丰富、生产成本较低的钠离子电池。据分析，钠离子电池的能量密度可以做到 150Wh/kg 左右，与磷酸铁锂电池、锰酸锂电池比较接近，循环寿命可以做到 3000～6000 次，与磷酸铁锂电池相当，优于锰酸锂电池和三元锂电池，热稳定性和安全性与磷酸铁锂电池基本相当。

宁德时代、亿纬锂能等公司已发布了钠离子电池产品，其中，宁德时代发布的第一代钠离子电池能量密度达 160Wh/kg，2023 年发布的第二代钠离子电池产品能量密度可实现 200Wh/kg，能够满足续航 400km 以下的纯电动汽车需求，若采用锂钠电池混搭的 AB 方案，有望将能力边界拓展至 500km。亿纬锂能于 2022 年 12 月发布了大圆柱钠离子电池产品，以层状氧化物为正极、硬碳为负极，能量密度达 135Wh/kg，循环寿命达 2500 次，10℃下容量保持率高达 90%，-40℃仍能正常工作。

此外，欣旺达、国轩高科、鹏辉能源、派能科技、中科海钠等公司也在钠离子电池领域加码布局，推进量产进度。虽然，理论上钠离子电池材料成本比磷酸铁锂电池低 30% 以上，但现阶段钠离子电池体系由于制备工艺不成熟、生产效率较低、生产良率不高等原因，导致生产成本明显高于锂离子电池，在一定程度上抵消了材料成本优势。未来随着产业链逐步完善，以及制程工艺的完善，钠离子电池的成本优势将会逐步凸显出来。

三、半固态电池量产装车可期

在电池企业中，不仅有宁德时代、国轩高科、孚能科技等主流企业已公开表明在半固态电池技术方面有所布局，清陶、卫蓝、辉能等也相继推出能量密度达 400Wh/kg 的固态电池，并计划在近两年投入量产。

2022年5月，国轩高科首次发布半固态电池，其电池长580mm、宽120mm、厚9mm，容量为136Ah，重量为1341g，能量密度为360Wh/kg。这款电池可通过高于国标的180℃30min热箱测试，并已进入产业化阶段。所搭载的某高端车型的数据显示，电池电量为160kWh，续驶里程为1000km，电池包能量密度为260Wh/kg，百公里加速时间为3.9s。国轩400Wh/kg的三元半固态电池原型样品也已成形，还将通过技术创新落地硅基负极迭代，以及锂金属负极和预锂技术，加速液态电池向半固态过渡，最终实现全固态。

2022年12月，在广州车展上，东风汽车表示正在研发第二代固态电池，预计于2024年上半年实现量产搭载，届时整车续驶里程可达1000km以上。同时，长安深蓝也开始加速半固态电池研发，已经进入工程化研发阶段，2025年将搭载整车应用。

第二十六章 2022 年汽车发动机产业与技术发展

张琳，汪晓伟，王意宝*

摘要： 本章依据 2022 年《道路机动车辆生产企业及产品公告》数据，梳理了汽车发动机车型申报情况，分别对轻型车用发动机和重型车用发动机的申报特点、企业结构、技术特征和关键零部件供应商等指标进行了分析研究。结合 2022 年中国车用发动机技术发展成果和政策环境等因素，对车用发动机技术发展趋势进行了展望。研究发现，发动机的高效率、低碳排放是主要的技术发展趋势，实现关键零部件自主可控是产业高质量发展的必由之路。

关键词： 车用发动机；申报情况；技术特征；发展趋势。

第一节 2022 年轻型车用发动机产品申报情况

一、轻型车用发动机新车型申报基本情况

轻型车用发动机在进行申报时随整车申报备案，主要包括乘用车和总质量为 3.5 吨以内的商用车使用的发动机。2022 年，随着乘用车和轻型载货汽车电动化的快速推进，传统内燃机车型发展空间进一步收缩。但随着油价的连续下调以及用户的里程、安全焦虑等因素影响，传统能源车型申报数量不减反增。

2022 年申报的配装发动机的乘用车新车型 952 个，包括 825 个传统能源车型（其中混合动力车型 75 个）和 127 个新能源车型（主要是插电式混合动力车型，其中包含增程式车型 13 个），采用了 69 家企业生产的 215 款发动机。其中，排前十名的发动机生产企业配装的车型数量合计占比超过 45%（见图 26-1）。乘用车用发动机的开发和生产比较分散，主要依托于长城汽车、奇瑞汽车等各大主机厂自研自产。

申报《公告》的配装发动机的轻型商用车新车型（主要为进行全项申报的货车底盘）253 个，均为传统能源车型，包括载货汽车底盘 185 个、多用途货车底盘 60 个、自卸汽车底盘 8 个，采用了 25 家企业生产的 51 款发动机。其中，排前十名的发动机生产企业配装的车型数量合计占比超过 83%（见图 26-2）。轻型商用车企业除使用自研发动机外，还会采用外购方式，因此发动机的开发和生产比较集中，其中排第一名的哈尔滨东安汽车发动机制造有限公司（东安动力）优势明显，占比接近 35%。

---

* 张琳，高级工程师，任职于中汽研汽车检验中心（天津）有限公司；汪晓伟，高级工程师，任职于中汽研汽车检验中心（天津）有限公司；王意宝，正高级工程师，潍柴动力股份有限公司发动机研究院院长助理。

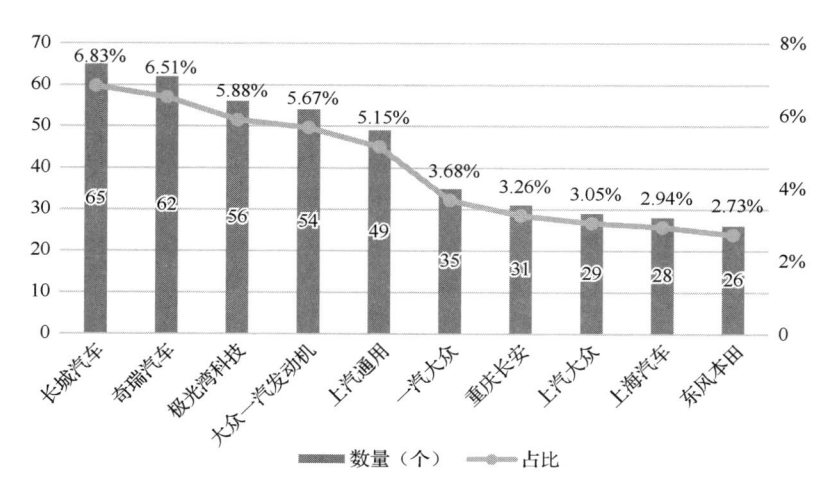

图 26-1　乘用车新车型配装发动机生产企业 TOP10 占比

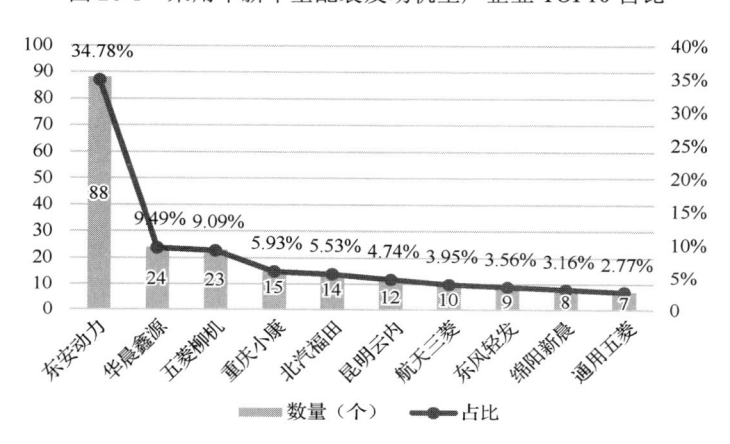

图 26-2　轻型货车新车型底盘配装发动机生产企业 TOP10 占比

二、乘用车用发动机技术特征

2022 年乘用车新车型所使用的发动机以汽油动力为主，共计 920 个车型，占总车型数量的 97.7%。受燃油加注便利性、发动机运转平顺性、安全性等因素的影响，其他燃料车型寥寥无几。具体发动机燃料类型分布如表 26-1 所示。

表 26-1　乘用车用发动机类型占比

能源类别	动力类型	发动机燃料种类	车型数量（个）	车型数量占比（%）
传统能源	发动机	汽油	732	76.9
		CNG	10	1.1
		柴油	6	0.6
		汽油/CNG 两用	2	0.2
	混合动力	汽油	71	7.5
		甲醇	4	0.4
新能源	插电式混合动力	汽油	127	13.3

第二十六章 2022年汽车发动机产业与技术发展

发动机排量覆盖范围为988~2995mL，主力排量集中在1.4~1.6L和1.8~2.0L两个区间，占比分别为45.69%和42.12%（见图26-3）。受到2022年购置税减半征收政策的利好影响，2.0L排量发动机比例显著上升。发动机性能方面，额定功率覆盖范围为53~265kW，平均额定功率为134.2kW，最大扭矩分布为93~555N·m，平均最大扭矩为191.3N·m，整体性能呈上升趋势。

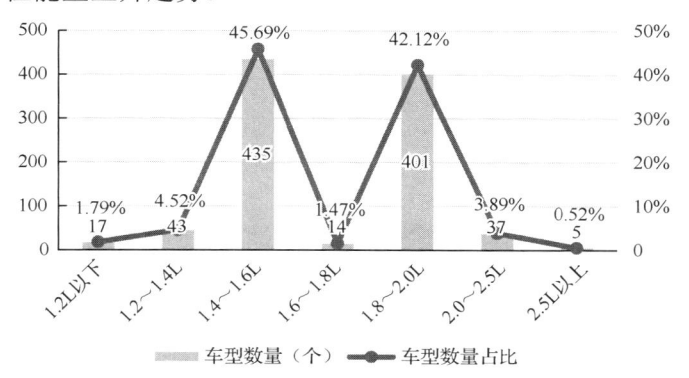

图26-3 乘用车用发动机排量分布

以汽油发动机为对象，分析了2022年乘用车用发动机的主要技术特征，配置情况如表26-2所示。

表26-2 汽油机主要技术配置

技术参数		车型占比（%）	技术参数		车型占比（%）
气缸排列形式	直列3缸	3.2	燃油供给	歧管喷射	23.1
	直列4缸	95.5		缸内直喷	68.1
	V型6缸	1.3		歧管喷射+缸内直喷	8.8
进气方式	自然吸气	23.3	EGR	有	20.5
	涡轮增压	76.7		无	79.5

目前发动机气缸排列形式仍旧以直列4缸为主，占比达95.5%。3缸机由于其一直以来被用户质疑的运转平顺性问题，目前并未成为车企的主要选择。随着涡轮增压技术的成熟和普及，越来越多的发动机配备了增压器。采用增压技术，可以进一步增大进气量，提升发动机的做功潜力，显著改善动力性，助力发动机的轻量化发展。目标车型中，配备增压器的发动机平均升功率为84.2kW/L，相比于自然吸气机型要高出54%。采用缸内直喷技术能够更加准确地控制燃油喷射，优化燃气混合及燃烧，同时有效降低缸内温度，有助于进一步提高压缩比，显著提高发动机热效率，因此在节能降碳要求越来越高的背景下，缸内直喷技术被广泛采用。为了增大点火提前角，同时抑制爆震，提高发动机效率，约20%的车型采用了配备EGR的发动机。但EGR的引入，一方面提高了成本，影响了发动机可靠性，另一方面对动力性造成了削减，因此机型占比并不高。

图26-4列举了不同技术配置对发动机动力性、经济型和碳排放水平的影响。采用涡轮增压和缸内直喷技术可以在显著提高功率密度的同时降低油耗和碳排放，而使用EGR技术后，虽然油耗和碳排放有所降低，但限制了发动机的动力输出。

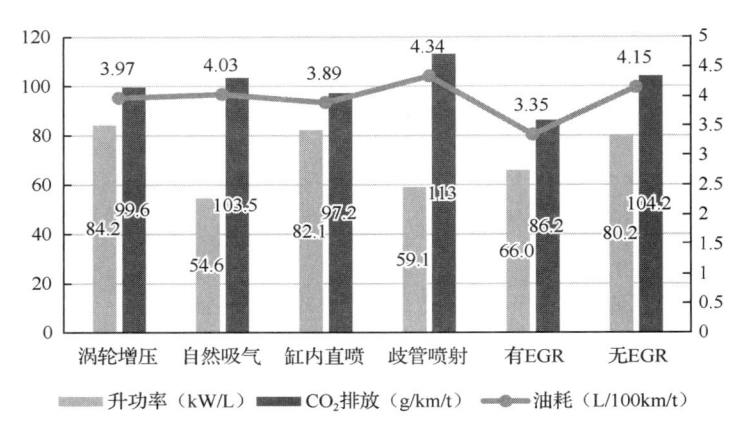

图 26-4　采用不同技术配置发动机的升功率、碳排放和油耗特征

对于混合动力（包括插电式）车型，由于目前车型的动力混合度以重度混合为主，发动机的主要作用向着发电和辅助电机驱动的方向偏移，因此并不像传统车型那样追求发动机的功率密度和动力性，反而更多地考量发动机的生产和维护成本、轻量化、可靠性和燃油经济性。因此 3 缸机占比略微升高，同时采用自然吸气发动机也成为众多企业的选择，以削减加装增压系统造成的成本增长。为了提高压缩比，实现高热效率，自然吸气机型需要配备 EGR 以抑制爆震，因此 EGR 机型的占比显著提高（见表 26-3）。

表 26-3　混合动力车型发动机主要技术配置

技　术　参　数		车型占比（%）	技　术　参　数		车型占比（%）
气缸排列形式	直列 3 缸	9.6	燃油供给	歧管喷射	26.3
	直列 4 缸	90.4		缸内直喷	59.6
	其他	—		歧管喷射+缸内直喷	14.1
进气方式	自然吸气	41.4	EGR	有	50.5
	涡轮增压	58.6		无	49.5

三、轻型商用车用发动机技术特征

轻型商用车用发动机采用的燃料类型分布如图 26-5 所示，以汽油动力为主，占比为 77.9%，柴油和天然气动力作为补充。

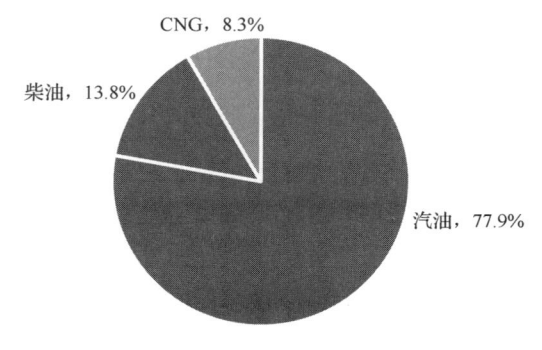

图 26-5　不同燃料轻型商用车车型数量占比

对于汽油发动机，发动机排量覆盖范围为1240～2488mL，主力排量为1.6L和2.0L，机型占比分别为41.1%和28.4%。额定功率覆盖范围为67～171kW，平均额定功率为99.2kW，最大扭矩分布在118～390N·m，平均最大扭矩为189.3N·m。

轻型商用车出于成本控制考虑，主要采用技术手段成熟的直列4缸、自然吸气和歧管喷射发动机，约一半的车型配备了EGR（见表26-4）。同时，由于商用车在使用过程中的发动机负荷较高，颗粒物排放水平也较高，超过95%的车型在配备三效催化转化器的前提下加装了颗粒捕集器以满足轻型车国Ⅵ排放标准对于颗粒物个数排放的要求。

表26-4　轻型商用车汽油机主要技术配置

技术参数		车型占比（%）	技术参数		车型占比（%）
气缸排列形式	直列4缸	100	燃油供给	歧管喷射	89.9
	其他	—		缸内直喷	10.1
进气方式	自然吸气	88.9	EGR	有	49.7
	涡轮增压	11.1		无	50.3

对于柴油发动机，排量覆盖范围为1898～2999mL，以2.0L和2.3L排量机型为主。额定功率覆盖范围为100～122kW，平均额定功率为116.5kW，最大扭矩分布在350～420N·m，平均最大扭矩为384.4N·m，最大扭矩转速集中为1600～2400rpm。柴油动力采用了国Ⅵ轻型发动机典型技术路线，直列4缸发动机搭载高压共轨缸内直喷系统、废气涡轮增压器、EGR，同时为了满足国Ⅵ排放标准要求，配备了DOC+SCR+DPF的后处理系统。

对于天然气发动机，排量覆盖范围为1498～1998mL，以1.6L排量机型为主。额定功率覆盖范围为77～95kW，平均额定功率为82.3kW，平均升功率为50.0kW/L，最大扭矩分布在134～225N·m，平均最大扭矩为156.6N·m。天然气机型只有六个型号，主要为直列4缸发动机搭载进气歧管燃气喷射系统和自然吸气技术，同时配备三效催化转化器以满足排放标准的要求。

四、关键部件生产企业

对轻型车用发动机所配备的关键零部件品牌进行的统计，如图26-6所示。目前，国外品牌仍旧占据主导地位，自主品牌份额极小。其中，燃料喷射器自主企业（以武汉菱电为主）占比不足14%；增压器自主企业（以蜂巢蔚领、西菱动力和宁波丰沃为主）占比不足20%；氧传感器自主企业（以武汉菱电为主）占比不足10%；空气流量传感器甚至没有一款自主品牌产品。对于电控发动机的心脏ECU及其控制系统，博世作为世界范围内传统品牌占据不可动摇的地位，自主品牌中的武汉菱电具有一定的份额，但主要配备在轻型商用车动力上，在乘用车领域鲜有作为。

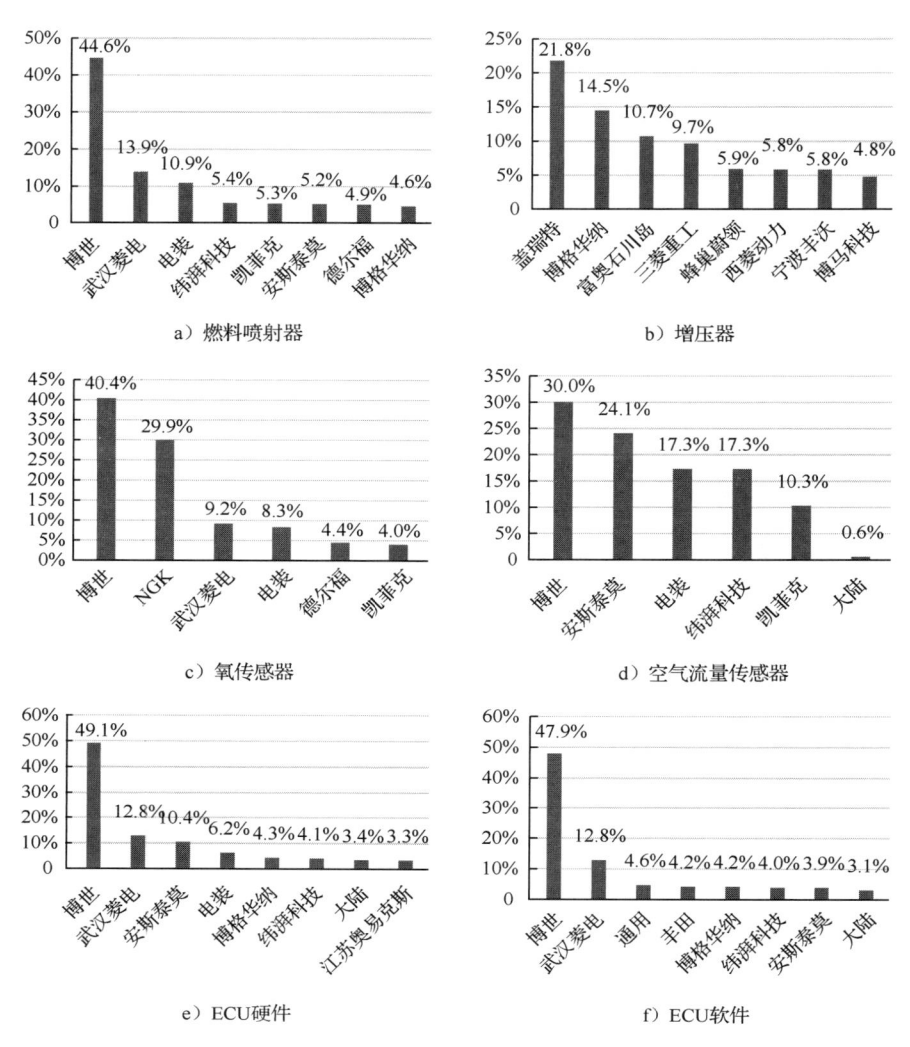

a) 燃料喷射器：博世 44.6%，武汉菱电 13.9%，电装 10.9%，纬湃科技 5.4%，凯菲克 5.3%，安斯泰莫 5.2%，德尔福 4.9%，博格华纳 4.6%

b) 增压器：盖瑞特 21.8%，博格华纳 14.5%，富奥石川岛 10.7%，三菱重工 9.7%，蜂巢蔚领 5.9%，西菱动力 5.8%，宁波丰沃 5.8%，博马科技 4.8%

c) 氧传感器：博世 40.4%，NGK 29.9%，武汉菱电 9.2%，电装 8.3%，德尔福 4.4%，凯菲克 4.0%

d) 空气流量传感器：博世 30.0%，安斯泰莫 24.1%，电装 17.3%，纬湃科技 17.3%，凯菲克 10.3%，大陆 0.6%

e) ECU 硬件：博世 49.1%，武汉菱电 12.8%，安斯泰莫 10.4%，电装 6.2%，博格华纳 4.3%，纬湃科技 4.1%，大陆 3.4%，江苏奥易克斯 3.3%

f) ECU 软件：博世 47.9%，武汉菱电 12.8%，通用 4.6%，丰田 4.2%，博格华纳 4.2%，纬湃科技 4.0%，安斯泰莫 3.9%，大陆 3.1%

图 26-6 轻型车用发动机关键部件生产企业占比

第二节 2022 年重型车用发动机产品申报情况

一、重型车用发动机新产品申报基本情况

重型车用发动机申报公告是以发动机系族方式申报的。2021 年 7 月 1 日，所有重型车实施国Ⅵa 阶段排放标准，但是国Ⅵa 和国Ⅵb 的技术路线和研发投入相差不大，企业大多选择直接申报满足国Ⅵb 标准要求的发动机。因此，国Ⅵ重型车用发动机新系族申报量在 2019 年和 2020 年达到顶峰后逐步下降，但是以降本和扩产能等为目的的扩展申报量逐步增加。2022 年，23 家企业申报发动机新系族 52 个，涉及 319 个机型，共计 513 种配置。其中，以中国第一汽车集团有限公司申报的新系族和机型最多（见图 26-7）。同时，25 家企业对原有的 108 个发动机系族进行了变更扩展，涉及 997 个机型配置。

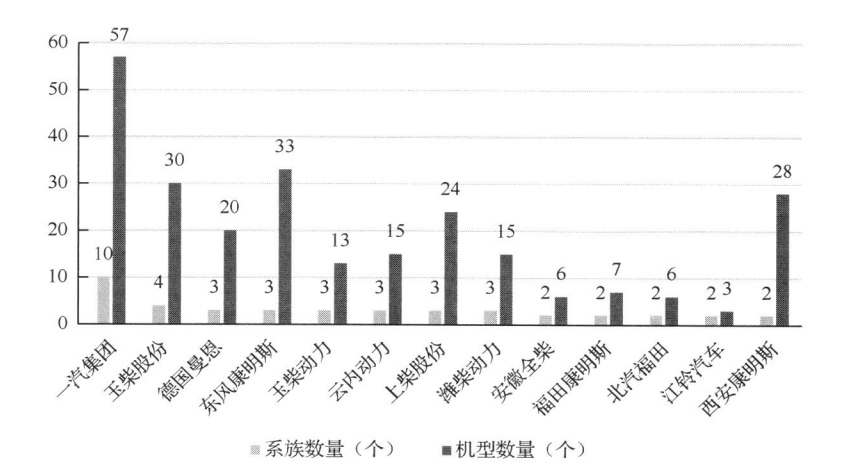

图 26-7 重型车用发动机新系族申报企业

发动机新系族燃料分布情况如表 26-5 所示。新的发动机系族以国Ⅵ柴油机为主，系族数量和机型数量占比都超过 80%，国Ⅵ柴油动力仍然是重型商用车首选的动力类型。其次是国Ⅵ天然气发动机，2022 年天然气价格上涨对天然气重卡市场造成了冲击，且由于天然气发动机国Ⅵ排放标准的率先实施，天然气机型申报高峰已过，企业申报天然气机型的比例下降。作为甲醇动力发展的探索者和推动者，吉利集团申报了两个国Ⅵ甲醇系族，适用于 N2 型和 N3 型的非城市车辆。由于重型汽油排放标准停留在国Ⅳ阶段，在部分地区可能会遇到新车上牌问题，而且国Ⅳ汽油动力的适用场景和产品范围极其有限，2022 年只申报了一个汽油机系族，适用于 N2 型车辆。

表 26-5 发动机新系族燃料分布

燃料种类	柴油	汽油	天然气	甲醇
系族数量/占比（%）	43/82.7	1/1.9	6/11.5	2/3.8
机型数量/占比（%）	285/89.3	1/0.3	29/9.1	4/1.3

二、新机型技术特征

2022 年通过新增系族和系族扩展申报共计新增 460 个发动机机型，其中柴油新机型 423 个、天然气新机型 32 个、甲醇新机型 4 个、汽油新机型 1 个。

（一）柴油机技术特征

柴油机的气缸排列形式包括直列 6 缸和直列 4 缸，其中 4 缸机数量占比为 30.3%，6 缸机数量占比为 69.7%。排量和功率、扭矩覆盖范围如表 26-6 所示。所有柴油发动机的平均升功率为 32.82kW/L（4 缸机为 39.41kW/L，6 缸机为 29.97kW/L），平均升扭矩为 179.18N·m/L（4 缸机为 159.41N·m/L，6 缸机为 187.76N·m/L）。4 缸机工作转速相对较高，其功率密度要高于 6 缸机，但扭矩密度显著低于 6 缸机，因此主要适用于 M 型和 N2 型车辆以及不需要太大扭矩输出的 N3 型城市车辆。

表 26-6　新增柴油机型基本性能特点

气缸排列形式	排量（L）	净功率（kW）	最大扭矩（N·m）
直列 4 缸	1.968~5.168	57~188	240~940
直列 6 缸	5.7~16.632	162~583	800~3750

排量方面，以 2.5L 及以下排量和 7.5~10.0L 排量范围的机型占比最高，排量在 10.0~15.0L 范围的机型占比次之，如图 26-8 所示。2022 年工业和信息化部、公安部对于轻型载货汽车的管理更加严格，2022 年 3 月 1 日起，申报公告的轻型载货汽车不应再使用 2.5L 以上排量的柴油机，因此主机厂倒逼发动机企业着力开发申报 2.5L 及以下排量的柴油动力车型，以满足新的政策要求和轻型货车运力需求。7.5~12.5L 柴油机一直是远程运输货车的主要动力选择，但随着近些年快递快运、生鲜冷链等对运输时效要求较高的运输业务占比的提升，商用车运行平均车速和运行里程逐年增加，用户对于卡车动力性和可靠性要求越来越高，因此企业申报 12.5L 以上排量的发动机占比逐步提高。2022 年申报的柴油机机型中，最大排量达 16.632L，最大功率可达 583kW，最大扭矩可达 3750N·m，重型车用发动机动力性能显著提高。

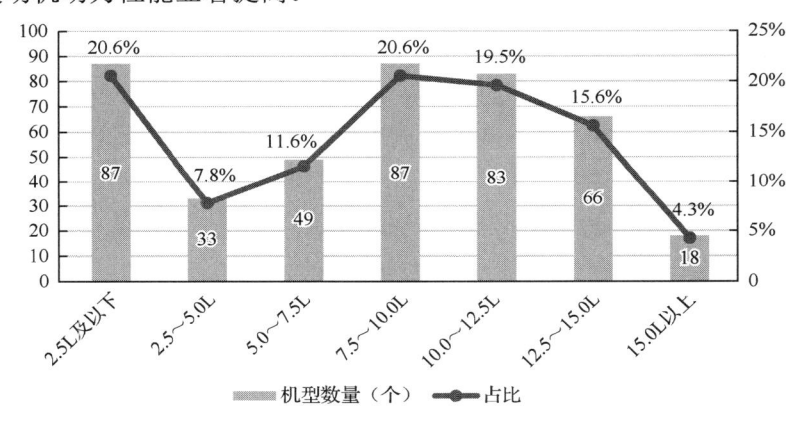

图 26-8　柴油机新机型排量分布

供油系统方面，均采用电控高压共轨缸内直喷技术，实现燃油喷射的精确控制，并优化燃油雾化和燃气混合，以改善发动机动力性和排放特性，目前高压共轨系统最高工作压力普遍可以达到 180MPa 以上。

进气系统方面，均采用增压中冷技术，提高发动机功率密度，改善动力性的同时提高了燃烧效率，优化燃油经济性和排放特性；均采用单级增压系统，多数机型使用废气旁通阀式的涡轮增压器，只有 3 个机型使用可变截面涡轮增压器。81.3%的机型采用单缸 4 气门（2 进 2 排）构造，13.7%的机型采用单缸 3 气门（2 进 1 排）构造，5%的机型采用单缸 2 气门（1 进 1 排）构造。单缸 2 气门构造仅排量在 3.0L 以下的机型采用。

曲轴箱通风系统方面，92.9%的机型采用开式曲轴箱通风系统，其余 30 个机型采用闭式系统。由于国Ⅵ排放标准要同时考量发动机的曲轴箱排放，标准刚发布时企业多使用闭式系统以满足颗粒物个数和总碳氢等污染物排放限值要求，但随着对国Ⅵ技术的改进，如润滑和密封系统优化，企业倾向选用开式系统，以降低生产和维护成本。

机内排放控制方面，主要有带 EGR 和不带 EGR 两种路线。随着后处理技术尤其是 SCR 催化技术的提高，加上企业对热管理技术的应用，采用高效 SCR 就可以满足国Ⅵ排放的要求，越来越多的机型开始使用无 EGR 技术路线。去除 EGR 系统一方面可以通过优化燃烧，提高燃烧效率和发动机动力输出，同时降低颗粒物生成，减少颗粒捕集器再生频次，降低维护成本，提高经济性；另一方面能够大大降低开发和生产成本，同时提高发动机可靠性，降低用户使用和维护成本。随着排量升高，机型对动力性考量程度更高，选用 EGR 倾向降低，排量在 7.5L 以上的柴油机仅有 21.3%配装了 EGR（见图 26-9），而 13L 及以上排量的柴油机均未使用 EGR。

a) 所有柴油机型　　b) 7.5L 以上排量机型

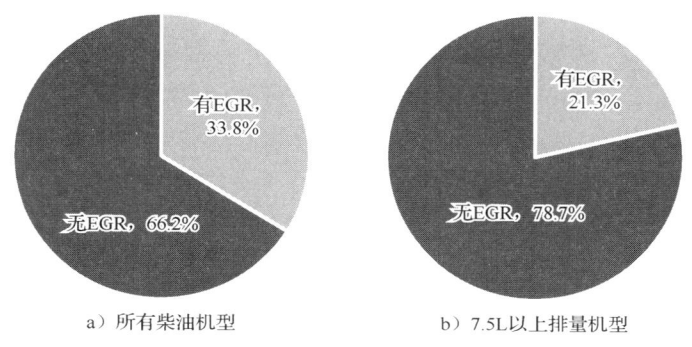

图 26-9　柴油发动机 EGR 路线占比

柴油发动机后处理系统均采用 DOC+DPF+SCR+ASC 的组合。如图 26-10 所示，DPF（壁流式颗粒捕集器）多数采用连续再生方式以降低用户维护难度和失效风险，15%的机型采用周期再生方式，最大碳载荷为 3.5～12g/L；76%的 DPF 使用堇青石载体，24%采用碳化硅载体。SCR（选择性催化还原系统）均使用浓度为 32.5%的尿素水溶液作为还原剂处理氮氧化物，受到国Ⅵ排放法规对钒基涂层的 SCR 更加严格的限制和监管要求，国内企业申报的柴油机机型均采用铜基分子筛涂层 SCR，仅有欧洲企业为了降低后处理成本申报了 14 个配装钒基 SCR 的机型。

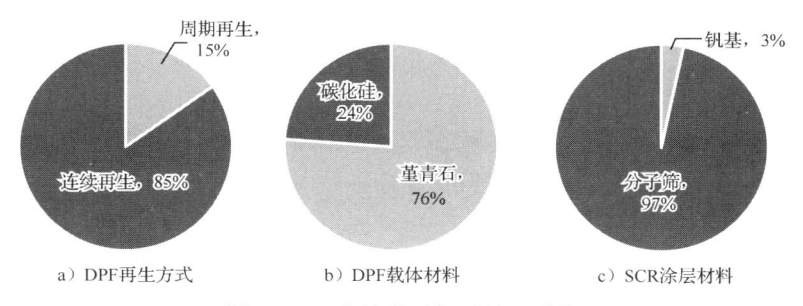

a) DPF再生方式　　b) DPF载体材料　　c) SCR涂层材料

图 26-10　柴油发动机后处理系统

（二）天然气发动机技术特征

新增天然气机型均为直列 6 缸发动机，排量范围为 6.69～15.558L，功率范围为 137～481kW，最大扭矩范围为 800～3000N·m，平均升功率为 26.01kW/L，显著低于柴油机。天然气发动机一般适配远途重卡运输，因此以大排量为主，适配车型为 N3 型货车。

进气方式均为增压中冷，采用单级增压的废气涡轮增压器，单缸 4 气门（2 进 2 排）

结构。燃料喷射方式以喷嘴歧管多点电喷为主要方式（29个机型），连续流量阀为补充（3个机型），相比后者，多点电喷具有一定的成本优势。为了满足国Ⅵ标准对排放和耐久性的要求，天然气发动机采用当量空燃比燃烧模式，这种燃烧模式下发动机热负荷大，容易产生爆震，因此均加装了 EGR 系统。同时，为了满足国Ⅵ对曲轴箱排放的要求，均采用了闭式曲轴箱通风系统。

后处理方面，天然气发动机均采用了三效催化转化器（TWC）并在催化器前后加装了 2 个氧传感器来降低发动机的污染物排放。TWC 的布置方式一般有两种，其中康明斯采用了两极式的后处理布置方式以优化冷态排放，其余企业均采用单级后处理布置。随着贵金属（尤其是铑金）价格的飙升，催动企业在降低 TWC 贵金属涂覆上加大研发，新增机型中的最低贵金属含量达到 30.2g。为了满足 NH_3 排放限值的要求，个别机型加装了 NH_3 催化转化器（ASC），但是随着企业对于天然气发动机空燃比标定精细度的加深，NH_3 排放的控制不再是难题，同时为了控制成本，只有一个新机型安装了 ASC。

三、关键部件生产企业

与轻型车用发动机类似，重型车用发动机关键零部件品牌仍旧以国外品牌为主，但自主品牌近些年加强了自主开发，逐步替代国际供方。

增压器方面，康明斯、盖瑞特和博格华纳合计占比超过 70%；国内品牌以威孚天力表现最为突出，占比超过 13%，但主要匹配排量为 7.5L 以下的发动机。柴油机喷油泵以博世为主要供应商，占比超过 65%，国内品牌占比不到 8%。天然气喷射装置以潍柴西港占比最高，潍柴集团在研发方面的投入有所回报，但国外品牌占比仍超过 55%（见图 26-11）。

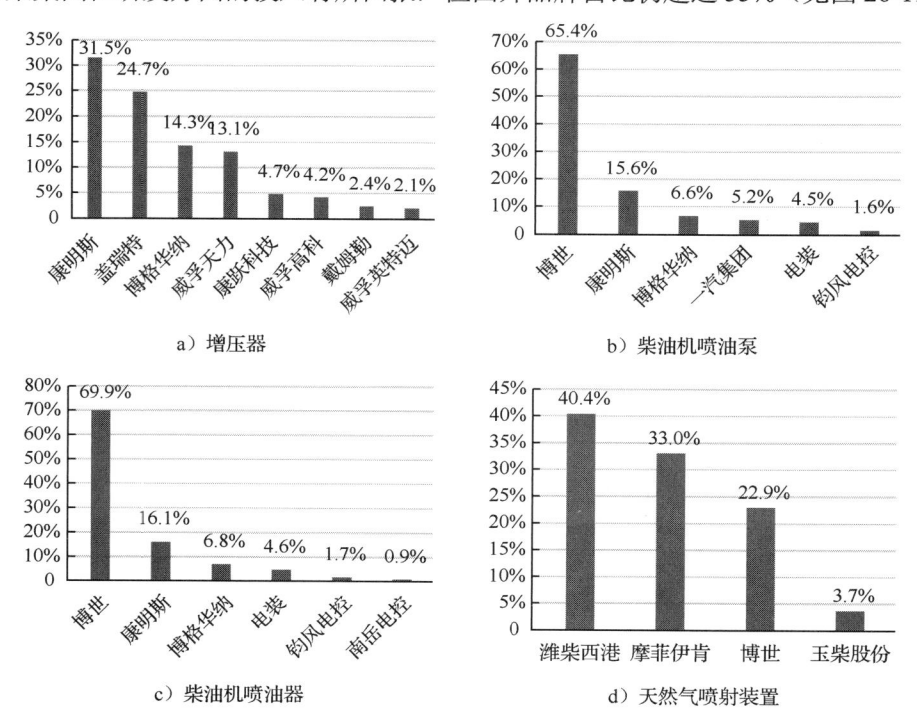

图 26-11 发动机关键部件供应商

对于柴油机，博世仍旧是 ECU 硬件的第一供应商，潍柴自主 ECU 实现逐步替代；ECU 软件标定层面，国内各主机厂都具备了自主标定的能力，自主品牌占比近 58%，但以国外软件系统为基础进行功能标定为主。对于天然气发动机，伍德沃德、摩菲伊肯、康明斯占据 ECU 硬件和软件供应商三甲（见图 26-12）。

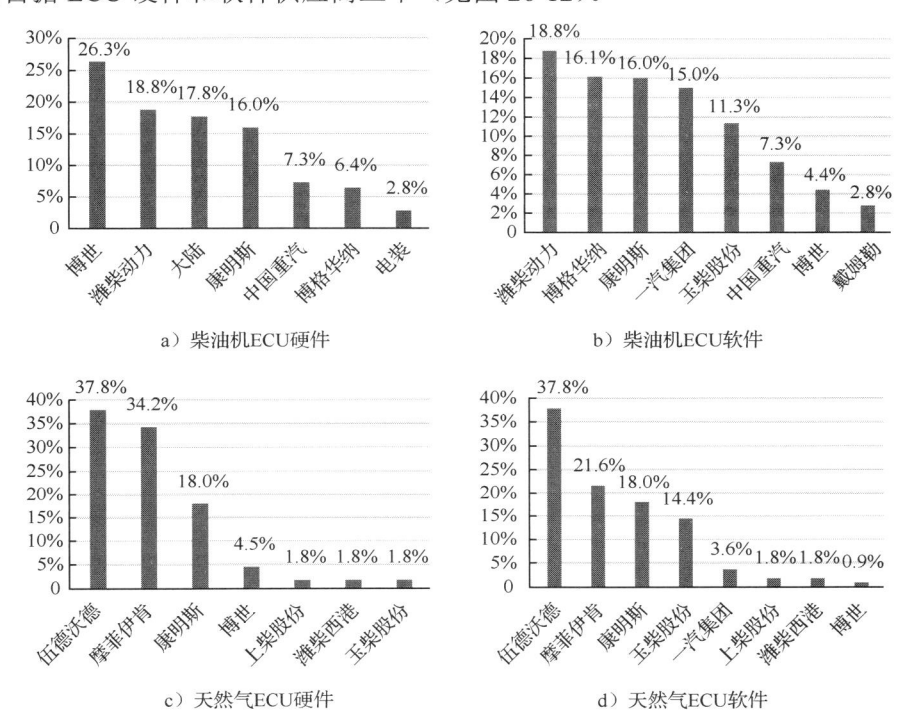

柴油机ECU硬件占比：
- 博世：26.3%
- 潍柴动力：18.8%
- 大陆：17.8%
- 康明斯：16.0%
- 中国重汽：7.3%
- 博格华纳：6.4%
- 电装：2.8%

a）柴油机ECU硬件

柴油机ECU软件占比：
- 潍柴动力：18.8%
- 博格华纳：16.1%
- 康明斯：16.0%
- 一汽集团：15.0%
- 玉柴股份：11.3%
- 中国重汽：7.3%
- 博世：4.4%
- 戴姆勒：2.8%

b）柴油机ECU软件

天然气ECU硬件占比：
- 伍德沃德：37.8%
- 摩菲伊肯：34.2%
- 康明斯：18.0%
- 博世：4.5%
- 上柴股份：1.8%
- 潍柴西港：1.8%
- 玉柴股份：1.8%

c）天然气ECU硬件

天然气ECU软件占比：
- 伍德沃德：37.8%
- 摩菲伊肯：21.6%
- 康明斯：18.0%
- 玉柴股份：14.4%
- 一汽集团：3.6%
- 上柴股份：1.8%
- 潍柴西港：1.8%
- 博世：0.9%

d）天然气ECU软件

图 26-12 发动机 ECU 软硬件供应商

发动机后处理载体和涂层技术对满足汽车排放和耐久要求的影响至关重要，其成本也占据发动机成本的很大一部分。对于催化器载体和颗粒捕集器载体，NGK 和康宁占比最高，自主品牌以山东奥福最为突出。对于催化器涂层，以庄信万丰、巴斯夫和优美科占比最高，自主品牌以艾可蓝最为突出（见图 26-13）。近年来，国产催化剂厂商技术不断突破，虽在涂覆工艺、原材料开发等方面还有差距，但差距逐渐减小。

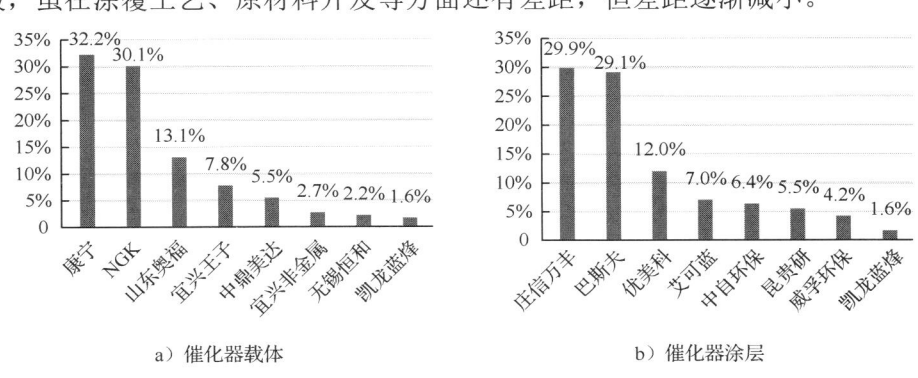

催化器载体占比：
- 康宁：32.2%
- NGK：30.1%
- 山东奥福：13.1%
- 宜兴王子：7.8%
- 中鼎美达：5.5%
- 宜兴非金属：2.7%
- 无锡恒和：2.2%
- 凯龙蓝烽：1.6%

a）催化器载体

催化器涂层占比：
- 庄信万丰：29.9%
- 巴斯夫：29.1%
- 优美科：12.0%
- 艾可蓝：7.0%
- 中自环保：6.4%
- 昆贵研：5.5%
- 威孚环保：4.2%
- 凯龙蓝烽：1.6%

b）催化器涂层

图 26-13 发动机后处理载体和涂层供应商

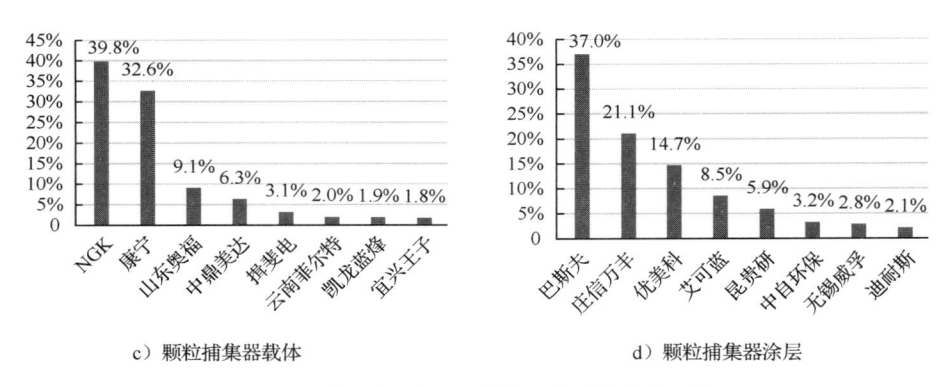

c) 颗粒捕集器载体　　　　　　　　　d) 颗粒捕集器涂层

图 26-13　发动机后处理载体和涂层供应商（续）

第三节　发动机主要技术发展趋势

2022 年，受芯片结构性短缺、新能源特别是纯电动动力的发展等因素影响，发动机的产销终端市场承压。随着政策优化调整，叠加环保、补贴等政策改变，12 月终端市场有了一定起色，但从全年看，发动机市场整体仍呈现下降态势。从长期看，未来一段时期，发动机仍将是交通运输领域的主导动力。发动机技术的不断发展和革新，是影响未来市场空间的重要因素之一。发动机产业需要强化创新驱动，应对发动机技术重大变革，不断攻克关键核心技术和关键零部件等产业链短板，促进内燃机产业高质量发展。

一、轻型车用发动机技术

（一）影响因素

第五阶段乘用车燃料消耗量标准于 2021 年 7 月实施，需满足车型燃料消耗量单车限值和乘用车企业平均燃料消耗量达标的双重管理方案，促使企业继续提高发动机节能水平。2020 年发布了"双积分"管理办法修订决议，实施强制性油耗积分考核，同时针对低油耗车、循环外技术给予相关政策优惠。这一政策强化了企业生产低油耗车型所产生的燃油积分的核算优惠力度。发展混合动力车型有利于车企缓解积分压力，激发了车企自研混合动力技术和产品的积极性，奠定了 2021 年以来乘用车混合动力市场快速发展的基调。

随着"双碳"概念和目标的提出，对交通领域节能减碳和新能源化提出了更高的挑战，促使车辆电气化、低碳化发展，也引导和倒逼发动机节能技术的发展。零碳、低碳和可再生燃料也成为汽车动力多元化背景下的技术路径选择，如氢气、甲醇、可再生合成燃料 E-fuel 等。

（二）技术发展趋势

轻型车用发动机实现更高的热效率是目前发展的主要趋势。行业普遍认可的汽油发动机的最高理论热效率在 55% 左右，而目前大部分乘用车汽油机的热效率已经提升到 35% 以上。随着混动技术的发展，传统发动机长时间工作在高热效率区间成为可能，混合动力汽车实际使用热效率比传统汽车有明显优势。

目前，高效发动机较多采用优化的阿特金森循环、冷却 EGR、低摩擦技术、智能热管理技术，热效率已超过 40%。2020 年量产的东风第二代马赫动力 1.5T 发动机率先达成 41.07%的热效率，是国内首个突破 41%热效率的增压发动机；2022 年广汽传祺发布的混动专用发动机热效率突破 44.14%；2023 年初，东风第三代马赫动力 1.5T 混动发动机热效率再次突破上限，达到 45.18%，是全国范围内量产发动机中热效率最高的发动机之一。未来几年，混动发动机热效率有望提升至 45%～47%。

实现更高的热效率，主要依靠如下四个方面：

一是高效燃烧：通过使用缸径行程优化、提高压缩比、气道及燃烧室优化等技术，使发动机进气混合更加均匀、湍流强度增加、燃烧更加充分，还可采用均质压燃 HCCI、燃油反应活性控制压燃 RCCI 等先进燃烧模式。

二是降低摩擦功率：通过低张力活塞环、低摩擦涂层、铝缸孔热喷涂、低弹力气门弹簧、可变排量机油泵、低黏度机油等技术，降低摩擦损失。

三是减少传热损失：通过使用电子水泵、电子节温器、缸盖集成排气歧管、发动机智能热管理模块、稀燃低温燃烧、喷水技术、喷涂绝热技术、余热回收等技术，减少发动机的传热损失。

四是优化气体交换：通过增压技术、Miller 循环、Atkinson 循环、EGR 等技术优化发动机的气体交换，提升发动机最终热效率。

尽管轻型车电动化趋势越发明显，但在发掘发动机热效率的同时，氢、甲醇等零碳/低碳燃料仍然有着巨大的碳减排潜力和机遇。

广汽集团在 2022 年发布了应用于乘用车的 1.5L 氢内燃机，该款氢燃料发动机采用了氢气缸内直喷技术，最高热效率达到 44%，氢耗≤0.84kg/100km。2022 年 11 月，北汽首台氢内燃机点火成功，向实现高效零碳发动机迈出了关键的一步。

吉利集团在轻卡和轿车产品上也已经规划了甲醇混动、甲醇增程、车载甲醇重整制氢燃料电池等多种新能源动力形式。2022 年 6 月，吉利集团正式上市了全球首款甲醇混动轿车，全新一代 1.8L 醇电混动专用发动机热效率达到了 41.5%。

二、重型车用发动机技术

（一）影响因素

影响重型车用发动机技术发展的因素主要是排放和油耗法规以及市场需求。当前，美国加州已经通过了重型超低 NO_x 排放法规，欧洲已提出了欧七草案，国内也正在加紧国Ⅶ法规的预研。下一阶段的排放法规在继续加严污染物排放控制的同时将重点控制发动机温室气体排放。同时，国内重型商用车第四阶段油耗标准已进入送审阶段，新标准加严了各类车辆的车型燃料消耗量限值，总体上看，车型燃料消耗量限值较第三阶段加严了 12%至 16%不等。

随着国内高速公路里程的不断增长以及用户对长途驾驶舒适性和安全性需求的增长，重型车用发动机在动力性、舒适性及安全性方面将不断提升。同时，商用车用户对整车燃油经济性的要求日益提高，未来发动机技术发展的主要趋势是高效低碳和近零排放。

（二）技术发展趋势

降低重型车用发动机油耗和二氧化碳排放，首要手段是持续提高发动机热效率，同时发展各种低碳/零碳燃料。

2022年，以潍柴为代表的自主发动机企业取得了显著成绩。2022年1月，潍柴发布了全球首款本体热效率为51.09%的柴油机；2022年11月，潍柴再次发布了全球首款本体热效率为52.28%的商业化柴油机和全球首款本体热效率为54.16%的商业化天然气发动机，将自主品牌重型车用发动机的开发水平提高到了新的阶段。2025年有望将柴油机的热效率提高至55%。

提高柴油机热效率的手段与汽油机的类似：

优化空气系统匹配：采用更加先进的增压技术（如可变截面涡轮增压、两级增压等）、低阻力排气道技术、排气管脉冲能量利用技术、凸轮型线优化、EGR技术等，提高排气管路的流通能力，降低气流能量损失。

燃烧过程协同优化：采用更加合理的燃烧室和气道优化设计、多次燃油喷射、更高的喷射压力、燃油雾化和混合技术、高爆压承受部件设计，实现更充分的燃气混合、更快的燃烧速率和更高的爆发压力。

低摩擦技术：采用DLC涂层、缸套涂层、可变流量机油泵、低黏度机油等低摩擦技术，降低摩擦损耗。

热管理技术：采用活塞隔热涂层、双层排气歧管、低传热水套、电子水泵/节温器等，降低传热损失。

同时，发展低碳/零碳燃料发动机是重型发动机再焕活力的关键路径。氢能是实现碳达峰碳中和的最佳能源形式，被誉为21世纪的终极能源。氢气发动机具有零碳排放、高效率、高可靠性和低成本的显著优势。2022年，各大发动机企业密集发布燃氢内燃机产品。

2022年6月，玉柴发布YCK16H燃氢发动机，排量为15.93升，最大马力为560马力，是中国排量最大、马力最大的燃氢发动机之一；中国重汽、潍柴动力联合发布全国首台商业化氢内燃机重卡，搭载潍柴动力自主开发的13L氢内燃机，实现了有效热效率为41.8%，整车道路测试最低氢气耗为10kg/100km；一汽解放发布自主设计研发的国内首款重型商用车13L缸内直喷氢气发动机，动力超500马力，指示热效率突破55%。2022年7月，上海新动力汽车科技股份有限公司首台直喷式氢气发动机点火成功，排量为12.8升，最大动力输出480马力，热效率高达44%。

另外，甲醇、氨气等燃料也不排除会成为未来重型发动机的选择。

在实现发动机高热效率和低碳排放的同时，也需要加大力度研究发动机的污染物控制技术，采用新型燃烧技术、热管理技术和更加复杂的后处理技术，实现发动机的近零排放。

第四节 总结

综合来看，2022年中国汽车发动机产业发展势头不减，在适配车型产品的数量和质量上都有一定提升。值得一提的是，除发动机的技术不断升级、产品质量不断提高外，发动机及其核心零部件的国产化率占比也越来越高，而且自主品牌的整车、发动机及关键零部件企业也都在不断加大研发力度，以求在激烈的国内市场上占据一席之地，甚至不断走出国门。

随着全球特别是中国排放法规和油耗法规的不断升级，以及用户生态环境意识的不断提高，传统的发动机技术除在动力性、可靠性上会一如既往地持续加大研发投入外，各企业也在围绕着节能、减排方面不断进行技术提升。随着国家"双碳"目标在汽车产业实施的不断深入，未来几年，纯电动车辆占比会有所提升，但发动机仍将作为车用动力的主要选择，特别是重型商用车。同时，无论是轻型车还是重型车用发动机，无论是单独作为动力源，还是耦合为混动系统，不断提高热效率，着力降低碳排放，是未来一段时间发动机产业努力的方向。

另外，由于替代燃料的低碳属性和碳中和属性，替代燃料发动机技术和产业化必将迎来高速发展，如甲醇燃料发动机、氢气燃料发动机、氨气发动机等。未来的发动机制造，将致力于更加安全、高效、环保、节能，高燃效、低能耗、低排放的发动机技术也必将是未来几年的发展趋势。

同时需要注意的是，虽然未来发动机技术的发展路径相对清晰，但是实现发动机产业的高质量发展，离不开发动机关键零部件体系的高质量发展。近年来，尽管我国发动机零部件的国产化率有了较大幅度的提高，但部分关键零部件对外依存度依然较高。特别是随着国内排放和油耗法规的不断升级，对发动机及其零部件的排放控制精度、产品一致性控制、零部件的耐久性要求不断提高，这对国内发动机零部件供应商来说是一个不小的挑战，发动机关键零部件国产品牌在这方面仍需不断努力，特别是涡轮增压系统、先进燃油系统、智能控制器、高精度传感器、先进后处理系统等方面。

展望未来，我国的发动机产业有望呈现平稳增长态势，发动机技术会在低碳、环保、节能、自动化、智能化方向不断深入向好发展，低碳燃料发动机技术也会出现井喷式发展，发动机技术的不断进步也必将引领中国发动机产业和汽车产业再次实现飞跃。

附 录

一、2022 年全球汽车产量分国别排行榜

排名	国家/地区	乘用车（辆）	商用车（辆）	汽车（辆）	全球增速	全球份额
—	全球	61598650	23418078	85016728	6%	100%
1	中国	23836083	3184532	27020615	3%	31.8%
2	美国	1751736	8308603	10060339	10%	11.8%
3	日本	6566356	1269163	7835519	0%	9.2%
4	印度	4439039	1017818	5456857	24%	6.4%
5	韩国	3438355	318694	3757049	9%	4.4%
6	德国	3480357	197463	3677820	11%	4.3%
7	墨西哥	658001	2851071	3509072	10%	4.1%
8	巴西	1824833	544936	2369769	5%	2.8%
9	西班牙	1785432	434030	2219462	6%	2.6%
10	泰国	594057	1289458	1883515	12%	2.2%
11	印度尼西亚	1214250	255896	1470146	31%	1.7%
12	法国	1010466	372707	1383173	2%	1.6%
13	土耳其	810889	541759	1352648	6%	1.6%
14	加拿大	289371	939364	1228735	10%	1.4%
15	捷克	1217787	6669	1224456	10%	1.4%
16	斯洛伐克	1000000	0	1000000	-3%	1.2%
17	英国	775014	101600	876614	-6%	1.0%
18	意大利	473194	323200	796394	0%	0.9%
19	马来西亚	650190	52085	702275	46%	0.8%
20	俄罗斯	448897	159563	608460	-61%	0.7%

二、2022 年中国汽车产量

单位：万辆

产品类别	1月	2月	3月	4月	5月	6月	7月	8月	9月	10月	11月	12月	总计	增速
汽车	208.4	179.9	201.4	115.9	167.8	225.3	216.6	213.1	243.2	231.7	212.1	217.6	2433.0	-4.8%
乘用车	182.7	137.9	174.9	93.1	146.5	200.0	193.5	188.5	217.5	208.2	188.4	185.1	2116.4	6.3%
商用车	25.7	42.0	26.5	22.8	21.3	25.3	23.1	24.6	25.7	23.5	23.7	32.5	316.6	-43.9%
其中：货车	20.0	33.3	17.7	15.5	14.3	18.3	16.8	17.5	18.9	17.3	17.0	21.2	228.0	-45.8%
客车	0.6	0.3	0.8	0.6	0.5	0.7	0.5	0.7	0.8	0.9	1.2	1.5	9.0	-20.3%
专用汽车	2.9	5.4	3.8	3.0	3.0	3.3	2.9	3.1	3.1	2.5	3.1	4.2	40.3	-40.3%
挂车	2.1	2.9	4.1	3.7	3.4	3.1	3.0	3.3	2.9	2.8	2.4	5.5	39.3	-39.4%
新能源汽车	35.5	31.3	45.9	31.1	40.9	55.9	54.4	61.7	69.0	64.8	70.6	71.8	632.9	93.7%
乘用车	33.9	30.1	43.8	29.1	38.7	53.0	51.9	58.7	65.6	61.3	65.5	66.2	597.8	95.6%
商用车	1.6	1.2	2.1	2.0	2.2	3.0	2.6	3.0	3.4	3.5	5.1	5.5	35.2	67.1%

数据来源：机动车出厂合格证

三、2022 年中国新能源汽车分技术类型产量

单位：万辆

产品类别	1月	2月	3月	4月	5月	6月	7月	8月	9月	10月	11月	12月	总计	增速
新能源汽车	35.5	31.3	45.9	31.1	40.9	55.9	54.4	61.7	69.0	64.8	70.6	71.8	632.9	93.7%
其中：纯电动汽车	27.3	23.9	37.6	24.6	31.9	44.6	41.1	46.6	51.8	47.9	54.0	54.6	485.8	78.1%
插电式混合动力汽车	8.2	7.4	8.3	6.5	9.0	11.3	13.3	15.1	17.1	16.9	16.5	17.1	146.6	173.4%
新能源乘用车	33.9	30.1	43.8	29.1	38.7	53.0	51.9	58.7	65.6	61.3	65.5	66.2	597.8	95.6%
其中：纯电动汽车	25.8	22.8	35.5	22.6	29.7	41.7	38.6	43.7	48.5	44.4	49.0	49.2	451.5	78.9%
插电式混合动力汽车	8.1	7.3	8.3	6.5	9.0	11.3	13.3	15.0	17.1	16.9	16.5	17.0	146.2	174.4%
新能源商用车	1.6	1.2	2.1	2.0	2.2	3.0	2.6	3.0	3.4	3.5	5.1	5.5	35.2	67.1%
其中：纯电动汽车	1.5	1.1	2.1	2.0	2.2	2.9	2.5	2.9	3.3	3.4	5.0	5.3	34.3	67.7%
插电式混合动力汽车	0.0	0.1	0.0	0.0	0.0	0.0	0.0	0.0	0.0	0.0	0.0	0.4		12.0%

数据来源：机动车出厂合格证

四、2022 年汽车公告目录新车型分批次情况

单位：个

产品类别	352	353	354	355	356	357	358	359	360	361	362	363	364	365	366	合计
汽车	1746	1138	1317	1962	1088	1719	308	1380	1458	360	1031	1672	274	1338	1251	18042
乘用车	68	44	71	128	102	121	5	157	114	18	94	154	19	193	145	1433
商用车（含底盘）	1678	1094	1246	1834	986	1598	303	1223	1344	342	937	1518	255	1145	1106	16609
底盘	186	75	116	158	100	138	14	118	112	18	115	135	18	137	90	1530
其中：客车底盘	6	4	8	8	3	7	1	12	8	0	7	9	0	9	5	87
货车底盘	180	71	108	150	97	131	13	106	104	18	108	126	18	128	85	1443
整车	1492	1019	1130	1676	886	1460	289	1105	1232	324	822	1383	237	1008	1016	15079
其中：客车整车	53	65	61	93	41	62	16	76	84	20	68	104	9	50	52	854
货车整车	1439	954	1069	1583	845	1398	273	1029	1148	304	754	1279	228	958	964	14225

数据来源：《道路机动车辆生产企业及产品公告》

五、2022 年新能源汽车推广应用推荐车型目录分批次情况

单位：个

产品类别	1	2	3	4	5	6	7	8	9	10	11	12	合计
新能源汽车	192	166	228	324	241	309	357	270	260	329	395	257	3328
其中：纯电动汽车	162	150	205	295	206	268	316	229	203	251	303	216	2804
插电式混合动力汽车	10	6	10	9	22	19	8	13	16	30	50	24	217
燃料电池汽车	20	10	13	20	13	22	33	28	41	48	42	17	307

数据来源：《新能源汽车推广应用推荐车型目录》

六、2022 年中国汽车产量 TOP10 企业

1. 乘用车产量 TOP10 企业

排 名	企 业 名 称	乘用车产量（辆）
1	一汽大众汽车有限公司	1791180
2	上汽大众汽车有限公司	1340178
3	上汽通用五菱汽车股份有限公司	1092079
4	广汽丰田汽车有限公司	1010112
5	重庆长安汽车股份有限公司	998050
6	比亚迪汽车有限公司	962201
7	东风汽车有限公司	925815
8	上汽通用汽车有限公司	838675
9	比亚迪汽车工业有限公司	831019
10	广汽本田汽车有限公司	766940

2. 货车产量 TOP10 企业

排 名	企 业 名 称	货车产量（辆）
1	上汽通用五菱汽车股份有限公司	309526
2	北汽福田汽车股份有限公司	245069
3	长城汽车股份有限公司	150346
4	中国第一汽车集团有限公司	135451
5	江铃汽车股份有限公司	117545
6	安徽江淮汽车集团股份有限公司	106300
7	东风汽车股份有限公司	94431
8	重庆长安汽车股份有限公司	94158
9	河北长安汽车有限公司	86872
10	华晨鑫源重庆汽车有限公司	70285

3. 客车产量 TOP10 企业

排 名	企 业 名 称	客车产量（辆）
1	宇通客车股份有限公司	18975
2	江铃汽车股份有限公司	7956
3	金龙联合汽车工业（苏州）有限公司	5717
4	北汽福田汽车股份有限公司	5632
5	厦门金龙联合汽车工业有限公司	4853
6	中通客车股份有限公司	4643
7	厦门金龙旅行车有限公司	4472
8	南京金龙客车制造有限公司	2646

续表

排　　名	企 业 名 称	客车产量（辆）
9	中车时代电动汽车股份有限公司	2546
10	安徽安凯汽车股份有限公司	2307

4. 专用汽车产量TOP10企业

排　　名	企 业 名 称	专用汽车产量（辆）
1	北汽福田汽车股份有限公司	24714
2	程力专用汽车股份有限公司	20829
3	中国第一汽车集团有限公司	13857
4	长沙中联重科环境产业有限公司	13702
5	三一汽车制造有限公司	13469
6	中联重科股份有限公司	13171
7	程力汽车集团股份有限公司	11473
8	安徽江淮汽车集团股份有限公司	8872
9	东风商用车有限公司	6863
10	徐州工程机械集团有限公司	6646

5. 挂车产量TOP10企业

排　　名	企 业 名 称	挂车产量（辆）
1	扬州中集通华专用汽车有限公司	12701
2	山东锣响汽车制造有限公司	10144
3	山东华驰重工机械有限公司	7121
4	驻马店中集华骏车辆有限公司	6203
5	山东九州汽车制造有限公司	5415
6	山东盛润汽车有限公司	5359
7	河北宏泰专用汽车有限公司	4813
8	山东海亚汽车制造有限公司	4652
9	石家庄永达挂车有限公司	4367
10	梁山统岳车辆有限公司	4342

6. 新能源乘用车产量TOP10企业

排　　名	企 业 名 称	新能源乘用车产量（辆）
1	比亚迪汽车有限公司	953898
2	比亚迪汽车工业有限公司	831010
3	上汽通用五菱汽车股份有限公司	609095
4	特斯拉（上海）有限公司	444190
5	广汽乘用车有限公司	277962

续表

排　名	企　业　名　称	新能源乘用车产量（辆）
6	重庆长安汽车股份有限公司	251052
7	奇瑞新能源汽车股份有限公司	194219
8	安徽江淮汽车集团股份有限公司	186931
9	浙江吉利汽车有限公司	150445
10	合众新能源汽车有限公司	148441

7. 新能源客车产量 TOP10 企业

排　名	企　业　名　称	新能源客车产量（辆）
1	宇通客车股份有限公司	10503
2	金龙联合汽车工业（苏州）有限公司	4620
3	中通客车股份有限公司	3688
4	厦门金龙联合汽车工业有限公司	3152
5	南京金龙客车制造有限公司	2646
6	中车时代电动汽车股份有限公司	2536
7	厦门金龙旅行车有限公司	2495
8	吉利四川商用车有限公司	2098
9	比亚迪汽车工业有限公司	1923
10	上海万象汽车制造有限公司	1885

8. 新能源专用汽车产量 TOP10 企业

排　名	企　业　名　称	新能源专用汽车产量（辆）
1	重庆瑞驰汽车实业有限公司	30346
2	吉利四川商用车有限公司	27196
3	华晨鑫源重庆汽车有限公司	19055
4	奇瑞商用车（安徽）有限公司	16891
5	东风汽车股份有限公司	16800
6	北汽福田汽车股份有限公司	16800
7	广西汽车集团有限公司	14994
8	上汽大通汽车有限公司	11591
9	保定长安客车制造有限公司	11300
10	江西吉利新能源商用车有限公司	8944

数据来源：机动车出厂合格证

七、工业和信息化部《道路机动车辆生产企业及产品公告》检测检验机构备案信息

机 构 名 称	地 点	检 验 范 围
北方汽车质量监督检验鉴定试验所	北京	汽车零部件
广西壮族自治区汽车拖拉机研究所有限公司	广西柳州	汽车零部件
广州海关技术中心	广东广州	汽车零部件
广州能源检测研究院	广东广州	汽车零部件
国家车辆特种性能质量检验检测中心	河南南阳	汽车整车
国家电池产品质量监督检验中心	河南新乡	汽车零部件
国家高原机动车质量监督检验中心	云南昆明	汽车整车
国家工程机械质量检验检测中心	北京	汽车整车
国家工程机械质量监督检验中心	北京	摩托车零部件
国家化学与物理电源产品质量监督检验中心	天津	汽车零部件
国家机动车产品质量监督检验中心（上海）	上海	摩托车整车
		汽车整车
国家机动车质量检验检测中心（重庆）	重庆	摩托车整车
		汽车整车
		三轮汽车
国家轿车质量检验检测中心	天津	汽车整车
		三轮汽车
国家客车质量检验检测中心	重庆	汽车整车
国家摩托车及配件质量检验检测中心（广东）	广东江门	摩托车整车
国家摩托车质量检验检测中心	陕西西安	摩托车整车
		汽车零部件
国家摩托车质量检验检测中心（天津）	天津	摩托车整车
		汽车零部件
国家摩托车质量检验检测中心（重庆）	重庆	摩托车整车
国家农机具质量监督检验中心	北京	汽车整车
		三轮汽车
国家汽车电气产品质量监督检验中心	江苏苏州	摩托车整车
		汽车整车
国家汽车零部件产品质量监督检验中心（长春）	吉林长春	汽车零部件
国家汽车质量监督检验中心（广东）	广东佛山	汽车整车
		三轮汽车

续表

机 构 名 称	地 点	检 验 范 围
国家汽车质量监督检验中心（长春）	吉林长春	汽车整车
国家汽车质量检验检测中心（北京顺义）	北京	汽车整车
国家汽车质量检验中心（广西）	广西柳州	汽车整车
国家汽车质量检验检测中心（北京通州）	北京	汽车整车
国家汽车质量检验检测中心（襄阳）	湖北襄阳	汽车整车
国家消防装备质量检验检测中心	上海	汽车整车
国家拖拉机质量检验检测中心	河南洛阳	汽车整车
		三轮汽车
国家新能源汽车质量检验检测中心	湖北武汉	汽车整车
国家新能源汽车质量监督检验中心（广州）	广东广州	汽车整车
国家再制造汽车零部件产品质量监督检验中心	江苏苏州	汽车零部件
国家智能清洁能源汽车质量检验检测中心	河南焦作	汽车整车
国家新能源汽车质量检验检测中心（湖南）	湖南株洲	汽车整车
		摩托车整车
国家智能商用车质量检验检测中心	江苏常州	汽车整车
国联汽车动力电池研究院有限责任公司国家动力电池创新中心检测试验中心	北京	汽车零部件
国家重型汽车质量监督检验中心	山东济南	汽车整车
		三轮汽车
华业检测技术服务有限公司	江苏苏州	汽车零部件
江苏出入境检验检疫局机电产品及车辆检测中心	江苏无锡	汽车零部件
江苏省农用动力机械检测中心有限公司	江苏武进	三轮汽车零部件
机械工业车辆产品质量检测中心（镇江）	江苏镇江	摩托车零部件
		汽车零部件
		三轮汽车零部件
机械工业拖拉机农用运输车产品质量检测中心	吉林长春	汽车零部件
		三轮汽车零部件
江苏华晨车辆检测有限公司	江苏丹阳	汽车零部件
江苏精锐检测技术有限公司	江苏丹阳	汽车零部件
		摩托车零部件
江苏省车用灯具产品质量监督检验中心	江苏丹阳	摩托车零部件
		汽车零部件
南昌摩托车质量监督检验所有限公司	江西南昌	摩托车零部件
		汽车零部件
南京海关纺织工业产品检测中心	江苏无锡	汽车零部件

续表

机构名称	地点	检验范围
上海华依汽车检测技术有限公司	上海	汽车零部件
上海化工院检测有限公司	上海	汽车零部件
上海通敏车辆检测技术有限公司	上海	汽车零部件
深圳市计量质量检测研究院	深圳	汽车零部件
威凯检测技术有限公司	广东广州	摩托车零部件
		汽车零部件
		三轮汽车零部件
武汉汽车车身附件研究所质量监督检验中心	湖北武汉	摩托车零部件
		汽车零部件
浙江方圆检测集团股份有限公司	浙江杭州	汽车零部件
中国建材检验认证集团咸阳有限公司	陕西咸阳	汽车零部件
中国国检测试控股集团股份有限公司	北京	汽车零部件
中机寰宇认证检验有限公司	北京	摩托车零部件
		汽车零部件
中汽研汽车零部件检验中心（宁波）有限公司	浙江宁波	摩托车零部件
		汽车零部件
广东中创智腾技术服务有限公司	广东佛山	汽车零部件
中认英泰检测技术有限公司	江苏苏州	汽车零部件

八、2022年新发布汽车产品标准清单

序号	标准编号	标准名称	代替标准号	发布日期	实施日期
1	GB/T 19836—2019	电动汽车仪表《第1号修改单》		2022/3/9	2022/3/9
2	GB/T 41484—2022	汽车用超声波传感器总成		2022/4/15	2022/11/1
3	QC/T 1157—2022	汽车产品单位产量综合能耗计算方法		2022/4/8	2022/10/1
4	QC/T 1158—2022	汽车产品单位产量综合水耗计算方法		2022/4/8	2022/10/1
5	QC/T 1159—2022	汽车行业绿色供应链管理评价规范		2022/4/8	2022/10/1
6	QC/T 1160—2022	汽车行业整车制造绿色工厂评价导则		2022/4/8	2022/10/1
7	QC/T 1161—2022	绿色设计产品评价技术规范 汽车		2022/4/8	2022/10/1
8	QC/T 1162—2022	汽车外饰件用蜂窝夹层结构制品		2022/4/8	2022/10/1
9	QC/T 1163—2022	汽车柴油机 选择性催化还原（SCR）系统用还原剂过滤器		2022/4/8	2022/10/1
10	QC/T 1164—2022	汽车用天然气滤清器		2022/4/8	2022/10/1
11	QC/T 1165—2022	汽油乘用车炭罐用空气滤清器		2022/4/8	2022/10/1
12	QC/T 1166—2022	汽车用流媒体后视镜		2022/4/8	2022/10/1

续表

序号	标准编号	标准名称	代替标准号	发布日期	实施日期
13	QC/T 1167—2022	乘用车行车制动器噪声台架试验方法		2022/4/8	2022/10/1
14	QC/T 1168—2022	汽车用电动空气压缩机性能要求及台架试验方法		2022/4/8	2022/10/1
15	QC/T 463—2022	汽车液力变矩器总成技术要求和台架试验方法	QC/T 29033—1991 QC/T 557—1999 QC/T 463—1999	2022/4/8	2022/10/1
16	QC/T 792—2022	电动摩托车和电动轻便摩托车驱动用电机及其控制器	QC/T 792—2007	2022/4/8	2022/10/1
17	QC/T 1169—2022	汽车用液晶仪表		2022/4/8	2022/10/1
18	QC/T 1170—2022	汽车玻璃用功能膜		2022/4/8	2022/10/1
19	QC/T 1171—2022	汽车漆面保护膜		2022/4/8	2022/10/1
20	QC/T 804—2022	乘用车仪表板总成和副仪表板总成	QC/T 804—2014	2022/4/8	2022/10/1
21	QC/T 1016—2022	乘用车门内饰板总成	QC/T 1016—2015	2022/4/8	2022/10/1
22	QC/T 768—2022	客车卫生间	QC/T 768—2006	2022/4/8	2022/10/1
23	QC/T 580—2022	汽车变速器总成安装尺寸	QC/T 580—1999	2022/4/8	2022/10/1
24	QC/T 1172—2022	汽车气压制动部件用排气消音器性能要求及台架试验方法		2022/4/8	2022/10/1
25	QC/T 237—2022	汽车驻车制动器性能台架试验方法	QC/T 237—1997	2022/4/8	2022/10/1
26	QC/T 1173—2022	道路车辆 火花塞匹配性试验方法		2022/4/8	2022/10/1
27	QC/T 1174—2022	电动汽车用高压熔断器		2022/4/8	2022/10/1
28	QC/T 1175—2022	电动汽车用高压接触器		2022/4/8	2022/10/1
29	QC/T 1176—2022	汽车空调用蒸发器		2022/4/8	2022/10/1
30	QC/T 1177—2022	汽车空调用冷凝器		2022/4/8	2022/10/1
31	QC/T 633—2022	客车座椅	QC/T 633—2009	2022/4/8	2022/10/1
32	QC/T 80—2022	道路车辆 气制动系统用尼龙（聚酰胺）管	QC/T 80—2011	2022/4/8	2022/10/1
33	QC/T 1178—2022	汽车和挂车 气压制动系统 螺纹孔和管接头		2022/4/8	2022/10/1
34	QC/T 1179—2022	汽车用车轮螺栓技术条件		2022/4/8	2022/10/1
35	QC/T 869—2022	短周期弧焊焊接螺柱	QC/T 869—2011	2022/4/8	2022/10/1
36	QC/T 870—2022	双头螺柱 bm=1.25d	QC/T 870—2011	2022/4/8	2022/10/1
37	QC/T 871—2022	双头螺柱 bm=2d	QC/T 871—2011	2022/4/8	2022/10/1
38	QC/T 598—2022	承面凸焊螺栓	QC/T 598—1999	2022/4/8	2022/10/1
39	QC/T 599—2022	端面凸焊螺栓	QC/T 599—2013	2022/4/8	2022/10/1
40	QC/T 624—2022	橡胶堵塞	QC/T 624—2013	2022/4/8	2022/10/1
41	QC/T 603—2022	A型卡扣	QC/T 603—1999	2022/4/8	2022/10/1
42	QC/T 604—2022	B型卡扣	QC/T 604—1999	2022/4/8	2022/10/1

续表

序号	标准编号	标准名称	代替标准号	发布日期	实施日期
43	QC/T 605—2022	C型卡扣	QC/T 605—1999	2022/4/8	2022/10/1
44	QC/T 606—2022	H型卡扣	QC/T 606—1999	2022/4/8	2022/10/1
45	QC/T 618—2022	嵌装塑料螺母技术条件	QC/T 618—2013	2022/4/8	2022/10/1
46	QC/T 928—2022	中间固定式塑料管线夹	QC/T 928—2013	2022/4/8	2022/10/1
47	QC/T 929—2022	一端固定式塑料管线夹	QC/T 929—2013	2022/4/8	2022/10/1
48	QC/T 699—2019	《车用起重尾板》第1号修改单		2022/4/8	2022/4/8
49	GB/T 41578—2022	电动汽车充电系统信息安全技术要求及试验方法		2022/7/11	2023/2/1
50	GB/T 41481—2022	道路车辆 零部件和系统的清洁度		2022/7/11	2022/11/1
51	GB/T 41588.1—2022	道路车辆 控制器局域网（CAN）第1部分：数据链路层和物理信令		2022/7/11	2023/2/1
52	GB/T 41588.2—2022	道路车辆 控制器局域网（CAN）第2部分：高速媒介访问单元		2022/7/11	2023/2/1
53	GB/T 41588.3—2022	道路车辆 控制器局域网（CAN）第3部分：低速容错、媒介相关接口		2022/7/11	2023/2/1
54	GB/T 41588.4—2022	道路车辆 控制器局域网（CAN）第4部分：时间触发通信		2022/7/11	2023/2/1
55	GB/T 41590.1—2022	道路车辆 基于K线的诊断通信 第1部分：物理层		2022/7/11	2023/2/1
56	GB/T 41590.2—2022	道路车辆 基于K线的诊断通信 第2部分：数据链路层		2022/7/11	2023/2/1
57	GB/T 41590.3—2022	道路车辆 基于K线的诊断通信 第3部分：应用层		2022/7/11	2023/2/1
58	GB/T 41590.4—2022	道路车辆 基于K线的诊断通信 第4部分：排放相关系统要求		2022/7/11	2023/2/1
59	GB/Z 41599—2022	车辆总质量监测		2022/7/11	2022/11/1
60	GB/T 41600—2022	汽车直线行驶稳定性试验方法		2022/7/11	2022/11/1
61	GB/T 41601—2022	旅居车辆 安全通风要求		2022/7/11	2022/11/1
62	GB/T 41630—2022	智能泊车辅助系统性能要求及试验方法		2022/7/11	2023/2/1
63	GB/T 41651—2022	道路车辆 前下部安装牵引杆连接器的牵引车和中置轴挂车间的机械连接 互换性		2022/7/11	2022/11/1
64	GB/T 41656—2022	道路车辆 尾部安装牵引杆连接器的牵引车与牵引杆挂车间的机械连接 互换性		2022/7/11	2022/11/1
65	GB/T 40711.1—2022	乘用车循环外技术/装置节能效果评价方法 第1部分：换挡提醒装置		2022/7/11	2022/11/1
66	GB/T 23336—2022	半挂车通用技术条件		2022/7/11	2022/11/1

续表

序号	标准编号	标准名称	代替标准号	发布日期	实施日期
67	GB 19239—2022	燃气汽车燃气系统安装规范	GB 19239—2013，GB/T 20734—2006	2022/8/31	2023/1/1
68	GB 16897—2022	制动软管的结构、性能要求及试验方法	GB 16897—2010	2022/8/31	2023/1/1
69	GB/T 41901.1—2022	道路车辆 网联车辆方法论 第1部分：通用信息		2022/10/14	2023/5/1
70	GB/T 41901.2—2022	道路车辆 网联车辆方法论 第2部分：设计导则		2022/10/14	2023/5/1
71	GB/T 41722—2022	道路车辆 侧风敏感性 风机输入开环试验方法		2022/10/14	2023/5/1
72	GB/T 41796—2022	商用车辆车道保持辅助系统性能要求及试验方法		2022/10/14	2023/5/1
73	GB/T 41797—2022	驾驶员注意力监测系统性能要求及试验方法		2022/10/14	2023/5/1
74	GB/T 41798—2022	智能网联汽车 自动驾驶功能场地试验方法及要求		2022/10/14	2023/5/1
75	GB/T 18386.2—2022	电动汽车能量消耗量和续驶里程试验方法 第2部分：重型商用车辆		2022/10/14	2023/5/1
76	GB 15084—2022	机动车辆 间接视野装置 性能和安装要求	GB 15084—2013	2022/12/29	2023/7/1
77	GB/T 34590.1—2022	道路车辆 功能安全 第1部分：术语	GB/T 34590.1—2017	2022/12/30	2023/7/1
78	GB/T 34590.2—2022	道路车辆 功能安全 第2部分：功能安全管理	GB/T 34590.2—2017	2022/12/30	2023/7/1
79	GB/T 34590.3—2022	道路车辆 功能安全 第3部分：概念阶段	GB/T 34590.3—2017	2022/12/30	2023/7/1
80	GB/T 34590.4—2022	道路车辆 功能安全 第4部分：产品开发：系统层面	GB/T 34590.4—2017	2022/12/30	2023/7/1
81	GB/T 34590.5—2022	道路车辆 功能安全 第5部分：产品开发：硬件层面	GB/T 34590.5—2017	2022/12/30	2023/7/1
82	GB/T 34590.6—2022	道路车辆 功能安全 第6部分：产品开发：软件层面	GB/T 34590.6—2017	2022/12/30	2023/7/1
83	GB/T 34590.7—2022	道路车辆 功能安全 第7部分：生产、运行、服务和报废	GB/T 34590.7—2017	2022/12/30	2023/7/1
84	GB/T 34590.8—2022	道路车辆 功能安全 第8部分：支持过程	GB/T 34590.8—2017	2022/12/30	2023/7/1
85	GB/T 34590.9—2022	道路车辆 功能安全 第9部分：以汽车安全完整性等级为导向和以安全为导向的分析	GB/T 34590.9—2017	2022/12/30	2023/7/1
86	GB/T 34590.10—2022	道路车辆 功能安全 第10部分：指南	GB/T 34590.10—2017	2022/12/30	2023/7/1
87	GB/T 34590.11—2022	道路车辆 功能安全 第11部分：半导体应用指南		2022/12/30	2023/7/1

续表

序号	标准编号	标准名称	代替标准号	发布日期	实施日期
88	GB/T 34590.12—2022	道路车辆 功能安全 第12部分：摩托车的适用性		2022/12/30	2023/7/1
89	GB/T 42193.1—2022	道路车辆 车辆和外部设备之间排放相关诊断的通信 第1部分：一般信息和使用案例定义		2022/12/30	2023/7/1
90	GB/T 42193.2—2022	道路车辆 车辆和外部设备之间排放相关诊断的通信 第2部分：术语、定义、缩写和缩略语的指南		2022/12/30	2023/7/1
91	GB/T 42193.3—2022	道路车辆 车辆和外部设备之间排放相关诊断的通信 第3部分：诊断连接器和相关电路的要求及使用		2022/12/30	2023/7/1
92	GB/T 42193.4—2022	道路车辆 车辆和外部设备之间排放相关诊断的通信 第4部分：外部测试设备		2022/12/30	2023/7/1
93	GB/T 42193.7—2022	道路车辆 车辆和外部设备之间排放相关诊断的通信 第7部分：数据链安全		2022/12/30	2023/7/1
94	GB/T 42284.1—2022	道路车辆 电动汽车驱动系统用电气及电子设备的环境条件和试验 第1部分：一般规定		2022/12/30	2023/7/1
95	GB/T 42284.3—2022	道路车辆 电动汽车驱动系统用电气及电子设备的环境条件和试验 第3部分：机械负荷		2022/12/30	2023/7/1
96	GB/T 42284.4—2022	道路车辆 电动汽车驱动系统用电气及电子设备的环境条件和试验 第4部分：气候负荷		2022/12/30	2023/7/1
97	GB/T 42284.5—2022	道路车辆 电动汽车驱动系统用电气及电子设备的环境条件和试验 第5部分：化学负荷		2022/12/30	2023/7/1
98	GB/T 3730.1—2022	汽车、挂车及汽车列车的术语和定义 第1部分：类型	GB/T 3730.1—2016	2022/12/30	2023/7/1
99	GB/T 25977—2022	除雪车	GB/T 25977—2010	2022/12/30	2023/7/1
100	GB/T 13043—2022	客车定型试验规程	GB/T 13043—2006	2022/12/30	2023/7/1
101	GB/T 24554—2022	燃料电池发动机性能试验方法	GB/T 24554—2009	2022/12/30	2023/7/1
102	GB/T 42289—2022	旅居车辆 居住用电气系统安全通用要求		2022/12/30	2023/7/1
103	GB/T 29307—2022	电动汽车用驱动电机系统可靠性试验方法	GB/T 29307—2012	2022/12/30	2023/7/1
104	GB/Z 42285—2022	道路车辆 电子电气系统 ASIL 等级确定方法指南		2022/12/30	2023/7/1
105	GB/T 4570—2022	摩托车和轻便摩托车耐久性试验方法	GB/T 4570—2008	2022/12/30	2023/7/1
106	GB/T 12782—2022	汽车采暖性能要求和试验方法	GB/T 12782—2007	2022/12/30	2023/7/1